Johannes Panhofer

Hören, was der Geist den Gemeinden sagt

Studien zur Theologie und Praxis der Seelsorge

58

Herausgegeben von
Konrad Baumgartner und Erich Garhammer
in Verbindung mit
Ludwig Mödl, Ehrenfried Schulz und Franz Weber

Johannes Panhofer

Hören, was der Geist den Gemeinden sagt

Gemeindeleitung durch Nichtpriester als Anstoß zur Gemeindeentwicklung –

Eine empirisch-theologische Studie zu can. 517 § 2

echter

»Nicht um ihrer selbst willen ist uns die Kirche wichtig,
wohl aber dann, wenn sie uns anspornt,
Gott an der Quelle der Anbetung zu suchen,
wenn sie uns dazu drängt,
Christus für die Menschen zu leben,
und wenn sie zu einem Ort der Gemeinschaft
für die ganze Menschheit wird.«

Frère Roger, Taizé

Mit Unterstützung von

Kultur tirol

HYPO TIROL BANK
ZWEIGSTELLE UNIV.-KLINIK
A-6020 Innsbruck
Innrain 47a
Tel 050700-7100
BANK CONSULT INVEST LEASING

Bibliografische Information der Deutschen Bibliothek

Die Deutsche Bibliothek verzeichnet diese Publikation in der Deutschen Nationalbibliografie; detaillierte bibliografische Daten sind im Internet über <http://dnb.ddb.de> abrufbar.

www.echter-verlag.de
Druck und Bindung: Difo-Druck GmbH, Bamberg
ISSN 0935-5898
ISBN 3-429-02573-7

VORWORT

„Wer Ohren hat, der höre, was der Geist den Gemeinden sagt." Sieben mal ruft der visionäre Autor des letzten Buches im Neuen Testament dazu auf, das Wirken des Geistes in der gegenwärtigen, im Glauben gelebten Praxis zu vernehmen und die darin enthaltenen Anstöße mutig aufzugreifen (vgl. Offb 2,7.11.17.29; 3,6.13.22). Wir dürfen in Zuversicht davon ausgehen, dass nicht nur in der Urkirche, sondern auch heute der Geist in vielfältiger Weise in den Gemeinden am Werk ist und der Kirche etwas zu sagen hat. Um die feinen Stimmen und die geistgewirkten Aufbrüche zu erkennen, bedarf es freilich wacher Ohren und gläubiger Zuversicht. Denn im Spiegel der Angst werden kirchliche Aufbrüch nur allzu leicht als Bedrohung empfunden.
Nach mehrjähriger Beschäftigung mit dem Thema der „Gemeindeleitung durch Nichtpriester" bin ich überzeugt, dass darin ein solcher Anstoß für eine Gemeindeentwicklung liegt – nicht im Sinne eines Automatismus, sondern im Sinne einer Chance zur Vertiefung des Christseins und eines tieferen Verstehens des Mysteriums Kirche. Mit diesem Modell wird ein Türspalt für das Wehen des Geistes aufgestoßen und das Gesicht einer neuen Kirche vorbereitet. Alle Frauen und Männer, die sich auf dieses Wagnis einlassen, schreiben aus meiner Sicht ein Stück Kirchengeschichte – gerade dann, wenn das Modell „nur" einen Übergang zu etwas Neuem darstellt.
Diese Arbeit sei deshalb all den Frauen und Männern gewidmet, die den Mut haben, auf die Anstöße des Geistes zu hören und es wagen, in der Kirche neue Wege zu gehen.

Die vorliegende Studie wurde im Dezember 2002 an der Theologischen Fakultät der Leopold-Franzens-Universität Innsbruck als Dissertation angenommen. Aufgrund des regen Interesses an den Ergebnissen der Untersuchung soll sie nun – in leicht gekürzter Form – einem größeren Leserkreis zugänglich gemacht werden. Ich danke den Herausgebern Dr. Konrad Baumgartner und Dr. Erich Garhammer für die Aufnahme in die Reihe „Studien zur Theologie und Praxis der Seelsorge" und dem Echter-Verlag für die Möglichkeit der Veröffentlichung. Ebenso danke ich der Hypo-Bank Tirol sowie dem Land Tirol für die Gewährung eines Druckkostenzuschusses.

Bei der Arbeit an der vorliegenden Arbeit habe ich von verschiedenen Seiten großherzige Unterstützung erfahren. Es ist mir ein Anliegen, an dieser Stelle dafür zu danken. Ein besonderer Dank gilt zuallererst Prof. Franz Weber, sowohl für seine fachliche Wegweisung und das Gewährenlassen meines forschenden Eigensinns als auch für seine Ermutigung in schwierigen Phasen der Arbeit. Er hat das Erstgutachten erstellt. Mit Freude erinnere ich mich an die erlebte Weggefährtenschaft im DoktorandInnenseminar, geleitet von Prof. Franz Weber und Anni Findl-Ludescher. Von dort ging ich immer neu motiviert und mit neuen Ideen an mein eigenes Projekt. Ein weiterer Dank gilt Prof. Wilhelm Rees, der mich in kirchenrechtlichen Fragen begleitet und das Zweitgutachten erstellt hat. Mein Kollege Thomas Böhm verdient besondere Erwähnung. Er hat in unzähligen Stunden gewissenhaft und kompetent die

Arbeit korrigiert und war mir bei formalen und stilistischen Fragen behilflich. Seinen Hinweisen verdankt diese Arbeit viele klärende Konturen. Frau Monika Eberharter sei Dank für die zeitintensive Arbeit der Transkription und Anonymisierung der Interviews. Kollege Konrad Breitsching hat sich für mich als Nothelfer erwiesen, als er mir bei computertechnischen Schwierigkeiten in kritischer Phase zur Seite stand.
Schließlich möchte ich all jenen danken, die mich bei der Durchführung der empirischen Untersuchung beraten und unterstützt haben, allen voran Meinrad Ziegler. In ihm fand ich einen ausgesprochenen Experten qualitativer Sozialforschung unter dessen fachkundiger Begleitung die Untersuchungsanlage und das methodische Instrumentarium heranreifte. Ebenso danke ich der Diözese Innsbruck für die konstruktive und freundliche Zusammenarbeit in wichtigen Phasen der Untersuchung. Für die finanzielle Unterstützung der Befragung bedanke ich mich – auch ihm Namen der beteiligten Studierenden. Ein besonderer Dank gilt Ernst Jäger – damals Generalvikar, heute Diözesanadministrator –, der dem Forschungsprojekt von Anfang an spürbares Interesse entgegengebracht hat. Zu erwähnen sind auch die Mitglieder der Projektgruppe, die einen wichtigen Beitrag zum Gelingen der Befragung leisteten. Sie haben durch ihre persönlichen Erfahrungen mit dem Kuratoren-Moderatoren-Modell und aus ihrer je spezifischen Perspektive die Schwerpunktsetzungen beim Untersuchungsdesign mitbestimmt. Ihnen allen ein herzliches Dankeschön. Nicht zuletzt danke ich den Pfarrgemeinden, v.a. den Pfarrmoderatoren und KuratorInnen vor Ort (die anonym bleiben sollen), den Pfarrgemeinderäten und allen Frauen und Männern, die sich zu einem Interview bereit erklärten. Ihre Offenheit und das mutige Mitteilen ihrer Erfahrungen mit dem Leitungsmodell machten dieses Projekt erst wertvoll. Ihnen allen gehört mein aufrichtiger Dank. Die Arbeit hat nicht nur mir, sondern auch meiner Familie – meiner Frau Astrid und meinen Kindern Alexander und Isabella – einiges an Durchhaltevermögen abverlangt. Für die empfangene Geduld stehe ich in ihrer Schuld.

Innsbruck, am 15. September 2003

Johannes Panhofer

INHALT

Abkürzungen und Kurztitel

1. Abkürzungen:

Die Abkürzungen sind entnommen aus:

Siegfried M.Schwertner, Internationales Abkürzungsverzeichnis für Theologie und Grenzgebiete, Berlin 1992.

Weitere verwendete Abkürzungen:

HPTh I: Haslinger H. (Hg.) Handbuch Praktische Theologie I. Grundlegungen, Mainz 2000.

HPTh II: Haslinger H. (Hg.) Handbuch Praktische Theologie II. Durchführungen, Mainz 2000.

EN: Apostolisches Mahnschreiben „Evangelii nuntiandi“ (hg. vom Sekretariat der Deutschen Bischofskonferenz), Bonn 1975.

ASEc: Libreria Editrice Vaticana (Hg.), Annuarium statisticum eclesiae

Die Beschlüsse der Würzburger Synode – „Zur Ordnung der pastoralen Dienste 1.1“ und „Die pastoralen Dienste in der Gemeinde 1.2.2.“ sind zitiert aus : Gemeinsame Synode der Bistümer der Bundesrepublik Deutschland. Beschlüsse der Vollversammlung. Offizielle Gesamtausgabe I, Freiburg 1976.

2. Kurztitel:

Im laufenden Text wurde jeweils mit Kurztitel zitiert. Die vollständigen Titel finden sich im Literaturverzeichnis. Der im Kurztitel verwendete Begriff, ist im Literaturverzeichnis hervorgehoben (fett gedruckt).
Wird bei der Zitation auf einen gesamten Artikel Bezug genommen, so ist die genaue Seitenangabe (von–bis) im Literaturverzeichnis angegeben.

Im Interesse einer flüssigen Leseweise ist die Verwendung weiblicher und männlicher Formulierungen nicht durchgehend erfolgt. Ich verwende die Formulierung beider Geschlechter dort, wo mir die Dimension der weiblichen und männlichen Seite besonders wichtig erscheint.

EINLEITUNG

Christlicher Glaube verwirklicht sich in Gemeinden. Die Kirche Christi lebt dort, wo das Wort Gottes gehört wird, wo Gemeinschaft erfahren und Solidarität geübt wird, wo Hoffnung geschöpft und Mut zugesprochen wird. Indem die Kirche in ihren Gemeinden, dies tut, ist sie „in Christus gleichsam das Sakrament, das heißt Zeichen und Werkzeug für die innigste Vereinigung mit Gott wie für die Einheit der ganzen Menschheit" (LG 1). Dadurch wird die christliche Gemeinde zum Ort der Gegenwart Gottes mitten unter den Menschen.
Gerade heute – angesichts des Gegenwindes, den die Kirche verspürt – wird man neu gewahr, dass diese theologischen Bilder keine leeren Worthülsen sind. Indem die kirchlichen Gemeinden zur „Welt der Menschen" kommen, nimmt das Evangelium mehr und mehr Gestalt an. Auch die ostafrikanische Bischofskonferenz (AMECEA) entdeckte das „Grundaxiom der Evangelisierung" neu: „Kleine christliche Gemeinschaften können die Kirche zum täglichen Leben und zu den Anliegen der Menschen führen, dorthin, wo sie wirklich leben. In ihnen nimmt die Kirche Fleisch und Blut an in den Lebenssituationen der Menschen."[1] Dies gilt wohl auch für die Gemeinden in Europa. Die Pfarrgemeinde ist der Ort, der das Ereignis und Geheimnis Christi widerspiegelt, in ihr nimmt das Evangelium Fleisch an. Die Gemeinde ist jener Ort, an dem man zu „Gott einkehrt" um neben den Menschen aufzutauchen. Deshalb gilt: „Die Pfarre ist und bleibt das Grundmuster aller kirchlichen Gemeinschaft."[2]

Wenn ich mich in der vorliegenden Arbeit dem Leben der Pfarrgemeinde zuwende, näherhin mit einem vielleicht zunehmend Verwendung findenden Pfarrleitungsmodell befasse, so tue ich das deshalb, weil mir die Zukunft lebendiger Pfarrgemeinden am Herzen liegt. Der Aspekt des konstruktiven und lebensfördernden „Zusammenspiels" von Pfarrer bzw. Leitung und Gemeinde hat mich schon immer besonders interessiert. Ich selber hatte das Glück, in einer sehr lebendigen Pfarrgemeinde aufwachsen zu dürfen, die aus den Begabungen und dem Engagement einzelner Persönlichkeiten und aktiver Gruppen lebte. Der Pfarrer war Integrationsfigur und ließ die Initiativen zu. Heute lebe ich in einer Pfarre, die sich – aufgrund des Priestermangels – von einem Pfarrprovisorium zum nächsten rettet. Eine kontinuierliche Aufbauarbeit ist nur schwer möglich, vorhandene Begabungen und Interessen können kaum aufgegriffen werden. Ältere Priester, die sich schon längst ihren Ruhestand verdient hätten, versuchen dennoch nach Kräften, zumindest die sakramental-liturgische Versorgung zu gewährleisten. Aktive Gemeindebildung auf schwierigem Terrain kann so nicht mehr erwartet werden.

---

[1] Zitiert in: Missio, Kirche, 9–10.

[2] Schönborn, Kathpress 142, 5. Damit ist nicht bestritten, dass die Neuen Geistlichen Bewegungen ebenso ausgeprägte Formen „kommunikativer Glaubensmilieus" sind (vgl. Kehl, Kirche, 153.) oder „Passantenpastoral" (vgl. Bucher, Zeiten, 34f.) seelsorglich weniger bedeutsam wären.

Blickt man auf die Gemeinden in Mitteleuropa, so drängt sich angesichts des zunehmenden Priestermangels die Frage auf, wie es mit den Gemeinden und ihrer Leitung weiter gehen wird. Das uns so vertraute Bild der klassischen Pfarre „ein Pfarrer – eine Pfarrgemeinde" verliert seine Selbstverständlichkeit. Während einzelne noch „versorgte Pfarren" wenig Gedanken daran verschwenden, ist es für Christen anderer Gemeinden schon bittere Realität: Das war unser letzter Pfarrer! Was kommt danach? Wer ist da, um die Gemeinde zu leiten, das Evangelium authentisch zu verkünden, die Sakramente mit der Gemeinde zu feiern und die vorhandenen Berufungen und Charismen zu fördern und zu begleiten? Trocknen unsere Gemeinden geistlich und sakramental aus? Steuern wir auf ein Gemeindemodell ohne Amt zu, bei dem es vielleicht noch Ansprechpersonen oder sogar Leitungspersonen gibt, aber das sakramentale Amt nur mehr hin und wieder „eingeflogen" wird? Wird die (kirchenrechtlich) vakante Pfarre zum Dauerzustand?
Mit dem Blick auf die aktuelle Entwicklung in der Kirche und im Kontext großer gesellschafltlicher Veränderungen stellt sich die Sorge um die Zukunft der Gemeinden sehr brennend dar. Seit Jahrzehnten wandern die Menschen aus den Kirchen aus: Die theologisch-kirchliche Sprach- und Symbolwelt findet keinen Bezug mehr zur individualisierten Lebensrealität der Cyberwelt, (kirchliche) Traditionen lösen sich auf, Vorgaben des kirchlichen Lehramtes finden in der pluralistischen und multikulturellen Gesellschaft kaum Gehör usw. Gleichzeitig ist eine beinahe zwanghafte Suche nach Spiritualität in all ihren Facetten festzustellen. Der Psychomarkt boomt, die Seele lechzt nach einem unbenennbaren „Mehr", das Numinose wird in Hexenseminaren beschworen, das Feuerlaufen soll verborgene Kräfte wecken. Spiritualität ist *in*. Während also die Kirche zunehmend an Terrain verliert, sprechen manche angesichts der skizzierten Spiritualitätssehnsucht von religionsproduktiven Tendenzen.[3] Pfarrgemeinden sind keine unberührten Biotope inmitten der gesellschaftlichen Umwälzungen, sondern diese laufen mitten durch sie hindurch. Neben diesen Herausforderungen durch die Gesellschaft ist auch das Innenleben der Kirche alles andere als frei von Konflikten. Die Pluralität hat – für manchen wie ein trojanisches Pferd – in die Kirche Einzug gehalten.
Die Kirche ist „auf dem Weg über vielfältige innere und äußere Konflikte mitten in einem Gestaltwandel begriffen, dessen Ende noch nicht abzusehen ist, in dem sich aber ihre Communio-Struktur und damit der Reichtum ihrer Katholizität deutlicher und reicher ausprägen werden, als dies in den letzten Jahrhunderten der Fall sein konnte."[4] Diese Metamorphose wird einerseits erlitten – wir sind den gesellschaftlichen und kirchlichen Veränderungen ausgesetzt –, wir können sie andererseits auch mitgestalten – im aktiven christlichen Engagement und im Erarbeiten theologischer Optionen. Letzteres ist v.a. Aufgabe der (Praktischen) Theologie.
Imitten der gesellschaftlichen und kirchlichen Umwälzungen und der Suche nach Sinn und Orientierung (Spiritualität) der Menschen heute ist Leitung in den Gemeinden und

---

[3] Die Entwicklung ist zusammengefasst in: Bucher, Pluralität, 94–98.

[4] Kasper, Art. Kirche, 1473.

geistliche Wegbegleitung gefragt. Kreatives Umgehen und Aufgreifen der vielfältigen und individualisierten Biographien wird erwartet.[5] Ein Leitungsstil ist gefragt, der sowohl der christlichen Botschaft als auch den pluriformen Lebenserfahrungen der Menschen von Heute gerecht werden kann. Die christlichen Gemeinden werden nicht mehr wie in christentümlicher Gesellschaft von einer christlichen Umgebung „getragen". Die neuen Herausforderungen von „außerhalb und innerhalb" der Kirche fordern einen erhöhten Leitungsbedarf. Gerade *weil* der Kirche der Wind heute ins Gesicht bläst, ist eine nachgehende Seelsorge und eine präsente und klare Leitung für die Gemeinden am Ort nötiger denn je. Dem größeren Bedarf an Leitung stehen aber immer mehr Leerstellen in den Pfarrgemeinden gegenüber.

In der Kirche geht es nicht nur darum, eine vakante (Leitungs-)Position zu besetzen. Mit der Anwesenheit eines geweihten Priesters wird eine fundamentale Wirklichkeit der Kirche, dass nämlich Christus ihr eigentlicher Hirte ist, repräsentiert und kann die Eucharistiefeier als Quelle und Höhepunkt gemeindlichen Lebens erst gefeiert werden. Das Zweite Vatikanische Konzil weist dem Pfarrer eine zentrale Stellung in der Leitung und für die Heiligung der Gemeinde zu: Beim Bemühen um die Heiligung der Gemeinde „sollen die Pfarrer dafür sorgen, dass die Feier des eucharistischen Opfers Mitte und Höhepunkt des ganzen Lebens der christlichen Gemeinde ist." (CD 30) Ferner sollen sie durch die Spendung weiterer Sakramente das christliche Leben fördern. Darüber hinaus sollen sich Priester um ihre anvertraute Herde kümmern: „Sie sollen also die Häuser und die Schulen besuchen, wie es die Hirtenaufgabe verlangt, sich eifrig um die Heranwachsenden und die Jugendlichen kümmern, den Armen und Kranken ihre väterliche Liebe schenken" (CD 30). Angesichts des Priestermangels stellt sich die Frage: Wer soll in Zukunft die Frohe Botschaft zu den Jugendlichen und Familien, zu den Armen und Kranken bringen? Wer soll in Zukunft mit den Gläubigen Eucharistie, das Geheimnis des Glaubens feiern? Sowohl die Leitungsfrage als auch die sakramentale Amtsfrage sind dringlicher den je, im Kontext einer zunehmend multikulturellen Gesellschaft und im Paradigma des Marktes und des Funktionalen.

Mit verschiedensten pastoralen Modellen versucht die Kirche das Problem zu bewältigen: Seelsorgeräume werden geschaffen und Teams aus Ehrenamtlichen und Hauptamtlichen, von Laien und Priester werden gebildet. Das Kirchenrecht lässt durchaus einige Möglichkeiten zu, die dem Pfarrermangel entgegenwirken können. Eines der Leitungsmodelle, die zur zwischenzeitlichen Überbrückung des „pastoralen Notstands" herangezogen werden, ist das Modell nach c. 517 § 2. Es sieht einen Laien, einen Diakon oder ein Team vor, welche unter der Letztverantwortung eines Priesters, der Rechte und Pflichten eines Pfarrers besitzt, die Pfarre leiten. Dieses Modell ist Gegenstand vielfältiger pastoraler und theologischer (amts-, kirchenrechtlicher) Auseinandersetzungen und Diskussionen. Die pastorale und theologische Beurteilung dieses Modells differiert beträchtlich. Während die einen darin *die* vorübergehende Lösung des Problems des Priestermangels sehen – und hoffen, dass sich dadurch auch neue Wege für die Gemeindeleitung auftun –, sehen die anderen darin den Niedergang

[5] Vgl. Panhofer, Ausbildung, 278–282.

des Priestertums und den Untergang des sakramentalen Amtsverständnisses. Auch wenn das Modell seit 1983 kirchenrechtlich möglich ist, zögern manche Ortskirchen dieses Modell einzuführen. Man kann aber all den neuen Erscheinungen nicht nur in (maßregelnder) Abwehr gegenüberstehen, sondern kann sich auch fragen, *„ob hier nicht so etwas wie eine Berufung, letztendlich geistgeleitetes Streben zur Behebung der pastoralen Not vorliegt, das zwar in Form und Ausmaß neu ist, das aber in sich doch in Dankbarkeit gegenüber der göttlichen Gnade anzunehmen ist, die auf diese Weise neue Wege weist, über deren Gangbarkeit man sich intensive Gedanken machen müßte."*[6]

Das Anliegen der vorliegenden Arbeit entsprang folgender Beobachtung: Die Diskussion wird vorwiegend von theologischen Experten und Amtsträgern geführt. Die von diesem Modell betroffenen Gläubigen und ihre Erfahrungen finden in diese Diskussion kaum Eingang. Der Blick auf dieses Modell wird beinahe ausschließlich von Professionellen und kirchlichen „Funktionären" vorgenommen. Diese einseitige Sichtweise von Amtsträgern bzw. Theologen wird nur von einzelnen Erfahrungsberichten aufgebrochen, die aber keine systematische Auseinandersetzung beanspruchen. Der Großteil der betroffenen Christen in diesem Modell kommt nicht zu Wort. Die ohnmächtig Betroffenen sind – in den Worten Franz Webers – die „Armen", die den theologischen und strategischen Überlegungen der Professionellen (dazu zählen auch die Theologen) weithin hilflos „ausgeliefert" sind.[7]

Die Erfahrungen der betroffenen Gläubigen dürfen aber im theologischen und kirchlichen Gespräch auf der Suche nach neuen Formen der Gemeindeleitung nicht einfach übergangen werden. Sie sind keineswegs nebensächlich oder gar ignorierbar, sondern stellen einen wesentlichen – im Fortschritt theologischer Erkenntnis und der Gestaltung von Kirche – unverzichtbaren Beitrag für zukünftige modifizierte Leitungsmodelle dar. Das vertiefte Offenbarungsverständnis des Zweiten Vatikanischen Konzils und die Lehre vom sensus fidelium als einer eigenständigen und unverzichtbaren Bezeugungsinstanz (locus theologicus) bilden nicht nur die theologische Legitimation, sondern die von der universalen Kirche (Konzil) und der theologischen Forschung geforderte und unverzichtbare Einbeziehung des Gottesvolkes: *„Es* wächst *das Verständnis der überlieferten Dinge und Worte durch das Nachsinnen und Studium der Gläubigen, die sie in ihrem Herzen erwägen ..., durch innere Einsicht, die aus geistlicher Erfahrung stammt"* (DV 8).

Damit ist das *Anliegen dieser Arbeit* benannt: Die Erfahrungen der betroffenen Menschen – und zwar als gläubige Christen – mit diesem Gemeindeleitungsmodell nach c. 517 § 2 „einzusammeln" und sie als Ausdruck des Glaubenssinns der Gläubigen zu begreifen. Als solche bilden sie einen kreativen, unverzichtbaren Beitrag im Ringen um eine neue Gestalt von Gemeindeleitung und für die theologische und kirchliche Diskussion derselben. Diese Erfahrungen können sich auf die Veränderung

[6] Beinert, Amt, 129.
[7] Vgl. Weber, Gemeinde, 60.

von Rollen im kirchlichen Leben (Kleriker und Laien), die Auswirkungen auf das Leben der Gemeinden, die Entstehung neuer Formen (von Diensten), das Bewusstsein der Laien und der communio, u.v.m. beziehen.
Dieses Vorhaben wirft nicht nur praktisch-methodische Fragen – mit welchem empirischen Verfahren sind die Erfahrungen der Menschen tatsächlich erfassbar –, sondern grundsätzlich theologische Fragen auf: Welchen Stellenwert hat eine solche Befragung im theologischen Gespräch? Ist das Hören und das Einbringen der Erfahrungen der betroffenen Gläubigen in den theologischen wissenschaftlichen Diskurs legitim? Ist die Stimme des Volkes Gottes in einer offensichtlich dogmatischen bzw. amtstheologischen Frage überhaupt von Bedeutung oder gar unverzichtbar? Und schließlich: Welche Aufgabe hat die Praktische Theologie in diesem theologischen Gespräch, was ist ihr Beitrag?[8]
Diese Arbeit beschäftigt sich mit dem Gemeindeleitungsmodell nach c. 517 § 2 als einer konkreten, kirchenrechtlich verankerten Form kooperativer Gemeindeleitung. In diesem Modell wird ein Nichtpriester (diese Personen werden ortskirchlich unterschiedlich bezeichnet; in der Diözese Innsbruck heißt diese Person „Kurator" bzw. „Kuratorin") – es können auch mehrere Personen sein – vom Bischof an der „Ausübung der Hirtensorge in einer Pfarrgemeinde beteiligt".[9] Ein Priester (in Innsbruck „Moderator" genannt) „moderiert" leitet die Hirtensorge. Im Rahmen dieser Arbeit wird in drei Pfarrgemeinden der Diözese Innsbruck, in Aufeld, Ehrendorf und Franzenberg[10] eine Befragung durchgeführt, um zu erfassen, wie die betroffenen Menschen dieses Leitungsmodell wahrnehmen und wie es sich auf das Leben der Gemeinde auswirkt.
Aus dem Anliegen ergibt sich für die Arbeit folgende Gliederung:
Um die Diskussion zum Modell c. 517 § 2 besser verstehen und einordnen zu können, skizziere ich im *ersten Kapitel* den kirchlichen Hintergrund. Zunächst sollen statische Daten darüber Aufschluss geben wie es mit dem viel beklagten *Priestermangel* (1.1) tatsächlich bestellt ist. Ein nüchterner Blick auf die statistischen Zahlen – weltweit, für Europa, für Österreich und Tirol – scheint angesichts einer emotional geführten Debatte durchaus angebracht. Entscheidend ist jedoch, wie auf das Phänomen „Priestermangel" und seine konkreten Auswirkungen für die ortskirchliche Pastoral reagiert wird. Ein kurzes Blitzlicht auf dieses weite Feld soll die kirchliche Stimmungslage (1.2) wiedergeben, einzelne Stimmen hervorheben und die Diskussionsatmosphäre bewusst machen.

---

[8] Diese parallel mitlaufenden Fragen befinden sich auf einer metatheoretischen Ebene: Sie sind fundamentaltheologischer bzw. erkenntnistheoretischer (wie kommt theologische Erkenntnis zustande und welchen Stellenwert nimmt das Volk Gottes darin ein [vgl. Klein, Zugänge, 256: „theologische Dignität"]?) und fachtheoretischer Natur (welchen Wissenschaftscharakter hat Praktische Theologie und welchen Beitrag kann sie zu einer Frage aus dem „Ressort der Dogmatik" leisten?). Diese Fragen können hier nicht ausführlich diskutiert, wohl aber an entsprechender Stelle angedeutet werden.
[9] Vgl. c. 517 § 2.
[10] Die Namen der Pfarren sind anonymisiert.

Im *zweiten Kapitel* stelle ich das *Leitungsmodell nach c. 517 § 2* aus kirchenrechtlicher Sicht (1.2) vor. Eine profunde Kenntnis dieser Rechtsfigur und der Intention des Gesetzgebers ist für die Beschäftigung unumgänglich. Ist das Modell nach c. 517 § 2 eine theologische Sackgasse oder ein kirchenrechtlicher Rahmen, der als Übergangs- und Notlösung neue Formen der Gemeindeleitung ermöglicht? Die ortskirchliche Rahmenordnung der Diözese Innsbruck ist der kirchenrechtlichen Diskussion angefügt.
Im *dritten Kapitel* wird *die Befragung der betroffenen Gläubigen* theologisch *begründet und der Beitrag der Praktischen Theologie* benannt. Die theologische Grundentscheidung muss thematisiert werden: Hat das Volk Gottes etwas zu sagen, muss es gehört werden? Dass der Beitrag der betroffenen Gläubigen unverzichtbar ist – sowohl für die konkrete Gestaltung des kirchlichen Lebens als auch für die Erkenntnisgewinnung in der Theologie – möchte ich anhand der zentralen ekklesiologischen Begriffe *„Offenbarung"* (3.1) und *„Glaubenssinn der Gläubigen"* (sensus fidelium) (3.2) belegen. Im Zusammenhang damit ergibt sich die *spezifische Aufgabe der Praktischen Theologie* (3.3) und ihr Beitrag zur Fragestellung der Arbeit.
Im *vierten Kapitel* wird die *Methode der qualitativen Befragung* (4.1) und der Ablauf der Untersuchung, *das Projektdesign* (4.2) vorgestellt. Die Auswahl der Methodik – eine qualitative Befragung mit Leitfaden – soll begründet, die verwendeten Befragungs- und Auswertungstechniken dargestellt und die Untersuchung mit ihrer thematischen Schwerpunktsetzung anschaulich gemacht werden. Der Auswahlvorgang der drei Gemeinden und der 24 befragten Personen soll transparent werden.
Während das dritte Kapitel die theologische Grundlegung vorbereitet, geht es im *fünften Kapitel – „Hören, was der Geist den Gemeinden sagt"–* um das inhaltliche Herzstück der Arbeit. Die betroffenen Gläubigen aus drei Pfarrgemeinden der Diözese Innsbruck – nämlich Aufeld, Ehrendorf und Franzenberg – kommen mit ihren erfreulichen und schmerzlichen Erfahrungen mit dem Leitungsmodell nach c. 517 § 2 zu Wort (5.1 bis 5.3). Die Interpretation der Interviews wird zunächst gemeindebezogen dargestellt. Im Anschluß daran werden gemeindeübergreifende, d.h. *verallgemeinerbare Aussagen* zu diesem Gemeindeleitungsmodell auf Basis der qualitativen Interviews (5.4) gewonnen.
Im *sechsten Kapitel* geht es um den *pastoraltheologischen Ertrag* der Untersuchung: Ist das Modell ein Quellort einer neuen Gestalt von Kirche? Der empirische Befund wird unter zweierlei Hinsicht reflektiert. Zum einen geht es um *pastoral-praktische Impulse* (6.1), die sich aus den Aussagen der befragten Gläubigen direkt ergeben. Werden die Hinweise der Gläubigen berücksichtigt, können sie zum praktischen Gelingen des Modells beitragen. In einem zweiten Schritt sollen zwei Aspekte der Ergebnisse der *Befragung praktisch-theologisch* (6.2) reflektiert werden: Die Gestalt der Gemeindeleitung und die Entwicklungschancen für die Gemeinde. Diese Fragen sind untrennbar miteinander verbunden. Ausgehend vom empirischen Befund wird gefragt, ob dieses Modell nicht die Tür zur Erneuerung des Amtes und der Gemeinde aufstößt und diese Chance ergriffen werden will. Die Impulse, die von diesem Modell ausgehen, werden in den größeren Kontext der sich vollziehenden und aktiv zu gestaltenden *Ekklesiogenese* gestellt (6.3) . Ein persönliches Plädoyer schließt die Arbeit ab.

1 Der Priestermangel – Eine statistische Bestandsaufnahme und ein kirchliches Stimmungsbild

Diese Arbeit will die Gemeindesituation und die nichtpriesterliche Gemeindeleitung nach c. 517 § 2 geleiteten Pfarren erfassen, theologisch reflektieren und daraus Schlussfolgerungen ziehen. Grundsätzlich ist festzuhalten, dass jede Pfarrei „einem Pfarrer als ihrem eigenen Hirten anvertraut" (vgl. c. 515 § 1), er leitet die Pfarrgemeinde. Nach dem Kirchenrecht kann nur jemand zum Pfarrer bestellt werden, wenn er die Priesterweihe empfangen hat (vgl. c. 521 §1). Beschäftigt man sich mit dem Thema der Gemeindeleitung, so kommt man also nicht umhin, einen Blick auf die reale kirchliche Entwicklung priesterlicher Präsenz zu werfen. Gerade in einem Diskussionsbereich, in dem oft Emotionen „regieren" – sei es durch Panikmache oder verdrängende Beschwichtigung – ist es zuallererst wichtig, eine nüchterne Bestandsaufnahme vorzunehmen.

Das erste Kapitel vergegenwärtigt den kirchlichen Kontext, in dem das Pfarrleitungsmodell c. 517 § 2 eingesetzt wird. Er spielt für die Bewertung des Modells eine entscheidende Rolle, sowohl hinsichtlich seiner Anwendung als auch für das Erleben und die Beurteilung durch die Betroffenen. Die Installation des Modells geschieht vor dem Hintergrund des Priestermangels – ist durch ihn ausgelöst –, den verschiedenen Stimmen (-ungen) und Reaktionen aus unterschiedlichen Bereichen der Kirche. Der erste Teil (1.1) geht daher der Frage nach, wie es mit dem so genannten Priestermangel tatsächlich bestellt ist. Auch wenn im Mittelpunkt dieser Arbeit drei Pfarrgemeinden der Diözese Innsbruck stehen, kann sich eine Analyse des Priestermangels nicht auf eine lokalen Horizont beschränken, sondern muss europaweit, ja weltweit erfolgen. Dadurch soll deutlich werden, ob der Priestermangel ein lokales Phänomen darstellt oder eine Frage für die Weltkirche ist. Obendrein wirft eine weltkirchliche Analyse ein anderes Licht auf die Austauschprozesse von Priestern, die zwischen den Ortskirchen des Südens und des Nordens, des Westens und des Ostens stattfinden. Überdies machen die unterschiedlichen Pfarrstrukturen v.a. in Nord und Süd deutlich, dass das Phänomen Priestermangel in den verschiedenen Kontinenten völlig unterschiedlich erlebt wird. Der zweite Teil (1.2) gibt blitzlichtartig wieder, wie auf den verschiedenen Ebenen (nämlich lehramtlich, theologisch, ortskirchlich und von den Gemeinden her) auf den so genannten „pastoralen Notstand" reagiert wird.

1.1 Der sogenannte Priestermangel – eine statistische Bestandsaufnahme

❖ Priestermangel – eine „umstrittene Tatsache"

Wenn der inzwischen emeritierte Pastoraltheologe Jan Kerkhofs schon im Jahr 1995 festgestellt hat, dass „das Problem eines baldigen Priestermangels ... nicht annähernd in

das kollektive kirchliche Bewusstsein vorgedrungen“[11] ist, so kann davon wenige Jahre später v.a. in unseren Breiten wohl keine Rede mehr sein. Zwar mag in einzelnen mit Priestern „versorgten“ Gemeinden das Bewusstsein tatsächlich auch jetzt nur peripher ausgebildet sein und sich mancher Christ nach dem Motto „Solang es uns nicht betrifft!“ in Sicherheit wiegen. Viele Pfarrgemeinden in unseren mitteleuropäischen Ländern – und es werden ständig mehr – erfahren die Tatsache des Priestermangels spätestens dann sehr schmerzhaft, wenn nach der Verabschiedung des „alten“ Pfarrers kein „neuer“ mehr nachkommt. Ebenso schmerzlich, aber auf ganz andere Weise davon sind die Pastoralamtsleiter und Generalvikare betroffen, die immer weniger wissen, wem sie „ihre“ Gemeinden pastoral und leitend anvertrauen soll und können und wie sie die immer kleiner werdende und alternde Gruppe an Priestern möglichst gut verteilen sollen. Natürlich hört man in dieser angespannte Lage immer wieder beschwichtigende Stimmen. Sie weisen darauf hin, dass es in der Geschichte der Kirche immer ein Auf und Ab der Priesterberufungen gegeben habe. Überdies seien die Engepässe heute regional, während weltweit gesehen die Priesterberufungen wieder steigen würden. Man müsste also nur zwischen den Ortskirchen ausgleichen, lautet die logische Lösung. Die Vorschläge des „Priesterimports“ aus einem anderen Land kommen oft von Menschen, die wenig Gespür für die Eigenheiten gewachsener pastoraler Gemeindekulturen, mit der unmittelbaren Gemeindepastoral wenig zu tun haben und die Auswirkungen solcher Versetzungen von einer pastoralen Kultur (und dem damit verknüpften Kirchenbild) in eine andere nicht am eigenen Leib erleben.[12] Für sie ist dieses Problem ein rein mathematisches, das durch eine gute Verteilungsrechnung gelöst werden kann. Stimmt nun die Wahrnehmung der Mitteleuropäer oder jener, die die Gesamtkirche im Blick haben und daher zu Recht beschwichtigen?
Ich werde im Folgenden – inmitten der oft emotional geführten und von unterschiedlichsten Interessen geleiteten Diskussion – eine nüchterne Bestandsaufnahme liefern und Tendenzen sichtbar machen, die für eine seriöse Auseindersetzung des sogenannten Priestermangels unumgänglich sind.

❖ Priestermangel – ein Phänomen in verschiedensten Verhältnisbestimmungen

Wie lässt sich feststellen, ob es gerechtfertigt ist von Priestermangel zu reden? Genügt es, die abnehmende Zahl der Priester in einer Region oder in einem Land aufzuzeigen oder sind auch andere Parameter relevant? Um ein umfassendes, für die Diskussion hilfreiches Bild der Gesamt- und regionalen Entwicklung zu bekommen, müssen verschiedene Verhältnisbestimmungen näher untersucht werden. Bei der Darstellung der Entwicklung bzw. der Situation heute interessieren in unserem Zusammenhang etwa folgende Fragen:

---

[11] Kerkhofs, Priestermangel, 11.

[12] Damit soll nicht gegen die Begegnung und den Austausch zwischen den verschiedenen Ortskirchen das Wort geredet werden. Im Gegenteil: Nur der interkulturelle Austausch macht den Reichtum der Weltkirche sichtbar und läßt Ortskirchen voneinander lernen. Hier soll nur auf die Gefahr für die örtliche Pastoral hingewiesen werden, die durch eine Logik des „Löcherstopfens“ entsteht.

- Wie steht es mit der Anzahl der Diözesanpriester und Ordenspriester?
- Wie verändert sich das zahlenmäßige Verhältnis Katholiken – Priester?
- Wie viele Gemeinden sind ohne eigenen Pfarrer?
- Wie viele Gemeinden werden von Priestern, die nicht in der Pfarre wohnen, mitbe treut?
- Wie viele Gemeinden werden durch Diakone, Ordensleute oder Laien betreut?
- Wie viele sind unbesetzt?
- Laufen diese Entwicklungen weltweit ähnlich oder gibt es kontinentale und regionale Unterschiede?
- Welche Zusammenhänge und Vergleichsmöglichkeiten ergeben sich und welche Schlüsse lassen sich daraus ziehen?

1.1.1 Vorbemerkungen zur statistischen Darstellung

Bevor ein umfassendes Bild über die kirchliche Entwicklung der letzten 25 Jahre mit Hilfe der Statistik wiedergegeben wird, sind einige Bemerkungen zum rechten Lesen und Verstehen der Tabellen voranzustellen.

❖ Die Quellen

Die Hauptquelle der nun folgenden Statistiken ist das *Annuarium statisticum ecclesiae*[13] (im Folgenden mit ASEc abgekürzt). Dies ist die offizielle, jährlich erstellte Dokumentation der Römisch-Katholischen Kirche, die vom Vatikan dreisprachig herausgegeben wird. Es enthält die umfangreichste Darstellung der weltweiten, zahlenmäßigen Entwicklung der Römisch-Katholischen Kirche. Der überwiegende Teil der folgenden Tabellen ist den Bänden des entsprechenden Jahrgangs entnommen. Die Zahlen für die Bundesrepublik Deutschland sind beim Sekretariat der Deutschen Bischofskonferenz erhältlich, das über eine Homepage leicht zugänglich ist.[14] Für die Daten aus Österreich bekommt man Auskunft bei der Zentralstelle für kirchliche Statistik der Österreichischen Bischofskonferenz[15] bzw. dem Österreichischen Statistischen Zentralamt in Wien. Überdies unterhalten bereits die meisten österreichischen Diözesen eine eigene Homepage, die Auskunft über ortskirchliche Zahlen gibt.

❖ Die ortskirchliche Situation vor der weltkirchlichen Entwicklung

Weder die pastorale Situation einer Ortskirche noch die Frage des Priestermangels – und die damit zusammenhängende Neugestaltung der Sozialgestalt von Kirche – sind

---

[13] Annuarium statisticum ecclesiae. Annuario statistico chiesa. Statistical yearbook of the church. Città del Vaticano 1971 (1973) – 2000 (2002). Die Bände werden jährlich etwa Mitte des Jahres veröffentlicht. Zum Zeitpunkt des Erscheinens enthält der Band jeweils die Daten des zweiten vorhergegangenen Jahres. Der erfasste Zeitpunkt liegt immer eineinhalb Jahre vor der Veröffentlichung. D.h. der im Jahr 2002 erschienene Band enthält die Daten des Jahres 2000 zum Stichtag 31. Dezember.

[14] http://dbk.de

[15] Zentralstelle für kirchliche Statistik der Österreichischen Bischofskonferenz, Stephansplatz 6, 1010 Wien.

nur regional zu diskutieren und zu beantworten. Die Fragen nach dem zukünftigen Bild des Priester und der zukünftigen Gestalt der Gemeindeleitung betreffen die gesamte Weltkirche. Deshalb kann eine aussagekräftige Bestandsaufnahme nicht nur Mitteleuropa oder gar nur Österreich in den Blick nehmen. Auch wenn sich die empirische Befragung dieser Arbeit nur auf die Diözese Innsbruck bezieht, so wirft die lokale Untersuchung Fragen auf, die sehr grundsätzlicher Natur sind und die Weltkirche insgesamt betreffen. Ich möchte deshalb die Entwicklung in der Diözese Innsbruck vor dem Hintergrund betrachten, der sich weltkirchlich abzeichnet. Das statistische Bild, das im folgenden skizziert wird, beginnt also bei der Weltkirche und der Entwicklung auf den verschiedenen Kontinenten, um dann im Voranschreiten Richtung Europa immer kleinere Mosaiksteinchen (Länder) genauer anzusehen. Die österreichischen Zahlen werde ich mit dem „Vergrößerungsglas" betrachten, da sie den unmittelbaren pastoralen Kontext der Untersuchung bilden.

❖ Zeitraum und Darstellungsintervalle

Damit statistische Daten eine wirkliche Aussagekraft besitzen muss man sie auch in ihrem Zusammenhang (synchroner Datenvergleich) bzw. in ihrer geschichtlichen Entwicklung (diachroner Datenvergleich) sehen. Was den ins Auge gefassten Zeitraum betrifft, habe ich mich bei der Auswahl der Daten auf den Zeitraum der letzten 25 Jahre, also auf den Zeitraum von 1975 bis 2000 beschränkt. Das hat mehrere Gründe: Zum einen liegen erst ab 1975 detaillierte Aufzeichnungen weltweit vor. Zum anderen ist die turbulente Zeit Ende der 60er und Anfang der 70er Jahre, was die (Priester-) Zahlen angeht, eine Berg- und Talfahrt.[16] Eindeutige Tendenzen lassen sich erst nach diesen unruhigen Jahren ablesen. Schließlich scheint mir die Entwicklung über ein Vierteljahrhundert der nachkonziliaren Ära eine prägnante Aussagekraft zu besitzen, die Tendenzen deutlich erkennen lässt.[17]

Die Entwicklung des Verlaufes stelle ich in Intervallen von 5 oder 10 Jahren dar. Je nachdem, um welche Daten es sich handelt und ob sie stärkere oder schwächere, konstante oder wechselhafte Veränderung anzeigen, habe ich größere oder kleinere Intervalle festgelegt. Diesen Darstellungsrhythmus habe ich nur dann durchbrochen, wenn in einem Jahr dazwischen besondere Höhe- oder Tiefpunkte eintraten, die mir beachtenswert erschienen.

❖ Zur Bedeutung statistischer Analysen

Bei aller Notwendigkeit von statistischen Zahlen muss darauf hingewiesen werden, dass – falls man nicht sehr genau hinschaut – „Statistiken ebensoviel verschweigen wie offenbaren können. Hinter den Zahlen verbergen sich manchmal wichtige sozio-

---

[16] Ende der 60er Jahre fanden v.a. in Europa massive gesellschaftspolitische Umwälzungen statt, die auch an der Kirche nicht spurlos vorübergingen. Die Folge war eine Welle von Amtsniederlegungen bei Priestern.

[17] Darin liegt auch der Grund, warum die Daten aus dem Jahr 2001, die zum Zeitpunkt der Drucklegung dieses Buches vorlagen, nicht mehr aufgenommen wurden: Die Hinzufügung dieses weiteren Jahres kann eine womöglich neue Tendenz noch nicht signifikant abzeichnen.

kulturelle und stark historisch bedingte Unterschiede."[18] Für den interessierten Leser werden sich von selbst Fragen nach dieser oder jener Entwicklung oder nach den Gründen für Unterschiede einstellen. Solche Fragen, die uns zu den historischen und sozio-kulturellen Hintergründe der statistischen Zahlen führen, sind unerlässlich und geben erst ein Gesamtbild aus „Fleisch und Blut". Ich werde später auf diese Zusammenhänge zurückkommen, wenn es gilt, eine Interpretation vorzunehmen und Schlüsse daraus zu ziehen. Aber auch im Einzelfall kann es äußerst wichtig sein, offensichtlich klare Tendenzen durch Feinanalysen zu differenzieren.
Statistische Daten sind Zahlen, also Quantitäten – nicht mehr und nicht weniger. Ihre Aussagekraft bekommen sie durch die Interpretation.[19] Zahlen bieten überdies keine Qualitätsangaben, d.h. sie sagen nichts über die Vitalität der Gemeinden, der Priester, der Laien etc. aus. Statistische Analysen ergeben vielmehr ein Bild von Entwicklungen und Tendenzen. Diese sind sowohl für die konkrete regionale pastorale Planung als auch für kirchenpolitische Grundsatzentscheidungen von großer Bedeutung. Statistiken haben einen heuristischen Wert. Dieser geht über die immer wieder geforderten mathematische Genauigkeit hinaus. Überdies entlarven sie anhand der "nackten Zahlen" Mythen, die in ideologischer Weise verwendet werden, um bestimmte Entwicklungsschritte in der Kirche zu verhindern oder zu forcieren. So können Daten etwa einerseits von einer jahrzehntelangen Kontinuität in bestimmten Ortskirchen, ja selbst Kontinenten, zeugen. Andererseits machen sie ebenso deutlich, wie rasch in manchen Regionen und Ländern ein Trendumschwung einsetzen kann. Beispielsweise haben einzelne Daten, die bis 1992 eine klare Tendenz erkennen ließen, einen Knick bekommen, sodass nur wenige Jahre später die Entwicklung in die gegenläufige Richtung weiterlief. Dies zeigt sich z. B. an den Daten der Priesterweihen in Europa.

1.1.2 Die kirchliche Entwicklung in Zahlen – zur „Großwetterlage"

1.1.2.1 Die Entwicklung der Katholiken- und Priesterzahlen weltweit und in Europa

Um die Aussagekraft der Priesterzahlen besser einschätzen zu können, soll zunächst ein Blick auf die Gesamtentwicklung der katholischen Bevölkerung geworfen werden.

---

[18] Kerkhofs, Priestermangel, 11.
[19] Vgl. Lamnek, I, 218–244.

Tab.1
Weltbevölkerung und Katholiken (1975 – 2000)

	1975		1990		2000		
	Bevölkerung		Bevölkerung		Bevölkerung		
	In 1.000	Davon % Katholiken	In 1.000	Davon % Katholiken	In 1.000	Katholiken	
						In 1.000	In %
Afrika	400.957	12,1	638.121	13,9	789.455	130.018	16,5
Amerika	555.846	61,4	723.648	63,7	826.554	519.391	62,8
Asien	2.301.291	2,5	3.149.064	2,7	3.698.043	107.301	2,9
Europa	663.128	39,8	713.908	40,0	702.661	280.144	39,9
Ozeanien	21.094	24,6	26.497	26,6	30.566	8.202	26,9
Gesamt	***3.942.316***	***18,2***	***5.251.238***	***17,7***	***6.047.279***	***1.045.056***	***17,3***

Quelle: ASEc 1975–2000[20]

Die Weltbevölkerung hat sich allein in den letzten 25 Jahren um über 50 % erhöht. Dafür ist vor allem die rapide Zunahme der Bevölkerung in Asien von knapp 1,4 Milliarden verantwortlich. In Afrika hat sich die Zahl der Menschen beinahe verdoppelt. Die Prozentzahlen verdeutlichen, wie hoch jeweils der Anteil der Katholiken an der Gesamtbevölkerung des Kontinents ist. Die Prozentzahlen geben also nicht den Anteil der Katholiken an der Gesamtzahl der Katholiken auf der Welt wieder – wie man fälschlicherweise auch denken könnte.[21] Dies bestätigt ein Blick auf die letzte Spalte

[20] Die Angaben stammen immer vom 31. Dezember des jeweiligen Jahres. Zur Zitation der Daten aus dem ASEc ist Folgendes anzumerken: Um Tendenzen in Ländern und Kontinenten erkennen zu können, ist es notwendig, in *einer* Tabelle die entsprechenden Daten aus verschiedenen Jahren – und das heißt auch aus *verschiedenen Jahrgängen* des ASEc zusammenzustellen. Sowohl die Seitenzahlen als auch die Nummerierungen der statistisch erfassten Themen stimmen aber in den verschiedenen Jahrgängen des ASEc nicht überein, da bei späteren Jahrgängen immer wieder neue Analysefelder dazukommen. Eine Zusammenschau der Daten in *einer* Tabelle, die Seitenzahlen oder Nummerierungen aus *verschiedenen Jahrganges* des ASEc anführt, würde zur Verwirrung führen. Man findet die statistischen Angaben jedoch einfach, indem man im betreffenden Jahrgang unter dem Titel, mit der die Tabelle überschrieben ist, nachschlägt.

[21] Auf den ersten Blick mag das Verhältnis von kontinentalen Prozentangaben und jener Prozentzahl, die den Gesamtanteil der Katholiken an der Weltbevölkerung wiedergibt, verwirren: Obwohl in jedem Kontinent, die Prozentanzahl der Katholiken pro Bevölkerung zunimmt, sinkt weltweit gesehen der Anteil der Katholiken an der Weltbevölkerung. Kann das stimmen? Die Irritation löst sich auf, wenn man bedenkt, dass die Prozentzahlen der Kontinente den äußerst unterschiedlichen *absoluten* Bevölkerungszahlen gelten. Wenn also der Prozentsatz der Katholiken in Asien, wo die Bevölkerung explodiert ist, nur um 0,2 Prozent zunimmt, bedeutet das gleichzeitig, dass der Anteil der Nichtkatholiken (also fast 97 %) in absoluten Zahlen immens zugenommen hat.

(Jahr 2000), in der auch die Anzahl der Katholiken in absoluten Zahlen eingetragen ist. Demnach befindet sich in Amerika allein (dank Lateinamerika!) etwa die Hälfte aller Katholiken (519 Mio) weltweit. Sodann folgen – in absoluten Zahlen gerechnet – Europa (280 Mio), mit einigem Abstand Afrika (130 Mio) und Asien (108 Mio). Der Anteil der Katholiken an der Weltbevölkerung ist zurückgegangen (von 18,2 % auf 17,3 %).
Diese Verteilung und die kontinentalen Entwicklungen sind für unsere Frage insofern relevant, als für die Debatte über den so genannten Priestermangel nicht nur die Entwicklung in absoluten Zahlen aussagekräftig ist, sondern v.a. in der Relation zur Entwicklung der Katholikenzahlen. Dies wird der Blick auf das zahlenmäßige Verhältnis von Priester und katholischen Gläubigen zeigen (vgl. Tab. 11)

Tab. 2
Weltweite Präsenz von Diözesan-Priestern

Kontinent	**1971***	**1975**	**1985**	**1990**	**1995**	**2000**
Nordamerika	*42.564*	*42.471*	*41.408*	*39.859*	*38.676*	*36.967*
Zentralamerika	*7.260*	*7.734*	*8.447*	*9.482*	*10.831*	*12.370*
Antillen	*847*	*799*	*1.001*	*1.197*	*1.401*	*1.522*
Südamerika	*14.792*	*14.139*	*14.261*	*16.831*	*21.350*	*24.262*
Amerika	65.463	65.140	65.117	67.369	72.258	75.121
Afrika	4.637	5.034	8.154	10.740	13.421	16.962
Asien	12.800	12.024	16.094	19.877	22.454	25.716
Europa	185.736	174.225	161.069	156.897	151.501	145.268
Ozeanien	3.021	2.908	2.885	2.813	2.784	2.714
Weltweit	**271.657**	**259.331**	**253.319**	**257.696**	**262.418**	**265.781**

ASEc

Tab. 3
Weltweite Präsenz von Ordenspriestern

	1971*	**1975**	**1985**	**1990**	**1995**	**2000**
Weltweit	**	145.452	150.161	145.477	142.332	139.397

ASEc

Tab. 4
Weltweite Präsenz von Welt- und Ordenspriestern

	1971*	**1975**	**1985**	**1990**	**1995**	**2000**
Weltweit	**	404.783	403.480	403.173	404.750	405.178

ASEc

* Der Stichtag der Zählung war der 1.1.1971. Faktisch bleibt also auch hier der Abstand von vollen fünf Jahren vorhanden.
** Keine vergleichbaren Daten im ASEc vorhanden.

Überraschend ist zunächst, dass Europa über den ganzen betrachteten Zeitraum die Mehrzahl der Priester stellt. 1971 ist noch mehr als zwei Drittel (!) des Weltklerus in Europa angesiedelt. Und das, obwohl nur ein Viertel der Katholiken in Europa leben. Die Weltkirche war also, was den Klerus betrifft, eine mehrheitlich europäische Kirche! Etwas besser verteilt sind die Ordenspriester. Prozentuell – und nicht in absoluten Zahlen – gesehen, gibt es mehr Ordenspriester als Weltpriester in den Kirchen des Südens, also den früheren „Missionsländern". Von diesen letzteren ist eine beträchtliche Anzahl – oftmals kombiniert mit anderen Tätigkeiten – im Gemeindedienst tätig.

Ein erster Blick auf die weltweite Gesamtentwicklung erscheint keineswegs hoffnungslos: Zwar gab es 1970 noch 271.657 Diözesanpriester. Nach einem Rückgang auf 253.319 Priester im Jahre 1985 gibt es aber seit Ende der 80er Jahre wieder eine Aufwärtsbewegung in *absoluten* Zahlen (265.781 Priester im Jahr 2000). Zieht man jedoch in Betracht, dass die Zahl der Katholiken weltweit in den letzten 25 Jahren von 717.000 auf über eine Milliarde (vgl. Tab. 1) gestiegen ist, die Zahl der Priester aber stagniert, so muss man ehrlicherweise auch weltweit von einem Rückgang der Priesterzahlen sprechen (vgl. Tab. 11). Während die Zahl der Katholiken in 25 Jahren nämlich um ca. 50 % zugenommen hat, ist die Zahl der Welt- und Ordenspriester annähernd gleich geblieben. Dabei gleicht der Anstieg bei den Weltpriestern den Rückgang bei den Ordenspriestern in etwa aus.

Die Entwicklung läuft auf den verschiedenen Kontinenten höchst unterschiedlich. Die Tabelle zeigt, dass der Rückgang der Priester – auch in absoluten Zahlen – ein europäisches und nordamerikanisches Problem darstellt.[22] Auf Ozeanien stagniert der Priesternachwuchs, überall sonst sind die Zahlen der Priester im Steigen. In Asien hat sich die Zahl der Weltpriester in den letzten 25 Jahren verdoppelt, in Afrika sogar mehr als verdreifacht.

❖ Präsenz der Priester in europäischen Ländern

Die folgende Tabelle gibt die Entwicklung der Priesterzahlen in einigen (mittel-) europäischen Ländern wieder.[23] Auch wenn in Europa die Zahl der Priester insgesamt abnimmt, gibt es einige Länder, die sich diesem Trend entgegenstellen. In folgenden Ländern bleibt die Zahl der Diözesanpriester entweder annähernd gleich oder sie weist eine Steigerung auf:

---

22 Bei der Darstellung der Kontinente im Vergleich war mir wichtig, den amerikanischen Kontinent nochmals nach seinen zentralen Zonen zu untergliedern. Das ist notwendig, da gerade auf diesem Kontinent die Entwicklungen in Nord und Süd meist gegenteilig verlaufen und die zusammenfassende Gesamtzahl der Entwicklungen den einzelnen Regionen nicht gerecht wird. Völlig gegenläufige Tendenzen heben sich in einer mathematischen Gesamtzahl (ausgleichendes Mittel) auf und täuschen eine völlig falsches Bild vor.

23 Länder, in denen der Verlauf nicht signifikant ist, wurden in die Tabelle nicht aufgenommen. Eine umfangreichere Zusammenstellung der Daten europäischer Länder findet sich bei: Panhofer, Gemeinden (Dissertation).

Tab. 5
Europäische Länder mit gleich bleibenden oder steigenden Priesterzahlen

	1971**	1975	1980	1985	1990	1995	2000
Tschechische Republik**	*	3.554	3.393	3.031	2.806	1.294	1.364
Polen	13.901	14.555	15.157	16.314	18.246	20.091	21.280
Rumänien	687	*	*	884	1.114	1.380	1.475
Slowakei	-	-	-	-	*	1.515	1.893
Ukraine	*	*	*	*	336	1.501	2.140

ASEc

* Keine Angaben im ASEc. Die Feststellung der tatsächlichen Priesterzahl war zu kommunistischer Zeit vermutlich sehr schwierig oder wurde aus Rücksicht auf die Ortskirche bewusst nicht veröffentlicht. So lässt sich etwa in Bulgarien keine klare Tendenz ablesen.
**Die Tschechoslowakei hatte im Jahr 1980 3.393 Priester fünf Jahre später 3.031. Die Angabe aus dem Jahr 1990 umfasst noch die heutige Slowakei.
*** Stichtag ist der 1.1.1971. Es bleibt also faktisch die Fünfjahresspanne erhalten.

Es fällt auf, dass v.a. Länder des früheren Ostblocks mit einer Zunahme an Priestern gesegnet sind,[24] besonders die Ukraine, Polen und Rumänien.

Tab. 6
Europäische Länder, in denen die Priesterzahlen rückläufig sind

In den westeuropäischen (Wohlstands-)Ländern, in denen die Priester noch immer zahlenmäßig überwiegen, ist ein seit Jahrzehnten anhaltender Abwärtstrend festzustellen, der kaum erkennbar, aber auch sehr drastisch sein kann:

	1971**	1975	1980	1985	1990	1995	2000
Österreich	3.836	3.581	3.581	3.309	3.122	2.976	2.701
Deutschland*	19.742	18.136	18.631	17.588	16.962	16.022	14.682
Schweiz	2.938	2.889	2.561	2.396	2.182	1.987	1.882
Belgien	9.551	8.861	7.896	7.155	6.430	5.673	4.978
Frankreich	38.116	34.649	31.481	28.175	25.203	22.199	19.234
Ungarn	-	3.414	3.126	2.834	2.451	2.120	1.915
Niederlande	3.652	2.988	2.718	2.323	2.031	1.754	1.588

ASEc

---

[24] Die Frage zu beantworten, warum das so ist, würde eine gründliche gesellschaftlich-kirchliche Analyse dieser Länder erfordern, die an dieser Stelle nicht geleistet werden kann. Auffällig ist nur, dass dies Länder sind, in denen entweder Katholiken eine Minderheit bilden (nordische Länder; vgl. entsprechende Daten im ASEc) oder in denen die Kirche inmitten starker gesellschaftlicher, sozialer und politischer Umbrüche einen Halt vermittelt und Bildungschancen eröffnet (Oststaaten).

* Bis 1985 sind – zum besseren Vergleich mit den folgenden Jahren – die Zahlen für Deutschland aus der damaligen BRD und damaligen DDR zusammengefasst.
** Stichtag ist der 1.1. 1971. Der Abstand von fünf vollständigen Jahren wird also faktisch beibehalten.

Die rückläufige Entwicklung betrifft vor allem die „katholischen" bzw. bevölkerungsreichen Länder – mit Ausnahme von Polen. „Spitzenreiter" sind Frankreich, Belgien, die Niederlande, Ungarn, gefolgt von Österreich (!). In diesen Ländern ist die Anzahl der Priester in den letzten 20 Jahren um ein Drittel – in Frankreich, Belgien und Luxemburg in 30 Jahren sogar um die Hälfte – gesunken. Auch in der Schweiz und Deutschland, sowie in den anderen romanischen Ländern, ist der Rückgang nicht weniger dramatisch. Berücksichtigt man die Alterspyramide des Klerus in diesen Ländern, wird sich der Trend in den kommenden Jahren noch deutlich verstärken.

Für die weitere Entwicklung sind auch die Priesterweihen ausschlaggebend.

Tab. 7
Die Anzahl der Priesterweihen (Diözesanpriester) weltweit

	1975	1985	1990	1995	2000
Nordamerika	*835*	*612*	*517*	*489*	*471**
Zentralamerika	*244*	*212*	*360*	*467*	*490*
Antillen	*25*	*59*	*66*	*55*	*80*
Südamerika	*267*	*640*	*820*	*932*	*1.115*
Amerika	1.371	1.523	1.763	1.943	2.156
Afrika	284	492	715	939	1.177
Asien	448	645	959	1.041	1.094
Europa	1.966	2.097	2.456	2.475	2.321
Ozeanien	71	65	44	46	66
Weltweit	**4.140**	**4.822**	**5.937**	**6.444**	**6.814**

ASEc

Tab. 8
Die Anzahl der Weihen von Ordenspriester weltweit

	1975	1985	1990	1995	2000
Weltweit	**	1.963	2.277	2.352	2.562

ASEc

* An dieser Zahl wird besonders deutlich, dass die Darstellung der Entwicklung im 5-Jahresabstand eine Gesamttendenz wiedergibt und nicht den exakten Verlauf. So sackt etwa die Zahl der Priesterweihen in Nordamerika zwischenzeitlich im Jahr 1999 auf 407 ab.
** Keine Angaben im ASEc.

1970 betrugen die Priesterweihen weltweit 4.622. Mit dem Jahr 2000 erreicht die Anzahl der Priesterweihen – weltweit und in absoluten Zahlen gesehen – einen Höhepunkt. Nur 1996 war die Zahl mit 6.794 Weihen annähernd so hoch wie im Jahr 2000.

Verantwortlich für diese Gesamttendenz sind v.a. Südamerika und Afrika, die den Rückgang in Nordamerika und Europa wettmachen. Die Statistik zur Zahl der Priesterweihen entspricht durchaus der Präsenz von Priestern. Die Anzahl der Weihen ist weltweit im Steigen. Allein in Europa, Nordamerika und Ozeanien sinken sie. Nordamerika wird in der Statistik in einer gesamtamerikanischen Sicht durch die lateinamerikanische Entwicklung aufgefangen. Aufgrund der fehlenden Daten aus den Ostblockländern bis ins Jahr 1990 geben die Gesamtzahlen für Europa bis zu diesem Zeitpunkt nicht die tatsächlichen Priesterzahlen bzw. Zahlen der Priesterweihen wieder. Der sprunghafte Anstieg der Weihen in Europa von 1985 auf 1990 liegt also daran, dass ab hier auch osteuropäische Zahlen vorliegen. Die Weihen für Ordenspriester erreichten 1992 mit 2.568 den Höhepunkt. Neben der Zählung der Weihen, findet sich im ASEc ebenso eine genaue Statistik über die Niederlegung des Priesteramtes.[25]
Angesichts einer solchen weltweiten Entwicklung, muss man fragen, ob den Europäern, die erst seit wenigen Jahrzehnten mit dem Thema Priestermangel konfrontiert sind, nicht ein „eurozentrischer Tunnelblick" vorzuwerfen ist. Auf jeden Fall ist der Rückgang der Priesterweihen ein Phänomen, das auf die westliche Welt beschränkt bleibt. Bemerkenswert ist, dass gerade in den Ländern mit der größten Dichte an Priestern, die Weihen am stärksten zurückgehen.[26]

Tab. 9
Priesterweihen in Europa

Wie sieht nun die „priesterliche Zukunft" Europas aus? Die Anzahl der Priester in den Ländern Europas (vgl. Tab. 5 und 6) geht nicht unbedingt konform mit der Entwicklung der Priesterweihen:

[25] Vgl. ASEc 1975, 343.

[26] Werden von der Zahlen der Priesterweihe die Zahl der Sterbefälle und die Anzahl der Amtsniederlegungen abgezogen, so ergibt sich die sogenannte *Bilanz-Summe*. Sie fällt dort positiv aus, wo die Zahl der Priesterweihen im Ansteigen begriffen ist, also in Lateinamerika, Asien und v.a. in Afrika. In jenen drei Gebieten, in denen die meisten Priester pro Katholiken zu verzeichnen sind, nämlich in Nordamerika, Europa und Ozeanien, die Bilanzsumme am negativsten ist. Aus der hohen Sterberate kann man schließen, dass der Altersdurchschnitt der Priester hier am höchsten und der Priesterstand überaltert ist. Bemerkenswert ist, dass Europa bei Amtsniederlegungen an letzter Stelle steht, während hier Amerika – und zwar diesmal durchgängig auf dem gesamten Kontinent – die meisten Austritte zu verzeichnen hat. In Zentralamerika gibt es eine hohe Zahl an Priesterweihen, aber – nach Ozeanien – auch die meisten Amtsniederlegungen. Dies drückt die Gesamtbilanz. In dieser Hinsicht ist Europa interessant: Europa hat im Vergleich zu allen anderen Kontinenten die wenigsten Amtsniederlegungen. Die hohe Negativbilanz ergibt sich in Europa v.a. aus dem Negativverhältnis zwischen Priesterweihen und Sterbefällen. Vgl. ASEc 2002.

	1975	1980	1985	1991	1995	2000
Österreich	38	36	36	32	32	29
Belgien	35	35	39	27	24	24
Deutschland**	170+20	192+2	202+17	264	187	151
Ungarn	36	33	28	38	27	44
Niederlande	8	7	9	21	16	29
Polen	453	472	703	838	678	572
Schweiz	20	11	22	20	26	17
Europa	**1.966**	**1.682**	**2.097**	**2.717**	**2.475**	**2.321**

ASEc

* Keine Angaben im ASEc.
** Bis 1989 sind die beiden Daten von BRD bzw. DDR.

Das Jahr 1991 signalisiert einen Wendepunkt in der Entwicklung und wird deshalb zusätzlich zu den üblichen Intervallen angegeben. Im Jahr 1991 wird der Höchststand an Priesterweihen in Europa mit 2.717 erreicht. Die Aussagekraft ist jedoch dahingehend zu relativieren, da in den Jahrzehnten davor die Priesterweihen in den damaligen Ostblockländern nur sehr mangelhaft in die Gesamtstatistik aufgenommen wurden bzw. werden konnten. Die stärksten Rückgänge haben die Länder Ukraine, Deutschland, Großbritannien, Irland, Schweiz und interessanterweise auch Polen zu verzeichnen. Hingegen lässt sich etwa in Frankreich – ein Land mit im Grunde geringer priesterlicher Präsenz – kein Rückgang feststellen.

Tab. 10
Detailübersicht Priesterweihen

Werfen wir an dieser Stelle einen detaillierteren Blick auf Österreich und die Entwicklung unserer (deutschsprachigen) Nachbarländer: Deutschland, Schweiz und die Niederlande.

	Österreich	Deutschland BRD	Deutschland DDR	Schweiz	Niederlande
1975	38	170	20	20	8
1980	36	192	2	11	7
1985	36	202	17	22	9
1986	25	256		17	20
1990	38	294		14	20
1995	32	187		26	16
2000	29	151		17	29

ASEc

In Österreich hat sich die Zahl der jährlichen Priesterweihen in den letzten zehn Jahren um die Zahl 30 „eingependelt". In Deutschland hingegen sind die Priesterweihen nach einem Höhepunkt im Jahr 1990 (nach der Wiedervereinigung) mit 294 innerhalb von 10 Jahren dramatisch um fasst die Hälfte (151) gesunken. Wieder anders „laufen die Uhren“ in der Schweiz. Dort gab es in den letzten 25 Jahren ein großes Auf und Ab. Gab es im Jahre 1980 nur 11 Weihen so waren es im Jahr 1988 wieder 29 Priesterweihen. Meist liegt die Anzahl der jährlichen Weihen bei den Eidgenossen zwischen 17 und 25. Die Entwicklung in den Niederlanden ergibt wieder ein anderes Bild. Waren die Jahre bis 1980 eher mager, so lässt sich anschließend ein Sprung aufwärts feststellen. Das Zahlenniveau hat sich dann – mit Ausnahme des Jahres 1985 – (mit natürlichen Schwankungen) gehalten.

❖ Das Zahlenverhältnis Katholiken pro Priester

Indizien für einen Priestermangel sind letztlich nicht die Veränderungen in absoluten Zahlen, sondern das numerische Verhältnis der Zahl der Katholiken pro Priester. Der Vergleich absoluter Zahlen in diachronischer Weise kann irreführen, da auch die Zahl der Katholiken weltweit in den letzten 25 Jahren stark gestiegen ist (vgl. Tab. 1). Deswegen ist die folgende Tabelle besonders aussagekräftig und von entscheidender Relevanz.

Tab. 11
Anzahl der Katholiken pro Priester (Diözesan- und Ordenspriester)

	1975	1980	1990	1995	2000
Nordamerika	*793*	*854*	*1.033*	*1.127*	*1.321*
Zentralamerika	*5.948*	*6.976*	*7.568*	*7.266*	*6.780*
Antillen	*6.280*	*7.286*	*7.929*	*8.121*	*8.347*
Südamerika	*5.606*	*6.468*	*7.276*	*7.016*	*7.081*
Amerika	2.808	3.203	3.880	4.042	4.298
Afrika	2.803	3.383	4.358	4.476	4.786
Asien	2.050	2.311	2.541	2.620	2.463
Europa	1.026	1.090	1.270	1.330	1.343
Ozeanien	912	1.025	1.294	1.525	1.658
Welt	***1.667***	***1.895***	***2.308***	***2.444***	***2.579***

ASEc

Ein Blick auf das zahlenmäßige Verhältnis zwischen Katholiken und geweihten Priestern (Welt- und Ordenspriester) lässt unschwer erkennen, dass man weltweit von einem Rückgang der Priester in einem relativen Sinn sprechen muss. Heute muss ein Priester 2.579 Katholiken betreuen, im Jahre 1975 waren es noch 1.667. Obwohl es lokale Unterschiede gibt machen die Zahlen klar, dass diese Entwicklung grundsätzlich alle Kontinente betrifft: Ausnahmslos hat sich in allen Kontinenten das zahlenmäßige Verhältnis der Katholiken pro Priester anschaulich verschlechtert. Vor 25 Jahren waren die zahlenmäßigen Verhältnisse nirgends so dramatisch wie heute. Selbst in Afrika oder Amerika kamen „nur“ rund 2.800 Katholiken auf einen Priester.

Dies sieht heute völlig anders aus. Selbst in Afrika, wo die Priesterzahlen am stärksten steigen, gehen die in Verhältnis zu setzenden Zahlen immer weiter auseinander. Das liegt daran, dass dort die Katholikenzahl in noch viel größerem Maß zunimmt.
Wir haben gesehen, dass Europa allein mehr als die Hälfte *aller* Priester stellt (vgl. Tab. 2). Auch im Zahlenverhältnis wird deutlich, wie „gut versorgt" Europa im Vergleich zu anderen Kontinenten bisher war und immer noch ist. So kommen in Europa auf einen Priester im Jahr 2000 1.343 Katholiken, während in Afrika 4.786, in Südamerika 7.360 und auf den Antillen gar 8.347 Katholiken kommen. Obwohl wir in Europa von „Priestermangel" sprechen, gibt es dort immer noch fünf Mal soviel Priester pro Katholiken als in Südamerika. Dabei ist zu berücksichtigen, dass gerade in Europa ein hoher Prozentsatz der Priester aus Altersgründen nicht mehr voll einsetzbar ist.
Die Aussage dieser Tabelle ist signifikant: Es gab auf allen Kontinenten – gesehen auf die Zahl der Katholiken – noch nie so wenige Priester wie heute und auch die Entwicklung der Weihezahlen wird diesen Verlauf nicht ändern. Wenn „Priestermangel" bedeutet, dass sich – auch weltweit – immer mehr Katholiken einen Priester teilen müssen, so ist dieser eindeutig zu diagnostizieren.
Werfen wir auch hier einen genaueren Blick auf die Situation in Europa:

Tab. 12
KatholikInnen pro Priester in einigen europäischen Länder

	1980	1990	2000
Österreich	1.073	1.211	1.343
Belgien	689	821	1.004
Tschechien**	2.736	2.862	2.198
Deutschland /DDR	1.213 / 836	1.296	1.423
Ungarn	2.052	2.099	2.521
Polen	1.709	1.575	1.348
Schweiz	729	844	1.014

ASEc

* Noch keine Daten im ASEc
** Daten bis 1990 für die Tschechoslowakei

Im Jahr 2000 weist Irland das „positivste" Verhältnis auf, wo nur 359 Katholiken auf einen Priester kommen. Hingegen muss ein Priester in Armenien die meisten Katholiken betreuen, nämlich 37.513(!). Neben dieser armenischen Ausnahmesituation gibt es noch sehr hohe Betreuungsverhältnisse in Albanien (4.202), in Litauen (3.654) und Lettland (3.519). Im Nachbarland Estland kommen aber nur 389 Katholiken auf einen Priester. Außer in Polen und der Ukraine verschlechterte sich das zahlenmäßige Verhältnis in allen Ländern Europas, wobei die absoluten Verhältniszahlen wiederum sehr unterschiedlich sind. So beschäftigt man sich in Österreich schon seit Jahren mit dem Phänomen Priestermangel, obwohl etwa in Polen – wo alle

Pfarren mit Klerikern besetzt sind (vgl. Tab. 18) und Priestermangel unbekannt ist – erst im Jahr 2000 die gleiche Verhältnissetzung Katholiken pro Priester wie in Österreich im gleichen Jahr erreicht ist. Auch in der Schweiz, wo auf einen Priester weit weniger Katholiken kommen als in Polen ist der Priestermangel ein virulentes Thema.
Die Entwicklung macht deutlich, wie stark das Erleben eines Priestermangels auch mit den geschichtlich gewachsenen pastoralen Strukturen zusammenhängt (traditionell eher kleine Pfarren oder Diasporasituation, die mehr Priester pro Katholiken erfordert, etc.). Die Verhältnisbestimmung „Katholiken pro Priester" muss also durch einen Blick auf die kontinental üblichen und ortskirchlich gewachsenen Pfarreistrukturen und -größen ergänzt werden.

❖ Zum Vergleich: Die Zahl der ständigen Diakone

Woran liegt es, das immer weniger Menschen den Weg des Priesters wählen? Ist es ein bestimmtes Priesterbild und die damit verknüpfte zölibatäre Lebensform, die viele davor zurückschrecken lässt, Priester zu werden? Oder steht man einer kirchlichen Beauftragung *grundsätzlich* reserviert gegenüber?
Das Berufsbild des ständigen Diakons mag für die gestellte Frage einen ersten Hinweis geben.[27] Einerseits werden ständige Diakone dem Klerus zugerechnet und bekleiden ein öffentliches kirchliches Amt, andererseits ist ihr „Berufsbild" nicht so „exklusiv" und der Lebensform anderer Menschen ähnlich. Sie gehen – falls nebenamtlich tätig – einem weltlichen Beruf zum Broterwerb nach, sind meist verheiratet, leben in einer Familie und müssen sich mit Erziehungsfragen wie viele andere beschäftigen.
Eine Tabelle über die zahlenmäßige Entwicklung dieses kirchlichen Berufsstandes ist aufschlussreich. Will man die Zahlen für die ständigen Diakone als Indiz dafür sehen, dass sich Menschen – ohne zölibatäre Lebensweise – für ein kirchliches Amt, also öffentlich im Namen der Kirche, beauftragen lassen, so geben die folgenden Zahlen einen eindeutigen Hinweis: Das Interesse an diesem kirchlichen Amt scheint enorm hoch zu sein.

[27] Es ist bekannt, dass das Berufsbild des ständigen Diakons alles andere als klar umrissen und sein theologischer Ort Anlass für eine noch nicht abgeschlossene Diskussion ist. Trotzdem vermag dieser kirchliche Beruf allein für unsere Fragestellung einen hilfreichen Hinweis zu geben. Vgl. Weiß, Der Ständige Diakon.

Tab. 13
Der ständige Diakon

	1972*	1975	1990	1995	2000
Nordamerika		*1.344*	*10.410*	*12.048*	*13.889*
Zentralamerika	*55*	*25*	*270*	*509*	*779*
Antillen		*17*	*505*	*677*	*789*
Südamerika	*283*	*421*	*1.377*	*1.913*	*2.885*
Amerika		1.807	12.562	15.147	18.342
Afrika	18	55	275	336	361
Asien	2	57	92	149	128
Europa	228	729	4.505	6.600	8.813
Ozeanien	2	38	91	158	180
Weltweit	**588**	**2.686**	**17.525**	**22.390**	**27.824**

ASEc

* Die Angabe für das Jahr 1972 habe ich von Jan Kerkhofs übernommen, der bei Amerika immer nur zwischen Nord- und Lateinamerika unterscheidet.[28]

Das Amt des ständigen Diakons wurde im Anschluss an das Konzil[29] von Papst Paul VI. neu eingerichtet[30] und ist – wie die Statistik zeigt – gut aufgenommen worden. Interessant ist, dass selbst in Ländern, in denen die Anzahl der Priester deutlich zurückgeht, also in Nordamerika und Europa, die Zahl der ständigen Diakone stark zunimmt. In Nordamerika, wo es eine sehr hohe Zahl an Amtsniederlegungen von Priestern gibt,[31] findet sich die Hälfte aller ständigen Diakone weltweit!
Was bedeutet diese überraschende Entwicklung? Ist das ein Indiz dafür, dass die öffentliche Beauftragung nicht an der grundsätzlichen Bereitschaft einen pastoralen (priesterlichen) Dienst zu übernehmen – auch als Kleriker – scheitert, sondern tatsächlich mit einer mangelnden Attraktivität des vorherrschenden Priesterbildes (das Pflichtzölibat inkludiert) zusammenhängt? Ist es also nicht die Scheu Kleriker zu werden, sondern die damit verbundene Lebensform, die davon abhält? Es ist zu vermuten, dass ein nicht unbeträchtlicher Teil der Männer, der sich zum ständigen Diakon weihen ließ, auch bereit wäre, sich zum Priester weihen zu lassen, wenn das Zölibat freigestellt werden würde.
Der Vatikan hat eine Verhältnisberechnung zwischen der Entwicklung der Priesterzahlen und der Zahlen der ständigen Diakone veröffentlicht. Nimmt man das Jahr 1978 als Ausgangspunkt für die diese Verhältnisberechnung an, so zeigt die Kurve bis

[28] Vgl. Kerkhofs, Priestermangel, 52.
[29] Vgl. LG 29.
[30] Vgl. Papst Paul VI, MP "Sacrum diaconatus ordinem" vom 18.6.1967 und c. 236 CIC/1983.
[31] Vgl. die entsprechende Rubrik im ASEc 2000.

2000, dass die (Ordens- und Welt-) Priester in absoluten Zahlen relativ konstant bleiben (vgl. Tab. 4), während die Anzahl der Diakone seit 1978 (= 100%) um über 500 % zugenommen hat!

1.1.2.2 Anzahl der Pfarren und der Formen der Gemeindeleitung

Obwohl in anderen Ländern weit weniger Priester für die gleiche Zahl an Katholiken zur Verfügung stehen (vgl. Tab. 11), mag dort der Priestermangel nicht so stark empfunden werden wie in unseren Breiten. Der Grund wird unter anderem an den völlig anderen pastoralen Strukturen, v.a. an der Größe der Pfarren und Gemeinden liegen. Will man das Phänomen „Priestermangel" ins Auge fassen, muss deshalb neben den personellen Zahlenverhältnissen auch die unterschiedliche pastorale Struktur in den verschiedenen Kontinenten bzw. Ländern unter die Lupe genommen werden.

Die Gesamtzahl der Pfarrgemeinden geht weltweit nach einem Ansteigen – der Höhepunkt war 1996 mit 220.583 Pfarren – wieder kontinuierlich zurück. Während in Europa die Zahl der Pfarrgemeinden sinkt (Zusammenlegungen), steigt sie überall sonst. So hat sich etwa in Afrika – parallel zur Entwicklung der Katholikenzahlen (vgl. Tab. 1) – von 1975 bis 2000 die Anzahl der Pfarren beinahe verdoppelt.

Was die weltweite Verteilung der Pfarren angeht, so sticht das Ungleichgewicht deutlich hervor: Während in Europa, als vergleichsweise kleiner Kontinent, nur etwa 27% aller Katholiken leben, „besitzt" Europa noch im Jahr 2000 im weltweiten Vergleich mehr als die Hälfte der Pfarren. Es ergibt sich ein ähnliches Verhältnis wie bei der weltweiten Verteilung des Klerus. In Amerika, wo etwa die Hälfte aller Katholiken lebt, sind nicht einmal ein Viertel aller Pfarren zu finden. Man kann von dieser Zahl gut ableiten, wie großflächig und bevölkerungsintensiv eine Pfarre v.a. in Afrika und Südamerika sein muss.

Im weltweiten *Durchschnitt* gehören 4.790 Katholiken zu einer Pfarre. Europa und Amerika weisen gegenüber diesem Durchschnitt Extremwerte auf. Während in Europa eine Pfarrgemeinde im Durchschnitt 2.100 Katholiken umfasst, gehören zu einer amerikanischen Pfarrgemeinde über 9.000 Katholiken – nimmt man nur Südamerika in den Blick, so sind es noch wesentlich mehr.[32]

Wie aber werden diese Pfarren betreut? Wie viele Pfarren haben noch einen eigenen Pfarrer, wie viele Pfarren werden in anderer Form geleitet und betreut? Wie sich die Verhältnisse in den letzten Jahrzehnten verschoben haben, darüber geben die folgenden Tabellen Auskunft.

[32] Obwohl die Anzahl der Pfarren in Nordamerika zurückgeht, nimmt die Gesamtzahl aufgrund der Entwicklung in Mittel- und Südamerika zu.

Tab. 14
Leitungsformen der Pfarren 1975

	Gesamt Pfarren	Pfarren mit eigenem Pfarrer	Pfarren mit keinem regulären Pfarrer[33]			Völlig vakant [34]
			Mitbetreut durch einen anderen Priester	Einem ständigen Diakon, nichtpriesterlichen Ordensperson oder Laien anvertraut	Gesamtsumme	
Nordamerika	23.678	22.067	1.568	31	1.599	12
Zentralamerika[35]	4.633	4.395	205	25	230	8
Antillen	1.207	1.061	140	5	145	1
Südamerika	14.692	13.000	1.261	256	1.517	175
Amerika	44.210	40.523	3.174	317	3.491	196
Afrika	6.099	5.250	495	185	680	169
Asien	10.866	9.556	1.092	124	1.216	94
Europa	136.718	96.588	38.506	109	38.615	1.515
Ozeanien	2.223	2.125	90	7	97	1
Weltweit	**200.116**	**154.042**	**43.357**	**742**	**44.099**	**1.975**

ASEc

Schon 1975 waren weltweit nur etwas mehr als drei Viertel aller Pfarren mit regulären Pfarrern besetzt. Etwa 1 % der Pfarren war völlig vakant, davon der überwiegende Teil in Europa. Fast alle der mitbetreuten Pfarren werden von nicht in der Pfarrei residierenden Priestern betreut. Nur ein vergleichsweise kleiner Teil der Gemeinden weltweit (742) wird Diakonen, Ordensleuten oder Laien anvertraut – die Anzahl der vakanten Pfarren ist mehr als doppelt so hoch (1.975). 1975 sind die Gemeinden, die einem ständigen Diakon, einer nichtpriesterlichen Ordensperson oder einem Laien anvertraut sind, noch nicht näher differenziert. Da diese Leitungsformen in den Folgejahren immer stärker zur Anwendung kommen, gibt es in späteren Tabellen genauere Aufteilungen (vgl. Tab. 15). In Europa, wo es mit Abstand die meisten

---

[33] Hier sind also die Pfarren, die nach c. 517 § 2 „geleitet" werden, mitgezählt. Im *kirchenrechtlichen* Sinne ist jede Pfarre vakant, die keinen eigenen Pfarrer (pastor proprius) hat, in der das Amt des Pfarrers unbesetzt ist. Das hat nicht automatisch zur Folge, dass sie *pastoral* vakant ist. Von diesem pastoralen Anvertrautsein spricht diese Spalte der Tabelle.

[34] Wenn hier von „völlig vakant" die Rede ist, so meint das, dass die Pfarre nicht nur kirchenrechtlich, sondern auch in einem pastoralen und sakramentalen Sinne vakant, also grundsätzlich unbetreut ist.

[35] Mit Zentralamerika ist immer das Festland gemeint, die Inseln werden unter dem Sammelbegriff Antillen gezählt.

Pfarren gibt und diese wiederum relativ nahe beieinander liegen, gibt es eine hohe Zahl an Pfarren ohne eigenen Pfarrer. Sie werden in der Regel von einem nicht ortsansässigen Priester mitbetreut. Wie sieht die Situation 15 Jahre später aus?

Tab. 15
Leitungsformen der Pfarren 1990

	Pfarren mit eigenem Pfarrer		Pfarren mit keinem regulären Pfarrer[36]					
	Diözesanpriester	Ordenspriester	Mitbetreut durch einen anderen Priester	Einem ständigen .Diakon anvertraut	Einem Ordensmann, der nicht Priester ist, anvertraut	Einer Ordensfrau anvertraut	Einem Laien anvertraut	Völlig vakant
Nordamerika	*18.301*	*3.352*	*3.301*	*63*	*13*	*308*	*83*	*63*
Zentralamerika	*5.191*	*903*	*128*	*3*	*2*	*51*	*4*	*10*
Antillen	*744*	*492*	*169*	*7*	*-*	*12*	*2*	*1*
Südamerika	*11.209*	*4.996*	*1.369*	*56*	*20*	*355*	*94*	*241*
Amerika	35.445	9.743	4.967	129	35	726	183	315
Afrika	4.145	3.395	945	21	15	82	236	128
Asien	10.562	3.322	2.381	15	36	35	45	338
Europa	80.588	8.790	45.434	101	28	183	608	446
Ozeanien	1.617	584	151	12	-	15	30	24
Weltweit	**132.357**	**25.784**	**53.878**	**278**	**114**	**1.041**	**1.102**	**1.251**

ASEc

1990 gibt es wesentlich mehr Pfarren ohne Pfarrer als 1975. Waren es 1975 noch 46.074 pfarrerlose (nicht priesterlose) Gemeinden so steigt diese Zahl im Jahr 1990 auf 56.413 Pfarren an. Außerdem gibt es wesentlich mehr Personen, die nicht Priester sind, denen eine Gemeinde anvertraut[37] worden ist. Statt 109 Gemeinden im Jahr 1975 sind es 1990 bereits 2.596. Bemerkenswert ist die relativ hohe Zahl an Ordenspriestern, die als Pfarrer tätig sind. Wie geht die Entwicklung weiter?

---

[36] Hier sind also die Pfarren nach c. 517 § 2 mitgezählt.

[37] Das ASEc verwendet im Englischen den Begriff „entrustet".

Tab. 16
Leitungsformen der Pfarren 2000

	Pfarren mit eigenem Pfarrer		Pfarren mit keinem regulären Pfarrer[38]					
	Diözesanpriester	Ordenspriester	Mitbetreut durch einen anderen Priester	Einem ständigen Diakon anvertraut	Einem Ordensmann, der nicht Priester ist, anvertraut	Einer Ordens-Frau anvertraut	Einem Laien anvertraut	Völlig vakant
Nordamerika	16.721	2.848	3.993	144	58	373	212	131
Zentralamerika[39]	6.417	897	104	3	2	21	4	5
Antillen	1.071	476	154	19	-	27	2	16
Südamerika	14.573	4.416	1.411	73	28	266	85	132
Amerika	38.782	8.637	5.662	239	88	687	303	284
Afrika	6.704	2.848	1.076	25	4	38	218	109
Asien	13.763	3.496	2.939	6	36	72	141	90
Europa	77.407	8.808	40.637	280	105	112	922	1.294
Ozeanien	1.537	485	261	16	4	31	46	4
Weltweit	**138.193**	**24.274**	**50.575**	**566**	**237**	**940**	**1.630**	**1.781**

ASEc

Im Jahr 2000 gibt es mehr Pfarren mit einem eigenen Pfarrer als 10 Jahre vorher. Die Zahl der Gemeinden ohne eigenen Pfarrer ist leicht gesunken. Priester werden also vermehrt als Pfarrer eingesetzt. Europa weist den gegenteiligen Trend auf: Hier sind bereits ein Drittel aller Pfarren ohne Pfarrer. Obwohl also Europa einerseits in absoluten Zahlen mit Abstand die meisten Priester besitzt und die meisten regulär mit einem Pfarrer besetzten Pfarren aufweist, hat es andererseits auch die meisten Pfarrgemeinden ohne regulären Pfarrer. Insofern ist es sehr verständlich, dass der Priestermangel in Europa[40] in aller Munde ist.

---

[38] Hier sind also die Pfarren nach c. 517 § 2 mitgezählt.

[39] Mit Zentralamerika ist immer das Festland gemeint, die Inseln werden unter dem Sammelbegriff Antillen gezählt.

[40] Angesichts der Tatsache, dass Europa nach wie vor die Hälfte aller *Priester* weltweit hat, sollte man in Europa wirklich besser von *Pfarrer*mangel sprechen.

Ursache dafür sind die im Vergleich zu anderen Kontinenten vergleichsweise kleinen Pfarrgemeinden. Im Abendland hat sich praktisch die Kultur herausgebildet, dass fast jedes Dorf zugleich eine Pfarre bildet. In Afrika, Lateinamerika, Asien und Ozeanien umfasst jedoch eine Pfarrei meist eine Vielzahl kleiner Gemeinden, die „Small Christian Communities", „Basic Human Communities", oder „Comunidades Eclesiales de Base – Comunidades Eclesiais de Base" genannt werden.[41] Damit sind die kleinen Gemeinden einem regulären Pfarrer zugewiesen, obwohl dieser dort vielleicht nur einmal im Monat oder einmal im Jahr anwesend ist.[42] Somit ist etwa eine brasilianische Pfarre, die offiziell als mit einem Pfarrer besetzt ausgewiesen wird, priesterlich und damit sakramental schlechter betreut als eine Tiroler Pfarre, die offiziell unbesetzt ist, aber von einem Priester aus der Nachbarpfarre mitbetreut wird.
Europa hat die meisten Pfarren, die völlig vakant sind und ebenso die meisten Pfarren, die durch einen Diakon, eine Ordensperson, die nicht Priester ist, oder Laien betreut werden. Die Zahl der Pfarren, die von nichtpriesterlichen Person betreut werden, hat insgesamt wieder zugenommen, nämlich in 10 Jahren von 2.596 auf 3.373 (Die Zahlen der Pfarren ohne eigenen Pfarre sind hier summiert). Überraschend ist, dass bei der Betreuung pfarrerloser Pfarrgemeinden der Anteil der Diakone und männlichen nicht geweihten Ordensleute zurückgeht, während der Anteil der Laien deutlich steigt. Bemerkenswert ist weiter, dass es in Nord- und Südamerika einen sehr hohen Anteil an „weiblicher Gemeindeleitung", nämlich durch Ordensfrauen, gibt. In Europa und Afrika liegt „Gemeindeleitung durch Laien" bei pfarrerlosen Gemeinden bereits an zweiter Stelle hinter dem Modell der Mitbetreuung durch einen anderen Priester. Laien betreuen weltweit – ausgenommen Nord- und Südamerika – Gemeinden ebenso häufig wie ständige Diakone und nichtpriesterliche Ordensleute zusammen![43] Nicht zuletzt durch die stärkere Einbindung der Laien für Aufgaben der Gemeindeleitung geht die Zahl der völlig vakanten Pfarren weltweit – nach einem deutlichen Anstieg bis 1997 mit 2.363 vakanten Pfarreien – in den allerletzten Jahren wieder zurück.
Man muss bei der Interpretation der vorhergegangenen Tabellen bedenken, dass auch die Auflösungen, Zusammenlegungen und Neuerrichtungen von Pfarren einen nicht unerheblichen Einfluss auf die abzulesenden Tendenzen ausüben (z. B. die Welle der Pfarrerrichtungen in Rumänien nach der Revolution, welche die Anzahl der vakanten Pfarren in die Höhe treibt; vgl. Tab. 17 und 18). Obendrein macht die Statistik keinen Unterschied zwischen einer kleinen Dorfpfarre in Tirol mit 600 Katholiken und einer Großpfarre in Brasilien, die flächenmäßig so groß wie halb Tirol ist, 10.000 bis 50.000 oder mehr Katholiken umfassen und aus 20 bis 30 oder mehr kleinen (Basis-) Gemeinden besteht. Obwohl solche Pfarren pastoralstrategisch nicht miteinander verglichen werden können, zählt die Statistik diese gleich.

---

[41] Vgl. Weber, Vielfalt, 92–103.

[42] Vgl. Weber, Vielfalt, 92–103.

[43] Angesichts dieser Tatsache stellt sich tatsächlich jene Frage, die Karl Rahner bereits vor zwei Jahrzehnten in die Diskussion eingebracht hat, nämlich, ob hier nicht ein Amt vorliegt, das „durchaus theologisch sakramental gedacht werden kann", obwohl es „zur Zeit nicht (reflex) sakramental übertragen" wird? (Vgl. Zulehner, Gnade, 86f.)

In der folgenden Tabelle wähle ich einige markante europäische Länder aus:

Tab. 17
Pfarren mit oder ohne Pfarrer in Europa 1990

	Pfarren mit eigenem Pfarrer		Pfarren mit keinem regulären Pfarrer[44]					
	Diözesanpriester	Ordenspriester	Mitbetreut durch einen anderen Priester	Einem ständigen Diakon anvertraut	Einem Ordens-mann, der nicht Priester ist, anvertraut	Einer Ordens-frau anvertraut	Einem Laien anvertraut	Völlig vakant
Österreich	1.887	554	644	3	-	-	-	-
Frankreich	11.719	865	21.576	4	18	103	565	35
Deutschland	8.457	895	3.328	23	-	3	11	254
Ungarn	1.682	48	511	-	-	-	-	1
Niederlande	1.030	641	92	-	-	-	-	-
Rumänien*	543	32	128	-	-	-	-	-
Schweiz	1.064	205	391	20	-	4	22	2
Europa	**80.588**	**8.790**	**45.434**	**101**	**28**	**183**	**608**	**446**

Tab. 18
Pfarren mit oder ohne Pfarrer in Europa 2000

Österreich	1696	647	676	18	-	3	23	-
Frankreich	7.831	582	12.499	7	14	21	630	572
Deutschland	7.031	724	4.589	42	-	-	73	7
Ungarn	1.280	81	850	3	-	-	9	-
Niederlande	873	435	145	5	-	-	22	12
Rumänien*	1.066	33	196	-	-	-	2	473
Polen	9.267	651	48	-	-	-	-	-
Schweiz	800	147	526	44	-	8	142	28
Europa	***77.407***	***8.808***	***40.637***	***280***	***105***	***112***	***922***	***1.294***

ASEc

[44] Hier sind die Pfarren nach c. 517 § 2 mitgezählt.

*Rumänien ist ein Beispiel dafür, wie Zahlen zu falschen Schlussfolgerungen führen können, wenn historisch-strukturelle Entwicklungen nicht berücksichtigt werden. Im Jahre 1990 gibt es insgesamt 703 Pfarren, von denen keine einzige unbesetzt ist. 1995 sind es 1.799 – es wurden also innerhalb von 5 Jahren mehr als 1000 Pfarren errichtet –, was zur Folge hatte, dass davon im selben Jahr 432 Pfarren unbesetzt waren. Im Jahr 2000 sind 473 Pfarren unbesetzt.

Vergleicht man die Situation im Abstand von 10 Jahren, so fällt auf, dass immer weniger Pfarrgemeinden einen Diözesanpriester als Pfarrer haben und dass immer weniger Ordenspriester Gemeinden betreuen. Auch die Orden als Quellen für weitere Pfarrer versiegen zusehends. Hingegen steigt die Zahl jener Pfarren, die von einem nicht-ortsansässigen Priester mitbetreut werden. Viel Mitbetreuungsarbeit durch einen Priester wird in Frankreich, in Spanien, der Schweiz, in Tschechien, in Deutschland, in Italien, in Portugal und in Belgien geleistet. In einigen Ländern werden ständige Diakone zur Betreuung der Gemeinden herangezogen. Auf diese Form greifen v.a. Italien (69), die Schweiz (44), Deutschland (42), gefolgt von Tschechien und Österreich zurück. In Spanien werden die meisten nicht geweihten Ordensmänner (72) zur Betreuung eingesetzt. Unter allen nichtpriesterlichen Betreuungsformen ist jedoch die der Betreuung durch Laien am höchsten (922). Favorit dabei ist Frankreich (630!), was aufgrund des starken Priestermangels nicht weiter verwundert. Auch in der Schweiz ist dieser Anteil beachtlich hoch, gefolgt von Deutschland, Österreich und den Niederlanden. Die mit Abstand schlechteste Situation herrscht in Frankreich. Dort sind die meisten unbesetzten Pfarren, auch die Variante der Mitbetreuung durch einen Priester trifft man dort am häufigsten an. Am Beispiel Rumänien lässt sich ablesen, was passiert, wenn infolge des Priestermangels auf keine alternativen Modelle (nichtpriesterliche Personen leiten eine Pfarre) zurückgegriffen werden kann. Durch 45 Jahre kommunistisch-diktatorische Herrschaft, in denen das pastorale Tun in die Sakristei und in die Kirchenräume zurückgedrängt worden war, liegt dort keine Tradition einer aktiven Mitbeteiligung der Laien in der Pastoral vor. Rumänien kennt keine Formen der nichtpriesterlichen Pfarrbetreuung, sodass in der Folge der Priestermangel zu völlig vakanten Pfarren führt (zweithöchste Zahl nach den besetzten Pfarren!). Mit großem Abstand folgt die Schweiz.
Die Kirche unterscheidet zwischen der Normalform (eine Pfarre mit einem eigenen Pfarrer) und den Sonderformen (ohne eigenen Pfarrer) der Pfarrleitung (vgl. dazu Kapitel 2). Ein Blick auf die Statistik ergibt, dass in manchen Ländern die Sonderform bereits zur Normalform geworden ist oder sich auf dem Weg dorthin befindet. In einem Land laufen die Uhren jedoch gänzlich anders: Polen ist das einzige Land, das diesem Trend nicht folgt. Die polnische Kirche „kennt“ das Phänomen „Priestermangel“ nicht, sondern nur das traditionelle Modell: Ein Pfarrer für jede Pfarre.

1.1.3 Der Priestermangel als unleugbare Tatsache – eine zusammenfassende Interpretation

In der Statistik – sowohl diachron als auch synchron betrachtet – bildet sich eine Gesamtentwicklung ab, die unschwer zu erkennen ist. Im folgenden gebe ich eine stichwortartige Zusammenfassung und Interpretation der dargestellten Daten (1.1.3.1).

Ich schließe diese statistische Analyse mit den sich daraus ergebenden Hinweisen zum Begriff „Priestermangel“ (1.1.3.2).

1.1.3.1 Der Priestermangel existiert! – eine zusammenfassende Interpretation der Daten

❖ Der Priestermangel als weltweite (!) Tatsache

Wenn der Begriff „Priestermangel“, das Verhältnis Katholiken pro Priester beschreibt, so ist Priestermangel eine weltweite Tatsache. Der Priestermangel wird durch die statistische Analyse bestätigt. Alle beschwichtigenden Argumente, dass die weltkirchliche Situation konträr zur mitteleuropäischen Entwicklung verlaufe oder die Priesterzahlen weltweit doch stiegen bzw. zumindest nicht sänken, gehen angesichts der steigenden Zahl der Katholiken weltweit ins Leere. Nicht die Entwicklung der absoluten Zahlen der Priester ist so relevant. Entscheidend ist, wie sich das zahlenmäßige Verhältnis Katholiken pro Priester (Tab. 11) entwickelt. Dieses hat sich in den letzten Jahrzehnten weltweit permanent verschlechtert.

❖ Die Situation Europas: Kleine gewachsene Pfarrstrukturen – mit Priestern „verwöhnt“

Die kirchliche Entwicklung verläuft in den verschiedenen Regionen höchst unterschiedlich. Beim Vergleich muss berücksichtigt werden, dass es auf den Kontinenten ganz verschiedene Pfarr- und Gemeindestrukturen gibt. Ignoriert man dies, würde daraus eine völlig falsche Interpretation der Daten folgen. Es gibt in Südamerika, v.a. aber in Afrika[45] eine große Anzahl an Missionsstationen, die Seelsorgsaufgaben erfüllen, aber in der Statistik nicht unter die Kategorie Pfarren subsumiert werden. Eine große Pfarre in Südamerika kann mit einem eigenen Pfarrer im kirchenrechtlichen Sinn besetzt werden. Trotzdem kann eine solche besetzte Pfarre unter Umständen priesterlich schlechter betreut sein als eine europäische, kirchenrechtlich vakante Pfarre, die von einer Nachbarpfarre mitprovidiert wird. Ist eine Pfarre im kirchenrechtliche Sinn vakant bedeutet das – v.a. in Mitteleuropa – nicht automatisch, dass sie eine eucharistie- und sakramentenarme Gemeinde wäre. Umgekehrt gewährleistet eine im kirchenrechtlichen Sinn mit einem Pfarrer besetzte Pfarre in Südamerika oder Afrika noch keine sakramentale Betreuung.
Was die priesterliche und damit sakramentale Betreuung der Katholiken Europas angeht, so sind sie im Vergleich zu den anderen Kontinenten „verwöhnt“ (vgl. Tab. 2 und Tab. 11). Immer noch hat Europa mehr als die Hälfte aller Priester weltweit, obwohl hier nur etwas mehr als ein Viertel aller Katholiken wohnt. Diese „engmaschige“, über Jahrtausende gewachsene Versorgung mit Priestern in Europa und die Tatsache der kleinen Seelsorgeeinheiten (mit je einem vorgesehenen Pfarrer bzw. Priester) bringt es mit sich, dass der Rückgang der Priesterzahlen in Europa wesentlich drastischer erlebt wird als in den so genannten ehemaligen

[45] Afrika hatte im Jahr 2000 nur 11.022 Pfarrgemeinden, aber 70.074 Missionsstationen, davon 68.856 ohne residierenden Priester; vgl. ASEc 2000. Europa hingegen kennt fast nur die Pfarrgemeinde als pastorale Grundstruktur.

Missionsgebieten. Dort hat es diese Priesterdichte nie gegeben.[46] Die kleinen organisch gewachsenen Seelsorgeeinheiten haben in Europa aber eine eindeutige Konsequenz: Im Vergleicht zu anderen Kontinente, gibt es in Europa keinen Priestermangel, sondern einen Pfarrermangel,[47] weil nicht mehr alle Pfarreien als relativ „kleinen" Seelsorgeeinheiten besetzt werden können.

❖ Mittelfristige Prognose

Wirft man einen Blick auf den Priesternachwuchs so lassen sich nach menschlichem Ermessen unschwer Prognosen erstellen. Verschiedenen Studien belegen für Europa, dass die Kirchlichkeit zurückgeht. So zeigt beispielsweise die Europäische Wertestudie von 1990, wie sehr der wöchentliche Gottesdienstbesuch gesunken ist.[48] In der Altergruppe der 18- bis 24-Jährigen besteht ein wesentlich größerer Rückgang als in den mittleren und älteren Altersgruppen. Der Anteil der Getauften an der europäischen Bevölkerung geht zurück. Sieht man von Polen ab, kann man nicht mehr davon sprechen, dass die Mehrheit der Christen eine religiöse Erziehung für wichtig hält. Dies alles spricht nicht dafür, dass sich die Priesterzahlen erhöhen werden. Die Lage wird sich im Gegenteil – sieht man auf den Altersdurchschnitt der Priester – noch verschärfen.[49] Für die Suche nach einem Ausweg aus dieser Sackgasse, sollte nicht übersehen werden, dass die Menschen durchaus bereit sind, aktive Verantwortung für die Pastoral, auch in Form der Übernahme eines kirchlichen Amtes mit Weihe, zu übernehmen. Dies zeigt eindrücklich die vergleichsweise hohe Zunahme der ständigen Diakone. Dieses Amt ist aber (noch) ausschließlich Männern vorbehalten.[50]

1.1.3.2 Der Priestermangel – ein relativer Begriff

Die Anmerkungen zum Begriff „Priestermangel" stehen bewusst nicht vor, sondern nach der statistischen Darstellung. So wird nämlich (gleichsam induktiv) deutlich, wie der Begriff von der Perspektive abhängt, von der aus man ihn konstatiert.

---

[46] Nimmt man Europa als Vergleich, so gab es in diesen Ländern schon immer einen Priestermangel.

[47] Vgl. zur begrifflichen Unterscheidung 1.1.3.2.

[48] Vgl. Zulehner/ Denz, Europa, 115.

[49] So berichtete die Wochenendausgabe der Tiroler Tageszeitung vom 20./21. Juli 2002 über die Situation in dem stark von katholischer Tradition geprägten Südtirol: „In den letzten 20 Jahren gab es durchschnittlich nur zwei Neupriester pro Jahr und die Zahl der Priester unter 75 Jahren wird in den nächsten zehn Jahren um 40 % zurückgehen. 2001 wurden erstmals über Zeitungsanzeigen Ordenspriester und Nonnen gesucht. Für viele Laien, aber auch Priester, wäre die Aufhebung des Zölibats ein Mittel gegen den Priestermangel."

[50] Auch wenn die fortschreitende „Entkirchlichung" entmutigen mag, so darf nicht vergessen werden, dass immer mehr Getaufte Verantwortung in der Gemeinde übernehmen und das Leben der Gemeinde mittragen. Die vielen Ehrenamtlichen, die unterschiedlichen Initiativen und Gruppen, sind in den Statistiken nicht enthalten, machen aber einen Großteil der Qualität des Gemeindelebens aus.

❖ Priestermangel – ein relativer Begriff

„Priestermangel" ist ein relativer Begriff. „Relativ" meint hier im ursprünglichen Sinn des Wortes: „bezogen auf". Der *Mangel* (dieses Wort scheint mir hier sehr passend) wird erlebt vor dem Hintergrund einer als *„mangellos"* erlebten Epoche bzw. Zeit. Er bezieht sich also zunächst nicht auf eine bestimmte (absolute) Zahl von Priestern, sondern auf einen erlebten Zustand umfassender priesterlicher Versorgung, der für die betreffenden Menschen selbstverständlich und vertraut war. Er bezieht sich also einerseits *auf einen längeren Zeitraum* (bevor das Mangelerlebnis eintritt), und *andererseits auf die kirchliche und gesellschaftliche Gesamtsituation* eines Landes (und die gewohnte starke Versorgung durch Priestern in der Seelsorge).

In diesem zweifachen Sinn erlebt die europäische Versorgungskirche den Mangel am stärksten. Der „Aufschrei" – es ist vom pastoralen Notstand die Rede – ist in der europäischen Kirche erfolgt und nicht in den Kirchen des Südens, die sich schon immer mit einer „geringeren priesterlichen Ausstattung" begnügen mussten. Wenn wir heute in Europa von Priestermangel sprechen, so hat es diesen in Afrika und Lateinamerika schon immer gegeben.[51] Zugleich hat es dort in den Außenstationen, Kapellen und Filialgemeinden immer schon andere nicht amtliche Formen der Gemeindeleitung gegeben.[52]

Aufgrund der kleinen pastoralen Einheiten, den gewachsenen dörflichen und städtischen Pfarren entwickelt sich in Europa die Situation unserem Empfinden nach prekär. Die statistischen Daten brauchen hier nicht wiederholt zu werden und sprechen für sich. Robert Schmucker fasst die Folgen des Priestermangels zusammen: „Eine derartige Entwicklung hat für die Pastoral der Kirche Langzeitwirkung: zunehmende Überalterung der im aktiven Dienst tätigen Priester; Leitung mehrerer Gemeinden durch einen Priester; fehlende Präsenz der Priester vor Ort; Schwinden der sakramentalen Struktur und des ekklesiologischen Selbstverständnisses in den Gemeinden."[53]

---

[51] Man darf fragen, ob die Tatsache der ungleichen Bewertung nicht noch immer den eurozentrischen Blick der Weltkirche verrät, da der Priestermangel bei uns erst in den letzten Jahrzehnten ein ernsthaftes Thema geworden ist. Kardinal Lehmann geht sogar soweit zu behaupten, dass man – im Vergleich zu anderen Kontinenten – „bei uns nicht ernsthaft von Priestermangel reden" könne (vgl. Lehmann, Dienst, 79).

[52] Vgl. Weber, Hirtenamt, 139–147.

[53] Schmucker, Priestermangel, 576f. Die Ursachen für den Priestermangel sind nicht Gegenstand dieser Arbeit. Sie seien hier kurz zusammengefaßt: *„Äußere Ursachen:* der sozio-kulturelle Umbruch in der westlichen Gesellschaft (Pluralismus von Lebensformen und Weltanschauungen; Wandel der Werte); sinkendes Sozialimage; mangelnde Akzeptanz und Verständnis für priesterliche Lebensformen (v.a. Zölibat); Autoritätsverlust öffentlicher Institutionen; neue Familienstrukturen und Jugendkulturen. *Innere Ursachen:* negatives Berufsimage (Überlastung, Isolation, Resignation); ein unklares Berufsbild des Priesters im Kontext anderer pastoraler Dienste (Priesterbild); innerkirchliche Polarisierungen" (Schmucker, Priestermangel, 577).

❖ Priestermangel oder Pfarrermangel?

Jeder Pfarrer muss Priester sein, aber nicht jeder Priester ist ein Pfarrer![54] Müsste man im Hinblick auf die fehlende priesterliche Gemeindeleitung korrekter Weise nicht von einem *Pfarrer*mangel sprechen statt von einem *Priester*mangel? Im Zusammenhang mit unserem Thema beschäftigt uns tatsächlich der Pfarrermangel, der Mangel an zu Priestern geweihten Pfarrleitern. Der Priestermangel ist zwar begrifflich vom Pfarrermangel zu unterscheiden; solange aber alle Pfarrer geweihte Priester sein müssen, ist die Begriffsfrage ein Streit um des Kaisers Bart! Der Zusammenhang Priester – Pfarrer liegt nach Karl Rahner im Wesen des Priestertums begründet:

> *„Man darf ruhig sagen ...: Die Aufgabe (und darum das Wesen) des Priesters ist: Pfarrer sein. Hier liegt mindestens der Kern, von dem aus das Wesen des Priestertums zu begreifen ist.“*[55]

Angesichts des Pfarrermangels wird die Zeit, in der Priester Kapläne – ohne bald Pfarrer zu werden – sind, ohnehin schon sehr kurz. Die Diözesanleitungen sind gezwungen, jedem zur Verfügung stehenden Geweihten alsbald eine Pfarre zur Betreuung zu übergeben. Waren vor einigen Jahrzehnten Kapläne mit 40 Jahren keine Seltenheit, so gibt es heute kaum mehr einen 35 jährigen Priester, der nicht schon Pfarrer ist.[56]

Da also der Priestermangel in seiner Logik zum Pfarrermangel führt, verwende ich den Begriff „Priestermangel“, zumal dieser Begriff stärker den *Mangel der sakramentalen Weihe* betont als der Begriff Pfarrermangel, der stärker die Aspekte der *Hirtensorge und der Gemeindeleitung* hervorhebt. Überdies ist „Priestermangel“ jener Begriff, der vom kirchlichen Gesetzgeber im juristischen Kontext verwendet wird, z. B. im c. 526 § 1 oder c. 517 § 2 des Kodex von 1983.[57] Dem entsprechend scheint der Begriff „Priestermangel“ auch im Sachverzeichnis des Kodex von 1983 mehrmals auf, der Begriff „Pfarrermangel“ jedoch nicht.

---

[54] Es gibt weltweit und besonders in Europa mehr Priester als Pfarrgemeinden. Könnte man nicht alle Pfarreien besetzen, wenn man alle Priester als Pfarrer einsetzen würde? Diese mathematische Rechnung geht nicht auf, da viele Priester in Pastoralämtern, in spezifischen Ordens- oder kategorialen Seelsorgsaufgaben, der Mission usw. tätig sind und das katholische Priesteramt nicht notwendig mit dem Amt der Gemeindeleitung verbunden ist.

[55] Rahner, Dienste, 734 (Hervorhebung im Original).

[56] Welche Konsequenzen das für die „Reife und Qualität“ der Pastoral hat und welche Überforderungen dadurch auch für die jungen Priester entstehen können, darauf kann hier nicht näher eingegangen werden.

[57] Im c. 517 § 2 des CIC/1983 heißt es: „Wenn der Diözesanbischof wegen Priestermangels glaubt, einen Diakon oder eine andere Person, die nicht die Priesterweihe empfangen hat, oder eine Gemeinschaft von Personen an der Wahrnehmung der Hirtensorge einer Pfarrei beteiligen zu müssen, hat er einen Priester zu bestimmen, der, mit Vollmachten und Befugnissen eines Pfarrers ausgestattet, die Hirtensorge moderiert.“
Auch im c. 526 § 1wird der Begriff verwendet: „Der Pfarrer soll nur für eine Pfarrei die pfarrliche Sorge haben; wegen Priestermangels oder anderer Umstände aber kann die Sorge für mehrere benachbarte Pfarreien demselben Pfarrer anvertraut werden.“

1.1.4 Die kirchliche Entwicklung in Österreich

Die Daten aus Österreich wurden bereits in die Europa-Tabellen hinein genommen. Dort ging es um das europäische Gesamtbild und um Österreich im Vergleich mit den Nachbarländern. Da die pastorale Situation in Österreich und in der Diözese Innsbruck den unmittelbaren Hintergrund für die in dieser Arbeit durchgeführte Untersuchung darstellt, werde ich in diesem Abschnitt das Österreich-Bild nochmals eigens zusammenstellen und durch einige diözesanbezogene Angaben ergänzen. Anschließend gehe ich auf die Situation in der Diözese Innsbruck näher ein (vgl. 1.1.5).

1.1.4.1 Die kirchliche (statistische) Entwicklung in Österreich

Eine erste Tabelle gibt die Entwicklung der Priesterzahlen wieder.

Tab. 19
Zahl der präsenten Priester in Österreich[58]

	1975	1980	1985	1990	1995	2000
Österreich	3.581	3.581	3.309	3.122	2.976	2.701

ASEc

In den letzten 20 Jahren ist die Zahl der Priester in Österreich um 880 Priester zurückgegangen. Das entspricht beinahe einem Drittel der heute in Österreich tätigen Priester. Diesen Rückgang in absoluten Zahlen könnte nur ein stärkerer Zuwachs bei den Priesterweihen ausgleichen. Dieser zeichnet sich jedoch nicht ab. Es lässt sich auch hier ein Rückgang feststellen, jedoch ist die Zahl der Weihen österreichweit mit ca. 30 pro Jahr einigermaßen konstant geblieben:[59]

Tab. 20
Priesterweihen in Österreich

	1975	1980	1985	1991	1995	2000
Österreich	38	36	36	32	32	29

ASEc

[58] Werden die Priesterzahlen pro Land angegeben, so ist immer genau darauf zu achten, welche Art von Präsenz bzw. Zugehörigkeit gemeint ist. Es sind nicht nur Ordens- und Weltpriester in der Zählung zu unterscheiden, sondern v.a. die inkardinierten (präsent oder in einem anderen Land) und die nicht inkardinierten, aber in der Ortskirche präsenten, d. h. eingesetzten Priester. So sind z. B. im Jahr 2000 von 2.514 in österreichischen Diözesen inkardinierten Priestern 65 im Ausland tätig. Insgesamt sind 2.701 Priester in österreichischen Diözesen präsent, also tätig; davon sind 252 Priester von anderen Ländern „ausgeliehen", sind also in nichtösterreichischen Diözesen inkardiniert. Darin liegt der Grund für die unterschiedliche Zahl bei der Angabe der Priesterzahlen in Österreich. Vgl. die Daten von Tabelle 19 und 22.

[59] Die Daten der Zentralstelle für kirchliche Statistik in Wien (Auskunft von Herrn Mag. Lukaseder) weichen aufgrund veränderter Zählweise im Jahr 2002 leicht von denen im ASEc ab. Um längerfristige Entwicklungen seriös darstellen zu können, bedarf es einer gleichbliebenden Zählweise. Dies ist eher der Fall, wenn man bei *einer* Quelle als Grundlage bleibt. Aus diesem Grund stütze ich mich im Zweifelsfall auf die Daten, die der Vatikan veröffentlicht.

Entscheidender als die Entwicklung ist – wie ich schon mehrmals betont habe – aber die relative, d.h. auf die Katholikenzahl bezogene Entwicklung:

Tab. 21
Wie viel Katholiken kommen auf einen Priester in Österreich?

	1980	1990	2000
Österreich	1.073	1.211	1.343

ASEc

Der Rückgang der Priesterzahlen schlägt sich im zahlenmäßigen Verhältnis zu den Katholiken nieder. War ein Priester im Jahr 1980 durchschnittlich für 1.073 Katholiken zuständig, so sind es 20 Jahre später bereits 1.343.

Tab. 22
Anzahl der Pfarren, der inkardinierten Priester und Ordensleute in den Diözesen Österreichs 2000 (und 2001 gesamtösterreichisch)

	Pfarren	Diözesan-priester	Ordens-Priester	Ständige Diakone	Ordens-Brüder	Ordens-schwestern
Eisenstadt	171	139	27	14	6	124
Feldkirch	124	149	66	16	17	472
Graz	389	361	153	51	86	689
Innsbruck	245	203	170	43	30	473
Klagenfurt	335	200	80	30	16	310
Linz	471	410	350	63	46	1.264
Mil. Ordin.	22	8	3	2	-	-
Salzburg	208	235	92	32	53	478
St. Pölten	424	303	210	49	21	286
Wien	660	514	571	122	140	1.778
Gesamt 2000	**3.049**	**2.522**	**1.722**	**422**	**415**	**5.874**
Gesamt 2001	***3.003***	***2.437***	***1.724***	***455***	***483***	***5.622***

ZfkSt[60]

Der Vergleich mit den präsenten Priestern (im Jahr 2000 waren es 2.701) macht deutlich, dass mehr ausländische Priester in Österreich tätig sind als österreichische Priester im Ausland.

Bemerkenswert ist die – trotz Rückgang – nach wie vor hohe Zahl an Ordensschwestern in Österreich. Dieses Faktum dürfen wir im Hinblick auf die zukünftige Form der Gemeindeleitung im Auge behalten. Nur die Anzahl der ständigen Diakonen

[60] Zentralstelle für kirchliche Statistik der Österreichischen Bischofskonferenz (ZfkSt), Stephansplatz 6, 1010 Wien. Die statistischen Daten der römisch-katholischen Kirche Österreichs werden immer im Herbst (meist September) des folgenden Jahres veröffentlicht.

steigt. Sie haben sich in den letzten 20 Jahren etwa vervierfacht und haben in den letzten zwei Jahren auch in absoluten Zahlen die Ordensbrüder überholt.[61]

Tab.23
Pfarren mit oder ohne Pfarrer in Österreich

	Pfarren mit eigenem Pfarrer		Pfarren mit keinem regulären Pfarrer					
	Diözesan-Priester	Ordens-Priester	Mitbetreut durch einen anderen Priester	Einem ständigen Diakon anvertraut	Einem Ordensmann, der nicht Priester ist, anvertraut	Einer Ordens-frau anvertraut	Einem Laien anvertraut	Völlig vakant
Österreich 1990	1.887	554	644	3	-	-	-	-
Österreich 2000	1.696	647	676	18	-	3	23	-

ASEc

Dass sich die Entwicklung der Priesterzahlen auf die pastorale Situation auswirkt, liegt auf der Hand. In Österreich haben immer weniger Pfarren einen eigenen Pfarrer. Die Ordenspriester gleichen einen Teil des Rückgangs der Weltpriester, die in Pfarren tätig sind, aus. Im Jahr 2000 waren um 93 Ordenspriester mehr als Pfarrer eingesetzt als noch 10 Jahre davor. Die Zahl mitbetreuter Pfarren steigt. Waren es 1990 offiziell drei Nichtpriester, die zur Gemeindeleitung beauftragt wurden, sind es zehn Jahre später 42. Den Diözesanleitungen in Österreich ist zugute zu halten, dass sie bisher keine Pfarre völlig vakant werden ließen.

1.1.4.2 Wie viele nichtpriesterliche Personen als Gemeindeleiter (c. 517 § 2) gibt es?

❖ Offiziell-juristische und de facto Zählung

Für unser Thema ist nun interessant, wie viele Pfarren offiziell nach dem Modell des c. 517 § 2 geleitet werden. Leider existiert eine solche separate Zählung – welt- und österreichweit – nicht. Ich gehe aber davon aus, dass jene pfarrerlosen Gemeinden dazuzählen, die von einem Diakon, einem nichtpriesterlichen Ordensmann, einer Ordensfrau oder einem Laien geleitet werden – also die mittleren vier Spalten der Tabelle 29 der Gemeinden ohne regulären Pfarrer. Zählt man die Pfarren, die offiziell

[61] Im Kommentar zur Statistik, die in der Homepage der Kathpress www.kathpress.at/aktthema4.htm im September 2001 veröffentlicht wurde, heißt es, dass die Kirche zwar auch in Österreich seit 1960 zahlenmäßig geschrumpft sei, jedoch die „Verlebendigung des kirchlichen Lebens“ zugenommen habe. 1960 gab es in Österreich 6.364.922 Katholiken, im Jahr 2000 immerhin noch 5.875.763.

einer nichtpriesterlichen Person anvertraut sind, zusammen (42) und vergleicht man diese Zahl mit den Angaben, die die nichtpriesterlichen Leitungspersonen selbst machen, so fällt auf, dass die letztere Zahl deutlich höher ist. So werden beim österreichweiten Treffen der PfarrassistentInnen bzw. -kuratorInnen in Salzburg vom 16./17. Oktober 2000, bei dem 28 Personen aus den verschiedenen Diözesen teilgenommen haben, insgesamt 96 Pfarren gezählt, die faktisch, aber nicht immer juristisch, nach dem Modell c. 517 § 2 geführt werden. Diese Zählung enthält sowohl die kirchenrechtlich offiziell nach c. 517 § 2 geführten Pfarren als auch jene, die zwar – wohl aus diözesanpolitischen Gründen – nicht so eingestuft werden, aber de facto diese Leitungsfigur aufweisen.[62]

Tab. 24
PfarrassistentInnen (KuratorInnen) in Österreich 2001[63]

Österreichische Diözesen	**(de facto) Pfarrgemeinden nach c. 517 § 2**
Linz	27
Graz-Seckau	ca. 20
Innsbruck	15
Wien	11
Salzburg	10
Feldkirch*	4
Eisenstadt	4
St. Pölten*	ca. 3
Gurk-Klagenfurt	2
Gesamtösterreich	**(Ca.) 96**

* Für diese beiden Diözesen gibt es keine sicheren Angaben. Die Zahlen kommen durch eine Schätzung der KollegInnen aus den benachbarten Diözesen zustande.

Während also die offizielle Tabelle von 42 nichtpriesterlichen Personen in der Gemeindeleitung spricht, zählen die „ortskundigen" Betroffenen mehr als die doppelte Anzahl.[64] Die Differenz wird von den PfarrassistentInnen damit erklärt, dass in vielen Fällen zwar de facto die Gemeinde einem Laien anvertraut ist, in der Praxis das

---

[62] Ich werde später noch darauf hinweisen, dass manchmal in der Praxis der Modelle c. 526 § 1 und c. 517 § 2 nicht viel Unterschied besteht. Nach c. 526 § 1 ist ein Pfarrer gleichzeitig für eine benachbarte Gemeinde Pfarrer, in der dann eine Kontaktperson oder ein Pastoralteam eingesetzt ist, die mit verschiedenen Aufgaben betraut werden.

[63] Vgl. Arbeitsstelle für Gemeindeentwicklung (Hg.), Protokoll des PfarrassistentInnentreffens im Bildungshaus St. Virgil in Salzburg, am 16./17. 10. 2000.

[64] Vgl. Arbeitsstelle für Gemeindeentwicklung (Hg.), Protokoll des PfarrassistentInnentreffens im Bildungshaus St. Virgil in Salzburg, am 16./17. 10. 2000.

Modell nach c. 517 § 2 vorliegt, aber de jure nicht eingeführt wurde. Die Leitungsfigur läuft offiziell bzw. juristisch unter einem anderen Namen (cc. 526 § 1 und 540).
Der Grund für die mangelnde Transparenz oder für die Vermeidung des Begriffs „PfarrassistentIn" scheint die amtstheologische Unsicherheit (Laien dürfen – zumindest offiziell – keine Pfarrgemeinden leiten) zu sein. Die ekklesiologische und amtstheologische Position der Diözesanleitung scheint dafür ausschlaggebend zu sein, ob diese Form der Gemeindeleitung gemäß der kirchenrechtlichen Figur des c. 517 § 2 offiziell vorkommen darf oder ob die Pfarre in der Statistik formal als mitprovidiert gilt. Die ortskirchliche Praxis und amtliche Anerkennung ist in diesem Punkt oftmals enger als das, was das Kirchenrecht ermöglicht!

1.1.5 Die Situation in der Diözese Innsbruck

Die folgende kurze Analyse spiegelt den pastoralen und diözesanen Kontext wieder, in dem die später dokumentierte Befragung stattfindet.[65]

Tab. 25
Übersicht über Pfarren und Seelsorgestellen, Welt- und Ordenspriester, Diakone und Pfarrmoderatoren der Diözese Innsbruck

	1975	1980	1990	1995	1999	2002
Stichtag	01.02.75	15.01.80	01.01.90	01.11.95.	01.01.99	29.04.02
Pfarren	237	278	244	243	244	245
Seelsorgestellen	41	16	41	41	41	39
Weltpriester	321	298	266	242	240	203
Davon eigene	306	283	249	231	226	186
Andere	15	15	17	11	14	17
Ordenspriester im Dienste der Diözese	86	76	97	75	65	69
Diakone	**6**	**10**	**21**	**34**	**44**	**54**
Pfarrer						148
Mitprovidiert						85
Pfarrprovisor						22
Pfarradministrator						3
Pfarrmoderator				**4**	**12**	**18**
PfarrkuratorIn				**4**	**12**	**18**
Kaplan						31
Aushilfspriester						9

Quelle: Generalvikariat der Diözese Innsbruck[66]

[65] Der östlichste Teil des Landes Tirol gehören zur Erzdiözese Salzburg.

Für das Thema dieser Arbeit sind die Seelsorgestellen und die Entwicklung der Priesterzahlen interessant. Während die Gesamtzahl der Seelsorgestellen, also Pfarren und andere Seelsorgestellen, in etwa gleich bleibt, geht die Anzahl der Weltpriester, vor allem die aus der eigenen Diözese, von 306 Priestern im Jahr 1975 auf 186 Priester im Jahr 2002 zurück. Der Einsatz ausländischer Priester über die angeführten Jahre bleibt konstant, die Zahl der Ordenspriester im Diözesandienst sinkt – mit leichten Schwankungen. Im weltweiten Trend liegt die Steigerung bei der Zahl der Diakone. Es fehlt also auch in Tirol nicht an Männern, die bereit sind, ein öffentliches, kirchliches Amt zu übernehmen. Die weiteren Zahlen sprechen für sich: Nur mehr gut die Hälfte aller Seelsorgestellen in der Diözese Innsbruck haben einen eigenen Pfarrer, von 284 Pfarren sind nur 148 mit einem eigenen Pfarrer besetzt. Die meisten der Pfarren ohne eigenen Pfarrer werden mitprovidiert[67] (85). Ein weiterer Teil der Seelsorgestellen wird durch einen Pfarrprovisor[68] (22) bzw. einen Pfarradministrator[69] (3) betreut. 18 Pfarren werden nach dem Modell des c. 517 § 2 geleitet. Die gegenwärtige Situation und vor allem die unmittelbare Zukunft geben ernsthaft zu denken, v.a. auch im Blick auf das Durchschnittsalter des Klerus, das bei über 60 Jahren liegt.
Nimmt man an, dass der überwiegende Teil der Priester bis ins Alter von 75 Jahren aktiv in der Seelsorge bleibt, so lässt sich vorhersehen, dass in 10 bis 15 Jahren in der Diözese Innsbruck etwa die Hälfte der Priester zur Verfügung stehen wird. Es ist wohl nicht übertrieben, wenn man angesichts dieser Prognosen mit einer dramatischen Entwicklung sprechen kann. Wenn man die Augen vor der sich abzeichnenden Situation nicht verschließt, so muss man folgende Fragen stellen: Welcher pastorale Umbruch kommt auf die Diözese Innsbruck – und darüber hinaus auf die ganze Kirche

---

[66] Die Angaben sind im jeweiligen Jahr im Schematismus der Diözese Innsbruck veröffentlicht. Die – noch nicht veröffentlichten – Daten aus dem Jahr 2002 bekam ich dankenswerter Weise vom Generalvikariat der Diözese Innsbruck zur Verfügung gestellt. Die fehlenden Angaben in der unteren Hälfte der Tabelle sind darauf zurückzuführen, dass diese Zahlen in früheren Jahren nicht erhoben wurden.

[67] Von „mitprovidiert" spricht man, wenn eine Pfarre von einem Pfarrer der Nachbargemeinde mitbetreut wird. Die Betreuung kann durchaus längerfristig sein. Die Rechtsfigur ist in c. 526 § 1 geregelt.

[68] Pfarrprovisor ist kein Begriff aus dem Universalkirchenrecht, sondern ein ortskirchlicher Begriff. Mit Pfarrprovisor wird in der Diözese Innsbruck ein Priester bezeichnet, der – ähnlich wie ein Pfarrer – ganz für seine Pfarre da ist, aber aus formalen Gründen, das Pfarreramt (noch) nicht übernehmen kann; z.B. kann eine Ernennungsvoraussetzung fehlen, weil der Priester seine Pfarrerprüfung noch nicht abgelegt hat. Oft übernimmt ein Pfarrprovisor anschließend das Amt des Pfarrers – sobald der Betreffende die erforderliche Prüfung abgelegt hat. Pfarrprovisor ist dann eine „Vorstufe" zum vollen Amt des Pfarrers. Im Gegensatz zum Pfarradministrator ist beim Pfarrprovisor an eine durchaus längere Pfarrbetreuung gedacht, im Gegensatz zur Mitprovision ist der Priester in der Gemeinde meist vor Ort. Rechtliche Grundlage für diese Bestellungsform ist der c. 515 § 1.

[69] Im Gegensatz zu einem Priester bzw. Pfarrer der eine andere Pfarre längere Zeit „mitprovidiert" ist die Funktion eines Pfarradministrators dafür gedacht, kurzfristig und vorübergehend eine Pfarre zu versorgen (vgl. cc. 539–541). Der Pfarradministrator wird bestellt, wenn der Pfarrer (aus gesundheitlichen oder anderen Gründen) plötzlich bzw. vorübergehend ausfällt.

– zu? Werden diese Einbrüche im Klerus das Gesicht der Kirche – gewollt oder ungewollt – nicht nachhaltig verändern? Müssen die Kirche und die Verantwortlichen in der Kirche nicht verstärkt Anstrengungen dahingehend unternehmen, um für das Weiterleben, ja die Erneuerung der konkreten Gemeinde und das Weitergeben des Evangeliums an die nächste Generation zu sorgen? Was kommt auf die Priester – arbeitsmäßig und menschlich – und auf die steigende Zahl pfarrerloser Gemeinden zu? Wer bereitet die Gemeinden darauf vor? Diese und ähnliche Fragen müssen dringend auf die Tagesordnung betroffener Diözesanleitungen und müssen sehr grundsätzlich – gerade auch im Licht des Evangeliums – angegangen werden. Sie dürfen im Alltagsgeschäft diözesaner Leitungs- und Verwaltungsaufgaben – so schwierig sie sein mögen – nicht aufgeschoben werden.
Zusammenfassend halte ich fest: Die Entwicklung in der Diözese Innsbruck entspricht dem europäischen Trend, die lokale „Wetterlage" Tirols spiegelt Licht und Schatten der europäischen „Großwetterlage" wieder.

❖ Der Generalvikar der Diözese Innsbruck kommentiert die Lage

Bedenkt man, dass das Durchschnittsalter des gegenwärtigen Klerus in der Diözese bereits über 60 Jahre liegt, so versteht man, dass der Generalvikar der Diözese Innsbruck eine deutliche Verschlechterung des Zahlenverhältnisses Priester – Pfarren prognostiziert. Am Montag, den 13. Mai 2002 fand sich in der auflagenstärksten Tageszeitung Tirols, der „Tiroler Tageszeitung" auf dem Titelblatt folgende Schlagzeile: „Diözese kämpft mit Priestermangel"; der Untertitel verriet: „Generalvikar Jäger für verheiratete Männer als Priester – 50 Tiroler Pfarren ohne eigenen Priester". Im Leitartikel der Tageszeitung ist ein Interview zusammengefasst, das die Zeitung mit dem Generalvikar der Diözese Innsbruck geführt hat.
Zunächst skizziert der Generalvikar die Lage: 20 Prozent der Tiroler Pfarren haben keinen eigenen Seelsorger, von den 240 Priestern, die in der Diözese tätig sind, haben 130 das 60. Lebensjahr überschritten. Durch wenige Neupriester – im Jahr 2002 wurden drei Männer zu Priestern geweiht – wird sich die Lage verschärfen. Die Dramatik der pastoralen Situation wird deutlich, wenn der Generalvikar in der Folge prognostiziert: „In zehn Jahren müssen wir mit einer Verdoppelung der priesterlosen Pfarren rechnen."[70] Der Generalvikar rechnet damit, dass die entstehenden Probleme durch das Einbeziehen der Laien „einigermaßen" bewältigt werden können. In der Diözese Innsbruck gibt es zur Zeit 50 PastoralassistentInnen und 15 Pfarrkuratoren. Den Abgang der Priester kann man jedoch damit nicht ausgleichen: „Die Pfarrgemeinden werden sich in Zukunft aber mit der einen oder anderen Einschränkung

[70] TT, 13.Mai 2002, 1. Wenn die Zahlen, die der Generalvikar nennt, mit den Zahlen aus der oben aufgeführten Statistik nicht ganz übereinstimmen, so mag das zum einen daran liegen, dass seinen Daten ein anderer Zeitpunkt zugrunde liegt, und zum anderen, dass er zum Beispiel bei den Priesterzahlen nicht weiter zwischen Welt- und Ordenspriestern oder ausländischen Priestern unterscheidet. Für die Aussagekraft der grundsätzlichen Entwicklung macht das keinen Unterschied.

abfinden müssen"[71], prophezeit Ernst Jäger. Die Erwartung, dass jede kleine Pfarre einen eigenen Pfarrer bekommen kann, sei nicht mehr zu erfüllen. Auch wenn Generalvikar Jäger die Zulassung verheirateter Männer zum Sakrament der Priesterweihe nicht als die große Lösung sieht, so würde diese Möglichkeit seiner Meinung nach immerhin eine „Entlastung"[72] schaffen. Es gibt ausgebildete Männer, die die entsprechenden Voraussetzungen für das Priesteramt mitbringen.[73] Jäger bezieht sich damit auf in der Pastoral bewährte und theologisch gebildete Männer (viri probati). Die Diözesanleitung sieht also die Dramatik der pastoralen Situation[74] im Bistum Innsbruck sehr klar und nüchtern.

Fassen wir zusammen: Europa war – im weltweiten Vergleich – immer mit relativ vielen Priestern „gesegnet", ja mit Priestern „verwöhnt". Zum Orts-Bild eines europäischen Dorfes gehörte der eigene Pfarrer genauso wie der Bürgermeister und der Arzt. Das mag mit ein Grund sein, warum europäisch-subjektiv der Priestermangel als besonders schmerzlich empfunden wird. Von diesem Bild muss sich Europa – gewollt oder ungewollt – verabschieden. Wie das Bild der „Gemeinde danach" aussieht, ist noch weitgehend unklar.
In Südamerika oder Afrika konnte man nie mit einer großen Präsenz von Priestern vor Ort rechnen. Die Laien waren dort schon früh gezwungen, selbst Träger des Evangeliums zu werden und die Organisation der Gemeinde selbst in die Hand zu nehmen und „auf eigenen Füßen" zu stehen.[75] Es sind heute oft einfache Männer und Frauen, die als Gemeindeleiter bzw. Gemeindeleiterinnen in Außenstationen und kleinen Gemeinden das Gemeinschaftsleben im Geist des Evangeliums leiten. Viele übernehmen diese Aufgaben als ausgebildete Katechisten.[76] Es sind also zum einen die vielen engagierten Laien – vor allem Frauen –, die das Gemeindeleben organisieren und leiten. Zum anderen hat man in Südamerika, Afrika, Asien und Ozeanien die Bedeutung der kleinen überschaubaren Gemeinschaften für einen lebendigen, im konkreten Leben verwurzelten Glauben entdeckt.[77]
Was die Würzburger Synode 1974 als zukunftsträchtiges, pastorales Leitbild proklamierte, nämlich die „sich selbst tragende Gemeinde", war in vielen Teilen der Weltkirche, schon lange Realität. Die sich so fortschrittlich wähnende, – weil

---

[71] TT, 13.Mai 2002, 1.
[72] TT, 13.Mai 2002, 1.
[73] Ähnliche Schritte kann sich der Dekan von Matrei am Brenner, Karl Singer, vorstellen. Der überzeugte Priester („Ich würde noch einmal Priester werden") plädiert ebenso für eine Öffnung der Zugangsvoraussetzungen zum Priesteramt: „Denn dass verheiratete Männer nicht Priester werden können, tut ‚ihm leid'. Auch Frauen als Priester könnte sich Singer vorstellen, aber ‚das wäre für manche Kirchgänger eher ein Problem'." In: TT, 13.Mai 2002, 1.
[74] Andere bezeichnen diese Situation als "kirchlichen Notstand erster Ordnung"; vgl. Klostermann, Gemeinde, 42.
[75] Vgl. Weber, Inkulturation, 298–334.
[76] Vgl. Rzepkowski, Der Welt verpflichtet, 162.
[77] Vgl. Weber, Vielfalt, 92–103.

professionalisierte – europäische Kirche muss sich eingestehen, dass die Kirchen des Südens bezüglich der Mitverantwortung der Laien – zumindest auf Pfarr- und Gemeindeebene – den alten Kirchen voraus sind. Europa hat diesen Weg offensichtlich noch vor sich. Mit Priestern „verwöhnt", beginnt Europa zögerlich den Abschied von einer von Klerikern geprägten Kirche einzuleiten – vom Priestermangel mehr gezwungen als freiwillig. Welches neues Gesicht der Kirche sich in Europa herausbildet, ist noch nicht auszumalen.

1.2 Zum kirchlichen Umfeld – ein Stimmungsbild

Die statistische Dokumentation des Priestermangels stellt eine nüchterne Situationsvergewisserung dar. Die Daten bedürfen jedoch zum einen der Interpretation – was ansatzweise geschehen ist – und zum anderen stellt sich die Frage, welche Schlussfolgerungen die Kirche daraus zieht oder welche Notwendigkeiten sich für die Gestaltung der Pastoral ergeben. Die interpretierten Daten bilden somit erst die Ausgangslage für theologisch, kirchenrechtlich und pastoral verantwortbare Lösungsversuche. Entscheidend ist, wie die Kirche auf den Priestermangel reagiert und mit welchen Strategien und Lösungsvorschlägen sie seinen Folgen begegnet.

❖ Blitzlichter aus einer große Bandbreite an Stimmen

Schon ein erster Blick macht deutlich, dass die Kirche nicht mit *einer* Stimme auf den Priestermangel und die kirchliche Entwicklung insgesamt reagiert. Unterschiedliche theologische Positionen führen zu vielfältigen, auch gegensätzlichen Vorschlägen. Die Bandbreite reicht vom dringenden Appell „mehr für Priesterberufungen zu beten"[78] bis hin zur Forderung nach der Weihe von Frauen.[79]

Ich gebe in diesem Abschnitt die kirchliche Stimmungslage in Umrissen wieder, damit deutlich wird, in welchem Kontext das Gemeindeleitungsmodell nach c. 517 § 2 – dessen Rechtsfigur noch genauer darzustellen ist (vgl. Kapitel 2) – installiert wird. Die „theologisch-kirchliche Landschaft" ist so komplex und vielfältig, dass eine systematische Darstellung der Reaktionen, theologischen Positionen und pastoralen Lösungsvorschläge einzelner „Gruppen" in der Kirche den Rahmen dieser Untersuchung sprengen würde. Ich lasse deshalb nur einzelne Stimmen aus verschiedenen kirchlichen Blickwinkeln, (Funktions-)Ebenen bzw. Lagern exemplarisch zu Wort kommen. Neben der Darstellung der inhaltlichen Positionen spielt dabei auch die Beschreibung der Stimmung, in der die Diskussion geführt wird, eine nicht unerhebliche Rolle.

In der gebotenen Kürze sollen Stellungnahmen aus vier Ebenen bzw. Gruppen zu Wort kommen: Die Theologen als „Experten" (1.2.1), eine ermutigende Stellungnahme von Papst Paul VI. (1.2.2), die ortskirchlichen Lösungsversuche mit kooperativer Pastoral (1.2.3) und die Rolle des Volkes Gottes (1.2.4). Schließlich skizziere ich

---

[78] Vgl. Kothgasser, Weg, 436.

[79] Vgl. die Forderungen des von Österreich (Tirol) ausgehende sogenannte „Kirchenvolksbegehrens".

die Grundstimmung, in der die Diskussion stattfindet (1.3.5) und schließe mit einer kurzen Zusammenfassung zum „Phänomen“ Priestermangel (1.2.6).

1.2.1 Die Theologen: Sorge um die Gemeinden und die „Lösung“ der amtstheologischen Frage

1.2.1.1 Pastoraltheologen als „Frühwarner“: Recht der Gemeinde auf sakramentalen Dienst

Aufmerksame Beobachter der Entwicklung der Priesterzahlen haben schon bald nach dem Konzil den Ernst der Lage erkannt und sich dementsprechend zu Wort gemeldet. Jene Zunft der Theologen, die der kirchlichen Praxis und der pastoralen Entwicklung am nächsten steht, nämlich die Pastoraltheologen, sah sehr früh den sich abzeichnenden Priestermangel. Sie machte die „Zukunft der Gemeinde“ zum Thema ihrer Konferenz, die vom 2. bis 5. Jänner 1970 in Innsbruck tagte. Es sollte dort nicht nur bei einem theologischen Disput zum aktuellen Thema bleiben. Zum Abschluss der Konferenz verabschiedeten die deutschsprachigen Pastoraltheologen einstimmig eine Resolution, die an die Bischofskonferenzen von Deutschland, Österreich und der Schweiz adressiert war. Der Text ist es wert, im Ganzen wiedergegeben zu werden:

> *„Die Konferenz der deutschsprachigen Pastoraltheologen hat sich auf ihrer Tagung Anfang Januar 1970 in Innsbruck ausdrücklich mit dem Problem der Gemeindeleitung beschäftigt. Dabei wurde u.a. festgestellt: In einigen Diözesen zeichnet sich die Tendenz ab, die bestehenden Pfarreien zu Pfarrverbänden oder Großpfarreien zusammenzuschließen. Es ist vorgesehen, den nachgeordneten kleinen Gemeinden auch Laien als Gemeindeleiter zu geben, da der Priestermangel die Besetzung dieser Stellen mit Presbytern unmöglich macht. Nach wissenschaftlichen Untersuchungen in einigen Diözesen wird auch im deutschsprachigen Raum in den nächsten Jahren der Priestermangel immer größer werden. Eine Änderung dieser Situation ist nicht abzusehen. Die Besetzung der nachgeordneten kleinen Gemeinden mit Laien kann nur als Notbehelf angesprochen werden. Die Gemeinde hat ein Recht auf vollen sakramentalen Dienst. Dieser kann aber auf die Dauer nicht erfüllt werden, wenn man die verbleibenden Presbyter der Großpfarreien nur zur Sakramentenspendung in den kleinen Gemeinde heranzieht. Der Dienst des Presbyters würde so zu einer Funktion von unerträglicher Einseitigkeit werden. Dabei ist zu befürchten, dass junge Menschen ein solches Amt noch weniger gern übernehmen werden.*
>
> *Es ist die einhellige Meinung der Konferenz, dass zur Leitung der Gemeinde grundsätzlich der unverkürzte Dienst des ordinierten Presbyters gehört, insbesondere auch für die Feier der Eucharistie. Als Pastoraltheologen fühlen wir uns verpflichtet, die Bischöfe unseres Sprachgebietes zu bitten, sie mögen dafür sorgen, dass jede Gemeinde ordinierte Vorsteher erhält, auch wenn diese einen anderen Beruf haben oder verheiratet sind.*
>
> *Deswegen bitten wir die Bischöfe eindringlich, die notwendigen Schritte zu unternehmen, dass entgegenstehende kirchenrechtliche Bestimmungen abge-*

ändert werden. Eine entsprechende Ausbildung dieser zu ordinierenden Gemeindeleiter lässt sich nach unserer Auffassung ermöglichen. Darüber hinaus empfehlen wir, bewährte verheiratete Männer mit einer vollen theologischen Ausbildung zur Ordination als Presbyter zu gewinnen. Wir sehen keinen anderen Weg, wie der unserer Kirche vom Herrn aufgetragene Heilsdienst in den Gemeinden erfüllt werden kann."[80]

In dieser Resolution finden sich alle Argumente und Lösungsvorschläge, die in den nachfolgenden Jahren und Jahrzehnten von unterschiedlichsten Seiten vorgetragen werden. Die gehen von der *konkreten pastoralen Situation der Gemeinden* aus und verweisen auf deren „Recht auf vollen sakramentalen Dienst". Gleichzeitig sehen sie die *beängstigende Entwicklung, die sich für das Berufsprofil des Priesters*, aber auch für die Priester als Menschen *abzeichnet*: „Der Dienst des Presbyters würde so zu einer Funktion von unerträglicher Einseitigkeit werden." Die Folge liegt auf der Hand: "Das Priesteramt würde dadurch bei den jungen Menschen deutlich an Attraktivität verlieren." Die Pastoraltheologen halten zudem an der *katholischen Grundüberzeugung* fest: „Zur Leitung der Gemeinde gehört grundsätzlich der unverkürzte Dienst des ordinierten Presbyters, insbesondere auch für die Feier der Eucharistie." Ausgehend vom „gemeindetheologischen und amtstheologisch-sakramentalen Axiom" treten sie mit der Bitte an die Bischöfe heran, „dass jede Gemeinde ordinierte Vorsteher erhält, auch wenn diese einen anderen Beruf haben oder verheiratet sind". Nach 33 Jahren hat sich die Situation verschärft.

1.2.1.2 Karl Rahners Lösungsansatz: „De-facto-Ämter" müssen sakramental übertragen werden

Die Art und Weise, wie man auf die Situation des Priestermangels reagiert, ist wesentlich von der jeweiligen theologischen Position bestimmt. Ich habe hier exemplarisch den Ansatz Karl Rahners ausgewählt, weil er – unter Beibehaltung der katholischen Grundüberzeugungen – von der Grundamtlichkeit der Kirche her denkend, einen praktizierbaren Lösungsweg unterbreitet. Er war einer der ersten, der aus der Sicht der Amtstheologie eine Antwort auf den Priestermangel gegeben hat

❖ Der Pfarrassistent: Laie mit presbyteralem Charakter

Der Priestermangel führt, so Rahner, zu fatalen Folgen: Der Pastoral- bzw. Pfarrassistent übernimmt immer mehr Aufgaben eines Priesters. Dies geht bis zur de-facto Leitung einer Gemeinde mit den erforderlichen Vollmachten – ausgenommen die Sakramente Eucharistie und Buße. Ein Laie aber – so betont Rahner –, der beinahe alle Aufgaben eines Pfarrers übernimmt und die Gemeinde de-facto leitet, bekommt dadurch presbyteralen Charakter. Der Unterschied zum Priester kann nur mehr schwer plausibel gemacht werden. Im „Gegenzug" wird der geweihte Priester immer mehr zum blossen Sakramentenspender.[81]

---

[80] PThI, 1970, 61f.

[81] Vgl. Rahner, Dienste, 734.

❖ Sakramentale Bestätigung dessen, was eigentlich schon da ist

Damit steht für Rahner die Weihe dieser Art von Gemeindeleiter zum Priester an: „Der Pastoralassistent müsste also die seiner tatsächlichen Funktion entsprechende Beauftragung erhalten. ... Ist die Funktion eines Pastoralassistenten faktisch die eines Gemeindeleiters, dann soll er die Priesterweihe erhalten, weil die Trennung zwischen der Funktion des Gemeindeleiters und der Funktion des Eucharistievorstehers wesenswidrig ist.“[82]

Rahner denkt vom Amt, den Aufgaben und der Funktion (Hirte für die Gemeinde) her. Erfüllt der Gemeindeleiter die Funktionen, die eigentlich Tätigkeiten des Priesters sind, so legt sich nahe, ihn dazu auch sakramental zu beauftragen, damit er auch ermächtigt ist, die sakramentalen Vollmachten auszuüben. In der Logik Rahners könnte man solche Personen, denen die sakramentale Weihe vorenthalten wird, als „anonyme Priester“ oder „anonyme Pfarrer“ bezeichnen. Rahner fordert folglich:

> *„Ich würde sagen, wenn es heute Pastoralassistenten gibt oder geben muss, die dauernde amtliche Leiter einer Gemeinde sind, die keinen Priester hat, dann soll man sie in Gottes Namen zu Priestern weihen. Warum? Weil man ihnen nur die sakramentale Bestätigung und Greifbarkeit gibt, was er ist. ... Er erhält durch die Weihe nicht eigentlich etwas hinzu, was er sonst nicht hätte, sondern es wird sakramental greifbar in der Dimension des kirchlichen Amtes festgemacht, was ihm schon gegeben ist.“*[83]

❖ Theologische Prioritätensetzung: Genügend sakramentale Seelsorger vor Zölibat

Daraus ergibt sich für Rahner eine klare *theologisch motivierte Prioritätensetzung* und eine Verpflichtung für die Kirche: „Die Sorge um einen genügend zahlreichen Seelsorgeklerus ist eine Verpflichtung, die als göttliches Recht auf der Kirche liegt, eine Verpflichtung, die im Konfliktfall das legitime Bestreben der Kirche nach einem zölibatären Seelsorgeklerus überbietet.“[84] Im Blick darauf, dass in Zukunft die Gemeinden vermehrt ohne Priester sein werden, formuliert er nochmals ausdrücklich:

> *„Wenn die Gemeindeleitung ein inneres und wesentliches Moment des Priestertums ist, in dem sich diese Funktionen und die der Vorsteherschaft der Eucharistiefeier gegenseitig bedingen, dann sollte man eben diejenigen, die faktisch in der Zukunft Vorsteher einer priesterlosen Gemeinde sind, zu Priestern weihen und so sakramental anerkennen, was solche Gemeindeleiter faktisch sind und was sie leisten. Niemand kann doch leugnen, dass das Recht einer Gemeinde, einen sakramental geweihten Gemeindevorsteher zu haben, vorrangig ist vor dem alle Achtung verdienenden Bestreben der Kirche um solche Gemeindeleiter, die die Verpflichtung der Ehelosigkeit auf sich nehmen.“*[85]

---

[82] Rahner, Seelsorge, 145.

[83] Rahner, Schriften XIV, 194.

[84] Rahner, Dienste, 742.

[85] Rahner Schriften XIV, 130.

❖ Festhalten an der Einheit von Gemeindeleitung und Eucharistievorsitz

Rahner hält entschieden daran fest, dass der ordinierte Leiter der Eucharistiefeier und der Gemeindeleiter eine Person sein sollen. Eine andauernde Trennung dieser Funktionen würde zu einem Verfall der Gemeinde und zu einer christlich nicht verantwortbaren Vernachlässigung der Sakramente führen.[86] Auch eine Unter- oder Überordnung der einen oder anderen Funktion lehnt Rahner ab. Der ordinierte Leiter der Eucharistiefeier kann „nicht einfach ein untergeordneter Funktionär für liturgische Vorgänge in der Gemeinde sein“[87].

Das Festhalten an der Einheit von Gemeindeleitung und Eucharistievorsitz hat Rahner mit anderen dogmatischen Positionen gemeinsam. Was Rahner aber von vielen unterscheidet, ist, dass für ihn dieses Prinzip „in beide Richtungen“ gilt. Nicht nur der Geweihte muss Leiter der Gemeinde sein, sondern es muss derjenige, der tatsächlich und dauerhaft die Gemeinde leitet, ihr auch in der Eucharistiefeier vorstehen und daher die Weihe empfangen.

❖ Ausgliederung des einen Grundamtes in verschiedene Ämter als geschichtlicher Vorgang

Rahners Position leitet sich von der *Grundamtlichkeit* der Kirche ab. Diese Grundamtlichkeit ist begründet in der „Kirche, als heilige Gemeinschaft der Glaubenden und damit als Präsenz der unwiderruflichen siegreichen Gnade Gottes, der sich in der Menschwerdung und Auferstehung Jesus als dem Vertreter der ganzen Menschheit mitgeteilt hat“[88]. Die Dimension der Amtlichkeit verhindert, „dass man die Kirche als eine gut organisierte Versammlung religiös besonders Begabter oder Bedürftiger missversteht“[89]. *Die Ausgliederung des einen Grundamtes in mehrere Ämter* war und ist ein dauerhafter geschichtlicher Vorgang. Die Ausfaltung der Grundamtlichkeit nimmt in jeder Epoche neue Formen an und setzt unterschiedliche, durch die pastoralen Her mitbestimmte Akzente. Rahner sieht in den „bisherigen Übertragungsformen (wie Beauftragung, missio) schon heute anonym gebliebene sakramentale Vorgänge“[90], die erst später mit einer sakramentalen Einführung in kirchliches Amt anerkannt werden.

❖ Erste Schlussfolgerungen aus Rahners Position

Der Vorschlag Karl Rahners erweitert ohne Zweifel den Kreis potentieller Gemeindeleiter. Würde der sakramentalen Bestätigung der Gemeindeleitung gegenüber dem Pflichtzölibat eingeräumt, dann stünden heute nicht nur bewährte Männer („viri probati“), sondern auch bewährte Frauen („uxores probatae“) als KandidatInnen für das Priesteramt zur Verfügung. Auf der Ebene der Gemeindeleitung wäre dann nicht nur die zölibatäre Lebensform vertreten, sondern das ganze Spektrum christlicher Lebensformen. Dies würde zweifellos eine Bereicherung für das kirchliche Amt und die Vielfalt kirchlichen Lebens darstellen.

---

[86] Vgl. Rahner, Strukturwandel, 119.
[87] Rahner, Strukturwandel, 133f.
[88] Zulehner, Gnade, 104.
[89] Zulehner, Gnade, 104.
[90] Zulehner, Gnade, 105.

Gleichzeitig wäre aber darauf zu achten, dass Veränderungen von Zulassungsbedingungen zum Priesteramt nicht erneut die priesterzentrierte Versorgungspastoral stabilisieren. Rahner und auch andere Dogmatiker[91] halten mit Recht an der sakramentalen Grundstruktur der Kirche fest. Die dogmatische Perspektive und die amtstheologischen Überlegungen bringen es aber häufig mit sich, dass der Blick auf diese Problematik, und somit auf Priesteramt und Gemeindeleitung eingeengt bleibt. Wie sich der Priestermangel tatsächlich auf das Leben der gläubigen Gemeinde auswirkt, bleibt vielfach ein Randthema und kommt kaum in den Blick. Weder Gemeinden noch die Laien gewinnen aus dem Blickwinkel des Dogmatikers ein eigenes Profil: Sie werden herangezogen, solange sie benötigt werden, dienen also der „Entlastung“[92] des Priesters. Die „Not“ des Priestermangels könnte ein Umdenken – auch bei den Gemeindemitgliedern – initiieren. Die Mitverantwortung der Gemeinde – und das bedeutet auch ihr Anteil an der Leitung – müsste verstärkt in den Blick genommen werden.

1.2.2 Papst Paul VI: Ermutigung zu neuen Dienstämtern!

Nach dem Konzil hat Papst Paul VI. im Apostolischen Schreiben „Evangelii nuntiandi“ von 1975 dazu ermutigt, neue Dienste in der Kirche aufzuspüren. Der Papst zeichnet das Bild einer missionarischen Kirche, unter den Bedingungen und Herausforderungen in der zweiten Hälfte des 20. Jahrhunderts. Im Abschnitt „Verschiedene Dienstämter“ ermutigt Paul VI. die Kirche, sich zu öffnen, um

> *„immer geeignetere Wege [zu] suchen, das Evangelium wirksam zu verkündigen. Wir ermutigen die Öffnung, die die Kirche hier heute vorgenommen hat. Sie öffnet sich nicht nur neuen Einsichten, sondern auch neuen kirchlichen Diensten, die dazu beitragen können, die der Kirche eigene Dynamik in der Evangelisierung zu erneuern und zu stärken“ (EN 73).*

Papst Paul VI. regt die Anerkennung und Gestaltung neuer Dienste an, die im Zeichen einer überzeugenden, evangeliumsgemäßen Verkündigung stehen. Er unterscheidet dabei zwischen „den Dienstämtern, die eine Weihe erfordern“, und jenen, „nicht an eine Weihe gebundenen Dienste“ (EN 73).

❖ Ämtergestaltung: orientiert am Ursprung der Kirche und den Nöten der Menschen und der Kirche

Es ist der Blick auf *die Ursprünge der Kirche* und die *Nöte der Menschen von heute*, die die innere Ausrichtung auf die „Offenheit für neue Dienstämter“ bei Paul VI. bestimmen und theologisch legitimieren.

> *„Ein Blick auf die Ursprünge der Kirche macht vieles klar und erlaubt, eine alte Erfahrung bei den Dienstämtern aufzugreifen. Diese Erfahrung ist umso gewichtiger, weil sie der Kirche Festigung, Wachstum und Ausbreitung sicherte. Dieses Hinschauen auf die Quellen muss freilich durch eine andere Sicht ergänzt*

---

[91] Vgl. Kasper, Gemeindeleitung; Lehmann, Dienst; Niewiadomski, Priester.

[92] Kasper, Leitungsdienst, 14.22.

werden: es braucht auch den Blick auf die heutigen Nöte der Menschheit und der Kirche. Aus diesen Quellen zu schöpfen, die immer Anregung vermitteln, nichts von diesen Werten zu opfern und es zu verstehen, sich den heutigen Bedürfnissen und Nöten anzupassen, diese Grundsätze lassen mit Weisheit jene Dienste aufspüren und ins Licht treten, die die Kirche braucht und die zugleich von zahlreichen ihrer Mitglieder gern aufgenommen werden, damit die kirchliche Gemeinschaft möglichst große Lebendigkeit gewinnt."(EN 73)

❖ Vier Kriterien zur Errichtung neuer Ämter

In diesem Abschnitt aus „Evangelii nuntiandi" benennt Papst Paul VI. vier Kriterien nach denen neue, im Entstehen begriffene Dienste und Ämter (Sozialgestalten) wahrgenommen und beurteilt werden sollen:

1. Ausgegangen wird zunächst vom *Ursprung der Kirche* als Quelle jeglicher Erneuerung und Weiterentwicklung von Kirche (vgl. DV 7.21.24), wie sie uns in den biblischen Schriften, der „norma normans non normata", bezeugt ist.
2. Als zweiten Orientierungspunkt nennt Paul VI. *„die heutigen Nöte der Menschheit und der Kirche".* Der Papst erinnert damit an jenes Kriterium, das uns im Evangelium selbst ständig begegnet: Die Nöte, das Leiden, die Bedürftigkeit des Menschen, der Bedarf – sei dies geistlich oder materiell – schlechthin. Eine Kirche, die sich am Evangelium orientiert, kann an den Nöten der Menschen von heute nicht vorbei sehen.
3. Als drittes Kriterium beschreibt Paul VI. – beinah in klassischer Formulierung – den für die Kirche fundamentalen Vorgang der *Rezeption* (vgl. Kapitel 3). Es geht um Grundentscheidungen und „Grundgestalten" der Kirche die *„von zahlreichen ihrer Mitglieder gern aufgenommen* werden". Der Papst verwendet das Wort „aufgenommen" (vgl. 2.3.2). Wenn die Kirche als gesamte mit dem Glaubenssinn ausgestattet ist und das Volk Gottes eine evangeliumsgemäße (wieder) neu eingeführte Sozialform „gerne aufnimmt", so lässt sich darin der Wille Gottes erkennen, eine geschichtliche Entfaltung der Offenbarung (vgl. DV 8).
4. Schließlich nennt Paul VI. das Ziel, auf das alles Bemühen gerichtet ist. Es geht darum, dass *„die kirchliche Gemeinschaft möglichst große Lebendigkeit gewinnt"*. Das Suchen nach neuen Dienstämtern liegt begründet in der Sorge um die Lebendigkeit christlicher Gemeinschaft bzw. Gemeinde. Dienste und Ämter sind nicht Selbstzweck, sondern zur Auferbauung der Gemeinde da (vgl. 1 Kor 12). Wenn die Gestalt der Ämter sich verfestigt und in der Folge die Lebendigkeit der Gemeinden Schaden erleidet, ja die Gefahr des (z. B. eucharistischen) Absterbens besteht, müssen sich die bestehenden Dienstämter auf neue Formen hin wandeln und neue entstehen.

Papst Paul VI. legt in „Evangelii nuntiandi" vier einsichtige und praktikable Kriterien vor, die bei der Suche nach neuen Dienstämtern und somit auch neuen Formen der Gemeindeleitung angelegt werden müssen.[93]

[93] Auf diese Kriterien werde ich bei der theologischen Reflexion der Befragung im Schlusskapitel nochmals zurückkommen.

❖ Die Ortskirchen sollen neue Dienstämter erbitten

Diese Kriterien beziehen sich auf Welt- und Ortskirche in gleicher Weise. Papst Paul VI. ermutigt die Ortskirchen ausdrücklich, neue kirchliche Dienste für ihre spezifische Situation vom Heiligen Stuhl zu erbitten: „Es steht nichts im Wege, dass die Bischofskonferenzen außer diesen der ganzen Lateinischen Kirche gemeinsamen Diensten (sc. des Lektorats und des Akolythats) noch weitere vom Apostolischen Stuhl erbitten, deren Einführung sie für ihr Land aus besonderen Gründen für notwendig oder sehr nützlich erachten."[94]

Man wird behaupten dürfen, dass die Ortskirchen die von Papst Paul VI. angeregten Möglichkeiten nicht sehr kreativ oder reichhaltig ausschöpfen. Es herrscht eher der Eindruck vor, dass sich der Großteil der Ortskirchen – v.a. auch in Europa – nicht zu weit vorwagen will und sich lieber an die universalkirchlich gültige Ämterstruktur hält. Trotzdem sind die Bischöfe als verantwortliche Oberhirten gezwungen, konkrete pastoral und theologisch verantwortbare Schritte zu diskutieren und zu wagen. Die Lösungsvorschläge der Bischöfe reichen vom „entschiedene(n) Eintreten für das zölibatäre Priestertum"[95] bis zur Forderung nach der ganzen „Autorität eines Konzils"[96], damit die drängenden anstehenden Fragen auf der Ebene der Gesamtkirche gelöst werden können.[97]

❖ Ein nüchterner, realistischer Blick

Die Ansätze Papst Paul VI. wurden in den späteren lehramtlichen Stellungnahmen Roms leider nicht weitergeführt.[98] Realistisch mit Blick auf die Weltkirche, schreibt Kardinal Lehmann in einem Hirtenwort: „Die Weltkirche, zu der wir gehören, bietet keine reale Möglichkeit, in absehbarer Zeit die Zugangsbedingungen zum priesterlichen Dienst zu ändern. Wer über die Fragen der Ehelosigkeit des Priestertums und die dem Mann vorbehaltene Priesterweihe trotz der ergangenen kirchlichen Entscheidungen weiter diskutieren will, muss nüchtern erkennen, dass es – ganz gewiss in naher Zukunft – keine alternativen Lösungswege gibt, mit denen die Situation des Priestermangels behoben werden könnte."[99] Der nüchterne Blick trägt dazu, bei der Suche nach zukunftsfähigen Wegen für die Kirche, sich von der Fixiertheit auf die Weihezulassung zu lösen und die Sinne frei zumachen für Gottes andere Wege.

1.2.3 „Jonglieren" mit den knappen priesterlichen Ressourcen und die Erwartungen an eine „kooperative Pastoral"

❖ Die Deutsche Kirche: Priesternachwuchs ist Lebensfrage der Kirche

Die deutschen Diözesen haben bereits in den 70er Jahren das Thema Priestermangel aufgegriffen. Die „Gemeinsame Synode der Bistümer in der Bundesrepublik Deutsch-

---

[94] Paul VI., Ministeria quaedam", 1972.

[95] Kothgasser, Weg, 436.

[96] Koch, Rückfragen, 426.

[97] Zu bischöflichen Stellungnahmen aus dem deutschsprachigen Bereich vgl. Diak 1/2001.

[98] Die weiteren lehramtlichen Stellungnahmen sind zusammengefasst bei: Kehl, Kirche, 450–458.

[99] Lehmann, Leben, 17.

land" in Würzburg schloss ihre Augen vor dem Ausmaß des Priestermangels[100] nicht und hielt fest: „Im Verlauf des nächsten Jahrzehntes wird die Zahl der Priester im aktiven Dienst im Durchschnitt um ein Drittel abnehmen. Die Frage des Priesternachwuchses ist zu einer Lebensfrage der Kirche geworden."[101]

Die Synode sieht und benennt das Problem in aller Schärfe. Die „Bewältigungsstrategie" ist ganz auf den Priesternachwuchs zentriert. Andere Alternativen kommen (noch) nicht in den Blick. Ähnlich und zugleich mit großer Nüchternheit konstatiert die Deutsche Bischofskonferenz: „Die ganze Lasst des Priestermangels werden wir erst in den nächsten Jahren erfahren: Viele Gemeinden werden keinen Priester mehr in ihrer Mitte haben. Selbst wenn die Zahl der Priesteramtskandidaten sprunghaft anstiege, könnte dies keine rasche Wende bringen."[102] Die Diagnose ist eindeutig, die angestrebte „Therapie" – ein verstärkter Priesternachwuchs – wenig aussichtsreich.

Mit der Zunahme des Priestermangels waren viele Diözesen – nicht nur in Deutschland, sondern mehr oder weniger in ganz Europa – gezwungen, die pastorale, v.a. sakramentale Versorgung neu zu strukturieren. Überall riss der Priesterschwund „Löcher" auf, die man durch eine gute Verteilung der vorhandenen „priesterlichen Ressourcen" auf die Gemeinden zu schließen hoffte. Diese Hoffnung prägt auch heute noch vielerorts das Handeln. Priestern werden „unter gleichzeitiger Beibehaltung der bisherigen Aufgaben" neue Zuständigkeiten übertragen. Die regionalen Planungen sind vom Bemühen um eine möglichst große „Verteilungsgerechtigkeit"[103] geprägt.

❖ Grundprinzip: Gemeindeerhalt – Zauberwort: Pastorale Räume

Die meisten Diözesen halten bei ihrer pastoralen Neukonzeption am Grundprinzip fest, die gewachsenen Gemeinden zu erhalten: „Im Bistum Basel werden weder Pfarreien noch Kirchengemeinden wegen Priestermangels aufgelöst"[104]. Diese Grundentscheidung, die man aus pastoralen Gründen nur befürworten kann, zwingt dazu, die gegebenen kirchenrechtlichen Möglichkeiten voll auszuschöpfen. Die „Zauberwörter" der deutschsprachigen Diözesen der 90-er Jahre hießen: „Gemeindeleitung in Kooperation", „Pastoralstruktur- und Personalplanung (PPP)"[105], „Pastorale Entwicklungsperspektiven", „Seelsorge in der Zukunft"[106] oder ähnlich. Diese Konzepte wollen die übergemeindliche Arbeit verstärken, um Synergieeffekte zu erzielen. Im deutschen Sprachraum existiert mittlerweile bezüglich neuer Leitungsmodelle eine verwirrende Vielfalt von Konzepten und Begriffen. „Jede Diözese hat ihr Modell und ihre Terminologie:

---

[100] Vgl. Siefer, Priester.

[101] Die pastoralen Dienste in der Gemeinde 1.2.2. (Zitiert bei: Greinacher, Bezugspersonen, 237).

[102] Zur Ordnung der pastoralen Dienste 1.1 (Zitiert bei: Greinacher, Bezugspersonen, 237).

[103] Hübinger, Pastoralkonzept.

[104] Berz, Basel, 24. Das gleiche Bekenntnis gilt für Diözese Innsbruck, die sich an zwei Grundprämissen orientiert: 1. „Jede auch noch so kleine Gemeinde, soll in ihrer Identität und Struktur erhalten bleiben." 2. „Jede Gemeinde hat Anspruch auf Leitung". Zitiert bei: Kothgasser, Weg, 436.

[105] Dazu ausführlicher: Belok, Limburg, 13–17.

[106] So in der Diözese Linz: vgl. Gruber-Aichberger, Linz, 18–22.

Kooperative Pastoral, Seelsorgeeinheiten, Regionalisierung, Gemeindeleiterin, Pfarrassistent, Moderator, Kurator – die Reihe ließe sich fortsetzen."[107]

❖ Erfreuliche Begleiterscheinung: Zusammenarbeit von Laien und Priestern

Eine erfreuliche „Begleiterscheinung" des Priestermangels ist vielerorts die zunehmende Bereitschaft zur Zusammenarbeit von Priestern und Laien. Dementsprechend dominieren in allen Pastoralkonzepten Begriffe wie „pastorale Kooperation und Teamarbeit"[108]. Überall wird daher „hohe Kommunikationsfähigkeit"[109] verlangt. Die Zusammenarbeit im „Pastoralen Raum" soll durch „Spielregeln der Kooperation"[110] erleichtert werden. Je stärker und häufiger Laien für die pastorale Mitarbeit herangezogen werden, desto deutlicher tritt bei den Getauften ein neues Bewusstsein für ihre Berufung und Verantwortung in der Kirche hervor. Zugespitzt könnte man sagen: Was 40 Jahre nachkonziliare Theologie nur schwer erreicht hat, fordert jetzt der Priestermangel ein: die Mitverantwortung aller Getauften für eine lebendige Gemeinde.

❖ Ortskirchliche Schritte inmitten weltkirchlich ungelöster Fragen

Gleichzeitig ist mit Recht zu befürchten, dass der Priester in den praktizierten Modellen immer mehr auf seine Funktion als Sakramentenspender verkürzt wird, die nichtgeweihten Gemeindeleiter aber zunehmend als „Pfarrer/innen" gesehen werden.[111] Hier zeigt sich die Kluft zwischen Recht und Praxis. Auch „die Pastoralassistentin schlüpft immer wieder in die Leitungsrolle, obwohl sie rechtlich dafür nicht legitimiert ist"[112]. Immer wieder werden Vorwürfe laut, Laien würden sich zu sehr in den Vordergrund stellen und mit der Übernahme von Leitungsverantwortung die Sakramentalität der Kirche untergraben. Das Zueinander der Rollen von Kleriker und Laien ist in Bewegung geraten und wird – spannungsreich – neu „ausgehandelt".

Die genannten Rollenverschiebungen sind nur *ein* Beispiel für einen Veränderungsprozess, der die Kirche – v.a. im Anschluss an das Zweite Vatikanische Konzil – erfasst hat. Die nun seit Jahrzehnten in der Kirche gestellten Fragen zu Amt und Gemeindeleitung müssen im Kontext dieser massiven und tiefgreifenden Veränderungsprozesse gesehen werden.[113] Entscheidungen, die die Weltkirche betreffen, brauchen ihre Zeit und müssen heranreifen. Der Kirchenleitung ist aber eine Erkenntnis der Organisationsentwicklung ans Herz zu legen, die besagt, dass ungelöste Probleme, die von den zuständigen Entscheidungsträgern („oben") nicht angegangen werden, von der Basis („unten") „auszubaden" sind. Man darf daher fragen, ob die mancherorts drängende Not der Gemeinden und die Sorge der Diözesanverantwortlichen mit ausreichendem Nachdruck an jene Stellen weitergeleitet werden, die eine Lösung auf regionaler bzw. weltkirchlicher Ebene zu suchen und einzuleiten

---

[107] Prüller-Jagenteufel/Schwab, Gemeinden, 2.
[108] Belok, Limburg, 13.
[109] Berz, Basel, 23.
[110] Belok, Limburg, 14.
[111] So Belok, Limburg, 16.
[112] Gruber-Aichberger, Linz, 19.
[113] Vgl. Bucher, Pluralität.

hätten. Gleichzeitig ist vor einem einseitigen Blick auf die Kirchenleitung und der Lösung verschiedenster Fragen von ihr erhofft, zu warnen. Sieht man Kirche als System, das sich in einer Übergangsphase befindet, so braucht es neben Visionen und weltkirchlichen Entscheidungen auch Zwischenlösungen und Provisorien im konkreten ortskirchlichen und gemeindlichen Alltag. Hier ist viel möglich. Wenn das „Alte" nicht mehr trägt und das „Neue" noch nicht gefunden ist, braucht es Mut zu vielen kleinen konkreten Schritte. Die Ortskirchen dürfen, ja müssen – trotz der vielen ungelösten Fragen – ihren (kirchenrechtlichen) Rahmen im Sinne lebendiger Seelsorge ausschöpfen. Wenn eine neue Gestalt von Kirche heranwächst, so muss sie nicht nur erlitten, sondern darf auch entschieden im Geist des Evangeliums mitgestaltet werden.

1.2.4 Findet die Stimme des Volkes Gottes Gehör?

Die konkreten (sonntäglichen) Folgen des Priestermangels bekommen die Gemeinden vor Ort zu spüren. An ihnen wird die Problem-Wahrnehmung des Priestermangels Tag für Tag „erlitten". Die Gläubigen in den Gemeinden sind die Hauptbetroffenen. Es fällt jedoch auf, dass die grundsätzliche Problem-Diskussion vorwiegend aus der *Sicht von Experten* (Theologen und Referatsleitern aus den Ordinariaten) und Leitungspersonen (Seelsorgeamtsleiter, Generalvikare, Bischöfe) geleistet wird.[114] Die Erfahrungen, die die Gemeinden selbst mit dem Priestermangel bzw. mit alternativen Gemeindeleitungsmodellen machen, scheinen kaum gefragt oder in die Diskussion schwer einzubringen.[115] Versteht man Kirche als Volk Gottes, in der jeder Getaufte und Gefirmte mit dem Geist Gottes begabt ist, so wäre auch auf jene Erfahrungen zu hören, die die unmittelbar Betroffenen, nämlich die Christen einer Gemeinde machen. Ohne Zweifel werden kirchliche Experten, die auf die Sorgen der Gemeinden hören, viele Anliegen der Betroffenen zur Sprache bringen. Aber spricht man aus unmittelbarer Erfahrung und Betroffenheit nicht anders? Besitzt der Blickwinkel aus der Gemeinde heraus nicht doch einen eigenen Akzent und besondere Überzeugung? Wenn die unmittelbar betroffenen Menschen etwas Eigenes, Unverwechselbares einzubringen haben, so darf die Kirche auf der Suche nach neuen Wegen auf sie nicht verzichten. Von den Initiatoren wichtiger Diskussionsprozesse wird daher Kreativität verlangt, damit die Betroffenen einbezogen werden können. Geschieht dies nicht, so geht der Kirche ein wertvoller Schatz kirchlicher (Basis-)Erfahrung verloren. Werden betroffene und zugleich überzeugte Christen nicht gehört, so „verschaffen sie sich auf andere Weise Luft" – beispielweise über ein Kirchenvolksbegehren – oder wandern aus der Kirche

---

[114] Eine Ausnahme bilden zwei Bände, die Erfahrungsberichte von Leitungspersonen von Gemeinden enthalten: Schuster/Wittmann, Platzhalter. Schweizerisches Pastoralsoziologisches Institut, Gemeinden ohne Pfarrer.

[115] Ein Beispiel dafür bot eine Tagung in Freiburg im Breisgau am 4./5. Oktober 2000 zum Thema der Zukunft der Gemeindeleitung. Die nachträglich publizierten Beiträge sind äußerst interessant und lesenswert (vgl. Diak 1/2001). Die TeilnehmerInnen waren aber fast ausschließlich hauptamtliche kirchliche Experten, also TheologInnen, Bischöfe und ReferatsleiterInnen aus verschiedenen Seelsorgeämtern. Aus den Reihen der (betroffenen) Pfarrgemeinden kam niemand zu Wort.

aus.[116] In dieser Dynamik liegt die Gefahr, dass eine zunehmende Polarisierung zwischen den kirchlichen Gruppen entsteht („Kämpfen") oder die Mitarbeit aufgeben und sich zurückziehen („Resignieren").

1.2.5 Diskussion in gespannter Atmosphäre

Die Diskussion über die unterschiedlichen Lösungsmöglichkeiten zur Bewältigung der durch den Priestermangel entstandenen pastoralen Probleme ist nicht nur durch verschiedene inhaltliche Standpunkte charakterisiert. Für und Wider, Position und Gegenposition werden oft in einem komplexen Diskussionsraum vorgetragen, der von Spannungen verschiedenster Art bestimmt und nicht selten durch starke Emotionen geprägt ist.

❖ Polarisierung und Verlust der ekklesiologischen Basis

Kämpferische, polarisierende, ja unversöhnliche Positionen verhindern oft den Ausblick auf ein noch unbekanntes, aber sich im Verborgenen anbahnendes, „neues Drittes". Beobachtet man die Diskussion um die vielzitierten „heißen Eisen" (z.B. Geschieden-Wiederverheiratete, Pflichtzölibat, Frauendiakonat), so springt die emotionale Heftigkeit ins Auge, mit der sie geführt wird. Je nach eigenem Interesse wird für die eine oder die andere Position „gekämpft". So werden zum einen Allianzen „gegen die Ausweitung des aktiven Engagements der Laien im binnenkirchlichen Bereich"[117] geschmiedet, zum anderen bilden sich Fronten gegen die Amtsträger, die scheinbar jede neue Entwicklung verhindern[118]. Trägt jemand einen richtungsweisenden Vorschlag vor, so muss er damit rechnen, sofort in die eine oder andere „Ecke" (die klerikale, demokratische, reaktionäre ...) gestellt zu werden. Diese „Kämpfe werden manchmal so heftig ausgetragen, dass die gemeinsame Basis und die gemeinsame Suche nach neuen Wegen aus dem Blick gerät: Angriff und Verteidigung bekommen die Oberhand. Der Innsbrucker Dogmatiker Józef Niewiadomski beschreibt dies treffend:

> *„Nicht die Hoffnung auf neue Perspektiven, sondern die Schleifung oder auch die Stärkung der alten Bastionen inspiriert das intellektuelle Potential; die Veränderungen werden nur noch daraufhin geprüft, ob sie zur Klerikalisierung des Laien oder aber zur ‚Laizisierung' des Klerikers führen, die Seelsorgekonzepte aber daran gemessen, ob sie etwas zur Einebnung der Differenz zwischen Laien und Priestern oder aber zum ‚Schutz' des geweihten Amtes beitragen."*[119]

Das Verhängnisvolle an dieser Art der Auseinandersetzung ist nicht nur, dass eine der innerkirchlichen Gruppen die „ideologische Vorherrschaft" in der Kirche zu gewinnen trachtet[120], sondern dass darüber hinaus fundamentale ekklesiologische Wahrheiten

---

[116] Vgl. Karrer, Kirchenvolksbegehren, 379.

[117] Niewiadomski, Priester, 159.

[118] Vgl. Niewiadomski, Priester, 160.

[119] Niewiadomski, Priester,160.

[120] Norbert Scholl weist darauf hin, dass dies zur Zeit des Zweiten Vatikanischen Konzils noch anders war: Die „teilnehmenden Bischöfe hatten sich viel Mühe gegeben, in ihren Beschlüssen solche Aussagen zu finden, in denen alle Beteiligten ihren Glauben zu erkennen vermochten. Das

völlig entstellt werden und damit ihren tragenden Sinn verlieren. Die manchmal ideologisch geführte Debatte trägt dazu bei, dass in „dem gläubigen Bewusstsein vieler Zeitgenossen die sakramentale Dimension des Amtes längst zur Chiffre einer kirchenpolitischen Angelegenheit verkommen“[121] ist.

❖ Identitätsängste, Machtabgabe und Sterbeprozesse

Die Kirche steht in einem tiefgreifenden Wandlungsprozess. Was sich ändert ist offensichtlich nicht nur die kirchliche Struktur, sondern auch das Bewusstsein vieler Mitglieder der Kirche. Einerseits fragt sich mancher Priester, warum er diese an das Zölibat gebundene Lebensweise gewählt hat, wenn man auch als Laie Seelsorge ausüben und eine Gemeinde leiten kann. Andererseits fühlen sich viele Laien benachteiligt und nicht ernstgenommen, da sie – selbst wenn sie ähnliche Aufgaben erfüllen wie Kleriker – nur in seltenen Fällen Entscheidungskompetenz in relevanten Dingen erhalten. Unterschiedliche Entscheidungs- und Machtbefugnisse bei ähnlicher Fachkompetenz lösen Rivalität und gegenseitige Bedrohungsgefühle aus. Gerade dort, wo sich zwei (Berufs-)Rollen in ihrer Fachkompetenz sehr nahe kommen, entsteht eine unheilvolle Situation, die Rivalität gebiert.[122]

Laien und Kleriker sind komplementäre Rollen, d.h. sie hängen in ihrem Verhalten und in ihrem Selbstverständnis in einer Wechselwirkung zusammen. Verändert sich eine der beiden Rollen so hat das Auswirkungen auf die „gegenüberliegende“ Rolle. Wenn Laien immer mehr seelsorgliche Aufgaben von Priestern übernehmen, verändern sich beide Rollenbilder. Auf beiden „Seiten“ finden sich sowohl Gruppen, die diese nivellierende Ausgleichsbewegung bzw. eindeutige Profilierung des geistlichen und weltlichen Standes begrüßen als auch Gruppen die diese Veränderung bedauern. Während Priester lernen müssen, zunehmend Verantwortung und Aufgaben an Laien zu übergeben, können sich Laien nicht mehr länger in eine Versorgungsmentalität flüchten, sondern werden Gemeindeleben und Kirche als *ihr* Anliegen erkennen müssen. Die Rollenidentitäten sind in Fluss geraten. Der Abschied von vertrauten und identitätsstützenden Rollenbildern kann mitunter schwer und schmerzhaft sein. Für den Priester, für den eine Lebensentscheidung damit zusammen hängt, geht es dabei um Existentielles. Meiner Einschätzung nach müssten diese Veränderungsprozesse – die auch Sterbeprozesse im Hinblick auf vertaute Rollenbilder beinhalten – bewußter wahrgenommen und gerade bei (älteren) Priestern fachlich

---

war nur möglich in Form von Kompromissen. Aber diese Kompromisse waren Zeichen dafür, dass die Dialogpartner sich in ihrem Anliegen gegenseitig ernst nehmen wollten und dass nicht derjenige, der die Macht hat – Papst und Kurie – die ‚Untergebenen‘ –Bischöfe, gläubiges Volk, ‚Laien‘ – einfach entmündigt und zu ohnmächtigem Schweigen verurteilt. Die Kompromissformeln in den Konzilstexten waren ... Ausdruck eines Bewusstseins, dass alle in der Kirche zusammenfinden müssen, dass nicht nur eine Partei, auch wenn sie die Mehrheit oder die Macht hat, alleine bestimmen und die Minderheit an den Rand drängen darf“ (Scholl, Kinderglaube, 40)

[121] Niewiadomski, Priester,160.

[122] Vgl. dazu Stenger, der das in dem einprägsamen Wortspiel „Inkompetenz der Kompetenz“ und „Kompetenz der Inkompetenz“ ausgedrückt hat (ders., Eignung, 32-34).

begleitet werden, damit sie nicht zum Schaden des betroffenen Priesters und auf Kosten seines seelsorglichen Wirkens gehen.

1.2.6 Der Priestermangel: Ein amtstheologisches, praktisch-theologisches und menschliches Problem

Spätestens seit Anfang der 70er Jahre sind das Ausmaß des Priestermangels und seine Folgen nicht mehr zu übersehen. Es ist anzunehmen, dass dies dringliche Problem und die Sorge der Ortskirchen von den verantwortlichen Bischöfen nach Rom weitergegeben wurde – vielleicht nicht mit dem nötigen Nachdruck. Den Analysen, theologischen Vorschlägen und Appellen wird seit Beginn des Pontifikats Johannes Pauls II. mit beredtem Schweigen oder stereotypen Hinweisen auf die traditionelle Lehre begegnet. Was sich viele von der Kirchenleitung erhoffen, wäre zumindest eine Offenheit für die anstehenden Fragen, weiterführende Stellungnahmen und neue Perspektiven für die Weltkirche.

❖ Ein amtstheologisches Problem: Sakramentalität und Pflichtzölibat

Sowohl von Vertretern des Lehramtes als auch von Seiten der Theologen wird mit Recht betont, dass die sakramentale Grundstruktur der Kirche unverzichtbar ist und Gemeindeleitung daher nur von einem Ordinierten, also von einem geweihten Priester wahrgenommen werden kann. Darüber herrscht in der Kirche meist Einigkeit. Nun wird vom Lehramt die Zulassung zur Weihe an die Notwendigkeit des *Pflicht*zölibats gebunden. In der Diskussion wird diese Notwendigkeit oft so sehr betont – ja Zölibat und Sakramentalität werden beinah in eins gesetzt – dass der Eindruck entsteht, mit der Aufhebung des Pflichtzölibats sei auch die sakramentale Grundstruktur der Kirche bedroht. Es entsteht der Anschein, als ob für einige Verantwortungsträger nicht die Weihe, sondern der Zölibat die sakramentale Dimension in der Kirche gewährleisten würde. Ist – subkutan, entgegen offizieller Lehre – der Zölibat und nicht das Sakrament das Eigentliche, auf dem die Kirche gegründet ist?

❖ Ein praktisch-theologisches Problem: Verweigerung von Grund und Mitte der Gemeinde: Sakramentalität und Eucharistie

Die Gemeinde feiert Eucharistie, damit sich „das Werk unserer Erlösung" vollzieht und der Tempel des Herrn aufgebaut wird (vgl. SC 2). Die Gemeinde ist im Tiefsten eucharistische Gemeinschaft, stellt das Konzil fest. Die Pastoraltheologen sprechen davon, dass „die Gemeinde ... ein *Recht* auf vollen sakramentalen Dienst" hat. Sie meinen damit, dass die Kirche das von Christus „eingesetzte" Geschenk der Eucharistie niemandem verwehren darf. Das ist höchste Verpflichtung der Kirche. Sie würde sich schuldig machen, wenn sie nicht alles unternähme, um dies zu gewährleisten. So muss die ganze Frage der Gemeindeleitung und der Weihe zum Priester von dieser Grundforderung her neu überdacht werden.

❖ Die menschliche Seite: Der Priester als Aufsichtsperson, Manager und Sakramentenspender

Dadurch, dass immer mehr Tätigkeiten eines Priesters bzw. Pfarrers zu den Laien „abwandern", wird der Priester immer stärker auf seine „Kernfunktionen" reduziert: auf das Spenden der Sakramente. Das nachahmenswerte Bild des menschennahen Pfarrers – wie es im c. 529 CIC und in der Bibel als Hirte (vgl. Joh 10,11–18) beschrieben ist – wird immer schwerer zu leben. Das Berufsbild des Priesters tendiert immer mehr in Richtung Aufsichtsperson für hauptamtliche Laien, Manager von Seelsorgeeinheiten, Pastoralplaner und Sakramentenspender. Neben diesen Verengungen des Priesterprofils, bei der die unmittelbare menschennahe Seelsorge immer seltener wird, stöhnen viele Priester über die zunehmende Be- und Überbelastung. Der Priester wird „unter Beibehaltung der bisherigen Aufgaben zusätzlich beauftragt zum ...“[123] – so das zynische Schlagwort, das im Klerus die Runde macht. Das bisher von vielen Priestern Geleistete wird auf immer weniger Schultern verteilt. Der Handlungsspielraum wird zunehmend geringer, das Setzen eigener Akzente in der Pastoral und das Entwickeln neuer Ideen sehr erschwert – von den persönlichen Bedürfnissen der Priester ganz zu schweigen. Ein Gefühl permanenter Überlastung stellt sich ein. Dies macht den Priesterberuf für mögliche „Kandidaten“ nicht attraktiver, sondern weckt unter denen, die vielleicht durchaus zu diesem Beruf bereit wären, erfahrungsgemäß immer stärker die Angst vor permanenter Überforderung.

Ich habe die Stimmung in der Kirche andeutungsweise skizziert und einige theologische Positionen zur Bewältigung des Priestermangels exemplarisch genannt. Damit ist der Kontext beschrieben, vor dessen Hintergrund das Gemeindeleitungsmodell c. 517 § 2 vom Ortsbischof als pastorale Antwort auf den Priestermangel eingesetzt werden kann. Dieses Gemeindeleitungsmodell soll nun im nächsten Kapitel aus kirchenrechtlicher Sicht genauer dargestellt werden.

[123] So der treffende Titel eines Artikels von: Gärtner, Beibehaltung, 51.

2 Der Kanon 517 § 2 CIC/1983 als Sonderform der Gemeindeleitung

„Gegenstand“ der nachfolgenden empirischen Untersuchung sind Pfarrgemeinden, die nach dem kirchenrechtlichen Modell von c. 517 § 2 geleitet werden. Damit Eigenart und Grenzen dieses Leitungsmodells deutlich werden, stelle ich es aus kirchenrechtlicher Sicht in diesem Kapitel vor.
Das ist kein leichtes Unterfangen, denn diese „Norm bereitet nicht geringe Auslegungsschwierigkeiten. Die kanonistische Literatur tut sich schwer, Inhalt und Stoßrichtung der Bestimmungen von c. 517 § 2 zu erfassen, vor allem deswegen, weil die einzelnen Aussagen rechtssprachlich gesehen unscharf formuliert sind.“[1] Der Paragraph wirft schon allein aus kanonistischer Sicht Fragen auf, die unter den Fachleuten keineswegs geklärt sind. Gleichzeitig bildet der Kanon – nutzt man seine „Spielräume“ – einen Rahmen für neue Formen kooperativer Gemeindeleitung, die in der Folge Rollenänderungen für Priester und die beauftragten Laien nach sich ziehen.
Um die Eigenart und besondere Kontur des Kanons c. 517 § 2 besser erfassen zu können, sollen – zum Vergleich – die Normalform und einige weitere Sonderformen der Gemeindeleitung (2.1) vorangestellt werden. Dann skizziere und interpretiere ich die Rechtsfigur des c. 517 § 2 (2.2) und werfe einen genaueren Blick auf Funktion und Rolle der „nichtpriesterlichen Person“ (2.3). So ergibt sich aus der Interpretation des c. 517 § 2 die Frage, ob dieser Kanon nicht eine neue Gestalt des kirchlichen Leitungsamtes für die Gemeinden ankündigt (2.4). Schließlich nenne und kommentiere ich die partikularrechtlichen Bestimmungen der Diözese Innsbruck als regionale Konkretisierung des c. 517 § 2 (2.5).

2.1 Die verschiedenen Formen der Gemeindeleitung

Grundsätzlich unterscheidet der Kodex zwischen Normalformen und Sonderformen für die Gemeindeorganisation bzw. Gemeindeleitung.[2]

2.1.1 Die Normalform der Gemeindeleitung

❖ Die Normalform: ein Pfarrer – eine Pfarre

Die Normalform der Gemeindeleitung wird in den cc. 515–519, 521 § 1 und 526 geregelt. Ich zitiere das Herzstück der kanonischen Bestimmungen in c. 519:

---

[1] Schmitz, Gemeindeleitung, 330.

[2] Manche Kanonisten verwenden, auch wenn es konkret um die Gemeindeleitung geht, den Begriff „Gemeindeorganisation“; z.B. Heinemann, Sonderformen der Pfarrgemeindeorganisation. Zweifellos hängen Art und Weise der Gemeindeleitung sowie Art und Weise der Gemeindeorganisation eng zusammen, bezeichnen aber nicht das gleiche. Meiner Meinung nach umfasst der Begriff Gemeindeorganisation „mehr“ als der Begriff Gemeindeleitung, wenngleich Gemeindeleitung einen zentralen „Bezugspunkt“ in der Gemeindeorganisation darstellt. Ich verwende daher den engeren und spezifischeren Begriff „Gemeindeleitung“ – nur um diesen geht es in dieser Arbeit.

„Der Pfarrer ist der eigene Hirte der ihm übertragenen Pfarrei; er nimmt die Hirtensorge („cura pastoralis") für die ihm anvertraute Gemeinschaft unter der Autorität des Diözesanbischofs wahr, zu dessen Teilhabe am Amt Christi er berufen ist, um für diese Gemeinschaft die Dienste des Lehrens, des Heiligens und des Leitens auszuüben, wobei auch andere Priester oder Diakone mitwirken sowie Laien nach Maßgabe der Rechts mithelfen."

Die Normalform der Leitung einer Pfarrgemeinde ist jene, in der ein Pfarrer eigener Hirte („pastor proprius") einer ihm vom Bischof übertragenen Pfarrei ist. Die Pfarrei ist territorial abgegrenzt und umfasst die Gläubigen dieses Gebietes. Wo es angezeigt erscheint, kann auch eine Personalpfarrei (vgl. c. 518) errichtet werden. Die Hirtensorge („cura pastoralis") wird dem Pfarrer vom Bischof übertragen und unter seiner Autorität ausgeübt (vgl. c. 515 § 1).

❖ Theologische Grundlagen der Pfarrgemeinde

Diese bisher in unseren Breiten selbstverständliche Form der Gemeinde ist ekklesiologisch klar umrissen. Wie das Zweite Vatikanische Konzil festhält, findet die communio der Gesamtkirche ihren unmittelbaren und greifbaren Ausdruck in der Ortskirche. Sie ist – mit ihren Pfarrgemeinden – die konkrete Form der örtlichen Realisierung der Kirche (vgl. LG 26). Im Raum der christlichen Gemeinschaft (Koinonia) realisieren sich die Grunddimensionen von Kirche: Martyria, Liturgia und Diakonia. „Sie hielten an der Lehre der Apostel fest und an der Gemeinschaft, am Brechen des Brotes und an den Gebeten." (Apg. 2,42)

Christliche Gemeinde hat als klar benannte Mitte die Eucharistiefeier: „Die Zusammenkunft zur Feier der Eucharistie, der der Priester vorsteht, ist also die Mitte der Gemeinschaft der Gläubigen" (PO 5). Das II. Vatikanum sieht die Pfarrei im tiefsten als eucharistische Gemeinschaft (vgl. CL 26). „Letztlich gründet die Pfarrei in einer theologischen Gegebenheit, weil sie eucharistische Gemeinschaft ist." [3] Ohne Eucharistiefeier gibt es keine Pfarrei im Vollsinn. „Zum Aufbau und zur Entfaltung der Gemeinde ist die Eucharistiefeier unersetzlich."[4] Diese theologische Grundlegung der Pfarrei gilt es bei der Diskussion über die möglichen Formen der Gemeindeleitung im Auge zu behalten.

❖ Die zentrale – theologisch begründete – Stellung des Priesters

Mit der Bedeutung der Eucharistiefeier für das Leben der Gemeinde ist die unersetzliche Aufgabe des Priesters verknüpft (vgl. LG 28): „Er vollzieht in der Person Christi das eucharistische Opfer und bringt es im Namen des ganzen Volkes Gottes dar" (LG 10). Daraus leitet sich die zentrale Stellung des Priesters in der Gemeinde ab. „In der Person des Priesters sind Repräsentations- und Leitungsfunktion untrennbar miteinander verbunden; diese doppelte Funktion kommt dem Priester kraft seiner sakramental gegebenen Befähigung durch die ‚potestas sacra' und kraft der kirch-

[3] Vgl. Rees, Pfarrei, 399.
[4] Paarhammer, Pfarrei, 35.

lichen Sendung zu.“[5] Die Leitung einer Pfarrgemeinde ist damit niemals nur eine Funktion im organisationssoziologischen Sinn. „Kirchliche Leitung steht immer in einem engen Zusammenhang mit der Person Jesu Christi, so dass die soziale Funktion der Leitung umgriffen ist von der Vergegenwärtigung Jesu Christi als des Hauptes der Kirche.“[6] Die Gemeindeleitung bedarf also zu ihrer vollen Ermächtigung der sakramentalen Ordination.[7]

❖ Die rechtliche Stellung des Pfarrers

Das Amt des Pfarrers ist mit der Pfarrei so eng verknüpft, dass bei ihrer Errichtung automatisch das Amt des Pfarrers rechtens „miterrichtet“ (vgl. c. 515) wird.[8] Die Bestellung eines Pfarrers ist zeitlich unbegrenzt. Der Priester ist in der Leitung der Pfarre dem Ortsbischof unterstellt. „Die Priester ... hängen in der Ausübung ihrer Gewalt von den Bischöfen ab.“ (LG 28). Der Diözesanbischof behält die Organisationshoheit über die Pfarrei, das meint die Entscheidungskompetenz bezüglich Errichtung, Veränderung und Aufhebung einer Pfarrei (vgl. c. 515 § 2).

Der Pfarrer übt zwar sein Amt unter der Autorität des Bischofs aus, ist aber nicht bloß dessen Stellvertreter. Der Pfarrer leitet vielmehr die ihm anvertraute Pfarre *eigenverantwortlich* und im *eigenen Namen.* Dies ist mit dem Begriff „pastor proprius“ (vgl. c. 519) zum Ausdruck gebracht. Dieser bezeichnet „Eigenständigkeit, Eigenberechtigung und Eigenverantwortung“[9]. *Eigenzuständigkeit* darf jedoch nicht mit *Alleinzuständigkeit* verwechselt werden: Der Pfarrer muss keineswegs alle Aufgaben, die unter dem Stichwort „Gemeindeleitung“ zusammengefasst werden, selbst wahrnehmen. „Alleinzuständigkeit oder Allzuständigkeit gehört nicht zum verbindlichen Priesterbild der Kirche.“[10] Die Stellung des Pfarrers ergibt ihren Sinn nur im Miteinander zur Gemeinde, sie bedarf der Ergänzung durch das allgemeine Priestertum der Gläubigen. Die Leitungsaufgabe des Pfarrers besteht gerade darin, die verschiedenen Befähigungen in der Gemeinde wahrzunehmen, sie zu wecken und zu einem Aufbau der Gemeinde zusammenzuführen.[11]

❖ Mitwirkung von Laien und anderen Klerikern

Die Alleinzuständigkeit des Pfarrers ist im c. 519 (Text s.o.) aufgebrochen, der die Mitwirkung sowohl anderer Kleriker (Priester und Diakone) als auch Laien, Männer und Frauen vorsieht. Die Unterschiedlichkeit der Beteiligung der nichtpriesterlichen Personen bringt der Gesetzgeber durch eine differenzierte Begriffswahl zum Ausdruck. Während für die Mitarbeit der Laien im lateinischen Text „operam conferre“ (die offizielle deutsche Übersetzung des CIC bezeichnet es mit „mithelfen“) verwendet wird, steht bei Priestern und Diakonen „cooperari“ („mitwirken“). In

---

[5] Paarhammer, Pfarrei, 35.
[6] Demel, Gemeindeleitung, 67.
[7] Vgl. Lehmann, Gemeindeleitung, 78.
[8] Vgl. Aymans, Recht, 415.
[9] Vgl. Schmitz, Gemeindeleitung, 335.
[10] Lehmann, Leitlinien, 32.
[11] Vgl. Lehmann, Gemeindeleitung, 76.

beiden Fällen sind jedoch „funktional verstandene einzelne Beauftragungen im Sinne der Wahrnehmung einzelner Seelsorgeaufgaben gemeint“[12], also Aushilfen anderer Priester, Unterstützung in der Sakramentenvorbereitung, Beauftragungen zum Lektorendienst oder Kommunionhelfer, usw. Diese Dienste können auch in gebündelter Form z. B. einem Pastoralassistenten bzw. einer Pastoralassistentin übertragen werden. Weitere Formen der Mitwirkung stellen der pfarrliche Pastoralrat und der Vermögensverwaltungsrat dar. (In Österreich werden sie mit „Pfarrgemeinderat“ und „Pfarrkirchenrat“ bezeichnet.) Diese Gremien haben kein beschließendes Stimmrecht. Sie können ein beratendes Votum abgeben, die Letztentscheidung und das Vetorecht liegen beim Pfarrer. Nur mit seiner Zustimmung gibt es gültige Beschlüsse (vgl. cc. 536, 537).

❖ Der Pfarrverband gemäß c. 374 § 2

Der c. 374 § 2 bietet die Möglichkeit, dass sich mehrere benachbarte Pfarreien zu einem Pfarrverband bzw. zu einem Dekanat zusammenschließen können. Ein Vorteil der Zusammenarbeit läge darin, die Zielgruppenpastoral, z. B. Jugendarbeit, Erwachsenenbildung, Alten- und Krankenpastoral, usw. durch Bündelung der Kräfte effizienter gestalten zu können. Darüber hinaus könnte der Zusammenschluss, die pastoralen Aktivitäten besser den neuen kommunalen und regionalen Raumordnungskonzepten und Lebenskreisen anpassen.[13] Eine sinnvolle Koordination zwischen den Pfarreien wäre das Ziel.[14] Dieser Zusammenschluss hebt jedoch die Eigenständigkeit der Pfarreien nicht auf.

2.1.2 Die Sonderformen der Gemeindeleitung

❖ Gemeindeleitung nach c. 526 § 1

Eine erste Sonderform der Gemeindeleitung wird in c. 526 § 1 beschrieben:

> *„Der Pfarrer soll nur für eine Pfarrei die pfarrliche Sorge haben; wegen Priestermangels oder anderer Umstände aber kann die Sorge für mehrere benachbarte Pfarren demselben Pfarrer anvertraut werden.“*[15]

Dieser Kanon deutet eine von der Grundregel – nämlich ein Pfarrer für eine Pfarre – abweichende Ausnahmeregelung an. Der Pfarrer ist hier Leiter und Pfarrer („pastor proprius“) mehrerer Pfarren. Diese Rechtsfigur ist nur bei Priestermangel oder ähnlichen Umständen anwendbar und zwar nur, wenn es sich um benachbarte Pfarren handelt. Der Diözesanbischof kann sich (keine Muss-Bestimmung!) dieser Regelung bedienen. Dieses Modell darf nicht mit dem Pfarrverband verwechselt, kann wohl aber mit diesem kombiniert werden.

---

[12] Schüller, Hirtensorge, 179.

[13] Vgl. Lehmann, Seelsorge, 89.

[14] Zu weiteren Details dieses Pfarrverbands, seinen pastoralen Möglichkeiten und Risiken: Lehmann, Seelsorge und Lehmann, Pfarrverbände.

[15] Der kirchliche Gesetzgeber verwendet hier – wie auch bei c. 517 § 2 – den Begriff „Priestermangel“.

Grundsätzlich sind zwei Formen der Übertragung benachbarter Pfarren möglich:[16] Der Priester kann in mehreren Pfarren im Sinne des c. 515 § 1 regulär Pfarrer sein. In diesem Fall ergreift der Pfarrer von den ihm zusätzlich übertragenen Pfarren Besitz – gemäß c. 527. Die Pfarren sind nicht vakant. Der Pfarrer ist in diesem Fall für diese (benachbarten) Pfarren von der Präsenz- und Applikationspflicht befreit. Im zweiten Fall wird der Priester als Pfarradministrator in der mitverwalteten Pfarre eingesetzt: *„Der Pfarradministrator ist an dieselben Pflichten gebunden und hat dieselben Rechte wie der Pfarrer, wenn vom Diözesanbischof nichts anderes bestimmt wird."*(c. 540 § 1). Die Pfarre selbst gilt jedoch in diesem Fall als vakant, was den Ausnahme- und provisorischen Charakter unterstreicht. Im Gegensatz zum ersten Modell ist der Bischof beim zweiten Modell bezüglich eines Entzugs bzw. einer Versetzung freier. Der Pfarradministrator hat eine rechtlich schwächere Stellung als der Pfarrer. Ein regulärer Pfarrer kann wider seinen Willen auch vom Bischof nur mit einem Amtsenthebungsverfahren gemäß cc.1740–1747 seines Amtes enthoben werden.

❖ Gemeindeleitung nach c. 517 § 1

Eine weitere Sonderform der Gemeindeleitung beschreibt c. 517 § 1:

> *„Wo die Umstände es erfordern, kann die Seelsorge für eine oder für verschiedene Pfarreien zugleich mehreren Priestern solidarisch übertragen werden, jedoch mit der Maßgabe, dass einer von ihnen Leiter des seelsorglichen Wirkens sein muss, der nämlich die Zusammenarbeit zu leiten und dem Bischof gegenüber zu verantworten hat."*

Dies ist eine rechtlich völlig neue Form.[17] Die Umstände, an deren Einrichtung sie gebunden ist, werden nicht näher beschrieben. Daher kann dieser Kanon sehr flexibel angewendet werden. Die Übertragung der Hirtensorge an das Priesterteam wird mit dem Begriff „committere" beschrieben. Dieser Begriff ist terminus technicus für die Amtsübertragung an die geistlichen Amtsträger.[18] Das Pfarramt wird auf jedes Mitglied des Priesterteams übertragen, sodass jeder Priester alle Amtsaufgaben eines Pfarrers zu erfüllen hat und daher mit allen seinen Befugnissen und Vollmachten ausgestattet ist (vgl. präzisierend: cc. 542 und 543). „Weil das Pfarramt jedoch nur unipersonal realisierbar ist, verlangt der kirchliche Gesetzgeber, dass einer aus der Priestergruppe als Moderator (im lateinischen Originaltext steht ebenfalls das Substantiv „moderator") zu fungieren hat."[19] Die Leitungsfunktion des Moderators wird in c. 517 § 1 zunächst sehr allgemein mit der Leitung des Teams und der Verantwortung gegenüber dem Bischof beschrieben. Der c. 543 definiert die Leitungsfunktion näher: Der Moderator hat Weisungsbefugnis hinsichtlich der Ausübung der Eheassistenz und der einem Pfarrer zukommenden Dispensvollmachten (vgl. § 1). Schließlich obliegen dem Moderator die Rechtsgeschäfte der Pfarre bzw. der Pfarren. Somit kann nur der

---

[16] Vgl. Paarhammer, in: MKCIC, 526, 2.
[17] Vgl. Paarhammer, in MKCIC, 517,1.
[18] Vgl. Schüller, Hirtensorge, 179.
[19] Rees, Pfarrei, 396.

Moderator als pastor proprius angesehen werden.[20] Die anderen Priester sind „Mit-Pfarrer".[21]

2.2 Die Gemeindeleitung nach Kanon 517 § 2

Der Kanon 517 § 2 bildet die rechtliche Grundlage des in dieser Arbeit empirisch untersuchten Gemeindeleitungsmodells. Er wird deshalb genauer zu untersuchen sein. Dieser Kanon weckt sowohl große Hoffnungen als auch massive Befürchtungen. Deshalb ist es umso wichtiger, die Intention des Gesetzgebers zu ergründen. Im c. 517 § 2 heißt es:

> *„Wenn der Diözesanbischof wegen Priestermangels glaubt, einen Diakon oder eine andere Person, die nicht die Priesterweihe empfangen hat, oder eine Gemeinschaft von Personen an der Wahrnehmung der Hirtensorge („cura pastoralis") einer Pfarrei beteiligen zu müssen, hat er einen Priester zu bestimmen, der, mit (den) Vollmachten und Befugnissen eines Pfarrers ausgestattet, die Hirtensorge moderiert (leitet)."*

In Folge des Priestermangels wird auch in Mitteleuropa immer häufiger auf diesen Kanon zurückgegriffen. Aufgrund seiner „rechtlichen Konstruktion" und der daraus folgenden Anwendungsschwierigkeiten, stellt seine Interpretation eine echte Herausforderung für jeden Kirchenrechtler dar. Mittlerweile gibt es eine Fülle an guten kirchenrechtlichen Erörterungen dieses Kanons.[22] Schon ein erster Überblick über die kanonistischen Veröffentlichungen lässt erkennen, dass die juristische Interpretation alles andere als leicht und eindeutig ist. In der Kombination von juristischen Formulierungen, theologischen Axiomen (zum Begriffsfeld „Amt") und Konsequenzen für die Praxis gibt er einen gordischen Knoten ab, der nur schwer zu lösen ist. Die begrifflichen „Verrenkungen" zur Beschreibung der darin enthaltenen Funktionen bringen dies zum Ausdruck. Hermann Schmitz spricht etwa von „‚Gemeindeleitung' durch ‚Nichtpfarrer-Priester' oder ‚Nicht-Priester-Pfarrer' "[23]

2.2.1 Anlass und Kontext des Kanons

❖ Gründe für die Aufnahme dieser Rechtsfigur

Aus den Quellenangaben[24] zu c. 517 § 2 und den Unterlagen der Reformkommission für den neuen Kodex geht hervor, dass für die Formulierung des Kodex und seine Aufnahme konkrete praktische Erfahrungen in Afrika, Amerika und Asien ausschlag-

---

[20] Vgl. Paarhammer, MKCIC 517, 2; Rees, Pfarrei, 396.

[21] Vgl. Schmitz, Pfarrei, 67.

[22] Z.B. Schüller, Hirtensorge; Schmitz, Gemeindeleitung; Rees, Pfarrei; Selge, Amt; Böhnke, Pastoral; Stockmann, Gemeindeleitung. Aus dogmatischer Sicht: Lehmann, Seelsorge; Lehmann, Pfarrverbände; Niewiadomski, Priester.

[23] Schmitz, Gemeindeleitung.

[24] Als einzige Quelle für c. 517 § 2 wird eine Instruktion der Kongregation für die Evangelisierung der Völker genannt: „De munere et officio feminarum in gentibus hodie ab Ecclesia evangelizandis" vom 19. 11. 1976, in: Ochoa, Leges, V, 7260–7267.

gebend waren.[25] Konkrete pastorale Notsituationen führten in verschiedenen Ortskirchen zu Gemeindeleitungsformen, die mehr oder weniger als Vorbilder von c. 517 § 2 gesehen werden können.[26] Die Wahrnehmung der Hirtensorge sowohl durch Einzelpersonen als auch durch kleine Gemeinschaften (von Ordensfrauen) – v.a. im lateinamerikanischen Raum – war Modell und Vorbild für den c. 517 § 2.[27] So wurde die bereits bestehende Realität, dass viele Ordensfrauen in den Missionsgebieten bei Abwesenheit eines Priesters den Vorsitz und die verantwortliche Leitung liturgischer Gemeindeversammlungen übernahmen, durch diesen Kanon rechtlich eingeholt.

---

[25] So berichtet Erzbischof Castillo Lara 1980 in der diesen Paragraphen vorbereitenden Studienkommission „De populo Dei" von positiven Erfahrungen mit Ordensfrauen in Venezuela, die in „Vikariaten" zur Hirtensorge eingesetzt sind. Vgl. Böhnke, Pastoral, 25: „An der pastoralen Fruchtbarkeit der Norm wird in der Folge nicht mehr gezweifelt."

[26] Die ortskirchliche Praxis geht durchaus „weiter" als die im Kanon nachgeholte Rechtslegitimität. So werden die nichtgeweihten Personen – der realen Situation angemessen – als "Gemeindeleiter" bezeichnet. Ein Beispiel aus Indonesien berichtet May: „‚Gemeindeleiter' wird genannt, wer eine Grundausbildung von vier Wochenkursen im Pastoralzentrum mit Erfolg absolviert hat ..., das Vertrauen der Gemeinde besitzt, vom Pfarrer für diese Aufgabe ernannt und bei der Diözese gemeldet wurde" (May, Seelsorge, 75).

Dass Laien im zairischen Kinshasa auch die faktische Letztverantwortung tragen und „ganz wie ein zum Pfarrer ernannter Priester" die Pfarrei verantwortlich führen, beweist Pasinya: „Obwohl der vom Bischof an die Spitze einer Pfarrei bestellte Laie nicht Pfarrer ist, so ist er doch für eine Pfarrei verantwortlich, ganz wie ein zum Pfarrer ernannter Priester für seine Pfarrei verantwortlich ist. Der ... bestellte Laie nennt sich ‚mokambi' der Pfarrei (Leiter der Pfarrei oder Kirchengemeinde). ... Der Priester-Assistent ist gleichzeitig der erste Mitarbeiter und Berater des *Gemeindeleiters*" (Pasinya, Gemeindeleiter, 36f.).

Auch aus der jüngeren Geschichte Österreichs lässt sich ein Beleg finden, der nach dem seinerzeit geltenden CIC/1917 eigentlich *contra legem*, zumindest aber *praeter legem* verlief. Am 18. September 1974 wurde zum ersten Mal in der Geschichte des Erzbistums Wien eine Frau mit der Führung einer Pfarre beauftragt: „Kardinal König habe diese Maßnahme auf Antrag des Pfarrgemeinderates von Lassee und des zuständigen Excurrendo-Provisors getroffen, indem er der neuen Gemeindeassistentin praktisch alle Aufgaben eines Pfarrers übertragen habe mit Ausnahme jener des priesterlichen Dienstes" (Lenzenweger, Erzbischof, 73).

[27] Die laikale (Pfarr-)Gemeindeleitung ist durchaus kein Phänomen der *jüngeren* Kirchengeschichte. Aus dem Mittelalter und der Neuzeit liegen unzählige Berichte darüber vor. So berichtet Franz Weber in seiner pastoralgeschichtlichen Arbeit über die Basisgemeinden in Brasilien, dass die europäischen Einwanderer zu Beginn von der Amtskirche im Stich gelassen und auf sich allein gestellt waren. Stark vom Volkskatholizismus geprägt, „machten sie aus der Not eine Tugend" und angesehene Gläubige wurden als Lehrer und Laienpfarrer für die Gemeinden eingesetzt. Sie wollten um jeden Preis an ihrer traditionellen Religion festhalten, denn sie waren „feste Pfarrstrukturen und an autoritäre geistliche Leitung gewohnt, fühlten sich wie eine Herde ohne Hirten im Urwald ausgesetzt" (Weber, Inkulturation, 321). In anderen Fällen wurden die Leitungsaufgaben geteilt: Ein Laie leitete die Pfarre und ein Priester übernahm jene Aufgaben, die ihm aufgrund seiner Weihe vorbehalten waren.. Stockmann resümiert: „Festzuhalten bleibt also, dass es den Laien als selbständigen Gemeinde- und Pfarreileiter gegeben hat, dass er erfolgreich agiert hat und dass er sich als zuverlässiger Partner der Hierarchie gerade in für die kirchliche Verfassung schwierigen Zeiten erwiesen hat. Liegt nicht hier auch eine ‚*probata praxis Ecclesiae*' vor"? (Stockmann, Gemeindeleitung, 206).

Der eben geschilderte Hintergrund zeigt, dass dieser Kanon als Antwort auf den Priestermangel eingeführt worden ist.[28] Da es keine Anzeichen für eine Änderung der Zugangsbedingungen zur Priesterweihe gibt, wird dieser Kanon in den nächsten Jahren verstärkt zur Anwendung kommen. Die Norm ist zwar auf eine außerordentliche, aber auf Dauer angelegte Form pastoraler Verantwortung in der Pfarrei abgestellt.[29]

Dies liegt auf der theologischen Linie des II. Vatikanums, das davon spricht, dass die Priester den Laien Ämter und Aufgaben in der Kirche anvertrauen sollen: *„Ebenso sollen sie vertrauensvoll den Laien Ämter zum Dienst in der Kirche anvertrauen, ihnen Freiheit und Raum zum Handeln lassen, ja sie sogar in kluger Weise dazu ermuntern, auch von sich aus Aufgaben in Angriff zu nehmen"* (PO 9). Dies können auch Aufgaben sein, die sonst enger mit den Ämter der Hirten verbunden sind: *„Schließlich vertraut die Hierarchie den Laien auch gewisse Aufgaben an, die enger mit den Ämtern der Hirten verbunden sind, etwa bei der Unterweisung in der christlichen Lehre, bei gewissen liturgischen Handlungen und in der Seelsorge"* (AA 24).

Mit diesen Hinweisen sind nicht nur Ausnahmesituationen gemeint, bei denen Laien ersatzweise diese Dienste übernehmen; die Übernahme erfolgt vielmehr aufgrund der Grundberufung jedes Getauften. Freilich gibt es bei diesen Beauftragungen von Laien eine Grenze, die Papst Johannes Paul II. nach Erscheinen des CIC 1983 im nachsynodalen Apostolischen Schreiben „Christifideles laici" markiert: „Wenn es zum Wohl der Kirche notwendig oder nützlich ist, können die Hirten gemäß den Normen des Universalrechts Laien bestimmte Aufgaben anvertrauen, die mit ihrem eigenen Hirtenamt verbunden sind, aber den Charakter des Ordo nicht voraussetzen ... Die Erfüllung einer solchen Aufgabe macht den Laien aber nicht zum Hirten: Denn nicht eine Aufgabe konstituiert das Dienstamt, sondern das Sakrament des Ordo." (CL 23)

Damit macht der Papst deutlich, dass nicht die (Quantität an) Aufgaben ein Amt konstituieren, sondern die sakramentale Weihe. Folglich heißt es bezüglich Legitimität und der rechten Einordnung der Ausübung solcher hirtengemäßen, aber von Laien durchgeführten Aufgaben: „Die ersatzweise wahrgenommene Aufgabe leitet ihre Legitimität formell und unmittelbar von der offiziellen Beauftragung durch die Hirten ab" (CL 23).

Die Ermunterung – und zwar von Priestern *und* Laien – zur Übernahme von „Ämtern zum Dienst in der Kirche" (vgl. PO 9) durch das II. Vatikanum steht in einer gewissen Spannung zu der von Papst Johannes Paul II. markierten Grenze im eben zitierten Text.

❖ Anwendung bei Vorliegen von Priestermangel

Für die rechtliche Bewertung des Kanons 517 § 2 ist der Hinweis auf den durch den Priestermangel verursachten pastoralen Notstand maßgeblich. Der Kanon ist eine Ausnahmeregelung für den Fall einer solchen Notsituation. Vom kirchlichen Gesetzgeber wird jedoch nicht festgelegt, wann ein Priestermangel vorliegt. Der Kodex

---

[28] Vgl. Böhnke, Pastoral, 25.
[29] Vgl. Lehmann, Sorge, 123.

verwendet zwar immer wieder den Begriff „Priestermangel", aber er definiert ihn nicht.[30] Auch die Bischofskonferenzen oder Metropolitanbischöfe sind nicht beauftragt worden, den Begriff für ihre Ortskirchen inhaltlich zu füllen. Die Entscheidung, ob nun ein Priestermangel vorliegt und ob dieser Kanon zur Anwendung kommen soll, liegt somit allein beim zuständigen Diözesanbischof. Ausschlaggebend für eine Entscheidung wird sein, ob es mittel- bzw. längerfristig nicht zur regulären Besetzung einer Pfarre kommen wird.[31] Dabei darf der Begriff Priestermangel nicht nur quantitativ, sondern ebenso qualitativ verstanden werden. Dies meint etwa den Fall, wenn für eine Pfarrei kein hinreichend qualifizierter Priester zur Verfügung steht. Ein Priester muss beispielsweise über ausreichende Sprachkenntnisse verfügen, gesundheitlich und altersmäßig den gestellten Anforderungen nachkommen können und nicht zuletzt allgemein für die Herausforderungen der konkreten Pastoral vor Ort geeignet sein.[32] Der c. 517 § 2 lässt also dem Diözesanbischof einen großen Entscheidungsspielraum bei der Anwendung dieser Rechtsfigur. Gleichzeitig weist der Gesetzgeber darauf hin, dass c. 517 § 2 im Sinne einer „ultima ratio" gedacht ist.[33]

2.2.2 Die Rechtsstellung des moderierenden Priesters

❖ Moderierender Priester, nicht Moderator

Der c. 517 § 1 (vgl. 1.2.1.2) verwendet für den leitenden Priester im Lateinischen das Substantiv „Moderator". Im Deutschen wurde dieser Begriff mit „Leiter" übersetzt (vgl. CIC/1983). In vielen Ortskirchen wird der Begriff „Moderator" auch für den Priester im Leitungsmodell nach c. 517 § 2 verwendet – was nicht ganz korrekt ist. Der lateinische Originaltext spricht davon, dass der Diözesanbischof einen Priester bestimmt, der die Hirtensorge (cura pastoralis) *moderiert.* Im Lateinischen liegt nur die Verbform „moderari" vor, beschreibt also eine Tätigkeit und keine Amtsbezeichnung. Deshalb sollte der Terminus „Moderator" für die Rechtsfigur des c. 517 § 1 vorbehalten bleiben. Verwendet man diesen Begriff dennoch innerhalb der Rechtsfigur des c. 517 § 2, so darf seine Verwendung nicht dazu führen, die vom kirchlichen Gesetzgeber intendierte Absicht zu übergehen.[34]

---

[30] Vgl. Böhnke, Pastoral, 35: „Ergibt sich Priestermangel aus der quantitativen Relation zwischen Christgläubigen und Priestern? Liegt Priestermangel bei Rückgang der Zahl oder Überalterung der Priester vor? Stellt die Überlastung der tätigen Priester ein Kriterium dar? Lässt Priestermangel sich funktional beschreiben? Ist Pfarrermangel gemeint?"

[31] Vgl. Böhnke, Pastoral, 35; Schüller, Hirtensorge, 177.

[32] Aufgrund der zentralen Stellung des Priesters wird diese Sichtweise in der „Instruktion zu einigen Fragen über die Mitarbeit der Laien am Dienst der Priester" wieder etwas eingeschränkt. So weist diese darauf hin, dass alle anderen Rechtsfiguren für Gemeindeleitung (auch cc. 526 § 1 und 517 §1) der Beauftragung eines Laien vorzuziehen sind.

[33] Vgl. Selge, Amt, 53f.

[34] Die Ortskirchen haben offensichtlich wenig Bedenken, den Begriff "Moderator" im Rahmen der Rechtsfigur c. 517 § 2 zu verwenden: Vgl. die partikularrechtlichen Bestimmungen der Diözesen Linz, Wien und Innsbruck.

❖ Individuell geregelte Vollmachten für den Priester in einer vakanten Pfarre

Wie ist nun die Stellung des moderierenden Priesters nach c. 517 § 2 zu verstehen? Die Antwort auf diese Frage bereitet den Kanonisten – ebenso wie jene auf die Frage nach den an der Hirtensorge beteiligten Personen – erhebliche Schwierigkeiten.[35] Diese liegen zum Teil auch an der recht abstrakten und offenen Formulierung des Kodex selbst.[36] Die Rechtsstellung der in dieser Rechtsfigur agierenden Personen hat schon der Kodexreformkommission Kopfzerbrechen bereitet[37], weil nicht festgelegt ist, welche Aufgaben unbedingt an den priesterlichen Leiter gebunden sind.[38] Der Gesetzgeber wollte offensichtlich dem Ortsbischof einen möglichst großen Spielraum offen halten, um die Aufgabenverteilung je nach Situation individuell regeln zu können. Die Aufgabenzuteilungen werden partikularrechtlich bzw. durch ein Dekret festgelegt.

Der moderierende Priester ist nicht Pfarrer im Sinne des c. 519. Die Pfarre gilt als vakant. Der Priester, der diese Funktion auch für mehrere Pfarren gleichzeitig ausüben kann, ist in diesem Fall Stellvertreter des Bischofs. Letzterer ist nämlich pastor proprius für die vakante Pfarrei.[39] Bei den genannten Vollmachten des Priesters handelt es sich in der Folge auch nicht um eigenberechtigte Vollmachten bzw. um ordentliche stellvertretende Gewalt, sondern um eine vom Bischof delegierte. Umfang und Inhalt der übertragenen Vollmachten und Befugnissen eines Pfarrers liegen im Ermessen des Bischofs.

Die deutsche Übersetzung des CIC ist an dieser Stelle ungenau. Während die Übersetzung „mit *den* Vollmachten und Befugnissen eines Pfarrers ausgestattet“ den vollen Umfang der für einen Pfarrer üblichen Vollmachten suggeriert, heißt es im Original wesentlich unbestimmter: „mit Vollmachten und Befugnissen eines Pfarrers ausgestattet“[40]. Für Karl Lehmann scheint – aus der Sicht eines Bischofs sprechend – dieser Aspekt sehr wichtig zu sein. Er hält fest: Der Priester „hat nicht alle Kompetenzen eines Pfarrers, sondern diejenigen, die er zur leitenden Aufgabe braucht. Im Kanon selbst wird er nicht formell „Moderator“ (Leiter) genannt, aber er hat Leitungsaufgaben.“[41] Die Vollmachten sind also je individuell zu regeln.[42] Die rechtlich schwächere Stellung kommt auch dadurch zum Ausdruck, dass der moderierende Priester ohne besonderes Verfahren frei abrufbar ist.[43] Er ist dem Bischof gegenüber rechenschaftspflichtig. Die Kodexreformkommission hat also die rechtliche Position des moderierenden Priesters zugunsten eines größeren Handlungsspielraumes für den Bischof weit hinter der eines regulären Pfarrers (s.o.) eingestuft.

---

[35] Vgl. Schmitz, Gemeindeleitung, 330.

[36] Vgl. Heinemann, Sonderformen, 338-341.

[37] Vgl. Böhnke, Pastoral, 26.

[38] Vgl. Schmitz, Gemeindeleitung, 335.

[39] Vgl. Schüller, Hirtensorge, 174; Böhnke, Pastoral, 54f.

[40] „qui, potestatibus et facultatibus parochi instructus, curam pastoralem moderetur“

[41] Lehmann, Sorge, 123.

[42] Vgl. Schmitz, Gemeindeleitung, 331; Böhnke, Pastoral, 26.

[43] Vgl. Paarhammer, in: MKCIC 517,4.

❖ Der geweihte Priester repräsentiert Christus als Haupt der Gemeinde

Die eucharistische Gemeinde bedarf eines geweihten Priesters. Er repräsentiert als moderierender Priester und als Vorsteher der Eucharistiefeier Christus für die Gemeinde. Ihm kommt die Letztverantwortung für die Hirtensorge zu.[44] Das „moderari" beinhaltet sowohl die Aufgabe der sakramental begründeten Christusrepräsentation als auch Koordinations- und Leitungsaufgaben.[45] Der Priester wird sich daher nicht nur auf die Wahrnehmung der Aufsichtrechte und auf eine „Leitung von außen" beschränken können. Damit der Bezug zur Pfarrei erhalten bleibt, muss er sowohl seelsorgliche Aufgaben als auch die dem Priester vorbehaltenen Sakramentenspendungen vornehmen (Bußsakrament, Krankensalbung und Eucharistiefeier).

2.2.3 Die nichtpriesterlichen Personen

❖ Diakone und nichtpriesterliche Personen

Der Diakon ist im Kanon 517 § 2 in der Gruppe der nichtpriesterlichen Personen eigens erwähnt, obwohl er bereits miterfasst ist. Seine Aufnahme in den Text blieb bis zuletzt umstritten.[46] Weder aus den bis jetzt veröffentlichten Unterlagen der Kodexreformkommission noch aus dem Wortlaut des Kanons lässt sich eine Rangfolge bzw. Bevorzugung des Diakons ableiten.[47] Eine besondere Begründung ist nicht ersichtlich.[48] Trotzdem sieht die Laieninstruktion in der gesonderten Erwähnung eine Präferenz für den Diakon.[49] Warum der Gesetzgeber statt der umständlichen Formulierung „eine andere Person, die nicht die Priesterweihe empfangen hat" nicht einfach den Begriff „Laie" verwendet, hat seinen Grund darin, dass nicht geweihte Ordensmitglieder – besonders die große Zahl der in diesem Modell tätigen Ordensschwestern – nicht ausgeschlossen werden sollen.

---

[44] Vgl. Schmitz, Gemeindeleitung, 343.

[45] Vgl. Böhnke, Pastoral, 39f.

[46] Die Erwähnung des Diakons setzt sich erst nach der Plenarsitzung von 1981 durch (vgl. Böhnke, Pastoral, 26).

[47] Vgl. Böhnke, Pastoral, 26.

[48] Vgl. Böhnke, Pastoral, 24. Der Diakon ist in seiner Funktion einem (priesterlichen) Gemeindeleiter nicht „näher". Für ihn sprechen v. a. „pragmatische" Vorzüge: Der Diakon hat im Vergleich mit einem Laien einen größeren Handlungsspielraum (s.u.).

[49] Vgl. Instruktion, Artikel 4 § 1: „Jedenfalls soll auch die Präferenz nicht übersehen werden, die derselbe Kanon für den Diakon festlegt." Diese Präferenz geht aber weder aus dem Rechtstext noch aus der Redaktionsgeschichte hervor. Man kann vermuten, dass die Ausführungsbestimmungen zu Ad Gentes 16, nämlich der Art. 22 Ziff. 10 des Motuproprio „Sacrum diaconatus ordinem" von Papst Paul VI. vom 18.6.1967 hier seinen Niederschlag gefunden haben: „Gemäß der erwähnten Konstitution des Zweiten Vatikanischen Konzils kommt es dem Diakon zu, insofern der Ortsordinarius ihm diese Ausübung übertragen hat: ... im Namen des Pfarrers und des Bischofs entferntliegende Christengemeinden rechtmäßig zu leiten;" Übersetzung: Nachkonziliare Dokumente, IX, 37 und 39.

❖ Teilhabe an der Ausübung der *Hirten*- und nicht „nur" *Seel*sorge

Im lateinischen Text heißt es, dass die nichtpriesterliche Person teilhat an „der Ausübung der Hirtensorge" (participationem „in exercitio curae pastoralis"). Fälschlicherweise wird bei der Übersetzung vom Lateinischen ins Deutsche der Begriff „cura pastoralis" mit Seelsorge übersetzt. Dies ist nicht korrekt. Für „Seelsorge" wird im Lateinischen üblicherweise der Begriff „cura animarum" verwendet. Dieser Begriff ist inhaltlich enger bestimmt als „cura pastoralis". „Cura animarum" ist nur eine Dimension bzw. ein Teilbereich der „cura pastoralis".[50] Der in unserem Zusammenhang sehr bedeutsame Begriff „Hirtensorge" gilt dagegen als „Synonym für den Ausdruck Gemeindeleitung"[51]. Cura pastoralis meint das umfassende Hirtenamt wie es einem Pfarrer übertragen ist. Dies belegt ein Überblick über den Gebrauch der Wendung „cura pastoralis" in den Kanones über Pfarreien, Pfarren und Pfarrvikare.[52] In c. 515 § 1 wird bewusst dieser Begriff verwendet, um die spezifischen Aufgaben des Pfarrers zu beschreiben: die Dienste des Lehrens, des Heiligens und des Leitens zum Wohle der christlichen Gemeinschaft. Wenn also der kirchliche Gesetzgeber im c. 517 § 2 mit Absicht diesen für den Pfarrer vorgesehenen Begriff zur Aufgabenbeschreibung verwendet, so bezieht sich die Teilhabe (participatio) der beauftragten nichtpriesterlichen Person auf diese klassischen Pfarreraufgaben: Lehren, Heiligen und Leiten. Es stellt sich die Frage, wie das eine nichtpriesterliche Person tun kann, wenn sie nicht die sakramentale Weihe empfangen hat.

Das Ausmaß der Verantwortlichkeit der nichtpriesterlichen Person zu konkretisieren ist nicht leicht, weil der Ausdruck „participatio" mehr als das „cooperari" des c. 129 § 2 besagt.[53] Kardinal Karl Lehmann bringt das Problem auf den Punkt: „‚Teilhabe' spricht eben doch dafür, dass im Zuge der Beauftragung eines Nichtpriesters eine Teilgabe und Teilhabe an der Leitungsvollmacht zustande kommt."[54] Die nichtpriesterlichen Personen haben somit Teil an der pastoralen Verantwortung für die Gemeinde und der Hirtensorge ohne aber eigenständige Gemeindeleiter in vollem Sinne zu sein.

❖ Kirchlicher Sendungsauftrag durch Teilhabe am Hirtenauftrag des Bischofs

Zur Bezeichnung der Beauftragung der nichtpriesterlichen Person verwendet der Kodex einen Begriff, der einerseits „keinen Anhaltspunkt für die Übertragung des Pfarramtes an nichtpriesterliche Personen bietet"[55]. Er spricht vom „anvertrauen" (concredere) der Hirtensorge. Andererseits bezeichnet dieser Ausdruck mehr als die

---

[50] Vgl. Schmitz, Gemeindeleitung, 339.

[51] Demel, Gemeindeleitung, 67.

[52] Vgl. die rechtssprachliche Untersuchung bei: Stockmann, Gemeindeleitung, 68f.

[53] In c. 219 § 1 ist festgelegt, dass die heilige Weihe die Voraussetzung zur Übernahme von Leitungsgewalt (sie ist gleichbedeutend mit Jurisdiktionsgewalt) ist. In c. 219 § 2 wird ausgeführt, dass Laien an dieser Gewalt mitwirken (cooperari) können.

[54] Lehmann, Sorge, 126.

[55] Schüler, Hirtensorge, 179; vgl. auch: Böhnke, Pastoral, 41. Nach c. 150 kann nur ein geweihter Priester ein Pfarramt übernehmen.

sonst vom Gesetzgeber verwendeten Begriffen „cooperari“ oder „operam conferre“. Der c. 519 bezeichnet mit Letzteren die Unterstützung des Pfarrers durch andere Priester, Diakone oder Laien. In Abhebung davon meint also die in c. 517 § 2 genannte nichtpriesterliche Person nicht eine Mitarbeiterin oder Stellvertreterin des Priesters, sondern erhält einen spezifischen Sendungsauftrag.[56] Durch die Beauftragung des Bischofs hat die nichtpriesterliche Person öffentlich teil an der Heilssendung der Kirche, die bei jedem Christ und jeder Christin durch Taufe und Firmung grundgelegt ist (vgl. LG 33 und AA 24). Ihr wird „insgesamt die Ausübung der Hirtensorge einer Pfarrei in Teilhabe an allen Bereichen (munera) anvertraut“[57]. So wie der Priester im Namen des Bischofs seine moderierende Funktion ausübt, so macht die Beauftragung der nichtpriesterlichen Person durch den Bischof deutlich, dass sie „am Hirtenauftrag des Bischofs und nicht an dem des Priesters partizipiert“[58]. Böhnke spricht im Anschluss an Aymans von einer „bevollmächtigten Sendung“[59] als einer Kurzformel zur Beschreibung der konkreten Beauftragung.

❖ Der Aufgabenbereich der nichtpriesterlichen Person

Das allgemeine Recht bietet nun den rechtlichen Rahmen für die partikularrechtlichen Bestimmungen auf ortskirchlicher Ebene. Der Umfang der Teilhabe an der Hirtensorge ist vom Diözesanbischof festzulegen. Das allgemeine Recht erlaubt für *Laien* folgende Aufgaben:

- den *Lektoren- und Akolythendienst*[60],
- den Dienst des *Kantors und Kommentators* in liturgischen Feiern,
- die *Leitung liturgischer Gebete,*
- *die Taufspendung und Kommunionausteilung* (vgl. c. 230 § 3 in Verbindung mit c. 910 § 2), die *Aus- und Einsetzung des Allerheiligsten,* jedoch ohne Erteilung des eucharistischen Segens. Falls weder Priester noch Diakone ausreichend zur Verfügung stehen, können Laien auch zur *Eheschließung* delegiert werden. Dazu ist jedoch die Empfehlung der Bischofskonferenz und die Erlaubnis des Heiligen Stuhls notwendig (vgl. c. 1112 § 2). Laien kann auch die *Spendung von Sakramentalien,* z.B. Segnungen erlaubt werden (vgl. c. 1168). Für einzelne Kanonisten darf ein Laie im Falle einer Eheassistenz den *Brautsegen* erteilen.[61] Darüber hinaus hat die Gottesdienstkongregation für die österreichischen Diözesen in ihrem Schreiben vom 7. September 1995 erlaubt, dass der Ortsordinarius bei Fehlen von geistlichen Amtsträgern Laien mit der *Begräbnisfeier* beauftragen kann. In den Diözesen Linz und Feldkirch war dies

---

[56] Vgl. Selge, Amt, 52.
[57] Schüller, Hirtensorge, 179. Vgl. auch: Schmitz, Gemeindeleitung, 339.
[58] Böhnke, Pastoral, 42.
[59] Böhnke, Pastoral, 52.
[60] Hier liegt noch eine traditionsbedingte, aber hinterfragbare geschlechtsspezifische Rechtsbeschränkung der Frau vor.
[61] Z.B. Selge, Amt, 126.

schon seit 1994, in Deutschland seit 1973 möglich.[62] Gemäß der Ausführungen zum Dienst am Wort (vgl. c. 759) können Laien auch in beschränktem Ausmaß zum *Predigtdienst* herangezogen werden. (vgl. c. 766).
Handelt es sich bei der nichtpriesterlichen Person um einen *Diakon*, ist er befugt zum *umfassenden Predigtdienst* – auch in der Eucharistiefeier (vgl. c. 764 in Verbindung mit c. 767 § 1) und zur Eheassistenz nach Delegation, aber ohne besondere Umstände (vgl. c. 1108 § 1)[63]. Der Diakon ist weiters *ordentlicher Tauf- und Kommunionspender* (vgl. c. 910), er ist befähigt den *eucharistischen Segen* zu erteilen (vgl. c. 943) und darf der Begräbnisfeier vorstehen.[64]

❖ Die Kompetenz der nichtpriesterlichen Person: Handlungsvollmacht ohne Leitungsvollmacht?

Während die Aufgabenbereiche – je nach erfolgter Erlaubnis – relativ klar zu benennen sind, gestaltet sich die Beschreibung der *Leitungskompetenz* und des *Amtscharakters* relativ schwierig. Aufgrund der Lehre des Konzils von der Einheit der sacra potestas können Laien nicht Träger von Leitungsgewalt sein.[65] Diese Leitungs-

[62] „Die Laien sind kraft der Taufe und der Firmung, durch ihr Wort und ihr Beispiel christlichen Lebens Zeugen des Evangeliums; sie können auch zur Mitarbeit mit dem Bischof und den Priestern bei der Ausübung des Dienstes am Wort berufen werden.“ C. 759.

[63] Die Österreichische Bischofskonferenz hat im Jahre 1984 beschlossen, einem ständigen Diakon die allgemeine Delegation zur Eheassistenz für Trauungen in jener Pfarrei zu geben, in der er als ständiger Diakon tätig ist. Vgl. ABL.-OBK, Nr. 1, 1984, 9.

[64] Nicht immer muss der gesamte Rahmen der Möglichkeiten ausgeschöpft werden. Der Umfang der Aufgaben wird je nach den beteiligten Personen und der Pfarrsituation individuell geregelt und im Anstellungs-Dekret festgeschrieben. Ist der Umfang der Aufgaben für die nichtpriesterliche Person gering, so kann es durchaus vorkommen, dass zwischen dem Modell von c. 526 § 1 und c. 517 § 2 in der Praxis kein allzu großer Unterschied besteht, denn auch im erstgenannten Modell wird in den mitbetreuten Pfarren vor Ort das pfarrliche Leben zu einem großen Teil von den Gemeindemitgliedern getragen werden müssen. Zur Gemeindeleitung vor Ort wird häufig ein Team gebildet und/oder zur Ansprechbarkeit und Koordination mit dem mitbetreuenden Priester eine Kontaktperson eingesetzt. Ist nun die mitleitende Person nach c. 517 § 2 z.B. ehrenamtlich tätig, so besteht in der Praxis zum c. 526 § 1 nicht viel Unterschied. Im Falle des c. 526 § 1 haben die LaienmitarbeiterInnen einen schwächeren offiziellen Charakter, was die Grenzen zwischen allgemeinem Priestertum und Amtspriestertum möglicherweise weniger verwischt.

[65] Inwieweit Laien Träger kirchlicher Vollmachten sein können, wird unter den Kanonisten heftig diskutiert. Der Ausschluß der Laien von der Leitungsgewalt ist weder eine durchgehende Tradition noch in der gegenwärtigen Kirche Realität. Laien mit Leitungsgewalt hat es in der Geschichte der Kirche immer gegeben und es gibt sie heute – z.B. in Form der Laienrichter. Das Axiom der Ausschließung gilt also nicht durchgängig. Zum historischen Nachweis laikaler (Pfarr-) Gemeindeleitung vgl. Stockmann, Gemeindeleitung, 133–216.
Selbst das Kirchenrecht ist in diesem Punkt widersprüchlich. Während nämlich in c. 274 § 1 darauf hingewiesen wird, dass allein Kleriker Ämter bekleiden können, zu deren Ausübung Weihegewalt oder kirchliche Leitungsgewalt erforderlich ist, erlaubt c. 1421 § 2 die Besetzung des Kollegialgerichts mit Laien. Laut c. 135 § 1 aber ist die richterliche Gewalt eine Leitungsgewalt. Deshalb gehen einige Kanonisten davon aus, dass aufgrund der klaren Bestimmungen von c. 1421 § 2 der c. 274 § 1 nicht mehr greift. Die beiden bekannten Kanonisten Kardinal Alphons Maria Stickler und Jean Beyer gehen aufgrund ihrer Forschungen von einer relativen Eigenständigkeit von Weihe- und

gewalt liegt beim c. 517 § 2 beim moderierenden Priester. Die Praxis bringt es aber mit sich, dass bei dieser Rechtsfigur in vielen Fällen dieses theologische Axiom nur mehr ein formales ist. Praktisch sind die Laien eigenverantwortlich im Bereich der Gemeindeleitung tätig.[66] Die momentane Situation erzeugt eine Diskrepanz: Auf dem Papier steht die (amts-)theologisch logische – auch sinnvolle – Rechtsfigur: Der Priester ist Gemeindeleiter. In der Praxis sieht dies oft anders aus: Der zuständige Nicht-Priester fungiert faktisch als Gemeindeleiter.

Um diese Ambivalenz kognitiv zu bewältigen, hat J.-Cl. Périsset einen – zumindest auf der begrifflichen Ebene logischen – Deutungsvorschlag unterbreitet. Périsset unterscheidet zwischen zwei Arten von Vollmachten: Einer Handlungsvollmacht (pouvoir d'intervention), die der nichtpriesterlichen Person übertragen ist und einer Leitungsvollmacht (pouvoir d'autorité), die dem Priester vorbehalten ist. Neben der sacra potestas führt Périsset eine von dieser qualitativ unterschiedenen Vollmacht rein kirchlichen Rechts ein. Böhnke meint dazu: „Der die Hirtensorge moderierende Priester repräsentiert das unverzichtbare hierarchische Prinzip in der Kirche. Er ist durch die Weihe und kirchliche Sendung mit ihm eigener ‚sacra potestats' ausgestattet. Seine priesterliche Existenz definiert sich nicht durch die Aufgabe, die er wahrnimmt, sondern durch die Weihe, durch die er bestimmt wird, ‚in persona Christi capitis' zu agieren."[67]

Unabhängig vom Umfang seiner Aufgaben und von der Intensität des unmittelbaren Kontaktes mit den Pfarrmitgliedern, ist die Leitungsvollmacht durch die Einbindung in das hierarchische Prinzip der Kirche gegeben. Dagegen lebt die Handlungsvollmacht der nichtpriesterlichen Person aus dem konkreten Vollzug: „Die nichtpriesterlichen Personen, befähigt durch Taufe und Firmung, erhalten durch amtliche Sendung die Vollmacht, im Namen und im Auftrag des Diözesanbischofs als pastor proprius der auf Dauer vakanten Pfarrei in der Pastoral zu handeln."[68]

Nicht nur für den kanonistischen Laien, sondern auch für den Experten ist es nicht einfach, den Amtscharakter der beiden Funktionen zu benennen, ohne dabei Widersprüche in Kauf zu nehmen oder theologische Axiome (sacra potestas) zu missachten.[69] Einfacher ist es, auf der Funktionsebene zu bleiben und diese zu beschreiben.

Jurisdiktionsgewalt aus, die letztlich auch unabhängig voneinander übertragen werden können. Eine Übertragung der Leitungsgewalt an die Laien sei also rechtlich durchaus möglich (Vgl. Beyer, Vollmacht, 288).

Es gibt in der Kirche auch Ämter, die zwar mit Vollmacht ausgestattet sind (z. B. Verbandsgewalt der Oberen und kollegialen Organen in den Instituten des Geweihten Lebens, Vereinsgewalt der Leiter in kirchlichen Vereinen, Hausgewalt über die äußere Ordnung einer Hausgemeinschaft wie einer Seminargemeinschaft ...), aber keine Leitungsgewalt im engeren Sinn enthalten. Ein klarer Vollmachtsbegriff für kirchliche Ämter ohne Weihe wäre wünschenswert.

[66] Vgl. Selge, Amt, 76.

[67] Böhnke, Pastoral, 50.

[68] Schüller, Hirtensorge, 181.

[69] Die sacra potestas, also das „Zusammenspiel" von Weihe und kanonischer Sendung – ein Problem von entscheidender theologischer Bedeutung – gehört laut Joseph Ratzinger zu den schwierigsten rechts- und verfassungsgeschichtlichen Problemen der Kirche. Die Weihe allein

So geht der Kanonist Böhnke vor, wenn er die nichtpriesterliche Person als unmittelbar im Kontakt mit der Gemeinde handelnd und den moderierenden Priester aufsichtlich tätig sieht: Die nichtpriesterliche Person „trägt unmittelbar Verantwortung für das pastorale Geschehen in der Pfarrei. Der moderierende Priester führt die Gemeinde einerseits von außen und andererseits in der Feier der Eucharistie in ihr Zentrum, aus dem sie lebt. Er gewährleistet, dass die Pastoral in Einklang mit der kirchlichen Hierarchie und damit letztlich dem Auftrag Christi gemäß ausgeübt wird."[70]

2.3 Die nichtpriesterliche Person als ungeweihter „Pfarrer" und Träger eines kirchlichen Amtes?

2.3.1 Die nichtpriesterliche Person als „eigentlicher" Pfarrer?

❖ Divergenz zwischen dem faktisch „sorgenden Hirten" und dem Repräsentanten des „eigentlichen Hirten Christus"

Der Lösungsversuch von J.-Cl. Périsset, mit Hilfe der Unterscheidung von Leitungs- und Handlungsvollmacht das Dilemma des Leitungsmodells c. 517 § 2 zu überwinden, überzeugt letztlich nicht. Sein Lösungsversuch bleibt theoretisch und lässt sich angesichts der pastoralen Praxis nicht halten. Wie soll man handeln, ohne Entscheidungen treffen zu müssen? Wie soll man für Handlungen Verantwortung übernehmen, für die darin implizierten (Leitungs-) Entscheidungen aber nicht? Wo endet die Handlungsvollmacht, wo beginnt die Leitungsvollmacht?

Die von den betroffenen Leitungspersonen erlebte Diskrepanz wird durch solche Interpretationsversuche nicht überwunden. Angesichts des Erlebens, dass die faktische Hirtensorge eine nicht geweihte Person ausübt, aber die Einordnung in die Hierarchie der Ämter und die Repräsentation Christi ein geweihter Priester gewährleistet, stellen sich berechtigte und dringende Fragen an die amtstheologischen Axiome und – in der Folge – an die (partikular-)rechtlichen Bestimmungen der Kirche. Die Absicht des kirchlichen Gesetzgebers ist theologisch legitim – nämlich die sakramentale Grundstruktur der Kirche zu schützen –, der Lösungsweg bleibt fraglich. Wird nicht gerade das, was der Gesetzgeber erhalten will, nämlich die Einheit von Gemeindeleitung (Hirtensorge) und Eucharistievorsitz (repräsentatio Christi als dem eigentlichen Vorsitzenden) durch das Beibehalten der Zulassungsbedingungen zur Priesterweihe in dieser Konstruktion auseinander gerissen?[71]

---

verleiht noch keine sacra potestas im vollen Umfang. Eine „zum Vollzug freigegebene Vollmacht" bedarf der „kanonischen Sendung, das heißt rechtlicher Bestimmung" (Ratzinger, Kommentar, 352).

[70] Böhnke, Pastoral, 41.

[71] Fairerweise muss gesagt werden, dass diese Divergenz durch dieses Leitungsmodell besonders klar hervortritt, aber nicht nur dort anzutreffen oder gar von ihm verursacht ist. Auch dort, wo dieses Modell offiziell nicht eingeführt ist, jedoch die gleiche Praxis herrscht (Pfarreileitung nach c. 526 § 1), existiert diese Divergenz im selben Ausmaß – auch wenn sie begrifflich nicht deutlich wird. Ursachen (Festhalten am traditionellen Priesterbild bei gleichzeitigem Priestermangel) und

❖ Die nichtpriesterliche Person als eigentliche/r Hirte/in?

Von einem Priester, v. a. von einem Pfarrer als Gemeindeleiter wird zu Recht gefordert, dass er ein „guter Hirte" für seine ihm anvertrauten Menschen ist. Welche der beiden Leitungspersonen vermag nun – und zwar vor dem strukturellen Hintergrund und nicht aufgrund persönlicher Fähigkeiten – eher dem Bild des „guten Hirten" zu entsprechen?

Das, was die Bibel unter einem guten Hirten versteht, was in der langen kirchlichen Tradition die Pfarrer für die Gemeindemitglieder in einem guten Sinn gewesen sind und was selbst im Kodex als Aufgaben eines Pfarrers skizziert wird, kann von einem moderierenden Priester im Modell c. 517 § 2 – allein aus zeitlichen und Gründen – meist nicht erfüllt werden. Die Aufgaben der Gemeindeleitung und Seelsorge, die bisher in Personalunion in der Pfarrerrolle vereint waren, werden im Modell c. 517 § 2 auf zwei oder mehrere Personen aufgeteilt. Mehrere Personen „füllen" nun gemeinsam das Bild des „guten Hirten" aus und teilen sich die damit verbundenen Aufgaben.

Ein Pfarrer hat folgende Aufgaben wahrzunehmen: Die verschiedenen liturgischen und sakramentalen Dienste (vgl. cc. 530 und 528 § 2), den Dienst am Wort (vgl. c. 528 § 1), die sorgende und den Menschen nachgehende Pastoral (vgl. c. 529 § 1), die Förderung des pfarrlichen Gemeinschaftsbewusstseins (vgl. c. 529 § 2), die Residenzpflicht (vgl. c. 533), die Applikationspflicht (vgl. c. 534), die Führung der Pfarrkanzlei (vgl. c. 535) und die Verwaltung des Pfarrarchivs (vgl. c. 535 § 4 und § 5). Manche dieser Aufgaben kann er delegieren (im Kodex heißt es: er „hat dafür zu sorgen" bzw. „Sorge zu tragen"; vgl. c. 528 § 1 und § 2), gehören also nicht zu seinen „Kernaufgaben". Die menschenbezogene Hirtenaufgabe aber – wie sie im c. 529 § 1 beschrieben wird – als ein persönliches Kennen[72] seiner „Schafe" und Wissen um ihre Sorgen charakterisiert das innerste Wesen des Pfarrerseins:

> *„Um die Hirtenaufgabe sorgfältig wahrzunehmen, hat der Pfarrer darum bemüht zu sein, die seiner Sorge anvertrauten Gläubigen zu kennen; deshalb soll er die Familien besuchen, an den Sorgen, den Ängsten und vor allem an der Trauer der Gläubigen Anteil nehmen und sie im Herrn stärken, und wenn sie es in irgendwelchen Dingen fehlen lassen, soll er sie in kluger Weise wieder auf den rechten Weg bringen; mit hingebungsvoller Liebe soll er den Kranken, vor allem den Sterbenden zur Seite stehen, indem er sie sorgsam durch die Sakramente stärkt und ihre Seelen Gott anempfiehlt; er soll sich mit besonderer Aufmerksamkeit den Armen, Bedrängten, Einsamen, den aus der Heimat Verbannten und ebenso denen zuwenden, die in besondere Schwierigkeiten geraten sind; auch soll er seine Aufgabe darin sehen, die Ehegatten und Eltern bei der Erfüllung der ihnen obliegenden Pflichten zu stützen und die Vertiefung eines christlichen Lebens in der Familie zu fördern."*

Auswirkungen (pastorale Notlösungen mit der „inkohärenten" Leitungsstruktur) dürfen nicht verwechselt werden!

[72] „Kennen", und "Erkennen" steht in der Bibel immer für „Gemeinschaft haben mit ...".

Man könnte diesen Paragraphen des CIC als die „Magna Charta des Pfarrersein" bezeichnen. Sie bringt in menschlicher Weise das Hirte-Sein zum Ausdruck und ist ein Abbild des Hirten Christi.[73] In einigen Wortpassagen erkennt man den Beginn der Pastoralkonstitution des Konzils wieder: „Freude und Hoffnung, Trauer und Angst der Menschen von heute, besonders der Armen und Bedrängten aller Art, sind auch Freude und Hoffnung, Trauer und Angst der Jünger Christi." (vgl. GS 1).[74]
Realsiert der auswärtige, moderierende Priester oder die nichtpriesterliche Person vor Ort dieses *Bild* des Hirten? Wer vermag die *Anforderungen* zu erfüllen? Darauf wird die qualitative Untersuchung zu diesem Modell eine sehr deutliche Antwort geben. Es wird deutlich werden, dass die nichtpriesterliche Person in vielen Fällen als „Nicht-Priester-Pfarrer"[75] dem biblischen Bild des Hirten eher entspricht bzw. aufgrund seiner Präsenz entsprechen kann.

2.3.2 Die Laien als Träger kirchlicher Ämter

Wenn nun Laien in beachtlichem Umfang die Tätigkeiten eines Pfarrers ausüben, ja das Berufsprofil eines Pfarrer – ausgenommen die dem Priester vorbehaltenen sakramentalen Dienste – immer mehr übernehmen, stellt sich die berechtigte Frage, ob hier nicht faktisch ein Amt vorliegt.[76] Können Laien ein kirchliches Amt bekleiden? Im Folgenden skizziere ich die kirchenrechtlichen Möglichkeiten.

❖ Geeignete Laien in kirchlichen Ämtern

Können Laien nach dem geltenden Kirchenrecht kirchliche Ämter übernehmen? Die theologische und rechtliche Basis für die Übernahme einer solchen Aufgabe ist in den cc. 204 § 1, 208 und 228 enthalten. Der c. 204 § 1 spricht von der allgemeinen Teilhabe an den Ämter (munera) Christi, nämlich dem priesterlichen, prophetischen und königlichen, weshalb sie zu „ihrer je eigenen Stellung zur Ausübung der Sendung berufen" sind (vgl. c. 204 § 1). Der c. 208 hält die Gleichheit aller Gläubigen in ihrer Würde und Tätigkeit fest, kraft der alle je nach ihrer eigenen Stellung und Aufgabe am Aufbau des Leibes Christi mitwirken. In beiden Kanones ist die Formulierung „gemäß ihrer je eigenen Stellung" gerade für den c. 517 § 2 von wesentlicher Bedeutung. Damit wird zum Ausdruck gebracht, dass sowohl der sakramental begründete

---

[73] Zum Bild des Hirten vgl.: Hermann Stenger, Im Zeichen des Hirten. Einen Blick auf Entwicklungen des Hirtenamtes in der Weltkirche wirft Franz Weber in: Ders., Das Hirtenamt aller Christinnen und Christen.

[74] Vgl. dazu Niewiadomski, Zugang, 46: „Die Identifizierung mit den Menschen (nicht nur mit den Katholiken) von heute, die Empathie – die Fähigkeit sich in ihre Probleme individueller und politischer Natur hineinzudenken und hineinzufühlen (von den vielfältigen psychischen Nöten bis hin zu den Fragen der Unterentwicklung reicht hier die Palette) – stellt für das Konzil einen theologischen Wert dar. Empathie wird damit zum primären ekklesiologischen Grundvollzug erklärt. Aus dieser Identifizierung heraus entspringt nun die Hilfe, die die Kirche sowohl dem einzelnen Menschen als auch der ganzen menschlichen Gemeinschaft anbietet."

[75] Vgl. Schmitz, Gemeindeleitung.

[76] So z.B. Karl Rahner in: Zulehner, Gnade, 96: „Wo eine Partizipation am Amt vorliegt, so handelt es sich nicht mehr um einen Laien, sondern um einen Amtsträger."

Rechtsstatus eines Gläubigen als auch seine erworbenen Qualifikationen darüber entscheiden, inwieweit jemand in die amtliche Hirtensorge der Kirche miteinbezogen werden kann. Dem entspricht, dass der c. 228 betont, dass geeignete Laien für kirchliche Ämter (!) und Aufgaben herangezogen werden können:

> *„Laien, die als geeignet befunden werden, können von den geistlichen Hirten für jene kirchlichen Ämter und Aufgaben herangezogen werden, die sie gemäß den Rechtsvorschriften wahrzunehmen vermögen." (c.228 § 1).*

Zur Eignung für ein Amt gehört nicht zuletzt auch eine gewisse „Akzeptanz" von Seiten derer, für die das Amt ausgeübt wird.[77]

❖ Was ist ein kirchliches Amt?

In einem Amt sind ein „Bündel" an Aufgaben und Funktionen zusammengefasst. Was ein kirchliches Amt (officium ecclesiasticum) ist, wird im Kanon 145 § 1 definiert:

> *„Kirchenamt ist jedweder Dienst, der durch göttliche oder kirchliche Anordnung auf Dauer eingerichtet ist und der Wahrnehmung eines geistlichen Zweckes dient."*

Der Kodex von 1917 verlangte als zusätzliche Voraussetzung für das Amt noch die Teilhabe an der Weihegewalt. Nachdem dies seit 1983 nicht mehr erforderlich ist, können nun auch Laien kirchliche Ämter bekleiden.[78]

Das kirchliche Amt enthält nach c. 145 § 1 *vier konstitutive* Elemente:

1. Dienst (munus)
2. Göttliche oder kirchliche Anordnung (ordinatione divina vel ecclesiastica)
3. Dauerhafte Einrichtung (stabiliter constitutum)
4. Geistliche Zielsetzung (ad finem spiritualem)[79]

Drei Elemente sind im Falle des c. 517 § 2 bei *beiden* Leitungspersonen gegeben: Dienst, dauerhafte Einrichtung (denn dieser Kanon findet erst Verwendung, wenn auf absehbare Zeit kein Priester als Pfarrer zur Verfügung steht) und geistliche Zielsetzung

---

[77] Vgl. Rahner, Strukturwandel, 127.

[78] Zur umfangreichen Diskussion um „Laien in kirchlichen Ämter" vgl. Amann, Laien.

[79] Man differenziert Ämter nach Grund- und Hilfsämtern: Zu den Grundämtern zählen Papst, Patriarch, Metropolit, Bischof, Pfarrer; zu den Hilfsämtern gehören die Ämter der päpstlichen Kurie, der General- und Bischofsvikar, der Offizial. Obendrein unterscheidet man das (sakramentale) Amt mit Weihe (Bischof, Priester, Diakon), das Amt ohne Weihe, aber mit Beauftragung (z.B. kirchliche Richter) und kirchliche Dienste – mit oder ohne Beauftragung. Das Amt mit Weihe wird auch als das bevollmächtigte Amt (geistliches Amt) bezeichnet und ist ident mit den Klerikern (wobei der Charakter der Jurisdiktionsvollmacht beim Diakon nicht geklärt ist). Das Amt ohne Weihe wird auch als vollmachtsfreies Amt, das auch Laien offen steht, bezeichnet. Die letzte begriffliche Unterscheidung ist insofern irreführend bzw. verwirrend, da es faktisch Laienämter mit Vollmacht – mit Jurisdiktionsgewalt – gibt, nämlich die Laienrichter. In diesem Zusammenhang ist auch an das Papstamt zu erinnern, dessen Jurisdiktionsprimat „kraft göttlichen Rechts" gemäss CIC 1917 auch an Nichtgeweihte sofort nach akzeptierter Wahl übergeht. Dies hat es in der Geschichte der Kirche bereits gegeben. Leitungs- und Hirtengewalt werden nämlich nicht durch das Sakrament, sondern nicht-sakramental – beim Papst durch „missione divina" im Moment der Annahme seiner legitimen Wahl – übertragen. Vgl. zur Beteiligung von Laien an der Jurisdiktionsvollmacht: Loretan, Laien, 314–344.

(Seelsorge und Aufbau der Gemeinde). Zur Errichtung eines kirchlichen Amtes bedarf nur mehr einer partikularrechtlichen Anordnung. Eine solche Regelung gilt dann prinzipiell für eine Diözese und kommt gegebenenfalls in einer Gemeinde zur Anwendung. Die Verleihung eines bischöflichen Dekrets und die damit erfolgte kirchliche Beauftragung an die beiden Leitungspersonen darf dabei nicht mit der Errichtung eines Amtes (das unabhängig von seiner Besetzung besteht) verwechselt werden.

2.3.3 Ein partikularrechtliches Amt im Dienst der Seelsorge

❖ Keine neuen universalen Ämter im c. 517 § 2

Ist mit dem eigenverantwortlichen Handeln der nichtpriesterlichen Person ein neues universalkirchliches Laienamt geschaffen worden – wie der Kanonist Selge behauptet?[80] Diese Frage ist zu verneinen: Was den moderierende Priester betrifft habe ich schon darauf hingewiesen, dass der verwendete Ausdruck „moderari" eine Tätigkeitsbeschreibung und keine Amtsbezeichnung ist. Der Kodex verwendet zur Übertragung eines geistlichen Amtes den Begriff „committere". Im c. 517 § 2 wird zur Übertragung der Leitungsaufgabe an den moderierenden Priester das Verb „constituere" verwendet. Durch die Einsetzung eines moderierenden Priesters wird kein neues Kirchenamt kreiert,[81] ihm aber mit der Aufgabenzuweisung „moderari" eine Leitungsgewalt übertragen.
Für die nichtpriesterliche Person trifft Ähnliches zu. Für die Ausübung der Hirtensorge, an der der Nichtpriester beteiligt ist, findet sich keine Amtsbezeichnung, sondern eine Tätigkeitsbeschreibung. Deshalb lässt sich mit Michael Böhnke abschließend feststellen: „Aus dem Wortlaut von c. 517 § 2 CIC/1983 lässt sich nicht die Errichtung neuer Ämter in der Kirche ableiten."[82] Dies gilt für die Ebene des Universalrechts.

❖ Ein kirchliches Amt in der Ortskirche

Der Kanon c. 517 § 2 ermöglicht jedoch dem Diözesanbischof auf einer partikularrechtlichen Ebene ein kirchliches Amt einzuführen. Im Rahmen des c. 145 § 1 kann der Bischof für beide Funktionen ein dauerhaftes, von der konkreten Person unabhängiges Amt einrichten.[83] Es ist sogar legitim zu fragen, ob ein Bischof dieses Amt im Dienste der Seelsorge nicht gegebenenfalls einrichten *muss*, denn in c. 151 heißt es:

> *"Die Übertragung eines Amtes, das der Seelsorge dient, darf ohne schwerwiegenden Grund nicht aufgeschoben werden."*

Der einzelne Diözesanbischof kann also sowohl die Leitungsaufgaben der moderierenden Person als auch die Mitwirkungsaufgaben der nichtpriesterlichen Person als partikularrechtliches Amt einführen. Diese Organisationsform lässt „verschiedene, konkrete Gestaltungsformen zu, die gewiss oft den Risiken des

[80] Vgl. Selge, Amt, 84f.
[81] Vgl. Böhnke, Pastoral, 42.
[82] Böhnke, Pastoral, 54.
[83] Vgl. Rees, Pfarrei, 399; Böhnke, Pastoral, 54; Selge, Amt, 102.

Experimentes ausgesetzt sind, aber in der klugen Verantwortung des Bischofs stehen und nicht durch die Bischofskonferenz eingeschränkt werden dürfen“[84].
Nicht zuletzt um des Seelenheils der Gläubigen willen, ist es Sache des Diözesanbischofs, eine nichtpriesterliche Bezugsperson mit der Pfarrpastoral zu beauftragen: *„Wenn nicht etwas anderes im Recht ausdrücklich festgelegt ist, ist es Sache des Diözesanbischofs, durch freie Amtsübertragung die Kirchenämter in der eigenen Teilkirche zu besetzen.“*[85] Sind die kanonisch erforderlichen Elemente des kirchlichen Amtes (vgl. c. 145) gegeben, so sollte ein kirchliches Amt eingeführt werden.[86] Damit gewinnt die Funktion in der Diözese, aber auch gegenüber den Gemeindemitgliedern an Profil und Autorität, was die Ausübung des Amts erleichtern kann.

❖ Laienpfarrer – Pfarrkonsultor – (Pfarr-) Kurator ...? – Vorschläge zur Bezeichnung einer „No-name-pastoral“

Die neuen kirchlichen Funktionen im c. 517 § 2 erfordern eine entsprechende Bezeichnung. Der Kanon selbst sieht dies nicht vor. Man könnte im wahrsten Sinne des Wortes von einem namenlosen Amt bzw. einer „no-name-pastoral“[87] sprechen.[88] Die konkrete Bezeichnung der neuen Funktionen ist Sache des Diözesanbischofs bzw. des partikularen Rechts. Dies ist weder für Theologen noch für Diözesanleitungen eine leichte Aufgabe – nicht zuletzt aufgrund des noch ungeklärten (gemeinde-)theologischen Ortes. Eine eigene Bezeichnung der nichtpriesterlichen, aber mit einem Amt bekleideten Person scheint auch deswegen wichtig, damit sie von anderen aktiven Gemeindemitgliedern deutlich abgrenzbar ist. Es gibt eine ganze Reihe an vorgeschlagenen bzw. in Verwendung stehenden Bezeichnungen für die Personen, die Funktionen nach c. 517 § 2 wahrnehmen: Der moderierende Priester wird beispielsweise als Nichtpfarrer-Priester[89] oder als Priester-Animateur[90] bezeichnet. Die nichtpriesterliche Person wird Bezugsperson, Ersatzpfarrer, Laienpfarrer, Pfarrkonsultor, Nichtpriester-Pfarrer, Pfarrassistent, Pfarrkurator etc. genannt.[91]
Die Unklarheit über den ekklesiologischen Ort der beiden Leitungspersonen, v.a. der nichtpriesterlichen Person, schlägt sich auch in der Hilflosigkeit nieder, eine adäquate, vielleicht überregional gültige Bezeichnung zu finden. Die vorgeschlagenen Begriffe sind nicht nur unterschiedlich, sondern zum Teil widersprüchlich und für die Gläubigen verwirrend. Was ist von diesen Amtsbezeichnungen zu halten?

---

[84] Heimerl, Codex, 148.
[85] Can. 157.
[86] Vgl. Selge, Amt, 102.
[87] So Böhnke, Pastoral, 70.
[88] Bei der nachfolgenden Untersuchung wird deutlich werden, wie schwierig die Anrede der beiden Leitungspersonen für die Gemeindemitglieder ist und wie unterschiedlich die verwendeten „Titel“ sind.
[89] Vgl. Schmitz, Gemeindeleitung.
[90] Vgl. Bertsch, Laien, 129.
[91] Außerhalb des deutschen Sprachraums finden sich die Bezeichnungen lay-pastor, pastoral minister, parish coordinator, non-ordained parish minister, équipe paroissial (vgl. Böhnke, Pastoral, 70).

Der Begriff „Bezugsperson“ wird von der Gemeinsamen Synode der Bistümer in der Bundesrepublik Deutschland im Beschluss „Dienste und Ämter“ (vgl. 2.5.3; 3.3.1; 4.1.3 und 5.3.3) verwendet.[92] Seine Unschärfe führte zu ortskirchlichen Definitionsversuchen[93], die am Urteil des Kanonisten Böhnke nichts ändern: „Der Begriff ist – aus der Kleinkindpädagogik stammend – untauglich.“[94] Der Pastoraltheologe Wilhelm Zauner schlägt mit Blick auf die realen Aufgaben der nichtpriesterlichen Person die Bezeichnung „Laienpfarrer“ vor.[95] Dieser trifft zwar die Funktions- und Aufgabenbeschreibung ebenso wie der sinnige Begriff „Nichtpriester-Pfarrer“ von Heribert Schmitz.[96] Der Begriff Pfarrer ist jedoch durch die Tradition semantisch anders belegt, er ist an den geweihten Priester gebunden. Selge kritisiert die Bezeichnung „Laienpfarrer“ als einen „in sich widersprüchlichen, theologisch und rechtlich unsauberen und daher unbrauchbaren Begriff“[97]. Er schlägt stattdessen die Bezeichnung „(nichtpriesterlicher) Pfarrkonsultor“ vor.[98] Dieser Begriff entspräche seiner Meinung nach am besten dem Tätigkeitsfeld und dem Kompetenzbereich dieses neuen Dienstes.[99] Die Österreichische Bischofskonferenz hat 1983 entschieden, dass die Priester, die nach c. 517 § 1 oder c. 517 § 2 eine Pfarre leiten, *„Moderator“* genannt werden.[100]

---

[92] Gemeinsame Synode der Bistümer in der Bundesrepublik Deutschland, Die pastoralen Dienste in der Gemeinde, in: Beschlüsse der Vollversammlung, Offizielle Gesamtausgabe I, Freiburg 1976, 581–636.

[93] So das Bistum Limburg in: Amtsblatt 8 vom 1.10.1991, Nr. 231, 119.

[94] Böhnke, Pastoral, 70; Anm. 285.

[95] Vgl. Zauner, Priestermangel, 371.

[96] Vgl. Schmitz, Gemeindeleitung.

[97] Vgl. Selge, Amt, 104.

[98] Vgl. Selge, Amt, 104.

[99] Vgl. Selge, Amt, 104–106: Selge begründet seinen Vorschlag ausführlich: Der Begriff dürfe jedoch weder mit den „parochi consultores“ der cc. 385–390 des CIC von 1917 verwechselt werden, die eine richterliche Funktion innehatten, noch mit dem Konsultorenkollegium gemäß c. 502. Letzteres gibt jedoch insofern bereits Hinweise, als der rechtssprachliche Gebrauch von „consultor“ Anhörungsrecht (vgl. z.B. cc. 377 § 3; 494 §§ 1 und 2; 1277) und Leitungsbefugnis (vgl. cc. 272; 419; 485; 1018 § 1 n. 2; 1292) beinhaltet. Der Terminus lässt aber keine Nähe zum Begriff des Pfarrers oder Pastors zu. Das Präfix „Pfarr-“ umschreibt das Arbeitsfeld. „Consultor“ ist die Nominalform des Verbes „consulere“, das soviel wie „Rat schaffen“, „sorgen für“ und „bedacht sein auf“ bedeutet. Auch Tätigkeiten im Sinne der potestas regiminis kommen in den Blick, da „consulere“ auch die Bedeutung von „etwas beschließen“ besitzt. Damit kommt die semantische Füllung des Begriffs „Consultor“ eher einem kollegial-begleitenden als einem autoritär-führenden Seelsorgeverständnis nahe. Der inhaltlichen Argumentation kann man durchaus zustimmen, der für viele Gläubige abstrakte Begriff Konsultor ist jedoch Geschmackssache.

[100] Vgl. Dekret über einheitliche Denomination der Pfarrseelsorger (Abl. ÖBK Nr. 1/84/18), abgedruckt in; ÖAfKR 34 (1983/84) 378: „Moderator 1. für den Leiter einer Teampfarre (can. 517 § 1), 2. für den Leiter einer Pfarre, der nicht Pfarrer ist und an deren Seelsorgsaufgaben Nichtpriester beteiligt sind (can. 517 § 2), 3. für den Priester, den der Bischof nicht zum Pfarrer im vollen Sinne des can. 519 bestellen kann oder aus bestimmten Gründen nicht bestellen will, dem er aber die Verantwortung für eine Pfarre auf längere Zeit überträgt.“ Für die Österreichische Bischofskonferenz liegt der Unterschied zum Pfarradministrator in der Dauer des Einsatzes.

Für die Nichtpriester gibt sie keine einheitliche Bezeichnung vor. Die meisten österreichischen Diözesen benützen den Begriff *„Pfarrassistent"* – soweit er im diözesanen Sprachgebrauch überhaupt auftaucht. Dieser Begriff legt nahe, dass dieser Personenkreis in einem weiteren Sinn den PastoralassistentInnen zugehörig ist, sich also aus Laien zusammensetzt.
Die Diözese Innsbruck verwendet die Bezeichnung *„Pfarrkurator"*. Diese weist eine ähnliche – nicht idente – inhaltliche Füllung wie der Begriff Pfarrkonsultor auf. „Kurator" – vom Lateinischen „curare": heilen, behandeln, pflegen, sorgen – lässt auch für die Nichttheologen Assoziationen zum deutschen Wort „kurieren" anklingen. Der Begriff „Pfarrkurator" klingt weniger technisch und spart die Problematik der Leitungszuständigkeit aus. Die Bezeichnung weckt durchaus Assoziationen zum Bild des „guten Hirten" und ist ohne viel Erklärungen ansatzweise verständlich.
Die verschiedenen Versuche, eine adäquate Amtsbezeichnung zu finden, machen klar: Begrifflicher Erfinderreichtum vermag die offenen Fragen nach dem ekklesiologischen Ort dieser neuen Leitungsrollen nicht zu überdecken, im Gegenteil. In der Suche nach dem richtigen Titel treten die Fragen erst deutlich hervor. Ein zufrieden stellender Begriff kann wohl erst dann gefunden werden, wenn die dahinter liegenden Fragen eine kongruente Antwort erfahren.

2.4 Der c. 517 § 2 als „Morgenröte" einer neuen Gestalt von Kirche?

Die schwierige Auslegung des c. 517 § 2 macht eine „glatte", zusammenfassende Darstellung dieser Rechtsfigur unmöglich. Der Kanon bietet einerseits die rechtliche Grundlage, um auf den Priestermangel reagieren zu können, indem kompetente Laien zur Mitarbeit an der Hirtensorge herangezogen werden. Andererseits enthält der Kanon verschiedene amtstheologische und kirchenrechtliche Ungereimtheiten. Er könnte daher jene Sprengkraft besitzen, die die bestehenden kirchlichen Strukturen aufweicht und den schon vor Jahrzehnten geforderten „Strukturwandel der Kirche"[101] einleitet. Es ist zu fragen, ob sich durch diese neue Form der Gemeindeleitung sowie den theologischen und pastoralen Aporien des c. 517 § 2 nicht eine neue Gestalt des Amtes in der Kirche ankündigt.

❖ Veränderter Kontext heute: Die Ausnahme wird zur Dauerlösung!

Der c. 517 § 2 ist als ultima ratio bei Priestermangel gedacht. Die Hoffnung, dass der Priestermangel eine vorübergehende Erscheinung wäre, hat sich nicht erfüllt. Der „Priestermangel" wird sich in unseren Breiten verschärfen, die Ausnahmesituation zum Dauerzustand werden. Die Bedingungen für die Anwendung dieses Paragraphen sind seit der Einführung des neuen CIC immer öfter gegeben. Die Entwicklung, dass immer weniger Priester, aber mehr ausgebildete Laien für pastorale Dienste zur Verfügung stehen, führt dazu, dass dieser Paragraph immer häufiger zur Anwendung kommen wird. Obwohl die Rechtsfigur c. 517 § 2 Ausnahmecharakter hat, also den

---

[101] Vgl. Rahner, Strukturwandel.

Charakter der Vorläufigkeit und des Übergangs aufweist, entwickelt sie sich faktisch zu einer „Dauer-Provision". Diese Vorläufigkeit war für den Gesetzgeber ein Grund, den Leitungspersonen eine nicht zu starke Rechtsstellung zu geben. Drängen Funktion und Aufgabe, die vom Provisorium in einen Dauerzustand übergehen, nicht dazu, dass man nach theologisch befriedigenden und nachhaltigen Lösungen sucht?

- Die Rollenveränderung des Priesters: Aufsichtsperson und Sakramentenmanager?

Gerade aufgrund des Priestermangels und im Hinblick auf Entwicklungen, die durch c. 517 § 2 angestoßen werden, stellt sich die Frage[102], ob wir die Pfarrpastoral nicht überhaupt neu bedenken müssen. Über Jahrhunderte vertraute Bilder (von dem für alles zuständigen und verantwortlichen Pfarrer, von den hörenden, gläubigen „Schäflein" usw.) sind eingebrochen und verändern sich. So fragt etwa der renommierte Kanonist Winfried Aymans, ob sich nicht aus der Not der pastoralen Verhältnisse heraus ein neues Verständnis von Seelsorge entwickelt? Eine Seelsorge, in der es „den klassischen Pfarrer nicht mehr oder immer weniger gibt, wo andere Gläubige mit bestimmten Aufgaben (Glaubensunterweisung, Wortgottesdienste, Kommunionspendung, Organisierung gemeinschaftlichen Lebens etc.) betraut werden und ein Priester die Aufgabe hat, die seltenere Eucharistiefeier und das Bußsakrament zu garantieren sowie die Oberleitung und Aufsicht in Händen zu halten. So würde sich eine gewisse Umprägung im priesterlichen Dienst entwickeln. An den heute noch geltenden Verhältnissen würde dies eine Verschiebung in Richtung auf die Art des bischöflichen Amtes bedeuten. Dies hätte zur Folge, dass das Ideal der häufigen Eucharistiefeier dann nicht mehr das gestaltende Element der ordentlichen Seelsorge wäre."[103] Damit wird eine Entwicklung der Priesterrolle angesprochen, die sie von ihrer ursprünglichen Aufgabe, nämlich in einem weiten Sinn Hirte der Gläubigen zu sein, weiter wegrückt. Die Funktion des Priester würde sich – zugespitzt formuliert – immer mehr zum Aufsichtsorgan und Sakramentenmanager verengen.

- Die Gefahr der Ersatzfunktionen und einer laikalen Parallelstruktur

Die Rechtsfigur des c. 517 § 2 beinhaltet (wie alle Formen der Mitprovision und Mitbetreuung) die Gefahr, dass die sakramental verwurzelte Einheit von Weihe- und Jurisdiktionsgewalt bzw. Leitungsamt auseinander fällt. Der moderierende Priester droht dann für die Gemeinde zu einem „Fremdkörper"[104] zu werden und nur für die sakramentalen Handlungen in der Gemeinde zu erscheinen, während die nichtpriesterliche Person Verwaltungsaufgaben und die anfallenden Hirten- und Seelsorgsaufgaben erfüllt.

---

[102] Die Frage wäre natürlich genauso zu stellen, wenn es diesen Paragraphen nicht gäbe.

[103] Aymans, Recht, 422. Was die Konzentration auf die Aufsicht anbelangt, fühlt man sich an den Ansatz von Bischof Lobinger erinnert, wenngleich dort ein Team vor Ort zu (verheirateten) Priestern – zweiter Ordnung – eingesetzt werden würde. Vgl. Lobinger, Gemeinden.
Damit ist noch nicht gesagt, ob die Eucharistiefeier als „Gipfelpunkt und Quelle" (vgl. c. 897) des christlichen Lebens austrocknen würde.

[104] So Heinemann, Sonderformen, 348.

Schon im nachsynodalen apostolischen Schreiben „Christifideles Laici“ über die Berufung und Sendung der Laien in Kirche und Welt vom 30. Dezember 1988 weist Papst Johannes Paul II. darauf hin, dass in der Synode kritische Beurteilungen über den undifferenzierten Gebrauch des Terminus „Amt“ abgegeben wurden: nämlich, „über die Tendenz zur ‚Klerikalisierung‘ der Laien und über das Risiko, de facto eine kirchliche Dienststruktur zu schaffen, die parallel zu der im Sakrament des Ordo gründenden steht“[105]. Es besteht die Gefahr, dass sowohl Laien als auch ständige Diakone immer mehr Ersatzfunktionen für Priester bzw. Pfarrer übernehmen, was in der Folge das Berufsprofil des Priesters komplett verändert und die geweihten Personen verunsichert. Nicht nur das Bild des Priesters, sondern ebenso das Profil der in den letzten Jahrzehnten entstandenen neuen kirchlichen Laienberufe wäre in Gefahr:

> *„Für eine relativ kurze Übergangszeit ist eine solche Vertretung möglich. Wenn es jedoch länger zu einer faktischen gegebenen Verschiebung des Berufsbildes käme, wäre dies ein großer Schaden für die neueren pastoralen Berufe. Ihr Proprium, das oft noch erst vollends geklärt werden muss, ginge verloren. Nur wenn die pastoralen Berufe überhaupt ihre jeweilige unverwechselbare Eigenart gewinnen und behalten sowie sich ohne Vorurteile anerkennen, können sie wirklich miteinander Seelsorge in den Gemeinden im Sinne einer kooperativen Pastoral mitgestalten.“*[106]

❖ Der c. 517 § 2: Erlösender Schachzug der Kanonisten oder hölzernes Eisen?

Der Kanon nimmt die Grundberufung jedes Getauften ernst und weist ihm Teilhabe bei der Seelsorgs- und Hirtenaufgabe zu. Mit ihm scheint dem neuen Kodex ein erlösender Schachzug gelungen zu sein, der den aus dem Priestermangel resultierenden pastoralen Notstand lindert. Gleichzeitig entpuppt sich eine kongruente Synthese des Leitungspaares hinsichtlich der Verantwortlichkeit und des Verhältnisses zur Gemeinde als schwierig: "Wie geht das zusammen, Eigenverantwortung im pastoralen Handeln auf Seiten des Laien und zugleich Leitung der gesamten Pastoral auf Seiten des Priesters?"[107] Dieses Dilemma ist nicht auflösbar, selbst wenn man – wie Stockmann – die Funktionen der beiden Leitungspersonen so beschreibt: Die

---

[105] Apostolisches Schreiben Christifideles Laici, 30. Dezember 1988, 23.

[106] Lehmann, Gemeinde, 30f.; vgl. auch Selge, Amt, 65. Auch wenn ich in dieser Arbeit v.a. die Gemeindeleitung nach c. 517 § 2 im Auge habe, so muss doch betont werden, dass auch gegen andere Sonderformen der Gemeindeleitung verschiedene Bedenken vorgebracht werden. So merkt etwa Heribert Schmitz zum Teampfarrer der Rechtsfigur von c. 517 § 1 an: „Die stärksten Bedenken ... ergeben sich daraus, dass der personale Bezug zwischen den Gliedern der Gemeinde und dem Vorsteher der Gemeinde insofern verdunkelt wird, als sich die Gemeindemitglieder nicht einem personalen Amtsträger, d.h. der Person des Pfarrers, gegenüberstehen, der wegen seiner Funktion der Christus-Repräsentation seinen Dienst nur unipersonal ausüben kann; sie sehen sich vielmehr einem Gruppenpfarrer gegenüber, der aus mehreren Priestern besteht, seinen Dienst durch diese zwar in vielfältiger Form und dadurch den konkreten Gegebenheiten vielfach angemessener ausüben kann, der ihn aber letztlich wegen seiner Pluripersonalität nicht unipersonal zu vollziehen in der Lage ist“ (Schmitz, Pfarrei, 66f.).

[107] Demel, Gemeindeleitung, 72.

nichtpriesterlichen Personen sind *Gemeinde*leiter und der moderierende Priester ist *Pfarrei*leiter.[108]
Die berechtigte Kritik am Kanon 517 § 2 lässt sich – trotz aller Entlastung in der angespannten pastoralen Situation durch den Priestermangel – nicht beiseite schieben: „Unter Berücksichtigung der praktischen Erfahrungen wie auch der theologischen Grundlagen des Priesteramtes stellt ... die Rechtsnorm c. 517 § 2 CIC tatsächlich ein hölzernes Eisen bzw. den Versuch der Quadratur des Kreises dar, und zwar aus dem Grund, weil nach dem Konzept des c. 517 § 2 CIC der Laie bis auf drei Ausnahmen der Eucharistieleitung, der Spendung des Bußsakramentes und der Krankensalbung, trotz aller sublimen und gut gemeinten Unterscheidungen, faktisch die Funktion eines Priesters hat und ausübt."[109] Wäre es daher nicht sinnvoll, Laien auch als *Pfarrei*leiter einzusetzen?

❖ Die Aporien von c. 517 § 2 als Morgenröte einer neuen Gestalt von Kirche?

Der c. 517 § 2 wirft aber nicht nur schwierige (amts-)theologische, pastorale und kirchenrechtliche Fragen auf. Er bietet den kirchlichen Verantwortlichen auch die Möglichkeit, diese Rechtsfigur in aller Kreativität zu verwenden und entsprechend den Anforderungen der Ortskirche und zum Heil der Menschen – dem obersten Gesetz der Kirche (vgl. c.1752) – anzuwenden. Die ungelösten Fragen und offenen Formulierungen sollen nicht von seiner Anwendung abschrecken, sondern aus Verantwortung für die Seelsorge (vgl. c. 151) zu neuen, noch nicht tausendfach ausgetretenen und abgesicherten Wegen ermutigen. Hat der Heilige Geist mit diesem Paragraphen etwa seinen Fuß in den Türspalt der Kirche bzw. der Amtsdiskussion gestellt, sodass sich neue Perspektiven für die Zukunft der Kirche zeigen? Ist der c. 517 § 2 nicht trotz, sondern gerade wegen seiner Aporien die „Morgenröte" einer neuen Gestalt von Kirche? Mit Hilfe der empirischen Untersuchung und der praktisch-theologische Reflexion soll ein Beitrag zur Beantwortung dieser Fragen geleistet werden.

2.5 Partikularrechtliche Bestimmungen der Diözese Innsbruck: Rahmenordnung für Pfarrkurator/-innen und Pfarrmoderatoren

❖ Rahmenordnungen als Sache des Diözesanbischofs

Partikularrechtliche Bestimmungen zum c. 517 § 2 gehören nicht zur Materie der Bischofskonferenz, sondern werden vom jeweiligen Diözesanbischof erlassen.[110] Auch wenn sie nicht Voraussetzung ist, wäre eine Absprache innerhalb der Bischofskonferenz wünschenswert. Für die beteiligten Funktionsträger nach c. 517 § 2 braucht es ein Minimum an juristischer Sicherheit. Aufgaben und Funktionen müssen sowohl für ihre Träger als auch für die Außenstehenden klar erkennbar sein. Deshalb soll der

---

[108] Vgl. Stockmann, Gemeindeleitung, 131.
[109] Demel, Gemeindeleitung, 73.
[110] Vgl. Böhnke, Pastoral, 72.

Diözesanbischof die Rechte und Pflichten der Leitungspersonen festschreiben und Umfang und Grenzen der Teilhabe an der Hirtensorge aufgrund teilrechtlicher Gesetze bzw. im Ernennungsdekret definieren. Ob sich das Leitungsmodell des c. 517 § 2 fruchtbar und konstruktiv auf den Aufbau der Gemeinde auswirkt, hängt natürlich nicht nur von den konkreten partikularrechtlichen Rahmenbedingungen ab. Indem sie aber die Funktion der Rollenträger, den Aufgabenumfang und den Rahmen des „Zusammenspiel" der Leitungspersonen abstecken, fördern oder erschweren sie die gemeinsame Hirtensorge der Leitungspersonen für die Pfarrgemeinde.
Im Hinblick auf die durchgeführte Untersuchung ist der ortskirchliche, rechtliche Rahmen wichtig. Ich bringe daher im Folgenden den Wortlaut der ersten Rahmenordnung der Diözese Innsbruck (2.5.1) und kommentiere ihn in einigen Punkten; v.a. dort, wo er in Spannung zu Wortlaut oder Intention des allgemeinen Gesetzes steht bzw. wo mir diözesane Eigenheiten bemerkenswert erscheinen (2.5.2). Der letzte Satz der ersten Rahmenordnung von 1996 gibt die Gültigkeitsdauer der Verordnung mit fünf Jahren an. Die partikularrechtlichen Bestimmungen von 1996 waren zum Zeitpunkt der Befragung in Kraft. Die im Juli 2002 veröffentlichte Novellierung greift Erfahrungen der ersten Jahre auf und gibt die aktuelle ortskirchliche Rechtslage wieder (2.5.3).[111]

2.5.1 Die „Rahmenordnung für Pfarrkuratoren/-innen und Pfarrmoderatoren" von 1996

Die nachstehende Rahmenordnung wurde im Amtsblatt der Diözese Innsbruck im November 1996 veröffentlicht und trat mit 16. September 1996 in Kraft.

Rahmenordnung für Pfarrkuratoren/-innen und Pfarrmoderatoren

Präambel
Eine wachsende Zahl von Pfarrgemeinden hat aufgrund des Priestermangels keinen Pfarrer mehr, der in ihrer Mitte lebt und den Dienst der Gemeindeleitung und Seelsorge in vollem Umfang wahrnehmen kann. Dieser Dienst an der Einheit ist unverzichtbar für das Leben einer christlichen Gemeinde.
Für diesen Fall sieht das Kirchenrecht im can. 517§2 CIC vor, per Dekret „einen Diakon oder eine andere Person, die nicht die Priesterweihe empfangen hat, oder eine Gemeinschaft von Personen an der Wahrnehmung der Seelsorgsaufgaben einer Pfarrei" zu beteiligen und „einen Priester zu bestimmen, der, mit den Vollmachten und Befugnissen eines Pfarrers ausgestattet, die Seelsorge leitet" (Vgl. auch Amtsblatt der Österreichischen Bischofskonferenz Nr. 9/ 1993).
Diakone und Laien oder eine Gruppe von Personen, die mit der Wahrnehmung von Seelsorgsaufgaben betraut sind, werden im folgenden „Pfarrkuratoren/-innen" genannt.
Priester, die im Sinne von can. 517§2 CIC die Seelsorge einer Pfarrei leiten, werden im folgenden „Pfarrmoderator" genannt.

2. Auswahl- und Bestellungsvorgang
2.1. Feststellung der Pfarren, in denen Pfarrkuratoren/-innen und Pfarrmoderatoren bestellt werden sollen.

[111] Zu weiteren Beispielen partikularrechtlicher Bestimmungen vgl. Böhnke, Pastoral, 73–88.

Sobald Klarheit darüber herrscht, dass eine Pfarre vakant wird, ist von der Diözesanleitung nach Konsultation mit dem Dekan und der betroffenen Pfarre festzulegen, ob eine Regelung im Sinne von can. 517§2 CIC angestrebt wird.

2.2. Mitwirkung der Pfarre

Die Diözesanleitung nimmt mit dem PGR, anderen Verantwortlichen in der Pfarre und dem Pfarrmoderator, sollte dieser schon bekannt sein, Kontakt auf.

Sie klärt die Aufgabenfelder, die von Mitgliedern der Gemeinde selbst übernommen werden, und die Aufgaben, die der Pfarrmoderator wahrnimmt. Gemeinsam wird das Anforderungsprofil für den/die zu bestellende/n Pfarrkurator/-in entwickelt. Dabei sollen die Möglichkeiten einer haupt-, neben- oder ehrenamtlichen Bestellung, wie auch die Möglichkeit der Beauftragung einer Gemeinschaft von Personen bedacht werden.

Für alle Aufgaben, die von Mitgliedern der Pfarre selbst übernommen werden können, soll von Seiten der Diözese (Abteilung Gemeinde) eine Hilfestellung und Förderung geboten werden.

2.3. Findung und Auswahl des/der Pfarrkurators/in

Die Auswahl unter den Bewerber/innen, die die Anstellungserfordernisse erfüllen, erfolgt durch die Diözesanleitung in Absprache mit dem Dekan, dem Pfarrmoderator und den Vertretern von Pfarrgemeinderat und Pfarrkirchenrat.

Falls es nützlich erscheint, kann auf das erstellte Anforderungsprofil hin eine öffentliche Ausschreibung der zu besetzenden Stelle in geeigneten Medien erfolgen.

Wenn bereits feststeht, wer Pfarrkurator/-in werden soll, bevor der Pfarrmoderator benannt ist, erfolgt der Auswahlvorgang für den Pfarrmoderator in analoger Weise.

2.4 Bestellung des Pfarrmoderators und des/der Pfarrkurators/in

2.4.1. Bestellung per Dekret

Die Bestellung erfolgt nach Beratung im Bischofsrat durch den Bischof. Im Dekret werden die Arbeitsbereiche des/der Pfarrkurators/-in und des Pfarrmoderators festgehalten, soweit sie nicht bereits im allgemeinen Kirchenrecht geregelt sind.

2.4.2. Amtseinführung durch den Dekan

Im Rahmen eines Gottesdienstes in der Pfarre werden der/die Pfarrkurator/-in und der Pfarrmoderator der Pfarrgemeinde vorgestellt und in ihr Amt eingeführt.

3. Der/Die Pfarkurator/-in

Der/Die Pfarrkurator/-in soll die Fähigkeit und Bereitschaft besitzen zur partnerschaftlichen Zusammenarbeit, zu einem kooperativen Leitungsstil und zu einem konstruktiven Umgang mit Konflikten. Ebenso wird die Bereitschaft zur Fortbildung vorausgesetzt.

3.1. Fachliche Befähigung

3.1.1. Voraussetzungen

a) hauptamtlich: mehrjährig bewährte Tätigkeit in einer Pfarre, im Dekanat, in einer Region oder in der Diözese, z.B. als Pastoralassistent/-in oder Religionslehrer/-in (in der Regel abgeschlossenes Theologiestudium und Pastoraljahr oder berufsbegleitende Ausbildung am Seminar für kirchliche Berufe bzw. vergleichbare Ausbildung).

b) nebenamtlich und ehrenamtlich: pfarrlich anerkannte Bezugsperson.

3.1.2. Berufsbegleitende Fortbildung für hauptamtliche Pfarrkuratoren/-innen: Ablegung der Pfarrbefähigungsprüfung im Laufe der ersten drei Dienstjahre.

3.1.3. Fortbildung für neben- und ehrenamtliche Pfarrkuratoren/-innen: Teilnahme an den diözesan dafür vorgesehenen Angeboten.

3.2. Aufgaben

Die folgende Auflistung bildet den Rahmen für die im Dekret festgelegten konkreten Aufgaben.

3.2.1. Aufgaben im Bereich Liturgie

- Die Sorge für die Gestaltung der Liturgie und um die tätige Teilnahme der Gläubigen an den liturgischen Feiern

- Leitung von sonntäglichen Gemeinde-Wortgottesdiensten und Gottesdiensten zu besonderen Anlässen
- Sorge für die Übernahme von liturgischer Verantwortung durch Gemeindemitglieder
- Predigtdienst
- Leitung von Begräbnissen
- Segnungshandlungen (vgl. H.B. Meyer, Liturgischer Leitungsdienst durch Laien, in: Heiliger Dienst 47 (1993), 128-133)
- sofern es sich beim Pfarrkurator um einen Diakon handelt, auch die Spendung des Sakraments der Taufe und die Assistenz bei Trauungen (vgl. can. 1111 CIC)

3.2.2. Aufgaben im Bereich Verkündigung
- Verantwortung für die Hinführung zum Empfang der Sakramente
- Zusammenarbeit mit den Religionslehrern und Religionslehrerinnen und Mitsorge um die Schulpastoral
- Sorge für die Gemeindekatechese und Gemeindeentwicklung
- Vorbereitung zur Aufnahme und Wiederaufnahme in der Kirche

3.2.3. Aufgaben im Bereich Diakonie
- Sorge um Betreuung und Hilfestellung für Notleidende aller Art
- Sorge um die Förderung des Bewusstseins und des Handelns gegenüber der Not in der Gemeinde und in der Welt

3.2.4. Aufgaben im Bereich Leitung
- Vorsitz im Pfarrkirchenrat und Vertretung der Pfarre in allen Rechtsgeschäften nach innen und außen (vgl. can. 1282 CIC). Diese Kompetenz muss zur Gültigkeit der Rechtsgeschäfte ausdrücklich per Dekret übertragen werden.
- Im Pfarrgemeinderat vertritt der/die Pfarrkurator/-in den Pfarrmoderator und nimmt dessen Aufgaben (ausgenommen Vetorecht) wahr.
- Verantwortung für die Führung der Pfarrkanzlei, der Matriken und des Pfarrarchivs, eingeschlossen Zeichnungsberechtigung.
- Erstellung des Trauungsprotokolls
- Verwaltung der Messstipendien
- Verantwortung für sämtliche pfarrliche Pfründe und bauliche Einrichtungen
- Verantwortung für die Verwaltung des kirchlichen Friedhofs
- Dienstaufsicht für alle pfarrlich Angestellten
- Sorge für die ehrenamtlichen Mitarbeiter/-innen
- Vertretung der Pfarre nach innen und außen (z.B. Teilnahme an der Dekanatskonferenz, aktives Wahlrecht bei der Dekanewahl, etc.)
- Erteilung der Tauferlaubnis bei Taufen außerhalb der Pfarre
- Entlassung zur Ehe gem. can. 1115 CIC

3.3. Modalitäten der Anstellung

3.3.1. Dauer

Die Dauer wird im Dienstzettel festgehalten, wobei sie im Sinne der Kontinuität der Arbeit im Einvernehmen verlängert werden soll.

3.3.2. Besoldung

Die Besoldung erfolgt nach dem diözesanen Besoldungsschema und wird im Dienstzettel niedergeschrieben.

3.3.3. Wohnort

Bei der Festlegung des Wohnortes ist auf die persönliche Situation des/der Pfarrkuratoren/-in Rücksicht zu nehmen. Nach Möglichkeit sollte der/die Pfarrkurator/-in in der Pfarre wohnen.

3.3.4. Appellationsmöglichkeit

Bei schwerwiegenden Konflikten können Pfarrkurator/-in, Pfarrmoderator und Gläubige der Pfarrgemeinde sich an den Generalvikar wenden.

3.3.5. Dienstgespräche
Der/Die Pfarrkurator/-in und der Pfarrmoderator halten zur Erfüllung ihrer Aufgabe Kontakt und führen regelmäßig Dienstgespräche.

4. Der Pfarrmoderator
4.1. Voraussetzungen
Der Pfarrmoderator soll die Fähigkeit und Bereitschaft besitzen zur partnerschaftlichen Zusammenarbeit, zu einem kooperativen Leitungsstil und zu einem konstruktiven Umgang mit Konflikten. Ebenso wird die Bereitschaft zur Fortbildung vorausgesetzt.
4.2. Aufgaben
Der Pfarrmoderator ist nach can. 517§2 CIC nicht pastor proprius, ist aber kraft universalen Rechts mit allen Befugnissen und Vollmachten eines Pfarrers ausgestattet.
Er übt seinen Dienst nebenamtlich aus. Er ist nicht an die Residenzpflicht gebunden.
Der die Seelsorge leitende Priester nimmt seinen Dienst wahr durch die Ausübung der an die Weihevollmacht gebundenen Aufgaben, insbesondere durch den Vorsitz in der Eucharistiefeier und die Spendung der Sakramente.
Der Pfarrmoderator hat den Vorsitz im Pfarrgemeinderat inne. Er kann sich aber nach Absprache mit dem/der Pfarrkurator/-in und dem/der Obmann/-frau des PGR bei den Sitzungen vom/von der Pfarrkurator/-in vertreten lassen. Die Zusammenarbeit von PGR, Pfarrmoderator und Pfarrkurator/-in regelt das Dekret.
Der Pfarrmoderator ist Rector Ecclesiae (vgl. cann. 556–563 CIC)

5. Gemeindeerneuerung
Nach der Bestellung von Pfarrkurator/-in und Pfarrmoderator soll die Gemeinde zur Gestaltung der Umbruchsituation Hilfe von außen zur Gemeindeerneuerung in Anspruch nehmen (vgl. Beschluss 29 des Diözesanforums). Diese soll dazu beitragen, dass die neuen Strukturen in der Pfarre von der Gemeinde aktiv angenommen und weiter entfaltet werden können.
Diese Gemeindeerneuerung soll bis zwei Jahre nach der Bestellung abgeschlossen sein, und mit ihrem Abschluss sollen die Rollen und Aufgaben von Pfarrkurator/-in und Pfarrmoderator noch einmal überdacht und definiert werden.
Diese Rahmenordnung hat der Bischof nach Beratung im Bischofsrat ad experimentum für einen Zeitraum von fünf Jahren mit Rechtswirksamkeit vom 16. September 1996 in Kraft gesetzt.

2.5.2 Kommentar und Anmerkungen zur Rahmenordnung von 1996

Die erste Rahmenordnung der Diözese Innsbruck gliedert sich in fünf Punkte:

1. Präambel
2. Auswahl- und Bestellungsvorgang
3. Der/Die Pfarrkurator/-in
4. Der Pfarrmoderator
5. Gemeindeerneuerung

❖ Die Präambel – Einführung in die Besonderheiten des Modells

Die Präambel führt in die Rechtskonstruktion der Leitungsform nach c. 517 § 2 ein. Der Text zitiert die deutsche – nicht korrekte – Übersetzung des CIC, nach der nicht geweihte Personen an der „Wahrnehmung der Seelsorgsaufgaben einer Pfarrei“ beteiligt werden können. Die Präambel führt die Titel „Pfarrmoderator“ und „Pfarrkurator“ ein und definiert sie. Obwohl der Kodex es nicht zwingend vorsieht, stattet die Diözese den moderierenden Priester mit *allen* Vollmachten und Befugnissen eines Pfarrers aus.

❖ Der kommunikative Auswahlvorgang unter intensiver Beteiligung aller Betroffenen

Die unter der Rubrik „Auswahl- und Bestellungsvorgang" aufgezählten Bestimmungen machen deutlich, welch großen Wert die Diözese auf die Abklärung, Kontaktaufnahme und Mitbestimmung der Beteiligten legt. Sobald die Vakanz einer Pfarrei unumgänglich ist, werden zuständiger Dekan und die betroffene Pfarre konsultiert. Erst nach dieser Absprache legt gegebenenfalls die Diözesanleitung eine Regelung im Sinne des c. 517 § 2 fest (vgl. 2.1). Nach Kontaktaufnahme mit dem zukünftigen Moderator und dem PGR der Pfarre klärt die Diözesanleitung die Aufgaben, die von der Pfarre bzw. dem Moderator wahrgenommen werden können (vgl. 2.2). Erst dann wird gemeinsam ein Anforderungsprofil für den zu bestellenden Pfarrkurator entworfen, welches haupt-, neben- oder ehrenamtlich, sowohl für Einzelpersonen als auch für Gemeinschaften sein kann. Für alle Aufgaben, die die Pfarre selbst übernimmt, wird Hilfestellung und Förderung in Aussicht gestellt. Die Auswahl der Person(en) erfolgt durch die Diözesanleitung wiederum in Absprache mit dem Dekan, dem Pfarrmoderator und dem PGR (vgl. 2.3). Steht der Pfarrkurator schon fest gilt der analoge Auswahlvorgang für den Pfarrmoderator.
Ob sich dieser kommunikative, unter aufwendiger Beteiligung aller Betroffenen sich vollziehende Auswahlvorgang in der Praxis durchhalten lässt, wird die Befragung in den betroffenen Gemeinden zeigen.

❖ Der Bestellungsvorgang und die Amtseinführung

Moderator und Kurator werden durch ein Dekret, indem die Arbeitsbereiche festgeschrieben sind, vom Bischof bestellt (vgl. 2.4.1). Beide werden im Rahmen eines Gottesdienstes vom Dekan vorgestellt und in ihr Amt (!) eingeführt (vgl. 2.4.2). Hier ist ausdrücklich von „Amt" bzw. „Amtseinführung" die Rede.[112]

❖ Der/Die Pfarrkurator/-in: kooperativ und konfliktfähig

Zur Beschreibung der fachlichen Befähigung und des Aufgabenprofils des Kurators (vgl. 3.) verwendet die Verordnung ungefähr fünf Mal soviel Text als für den Moderator (vgl. 4.). Dies liegt offensichtlich darin begründet, dass diese Rolle neu und deshalb umfassend zu beschreiben ist. An erster Stelle werden vom Kurator kommunikative Fähigkeiten gefordert: partnerschaftliche Zusammenarbeit, kooperativer Leitungsstil, konstruktiver Umgang mit Konflikten; ebenso die Bereitschaft zur Fortbildung.

❖ Extrem unterschiedliche „Füllung" des vermeintlich gleichen Rollenbilds „Kurator"

Je nach pfarrlicher Situation kann ein Kurator haupt-, neben- oder ehrenamtlich eingesetzt sein (vgl. 3.1.1). Dies führt zu erheblichen, ja extremen Unterschieden hinsichtlich der Zuständigkeits- und Fähigkeitskompetenz.[113] Während für einen Hauptamtlichen mehrjährige bewährte pastorale Tätigkeit und theologische Ausbildung gefordert ist,

---

[112] Diese Terminologie ist auch in der Novellierung beibehalten.
[113] Vgl. zur Bestimmung dieser Begriffe: Stenger, Kompetenz, 32–47.

braucht ein Ehrenamtlicher keine besonderen fachlichen Voraussetzungen. Für Letzteren genügt es, eine pfarrlich anerkannte Bezugsperson zu sein. Während die hauptamtlichen Kuratoren innerhalb der ersten drei Dienstjahre die Pfarrbefähigungsprüfung abzulegen haben, sollen neben- und ehrenamtliche Kuratoren spezifische Fortbildungsangebote der Diözese absolvieren.
Dass diese unterschiedlichen zeitlichen, fachlichen und pastoralen Voraussetzungen zu einer je unterschiedlichen Füllung des Berufsbildes Kurator beitragen und die Entstehung eines einheitlichen Berufsbildes erschweren, liegt auf der Hand. Was diese unterschiedlichen Kompetenzen sowohl für das Zusammenspiel der Leitungspersonen als auch in ihren Auswirkungen für das Leben der Pfarre bedeuten, wird durch die Befragung sichtbar werden.

❖ Umfassendes Aufgabenfeld und eigenständige Leitung des Kurators

Der Kurator kann im Prinzip alle Aufgaben eines Pfarrers (Pfarrbefähigungsprüfung!) erfüllen, ausgenommen jene, die dem Priester vorbehalten bleiben. (vgl. die lange Aufgabenliste). Engere Grenzen werden durch das Dekret von Fall zu Fall individuell gezogen, wobei Kuratoren, die Diakone sind, das Sakrament der Taufe spenden und die Assistenz bei Trauungen übernehmen. In dieser ersten Fassung vertritt der Kurator die Pfarre auch in allen Rechtsgeschäften nach innen und außen (vgl. 3.2.4), wenn dies im Dekret ausdrücklich genannt ist. Der Kurator vertritt den Moderator im PGR – das Vetorecht ausgenommen. Dazu kommen weitere Leitungsaufgaben der (Vermögens-) Verwaltung und Vertretung nach außen, die einem Pfarrer üblicherweise obliegen (vgl. 3.2.4). Dem Kurator werden also – im äußersten Fall – umfassende Seelsorgsaufgaben und eigenständige Leitungsaufgaben übertragen! Weiters werden die Modalitäten der Anstellung wie Dauer, Besoldung, Wohnort, Appellationsmöglichkeit und Dienstgespräche festgelegt.

❖ Der Pfarrmoderator: Ausübung der an die Weihe gebundenen Aufgaben

Vom Moderator werden exakt die gleichen Fähigkeiten zur Kooperation sowie Konfliktfähigkeit verlangt (vgl. 4.1). Wie am Beginn der Verordnung schon erwähnt, werden ihm alle Befugnisse und Vollmachten eines Pfarrers übertragen. Er übt den Dienst des moderierenden Priesters nebenamtlich aus. Auch in dieser Passage wird die deutsche Übersetzung „Der die Seelsorge leitende Priester ...“ verwendet. Im ganzen Text taucht der Begriff „Hirtensorge“ nicht auf. Die zentralen Aufgaben des Moderators leiten sich von seiner Weihe ab: Vorsitz der Eucharistiefeier und Spendung der Sakramente. Die Leitungsfunktion des Moderators kommt darin zum Ausdruck, dass er prinzipiell den Vorsitz des PGR innehat; er kann sich jedoch durch den Kurator vertreten lassen. Auch der Hinweis, dass der Moderator Rector Ecclesiae ist (vgl. cc. 556–563), formuliert nochmals die Leitungskompetenz, wie sie einem Kirchenrektor zukommt.

❖ Chance zur Gemeindeerneuerung

Es überrascht zunächst, dass hier die Pfarrgemeinde in den Blick kommt, wenn die Rahmenordnung für Kuratoren und Moderatoren festgelegt wird. Es zeigt vom Bewusstsein, dass die Installierung eines für die Gemeinde ungewohnten, neuen

Leitungsmodells, ein Umdenken der Pfarrmitglieder, ja einen Umbruch im Leben der Gemeinde bedeutet. Ist hier an die Begleitung einer krisenanfälligen Situation für die Gemeinde gedacht? Dies ist zu verneinen, da mit Gemeindeerneuerung nicht die *Perspektive auf* die Gemeinde angezielt ist, sondern *von der Gemeinde auf* die Akzeptanz der neuen Strukturen und Rollen und deren Tauglichkeit. Am Ende der Gemeindeerneuerung steht das Überdenken und eine mögliche Neudefinierung der beiden Rollen.

❖ Fazit: Aufgaben des traditionellen Pfarrers werden auf zwei Schultern verteilt

In der Rahmenordnung geht es vorwiegend darum, die dem traditionellen Pfarrerbild zugehörenden Aufgaben auf zwei Personen entsprechend ihrem Vermögen aufzuteilen. Die Rollenverteilung zwischen Gemeinde und Leitungspersonen bleibt grundsätzlich im traditionellen Sinn erhalten. Eine Ausnahme bildet der Punkt 2.2, in dem die Mitwirkung der Pfarrgemeinde angefragt wird, die offensichtlich über das bisher gewohnte Maß hinausgeht. Der Umfang der Aufgaben des Kurators wird sehr genau beschrieben; er wird mit umfassenden Leitungsaufgaben ausgestattet. Die Aufgaben des Moderators sind in erster Linie durch seine Weihe geprägt. Dem Einbeziehen der Betroffenen beim Auswahl- und Installierungsprozess der Leitungspersonen wird großes Augenmerk geschenkt.

2.5.3 Die Novellierung der Rahmenordnung aus dem Jahr 2002

In der Novellierung der Rahmenordnung aus dem Jahr 2002 (siehe Anhang 1) sind jene Korrekturen am sichtbarsten, die Stellung und Umfang der Kompetenzen des Moderators beschreiben. Symbolisch kommt dies auch im neugordneten Titel zum Ausdruck: „Novellierung der Rahmenordnung für Pfarrmoderatoren und Pfarrkuratorinnen". Die Nennung der Leitungspersonen wurden vertauscht, die Pfarrmoderatoren wurden den Pfarrkuratorinnen vorgereiht. Bemerkenswert ist, dass der Begriff „cura pastoralis" zweimal unterschiedlich übersetzt wird; nämlich einmal mit „Seelsorge", das zweite Mal mit „Hirtensorge". Der Diözesanbischof beteiligt „einen Pfarrkurator an der Hirtensorge für eine vakante Pfarrei". Der Grund für die unterschiedliche Übersetzung wird aus dem Kontext nicht ersichtlich. Bedeutsam ist, dass die korrekte Übersetzung „Hirtensorge" in Verbindung mit der Funktionsbeschreibung des Kurators verwendet wird. Der Diözesanbischof als Akteur wird in der Novellierung ausdrücklich erwähnt. Der Leitungscharakter des Pfarrmoderators wird in der Novellierung stärker betont. Im Punkt Rechtsstatus (vgl. 2.1), der neu hinzugefügt wurde, wird festgestellt: „Der Pfarrmoderator vertritt rechtlich die Pfarre nach innen und außen" (vgl. 2.1). Dies war bisher – wenn im Dekret vermerkt – Aufgabe des Kurators. Bei der Benennung der Aufgaben wird als erste genannt: „Dem Pfarrmoderator kommt die Leitung der Pfarre zu" (vgl. 2.2).

Insgesamt lässt sich feststellen, dass die erste Ordnung stärker – auch schon vom Textumfang her – den Kurator mit seinen Aufgaben im Blick hatte. Diese Funktion war neu und daher umfangreicher zu bestimmen. In der Novellierung wird hingegen die Funktion und die (Vorrang-) Stellung des Pfarrmoderators hervorgehoben.

3 Das Volk Gottes als Korrespondent der Offenbarung Gottes: *Theologische* Grundlegung der Befragung und der Beitrag der Praktischen Theologie

Ich gehe in dieser Arbeit der Frage nach, was der Geist jenen Gemeinden sagt, die nach c. 517 § 2 geleitet werden. Die betroffenen Gläubigen werden danach gefragt, wie die Gemeinde das neue Leitungsmodell auf- und annimmt, welche Auswirkungen die Installation auf das Leben der Gemeinde hat und welche Impulse für eine neue Gestalt von Leitung davon ausgehen.

Die vorliegende Arbeit erhebt den Anspruch eine *theologische* zu sein[1]. Das ist – gerade weil sie sich empirischer Methodik bedient – ausdrücklich zu betonen. Das verwendete Instrumentarium der qualitativen Befragung muss freilich den Ansprüchen empirischer Sozialforschung genügen.[2] Die Erfahrungen betroffener Gläubiger werden mit Hilfe einer qualitativen Befragung erfasst und zu Wort kommen. Für die Sozialwissenschaften gelten die Hauptbetroffenen als Experten für ihre Situation: „Bezüglich der konkreten Notsituation hat der primär Betroffene auch eine primäre Kompetenz; und diese gilt es anzuerkennen, auch wenn der sekundär Betroffene als Sozialarbeiter oder Seelsorger ein ‚Professioneller' in Sachen Not ist. Die existentielle Wahrheit der konkreten Situation erschließt sich nur über den primär Betroffenen."[3] Die Hauptbetroffenen, das sind in unserem Fall die Gemeindemitglieder und die beiden Leitungspersonen. Sie gewinnen ihre „Autorität" durch die unmittelbare Erfahrung in der (Not-)Situation.

❖ Die grundlegende, theologische Entscheidung: Muss das Volk Gottes gehört werden?

Die Kirche hat – so könnte der Blick auf die gegenwärtige Realität suggerieren – scheinbar andere Autoritäten und Quellen ihrer theologischen Erkenntnis: Da sind zunächst die Träger des Lehramtes (Papst und Bischöfe), die Gruppe der Kleriker und – auf fachlicher, weniger „real(kirchen)politischer" Ebene – die theologischen ExpertInnen (die WissenschaftlerInnen). Für das gläubige Volk scheint im Erkennen und Bezeugen der christlichen Wahrheit kein Platz zu sein, wenn sich ihm auch tagtäglich in tausendfachen Facetten die Glaubenswahrheiten erschließen.

Ist diese – in der Kirche weitverbreitete – Sichtweise gerechtfertigt, wonach dem Volk Gottes nur die hörende, empfangende, passive Rolle im Offenbarungsgeschehen

---

[1] Pastoraltheologie ist keine Anwendungswissenschaft, sondern Theologie im wahrsten Sinn des Wortes. In dieser Untersuchung geht es weder um Anwendung bzw. Übersetzung theologischer Erkenntnisse noch um Meinungsumfragen im herkömmlichen Sinn. Es geht vielmehr um eine *erkenntnistheoretische Ebene* und deren Legitimation angesichts der Hereinnahme von gemeindlicher Praxis in den theologischen Diskurs, also um die theologisch-systematische Qualität einer die Praxis berücksichtigenden wissenschaftlichen Arbeit.

[2] Vgl. Lamnek, I, 35–124.

[3] Bopp, Handeln, 232.

zukommt und alle Auslegung des Willens Gottes für das Heute dem Lehramt – unter Mithilfe der wissenschaftlichen Theologie – vorbehalten bleibt?

Mit der *theologischen* Beantwortung dieser Frage steht und fällt die Bedeutung der Befragung dieser Untersuchung: Sind die Erfahrungen der betroffenen Christinnen und Christen, die gelebte gläubige und kirchliche Praxis nur „Gegenstand" lehramtlicher (Zurecht-)Weisung oder offenbart sich hier auch der Geist, der einen Weg für die Zukunft andeutet und daher aufrichtig gehört, wahr-genommen und in seiner theologischen Dignität sowohl vom kirchlichen Lehramt, den Verantwortungsträgern auf verschiedenen Ebenen als auch von der Theologie ernstgenommen werden muss? Dürfen – bezogen auf unsere Thematik – die Erfahrungen der Betroffenen im theologischen und kirchlichen Gespräch auf der Suche nach neuen Formen der Gemeindeleitung einfach übergangen werden? Oder stellen sie womöglich einen wesentlichen – im Fortschritt theologischer Erkenntnis und der Gestalt von Kirche –, unverzichtbaren Beitrag für zukünftige neue Leitungsmodelle dar?

In diesem Kapitel geht es (noch) nicht um Fragen der empirischen Methodik, sondern um eine zu gewinnende *Grundentscheidung theologischer Natur*: Haben die betroffenen Gläubigen, hat das Volk Gottes etwas zu sagen und muss ihm Gehör geschenkt werden? Freilich haben die Gläubigen „die Möglichkeit, bisweilen auch die Pflicht, ihre Meinung in dem, was das Wohl der Kirche angeht, zu erklären" (LG 37). Diese Möglichkeit besagt aber noch nicht, dass diese Meinung irgendeine Relevanz beanspruchen darf. Die Erlaubnis, seine Meinung sagen zu dürfen, ist keine Gewähr dafür, dass man auch gehört werden *muss*. Das scheint in der gegenwärtigen Kirche durchaus nicht selbstverständlich zu sein.

Dabei ist zu bedenken, dass es sich im Zusammenhang mit dem Thema der vorliegenden Untersuchung – die Frage nach der Gestalt der Gemeindeleitung – um keine Glaubenswahrheit, sondern um eine Frage der Gemeindepraxis handelt. Es versteht sich von selbst, dass Glaubenswahrheiten nicht von der Akzeptanz der Gläubigen abhängen können. *Wie* die Botschaft des Evangeliums in der jeweiligen Zeit verkündet werden soll und *welche Gestalt* die Kirche annimmt, um der Frohen Botschaft vermehrt Gehör zu verschaffen, ist jedoch sehr wohl Aufgabe des gesamten Volk Gottes.

❖ Betroffene Gläubige sind unverzichtbar im ekklesialen Suchprozess

Ich gehe in dieser Arbeit von folgender Grundentscheidung aus, die in diesem Kapitel noch begründet wird: Der Praxis der Gemeinden und den Erfahrungen der Betroffenen – also der mit einem solchen Leitungsmodell konfrontierten Christen – kommen theologische Bedeutung zu und sind für den ekklesiologischen Such- und Reformprozess unersetzbar. Die theologische Bedeutung lässt sich auf zwei Ebenen entfalten:

1. Die *praktisch-ekklesiologische* Ebene: Damit ist die Möglichkeit des aktiven Beitrags des Volkes Gottes bei der praktisch-faktischen Gestaltungsmöglichkeit der Gemeinde bzw. Kirche gemeint.
2. Die *theologisch-erkenntnistheoretische* Ebene: Damit ist der aktive Beitrag des Volkes Gottes für den theologischen Erkenntnisprozess (hier im Besonderen zur Amtsfrage und Ekklesiologie) bezeichnet.

Die theologische Dignität des Volkes Gottes wird zwar immer wieder behauptet, aber nur selten oder mangelhaft theologisch begründet. Ich möchte daher im nächsten Teil die theologische Relevanz, des Volkes Gottes und damit zugleich die *theologische* Legitimation und Unverzichtbarkeit der daran anschließenden empirischen Befragung aufzeigen. Es soll deutlich werden, dass die Erfahrungen der betroffenen Gläubigen mit diesem Gemeindeleitungsmodell als Ausdruck des sensus fidelium zu begreifen sind und als solche einen unverzichtbaren Beitrag im Ringen um eine neue Gestalt von Gemeindeleitung darstellen.

❖ Theologische Grundlegung

Ich entfalte die theologische Grundlegung anhand zweier ekklesiologischer Grundbegriffe. Die theologische Grundentscheidung gründet zum einen in einem vertieften Verständnis von *Offenbarung* (3.1). In der Auseinandersetzung mit dem biblischen Offenbarungsverständnis und dem Offenbarungsbegriff des Zweiten Vatikanischen Konzils werde ich verdeutlichen, dass nicht nur das Lehramt oder die Theologie Adressat, Zeuge und „Ausleger“ der Offenbarung ist. Vielmehr wächst *„das Verständnis der überlieferten Dinge und Worte durch das Nachsinnen und Studium der Gläubigen, die sie in ihrem Herzen erwägen ... durch innere Einsicht, die aus geistlicher Erfahrung stammt“*(DV 8). Alle kirchlichen Instanzen und Gruppen sind auf die Offenbarung ausgerichtet, empfangen sich von dort her und verweisen in der Erkenntnis derselben aufeinander. Die Kirche als Gesamte ist das „Korrespondenzorgan“ Gottes.
Das Ereignis der Offenbarung findet seinen Niederschlag u.a. in dem von Theologie und Kirche vielfach vernachlässigten *Glaubenssinn der Gläubigen* (3.2). Damit wird jenes „Organ“ bezeichnet, mit dem die Gläubigen das Geheimnis Gottes erspüren, erfassen und vertiefen. Dem Glaubenssinn der Gläubigen wird von Kirche und Theologie der „Rang“ einer eigenständigen theologischen Bezeugungsinstanz zugesprochen. Auf Basis dieser theologischen Grundlegung stellt sich die Frage nach der spezifischen Aufgabe und dem (fachtheoretischen) *Selbstverständnis Praktischer Theologie* (3.3). Im oben skizzierten spannungsgeladenen kirchlichen Kontext der Installierung des Gemeindeleitungsmodells c. 517 § 2 erfüllt sie ihre spezifische Aufgabe als „Reflexion auf Entscheidung hin“ (Karl Rahner) und als „Anwältin“ weithin sprachloser Subjekte in den Pfarrgemeinden bzw. des sensus fidelium.

3.1 Gott in Welt: Offenbarung Gottes an sein Volk in der Geschichte

Mit dem Verständnis von Offenbarung steht und fällt die theologische Begründung dafür, die betroffenen Gläubigen mit ihren Erfahrungen in das theologische und kirchliche Gespräch miteinzubeziehen. Würde etwa Offenbarung ausschließlich als Mitteilung von Glaubenswahrheiten verstanden werden, die gläubige Gemeinde also reiner „Empfänger“ sein, so wäre die gläubige Praxis auch kein „Ort“ theologischer Erkenntnis.

Der Begriff der Offenbarung gilt als Schlüsselbegriff und als theologischer Grundlagenbegriff erster Ordnung.[4] Karl Rahner bezeichnet ihn als „fundamentalsten Begriff des Christentums“[5]. Im Laufe der Theologiegeschichte hat der Begriff zwar bedeutsame Veränderungen erfahren, aber auch an Vertiefung gewonnen. Der Begriff der Offenbarung soll im Folgenden biblisch und mit der Theologie des II. Vatikanums umrissen werden.[6]

3.1.1 Jesus als Ort der Gottesoffenbarung

Für die Juden war es gläubige Gewissheit, dass Gott „viele Male und auf vielerlei Weise ... zu den Vätern gesprochen (hat) durch die Propheten“ (Hebr 1,1). Für die Christen hat Gott „zuletzt in diesen Tagen aber im Sohn“ (Hebr 1,2) gesprochen.

Mit der Person Jesu kommt nicht einfach eine weitere prohpetische Offenbarung hinzu, sondern erreicht die „Mitteilung“ Gottes ihren Höhepunkt: „Jesus von Nazareth ist nicht nur durch sein Wort allein der *Offenbarer* Gottes, in seiner ganzen Persönlichkeit ist er vielmehr selber Gottes *Offenbarung*.“[7] Die innige Verbindung zwischen Gott-Vater und Sohn kommt zum Ausdruck, wenn es bei Johannes heißt: „Wer mich gesehen hat, hat den Vater gesehen“ (Joh 14,9). In Jesus hat der menschenfreundliche Gott sein wahres und ganzes Gesicht gezeigt. Wir können daher Jesus als den „Ort“ der Gottes-Offenbarung bezeichnen.[8]

❖ Die Jünger (Apostel) und die Kirche als „Resonanzraum“ der Offenbarung[9]

Erst nach und nach holen die Jünger auch reflexiv ein, was ihnen widerfahren und wer ihnen begegnet ist („Brannte uns nicht das Herz ...“; Lk 24,32). Das Pfingstereignis, das Lukas in der Apostelgeschichte berichtet, lässt sich auf diesem Hintergrund auch als jenes finale Stadium des Offenbarungsgeschehens deuten, an dem die Offenbarung Gottes in Jesus Christus in allen Sprachen hörbar, d.h. öffentlich gemacht geworden ist. Menschen, die sich betreffen lassen, werden dadurch zum „Resonanzraum“ der Offenbarung Gottes. Unter dem Beistand des Heiligen Geistes werden die Jünger schrittweise in die volle Wahrheit eingeführt (vgl. Joh 16,13).

In den biblischen Erzählungen wird die „Doppelstruktur“ des Offenbarungsereignisses deutlich: Die Selbstmitteilung Gottes (objektive Seite) verlangt nach der gläubigen Annahme durch die Menschen (subjektive Seite). Der gelebte Glaube der Christen ist daher das „*eigentliche Agens der menschlichen Offenbarungsrezeption ist*“[10]. Die Kirche gibt das Evanglium daher nicht wie einen toten Stein weiter, sondern sie ist aufgerufen „das Werk Christi selbst weiterzuführen“ (GS 3) und holt dabei „Altes“ und „Neues“, d. h. bisher in der Fülle des göttlichen Wortes noch Unentdecktes,

---

[4] Vgl. Seckler, Begriff, 42.

[5] Rahner, Schriften XIV, 56.

[6] Für eine ausführlichere Darlegung des Offenbarungsbegriffs und der theologischen Grundlegung siehe: Panhofer, Gemeinden.

[7] Beinert, Erkenntnislehre, 58.

[8] Vgl. Huber, Gottes-Offenbarung, 73–87.

[9] Beinert, Erkenntnislehre, 58f. (Hervorhebung durch J.P.).

[10] Beinert, Erkenntnislehre, 71.

hervor (vgl. Mt 13,52). In diesem Sinne wird die Kirche jeweils neu in die Wahrheit eingeführt und ist die Offenbarung *nicht abgeschlossen.*

3.1.2 II. Vatikanum: Offenbarung als reale Selbstmitteilung Gottes an sein Volk

Das biblisch geprägte Offenbarungsparadigma wandelte sich im Mittelalter zu einem intellektualistisch geprägten Verständnis, das im I. Vatikanum im Kampf gegen die „modernistischen Irrtümer" seinen Höhepunkt fand.[11] Die apologetische Tendenz führte zum sogenannten instruktionstheoretischen Offenbarungsmodell, d.h. die Offenbarung diente nur mehr der „Instruktion", der göttlichen Belehrung. In der Folge kommt jenen Instanzen eine bevorzugte Stellung zu, die mit der Belehrung (Instruktion) betraut sind: den Theologen, Klerikern und dem kirchlichen Lehramt. Die ursprünglichen Adressaten der Offenbarung, nämlich das Volk Gottes werden erkenntnistheoretisch irrelevant.

❖ Durchbruch zu einem dialogisch-personalen Offenbarungsverständnis

Das II. Vatikanum greift auf das biblische und patristische Verständnis zurück und signalisiert einen epochalen Einschnitt. Offenbarung wird nicht mehr als „eine verbale sachliche Mitteilung, nicht als eine göttliche Belehrung über uns sonst unzugängliche Sachverhalte beschrieben, sondern als die reale personale Selbstmitteilung Gottes"[12] (DV2). Gott teilt nicht etwas mit, sondern teilt sich selbst dem Menschen mit. Die personal-soteriologische Realoffenbarung ist ein Geschehen, durch das die Menschen zu „Teilhabern der göttlichen Natur" (DV 2) werden. Der Vorgang der Offenbarung wird als ein personales Beziehungsgeschehen gesehen, das auf die Gemeinschaft zwischen Gott und Mensch abzielt. „Gott ist nicht nur freier Initiator und Träger dieses Geschehens, sondern auch dessen Inhalt und Ziel."[13]

❖ Reale Welt und konkrete Geschichte als „Ort" der Offenbarung Gottes

Offenbarung als heilsgeschichtliches Handeln Gottes findet an den Menschen und ihren Lebensräumen statt, das Evangelium kommt immer nur *in der Welt* „zur Welt". Die sogenannte profane Alltagswelt wird somit zum „Ort" der Gottesoffenbarung, zum Ort der Selbstmitteilung.[14] Mit diesem Verständnis wird die Welt zum „Wohnort" Gottes, werden die Geschichte und Erfahrungen des Menschen zu Orten der Gotteserkenntnis. Aufgrund dieser inkarnatorischen Grundstruktur der Offenbarung, die in Jesus Christus ihren Höhepunkt gefunden hat, wird der Mensch in seinem

---

[11] Vgl. Seckler, Begriff, 45f.

[12] Schmitz, Offenbarungsreligion, 8.

[13] Schmitz, Offenbarungsreligion, 8.

[14] Hier schließt sich der Kreis mit der biblischen Aussage, dass es mit dem Tod Jesus Christi nicht mehr zwei voneinander mehr oder weniger unterschiedene und getrennte „Räume" gibt – nämlich einen weltlichen und einen göttlichen –, sondern der Vorhang des Tempels, der mitten entzwei riß (vgl. Lk 23,45), symbolisiert die Überwindung dieser Aufteilung von Welt und Kosmos in einen profanen (vor der Tempelschwelle liegenden) und einen sakralen Raum.

Lebensvollzug Quelle der Selbstmitteilung und Erkenntnis, klassisch gesprochen ein „locus theologicus“[15].

3.1.3 Offenbarung ereignet sich im Lebens- und Glaubensvollzug des Volkes Gottes

Offenbarung geschieht nach dem Verständnis des II. Vatikanums nicht in einer theoretischen und abstrakten Weise, sondern geschichtlich, personal und konkret im existentiellen Lebensvollzug. Karl Rahner weist darauf besonders hin: „Die Offenbarung Gottes, die ursprünglich durch seine Selbstmitteilung an das Volk Gottes, das die Kirche ist, ... geschieht, ist nur gehört, wenn dieses Selbstmitteilung Gottes erfahren und angenommen wird und zwar nicht als eine Theorie, sondern ursprünglicher im existentiellen Vollzug des menschlichen Lebens ...“[16] Die Offenbarung Gottes wird somit nicht über das kirchliche Lehramt oder die Theologie quasi von oben nach unten weitergegeben, sondern Offenbarung ereignet sich *im* Lebens- und Glaubensvollzug der mit dem Geist Christi Begabten und der gläubigen Gemeinschaft. Die gelebte individuelle und gemeinschaftliche Praxis der Gläubigen ist

> *„nicht bloß die popularisierende Anwendung einer kirchenamtlichen Verkündigung und der Theologie ..., sondern auch das Volk (innerhalb der ganzen Kirche) [ist] Adressat der ursprünglichen Offenbarung“*[17].

Ereignet sich Offenbarung im gläubigen Vollzug christlicher Gemeinschaft, so müssen Theologie und Lehramt immer aktiv danach fragen, „welchen Beitrag das Volk in der Kirche durch sich, sein Leben und seine Geschichte zu dieser Geschichte des Glaubens und der Offenbarung leistete und leistet“[18].

❖ Hören, das der Geist den Gemeinden heute sagt

Die Christusbotschaft selbst ist nicht ergänzungsbedürftig (vgl. DV 4), wohl aber „fortschrittsfähig“[19] in dem Sinn, dass sich das Verständnis der Offenbarung mehr und mehr vertieft (vgl. DV 4): „Denn die Kirche strebt im Gang der Jahrhunderte ständig der Fülle der göttlichen Wahrheit entgegen“ (DV 8). Unter dem Beistand des Heiligen Geistes schreitet die Kirche im Erkennen der Offenbarung fort: „Es wächst das Verständnis der überlieferten Dinge und Worte durch das Nachsinnen und Studium der Gläubigen, die sie in ihrem Herzen erwägen (vgl. Lk 2,19.51) ... die Kirche strebt im Gang der Jahrhunderte ständig der Fülle der göttlichen Wahrheiten entgegen, bis an ihr sich Gottes Worte erfüllen“ (DV 8). Im Gang der Geschichte muss die Offenbarung „kontinuierlich neu erschlossen und mit den je anderen und neuen Situationen der Menschen konfrontiert werden. ... Es ist also wegen des spezifischen Charakters der Christusoffenbarung zu erwarten, dass sich ständig wirklich neue, d. h. vorher, in

[15] Füssel, Zeichen, 269.
[16] Rahner, Volksreligion, 15f.
[17] Rahner, Volksreligion, 15f.
[18] Rahner, Volksreligion, 15f.
[19] Beinert, Erkenntnislehre, 69.

anderen Situationen und unter anderen sozio-kulturellen Horizonten (noch) nicht erfahr- und erkennbare Inhalte erschließen."[20]

Das christliche Verständnis von Offenbarung lässt es nicht zu, dass große Teile des Volkes Gottes bei der Suche nach einem neuen Gesicht der Kirche ausgeschlossen bleiben. Die Stimmen der Gläubigen, in deren Leben sich tagtäglich die von Gott eröffnete Heilsgeschichte ereignet, dürfen im Gespräch über die Zukunft der Kirche nicht fehlen. Dies gilt es mit Blick auf das Anliegen dieser Untersuchung festzuhalten.

3.2 Der „Glaubenssinn der Gläubigen" als ekklesiologische Bezeugungsinstanz und als Ort theologischer Erkenntnis

Die Annahme der Offenbarung, Gottes geschieht beim einzelnen Gläubigen freilich immer in aller menschlichen Unzulänglichkeit, Verzerrung, Halbheit. Nie kann ein einzelner Mensch das Geheimnis Gottes erschöpfend verstehen. Im einmütig erzielten Konsens sah die christliche Kirche eine Richtschnur für das, was Gott ihr in einer geschichtlichen Epoche als Wegweisung gab. Wenn es also galt, in der Kirche verbindliche Entscheidungen zu treffen, so besaß das Volk Gottes in seiner Gesamtheit normativen Charakter. Dieses Faktum kommt in der Lehre vom „Glaubenssinn der Gläubigen" (sensus fidelium) zum Ausdruck. Diesem Begriff kommt daher für die theologische Begründung der empirischen Arbeit eine besondere Bedeutung zu. Er wird daher im Folgenden näher bestimmt.

3.2.1 Zum Begriff „Glaubenssinn der Gläubigen"

Der Begriff „Glaubenssinn der Gläubigen" gilt als „zentrale Größe im Prozess kirchlicher Wahrheitsfindung"[21], als „Schlüsselbegriff des theologischen Denkens schlechthin"[22] und gewinnt in den letzten Jahren vermehrt Beachtung. Der Glaubenssinn ist in der wissenschaftlichen Theologie – neben Heiliger Schrift, Tradition, Lehramt und Theologie – als Ort theologischer Erkenntnis anerkannt. Angesichts der Schwierigkeit seiner Erfassung muss man jedoch eine gewisse theologische oder auch methodische Hilflosigkeit konstatieren, die dazu führt, dass er in systematischer Weise kaum Berücksichtigung findet. Er wird deshalb eher als „symbolisches", denn als „begriffliches Programm"[23] zu werten sein. Nicht zuletzt aufgrund einer möglichen missbräuchlichen oder ideologischen Verwendung, soll die Semantik des Begriffs – auch in Bezug zu verwandeten Begriffen wie *sensus fidei* und *consensus fidelium* – nun näher bestimmt werden.

❖ Erste Annäherung an den Begriff „sensus fidelium"

Einen ersten Zugang zum Begriffspaar „sensus fidei" (Glaubenssinn) gewinnt man über die Semantik der Begriffe. Der erste Teil des Doppelbegriffes „sensus fidei",

[20] Beinert, Erkenntnislehre, 71.

[21] So Günther Koch in der Einleitung zu: Ders. (Hg.), Mitsprache , 5.

[22] Beinert, Überblick, 67.

[23] So Wiederkehr, Vorwort, 9.

weist darauf hin, dass es um ein ganzheitliches Erkennen geht. Sensus bezeichnet ein Wahrnehmen, Fühlen, Spüren, Sehen (Erkennen) und beinhaltet damit sowohl sinnliche, emotionale, intuitive als auch kognitive Dimensionen. Wir kennen aus dem alltagssprachlichen Reden die Formulierung: „Der hat einen Sinn für etwas." Dies meint soviel wie eine besondere Antenne, ein besonderes Gespür, eine besondere Sensibilität und Empfänglichkeit für etwas zu haben, eine natürliche Begabung also.

Der zweite Teil des Begriffspaares, das Wort „fidei" bezeichnet nun genauer, *worauf* sich dieser Sinn bezieht und durch welche besondere Qualität er ausgezeichnet ist. Der Glaubenssinn ist das *„Gespür für das Wesentliche an Gottes Offenbarung, eine Fähigkeit, sie glaubend wahrzunehmen und immer tiefer in sie einzudringen, und zugleich ein Urteilsvermögen für die aus dem Glauben hervorgehende Lebenspraxis"*[24], der an die Kirche – als die Gemeinschaft der Glaubenden – gebunden bleibt. Mit sensus fidei ist damit eine zentrale Qualität beschrieben, die den sensus fidelium in gleicher Weise auszeichnet: „Der Glaubenssinn ist die Vor-Gabe des Glaubens, die sich – vor aller lehramtlichen Vermittlung und theologischer Rationalisierung – dem Gottesgeist verdankt."[25] Er liegt aller Glaubensvermittlung bereits voraus.

❖ Der Glaubenssinn – ein „Gespür" für das Wesentliche an Gottes Offenbarung

Dieser übernatürliche Glaubenssinn ist somit das „Wahrnehmungsorgan" zu jener göttlichen Wirklichkeit, die „kein Auge gesehen und ... kein Ohr gehört hat, ... keinem Menschen in den Sinn gekommen ist" (1 Kor 2,9) und die „alle Erkenntnis übersteigt" (Eph 3,19). Der Begriff verweist auf eine Wirklichkeit, die selbst nur schwer in rationale Begrifflichkeit zu kleiden ist. Er zielt auf die Dimension des Unaussprechlichen hin, die erlebt, aber in Worten nicht mehr eingeholt und vermittelt werden kann. Darauf weist Wolfgang Beinert besonders hin: „Mithin gibt es nicht nur eine begriffliche, in Urteilen sich äußernde Feststellung der Glaubensgehalte, sondern auch eine vorbegriffliche Form, die in einer allgemeinen Erfassung der Wirklichkeit des Glaubens besteht und die sich dann auch nicht-begrifflich äußern kann."[26]

Der Glaubensinn bezeichnet somit eine eigene, ursprüngliche Erkenntnisweise aller Glaubenden, ein *„Gespür für das Wesentliche an Gottes Offenbarung"*[27]. Er meint die geistgewirkte Fähigkeit, Jesus Christus, der die Wahrheit ist (vgl. Joh 14,6), zu erkennen.

❖ Sensus fidelium

Nun kann der Glaube des einzelnen niemals ohne die Gemeinschaft – weder diachron, noch synchron – auskommen. Der einzelne empfängt seinen Glauben von der Gemeinschaft der Glaubenden, der Kirche. Der Glaubenssinn – zwar dem einzelnen zukommend – ist immer auch eine dem gläubigen Volk geschenkte gemeinsame Gabe des einen Geistes. Wolfgang Beinert schreibt dazu: „Der Glaubenssinn des Individuums

---

[24] Vorgrimler, Überlegungen , 367 (Hervorhebung von J.P.).

[25] So Wohlmuth, Sensus Fidelium, 1.

[26] Beinert, Erkenntnislehre, 168.

[27] Vorgrimler, Überlegungen, 367 (Hervorhebung von J.P.).

(sensus fidei) konvergiert daher zum Glaubenssinn der Gläubigen (sensus fidelium). Aus der gleichen Erkenntnis ergibt sich die Übereinstimmung aller, denen sie gegeben wird."[28] Dem sensus fidelium wird daher eine größere Objektivität als dem Glaubenssinn des einzelnen zugesprochen und gewinnt die Qualität einer eigenständigen theologischen Bezeugungsinstanz.

❖ Consensus fidelium

Der Glaubenssinn der Gläubigen ist als Sinn nicht direkt, sondern nur indirekt erschließbar. Nur seine Äußerungen, wenn sie in gemeinsame Glaubensäußerungen geronnen sind (consensus fidelium), sind unmittelbar zugänglich und begreifbar. Der (unsichtbare) Glaubenssinn ist nur die Voraussetzung derselben. Aus der inneren Übereinstimmung hinsichtlich einer bestimmten Glaubenswahrheit wächst die äußere, der Konsens der Glaubenden (consensus fidelium). Nur der geäußerte, dokumentierte Konsens (oder auch „Dis-sens") ist greifbar. Dort, wo uns der Konsens der Vergangenheit vorliegt, sprechen wir von Tradition.

❖ Unterschiedliche Akzentsetzungen verschiedener Definitionen

Die semantische Weite des Begriffs lässt innerhalb bestimmter Grenzen durchaus verschiedene Akzentsetzungen zu. Wolfgang Beinert definiert den sensus fidelium so: „Der Glaubenssinn der Gläubigen ist ein allen Gliedern der Kirche zukommendes freies *Charisma der inneren Übereinstimmung mit dem Gegenstand des Glaubens*, kraft dessen die Kirche in ihrer Gesamtheit, die sich in dem Glaubenskonsens äußert, den Gegenstand des Glaubens erkennt und im Lebensvollzug bekennt in ständiger Übereinstimmung mit der Hl. Schrift, der Tradition und dem Lehramt der Kirche."[29]
Beinert betont besonders das freie Charisma, also das Begabtsein durch Gott, welches in der (geschenkten) Übereinstimmung des Glaubenden mit dem Gegenstand des Glaubens besteht.

Für Karl Lehmann verbinden sich im Glaubenssinn rationale, affektive, ethische und spirituelle Momente, was seine Erfassung so schwierig macht. Gleichwohl ist er von aktiver Wirkkraft, die durch die unmittelbare Wirkung des Heiligen Geistes geschenkt ist. Der Glaubenssinn ist „ein quasi-*instinkthaftes Vermögen des Glaubens, seinen Geheimnissen treu zu bleiben, sie zu erfassen und zu unterscheiden*"[30]. Er gibt lebendiges Zeugnis und inspiriert das christliche Leben. Lehmann sieht aufgrund der unmittelbaren Wirkung des Heiligen Geistes im sensus fidelium ein irreduzibles Erkenntniskriterium. Durch die Auseinandersetzung mit den objektiven Glaubensinhalten bildet sich der Glaubenskonsens.

Max Seckler weist darauf hin, dass die bezeichneten Bezeugungsinhalte direkt aus Erfahrung herrühren, von der man nicht die begriffliche Schärfe theologischer Rationalität erwarten kann. Deshalb sind die durch den sensus fidei gesammelten Erkenntnisinhalte *„nicht so sehr Resultat begrifflicher Arbeit als einer konkreten Erfahrung,*

---

[28] Beinert, Erkenntnislehre, 168.
[29] Beinert, Art. Glaubenssinn, 200 (Hervorhebung durch J.P.).
[30] Lehmann, Lehraussagen und Geschichtlichkeit, 290 (Hervorhebung durch J.P.).

die sich infolge vorausgehender Erlebnisse und erworbener Kenntnisse spontan einstellt“[31]. Die begriffliche Unschärfe hat also zunächst nichts mit der mangelnden Erforschung bzw. Beschäftigung wissenschaftlicher Theologie zu tun, sondern resultiert aus der mit diesem Begriff bezeichneten Sache.

Der Glaubenssinn, das von Gott geschenkte Gespür für den Glauben und die gläubige Lebenspraxis, übersteigt, was mit rationaler Begrifflichkeit ausgesagt und erfasst werden kann. Vertrauen und gläubiger Sinn sind für die Begegnung mit dem Mysterium angemessen. „Geheimnis des Glaubens“ heißt es nach den Wandlungsworten in der Eucharistiefeier. Staunen, Dankbarkeit und Lobpreis sind die angemessene Antwort auf dieses Mysterium.[32]

3.2.2 Der „Glaubenssinn“ in neutestamentlicher Zeit

Obwohl das Sprechen vom Glaubenssinn der Gläubigen terminologisch im Neuen Testament nicht vorkommt macht es Sinn, nach einer biblischen Grundlegung und inhaltlichen Füllung dieses später eingeführten Begriffes zu suchen.[33]

❖ Die Person Jesu: Das Reich Gottes ist mit „Händen zu greifen“

Jesus ruft zur Umkehr, zum Glauben an das nahegekommene Reich Gottes und zur Nachfolge auf. In seinen Worten und Taten wird der Anbruch des Reiches Gottes sichtbar und auf heilsame Weise erlebbar, ja „angreifbar“. Die Unmittelbarkeit der Erfahrung mit der Person Jesu und der Erfahrung im Glauben fasst der Autor des 1. Johannesbriefes bildlich zusammen:

> *„Was von Anfang an war, was wir gehört haben, was wir mit unseren Augen gesehen haben, was wir geschaut und was unsere Hände angefasst, das verkünden wir: das Wort des Lebens.“(1 Joh 1,1).*

In diesem Bekenntnis drückt sich die Erfahrung der Glaubensfülle und Glaubensübereinkunft der ersten Christen aus.[34] Der Text beschreibt die Christusoffenbarung mit großer Sinnlichkeit. Nicht das (von fern) Gehörte, sondern das am eigenen Leib erlebte, das im Glauben existentiell Erfahrene ist Grundlage der Verkündigung.

❖ Geist-begabt: Alle werden mich erkennen!

Das Geheimnis der Person Jesu offenbart sich nur im Geist Gottes. Sowohl die Kirche als auch jeder einzelne Gläubige ist ein „geistgewirktes Organ des Glaubens und des Glaubensverständnisses“[35]. Damit der Mensch in der Lage ist, die Offenbarung Gottes zu erkennen, ist er von Gott mit der inneren Fähigkeit zur Erkenntnis dessen ausgestattet, „was kein Auge gesehen hat und was kein Ohr gehört hat, was keinem Menschen in den Sinn gekommen ist“ (1 Kor 2,9). In dem von Gott geschenkten

---

[31] Seckler, Art. Glaubenssinn, 945f. (Hervorhebung durch J.P.).

[32] Der Glaubenssinn ist trotz seiner unterschiedlichen Akzentsetzungen von folgenden Begriffen zu unterscheiden: kirchlicher Sinn (sentire cum ecclesia), Glaubensinstinkt, Lehramtspositivismus, schwärmerischer Enthusiasmus und religiöser Soziologismus. Vgl. Beinert, Glaubenssinn, 59f.

[33] Für die neutestamentliche Erörterung halte ich mich an: Kirchschläger, Glaubenssinn, 7–22.

[34] Vgl. Kirchschläger, Glaubenssinn, 7.

[35] Ratzinger, Theologie, 180.

Glaubens- und Erkenntnissinn ist der Mensch befähigt, das Geheimnis Gottes zu erspüren, wenn auch nicht auszuloten.
Unabhängig vom sozialen und gesellschaftlichen Status wird der Geist ausgegossen und Gemeinschaft mit Gott geschenkt. Deswegen gibt es keine Belehrung mehr zwischen den von Christus Berufenen, wie der Verfasser des Hebräerbriefes mit Berufung auf Jeremia schreibt: „Ich lege meine Gesetze in ihr Inneres hinein und schreibe sie ihnen in ihr Herz. Ich werde ihr Gott sein und sie werden mein Volk sein. Keiner wird mehr seinen Mitbürger und seinen Bruder belehren und sagen: Erkennet den Herrn! Denn sie alle, klein und groß, werden mich erkennen"(Hebr 8,10f.).

- Modell Apostelkonzil: Weder demokratisch noch autoritativ, sondern kollegial auf den Geist hörend

Freilich waren schon die ersten Christen nicht immer einer Meinung. Das Apostelkonzil gibt modellhaft vor, wie mit entscheidenden „Glaubensdingen" – ob die bekehrten Heiden sich beschneiden lassen müssen oder nicht – umgegangen wurde. Die Apostel legten ohne Konfliktscheu die unterschiedlichen Positionen dar. Die einberufene Versammlung hat den „großen Zeichen und Wundern" (Apg 15,12) gelauscht und in der biblischen Überlieferung und der Botschaft Jesu nach Weisungen gesucht, die ihr die Richtung wiesen (vgl. Apg 15,16f.). Erst dann haben die Apostel und Presbyter einen einstimmigen Beschluss gefasst. Der gesamte Prozess wird als ein geistgelenkter gesehen, sodass die Apostel sagen können: *„Denn der Heilige Geist und wir haben beschlossen ..."* (Apg 15,28). Die Vorgangsweise hat Vorbildwirkung – wie Walter Kirchschläger festhält:

> *„Das kontroverse Problem wird in der Versammlung geprüft, von den Fachkundigen besprochen und der Sache nach entschieden. Im Vorgehen jedoch ist die gesamte Gemeinde eingebunden, sie trägt die Entscheidung mit. Dieses gemeinsame Handeln unterstreicht die Notwendigkeit wie auch die Bereitschaft, gemeinsam eine Lösung zu finden. Neben der Fachkompetenz einzelner kommt die Gesamtzuständigkeit der Gemeinde zur Geltung. Kollegial wird die entsprechende Vorgangsweise entschieden."*[36]

Der Konsens resultiert weder aus einer demokratischen Gesinnung noch ist er Folge des Gehorsams gegenüber den Aposteln, sondern eines gemeinsamen Hinhörens darauf, was Gott seinen Gesalbten durch die „Zeichen und Wunder" sagen will.

3.2.3 Der „Glaubenssinn" der Gläubigen in der Geschichte der Kirche

Der Durchgang durch die Geschichte der Kirche kann im Folgenden nur äußerst verkürzt geschehen. Es können hier nur Blitzlichter auf die Wendepunkte geworfen werden.[37]

---

[36] Kirchschläger, Glaubenssinn, 19f.
[37] Für einen detaillierten geschichtlichen Durchgang vgl. Beinert, Überblick.

❖ Vom consensus zum assensus – die Entwicklung bis ins Mittelalter

In der Alten Kirche herrschte die biblische Überzeugung vor, dass alle Getauften SchülerInnen des gemeinsamen Lehrer, Jesus Christus sind. Daraus reultierte das Bemühen um Konsens unter Einbindung aller Gläubigen. Die Konzilien und Bischofswahlen waren „Orte" der Konsenssuche, an denen sich Laien und Kleriker versammelten. Als die kommunialen Ekklesiologie der Patristik „an Bedeutung verliert, geschieht das gleiche mit dem Glaubenssinn. Mit dem Aufkommen der Klerikalisierung im 8. Jahrhundert ... sinkt auch mehr und mehr die Zahl der an der innerkirchlichen Konsensbildung Beteiligten. Die zentralistische Kirchenstruktur, die spätestens im 13. Jahrhundert voll ausgebaut ist, lässt konsensuelle Momente nur mehr auf der höchsten hierarchischen Ebene zu."[38] Statt eines *consensus* wie in der Alten Kirche steht den einfachen Gläubigen nur mehr ein *assensus* zu den kirchlichen Weisungen zu. Die kreative, lebendige Rezeption der Offenbarung durch das Volk Gottes verengt sich innerhalb dieser hierarchischen Kirche zum Ausdruck des Gehorsams gegenüber der päpstlichen Lehrautorität. Dieses Entwicklung verlief parallel zur Verengung des Offenbarungsverständnisses (vgl. 3.1.2).

❖ Die Neuzeit: Höhepunkt und Überwindung der ekklesiologischen Verengung

Gegenüber den Ansichten der Reformatoren (sola scriptura) berief sich die katholische Kirche immer auf das Traditionsargument, also auf den historisch gewachsenen Konsens der Gesamtkirche. *Der Glaubensinn der Kirchengemeinschaft ist Zeuge der Überlieferung.* Gleichzeitig wird die hierarchische Ekklesiologie weiter ausgebaut und findet mit dem Ersten Vatikanischen Konzil ihren Höhepunkt. Das Bezeugungs- und Wahrheitskriterium – zuerst an der Basis der Kirche verankert („Gesamtheit der Gläubigen") – „wanderte" in der Pyramide der Kirche immer weiter hinauf, bis es im I. Vatikanum die Spitze erreichte (Stichwort: Unfehlbarkeit des Papstes).[39]

Gegenüber der Reformation und inmitten der Schrecken der Zeit findet die Kirche im instruktionstheoretischen Offenbarungsmodell Halt und Sicherheit, das mittels Lehramt die Glaubenssätze festhält. U. Horst ortet ein „neuzeitliches Sicherheitsdenken" – mehr psychologischen als theologischen Ursprungs –, als systematischen Versuch, „alle theologischen und juristischen Risiken zu eliminieren, um der Kritik, mag sie von innen oder außen kommen, nicht den geringsten Anlaß zu bieten"[40]. Aus diesem Denken heraus „verwandelt" sich der sensus fidelium vom aktiven Glaubenskriterium in eine rein passive Instanz. Dies klingt in der beliebten neuscholastischen Sprechweise von der aktiven und passiven, der lehrenden (Lehramt) und hörenden Kirche (Volk) an. Der sensus fidelium des Volkes ist nur mehr *Echo auf die Auslegung der Offenbarung durch das Lehramt.*

Eine vertiefte Reflexion über den Glaubenssinn verdanken wir einzelnen Theologen. So betont der spätere Kardinal *John Henry Newman* (1801–1890) 1859, dass die Gemeinschaft der Gläubigen und ihr Konsens „die Stimme der unfehlbaren Kirche

[38] Beinert, Überblick, 84.

[39] Vgl. Beinert, Überblick, 88.

[40] Horst, Tradition, 44.

ist“[41]. Mit Berufung auf die arianische Krise im 4. Jahrhundert resumiert Newman: „Die Bischöfe versagen; nur die Laien bleiben treu.“[42] Newman sieht darin „ein Musterbeispiel von einem Zustand der Kirche, in dem wir, um die Überlieferung der Apostel kennenzulernen, auf die Gläubigen zurückgreifen müssen“[43].

Matthias Joseph Scheeben (1835–1888), Professor für Dogmatik in Köln, geht es um die „Organische Verbindung des Lehrkörpers mit dem Glaubenskörper in der katholischen Kirche“[44]. Es ist derselbe Heilige Geist, der das Lehramt und die Gläubigen leitet und letztere befähigt „zu einer gewissen aktiven Verkündigung und Bezeugung der christlichen Wahrheiten“[45]. Und dieses Zeugnis der Glaubenden ist *nicht nur „unfehlbar, sondern sogar viel sichtbarer als das Zeugnis des Lehrkörpers,* sodass es ... als Glaubwürdigkeitsmotiv (motivum credibilitatis) dienen kann. Mehr noch: Wegen der relativen Eigenständigkeit des sensus fidelium kann das Bekenntnis der Gesamtheit ‚mitunter einer bestimmten Manifestation des Lehrkörpers zeitlich und logisch vorausgehen und in diesem Falle als orientierendes Moment die spätere Entscheidung des Lehrkörpers beeinflussen, insofern also auch auf die eigene Tätigkeit des Lehrkörpers zurückwirken‘“[46]. Die Aussagen dieser Theologen ebnen den Weg hin zum II. Vatikanum.

❖ Die gegenteilige Praxis des „Lehrkörpers“

Entsprach in der Alten Kirche die Praxis (Konsensbemühungen unter Mitbeteiligung des Volkes) der Theorie (kommuniale Ekklesiologie) so war das im 19. Jahrundert völlig andes. In der (theologischen) Theorie und dem vertikalen Kirchenmodell des I. Vatikanums war die Lehre vom „eigen- und selbständigen Glaubenssinn systemwidrig“[47]. Freilich sah die kirchliche – auch päpstliche – Praxis in bedeutsamen Fällen durchaus anders aus. Sowohl Pius IX. (1849) als auch Pius XII. (1950) erhoben den religiösen Sinn des Volkes, bevor sie die Marien-Dogmen verkündeten. Der „Lehrkörper“ konnte also auch zum Echo einer vom Glaubensvolk gelebten und bezeugten Glaubenswahrheit werden.

3.2.4 Endlich ins Licht gerückt: Der „Glaubenssinn“ auf dem Zweiten Vatikanischen Konzil

Das Zweite Vatikanische Konzil hat die biblische und patristische Tradition wiederentdeckt und im Einklang mit der Überzeugung von der Geistbegabtheit aller Getauften die Bedeutung des sensus fidelium neu hervorgehoben. Der zentrale Text findet sich in der Kirchenkonstitution Lumen Gentium 12 und lautet:

---

[41] Newman, Zeugnis der Laien, 262.
[42] Beinert, Überblick, 94.
[43] Newman, Zeugnis der Laien, 272.
[44] Scheeben, Dogmatik I, § 13, 97–104.
[45] Scheeben, Dogmatik I, § 13, 98.
[46] Beinert, Überblick, 96. Das Zitat im Zitat stammt von Scheeben, Dogmatik I, § 13, 97 (Hervorhebung durch J.P.). Diese Aussagen finden sich später sinngemäß bei: Rahner, Volksreligion, 15f.
[47] Beinert, Überblick, 99.

„Das heilige Gottesvolk nimmt auch teil an dem prophetischen Amt Christi, in der Verbreitung seines lebendigen Zeugnisses vor allem durch ein Leben in Glauben und Liebe, in der Darbringung des Lobopfers an Gott als Frucht der Lippen, die seinen Namen bekennen (vgl. Hebr 13,15). Die Gesamtheit der Gläubigen, welche die Salbung von dem Heiligen haben (vgl. 1 Joh 2,20.27), kann im Glauben nicht irren. Und diese ihre besondere Eigenschaft macht sie durch den übernatürlichen Glaubenssinn des ganzen Volkes dann kund, wenn sie ‚von den Bischöfen bis zu den letzten gläubigen Laien' [Augustinus] ihre allgemeine Übereinstimmung in Sachen des Glaubens und der Sitten äußert. Durch jenen Glaubenssinn nämlich, der vom Geist der Wahrheit geweckt und genährt wird, hält das Gottesvolk unter der Leitung des heiligen Lehramtes, in dessen treuer Gefolgschaft es nicht mehr das Wort von Menschen, sondern wirklich das Wort Gottes empfängt (vgl. 1 Thess 2,13), den einmal den Heiligen übergebene Glauben (vgl. Jud 3) unverlierbar fest. Durch ihn dringt es mit rechtem Urteil immer tiefer in den Glauben ein und wendet ihn im Leben voller an."

Aufgrund der über Jahrhunderte hinweg dominierenden nachtridentinischen Haltung des Lehramtes waren diese Aussagen aus LG 12 alles andere als selbstverständlich. „Gegen die Verengung des Glaubenssinnes zu einem bloßen Reflex der Hierarchie bestehen die Väter des Konzils auf dessen Eigenständigkeit. ... Der Glaubenssinn steht somit zwar in Verbindung mit dem Lehramt – eben wegen des einen und gleichen Geistes, der in allen wirkt –, kann aber von diesem nicht aufgesogen oder aufgehoben werden."[48] Beinert sieht darin die biblische Grundüberzeugung bestätigt: „Die Christen in der Kirche besitzen eine undelegierbare und in ihrem Christsein unmittelbar begründete ursprüngliche Eigenständigkeit."[49]
Josef Wohlmut sieht in der Formulierung „Durch jenen Glaubenssinn nämlich ... hält das Gottesvolk unter der Leitung des heiligen Lehramtes ... den ... übergebenen Glauben (vgl. Jud 3) unverlierbar fest" (LG 12) den Versuch, die „Quadratur des Kreises" zu vollbringen![50] Durch diese offensichtliche Kompromissformel bleibt eine nicht aufgelöste Spannung zwischen Eigenständigkeit und „Bevormundung", die sich in der nachkonziliaren Zeit in lehramtlichen Aussagen niederschlägt. Das hierarchische Kirchenbild und das Kirchenbild einer communio stehen ungeklärt nebenein-

[48] Beinert, Überblick, 102f.
[49] Beinert, Überblick, 103.
[50] Vgl. Wohlmuth, Senus, 25.

ander.[51] Trotz allem wird man die Rede vom Glaubenssinn der Gläubigen als einen wichtigen „Baustein im Gesamtgefüge der Konzilsekklesiologie“[52] sehen müssen. Papst Johannes Paul II. spricht in „Familiaris Consortio“ vom 22.11.1981 über die „evangelische Unterscheidungsgabe“ der Kirche. Sie wird „im Glaubenssinn vollzogen, den der Heilige Geist allen Gläubigen mitteilt, und ist dennoch Werk der ganzen Kirche entsprechend den verschiedenen Gaben und Charismen, die gemeinsam und nach dem Grad der jeweiligen Verantwortung für eine tiefere Erkenntnis und Verwirklichung des Wortes Gottes zusammenwirken. Die Kirche vollzieht diese ihre evangelische Unterscheidung also nicht nur durch die Hirten, die im Namen und mit der Vollmacht Christi lehren, sondern auch durch die Laien.“[53] Die Laien sind also auch bei Johannes Paul II. nicht nur Anwender der vom Lehramt vermittelten Offenbarung, sondern nehmen an der Unterscheidungsgabe teil.

3.2.5 Der sensus fidelium als *eigenständige* und *unverzichtbare* Bezeugungsinstanz im theologischen Erkenntnisprozess

❖ Offenbarungsverständnis und sensus fidelium bedingen einander

Es wurde schon erörtert, dass sich Offenbarung nicht „theoretisch“ vollzieht, sondern im existentiellen Lebensvollzug ereignet. Die Offenbarung wird in Gnade jenen geschenkt, die sie real – d.h. im existentiellen Vollzug ihres Lebens – annehmen, „rezipieren. Wenn sich die Offenbarung im Vollzug persönlichen und gemeinschaftlichen Lebens „ursprünglich“ ereignet, geschieht jedes Nach-Denken, jede theologische Reflexion gleichsam im Nachhinein. Es kann also geschehen – und geschieht auch –, dass die gläubige Praxis der Theologie oder dem Lehramt voraus ist:

> *„Wenn es überhaupt eine Geschichte nicht nur der Theologie, sondern auch des Glaubens und der in ihm gegebenen Offenbarung gibt, ... dann kann und muss gefragt werden, welchen Beitrag das Volk in der Kirche durch sich, sein Leben und seine Geschichte zu dieser Geschichte des Glaubens und der Offenbarung leistete und leistet. Dabei kann es durchaus geschehen, dass die wissenschaftliche Theologie in einer bestimmten Zeit diese Beiträge nicht wahrnimmt, Entwicklungen in der Glaubensgeschichte des Volkes übersieht und hinter diesen Entwicklungen zurückbleibt.“*[54]

Viele Aufbrüche aus dem Geist des Evangeliums sind nicht Echo auf das Lehramt. Im Gegenteil: Viele dieser Aufbrüche haben sich zunächst eher gegen, als im Fahrwasser

---

[51] Das Kirchenrecht – so Böckenförde – spiegelt eher die Kirchenverfassung des I. Vatikanums wieder. Kirchenrechtliche Ansatzpunkte für das Einbringen des Glaubenssinnes sieht Böckenförde in der Anhörungspflicht der Amtsträger (c. 127 § 2 n. 2) oder dem Remonstrationsrecht des Diözesanbischofs. Letzteres bezeichnet ein verbürgtes, aber nicht im Kodex fixiertes Recht des Diözesanbischofs auf eine vorläufige Beibehaltung ortskirchlicher Gepflogenheiten aufgrund einer spezifischen pastoralen Situation, die den universalen kirchlichen Normen oder Entscheidungen des Papstes entgegenstehen kann. Vgl. Böckenförde, Statement, 211.

[52] Pemsel-Maier, Subjektwerdung, 167.

[53] Familiaris Consortio, 9f.

[54] Rahner, Volksreligion, 15f.

des Lehramtes ihren Weg bahnen müssen. Man denke etwa an die Aufbrüche der Berfreiungstheologie in Lateinamerika oder an die small christian communities in Afrika. Auch die Leitungsfigur nach c. 517 § 2 lag in der Praxis bereits vor, bevor sie kirchenrechtlich legitimiert wurde. Die gemeindliche und kirchliche Praxis vor Ort ist immer wieder dem Lehramt (auch dem Kirchenrecht) voraus. Dieses hat erst im Nachhinein in einem Lernprozess erkannt, dass hier der Geist Gottes am Werk ist, um „das Werk Christi selbst weiterzuführen" (GS 3). Das Lehramt hat den sensus fidelium als kreative „Fleischwerdung" der Botschaft Jesu vor Ort nachträglich – und manchmal unter zähem Ringen – als solchen anerkannt. Die Erfahrungen der Gläubigen und die Praxis der Gemeinden stellen somit eine „Wahrheitsfindung von unten"[55] dar, die nicht übergangen werden darf.

❖ Unverzichtbar im Blick auf das Morgen der Kirche

Während Tradition und Lehramt den in der Geschichte „geronnen" Glaubenssinn festhalten, versucht der Glaubenssinn des Gottesvolkes die Botschaft Jesu in der Gegenwart zu leben und ins Morgen zu transportieren. Der aktuell gelebte Glaube wiederholt nicht nur alte Formen (traditio), sondern rezipiert die befreiende Botschaft hinein in die jeweilige Zeit und ihre Herausforderungen (receptio). Der heute gelebte sensus fidelium kann daher nicht nur die gesicherten Wege der Vergangenheit beschreiten, sondern muss mutig nach neuen Formen gelebten Glaubens suchen. Der sensus fidelium ist daher naturgemäß *angreifbarer*, aber auch *prophetischer*. Diese aggiornamento-Prozesse sind für die Wahrheitsfindung unverzichtbar, weil das Volk den Glauben unter Bedingungen lebt, die Theologie oder Lehramt womöglich noch gar nicht wahrgenommen haben.

❖ Die Gläubigen verfügen über eine eigenständige, kreative und normative Glaubenskompetenz

Wir können also resümieren: Die Glaubenskompetenz ist *eigenständig*, d. h. unmittelbar durch den Heiligen Geist gewirkt. Sie ist nicht Echo anderer Bezeugungsinstanzen – wohl aber verwirklicht sie sich in Interaktion mit ihnen. Sie ist *kreativ*, weil die persönliche und als Gemeinschaft angenommene Offenbarung in einem bestimmten biographischen und Lebenskontext einen schöpferischen, existentiellen Akt im Glauben darstellt. Er bedeutet qualitativ etwas Anderes und deshalb Neues, das Theologie und Lehramt so nicht hervorbringen können. Indem dieses „Neue" sich unter der Mitwirkung des Heiligen Geistes inmitten der Anforderungen der gegenwärtigen Zeit herausbildet und in die Zukunft weist, hat der sensus fidelium auch *prophetische* Kraft. Er ist *normativ*, weil er als qualitatives „Mehr" gegenüber Theologie und Lehramt – in seiner Fülle und Vielfalt, aber auch in seinem historischen Vorwärtsdrängen – für die zukünftige Gestalt der Kirche Wege bahnt und Entwicklungen vorzeichnet, die Amt und Wissenschaft noch einzuholen haben. Somit kann ich mit Norbert Mette zusammenfassend festhalten:

---

[55] Kasper, Rechtgläubigkeit, 53.

„Die Gläubigen verfügen über eine genuine und schöpferische Glaubenskompetenz, die als eigenständiger Ort theologischer Erkenntnis begriffen und anerkannt werden muss. ... Sie fordert, ... jeden einzelnen und jede einzelne in dem je eigenen, unverwechselbaren Glaubenszeugnis wertzuschätzen und als originären Beitrag zum Gesamtglauben der Kirche zu würdigen."[56]

Lehramt und wissenschaftliche Theologie müssen diese Glaubenskompetenz stärker als bisher wahrnehmen, wollen sie ihre je genuine Aufgabe bei der Interpretation der Offenbarung und in der Deutung der Zeichen der Zeit (vgl. GS 4) verantwortungsvoll erfüllen.

❖ Der sensus fidelium als Orte theologischer Erkenntnis im Dialog mit den anderen „loci theologici"

Der sensus fidlium ist freilich nicht das einzige Kriterium für die Neugestaltung der Kirche. Er gilt als Ort theologischer Erkenntnis (locus theologicus) – so wie die Heilige Schrift, die Tradition, das kirchliche Lehramt und die wissenschaftliche Theologie. Mit sensus fidelium bezeichnet die Kirche jene „Instanzen", die – sozial verfasst und grundgelegt – einen für die Kirche insgesamt bedeutsamen, ja normativen Anspruch auf die Erkenntnis der Offenbarung Gottes und seines Willens für die Gemeinschaft der Gläubigen aufweisen und beanspruchen. Inmitten aller loci theologici ist der sensus fidelium wie kein anderer durch den Aspekt der „Glaubwürdigkeit" ausgezeichnet.

Das Kommunikationsgeschehen zwischen den verschiedenen loci theologici spielt für die in jeder Epoche neu zu rezipierende Offenbarung eine entscheidende Rolle: „Von jeder einzelnen gehen spezifische Impulse auf die anderen aus, jede einzelne empfängt von allen anderen gleicherweise Anstöße."[57] Das gegenseitige Aufeinander-angewiesen-Sein der loci im Hören darauf, was der Geist der Kirche heute sagt, hilft, das Geheimnis des Glaubens tiefer zu erfassen, zu leben und in der konkreten Kirche immer tiefer Gestalt werden zu lassen. Innerhalb der loci nimmt die *Heilige Schrift* freilich eine Sonderstellung ein: Sie ist – als besonderes Werk des Heiligen Geistes – *vorrangige Norm* (norma normata primaria) für die nachfolgende kirchliche Überlieferung („norma normans non normata"). Deshalb kann das Konzil sagen: „Das Lehramt steht nicht über dem Wort Gottes, sondern dient ihm, indem es nichts lehrt, als was überliefert ist, weil es das Wort Gottes aus göttlichem Auftrag und mit dem

[56] Mette, Entmündigung, 45.
[57] Beinert, Erkenntnislehre, 183.

Beistand des Heiligen Geistes voll Ehrfurcht hört" (DV 10).[58] Alle loci theologici sind in diesem Sinne Rezipienten des Wortes Gottes.[59]

Das gemeinsame Hören auf das Wort Gottes darf nicht am latenten Eigeninteresse einer Instanz bzw. kirchlichen Gruppe ersticken. Es ist deshalb nur konsequent, wenn das Zweite Vatikanische Konzil den Christen eine offene Grundhaltung und den Dialog ans Herz legt (vgl. GS 92).[60] Auch wenn Dialog oft ein mühsames Geschäft ist: „Er ist auf jeden Fall die Weise, wie nach Gottes Willen der Glaube erkannt, eingesehen und für das Leben der Welt verkündet werden soll."[61]

Die Lehre vom sensus fidelium steht damit als Symbol für die Suche nach einem (auch institutionalisierten) Dialog innerhalb der Kirche und jener Partizipation der Laien am dreifachen Amt Christi, von der das II. Vatikanum spricht (vgl. LG 31). Er ist Chiffre einer neuen, aufdämmernden Gestalt von Kirche als communio. Der sensus fidelium ist Appell und Verpflichtung an die Christen für eine Kultur des Dialogs und des Miteinander-Hörens auf den Geist Gottes.

3.2.6 Regeln zum Erkennen echten Glaubenssinnes

Selbst wenn man den „Glaubenssinn des ganzen Volkes" (LG 12), die Geistbegabtheit aller Glieder des Leibes Christi (vgl. LG 7) und die Notwendigkeit des Dialogs grundsätzlich anerkennt, stellen sich auf der praktischen Ebene Schwierigkeiten ein: „Wie bringt der Glaubenssinn sich zur Geltung? Wo begegnen wir ihm? Welche Formen nimmt er konkret an?"[62] Wie ist feststellbar, ob echter – also evangeliumsgemäßer – Glaubenssinn im konkreten vorliegt? Wolfgang Beinert stellt dafür vier Regeln auf.[63]

---

[58] Im Konzilskommentar merkt Joseph Ratzinger zu Rang und Stellung des Lehramtes folgendes an: „Auf diesem Hintergrund wird man die nachdrückliche Herausstellung der ministeriellen Funktion des Lehramtes ebenso begrüßen müssen wie die Aussage, dass sein erster Dienst das Hören ist ... Im letzten ist die ganze Kirche hörend, und umgekehrt hat die ganze Kirche teil am Verharren in der rechten Lehre." (Ratzinger, Kommentar Dei Verbum, 527f.)

[59] Die Geschichte der Kirche bezeugt den Zusammenhang zwischen dem jeweils vorherrschenden Kirchenbild und der Beurteilung einzelner Erkenntnis- und Bezeugungsorte. So führt etwa die Betonung der hierarchischen Struktur in der Kirche zur Abwertung nichthierarchischer Erkenntnisorgane. Walter Kern weist auf diese fatale Konsequenz hin: „Die Betonung der hierarchischen Verfassung hat in der theologischen Erkenntnislehre, soweit es explizit eine solche gab, dazu geführt, die Strukturen der kirchlichen Glaubenserkenntnis zu vereinfachen, den Eigenstand der verschiedenen Zeugnisträger, wie ihn etwa die Lehre von den loci theologici sehen lehrt, zu ignorieren und die Bedeutung der nichthierarchischen Erkenntnisorgane zu minimieren." (Kern u.a., Vorwort, in: HFTh 4, 22).

[60] Vgl. das Sachregister in Rahner/Vorgrimler (Hg.), Konzilskompendium. Dort finden sich 40 (!) Belege zum Begriff „Dialog" bzw. „Gespräch".

[61] Beinert, Erkenntnislehre, 187.

[62] Beinert, Glaubenssinn, 66. Die Kirche hat immer folgende „Orte der Bezeugung" hervorgehoben: die Blutzeugen und Heiligen, bestimmte Frömmigkeits- und Andachtsformen, christliche Gemeinschaften, (Orden, Bruderschaften, geistliche Bewegungen ...) und die religiösen Formen und Riten der Volksfrömmigkeit.

[63] Vgl. Beinert, Glaubenssinn, 72.

1. Ein Leben aus dem Glauben in Verbundenheit mit der Kirche: Sensus fidei bzw. fidelium liegt dort vor, wo ein Mensch bzw. Menschen ihr Leben aus dem Glauben gestalten, sich in der Nachfolge Christi bewegen und dies in überzeugter Verbundenheit mit der Kirche tun. Dies hat nicht automatisch einen Lehramtspositivismus zur Folge, sondern schließt auch die kritisch-prophetische Dimension mit ein – bis zu offenem Auftreten gegenüber Verzerrungen des Evangeliums (vgl. Gal 2,11–21). Im Fall unterschiedlicher Meinungen ist nicht sofort von einem Glaubensabfall auszugehen.

2. Glaubensförderlich: „Eine echte Äußerung des Glaubenssinnes ist dort anzunehmen, wo sie für die Kirche als ganze oder für eine Gruppe innerhalb ihrer glaubensförderlich ist, d.h. jene Praxis belebt, die aus dem Glauben folgen muss. Das gilt sowohl in positiver wie in negativer Hinsicht. Positiv: Bestimmte Spiritualitäten oder Lebensformen sind auch dann glaubenskonform, wenn sie einer herrschenden Meinung widersprechen, solange die Christen, die sie haben, Glauben und Glaubenspraxis in der Kirche mehren."[64] Umgekehrt kann eine kirchenamtliche Maßnahme in einem bestimmten Kontext hier und heute für eine bestimmte Gruppe glaubenshinderlich sein und darum ein Befolgung außer Kraft setzen.

3. Mit dem Evangelium konform: Die Aussageabsicht der Glaubensäußerung muss mit der Botschaft des Evangeliums konform gehen. Dies festzustellen und gegebenenfalls Klärungen vorzunehmen ist Aufgabe des Lehramtes und der wissenschaftlichen Theologie.

4. Keine Absolutsetzung, sondern Dialog mit anderen Bezeugungsinstanzen
Theologische Erkenntnis „entsteht" im schon angesprochenen, spannungsreichen Beziehungsrahmen von Heiliger Schrift, Tradition, Lehramt, wissenschaftlicher Theologie und dem Glaubensinn der Gläubigen. Jeder locus theologicus kann seine Aufgabe nur in Interaktion zu allen anderen wahrnehmen. Der Glaubenssinn der Gläubigen muss sich ebenso anfragen lassen, wie andere loci vom Glaubensinn.
Die Erfahrungen und Aussagen der Gläubigen im Rahmen der folgenden Untersuchung müssen also befragt werden:

- Resultiert der Glaubenssinn aus der Glaubenspraxis des einzelnen und der kirchlichen Gemeinde?
- Ist die (neue) Praxis für den Glauben des einzelnen und der Gemeinschaft förderlich oder hinderlich?
- Entspricht die neue Praxis dem Evangelium?
- Ist die Praxis dialogfähig mit den Äußerungen von Theologie und Lehramt?

3.2.7 Aktive Rezeption des Gottesvolkes: vom sensus fidelium zum consensus fidelium

Einen „Sonderfall"[65] des sensus fidelium stellt das Rezeptionsgeschehen dar. In der Annahme oder der Verweigerung veschiedenster kirchlicher Lebensäußerungen,

---

[64] Beinert, Glaubenssinn, 73.
[65] Vgl. Beinert, Erkenntnislehre, 170.

Sozialformen, Rollen, Bestimmungen usw. tut sich der Glaubenssinn der Gemeinschaft (con-sensus) kund. Da die Annahme oder die Verweigerung des Leitungsmodells bzw. einzelner Aspekte desselben durch die betroffenen Gläubigen eine bedeutende Rolle spielt, sei auf den (theologischen) Begriff Rezeption als konkreter Ausdruck des sensus fidelium eigens hingewiesen. Herbert Vorgrimler beschreibt das Geschehen der Rezeption:

> „*Die christlich-konkrete Praxis entsteht aus dem Glaubenssinn, sie wird nicht ‚oben' ausgedacht. Wo praktische Verhaltensweisen ‚von oben' empfohlen werden, die nicht aus der einfachen praktischen Verkündigung Jesu hervorgehen und so dem ‚Volk' verständlich sind, sondern wieder komplizierte theoretische Begründungsprobleme aufwerfen, ... da kommt ersichtlich ein solcher Konsens des ‚Volkes' nicht zustande. Der Konsens kann sich also auch in der Form einer ‚aktiven Rezeption' oder in Gestalt der Verweigerung dieser Rezeption äußern. Je stärker eine bestimmte Glaubenspraxis der aktuellen Notsituation entspricht und in der Verkündigung Jesu verwurzelt ist, desto mehr wächst sie über prophetische Einzelsubjekte und begrenzte gesellschaftliche Gruppen hinaus mit der Tendenz, Glaubenszeugnis der Gesamtheit aller Glaubenden zu werden.*"[66]

Im Vorgang der Rezeption (oder der Nicht-Rezeption) wird der – oftmals nicht explizit reflektierte, vorbegriffliche – consensus der gläubigen Gemeinschaft sichtbar.

❖ Kirche – Geschöpf geistgewirkter Rezeption

Die Kirche selbst (und ihre Glieder) ist als Frucht der Offenbarung je neu das Geschöpf geistgewirkter Rezeption. Sie ist Rezeptionsgemeinschaft „und zwar, es sei betont, in ihrem tagtäglichen Leben in allen seinen Dimensionen und auf allen seinen Ebenen. *Rezeption ist ein Lebensvorgang der Kirche*".[67] Der vitale Vorgang der Rezeption formt die kirchliche Gemeinschaft und aktualisiert die Sendung der Kirche. Eine Nicht-Rezeption bedeutet nicht, dass der Inhalt einer kirchlichen Anordnung falsch wäre, wohl aber, dass die Anweisung keinen *ekklesialen Lebenswert* besitzt. Denn das Leben der Kirche ändert sich nicht durch Dekrete, sondern in der Rezeption durch die Gläubigen. Dies unterstreicht Kardinal Joseph Ratzinger:

> „*Was nicht rezipiert wird, wird nicht wirksam, sondern bleibt wirkungslos und somit unwirklich. Erst durch die Rezeption geschieht Aneignung, Einverleibung, Umwandlung.*"[68]

---

[66] Vorgrimler, consensus, 241. Diese Zeilen treffen genau die Problematik, die mit den nach c. 517 § 2 geleiteten Pfarrgemeinden gegeben ist. Während das Volk Gottes mit überraschend großer Akzeptanz – nach anfänglicher, verständlicher Skepsis – das neue Leitungsmodell annimmt und akzeptiert (also aktiv rezipiert), stellen die Menschen Fragen nach der unstimmigen Leitungsstruktur, die komplizierte Argumentationslinien erfordert.

[67] Beinert, Einführung, 8 (Hervorhebung im Original).

[68] Ratzinger, Konzil, 150.

Rezeption ist also ein umfassender organischer Prozess zwischen den Gliedern der Kirche, sie „stellt unter dieser Perspektive nichts anderes dar als den Ausdruck der bleibenden und beständigen Konziliarität der Kirche“[69].

❖ Das (Bischofs-)Amt als Anwalt der Konsensfindung unter Einschluß des Volkes

Dem kirchlichen Amt kommt vor dem Hintergrund des Rezeptionsgeschehens – gerade wenn sie „Hüterin der Wahrheit“ sein will – eine erweiterte Rolle zu. Es wird zum Anwalt der Konsensfindung unter Einbindung und nicht unter Ausschluß des Volkes! Man wird wohl diesen Auftrag zuspitzen müssen: Das Amt *kann* nicht nur, sondern *muss* das Volk Gottes für eine gegenwartsbezogene Interpretation der Offenbarung beiziehen – will sie das Evangelium heute authentisch bewahren und verkünden.

Dem jeweiligen Ortsbischof kommt inmitten dieses umfassenden Rezeptionsgeschehens eine entscheidende Rolle zu. Er steht einerseits an der Schnittstelle zwischen Orts- und Weltkirche und andererseits steht er in Kontakt mit dem ihm anvertauten Volk, dass tagtäglich und unter konkreten Bedingungen die Offenbarung in vielfältiger Weise rezipiert. Freilich verschob sich die Rolle des Bischofs im Laufe der Geschichte: Übten die Bischöfe in der Alten Kirche ihr Amt in Verbundenheit mit dem Volk Gottes aus im Dienste der je neu zu vollziehenden schöpferischen Annahme der Offenbarung, so wandelte sich ihre Rolle immer mehr zu „Kontrolleuren“ bzw. Verteidiger von „Glaubensformeln“. Aufgrund dieser Entwicklung werden Bischöfe heute oft einseitig als jene Instanzen wahrgenommen, die die Glaubensinhalte festhalten, einfordern und verteidigen. In der Ausübung ihrer lehramtlichen Funktion treten sie vorwiegend im Gegenüber zur „Welt“, ja immer öfter auch gegenüber den eigenen Gläubigen auf. Dies ist jedoch nur der eine Teil bischöflicher Amtsausübung. Eine zweite wesentliche Aufgabe des bischöflichen Amtes besteht im intensiven Dialog mit der Ortskirche und ihren Gliedern. Ausdrücklich bestimmt das Zweite Vatikanische Konzil den Stil bischöflicher Amtsausübung so:

> *„Die Ausübung des bischöflichen Lehramts geschieht im vielfältigen Austausch des Glaubens mit den Gläubigen, den Priestern, den Theologen“ (LG 51).*

Der Text nennt die (einfachen) Gläubigen an erster Stelle! Dies entspricht Lumen Gentium 12 und dem darin enthaltenen Verständnis, dass sich die Wahrheit nur in und mit dem Volk Gottes finden und verwirklichen lässt. Das Konzil hat mit dieser Anweisung die Amtsausübung der Bischöfe an den engen Kontakt und Austausch mit den Gläubigen gebunden.

❖ Rezeptions- und Transformationsprozesse brauchen Zeit

Rezeptionsvorgänge meinen nicht (nur) äußerliche Übernahme, sondern beinhalten umfassende Internalisierungsvorgänge und existentielle Aneignungsprozesse. Was rezipiert werden soll muss ins Leben „einsickern“, es zunehmend prägen und durchdringen. „Der Zeitfaktor ist ernst zu nehmen, weil die zu rezipierenden

---

[69] Beinert, Rezeption, 44.

Entscheidungen immer in der einen oder anderen Weise den Glauben der Rezipienten betreffen, also in die intimste Innerlichkeit hineinreichen; diese aber ist möglicherweise vorgängig durch erheblich andere Formen und Gestalten des Glaubens geprägt worden, die nicht rasch veränderbar sind."[70] Die (Neu-)Gestalten unseres Glaubens und kirchlichen Lebens brauchen Zeit zur Annahme und der damit einhergehenden inneren Verwandlung.
Dies gilt im Besonderen für den Übergang vom jahrhundertealten, klassischen Pfarrmodell „ein Pfarrer – eine Pfarre" zum Leitungspaar mit einem nichtpriesterlichen Gemeindeleiter. Wir können hier durchaus von einem Paradigmenwechsel im Kirchen- bzw. Pfarrbild sprechen. Es wird in der Untersuchung zu beobachten sein, wie die Menschen auf das neue Leitungsmodell reagieren, ob und wie sie es aufnehmen und welche Rolle der Faktor Zeit dabei spielt.

❖ Die Bedeutung der Rezeption bei der Installierung des Gemeindeleitungsmodells nach c. 517 § 2

Vor dem Hintergrund dieses Rezeptionsverständnisses müssen wir im Blick auf das zu untersuchende Leitungsmodell fragen: Was wird von den Gläubigen im Sinne des sensus fidelium angenommen, was spielt keine Rolle und was spüren die Menschen als Ungenügen? Was wird rezipiert und wo wird die Rezeption verweigert? Ebenso wird zu prüfen sein, inwieweit dieses Leitungsmodell das Glaubensleben der Gemeinde fördert (vgl. die vier genannten Kriterien für einen echten Gaubensinn).
Diese Erkenntnisse gilt es in einem weiteren Schritt mit den anderen Orten theologischer Erkenntnis ins Gespräch zu bringen, um zu hören, was der Geist den Gemeinden heute sagt. Dieses Wahrnehmen und Hören ist Aufgabe aller Verantwortlichen auf ortskirchlicher und weltkirchlicher Ebene, von Lehramt und Theologie. Pottmeyer fasst den Beitrag durch die Rezeption der Gläubigen zur gelungenen Ausübung zusammen:

> *„Es legt sich indes nahe, ... den Beitrag der Gläubigen nicht erst bei der nachträglichen Rezeption zu begrüßen. Je mehr die Erfahrungen und Einsichten der Gläubigen schon in die Entscheidungsvorbereitung einbezogen werden, desto mehr steht zu erwarten, dass auch die Rezeption besser gelingt."*[71]

Für die Leitung der Kirche bedeutet dies, dass sie kontinuierlich die Einstellungen der Glieder der Kirche berücksichtigen muss, damit eine positive Rezeption (z. B. auch von rechtlichen Ordnungen) erfolgen kann und das bonum commune gewahrt bleibt. Ein unverzichtbares Mittel dazu ist die Konsultation. „Die sorgfältige Beobachtung gemeinschaftlichen Lebens, aber auch die Befragung der Betroffenen, verbunden mit

[70] Beinert, Einführung, 18.

[71] Pottmeyer, Rezeption 73. Das dies keineswegs zu Lasten des Ansehens der Lehramtes geht, zeigen die tastenden Versuche nordamerikanischer und österreichischer Bischöfe (z.B. Sozialhirtenbriefe), die die Entwürfe von Hirtenschreiben den Gläubigen vorgelegt und um Stellungnahme gebeten hatte. Der veröffentlichte Endtext fand nicht nur breitere Zustimmung, sondern auch größere Beachtung, da die Auseinandersetzung der Menschen den Sinn für diese Anliegen geschärft hat. Ein Beispiel gelungener Ausübung des Hirtenamtes.

einer möglichst durchsichtigen Information über eigene Absichten und Ziele, werden die Aufnahmebereitschaft spürbar erhöhen."[72] Hier wird eine Brücke zum Anliegen der nachfolgenden Befragung geschlagen. Dies zu unterstützen kann die herausfordernde und hoffentlich auch prophetische Aufgabe Praktischer Theologie sein.

3.3 Der Beitrag der Praktischen Theologie: Kritische Anwältin des sensus fidelium

Ist der eigenständige und unverzichtbare Beitrag des Volkes Gottes für eine zukünftige Gestalt der Gemeinde aufgewiesen, so bleibt dennoch die Frage, wie der sensus fidelium ins theologische Gespräch eingebracht werden kann und welcher theologischen Disziplin diese Aufgabe im Besonderen zukommt. Kann es sein, dass die Praktische Theologie genau hier ihren spezifisch-theologischen und ekklesiologischen Ort hat, indem sie den unverzichtbaren Schatz der Glaubenserfahrungen der betroffenen Christen und Christinnen aus den Gemeinden endlich sichtbar und hörbar, damit für die Zukunft der Kirche fruchtbar macht und in das theologische Gespräch einbringt?
Dieser Abschnitt bietet nicht eine Zusammenfassung der umfangreichen Diskussion zum Selbstverständnis Praktischer Theologie,[73] sondern betont jene Aspekte, die mir für das Selbstverständnis der vorliegenden praktisch-theologischen Arbeit wichtig erscheinen: Nach einer Reflexion des spezifischen Praxis-Theorie-Bezugs Praktischer Theologie anhand des Modells von Zerfass (3.3.1) akzentuiere ich das Selbstverständnis im Hinblick auf das Anliegen meiner Arbeit (3.3.2). Diese Akzentuierung gründet keineswegs nur auf einer *fachtheoretischen* Positionierung. Sie resultiert vielmehr aus dem Verständnis eines sich in der geschichtlichen Person Jesus Christi offenbarenden Gottes, wie ich es in den vorangegangenen *theologischen Abschnitten* beschrieben habe.

3.3.1 Das Praxis-Theorie-Verhältnis in der Praktischen Theologie

Geht es um den spezifischen Charakter der Praktischen Theologie, wird allerorts ihr besonderer Praxisbezug hervorgehoben[74] und die „Erfahrung als Prinzip der Praktischen Theologie"[75] genannt. Dabei ist Praktische Theologie selbst nicht Praxis, sondern „Theorie von Praxis"[76].

❖ Gegenwärtiges christliches Handeln als Ausgangs- und Zielpunkt Praktischer Theologie

Wodurch ist nun dieser Praxisbezug charakterisiert, wenn doch alle theologischen Disziplinen das gleiche „Materialobjekt", nämlich den „Selbstvollzug der Kirche"[77]

---

[72] Ochmann, Recht, 157.
[73] Vgl. dazu die verschiedenen Beiträge in: HPTh I und HPTh II.
[74] Vgl. Haslinger, Selbstverständnis, 22–25; Hochstaffl, Konzeption, 318–327.
[75] So übertitelt Leo Karrer seinen Beitrag zur praktisch-theologischen Reflexion in: HPTh I, 199–219.
[76] Vgl. Haslinger, Vorwort, 15.
[77] Rahner, Grundlegung, 117.

aufweisen? Der Unterschied zwischen der Praktischen Theologie und den anderen theologischen Disziplinen besteht darin, dass letztere ihren eindeutigen Schwerpunkt auf die Rekonstruktion und Interpretation der Zeugnisse christlicher Überlieferung legen. Praktische Theologie dagegen beschäftigt sich mit den Herausforderungen heutiger Pastoral. Sie macht „nicht überlieferte Texte, sondern gegenwärtiges christlich-kirchliches Handeln zu ihrem Ausgangs- und Zielpunkt“[78].Obwohl der Blick der Praktischen Theologie gegenwartsbezogen ist, schließt er einen „Rückblick“ auf die Tradition mit ein. Die Beschäftigung mit der Kirchen- und Theologiegeschichte in der Praktischen Theologie wird somit „nicht zum Selbstzweck, sondern sie ermittelt ein Potential an Antworten für die schwebenden Fragen von heute und für die blockierten Situationen der gegenwärtigen Kontroversen“[79]. Die Praktische Theologie stellt die gegenwärtige christliche Praxis und die stets zu reformierende Kirche unter den Zu- und Anspruch des Reiches Gottes. Sie ist um eine je neue Inkulturation der Offenbarung bemüht und „thematisiert unter Ausschöpfung aller ihr zur Verfügung stehenden Mittel und Möglichkeiten, *die in der jeweiligen Gegenwart stets neu zu realisierenden Praxis der Kirche.*

Indem das „gegenwärtige christlich-kirchliche Handeln“ Ausgangs- und Zielpunkt praktisch-theologischer Reflexion darstellt, entwickelt sie ihre eigene Theoriebildung (nicht nur Inhalte) in und „parallel“ zur Auseinandersetzung mit der Praxis. Praktische Theologie bedarf zu ihrer *fachtheoretischen* Legitimation der *systematischen* Reflexion des Zueinanders von Theorie und Praxis.

❖ Das Regelkreismodell von Rolf Zerfaß

In jüngerer Zeit wurde der spiralförmige Erkenntnis- und Handlungsprozess zwischen Praxis und Theorie anhand verschiedener Modelle beschrieben.[80] Die größte Resonanz fand das Regelkreismodell von Rolf Zerfaß, das ich kurz erläutere, um dann anhand einiger kritischer Fragen meine eigene Akzentsetzung zum Verständnis Praktischer Theologie vorzunehmen.[81]

Aufbauend auf dem handlungswissenschaftlichen Konzept des Amerikaners Seward Hiltner[82] hat Rolf Zerfaß eine Art kybernetisches Regelkreismodell entwickelt, das bis heute – trotz aller Kritik[83] – für das methodische Vorgehen der Praktischen Theologie grundlegende Geltung beanspruchen darf: Die aktuelle Praxis (bisherige Praxis I) wird über empirische Situtationserhebung und in Konfrontation mit der geltenden Überlieferung (praktisch-theologische Reflexion) in eine neue, reformierte und methodisch

[78] Lehmann, Theorie-Praxis-Problem, 171.

[79] Garhammer, Kriterien, 314.

[80] Vgl. Hochstaffl, Konzeption, 318–332.

[81] Ein weiteres – häufig in der pastoralen Praxis anzutreffendes – Modell ist der Dreischritt „Sehen – Urteilen – Handeln“. Er ist mit dem Regelkreismodell kompatibel. Der Dreischritt eignet sich besonders, „die Kluft zwischen der wissenschaftlichen Praktischen Theologie und der Praxisreflexion vor Ort zu überwinden“ (Hochstaffl, Konzeption, 325.) und für den Entwurf pastoraler und kirchlicher Handlungskonzepte.

[82] Hiltner, Preface.

[83] Vgl. dazu Hochstaffl, Konzeption, 321.

reflektierte Praxis (neue Praxis II) übergeführt. Dieser reflexive Prozess wird in der Regel dadurch ausgelöst, dass eine gegenwärtige Praxis in die Krise gerät (Stichwort: Priestermangel, Engpässe in der sakramentalen Versorgung, usw.). Die Krise und anstehenden Fragen erzeugen einen Handlungsdruck („Es muss etwas geschehen!"). Er zwingt die Verantwortlichen zu reagieren.[84] Eine Reflexion, die auf eine Lösung der Krise abzielt, setzt ein („Es muss darüber nachgedacht werden, was jetzt zu geschehen hat"). In der Regel versucht man zunächst durch einen Rückgriff auf die Tradition (geltende Überlieferung bzw. bekannte Methoden) die Störungsquelle zu beheben. Dadurch tritt manchmal ein Konflikt oder eine im Grunde unerledigte, offene Frage noch deutlicher hervor. Es ist oft nur eine Frage der Zeit, bis eine kurzschlüssige und provisorische Strategie aufgegeben werden muss.[85] Eine genaue, d.h. systematische (sozialwissenschaftliche) Situationserhebung alleine ermöglicht aber noch keine adäquaten, d. h. situations- und evangeliumsgemäße Antworten, „denn das erhobene Datenmaterial liefert als solches noch keine Handlungsanweisungen, sondern muss zunächst mit dem geltenden Überlieferungsanspruch konfrontiert werden, wenn die gesuchten Handlungsmodelle nicht einfach dem Druck der Fakten folgen, sondern aus dem Impuls christlicher Überlieferung kritisch und konstruktiv auf das gegenwärtige Handlungsfeld Einfluss nehmen wollen"[86]. Es gibt eine wechselseitige Anfrage der Daten bzw. Erkenntnisse an die Überlieferung und umgekehrt. Es ist Aufgabe der Praktischen Theologie innerhalb des Spannungsbogens dieser beiden Pole neue Handlungstheorien für eine zukünftige Praxis kreativ zu entwerfen. Diese müssen sowohl theologisch als auch humanwissenschaftlichen-empirisch verantwortet sein.

❖ Kritische Anfragen: Praxis nur als zu „korrigierendes Objekt"?

An dieses von Fachvertretern grundsätzlich anerkannte Modell sind vor dem Hintergrund der Lehre vom sensus fidelium folgende Fragen zu stellen.
Im Modell von Zerfaß, als einem „Modell der Korrektur christlich-kirchlicher Praxis", nimmt die Theorie gegenüber der (gelebten) Praxis eine kritische Vorrangstellung ein. Natürlich kann nur in der Reflexion und der begrifflichen Benennung der Praxis diese als vom Geist gewirkt oder dem Evangelium widersprechend erkannt und benannt werden. Jede Reflexion und jede Theorie stehen im Dienst einer besseren Praxis!
Die Rede von der „Korrektur gegenwärtiger Praxis" birgt jedoch die Gefahr in sich, dass die gegenwärtige Praxis in erster Linie als zu untersuchendes Objekt, als durch Bibel, Tradition und Lehramt zu beurteilendes „Material" in den Blick kommt. Praxis kommt hier nur als zu *korrigierendes Objekt* in den Blick. Sie ist unvollkommen, krisenhaft, auf jeden Fall mangelhaft und muss deshalb korrigiert werden. Dies ist zweifellos in der zugleich heiligen und sündigen Kirche der Fall. Aber ist kirchliche

84 Zerfaß bezeichnet diese Reaktion wohlwollend als Reflexionsbereitschaft. Ich würde diesen Begriff erst dann verwenden, wenn deutlich wird, dass man sich aktiv, systematisch grundsätzlich und mit einer gewissen inneren Freiheit um eine qualitativ neue Gestalt bemüht.

85 Man kann Zerfaß entgegen halten, dass die Auswahl der Themen, mit der sich Praktische Theologie beschäftigt, nicht auf eintretende Krisen eingeschränkt werden soll.

86 Zerfaß, Handlungswissenschaft, 168.

Praxis nicht auch der Ort, an dem der Heilige Geist wirkt und an dem er heute schon Wege aufzeigt, die vielleicht erst morgen von der theologischen (Theorie) eingeholt werden? Dürfen wir nicht ebenso erwarten, dass sich in manchen ungewohnten, krisenhaften Situationen neue Gestalten zukünftiger kirchlicher Sozialformen ankündigen, die dem Evangelium durchaus entsprechen, ja es sogar zeitgemäßer zum Ausdruck bringen?

❖ Neue kirchlich-gläubige Praxis als Fingerzeig für eine neue Gestalt von Kirche

Die praktisch-theologische Reflexion darf sich daher nicht in der Kritik der gegenwärtigen Praxis erschöpfen. Sie muss vielmehr auch jene Momente in der christlichen und kirchlichen Praxis aufspüren, die – von Theologie und Lehramt noch nicht bedacht – eine neue Gestalt von Kirche und ein neues evangeliumsgemäßes Handeln ankündigen. Wo und wie wird in diesem Theorie-Praxis-Modell jene theologische Wahrheit berücksichtigt, dass das Leben der Gläubigen – ihr Kult, ihr Suchen und Drängen nach einem erfüllenden Leben und nach einem menschlichen und zugleich radikalen Glauben (vgl. DV 8) – selbst einen Ort theologischer Erkenntnis darstellt?

Das unbestritten bedeutsame Modell von Zerfaß muss dahingehend neu akzentuiert werden, dass die Glaubenspraxis und der Glaubenssinn der Gläubigen auch Quelle theologischen Erkennens sind (die Ebene der theologischen Erkenntnislehre) und bereits den Keim einer neuen Gestalt von Kirche enthalten (die Ebene kirchlichen Bewusstseins und konkreter Strukturgestaltung) können. Die Kritik, die ich aus *theologischen* Gründen am Modell von Zerfaß anbringe, benennt Josef Hochstaffl auf einer *praktischen* Ebene: „Die konkreten Menschen mit ihren Blickwinkeln, ihren Bewertungsmaßstäben und ihren Handlungsphantasien finden weniger Berücksichtigung.“[87]

3.3.2 Die Akzentsetzung dieser Arbeit: Praktische Theologie als Anwältin des sensus fidelium

In der Auseinandersetzung mit dem Modell von Zerfass ist bereits jene Akzentsetzung angeklungen, die für das Anliegen der vorliegenden Arbeit nochmals explizit benannt werden soll.

❖ Praktische Theologie als theologische Reflexion in „Krisis“

Die unmittelbare Bezugnahme auf die Fragen von heute, auf die gegenwärtige kirchliche und auch gesellschaftliche Situation, macht das Spezifische der Praktischen Theologie aus. Angesichts zahlreicher innerkirchlicher Konfliktherde,[88] des Reformstaus in der katholischen Kirche, ja der Behauptung, dass die Kirche insgesamt in eine massive Krise geraten ist,[89] muss Praktische Theologie zugespitzt als „Reflexion auf Entscheidung hin“[90] gesehen werden. Sie findet sich an den Brennpunkten und Krisen

---

[87] Hochstaffl, Konzeption, 321.

[88] Beispielhaft seien genannt die Zulassung der geschiedenen Wiederverheirateten zur Kommunion, die Segnung homosexueller Paare, das Kondomverbot angesichts Millionen sterbender Aidskranker usw.

[89] Die detaillierte Begründung für diese Diagnose ist gut zusammengefasst in Kehl, Wohin, 59–98.

[90] Rahner, Praktische Theologie, 505.

kirchlicher Praxis und prüft die Geister. Indem sie aktuelle Fragen und Anstöße aus der gegenwärtigen Praxis aufgreift und theologisch reflektierte Optionen erarbeitet, wird. Praktische Theologie selbst immer „anstößige“ Theologie sein müssen. Sie wird dabei stellvertretend für andere theologische Disziplinen auch vernachlässigte Themenfelder behandeln und so „formales Gewissen“ für diese sein, insofern sie Horizont und gegenwärtig relevante Fragen vorgibt.[91] In der Wahrnehmung dieser Aufgabe erfüllt sie eine prophetische Dimension.[92]

❖ Option für die „Sprachlosen“

Die Option für die Armen ist in der Praktischen Theologie heute ein durchgängiges Prinzip geworden.[93] Es wurde darauf hingewiesen, dass das Problem des Priestermangels und alternativer Lösungsversuche vorwiegend aus der Sicht von kirchlichen Leitungspersonen und Theologen artikuliert und beurteilt wird. Die betroffenen Gläubigen kommen nicht oder nur am Rande zu Wort. Sind in unserem Zusammenhang nicht die betroffenen Gemeindemitglieder die „Armen“, nämlich die der Situation ohnmächtig Ausgelieferten? Dass die Gläubigen sprachlos bleiben und die Erfahrungen und Glaubenszeugnisse der Christen am Ort von theologischen und kirchlichen Suchprozessen ausgespart bleiben, entspricht jedenfalls nicht demWillen Jesu – wie Franz Weber deutlich macht:

> *„Jesus treibt seine Option für die Armen und Kleinen wirklich auf die Spitze, wenn er seinem Vater, vom Heiligen Geist erfüllt, voll Freude dafür dankt, dass in seinem Reich den Weisen und Klugen verborgen bleibt, was den Unmündigen geoffenbart wird (vgl. Lk 10,21) und diese danken es ihm, dass sie gewürdigt werden, Trägerinnen und Träger, Interpretinnen und Interpreten der Offenbarung des Vaters zu sein (vgl. Lk 10,22), indem sie die frohe Botschaft von ihrer Befreiung selbst weitersagen und weitertragen.“*[94]

Daran anknüpfend, können wir den Beitrag der Praktischen Theologie darin sehen, der stummen Herde eine Stimme zu verleihen und sie in kritischer Weise in das theologische Gespräch einzubringen. Damit wird dem Volk Gottes seine theologische Dignität zurückgeben.

❖ Befragte Menschen als Subjekte im theologischen Erkenntnisprozess

Die vorliegende Untersuchung, die Aussagen und Erfahrungen der betroffenen Interviewten (im fünften Kapitel) sind nicht einfach (didaktische) Veranschaulichung eines

---

[91] Vgl. Rahner, Praktische Theologie, 508.

[92] Die Praktische Theologie unterscheidet sich darin von den engagierten und verantwortlichen „Praktikern“ in erster Linie nicht „durch eine größere Handlungs- oder Problemlösungskompetenz, sondern dadurch, dass sie die Praxis frei von unmittelbarem Handlungs- und Entscheidungsdruck mit wissenschaftlichen Methoden reflektieren kann“ (Klein, Zusammenarbeit, 262). In einer kreativen Verlangsamung des Reflexionsprozesses, einer produktiven Entschleunigung des Reagierens auf drängende Fragen kann sie die anstehenden Probleme gründlicher erheben, d.h. methodisch nachvollziehbar analysieren, systematischer bedenken und Antworten suchen.

[93] Vgl. Haslinger, Selbstverständnis, 30.

[94] Weber, Gemeinde, 63.

an sich dogmatischen Themas. Mit diesem Blick würden die Betroffenen Objekte bleiben. Diese Bewertung ist – so Rahner – des Volkes Gottes unwürdig, denn

> *„der Glaube der durchschnittlichen Christen ist nun einmal nicht bloß die jämmerliche Skizze des amtlichen Glaubens, sondern ist selber schon, weil ja heilschaffend und getragen von der Selbstmitteilung Gottes selbst, wirklich auch der Glaube, den Gottes Gnade hervorbringen und in der Kirche lebendig haben wollte ... so armselig und fragmentarisch er auch in seiner begrifflichen Objektivation in den Köpfen der Menschen sein mag"*[95].

Daraus ergibt sich, dass die Kirche – weder die wissenschaftliche Theologie noch das kirchliche Lehramt – diesem gleichgültig oder geringschätzig gegenüber stehen kann: „Der reale Glaube in den Menschen der Kirche hat auch eine normative Bedeutung für den offiziellen Glauben der Amtskirche"[96], er ist „Quelle und in etwa auch Norm für den kirchenamtlichen Glauben"[97]. Damit ist der Subjektcharakter der Befragten *theologisch* grundgelegt.

Die Interviewten sind als betroffene Subjekte jene, die legitimer Weise ihre Erfahrungen und Meinungen zur Frage der Gemeindeleitung nach c. 517 § 2 einbringen. Als primär Betroffene[98] sind sie Experten zu Fragen dieses Leitungsmodells. Ihre Erfahrungen sind mit den Erfahrungen und Anliegen der sekundär Betroffenen bzw. anderer Experten (Theologen, Pastoralamtsleiter ...) ins Gespräch zu bringen. Dieses kreative Zueinander verhält sich quasi analog zum konstruktiven Zueinander der loci theologici.

❖ Nicht nur neue Ergebnisse, sondern ein erweiterter Kommunikationsprozess

Das Ziel einer solchen Herangehensweise ist nicht einfach ein neues, anderes Ergebnis zu dieser Thematik – wobei neue Akzente durchaus erwartet werden dürfen. Ein Ziel der Arbeit liegt bereits im Prozess (Weg) selbst, dem Einbeziehen des Gottesvolkes mit seiner theologischen (mehr oder minder reflexiven) Kompetenz, dem sensus fidelium. Das Miteinbeziehen der Betroffenen, die Berücksichtigung des sensus fidelium als wesentlichen Ort theologischen Erkennens und das nachvollziehbar-transparente empirische Erfassungs- und Reflexionsprocedere macht das Besondere dieser Arbeit aus. Die interviewten Betroffenen bringen als gläubige Christen etwas ein, das schlichtweg unersetzbar ist und auch durch ein Mehr an theologischen Wissen nicht ersetzt werden kann.

❖ Die Praktische Theologie als Anwalt des sensus fidelium

Die Praktische Theologie fragt also nach den „Zeichen der Zeit" und versucht sie „im Licht des Evangeliums zu deuten" (GS 4). Weil sie das Ereignis der Offenbarung im Volk Gottes ernst nimmt hört sie darauf, was der Geist den Gemeinden sagt (vgl. Offb 3,6). Damit ist die Praktische Theologie jene theologische Disziplin, die sich in

---

[95] Rahner, Gläubigkeit, 222f.

[96] Rahner, Gläubigkeit, 224.

[97] Rahner, Gläubigkeit, 226.

[98] Vgl. Fuchs/Haslinger, Perspektive, 220.

besonderer Weise der Wahrnehmung des Glaubenssinnes der Gläubigen zuwendet, im Wissen, dass der Geist Gottes in originärer Weise im Volk Gottes am Werk ist und die Bekehrung der Kirche zum Evangelium vorantreibt. Dieser vom kirchlichen Lehramt und der wissenschaftlichen Theologie oft gering geschätzte oder vernachlässigte Beitrag des Volkes Gottes zu der immer wieder neu zu vollziehenden Ekklesiogenese, wird von der Praktischen Theologie als unverzichtbarer in das kirchliche und theologische Gespräch eingebracht. Durch diese besondere „Nähe" der Praktischen Theologie zum Wirkfeld des Glaubensinnes des Gottesvolkes – ohne jedoch die anderen loci theologici zu vernachlässigen – können wir diese in gewisser Hinsicht als Änwaltin des sensus fidelium bezeichnen.

❖ Offenheit für die Spuren des Geistes im Gemeindeleitungsmodell c. 517 § 2

Die vorliegende Untersuchung will die Erfahrungen der Gläubigen mit dem Gemeindeleitungsmodell nach c. 517 § 2 sammeln und die Auswirkungen des Modells auf das Gemeindeleben erforschen. Ergeht die sich in der Geschichte entfaltende Offenbarung an alle Menschen, so dürfen wir in den Erfahrungen der Gläubigen mit diesem Modell eine konkrete Ausprägung der Offenbarungsgeschichte – und der Kirchengeschichte – sehen. In der Weise, ob und wie die Gläubigen dieses Gemeindeleitungsmodell nach c. 517 § 2 aufnehmen bzw. rezipieren, dürfen wir die sanften Hinweise und Spuren des Heiligen Geistes für eine zukünftige Gestalt der Kirche erkennen. Die Echtheit des Glaubensinnes liegt – nach Beinert – dann vor, wenn die Wirkung (des Modells) gemeinschafts- und glaubensfördernd ist und dem Zeugnis der Heiligen Schrift nicht widerspricht. Dass diese Erfahrungen der Gläubigen ernst zu nehmen sind, und nicht einfach übergangen werden dürfen, wurde in diesem Kapitel theologisch dargelegt.

Der Beitrag der Praktischen Theologie ist in zweierlei Hinsicht zu erwarten:

Ein *pastoral-praktischer Beitrag*, der zu einem kreativen und konstruktiven Umgang aller Beteiligten (von den Gläubigen bis zur Diözesanleitung) mit dem Gemeindeleitungsmodell c. 517 § 2 in der aktuellen Situation beitragen will und

ein *praktisch-theologischer Beitrag*, der den Glaubenssinn des Gottesvolkes zu Wort kommen lässt, die (theologischen) Aporien (und auch Mythen) aufzeigt und theologisch begründete Optionen erarbeitet.

Im nächsten Kapitel wird das „Hören darauf, was der Geist den Gemeinden sagt" methodisch vorbereitet. Die Sinne – und das Herz – sollen für die Begegnung mit den Menschen in den betroffenen Gemeinden vorbereitet werden.

4 Die Sinne öffnen zur Begegnung – Die Befragung in drei Gemeinden der Diözese Innsbruck: Methodik und Projektverlauf

Die *Fragestellung* dieser Arbeit lautet: Wie wird die „Doppelleitung" durch c. 517 § 2 in den Gemeinden wahrgenommen und welche Auswirkungen hat dieses Modell auf das konkrete Leben der Gemeinde? Mit Hilfe einer qualitativen Befragung sollen die Erfahrungen und Stimmen der Hauptbetroffenen, also der Gemeindemitglieder erhoben werden, um sie in einem weiteren Schritt in das theologische Gespräch und in die kirchlichen Überlegungen nach neuen Wegen der Gemeindeleitung einbringen zu können.

Im dritten Kapitel habe ich dargelegt, dass der *Glaubenssinn der Gläubigen* für das theologische Forschen und für die immer wieder notwendige Erneuerung der Kirche unverzichtbar ist. Die *Aufgabe der Praktischen Theologie* sehe ich darin, den Glaubenssinn der Gläubigen wahrzunehmen bzw. sogar aktiv „aufzuspüren" und für das theologische Gespräch fruchtbar zu machen. Deshalb begibt sie sich in die Lebens- und Gemeindewirklichkeiten der Menschen hinein. In diesem Sinn fordern die Herausgeber des Handbuches Praktischer Theologie, sich „in den Erfahrungsraum der jeweils betroffenen Menschen hineinzubegeben, ihre Sprache und Lebensformen zu verstehen und das darin enthaltene Verständnis von Wirklichkeit ernst nehmend, in die theologische Reflexion als deren konstitutiven Inhalt zu integrieren."[1]

Wir können davon ausgehen, dass „das darin enthaltene Verständnis von Wirklichkeit" bereits eine im Glauben gedeutete Wirklichkeit praktizierender ChristInnen ist und nicht erst nachträglich spirituell oder theologisch „aufgeladen" werden muss. Die im Glauben gedeuteten Erfahrungen vieler Christen ergeben gemeinsam das Erfahrungswissen eines *kollektiven Subjekts*,[2] dass normative Geltung beansprucht. Im Zusammentragen gemeinsam geteilter Erfahrungen vieler betroffener Christen und Christinnen „gerinnen" diese zu einem Stück „con-sensus fidelium".

Die Erfahrungen – sowohl mit dem Priestermangel als auch mit dem Gemeindeleitungsmodell nach c. 517 § 2 – sind je nach *Betroffenheitsperspektive* an Intensität und Richtung verschieden.[3] In unserem Zusammenhang sind die Gemeindemitglieder und die Leitungspersonen die *primär* Betroffenen. Sie bringen als solche bezüglich dieser Gemeindesituation eine primäre Kompetenz mit, denn: „Die existentielle Wahrheit der konkreten Situation erschließt sich nur über den primär Betroffenen."[4] Wenn deren Erfahrungen zur Sprache kommen sollen, so muss die Praktische Theologie „auch die Bedingungen dafür schaffen, dass das kreative Zur-Geltung-Bringen der Erfahrungen

---

[1] HPTh I, 28f.

[2] Vgl. Mette/Steinkamp, Sozialwissenschaften, 171.

[3] So unterscheiden Brigitte Fuchs und Herbert Haslinger verschiedene Grade und Weisen der Betroffenheit. Sie sprechen von der *primären*, der *abgeleiteten* und der *transferierte* Betroffenheit (vgl. Fuchs/Haslinger, Perspektive, 220.)

[4] Bopp, Barmherzigkeit, 232.

und Sichtweisen Betroffener durch diese selbst möglich wird“[5]. Sie nimmt nicht nur Notsituationen in den Blick, sondern lässt „die Art der Bedürftigkeit von den Betroffenen selbst definieren“[6]. In dem die Praktische Theologie den Betroffenen diesen Raum einräumt, vertauscht sie – zumindest vorübergehend – die Position des in der theologischen Diskussion Mächtigen (den professionellen Theologen, kirchlichen Verantwortlichen und Funktionären) mit der Position der Ohnmächtigen. Dieser Vorgang verändert auch die Sichtweise der Praktischen Theologie. Sie muss in großer Offenheit in den Kommunikations- und Forschungsprozess mit den Betroffenen einsteigen und vorgefertigte Begriffe, Denkmuster und Feststellungen zunächst zurückstellen. Nur dadurch kann tatsächlich Neues und Überraschendes wahrgenommen und erfasst werden.
Die vorliegende Untersuchung weiß sich – in Methodik und Durchführung – diesen Anforderungen verpflichtet. Es gilt eine Methodik zu finden, die sowohl mit der Fragestellung der Arbeit als auch mit dem skizzierten praktisch-theologischen Ansatz konvergiert. Zum einen muss daher bereits die *Untersuchungsanordnung selbst im dialogischen Prozess mit den Betroffenen erarbeitet* werden bzw. diese darin eingebunden sein. Zum anderen bedarf es einer Erhebungs- bzw. Befragungsmethodik, in der die Betroffenen als Subjekte mit *ihrer Perspektive* und *ihren Erfahrungen* zur Sprache kommen können. Was zum Ausdruck kommen soll ist der „sensus fidelium“ und nicht die Vorlieben des Forschers oder theologische Vorentscheidungen und schematische Fragestellungen, die die Aufmerksamkeit auf schon bekannte Antwortmöglichkeiten lenken.
Diesen Kriterien versuchen die qualitativen Verfahren der Sozialforschung zu entsprechen. In diesem Kapitel charakterisie ich zunächst die *Methodik* der qualitativen Forschung und beschreibe die verwendeten Techniken (4.1). Ich orientiere mich dabei an den drei Phasen jeder empirischen Untersuchung: die Erhebung (Befragung), die Aufbereitung (Transkription der Tonbandaufnahme) und die Auswertung. Dann dokumentiere ich den *konkreten Forschungsprozess* (4.2) im Sinne der Transparenz und Nachvollziehbarkeit und adaptiere die Methode für die Anforderungen des vorliegenden Projekts.

4.1 Die Methodik qualitativer Befragung

4.1.1 Kennzeichen qualitativer Forschung

❖ Die qualitative Wende

Die empirische Sozialforschung erkannte zunehmend die „Schwachpunkte“ der quantitativen Verfahren.[7] Die Untersuchungsanlage quantitativer Methodik tendiert nämlich dazu, die Befragten zum Objekt des Forschungsprozesses zu machen. Instrumente

---

[5] Fuchs/Haslinger, Perspektive, 222.
[6] Fuchs/Haslinger, Perspektive, 223
[7] Zu den Kritikpunkten an der quantitativen Forschung vgl. Lamnek, I, 6–21.

wie Skalen, Tests, Fragebögen, standardisierte Kataloge und Raster „lassen die ‚Versuchspersonen' nicht zu Wort kommen, sondern reduzieren sie auf das Reagieren auf vorgegebene Kategorien (Kreuzchen machen)."[8] Persönliche Motive, unterschiedliche Zusammenhänge, differenziertere Bewertungsmaßstäbe des Untersuchten bleiben im Dunkeln. Es gibt in der quantitativen Forschung nicht die Möglichkeit falsche Interpretation des Forschers zu korrigieren zurückzufragen. Die mit Zahlen bis in den Kommabereich arbeitenden quantitativen Verfahren täuschen eine Objektivität vor, die nicht einlösbar ist. Beim traditionellen quantitativen Verfahren werden zwar „Zahlen und Prozentzahlen in großen Mengen angeboten, es wird jedoch kaum gezeigt, wie der Mensch wirklich handelt und wie seine Interpretationen des Handelns aussehen"[9].
Die Schwächen der quantitativen Forschungsmethodik führten zur Entwicklung und Verfeinerung qualitativer Verfahren. Man sprach in diesem Zusammenhang von einer „qualitativen Wende".[10] Dabei steht das Ernstnehmen der Befragten als Subjekte und die Aufmerksamkeit für einen möglichst alltagsnahen und transparenten Forschungsprozess im Vordergrund. Wiewohl es verschiedene Techniken qualitativer Verfahren gibt, ist es v. a. „eine *Grundhaltung*, ein *Denkstil*, der auch in einem anderen Gegenstandsverständnis fußt, der immer streng am Gegenstand orientiert ist"[11]. Der Vorrang des Inhalts bedingt die Methodik und nicht umgekehrt. Deshalb gilt auch: Die angewendete Technik „wächst" und entwickelt sich an ihrem Untersuchungsgegenstand.[12]

❖ Die Prinzipien qualitativer Forschung nach Lamnek

Die qualitative Forschung weiß sich folgenden Grundhaltungen verpflichtet: Es gilt das Prinzip der *Offenheit* gegenüber der *Untersuchungsperson,* gegenüber der *Untersuchungssituation* und gegenüber der *anzuwendenden Methode.* Es will verhindern, dass Vorwissen und vorformulierte Hypothesen über die Untersuchungsperson und die Untersuchungssituation nur jene Informationen ausfiltern, die das methodische Filtersystem (z. B. ein Fragebogen) ermöglicht. Qualitative Verfahren möchten – v. a. in der Erhebungsphase – den Wahrnehmungstrichter möglichst weit offen halten. Das Prinzip der Offenheit widerspricht jedoch nicht der Notwendigkeit, sich eine thematische Kompetenz, eine *theoretische Sensibilität* anzueignen.[13] Eine theoretische Beschäftigung mit dem Thema im Vorhinein ist unumgänglich.
Ein weiteres Prinzip achtet die (unvermeidliche) *Kommunikation als konstitutiven Bestandteil* des Prozesses. Eine Neutralität oder Unabhängigkeit des Forschers gibt es nicht. In der Folge macht die qualitative Forschung die Kommunikationssituation selbst in ihren kontextabhängigen Variablen zum Thema. Schon jede Datensammlung ist theorieabhängig, weil sie nach (vorbewussten) Kriterien erstellt wird. Um „Kom-

---

[8] Mayring, Einführung, 1.
[9] Girtler, Methoden, 26f.
[10] Mayring, Wende. Zu einer differenzierten Gegenüberstellung von quantitativem und qualitativem Paradigma vgl. Lamnek, I, 218–244.
[11] Mayring, Einführung, V. (Hervorhebung von J. P.)
[12] Vgl. Strauss/Corbin, Grundlagen.
[13] Vgl. Strauss/Corbin, Grundlagen, 56.

munikationsverzerrungen" gering zu halten, gilt es, „eine möglichst natürliche Kommunikationssituation zu schaffen"[14].
Weiters baut die qualitative Sozialforschung auf einem *interpretativen Paradigma* auf. Dies meint die Überzeugung, dass „den Bedeutungen von menschlichen Verhaltensprodukten – seien sie nun sprachlicher (Symbole, Deutungen, Sprechakte) oder nonverbaler Natur (Gesten, Handlungen usw.) – eine prinzipielle Reflexivität zu unterstellen ist. Dies meint, dass jede Bedeutung kontextgebunden und jedes Zeichen Index eines umfassenderen Regelwerks ist (Indexikalität)."[15] Damit ergibt sich eine Spirale von Sinnkonstitution und Sinnverstehen in einem sozialen Kontext, die man als *hermeneutischen Zirkel* begreifen kann.
Das Prinzip der *Transparenz* meint die Forderung an den Forscher, das prinzipielle Vorgehen und die Einzelschritte des Untersuchungsprozesses so weit als möglich offen zu legen. Dazu gehören auch die *Regeln* der Datensammlung und der Auswertung. Diese Regel gewährleistet die Nachvollziehbarkeit der Interpretation und damit die Intersubjektivität des Ergebnisses.
Das Prinzip der *Flexibilität* gegenüber der befragten Person will dem Eigensinn des Befragten mehr Raum lassen, verlangt aber auch eine höhere Eigenleistung. Der Befragte kann einzelne Fragen und Themen genauer erörtern und bewerten. Der qualitative Forscher legt den Forschungsprozess so an, dass der Befragte seine Sichtweisen, Schwerpunktsetzungen, Deutungen, Differenzierungen aus seinem Leben heraus explizieren kann.

❖ Die Wende: Das Subjekt selbst kommt zur Sprache

Die Prinzipien qualitativer Methodik dienen letztendlich dazu, die Subjekte der Befragung ernst zu nehmen. „Sie selbst sind zunächst die Experten für ihre eigenen Bedeutungsgehalte."[16] Der qualitativen Forschung geht es um den Nachvollzug des subjektiv gemeinten Sinns. „Im Mittelpunkt stehen dabei zum Beispiel die Rekonstruktion subjektiver Sichtweisen und (Leidens-)Erfahrungen."[17] Mit der Wertschätzung des Subjekts ist bei der qualitativen Methode eine dialogische Untersuchungsanordnung verbunden: „Methodologisches Prinzip ist die Forderung, dem untersuchten Subjekt in allen Phasen des Forschungsprozesses gerecht zu werden, es in ‚dialogischer Form' soweit als möglich an der Untersuchung zu beteiligen."[18] Mit dieser Ausrichtung am Subjekt und dem Ernstnehmen des Forschungsprozesses erweist sich der *methodische* Ansatz der qualitativen Forschung als kompatibel mit dem im Kapitel drei skizzierten *theologischen* Ansatz dieser Arbeit.[19]

---

[14] Lamnek, I, 24.
[15] Lamnek, I, 25.
[16] Mayring, Einführung, 49.
[17] Lamnek, I, 33.
[18] Lamnek, I, 33.
[19] Vgl. Mette/Steinkamp, Sozialwissenschaften, 164–176.

4.1.2 Das Leitfadeninterview

❖ Allgemeine Charakteristika qualitativer Befragung

Aus den skizzierten Prinzipien leitet sich für eine qualitative Befragung Folgendes ab: Das Interview sollte im *alltäglichen* Milieu des Befragten stattfinden, um eine möglichst *natürliche Gesprächssituation* herzustellen. Der Interviewer soll eine anregende und möglichst offene Atmosphäre anzielen. In seinem Verhalten ist er einerseits zurückhaltend – was eigene Meinungen, Vorstellungen, Emotionen usw. zum jeweiligen Thema angeht –, andererseits aber interessiert und anteilnehmend an dem, was der Befragte erzählt. Sowohl die Formulierungen des *Fragetextes* als auch die Reihenfolge der Themen sind nicht streng festgelegt, sondern passen sich dem Gesprächsfluss an bzw. ergibt sich daraus. Wichtig ist, dass der Interviewer bei Unverständlichem nachfragt, bei sehr allgemeinen Aussagen um Differenzierung bemüht ist usw. Zusammenhänge, Einstellungen und deren Bedeutung für den Interviewten sollten deutlich werden. Die vorbereiteten Fragen werden elastisch verwendet. Der Interviewer folgt den verschiedenen „Sinnspuren", die der Interviewte selbst legt und versucht sie durch Präzisierungsfragen auszuloten. Die gesamt Interviewführung ist darauf ausgelegt, dass „der Befragte die Möglichkeit [hat], *seine Wirklichkeitsdefinition* dem Forscher mitzuteilen"[20]. Das verwendete Vokabular muss vom Interviewten gut verstanden werden. Dies alles verlangt vom Interviewer hohe kommunikative Fähigkeiten, die bewusst trainiert werden.

❖ Das problemzentrierte Interview

Für die Anforderungen der vorliegenden Untersuchung schien das problemzentrierte Interview mit Leitfaden am besten geeignet. Mit dem damit (vorgegebenen) thematischen roten Faden ist es „eine *Kombination* aus *Induktion und Deduktion* mit der Chance auf *Modifikation der theoretischen Konzepte* des Forschers"[21]. Im problemzentrierten Interview sind somit Konzeptgenerierung und -bestätigung kombiniert. Die maßvolle Standardisierung durch den Leitfaden erleichtert einerseits die Vergleichbarkeit mehrerer Interviews und damit die nachfolgende Auswertung. Andererseits lässt diese Technik genügend Raum für neue Aspekte, persönliche Sichtweisen und subjektive Bedeutungen

Die Strukturierung eines problemzentrierten Interviews setzt die theoretische Beschäftigung und das Einarbeiten bekannter Problemstellungen voraus: „Das Interview lässt den Befragten möglichst frei zu Wort kommen. Es ist aber zentriert auf eine bestimmte Problemstellung, die der Interviewer einführt, auf die er immer wieder zurückkommt. Die Problemstellung wurde vom Interviewer bereits vorher analysiert; er hat bestimmte Aspekte erarbeitet, die in einem Interviewleitfaden zusammengestellt sind und im Gesprächsverlauf von ihm angesprochen werden."[22]

---

[20] Lamnek, II, 61(Hervorhebung im Original).

[21] Lamnek, II, 75 (Hervorhebung im Original).

[22] Mayring, Einführung, 50.

❖ Leitfadeninterview und Fragetypen

Das problemzentrierte Interview arbeitet mit einem *Interviewleitfaden,* der aus der theoretischen Voranalyse der Thematik und der Problem- und Fragestellung entwickelt wird. Der Leitfaden lenkt das Gespräch thematisch, nicht unbedingt chronologisch. Der Leitfaden enthält die zentralen Themenaspekte, bringt sie in eine vernünftige Reihenfolge und schlägt Formulierungen vor. In einer *Pilotphase* soll der Leitfaden getestet und eventuell (inhaltlich und sprachlich) modifiziert werden. Mit jedem Gespräch sollte der Interviewer professioneller werden, d.h. er lernt, den Leitfaden elastisch zu handhaben und vermeidet damit die Gefahr der „Leitfadenbürokratie"[23]. Dann folgt die *Durchführung der eigentlichen Interviews* mit den ausgewählten Personen. Jedes Gespräch weist – idealtypisch – folgende „Dramaturgie" auf: In der *ersten Phase* geht es um Kontaktaufnahme und gemeinsam – etwa durch einen geschichtlichenBlick – „ins Thema zu kommen". In der *mittleren Phase* werden verschiedene Themenbereiche – wie oben beschrieben – sondiert und im einzelnen exploriert.[24] In der *letzen Phase* soll die interviewte Person (IP) Bilanz ziehen

4.1.3 Aufbereitungsverfahren: Tonbandaufzeichnung und Transkription

Im Zuge der Erhebung versucht man, möglichst viel Information und Daten zu sammeln. „Dieses Material muss aber erst festgehalten, aufgezeichnet, aufbereitet und geordnet werden, bevor es ausgewertet werden kann. Die beste Erhebung nützt nichts, wenn hier unsauber gearbeitet wird."[25] Ein bevorzugt verwendetes Mittel zum Erfassen und Aufbereiten der Information ist der Tonbandmitschnitt des Interviews. Es hat gegenüber dem Protokollieren den Vorteil, dass die Aufmerksamkeit beider Kommunikationspartner nicht auf den Akt des Protokollierens gelenkt und so der Gesprächsfluss ungestört ist. Obendrein geht nichts von dem, was sich erst bei der Auswertung als wichtig herausstellen könnte, verloren. Die Verdrängungstätigkeit des Interviewers bzw. Protokollanten – es werden eher Informationen und Bewertungen gespeichert, die zum eigenen Vorverständnis passen bzw. die eigene Einstellung bestätigen – ist nicht zu unterschätzen. Das Tonband verhindert diese unerwünschte Vorselektion.

Transkription meint den Vorgang, gesprochene – mit dem Tonband aufgenommene – Sprache zu verschriftlichen. Eine ausführliche Auswertung setzt eine wörtliche Transkription voraus, die möglichst nah am gesprochenen Wort bleiben soll.[26] Das ist wichtig, damit der „Eigen-Sinn" des Interviewten möglichst getreu erhalten bleibt. Gleichzeitig ist auf Lesbarkeit zu achten. In vorliegender Arbeit wurde deshalb das gesprochene (Dialekt-)Wort ins Schriftdeutsche übertragen. Um das Interview möglichst authentisch wiederzugeben – nicht nur den gesprochenen Text, sondern auch

[23] Hopf, Pseudo-Exploration, 101.

[24] Zu verschiedenen Typen von Fragen (Sondierungs-, Leitfaden- und Ad-Hoc-Fragen) im Gespräch vgl. Lamnek, II, 75–77.

[25] Mayring, Einführung, 65.

[26] Vgl. Mayring, Einführung, 69.

den Verlauf, Betonungen, Atmosphären –, wird der Text mit Sonderzeichen (Pausen, Betonungen, Ausrufe, Entrüstungen, Lachen, usw.) versehen.[27]

4.1.4 Die Auswertung bei qualitativen Verfahren

❖ Objektivität – Typenbildung – Repräsentanz

Der qualitativen Forschung geht es um gültige, verallgemeinerbare Aussagen und um Objektivität: „Objektivität ist die Basiskategorie jeglicher wissenschaftlicher Forschung."[28] Diese *Objektivität* kann jedoch im Feld der Sozialwissenschaften keine quantitative (durch Messen, Wiegen, Zählen ...) wie in den Naturwissenschaften sein. Es gibt nicht *die* soziale Realität *als solche*, sondern es gibt soziale Realität nur als (re-)konstruierte und als interpretierte. Die angestrebte „Objektivität" kommt durch eine Interpretation sozialer Realität zustande, die von möglichst vielen Forschern argumentativ abgesichert wird. Die qualitative Forschung hat somit einen intersubjektiven Objektivitätsbegriff.

Unter *Typenbildung* versteht man das Herausarbeiten von Mustern, Zusammenhängen und Typischen (Extremtypen, Prototypen, Idealtypen). Man spricht von einer symptomatischen oder exemplarischen Repräsentativität. „In der qualitativen Sozialforschung geht es nicht um statistische Repräsentativität, sondern um das Typische, um Formen der Typenbildung. Die Generalisierung der Ergebnisse soll über das Typische, über Repräsentanz und nicht über Repräsentativität erreicht werden."[29]

Anzustreben ist eine ganzheitliche, realitätsnahe Darstellung, in der Zusammenhänge sichtbar werden. „Ziel der Typenbildung ist ... das Auffinden von Allgemeinem im Besonderen: Im jeweils besonderen Fall soll dessen allgemeines Erscheinen zur Darstellung gebracht werden."[30] So können die Befragten beispielsweise in Gruppen (wie in dieser Untersuchung: Moderatoren, Kuratoren, Gemeindemitglieder) eingeteilt werden, die sich bezüglich eines bestimmten Antwortverhaltens gleichen oder unterscheiden. Um das „Typische" bzw. „soziale Strukturen" einer Situation zu eruieren, braucht es keine große Menge an Interviews. Bestimmte Muster ergeben sich bereits aus einer vergleichsweise geringen Anzahl:

> *„Der Grundgedanke ist folgender: Ein bestimmter Handlungsbereich ist durch wenige strukturelle Muster beschreibbar, von denen zwar Varianten sichtbar sind, aber nicht eine beliebige Anzahl .... Man muss nicht 2000 Befragte erreichen, meist reichen 10 oder 30 aus."*[31]

Mit einer vergleichsweise kleinen Anzahl von Interviews ist der Themenkomplex in seinen wesentlichen Zusammenhängen thematisiert. Jedes weitere Interview bringt nur

---

[27] Vgl. Mayring, Einführung, 71. Die Transkriptionsregeln für die vorliegenden Interviews werden bei der ersten wiedergegebenen Interviewpassage in Kapitel fünf angeführt.

[28] Lamnek, I, 178.

[29] Lamnek, II, 118 (Hervorhebung im Original).

[30] Lamnek, II, 118.

[31] Fuchs, Forschung, 229.

Wiederholungen, also „more of the same" (quantitatives Interesse).[32] Die kleine Interviewzahl erfordert jedoch eine theoretisch-systematische Auswahl der zu befragenden Personen: Die Stichprobe muss so gewählt werden, dass sie repräsentativ für die zugrundeliegende Gesamtheit ist (theoretical sampling).

❖ Gütekriterien: Transparenz der Untersuchung, Regelgeleitetheit, Gültigkeit, Argumentative Interpretation

Die Qualität des Forschungsprozesses und der Ergebnisse qualitativer Verfahren hängt an folgenden Kriterien: an der Offenlegung des Untersuchungsverlaufes, an einem regelgeleiteten Vorgehen und an einer transparenten nachvollziehbaren Interpretation. Ein erstes Gütekriterium der qualitativen Forschung ist die *Verfahrensdokumentation* (Transparenz). Da bei den qualitativen Verfahren die Vorgehensweise am Gegenstand ausgerichtet ist, müssen die konkret entwickelten bzw. adaptierten Techniken beschrieben werden. Ebenso wichtig ist ein *regelgeleitetes Vorgehen.* Der Analyseprozess wird in einzelne Schritte aufgegliedert. Das schrittweise und sequentielle Vorgehen ermöglicht eine systematische Bearbeitung und qualitätsvolle Interpretation der Textabschnitte.[33] Ein weiteres Gütekriterium ist die *Gültigkeit.* Das Kriterium gibt an, „ob ein Messinstrument auch tatsächlich das misst, was es messen soll"[34], bezieht sich also auf die Deckungsgleichheit zwischen Begriff und Realität.[35] Die qualitative Forschung kann ihre Begriffe und Interpretationen prüfen lassen – schon im Interview durch Nachfragen oder bei der intersubjektiv vorgenommenen Auswertung.[36] Die vorgenommene Interpretation des Forschers und seine Schlussfolgerungen können anhand der Textbelege nachgeprüft werden.

Die Interpretationsabsicherung gilt auch für die Verallgemeinerung der Aussagen (Repräsentanz): „Es muss genau bestimmt werden, welche Elemente aus den Ergebnissen verallgemeinerbar sind und woraufhin (auf welche Situationen, für welche Zeiten)."[37]

Damit ist das wichtigste Kriterium angesprochen: die argumentative Interpretation. Da soziale Realität nur über eine (im besten Fall intersubjektiv vollzogene) Interpretation erfaßt, rekonstruiert und dargestellt werden kann, ist der Auswertungsprozess ein komplexer hermeneutischer Vorgang, der schrittweise und innerhalb *der Dialektik von Authentizität und Strukturierung* abläuft. Die zunehmende Strukturierung und Fokus-

---

[32] Im „Gegenzug" muss man betonen , dass selbst Interviews mit *allen* Betroffenen, einen Themenkomplex nicht 100prozentig ausloten würden. Das liegt daran, dass es die ideale Kommunikationssituation nicht gibt – es gibt immer Eigeninteressen, Vergessenes, Verdrängtes, Projiziertes, Missverstandenes usw.

[33] Vgl. Mayring, Einführung, 120.

[34] Vgl. Mayring, Einführung, 120.

[35] Vgl. Lamnek, I, 173.

[36] Auf den Auswertungsprozess bezogen unterscheidet Legewie die Gültigkeit auf drei Ebenen: die Gültigkeit der im Interview gemachten Aussagen, der Interpretation der Aussagen und der daraus gezogenen Schlussfolgerungen. (vgl. Legewie, Validierung). Eine ganze Liste für Kriterien der Gültigkeit findet sich bei: Atteslander, Methoden, 126–128.

[37] Mayring, Einführung, 23.

sierung geschieht in Schritten – vom Verdichten des Textmaterials durch Herausarbeiten von *Überschriften* über den *thematischen Vergleich* und die *fachspezifische Konzeptionalisierung* bis hin zur *theoretischen Generalierung* – und muss immer am empirischen Befund überprüfbar sein (Authentizität).[38] All diese Schritte sind Akte der Interpretation. Weil sich aber Interpretationen nicht beweisen lassen, müssen sie umso mehr „argumentativ begründet werden"[39]. Besonders wichtig ist, nach Alternativdeutungen, also „Negativfällen" zu suchen, um Typen und Muster detaillierter erkennen zu können. Die argumentative Validierung ist somit v.a. „hermeneutisch und texttheoretisch fundiert"[40]. Die argumentative Interpretation muss durch Belege aus dem Text, sogenannte Ankerbeispiele (Originalzitate des transkribierten Textes), abgesichert werden.
Nach der Charakterisierung qualitativer Verfahren und der verwendeten Befragungsmethodik soll nun die konkrete Untersuchung vorgestellt werden.

4.2 Chronologische Darstellung der Untersuchung (Projektverlauf)

Dieser Abschnitt schildert den chronologischen Verlauf der Untersuchung. Er hat berichtenden Charakter, enthält aber immer wieder auch konzeptionelle und systematische Erläuterungen. Das Nachzeichnen des Untersuchungsprozesses wird deutlich machen, dass mit dem konkreten Vorgehen selbst und dem Einbeziehen von Vertretern der Gemeinden und der Diözese ein Schritt in Richtung einer fruchtbaren Zusammenarbeit von „Praktikern" und „Theoretikern" gesetzt wurde. Die einbezogenen Personen aus Gemeinden und Diözese wurden über die Schritte der Untersuchung informiert, konnten ihre Anliegen einbringen und das Vorgehen mitbestimmen.

4.2.1 Ein spannendes Unternehmen nimmt seinen Anfang

❖ Anliegen und Fragefokus

Anliegen des vorliegenden Projekts war es, mit Hilfe von qualitativen Interviews in Erfahrung zu bringen, wie die Doppelleitung durch c. 517 § 2 in den Gemeinden der Diözese Innsbruck wahrgenommen wird und welche Auswirkungen dieses Leitungsmodell auf das konkrete Gemeindeleben hat.
Im einzelnen sollte erhoben werden, wie sich dieses Leitungsmodell auf die Selbstinitiative und das Engagement der Gemeindemitglieder, auf die Sakramentenpastoral, das liturgische Feiern, das sozial-diakonische Engagement, das Rollenbild der Leitungsträger und das (Gemeinde-)Bewusstsein der Gemeindemitglieder u. a. m. auswirkt. Die Wahrnehmung und Beurteilung des Gemeindelebens im Rahmen des empirischen Projekts sollte aus zwei Perspektiven erfolgen. Eine zeitlich-dynamische Perspektive nimmt die Veränderungsdynamik der Gemeinde in den Blick, die durch

[38] Vgl. Meuser/Nagel, ExpertInneninterviews, 456–465.
[39] Mayring, Einführung, 119.
[40] Lamnek, I, 166.

den Abschied des letzten „eigenen" Pfarrers und der Installation bzw. Konsolidierung des neuen Gemeindeleitungsmodells mit Kurator und Moderator entsteht. Eine zweite systematisierende, gemeindetheologische Perspektive fokussiert auf die Veränderungen in Bezug auf die „Qualität" des Gemeindelebens – näherhin der kirchlichen Grundvollzüge: Diakonie, Martyria, Liturgie und Koinonia – und auf die Anforderungen an die Gemeindeleitung. Diese beiden Perspektiven bildeten den anfänglichen Fragefokus und -horizont.

❖ Die Untersuchung: Prozesshaft-dialogisch

Von Anfang an war klar, dass dieses Projekt nur in Zusammenarbeit und im Dialog mit der Diözese und den Betroffenen selbst durchgeführt werden konnte. Dafür sprachen zum einen *praktische Gründe* (z. B. Kontakaufnahme mit den betreffenden Gemeinden), aber auch *methodologische* (Vertreter betroffener Gemeinden bringen ihre Fragen und Sichtweisen ein). Der dialogisch-kommunikative Ansatz gründet – wie oben ausgeführt wurde – in der *theologischen Überzeugung*, dass sich nur im gemeinsamen Hören auf die Erfahrungen, Sichtweisen und Visionen der Betroffenen ein geistgewirkter Prozess entwickelt, der kreativ Neues hervorbringt.

❖ Die Phasen der Untersuchung

Im einzelnen vollzog sich die Untersuchung in drei Phasen. In der *Vorbereitungsphase*, die von Anfang 1998 bis November 1998 dauerte, wurde die Befragung auf verschiedensten Ebenen konzipiert. Zunächst war eine genauere (gemeinde-)theologische Beschäftigung mit dem Gemeindemodell nach c. 517 § 2 nötig (Stichwort „theoretische Sensibilisierung"). Gleichzeitig wurde das empirisch-methodische Know-how zur Führung der Interviews erweitert. Parallel dazu wurde mit Vertretern der Diözese Kontakt aufgenommen und die Bildung der Projektgruppe initiiert. Schließlich standen die unmittelbaren Vorbereitungen zur Durchführung der Interviews an – wie z. B. die Erstellung des Leitfadens, die Klärung praktischer Fragen zur Interviewführung sowie die Besuche in den ausgewählten Pfarrgemeinden, um das Anliegen vorzustellen. In der *Durchführungsphase* fanden zwischen November 1998 und Februar 1999 – unter Mitbeteiligung Studierender der Theologischen Fakultät – 32 Interviews in vier Gemeinden der Diözese Innsbruck statt.[41] Für die *Phase der Auswertung* der Interviews lassen sich zwei Intensivzeiten unterscheiden: eine im Sommersemester 1999 – unter Mitbeteiligung Studierender der Theologischen Fakultät – und eine weitere im Sommer 2002. Die einzelnen Schritte der Untersuchung werden im Folgenden nun genauer beschrieben.

[41] Für die vorliegende Arbeit wurden die Interviews von drei Gemeinden – das sind 24 Interviews – ausgewertet. Dass die Auswertung der vierten Gemeinde nicht mehr in die Gesamtauswertung der Arbeit einfloss, hat rein zeitliche Gründe.

4.2.2 Die Projektgruppe

❖ Die Diözese Innsbruck als Partner

In einem ersten Schritt wurde das Forschungsprojekt Vertretern der Diözesanleitung vorgestellt. Dort kamen sowohl methodisch-praktische Fragen (z. B. Umgang mit heiklen Aussagen über bekannte Personen) als auch das grundsätzliche Interesse der Diözese zur Sprache. Dieses Interesse kam u.a. auch darin zum Ausdruck, dass der Generalvikar in der Folge an der Projektgruppe teilnahm und seine Anliegen in die Untersuchung einbringen konnte. Es war ermutigend zu sehen, dass das Forschungsvorhaben nicht als Bedrohung, sondern als Hilfe für einen konstruktiven Umgang mit Fragen zukünftiger Gemeindeleitung gesehen wurden.

❖ Idee, Funktion und Zusammensetzung der Projektgruppe

Damit die Anliegen der vielfältig Betroffenen in die Untersuchung direkt eingebracht werden konnten, wurde eine Projektgruppe eingerichtet, die wichtige Entscheidungen für die Untersuchung vorbereitete. Ihr gehörten an: ein Vertreter der Diözesanleitung und der Verantwortliche aus der Abteilung Gemeinde; ein Pfarrmoderator, ein Pfarrkurator, je eine hauptamtliche Pfarrsekretärin, eine PGR-Frau, eine hauptamtliche Pfarrangestellte für Jugendarbeit sowie ein Jugendleiter aus unterschiedlichen Gemeinden, die nach c. 517 § 2 geleitet werden; ein Pastoraltheologe und ich als Projektleiter.

❖ Themen und Ergebnisse aus der Projektgruppe

Die Projektgruppe, die vier Mal zusammentrat, behandelte folgende Themen und traf folgende Entscheidungen:

Die Auswahl der Pfarrgemeinden

Zur Zeit der Befragung gab es in der Diözese Innsbruck zwölf Gemeinden, die nach dem Modell c. 517 § 2 geleitet wurden.[42] Die Gemeinde- und Rollensituation war von Gemeinde zu Gemeinde höchst unterschiedlich. Es gab sehr unterschiedliche Kuratoren-Profile: Die Leitungspersonen waren hauptamtliche oder ehrenamtliche, theologisch-wissenschaftlich Ausgebildete oder wenig theologisch Gebildete, Verheiratete oder Unverheiratete, Männer oder Frauen, Ordensleute oder Laien, zum Diakon Geweihte oder Nichtgeweihte. Wie sollte man eine typische Gemeinde aussuchen, wenn es keine solche gab? War nicht jeder Fall ein Sonderfall? Um zu repräsentativen Aussagen zu gelangen, mussten die ausgewählten Pfarren möglichst viele Parameter abdecken – eine „gute Streuung" aufweisen – und einige Jahre Erfahrung mit dem

[42] Freilich gibt es in Tirol Pfarrgemeinden, die auf einer praktischen Ebene ähnlich geleitet werden wie die Pfarren nach Modell c. 517 § 2 – man denke an einen Pfarrprovisor, der vor Ort eine aktive und präsente Ansprechperson und -stelle eingerichtet hat. Hier können sich ähnliche Leitungsabläufe im Verhältnis zur Pfarre ergeben. Es macht aber einen großen Unterschied im Selbstverständnis beider Leitungspersonen und der Pfarrgemeinde aus, mit welchen offiziellen Charakter oder in welchem Stadium des Provisoriums (nach wie vor Hoffnung auf einen eigenen Pfarrer) und mit welchen Titeln und Vollmachten (bischöfliches Dekret) die leitenden Personen ausgestattet sind.

Leitungsmodell gesammelt haben. Von den zwölf möglichen Pfarren der Diözese Innsbruck wurden *drei ausgewählt, die folgende Voraussetzungen (Parameter) erfüllten*:
- Hinsichtlich der *Lage der Gemeinde:* Es sollte eine Stadt(rand)gemeinde, eine Landgemeinde und eine Pendlergemeinde (d.h. nicht allzu weit von einer Stadt entfernt) vertreten sein.
- Hinsichtlich des *Profils des/r Kurators/Kuratorin:* Unter den Kuratoren sollte ein Mann und eine Frau, ein ehrenamtlich und hauptamtlich Tätiger, ein Theologe und Nichttheologe und ein Laie und ein Diakon vertreten sein.
- Hinsichtlich des *zweiten Aufgabenbereichs des Moderators*: Unter den Moderatoren sollten Priester vertreten sein, die zugleich Pfarrer waren oder in einem anderen kirchlichen Aufgabenbereich (als Wissenschaftler, als Ordinariatsangestellter, im Ordensbereich, als Religionslehrer ...) tätig waren.

Der Kreis der Personen, der für ein Interview prinzipiell *in Frage kommt:*
Für die konkreten Interviews in den Gemeinden musste nun jener Personenkreis festgelegt werden, der *prinzipiell* dafür in Frage kommt.[43] Aus diesem „Kreis" wurden später in einem weiteren Schritt die konkreten Personen – wiederum nach bestimmten Kriterien – ausgewählt.

Die Festlegung des prinzipiellen Kreises warf eine Menge von Problemen auf. Aus theologischer Sicht gehörten alle Getauften vor Ort zur Pfarrgemeinde und hatten das „Recht" zu Vorgängen in ihrer Gemeinde befragt zu werden. Damit ergab sich ein sehr großer Kreis potentieller InterviewpartnerInnen, der natürlich auch all jene mit einschloss, die mit der Pfarrgemeinde nichts zu tun haben bzw. haben wollen. Sie würden – so unsere Erfahrung – eher auf die Kirche im allgemeinen (oder ein – medial vermitteltes – Bild von ihr) antworten als auf das Leben der konkreten Pfarrgemeinde hin, der sie ja fern standen. Gleichzeitig dürfte der Kreis auch nicht zu eng gezogen werden, etwa auf die so genannten „Insider", die es in jeder Gemeinde gibt. Der naheliegenden Verführung, am – auswahltechnisch einfachsten – Personen aus dem informierten, aktiven Kreis nahe des „Kerns" der Gemeinde auszuwählen, um somit „ergiebige" Interviews zu bekommen, durfte nicht nachgegeben werden. Es ging ja in der Untersuchung gerade darum, die so genannten „einfachen" Gläubigen zu Wort kommen zu lassen. Nach eingehender Diskussion dieser Fragen wurde für die Befragung folgender Personenkreis festgelegt: Jede Person, die in Kontakt mit dem Leben der Pfarrgemeinde ist, an ihr Interesse zeigt, an ihrem Leben Anteil hat und sich zugehörig fühlt, kommt für die Befragung in Betracht. Wir gingen also von einem Gemeindebegriff aus, der sich einerseits aus den realen Beziehungen, einem Bewusstsein der Zugehörigkeit zum „Leib der Gemeinde" ergibt, andererseits verschiedene Grade der Nähe zur Pfarre zulässt. Auch wenn diese Einteilung keinen klar umrissenen Bereich anzeigt, so gab sie doch eine heuristischen Markierung an, die für eine Operationalisierung der Befragung ausreicht. Da Moderatoren und Kuratoren zur Gruppe der

[43] Bei quantitativen Untersuchungen ist z. B. der „regelmäßige Kirchgang" ein beliebtes Kriterium.

Hauptbetroffenen zählen – aber in sehr unterschiedlichen „Varianten" installiert sind, sollten sie in jeder Gemeinde befragt werden.

Repräsentative Auswahl der InterviewpartnerInnen und Anonymität:
In jeder Gemeinde nussten nun die konkreten InterviewpartnerInnen gefunden werden. Die Projektgruppe entschied, neben Moderator und Kurator bzw. Kuratorin sechs weitere „einfache" Gemeindemitglieder zu befragen. Um eine repräsentative Auswahl zu erzielen, musste eine gute Streuung hinsichtlich des Alters, des Geschlechts, der Ausbildung, des Berufs und der soziale Stellung, dem spirituellen (fromm-kritisch usw.) bzw. ideologischen „Standort" in der Kirche und der „Nähe" und „Ferne" – soziologisch gesehenen – zur Mitte der Pfarrgemeinde angestrebt werden. Der einfachste Weg für die Auswahl der InterviewpartnerInnen wäre gewesen, sich vom jeweiligen Kurator, der die Gemeindemitglieder am besten kennt, sich entsprechend der genannten Kriterien Personen für die Interviews vorschlagen zu lassen. Diese Vorgehensweise schied jedoch aus, weil die Gefahr von „Tendenzentscheidungen" aufgrund persönlicher Vorlieben nicht auszuschließen war und die Wahrung der Anonymität der Interviewten nicht gewährleistet gewesen wäre. Deshalb sollte der Pfarrgemeinderat (PGR) die Aufgabe der Vorauswahl übernehmen. Der PGR war jene Gruppe in der Pfarre, in der selbst verschiedene spirituelle und kirchliche Positionen vertreten sind und die zugleich einen weiten Blick und eine gute Kenntnis der Gemeindemitglieder besitzt. Damit würden hier subjektive Einschätzungen und einseitige Auswahl einzelner eine ausreichende Ergänzung durch die anderen PGR-Mitglieder erfahren und die Personenfindung ein hohes Maß an „Objektivität" erreichen.

Die Untersuchung wurde in jeder einzelnen Pfarre im Rahmen einer *Pfarrgemeinderatssitzung* vorgestellt. Nach Hinweisen zu den Auswahlkriterien stellten die PGR-Mitglieder sodann eine Personenliste für die Befragung zusammen, die 40 bis 50 Personen umfassen sollte. Während in der Sammelphase bei (objektiven) Kriterien wie Alter, Geschlecht keinerlei Diskrepanzen und beim Kriterium „Nähe" – „Distanz" zur Gemeinde leicht unterschiedliche Einschätzungen auftraten, führte v.a. das Kriterium „ideologisch-spirituelle Position in der Kirche" zu kurzen Wortgefechten unter den PGR-Mitgliedern. Hier merkte man, wie heikel *diese* Einschätzung konkreter Personen war und spürte die Zurückhaltung, jemand in eine gewisse „kirchliche Schublade" zu stellen.

Beim darauf folgenden Seminar an der theologischen Fakultät wurden aus dieser umfangreichen Namensliste[44] sechs Personen pro Gemeinde für die Befragung (plus Leitungspersonen) ausgewählt. Diese Auswahl fand wiederum mit dem Blick auf eine möglichst gute Streuung innerhalb *einer* Gemeinde und einer „ausgleichenden" Streuung *zwischen* den beteiligten Pfarrgemeinden statt.

[44] Die Liste mit den Originalnamen liegt beim Autor dieser Studie auf.

4.2.3 Der Leitfaden und die Befragung

Parallel zu den Entscheidungsprozessen in der Projektgruppe entwickelte ich mit dem methodischen Berater dieser Studie und Experten für qualitative Forschung Dr. Meinrad Ziegler von der Universität Linz das endgültige Untersuchungsdesign. Im Rahmen eines Seminars am Institut für Pastoraltheologie[45] der theologischen Fakultät Innsbruck[46] wurde zunächst durch die thematische Auseinandersetzung mit dem Modell c.517 § 2 die „theoretische Sensibilität" vertieft und dann das methodische Know-how zur Befragung angeeignet.

❖ Erstellen eines Leitfadens

Ein erster Leitfaden wurde erstellt und in Probeinterviews getestet. Schlussendlich lag der nachfolgende Leitfaden vor, der in *fünf thematische Bereiche* untergliedert wurde. Die Hauptbereiche waren mit Hauptfragen und Detailfragen strukturiert. In der Spalte „harte Fakten" waren jene Daten eingetragen, die nachprüfbar waren. Für die Moderatoren und Kuratoren wurden einzelne Fragen entsprechend umformuliert.

Thema	Fragen, Aspekte	Harte Fakten
Prozeß der Umstellung	Wenn Sie sich zurückerinnern: Erzählen Sie mir bitte, wie Sie die Umstellung in der Leitung der Pfarrgemeinde erlebt haben.	Informations-Wege
Bereich A	In welcher Form ist die Pfarre beim Umstellungsprozeß damals beteiligt gewesen? Gab es Personen, die sich dabei besonders engagiert haben, oder eher im Hintergrund – als graue Eminenzen – gewirkt haben?	Dauer des Prozesses Instanzen der Entscheidung
	Können sie mir erzählen, wie der Kurator(K)/ Moderator (M) in sein Amt eingeführt worden ist?	Ritual der Einführung
	Hat es im Kreis ihrer Familie oder bei ihren Bekannten oder in der Pfarre überhaupt ein Verständnis für das neue Gemeindeleitungsmodell gegeben?	Erstes Ansprechen von Konflikt-zonen
	Welche Ängste, Befürchtungen, vielleicht auch Hoffnungen wurden in dieser Zeit in der Pfarrgemeinde spürbar?	

[45] Mittlerweile umbenannt in Abteilung „Interkulturelle Pastoraltheologie und Missionswissenschaft" am Institut für Praktische Theologie.

[46] Am Seminar nahmen folgende Studierende teil: Nora Bösch, Norman Buschauer, Josef Fersterer, Susanne Hammer, Oliver Holzborn, Martina Kraml, Andreas Pavel, Friedrich Prassl und Josef Walder (in alphabetische Reihenfolge).

Neue Rollen und Leitungs-modell Bereich B	Wie funktioniert das neue Leitungsmodell in der Praxis? Können Sie mir das anhand einiger Beispiele erklären? Haben Sie manchmal das Problem, daß Sie nicht wissen, an wen Sie sich mit einem Anliegen wenden sollen? Spüren Sie solche Probleme bei anderen Mitgliedern der Pfarrgemeinde? Wie vertragen sich eigentlich aus Ihrer Sicht der/die K und der M miteinander? Wie empfinden Sie es, daß der/die K verheiratet ist und Familie hat? Und wie sehen das andere Mitglieder der Pfarrgemeinde? Was ist für Sie das Besondere an einem Priester - wenn Sie das jetzt mit einem/r K vergleichen?	Faktische Arbeitstei-lung zwischen K und M Subjektive Klarheit der Arbeitstei-lung Rolle der Kuratoren-Familie „Magie“ bzw. „Charme“ des Priestertums
Prozess der Verände-rung Bereich C	Jetzt, wo Sie schon einige Erfahrung mit dem neuen Modell haben – wie hat sich das Leben in der Pfarre seither verändert? Was ist gleich geblieben? Wie sieht die Seelsorge ganz praktisch betrachtet jetzt aus – wenn sie beispielsweise die Taufe oder eine Heirat nehmen? Wie sieht die Sonntagsgottesdienstfeier aus? Wie erleben Sie Eucharistiefeiern mit dem Moderator, der nicht in der Pfarre lebt und auch wechseln kann? Ermuntert Sie die neue Situation, sich mehr am Leben in der Pfarre oder am Sonntagsdienst zu beteiligen? (Arbeitskreise, Vorbereitungen, ...) Wie sehen die Jungen/ die Alten (*je nach Alter des/der IP*) das neue Modell? Wie reagieren der Bürgermeister oder die Vereine im Ort auf die neue Situation? Hat es zum Beispiel seither schon einmal eine Gebäude-Einweihung gegeben? Wo merken Sie die Veränderung am deutlichsten, wo am wenigsten?	Taufe, Erstkommuni on, Firmung, Ehe, Beichte, Krankensal-bung Eucharistie Persönliche Veränderung en in Nähe/ Distanz zur Kirche Beobach-tungen über Veränder-ungen Veränderung-en des Bildes der Kirche in der Öffentlichkeit
Persönlich-er Standort in Kirche	Erzählen Sie bitte: Welche Rolle spielt das konkrete Leben in der Pfarre für ihren Glauben?	Aktivitäten in der Pfarre

und Gemeinde Bereich D	Wie würden Sie ihre Pfarrgemeinde im Vergleich zu Pfarren in der Nachbarschaft beschreiben? In der kirchlichen Landschaft wird heute ja viel über Dinge nachgedacht, über die wir uns früher gar nicht den Kopf zerbrechen mussten - wo sehen sie *ihren* Platz in dieser Diskussion?	Standort im kirchlichen Wandlungs-prozeß
Bilanz und Ausblick Bereich E	Wenn Sie jetzt zurückblicken: Was hat die Gemeinde gewonnen - woran ist sie gewachsen? Und was ist verlorengegangen? Was würden sie einer Gemeinde raten, die jetzt vor diesem Prozess steht? Was erwarten sie sich von Seiten der Diözese (der Verantwortlichen), wenn so ein Umstellungsprozess ansteht? Können sie sich vorstellen, dass dieses Modell auf dem Hintergrund des Priestermangels eine brauchbare Alternative darstellt? Wäre es für sie denkbar, dass ein/e Kurator/in, der/die sich bewährt hat, auch zum Priester geweiht wird? Gibt es noch etwas, was wir bisher noch nicht angesprochen haben und was ihnen wichtig ist? Danke für das Gespräch!	Achten auf positive *und* negative Aspekte

Nach der repräsentativen Auswahl der InterviewpartnerInnen führte jede/r SeminarteilnehmerIn zwei bis drei, ich selbst zwölf Interviews in den Gemeinden durch. Die Bereitschaft der Gemeindemitglieder für Interviews war enorm.[47] Die Interviews fanden Ende November 1998 statt.

4.2.4 Auswertungsschema für die Leitfadeninterviews

❖ Die Hauptfoki der Auswertung

Der Interviewleitfaden war so breit angelegt, dass die 32 Interviews eine Fülle an empirischem „Material" brachten, das Kategorienbildungen und Interpretationen unter verschiedensten Aspekten erlaubte. In dieser Arbeit werde ich aus der Fülle möglicher Auswertungsfoki folgende zwei zentrale Fragen herausgreifen, die den Auswertungs- und Darstellungsprozess fokussieren sollen. *Welche konkrete Auswirkungen hat das Leitungsmodell des c. 517 § 2 auf das Gemeindeleben?* Und: *Welche Aussagen und Erfahrungen finden sich im Hinblick auf die Gestalt des Amtes der Gemeindeleitung?*

[47] Von den 32 ausgewählten Personen waren nur zwei nicht zu einem Interview bereit. Diese beiden Personen stammten aus jener Gemeinde, in der das Modell mit einigen Schwierigkeiten zu „kämpfen" hatte. Einer davon war der Moderator, der jedes Gespräch – auch ohne Tonbandaufnahme – ablehnte.

Bei beiden Fragen wird – im Sinne der Intention der Untersuchung – darauf zu achten sein, was für die Menschen selbst wichtig ist.
Das in dieser Arbeit verwendete Auswertungsschema wurde nach den oben genannten Kriterien qualitativer Auswertung entwickelt. Wesentliche Anhaltspunkte verdankt das verwendete Schema Claus Mühlfeld u.a.[48] Die Interviews wurden in folgenden Auswertungsschritten bearbeitet.[49]

❖ Erster Schritt: Harte Daten sammeln

Beim ersten Durchlesen des Protokolls werden alle genannten *Fakten über die Gemeinde*, über die *interviewte Person*, über den *abgelaufenen Prozess der Umstellung* und über die *vorläufigen Ergebnisse dieses Prozesses* vermerkt und systematisch geordnet. Es geht um Datenhinweise, die als solche nachprüfbar sind wie zum Beispiel das Alter der interviewten Person (im Folgenden mit IP abgekürzt), der Ritus der Installation des Moderators und Kurators, Art und Zahl liturgischer Feiern und verschiedener Gruppen in der Gemeinde. Diese „harten“, objektiven Daten sind von Daten zu unterscheiden, die eine subjektive Interpretation der IP enthalten (Interpretation erster Ordnung). Die harten Daten können sowohl aus den Interviews selbst also auch aus anderer Quelle stammen (z. B. aus Vor- und Nachgesprächen zum Interview oder aus Gemeindeblättern). Die harten Fakten liefern ein erstes nüchternes, „strukturelles Gerüst“ der Gemeinde und des Umstellungsprozesses – jenseits subjektiver Blickwinkel. Es sensibilisiert für die Zusammenhänge von IP, dem spezifischen Kontext der Gemeinde und modellspezifischen Faktoren in Bezug auf das neue Leitungsmodell. Die harten Daten fließen v.a. in Gemeindeskizze ein, die jeder gemeindespezifischen Interpretation vorausgestellt wird.

❖ Zweiter Schritt: Kategorien bilden und interpretieren

Die für das Forschungsvorhaben zentralen Kategorien ergeben sich zunächst aus dem Leitfaden. Für den *Umstellungsprozess* (Grobkategorie) lassen sich beispielsweise folgende (Fein-)Kategorien festlegen: der formale und informelle Informationsfluss zwischen Gemeinde und Diözese, die Schnelligkeit (Zeit) des Umstellungsprozesses, die rituellen Momente der Installierung, die Mitbestimmungsmöglichkeiten der Gemeinde. Diese Kategorienbildung ist ein bedeutsamer interpretativer Schritt, bei dem Daten systematisiert werden und eine sinnhafte Struktur gebildet wird. Sie dient dazu, im ganzen Text verstreute Passagen, die inhaltlich zusammengehören, aufzufinden und zu thematischen Einheiten zusammenzustellen. Durch die Zusammenstellung von Aussagen unter eine Überschrift kommt es zu einer Verdichtung des Textmaterials. Diese Verdichtungen, Typisierungen und Abstraktionen finden zunächst im Rahmen der Einzelinterviews statt und werden im fünften Schritt generalisiert.
Interpretation ist der Schritt vom „Gesprochenen“ zum „Gemeinten“. Mit diesem Schritt löst sich der Forscher von den unmittelbaren Wahrnehmungen und Interpretationen, die die IP selbst leistet (Interpretation erster Ordnung). Der Forscher stellt die

[48] Vgl. Mühlfeld, Auswertungsprobleme.
[49] Das Auswertungsschema wurde gemeinsam mit Dr. Ziegler erarbeitet.

Einzelinterpretationen in einen größeren Zusammenhang – interpretiert sie neu in einer anderen Abstraktionsebene (Interpretation zweiter Ordnung). Durch interpretatives Nachdenken über die Passagen werden die Kategorien ständig verfeinert und mit konkreter Bedeutung („Ausprägung") angereichert. Die vorgenommene Interpretation muss – zunächst innerhalb des Einzelinterviews, dann gemeindeübergreifend – auf ihre Konsistenz und Widersprüchlichkeit untersucht werden. Im ständigen Vergleichen von Textpassagen sind Indikatoren zu finden, die die Interpretationshypothese bestätigen oder widerlegen.

❖ Dritter Schritt: Neue Kategorien aufspüren

Bei einer dritten Durchsicht der Protokolle wird darauf geachtet, ob Textstellen bestimmte Erfahrungen, Bedeutungen, Meinungen, *neue* Kategorien enthalten. Es geht um Aspekte des Interviews, die den bereits festgehaltenen Kategorien *nicht* zugeordnet werden konnten. Auf diese Weise wird das Kategorienschema vom empirischen Material ausgehend überprüft und erweitert. Damit wird sichergestellt, dass die Kategorien nicht nur aus dem Leitfaden – durch theoretische Vorarbeit – deduktiv abgeleitet, sondern auch induktiv auf der Grundlage des Datenmaterials gewonnen werden. Gerade die Gewinnung von neuen Kategorien aus dem Gespräch heraus gilt als „Ausweis" qualitativen Vorgehens (konzeptgenerierender Aspekt). So wurde beispielsweise beim Thema dieser Arbeit erst durch die Befragung deutlich, wie eminent wichtig und entscheidend eine gute Beziehung zwischen Kurator und Moderator für das Gelingen des Modells nach c. 517 § 2 ist.

❖ Vierter Schritt: Verknüpfung mehrerer Kategorien und spezifische Gruppenbildung

Der vierte Schritt geht über die Beschreibung der subjektiven Perspektive der IP anhand einzelner Kategorien hinaus. Ziel ist es, den *Zusammenhang* zwischen der *Perspektive des Interviewten* – mit seinen beobachtbaren, persönlichen Werthaltungen – und den *sozialen Prozess- und Strukturaspekten* des Umstellungs- und Veränderungsprozesses zu eruieren. Sich wiederholende *Argumentationsfiguren und Interpretationsmuster* werden aufgezeigt. So werden etwa Zusammenhänge zwischen der Art und Weise des Umstellungsprozesses und der Akzeptanz der Bevölkerung ebenso deutlich, wie der Zusammenhang zwischen der Gestalt der Gemeindeleitung und einem konstruktiven Gemeindeaufbau. Durch die *sinnvolle Verknüpfung der Kategorien* werden Hypothesen entwickelt – etwa unter welchen Bedingungen das Leitungsmodell in der konkreten Pfarrgemeinde anerkannt, abgelehnt oder als ambivalent erlebt wird. Das Untersuchen der Zusammenhänge bringt verschiedene Gruppen – die Moderatoren, Kuratoren, Gemeindemitglieder – zum Vorschein, die aufgrund ihrer spezifischen Betroffenheits-Perspektive sowohl besondere Anliegen (Hauptthemen) als auch besondere „blinde Flecken" in der Wahrnehmung haben. Durch vergleichende Interpretation wird sichtbar, zu welchen Themen sich alle Befragten äußern, bei welchen Themen es Übereinstimmung oder unterschiedliche Positionen, Anliegen und Bewertungen der verschiedenen Gruppen gibt.

❖ Fünfter Schritt: Empirische Generalisierung

Die bisherigen Schritte bezogen sich auf die Interpretation eines einzelnen Interviews oder zuletzt einzelner Gruppen. *Ziel der Untersuchung sind jedoch verallgemeinerbare, d.h. gemeindeübergreifende Ergebnisse.* Dies leistet dieser Schritt, der eine Zusammenschau und eine *„vergleichende Systematisierung"* anzielt. Der Geltungsbereich jeder verallgemeinerbaren Aussage ist anzugeben und muss immer auf den empirischen Befund bezogen bleiben. Gerade diese verallgemeinerbaren Aussagen müssen im Auswertungsprozess immer wieder durch „Kreuzvergleiche mit inhaltlichen Materialien aus anderen Texten zum selben Thema"[50] überprüft werden. Die ersten fünf Schritte argumentativer Validierung[51] der Auswertung bleiben sehr „nah" am empirischen Material. Die Ergebnisse der ersten fünf Auswertungsschritte werden in Kapitel 4 dargestellt.

❖ Sechster Schritt: Fachtheoretische Bewertung

Die interpretative Auswertung kommt aber erst zu ihrem gewünschten Ergebnis, wenn sie die „empirisch generalisierten Ergebnisse" um die Perspektive der fachtheoretischen Begrifflichkeit erweitert.[52] „Die Konstruktion von Mustern aus Gemeinsamkeiten, Unterschieden, tendenziellen Analogien erfordert ... theoretische und textgebundene Arbeitsschritte, um zu einer theoretisch wie empirisch abgesicherten Darstellung und Interpretation der Ergebnisse zu gelangen."[53] Auch wenn von Anfang an bestimmte Vorannahmen das Projektdesign steuern, werden die empirisch generalisierten Ergebnisse in fachspezifische Begriffe übersetzt und auf dem Hintergrund verschiedener Theoriekonzepte interpretiert. Dabei ist mit verschiedenen Konvergenzgraden zwischen empirischem Befund und theoretischem Konzept zu rechnen. Letztere können durch die empirischen Ergebnisse bestätigt, modifiziert oder falsifiziert werden. Darüber hinaus liefern die Ergebnisse der empirischen Auswertung nicht nur in *fachtheoretischer, d.h. praktisch-theologischer,* sondern auch in *pastoralpraktischer* Sicht wichtige Hinweise, die bei der Installierung des Gemeindeleitungsmodells nach c. 517 § 2 zu berücksichtigen sind.

Im folgenden fünften Kapitel wird die Auswertung der Interviews sowohl gemeindespezifisch als auch gemeindeübergreifend dargestellt, während deren praktischtheologische und pastoral-praktische Relevanz schließlich im Kapitel sechs thematisiert wird.

---

50 Mühlfeld, Auswertungsprobleme, 332.

51 Vgl. Mayring, Einführung, 119.

52 Vgl. Meuser/Nagel, ExpertInneninterviews, 461.

53 Mühlfeld, Auswertungsprobleme, 334.

5 „Hören, was der Geist den Gemeinden sagt“ – Auswertung der Interviews

❖ Interpretation und Darstellung

Dieses Kapitel stellt die Auswertung der Interviews gemeindebezogen dar. Die *Unterscheidung zwischen Interpretations- und Darstellungsschritten* ist dabei wichtig. Ein prozesshafter Interpretationsvorgang kann nie zur Gänze und in all seinen Verzweigungen beschrieben werden. Darstellbar sind hingegen die Ergebnisse einzelner Interpretationsschritte also die Etappen des Interpretationsprozesses bis hin zur generalisierenden Schlussauswertung. In der vorliegenden Studie wurde nach den im vierten Kapitel beschriebenen Auswertungsschritten vorgegangen. Es wurde zunächst jedes einzelne Interview entsprechend den ersten drei Schritten geordnet und interpretiert, sowie neue Subkategorien festgelegt.[1] Der vierte Schritt „schiebt“ gleichsam alle Aussagen, die von Mitgliedern ein und derselben Gemeinde stammen, „ineinander“ sodass eine Gesamtinterpretation der Gemeinde entsteht. In diesem Sinn geht nichts der Äußerungen in den Interviews verloren. Die nun folgende *Darstellung* ordnet die Aussagen einzelner Interviews thematisch, fügt sie interpretativ zu einem Gesamtbild (vierter Auswertungsschritt) zusammen. Dieser Interpretationsvorgang liefert eine *gemeindebezogene* Auswertung, in der auch gruppenspezifische Perspektiven und Betonungen – die der Kuratoren, Moderatoren und Gemeindemitglieder – hervorgehoben werden sollen. Eine gemeindebezogene Auswertung und Darstellung ist deswegen sinnvoll, da die Beurteilung des Modells insgesamt stark von der konkreten Gemeindesituation und der installierten Variante des c. 517 § 2 (Hauptamtlicher oder ehrenamtlicher Kurator etc.) abhängt. So spielen gemeindespezifischen Faktoren in der Beurteilung des jeweiligen Modells eine wesentlich bedeutendere Rolle als das Faktum, ob jemand zum Kern oder zum Rand der Gemeinde gehört – diese Korrelation ist gemeindeübergreifend anzutreffen.

❖ Suche nach modellspezifischen, nicht personenabhängigen Faktoren

Es ist hinlänglich belegt, dass der wichtigste Faktor der Seelsorge die Person mit ihren kommunikativen (seelsorglichen) Fähigkeiten ist.[2] Diese Arbeit legt ihr *Augenmerk nicht auf den „Faktor“ Mensch* bzw. auf die menschlich-kommunikative Seite der Gemeindeleitung, sondern auf die spezifische Leitungsstruktur (und ihren Varianten), die durch den c. 517 § 2 ermöglicht wird. Obwohl die seelsorglichen Qualitäten der Leitungspersonen als Voraussetzung und Grundlage jeder Seelsorge wesentlich sind, werden sie in der nun folgenden Darstellung nicht berücksichtigt – auch zum Schutz der handelnden Personen. Das *erkenntnisleitende Interesse* dieser Arbeit liegt allein auf der durch das Kirchenrecht ermöglichten Leitungsform und ihren Auswirkungen auf das Leben der Gemeinde, also auf der strukturellen Ebene. Am Ende soll eine

---

[1] Die erste drei Schritte sind das Sammeln harter Fakten, die Interpretation und Kategorisierung einzelner Textpassagen sowie des ganzen Interviews.

[2] Vgl. Stenger, Kompetenz, 52.

Beurteilung des Modells und seiner Auswirkungen stehen und nicht der darin handelnden – wiewohl natürlich äußerst entscheidenden – Personen.[3] Mit andern Worten, die Untersuchung interessiert sich für die *modellspezifischen* und *nicht für die personenspezifischen* Effekte. Bei der Beurteilung des Gemeindelebens und des Kuratoren-Moderatoren-Modells (im Folgenden mit K-M-Modell abgekürzt oder einfach „das Modell" genannt) durch die interviewten Personen wird also genau darauf zu achten sein, ob sich die Aussagen auf die Leitungs*person* oder auf das Modell beziehen. Nur letztere Aussagen sind im Zusammenhang dieser Arbeit verwertbar.
In diesem Kapitel wird zunächst jede Gemeinde (5.1 bis 5.3) mit ihrer je spezifischen Situation einzeln ausgewertet. Um die zusammengestellte Auswertung der Interviews einordnen zu können, wird zu Beginn eine knappe Beschreibung der jeweiligen Gemeinde vorangestellt. In diese – sowie in nachfolgende Auswertungsdokumentation – fließen die „harten Daten" (vgl. Leitfaden) ein, soweit sie zum Verständnis der Gesamtsituation notwendig sind. Alle Personen- und Ortsnamen wurden anonymisiert. Die Struktur der Darstellung orientiert sich an den fünf Themenbereichen des Leitfadens, die für eine detaillierte Interpretation nochmals untergliedert wurden. Zu den einzelnen Themenbereichen werden längere Textpassagen aus den Interviews im Originalwortlaut zitiert. Dies aus einem zweifachen Grund: Zum einen ist es das Anliegen der Arbeit, die betroffenen Gläubigen mit ihrer Perspektive und Sprache ausreichend – im Originalton und nicht nur interpretiert und paraphrasiert – zu Wort kommen zu lassen (theologische Begründung). Zum anderen sollen die anschließenden Interpretationen und Schlussfolgerungen auf Grundlage der Originaltexte für den Leser nachvollziehbar sein (methodischer Grund). Die IP kommen meist in der Reihenfolge Gemeindemitglieder–Kurator/in–Moderator zu Wort. Die ausgewählten Textabschnitte werden mit interpretativen Einleitungen bzw. Zusammenfassungen versehen. Die Perspektiven von Gemeindemitgliedern, Kuratoren bzw. Kuratorin und Moderator sollen in ihrer Übereinstimmung oder Unterschiedlichkeit benannt werden. Alter, Geschlecht und Beruf des Gemeindemitgliedes werden dann angeführt, wenn es für die interpretative Einordnung der Aussage bedeutsam ist.
Nach der gemeindebezogenen Interpretation wird jeweils in einigen wichtigen Punkten zusammengefasst und schließlich in einem interpretativen Vergleich eine gemeindeübergreifende, d.h. verallgemeinerbare Auswertung (vgl. 5.4) vorgenommen (fünfter Schritt der Auswertung). Die vollständigen Interviews sind beim Autor dieser Studie unter Wahrung der Anonymität einsehbar.

[3] Die Wirkungen der seelsorglichen Fähigkeiten der (leitenden) Person und strukturbedingten Auswirkungen auf das Gemeindeleben fließen im praktischen Vollzug ineinander und sind im Ursache-Wirkung-Zusammenhang schwer eindeutig zuzuordnen. Dennoch lassen sich gerade im gemeindeübergreifenden Vergleich aussagekräftige Muster erkennen.

5.1 Gesamtauswertung Aufeld

❖ Allgemeine Beschreibung der Pfarrgemeinde Aufeld:

Die Pfarrgemeinde Aufeld hat 2020 Einwohner von denen 1350 Katholiken sind. Die dörfliche Gemeinde wird – am Rande einer Stadt liegend – zunehmend städtisch geprägt. Es gibt nur ca. 600 „echte Aufelder", der größere Teil der Bevölkerung ist zugezogen – nicht zuletzt wegen eines in der Nähe befindlichen großen Industriebetriebes. Dieser Betrieb lockt viele Ausländer (Anteil von ca. 20%) an, die sich in Aufeld niederlassen. Die hohe Zu- und Abwanderung von Familien (ca. 350 Einwohner im Jahr) erschwert ein Zugehörigkeitsgefühl zum Dorf. Aus dieser Fluktuation und der Tatsache, dass die Pfarre noch sehr jung ist – sie wurde erst vor vier Jahrzehnten eigenständig – resultiert ein geringes Pfarrbewußtsein.
Der erste und letzte Pfarrer blieb in der Gemeinde bis 1994, also fast vier Jahrzehnte. Zuvor wurde das Dorf von der Nachbargemeinde Gröben aus mitbetreut. Das K-M-Modell wurde 1994 eingeführt. Im November 1998, d. h. zur Zeit der Befragung ist der erste Kurator, aber bereits der zweite Moderator im Amt. Der Moderator ist gleichzeitig Pfarrer der größeren Nachbargemeinde Gröben, zu der zwei weitere Weiler gehören. Der Kurator (Müllner Georg) war in Aufeld 20 Jahre Religionslehrer bevor er zum ständigen Diakon geweiht und nun hauptamtlich Pfarrkurator geworden ist. Der verheiratete Diakon zog mit seiner Frau und dem jüngeren Sohn nach der Installation zum Kurator in das renovierte Pfarrhaus ein. Die formale Amtseinführung von Kurator und Moderator geschah im Rahmen eines Gottesdienstes.
Der sonntägliche Kirchenbesuch ist eher schwach (ca. 10% – 15%), aber von den 1350 Katholiken sind 320 aktiv in der Pfarre tätig. Es gibt eine Vielzahl sehr engagierter MitarbeiterInnen und viele Arbeitskreise. Der Kurator bezeichnet die Gemeinde als eher „aufgeschlossen" und für Neuerungen offen (z.B. wurde das Kirchenvolksbegehren sichtbar unterstützt). Mit der Umstellung auf das K-M-Modell ging das wöchentliche Angebot an Heiligen Messen von sechs auf zwei zurück. An deren Stelle wurden zwei Wortgottesdienste eingeführt. Wöchentlich gibt es nun vier Gottesdienste: Die Eucharistiefeiern mit dem Moderator finden am Mittwoch und Sonntag Abend statt. Die Wortgottesdienste werden von einem eigenen Liturgieteam bzw. vom Kurator vorbereitet und werde am Freitag Abend und am Sonntag Vormittag (als Pfarrgottesdienst mit Kommunionfeier) gefeiert.
Nun kommen die Gemeindemitglieder (Kurator und Moderator mit eingeschlossen) zu Wort. Sie gewähren einen lebendigen Einblick in die Veränderungsprozesse der Pfarrgemeinde Aufeld und geben uns Anteil an ihren gemeindlichen Erfahrungen, Befürchtungen und Hoffnungen als Gläubige.

5.1.1 Ein gelungener Umstellungsprozess

❖ Ängste und Befürchtungen: Abhängigkeit und Ungewissheit über neues Modell

Die Umstellung vom vertrauten traditionellen Bild einer Pfarrgemeinde mit eigenem Pfarrer zu einem unbekannten Leitungsmodell bedeutet einen tiefen Einschnitt im

Selbstverständnis der Pfarrgemeinde. In Aufeld wurden angesichts des Umstellungsprozesses *Ängste und Befürchtungen* spürbar, die vor allem in zwei Richtungen gingen: Zum einen gab es eine Angst davor, die Eigenständigkeit der Pfarre zu verlieren und vom größeren Nachbardorf Gröben seelsorglich abhängig zu sein. Zum zweiten existierte ein Unwissen darüber, was denn ein ständiger Diakon ist. Den aufkeimenden Ängsten in dieser Situation der Ungewissheit wurde mit sehr viel Information und Frage- und Diskussionsmöglichkeiten in der Gemeinde begegnet. Ein auf Selbständigkeit bedachter Landwirt mittleren Alters gibt die Situation wieder:

> *Man wollte sicher nicht von Gröben abhängig sein in dem Sinn, oder. Und man wollte eigenständig bleiben. Das war sicherlich eine wahrscheinlich der größten Ängste damit verbunden, oder. Und dann ist eben das Modell gerade zurecht gekommen. Und es hat sicherlich auch Diskussionen über das Modell gegeben, das ist schon vollkommen klar, weil gerade die älteren Leute oder auch, sagen wir, in unserem Alter, hat man darüber diskutiert jetzt. Man hat mit einem Diakon keine Erfahrungen gehabt, oder. Man hat gewusst halt jetzt, dass der Diakon verheiratet sein darf. Dass er jetzt die meisten Sakramente spenden darf. Dass er aber nur einen Wortgottesdienst hält, nur unter Anführungszeichen natürlich, oder. Und so weiter und so fort. Also man hat schon so - sicherlich auch nicht jeder Gemeindebürger bis ins Detail, aber im Gros war man eigentlich informiert, was uns erwartet, wenn kein Pfarrer da ist mehr, und wenn das Modell mit dem Diakon natürlich kommt, oder. (AM6-9,33)*[4]

Die Unsicherheit war aber nicht nur auf die Pfarrbevölkerung beschränkt. Auch die beiden Leitungspersonen sind sich bewusst, dass sie in eine Pionierphase eintreten, die durch viel Unklarheit und Ungeregeltheit gekennzeichnet ist. Es war beiden klar, dass für eine fruchtbare Zusammenarbeit viel guter Wille nötig ist. Der Moderator hat gut in Erinnerung, wie der Kurator beim „Installationsgottesdienst" vor der ganzen Gemeinde zu ihm sagte:

> *Eigentlich weiß ja niemand von uns genau, wie jetzt die Aufgaben laufen. Irgendwie müssen wir eben gut zusammenarbeiten. (AM1-1,50)*

---

[4] Die Zitationsweise sei an diesem Beispiel (AM6-9,33) erklärt: Der erste Buchstabe ist der Anfangsbuchstabe der anonymisierte Pfarre (hier A für Aufeld). Der zweite Buchstabe lässt erkennen, ob es sich bei der IP um eine Frau (W für weiblich) oder um einen Mann (M für männlich) handelt. Die folgende erste Ziffer ist die Nummer des Interviews in der genannten Gemeinde (A), wobei die Ziffer 1 immer der Moderator und die Ziffer 2 immer der Kurator bzw. die Kuratorin ist; die Ziffern 2 bis 8 sind Gemeindemitglieder. Die Zahl nach dem Bindestrich gibt die Seitennummerierung des transkribierten Interviews an (9), die Zahl nach dem Komma die Zeilennummer (33) in der zitierte Textausschnitt beginnt. Wenn nicht aus allen ausgewerteten Interviews zitiert wird, so liegt das daran, dass diese gegenüber den zitierten Aussagen keinen zusätzlichen Erkenntnisbeitrag liefern (Überprüfung durch vergleichende Interpretation).
Folgende *Transkriptionsregeln* gelten: Auslassungen von Wortfolgen sind nicht erlaubt. Pausen und Länge der Pause werden angeben: (...) oder (... ...) oder (... ... ...); parasprachliche Äußerungen in Klammer angemerkt: (lachend), (zögernd), usw. ; betonte Worte werden **fett** geschrieben; Abgebrochene Worte sind mit einem Trennstrich gekennzeichnet: Viel-.

Unklarheit, Ungeregeltheit, Offenheit des Modells – und keine vorliegende Tradition bzw. Norm der Zusammenarbeit von Kurator und Moderator – müssen auf der persönlichen Ebene bewältigt und wettgemacht werden. Das Gelingen hängt also am gegenseitigen Bemühen – und an einer klaren Aufgabenbeschreibung, wie der Kurator später beschreibt.

❖ Ernstnehmen der Bevölkerung: Information – Diskussion – Mitentscheiden

Der Umstellungsprozess, also der Übergang vom traditionellen Pfarrmodell „ein Pfarrer für eine Pfarre" zum K-M-Modell, scheint in der Pfarrgemeinde Aufeld gut und für alle Beteiligten zufriedenstellend gelungen zu sein. Vom letzten Pfarrer zum neuen Kurator, der schon seit zwei Jahrzehnten (!) als Religionslehrer in dieser Gemeinde tätig und sehr beliebt war, gab es einen gleitenden Übergang, d.h. der zukünftige Moderator arbeitete zunächst mit dem alten Pfarrer zusammen und war in liturgischen Feiern für die Gemeindemitglieder sichtbar präsent.

Ein Grund für die gute Annahme des Modells liegt darin, dass dieser Entscheidung ein Diskussionsprozess in der Gemeinde vorausging. Es wurde abgestimmt, ob es das K-M-Modell oder eine Mitprovision durch einen Priester von auswärts geben soll – wobei schon klar war, wer als Kurator kommen würde. Die Aufelder entschieden sich mit überwiegender Mehrheit für das K-M-Modell und für den ständigen Diakon Georg Müllner, der die Funktion eines Kurators übernehmen sollte.

> *Und dann hat man abgestimmt, ja, ob wirklich sagen wir in Zukunft jetzt der Diakon Müllner Georg das - oder ob ... weiterhin der Pfarrer von Gröben das übernehmen soll. Denn der hat ja drei Gemeinden, nicht? Und - Das weiß ich aber nicht genau. Aber soviel ich weiß, hat man eben also zwischen diesen beiden also (...) abgestimmt. Und dann hat man mit* ***überwiegend*** *- überwältigender Mehrheit gesagt, ja, der Diakon Müllner Georg soll jetzt die Pfarrgemeinde übernehmen. Und so kam es dann auch. (AM4-2,19)*

Als der Kurator in Aufeld noch ausschließlich Religionslehrer war, lebte er im Nachbardorf. Offensichtlich war es der Gemeinde sehr viel wert, einen eigenen Seelsorger im Ort zu bekommen. Das schon sanierungsbedürftige Widum wurde für den Kurator – sowie für pfarrliche und dörfliche Nutzung – umgebaut. Daraus lässt sich durchaus der Schluss ziehen: die Bevölkerung wollte den Kurator „anlocken", auch im Ort zu wohnen.

> *Und man hat natürlich da dann von der Gemeinde aus prompt reagiert und gesagt, wenn wir schon einen Diakon bekommen, dann muss man ihm es natürlich so angenehm wie möglich machen, dass er auch natürlich nach Aufeld kommt. Auf deutsch gesagt, freiwillig kommt. Dann hat man das ganze Widum umgebaut. (AM6-9,1)*

Man hat ihm also die Sache schon „schmackhaft gemacht, die Schuhe schon hingestellt und so" (AM6-9,21). Es gab das klare Votum der Gemeinde für dieses *Modell* und für die *Person* des Diakons als Kurator (94 % der Stimmen; vgl. AM2-4,32). Dies wiederum war ausschlagend für die positive Entscheidung des Kurators. Er war sich bewusst, wie sehr man in der fruchtbaren Ausübung einer solchen Funktion von der Akzeptanz der Bevölkerung abhängt:

> ***I:*** *Das ist für Sie etwas Wichtiges gewesen, das war Voraussetzung?* ***IP:*** *Die Voraussetzung, ich wäre sonst nicht heruntergekommen. Weil ich einfach nicht – Weil ich gewusst habe, wie heikel eigentlich – Ich bin eigentlich seit 25 Jahren in der Pfarrei. Wie – Wie angewiesen man doch ist in seiner Arbeit, dass die Leute einen mittragen, mitakzeptieren trotz seiner kleinen Spinnereien und dem, was eben gut ist oder weniger gut ist, dass man das miteinander lebt. Und das war Voraussetzung, sonst wäre ich einfach – Wäre ich eher als Sekretär – Hätte ich mir eigentlich auch vorstellen können, dass ich gesagt hätte, als Pastoralassistent, gut, ich werde da Pastoralassistent für alle drei Gemeinden und der Hans damals ist als Pfarrer zuständig. (AM2-4,35)*

Der Kurator ist davon überzeugt – und diese Wahrnehmung deckt sich mit der der Gläubigen –, dass es für die beide Seiten – Kurator und Gemeinde – von entscheidendem Vorteil war, dass er die Pfarrgemeinde kannte und die Pfarrgemeinde ihn. Andererseits ist er sich bewusst, dass dies in anderen Fällen nicht immer möglich sein wird.

> *Das war sicherlich der große Vorteil, dass, sagen wir, sie mich gekannt haben und ich sie auch. ... Ich hätte es sonst gar nicht gemacht. Also, ich hätte mir nicht vorstellen können, dass man einfach irgendwo Kurator wird in einer Gemeinde, in der man zumindest nicht so Fuß gefasst hat. Natürlich wird es so sein bei vielen - weil, was will man denn machen, wenn die Leute nicht da sind. Aber persönlich (...) Ja, für die Pfarre und - und persönlich ist es sicherlich optimaler, aber wer lebt denn schon immer vom Optimum, das ist klar. (AM2-19,9)*

Der Kurator erfährt für seine Person und das K-M-Modell eine hohe Akzeptanz durch die Bevölkerung. Er führt dies darauf zurück, dass die Menschen vorher gefragt worden sind, sich mit den Möglichkeiten, Grenzen und Folgen des Modells auseinandersetzen konnten und die Gemeindeleitungsform selbst entscheiden konnten.

> *Ja, seit dieser Zeit bin ich da Kurator, tu mich, muss ich sagen, kirchlich intern, also die Leute, die da so um mich herum sind, also ob das jetzt der Pfarrgemeinderat ist, der Kirchenrat ist, ob das jetzt die Jugend, die Jungscharführer sind, gar nicht schwer, weil sie eben auch dieses Modell – Weil sie eben auch mitgetragen haben und weil sie nicht – Ich führe das schon zurück auf das, dass man sie befragt hat. Dass man gesagt hat, könnt ihr euch das vorstellen. Man hat – Wir haben das sehr ausführlich diskutiert, da war dann ein eigener Abend, also was das überhaupt soll und wie das funktionieren könnte und - und wie es weitergeht, Zukunftsperspektive unserer Pfarre und daraufhin – Ja, persönlich tu ich mich also jetzt, was also den engeren Kreis anbetrifft, eher leicht, weil sie mich mittragen, nicht, weil sie mich voll akzeptieren, muss ich dazu sagen. (AM2-2,45)*

❖ Starke Symbolkraft: „Neues Leben" im renovierten Pfarrhof

Wie schon erwähnt, lag der Bevölkerung viel daran, den Kurator nach Aufeld „umzusiedeln" und damit den Gemeindeleiter ansprechbar im Ort zu haben. Ein bewohntes, lebendiges Pfarrhaus hat für die Bevölkerung offenbar eine so starke Symbolkraft, dass sie keine Kosten und Mühen für die Renovierung gescheut hat. Der Kurator selbst stand diesem Ansinnen der Pfarrkirchenräte zurückhaltend gegenüber. Letztendlich führte es aber – dank der vielen Räumlichkeiten für verschiedene Gruppen – zu einer spürbaren Belebung des Gemeindelebens, wie der Kurator beschreibt:

> *Wir wollten das alte Haus nur renovieren, selbst auch zum Teil, wenn die Gemeinde ein wenig mitfinanziert hätte, dann hätte das schon genügt, aber – Ich muss dazusagen, da waren die Kirchenräte voller – Die haben gesagt, nein, das machen wir, und jetzt - wenn jetzt neues Leben hinein kommt und wenn da ständig jemand da wohnt und offen ist und - dann ist es uns das wert. Und sie haben also das da eigentlich neu aufgebaut. Aber man muss dazu sagen, nicht auf meinen Wunsch. Ich habe gesagt, nein, also ich will eher - weil ich sonst die Diskrepanz oft erlebe (bestimmt), oder, dass es dann heißt, aha, der kommt auch mit der Familie, dem müssen wir jetzt ein Haus her bauen. Das wollte ich eigentlich eher abwehren und habe gesagt, nein, bitte schön, tut mir das nicht an. Nein, das – So hat das angefangen, dass sie gesagt haben, nein, und wir wollen das jetzt und weil – Wir versprechen uns da auch die vernünftige Arbeit und drunten ist ja alles - sind ja alles Pastoralräume. Und wir haben also so 14 ständige Gruppen im Haus, jede Woche, und so fünf, sechs Gruppen, die also nicht Woche für Woche, aber vierzehntägig oder so, kommen. Das heißt, unten ist fast immer ausgebucht. Es ist schon sehr viel Leben da. Jetzt nicht nur kirchlich, wir haben auch – Die Bauern machen da Vorträge und - also die Gemeinde ist ab und zu da, oder andere Vereine kommen und halten ihre Sitzungen unten, weil unten eben Küche und alles da ist. So gesehen, lebt das Haus schon (lachend), muss ich schon sagen. (AM2-11,48).*

❖ Bedeutender Unterschied, ob erster oder zweiter Moderator

Der interviewte Moderator, gleichzeitig Pfarrer des Nachbardorfes Gröben, wurde zum zweiten Moderator in Aufeld bestellt. Aus seiner Sicht macht es einen deutlichen Unterschied, ob man als erster Moderator (Kurator) in eine Pfarre kommt oder ob man die Nachfolge von jemanden antritt, der diese Rolle in der Pfarre schon bekannt gemacht hat. Im zweiten Fall muss sich die Gemeinde „nur" auf eine neue Person einstellen, im ersten Fall auf eine *neue Person*, ein *neues Leitungsmodell* und *neue Rollen*! Insofern hat der zweite Moderator – falls das Experiment der erstmaligen Installation des Gemeindeleitungsmodells glückte – eine leichtere Ausgangsbasis. Das Modell als solches war im konkreten Fall schon eingeführt. Die Gemeinde war „vorbereitet, und ich habe einfach – bin einfach in die Fußstapfen des – meines Vorgängers hineinge – – hineingestiegen" (AM1-1,17).

❖ Gründe für die Entscheidung zugunsten des K-M-Modells

Als wichtiger Grund für das K-M-Modell wird von Seiten der Bevölkerung immer wieder der Erhalt der Eigenständigkeit und Unabhängigkeit der Pfarrgemeinde angeführt. Mit diesem Modell sieht man die eigenständige Organisation und Planung entsprechend den Lebensrhythmen der Gemeinde gewährleistet (vgl. AM6-2,1). Der bereits erwähnte Landwirt, der lange Zeit im PGR war, betont die Eigenständigkeit:

> *Und ich glaube auch, dass es generell so die Meinung war, dass man sich nicht jetzt wieder an eine andere Gemeinde binden wollte. Erstens einmal ist man natürlich mit der ganzen Gottesdienstgestaltung und mit allem anderen nicht mehr so flexibel wie jetzt, oder. Weil wenn der Pfarrer natürlich mehrere Gemeinden zu betreuen hat, dann kann man nicht so flexibel sein, das ist vollkommen klar, weil er kann nur irgendwo am Vormittag eine Messe halten und nur irgendwo am Abend eine Messe halten. Also von dem her auf alle Fälle. Dann sicherlich das ganze pfarrliche Gemeindeleben wäre durcheinandergebracht worden, weil er kann sich auch nicht vierteln und teilen, sondern er muss ja auch irgendwo – Ob das heute eine Vorbereitung ist auf die Erstkommunion oder auf die Firmung oder ob das heute im Sterbefall, bei den Taufen und so weiter. Er muss ja das dann über mehrere Gemeinden abstimmen. Und ich glaube, dass es sicherlich so zum Wohle der Gemeinde und zum Vorteil der Gemeinde gelangt ist, dass wir einen - einen Diakon haben. (AM6-2,4)*

Neben der Akzeptanz der Bevölkerung ist aus der Sicht des Kurators die Regelung klarer *Zuständigkeiten zwischen Moderator und Kurator* eine wichtige Voraussetzung für seine positive Entscheidung und für das Gelingen dieses Modells. Die Kompetenzen beider sind im Beauftragungsdekret des Bischofs festgehalten.

> *Weil das war ja der nächste Punkt, muss ich dazu sagen, dann die - die - das Dekret auszuhandeln. Mit – Das Dekret ist ja so, dass jeder Kurator - ich nehme es einmal an, also ich weiß es eben nicht anders - ein Dekret vom Bischof bekommt. Und welche Kompetenzen da jemand hat, das ist natürlich schon auch entscheidend, nicht, weil wenn du - wie soll ich sagen - wenn ich im Pfarrgemeinderat bleiben soll, und wir machen da etwas aus, und zwei Tage später oder bei der Sitzung kommt der Pfarrer her und sagt nein, und es geht alles nicht, das wäre ja keine Zusammenarbeit. Dass – Dass dieses Vertrauen da ist – Und so haben wir eigentlich im Dekret – Steht eigentlich fast alles drin, was – Dass man vernünftig – Also, das muss ich dazusagen, ein Kurator – Sonst wird man ausgespielt, an die Wand gespielt. Und zwar der Moderator wie auch der Kurator. (AM2-5,11)*

5.1.2 Die Leitungsstruktur und die Rollen der Leitungspersonen

Funktionen und Rollen von Kurator und Moderator werden formal durch Aufgabenbeschreibungen, aber mehr noch in einem sozialen Aushandlungsprozess zwischen dem Selbstverständnis der Leitungspersonen und den Erwartungen der Menschen gebildet. Diese Erwartungen und Zuschreibungen kommen u.a. auch in der Anrede der Rollenträger zum Ausdruck. Im Folgenden geht es um die Erfahrungen mit den bzw. der Rollenträger und den damit verknüpften soziale Erwatungshaltungen und Zuschreibungen.

❖ Der Kurator als Ansprechperson, Gemeindeleiter, Seelsorger und „Pfarrer"

Die Gemeindemitglieder sehen den Kurator, der auch ständiger Diakon ist, als „Pfarrer" (vgl. AM2-6,29). Er hat Mühe, sein Profil als ständiger Diakon zu betonen. Der Kurator wird vom größten Teil der Bevölkerung – aufgrund seiner persönlichen Bekanntschaft aus 20jährigem Schulunterricht – mit dem Vornamen Georg angesprochen. Für die anderen ca. 20 % ist er der *„Pfarrer"* – wobei diese Anrede gleichzeitig für den Moderator gilt.

> *Natürlich, also die Versuchung ist natürlich sehr groß, dass man schon hinein gedrängt wird, eher selber immer – Genau, also wir möchten einen Pfarrer haben, und wenn jetzt das kein Pfarrer ist, der Diakon, dann machen wir eben aus ihm einen Pfarrer, nicht. Das fängt einfach an, indem man einfach – Ja, die älteren Leute sagen, also weil sie das Wort Diakon vielleicht nicht so im Kopf haben, entweder sagen sie Dekan, und wenn ich sage, nein, so groß nun auch wieder nicht, oder Pfarrer... Immer wieder fängt das an, Herr Pfarrer oder so. Wobei aber, sagen wir, schon 80 Prozent einfach Georg sagen. Also von dem her, weil ich ja (...) die letzten 20 Jahre immer regelmäßig da alle Kinder in der Schule gehabt habe. Das heißt, die sind heute zum Teil 40 Jahre alt, und was darunter ist, die habe ich fast alle in der Schule gehabt, die jungen Eltern, die sind alle irgendwo bei mir einmal gegangen (...) und insofern – Da sagen also die meisten Georg. Also die eben nicht Georg sagen – Ja, ja, man trägt einen da schon hinein, wobei aber auch der Josef doch der Pfarrer ist. Also ich muss dazu sagen, das Wort Kurator, Moderator, das steht rein auf dem Papier. Das kommt überhaupt nie vor. Höchstens, wenn der Bürgermeister einmal eine offizielle Rede hält und dort eine Begrüßung macht, dass er das dann verwendet, wobei selbst er - es ihn manches Mal schleudert, dass ich plötzlich der Moderator bin (lachend) und der Josef der Kurator. Aber sonst, von den Begriffen her, muss ich sagen, das ist nicht in den Köpfen drin. Da ist eher das „Pfarrer" und - ja, eigentlich sind dann zum Teil für manche drei Pfarrer in der Gemeinde, und der Josef, der Altpfarrer und ich auch noch. Wobei sie aber dann, wenn man so redet, doch wissen, dass ich kein Pfarrer bin (lachend). Also das wissen sie schon. Und dass da bei den Eucharistiefeiern natürlich, dass die Wandlung da fehlt bei mir, wenn ich jetzt Wortgottesdienste feiere und (...) dass ich nie in den Beichtstuhl hineinkomme, das - das wissen sie. Aber alles andere erleben sie natürlich schon - eher schon, dass ich alle anderen Arbeiten schon mache. Das muss ich dazu sagen. (AM2-9,1)*

Vom geweihten Diakon zum Pfarrer ist es für viele Gläubige anscheinend „nicht mehr weit". Gerade ältere Leute, denen der Begriff Diakon nicht so geläufig ist, machen den Kurator gleich zum bekannteren „Dekan". Bei wieder anderen muss der Kurator darauf hinweisen, dass er kein Pfarrer ist. Gerade in der Anrede wird m. E. sehr deutlich, dass die Menschen mit dem Begriff Kurator wenig anfangen können. Sie haben keine Erfahrung, kein inneres Bild dazu. Deshalb greifen sie auf Begriffe zurück, die ihnen bekannt und mit einer Erfahrung gefüllt sind und gleichzeitig dem, was der Kurator offensichtlich tut, am nächsten sind. Die Sicherheit in der Verwendung der

Begriffe ist selbst beim Bürgermeister schwach ausgebildet! Da aber das Modell gut funktioniert, scheint die unscharfe Verwendung der Begriffe für keine der beteiligten Personen auf der Gemeindeebene ein Problem darzustellen. Offensichtlich ist die kirchenrechtlich präzise Verwendung der unterschiedlichen Leitungsbegriffe für viele Menschen kein vordringliches Anliegen, es bedarf auf ihrer Seite keiner differenzierten Klärung. Gleichzeitig haben die Menschen schon ein Gespür dafür, dass es einen Unterschied zu einem „wirklichen Pfarrer" gibt. Dieses grundsätzliche Unterscheidungsvermögen reicht offensichtlich für alle Beteiligten aus. So wird der geläufige Begriff „Pfarrer" für den Kurator verwendet, auch wenn er nicht genau passt. Angesichts dieses Befundes auf Gemeindeebene fragen sich Gemeindemitglieder ernsthaft, ob der Diakon, der faktisch die Aufgaben eines Pfarrers gut erfüllt – ausgenommen die dem Priester vorbehaltenen – nicht auch offiziell zu einem solchen gemacht werden sollte. Dafür plädiert – als einer von mehreren – der schon erwähnte Landwirt:

> *Es ist so, wenn ich es - von mir eben die persönliche Meinung ist das, für mich ist der Georg der Ansprechpartner, und er soll einfach die Gemeinde - die Aufgaben in der Gemeinde wahrnehmen. Er soll sie gleich wahrnehmen, wenn es nach mir gehen würde, wie ein Pfarrer. Weil er ist ein Geweihter - als Diakon. Und ich persönlich würde da eben auch keinen Unterschied machen, oder. Ich würde einfach sagen, dass eben durch den Priestermangel, da gibt es eben weniger Priester. Und wir müssen dieses Loch, wie man sagt, irgendwie füllen, irgendwie stopfen, und müssen froh sein, wenn sich Menschen bereit erklären, ein solches Amt zu übernehmen. Und wie gesagt halt, wenn sich der den Aufgaben der Gemeinde annimmt, sich bereit erklärt und annimmt, und - dann sehe ich überhaupt kein Problem. Also ich würde da keine Trennung machen. Und die Trennung ist - besteht sicherlich auch wiederum nur bei der Messe, oder. Da muss ich bei diesem Thema immer bleiben, weil ansonsten - er macht Hochzeiten, er macht Taufen. Es ist - bei den Beerdigungen. Es - für mich eigentlich fast kaum ein Unterschied hin zum Pfarrer, eben nur bei bestimmten Hochämtern und so weiter, wo es dann eben eine Wandlung gibt während der Messe, oder wo es eben eine Messfeier gibt statt einem Wortgottesdienst, müssen wir so bleiben. Da kennt man dann den Unterschied, aber - ich würde sogar eben soweit gehen, dass in Zukunft eben ein Diakon dem Pfarrer eigentlich gleichgestellt ist. (AM6-12,48)*

Für diesen Mann mittleren Alters ist es nur konsequent, wenn der Kurator, der für ihn eigentlich der „Pfarrer" ist, auch die Priesterweihe empfangen würde.

> *Ich würde sogar eben soweit gehen, dass in Zukunft eben ein Diakon dem Pfarrer eigentlich gleichgestellt ist. **I:** Durch die Priesterweihe zum Beispiel? **IP:** Ja.Richtig. **I:** Also wenn der Georg zum Priester geweiht werden könnte, sage ich einmal, wäre das kein Problem? **IP:** Nein. **I:** Auch dass er verheiratet ist, nicht? **IP:** Nein. Sicher nicht. Sicher nicht. (AM6-12,13)*

Auf die Frage, wen sie für den Gemeindeleiter in Aufeld halten, antworten die Menschen ohne zögern: „Der Gemeindeleiter ist der Diakon, also das ist gar keine

Frage“ (AM4-6,37). Und als solcher ist er voll akzeptiert: „Ich glaube, er ist sehr angenommen. Ich glaube, er ist sehr angenommen“ (AM4-2,47). Ebenso klar fällt die Antwort auf die Frage aus, wen die Gläubigen als Seelsorger erfahren:

> *Der Seelsorger der Gemeinde ist für mich der Diakon Müllner Georg. Und niemand anderer, nicht. Er hat an und für sich sonst alle Aufgaben, die er nach dem Kirchenrecht machen darf, die macht er. Er macht Taufen, er hält die Begräbnisse, [...]. Er macht - was kann er noch - ja, Ehe schließen, obwohl da nicht mehr allzu viele sind. Ja. Das macht er alles in Eigen... dings, ja. (AM4-6,10)*

Die Menschen sehen den Kurator als *Ansprechperson*, als *Seelsorger*, *Gemeindeleiter* und *wie einen Pfarrer*. Nur einmal fällt eine – an das Kirchenrecht angelehnte – Aussage, die nicht zufällig von einem sehr rollenbewußten Interviewpartner – er ist selbst Mitglied bzw. Obmann verschiedener Vereine – kommt. Der Kurator leitet eigenständig die Pfarre (vgl. AM6-14,37), der Moderator habe die Oberaufsicht (vgl. AM6-14,33). Dem Moderator weist diese IP eine Kontrollfunktion und für Konfliktfälle auch eine Schiedsrichterfunktion zu (vgl. AM6-14,16).

> *Meines Erachtens hat der Priester in dem Fall eine Kontrollfunktion. Dass er trotzdem eben noch schaut, ob wirklich dann der Ablauf in der Gemeinde so vonstatten geht, eigentlich wie es sich die Kirche als Institution eigentlich vorstellt, oder. Und - weil die finanzielle Gebarung obliegt ja dem Pfarrkirchenrat, also von dem her - die Kirchenrechnungen werden offengelegt, oder. Von dem her sehe ich eigentlich überhaupt kein Problem. Aber eigentlich, dass das geistliche Leben und auch der ganze Ablauf einfach wie man es sich von der Kirche auch vorstellt. (AM6-14,4)*

Aber auch bei dieser IP ist der Kurator ganz klar der Seelsorger der Gemeinde (vgl. AM6-20,32). Das Selbstverständnis des Kurators deckt sich – wie weiter unten deutlich wird – mit den Erwartungen der Gemeindemitglieder.

❖ Der Kurator ist „geweihter Gemeindeleiter“

Überraschend eindeutig sieht auch der Moderator den Kurator als Leiter der Gemeinde: „Ich habe den Eindruck, dass die Hauptperson wirklich drunten der Diakon ist ... Er ist geweihter Leiter dieser Gemeinde“ (AM1-2,4). Überraschend ist der Ausdruck „geweihter Leiter“, denn „geweiht“ bezieht sich auf die Funktion des Diakons – der ja gerade nicht das Profil eines Gemeindeleiters hat. „Geweihter Leiter“ ist korrekterweise nur ein Pfarrer. Ist hier durch das Zusammentreffen von Weihe (=Diakon) und Gemeindeleiter (=Kurator) im Gesamtprofil ein „Pfarrer“ entstanden? Diese Frage müssen wir für die abschließende theologische Reflexion im Auge behalten!

Es ist dem Moderator wichtig, dass „der Georg wirklich das Gefühl hat, dass er auch ver– – dass er leitet und auch verantwortlich ist, dass er ganz eigenständig eigentlich drunten arbeiten kann“ (AM1-2,38). Der Moderator sieht ein eigenständiges und verantwortliches Arbeiten des Moderators und unterstützt damit das Selbstverständnis des Kurators und „bestätigt“ die Erfahrung der Gemeinde.

❖ Selbstverständnis des Kurators: Diakon sein und Gemeinde entwickeln

Wie sieht nun der Kurator in Aufeld selbst seine Rolle und Aufgabe? Den Entschluss, sich zum Diakon weihen zu lassen ist vor und unabhängig von der Frage nach dem K-M-Modell getroffen worden. Georg Müllner hat sich zum Diakon weihen lassen, weil er Freude am Besuchsdienst hatte. Er ist dennoch froh, dass er eine „eigene Pfarrre“ hat, da er damit der möglichen Konkurrenz mit dem Pfarrer um den diakonischen Bereich entkommt.

> *Als ständiger Diakon hat man ja auch seine Vorstellungen, die sich schon ein wenig unterscheiden von denen des Pfarrers. Dass ich einfach dieses, was weiß ich, Besuchsdienste, die - also die* ***Dienste*** *an und für sich doch eher liebe und eigentlich aus dem Grund ein Diakon geworden bin, die kann ich natürlich jetzt leben. Das ging vorher nicht, weil ich einfach - ich kann nicht dem Pfarrer droben in Gröben sagen, du, ich gehe jetzt hin zu deinen Leuten. Er will das selbst tun. Er will einfach diese Aufgaben selbst wahrnehmen in seiner Gemeinde, und das ist hier unten ... Das macht wirklich Freude und Spaß. Das muss man schon sagen. (AM2-13,6)*

Neben diesem vom Diakonsein geprägten Selbstverständnis sieht der Kurator seine Aufgabe in der *Sammlung bzw. Entfaltung der verschiedenen Gruppen zur Gemeinde* hin. Der Kurator lässt damit einen sehr weiten Gemeindebegriff und einen „offenen“ und ermutigenden Leitungsstil erkennen. Die Eigeninitiativen der Gruppen sollen wachsen dürfen, der Gemeindeleiter muss nicht jede Initiative und Gruppenaktivität selbst steuern und kontrollieren. Trotzdem muss er sich um einen guten Kontakt zu allen Gruppen und um ein gutes Zueinander und um die Einbindung aller Gruppen in die Gemeinde bemühen:

> *Dass manche Gruppe sehr viel Beziehung haben zur Allgemeinheit, das definiert sich dadurch, dass man sagt, okay, wir nehmen teil am Sonntagsgottesdienst, dass wir auch Gruppen haben, die überhaupt das nicht so sehen. Die fast schon wieder Hauskirche leben, indem sie zwar nicht bewusst Gottesdienst feiern, aber durch ihr Zusammensein, durch ihre Dienste doch auch ein Stück Gottesdienst feiern. Also es ist immer verstärkt so, weg (...) also immer mehr weg jetzt von den Großveranstaltungen. (...) Mehr hin zu dem, jetzt haben wir uns als Kreis gefunden, wir feiern jetzt Gottesdienst. So dass der Kurator oder der Leiter, der Pfarrer auch, denke ich mir – Also so geht es uns in Aufeld, dann dieses Koordinieren über hat. Zu sagen, nein, also treffen wir uns, am Sonntag von mir aus, oder treffen wir uns dort, bringen wir dann alles gemeinsam ein. Und begleiten dann die verschiedenen Gruppen auch. Aber ich denke mir, so entwickelt sich das. Ich sehe das selbst in traditionellen Gemeinden so. Die Jugend will - will ihre Vorstellungen durchbringen und - und erlebt, dass das untereinander viel besser geht, als wenn sie ständig von außen irgendwo verändert oder behindert oder geschoben werden, wo sie nicht wollen. Die älteren Leute wollen das, also – Wenn ein Gottesdienst da drunten ist mit alten Leuten, da kommen wesentlich mehr und fühlen sich viel wohler, wenn man das im Pfarrsaal drunten macht als wenn ich jetzt einen Gottesdienst mache speziell mit Thema, Inhalt ältere Leute - ihre Sorgen und Ängste beim Gottesdienst, zum Beispiel.*

Da sind sie eher da. Oder dass, was weiß ich, die Bibelkreise sehr gut funktionieren. Aber sie möchten irgendwo mit - in sich sein, aber als Gruppe mit ihren Vorstellungen und Wünschen möchten sie doch autonom, zumindest so gut es eben geht, arbeiten. (AM2-21,41)

Von diesem Gemeindebild leitet sich der *Leitungsstil* des Kurators ab: Integrierendes, ein- und verbindendes Koordinieren der selbstinitiativen und engagierten Gruppen auf das Ganze hin und das gemeinsame Leben feiern:

Ja, ich sehe das schon so. Dass wirklich viele kleine Gruppen, die sehr gut arbeiten, Basisgruppen da sind, die sehr gut arbeiten. Nicht unmittelbar immer einen Bezug haben, den großen Bezug haben, den man sich wünschen würde hin zur ganzen Pfarre, aber dennoch die ganze - für die ganze Pfarrei ihr - ihr Charisma als ganze Gruppe teilen. ***I:*** *Da verändert sich ja dann auch die - das Selbstverständnis vom Gemeindeleiter, wenn es kleine Gruppen gibt.* ***IP:*** *Ganz genau so, ja. Einfach genau so.* ***I:*** *Wie würden Sie das sagen, so (...)* ***IP:*** *Eigentlich mehr oder weniger zu koordinieren. (AM2-22,29)*

Damit wird deutlich, wie der Kurator seine Funktion als Gemeindeleiter versteht und ausübt: Charismen und Gruppen zusammenführen und darauf achten, dass niemand den Kontakt zum Evangelium verliert.

Und zu versuchen, dass - zu versuchen, dass eben der Geist - der Geist von mir aus vom Evangelium, immer darüber bleibt. Dass der sozusagen nie verschoben wird, dass sich das eigentlich nicht so als Wahrer und Hüter des Glaubens – Sondern einfach zu sagen, wir sind dennoch gemeinsam unterwegs, und ab und zu muss dieses Gemeinsame seinen Ausdruck bringen. Das heißt, koordinieren und dann wenigstens ab und zu zusammenführen. (AM2-22,45)

❖ Moderator: „Ich bin Seelsorger, Geistlicher, Begleiter und Impulsgeber"

Der Moderator sieht sich selbst nicht als Leiter oder Ansprechperson der Gemeinde (vgl. AM1-2,18). Er bezeichnet sich lieber als *Seelsorger* (vgl. AM1-2,17), *geistlicher Begleiter* (vgl. AM1-2,9) und *Impulsgeber*:

Und dass er von mir einfach Impulse erwarten darf, wo zum Beispiel offene Fragen sind oder wo ein Problem auftaucht oder wo - wo - wo wir schauen müssen, dass wir einen neuen Weg in die Zukunft finden. Da ***darf*** *er das erwarten und da möchte ich auch meinen Beitrag leisten. Aber das Grundsätzliche, so der - der Betrieb, das Management, die Organisation, die - die seelsorglichen Grundkontakte, die - das bestreitet alles der Georg. (AM1-2,40)*

Der Moderator sieht sich in einer sehr unterstützenden subsidiären Rolle für den Kurator und nicht als Konkurrent. Diese Klarheit seiner Rolle als Moderator gründet in einer klaren Prioritätensetzung, die er – gleichzeitig als Pfarrer des Nachbardorfes – vornimmt. Der Moderator fühlt sich in erster Linie jener Pfarre gegenüber verantwortlich, in der er Pfarrer ist. Das ist seine „Erstzuständigkeit". Ganz konkret zeigt sich diese Prioritätensetzung des Moderators, wenn es zu terminlichen

Überschneidungen zwischen den beiden Pfarren kommt, selbst dann, wenn es um die Mitte der christlichen Gemeinde, die Eucharistiefeier geht:

Und dann habe ich mit dem Pfarrgemeinderat darüber gesprochen und habe gesagt, mir kommt vor, dass ich zuerst einmal ***die*** *Pfarre im Auge haben muss, wo ich Pfarrer bin. Weil - wenn ich dann nicht da bin, dann ist niemand mehr da. In Aufeld ist immerhin noch der Kurator da. (AM1-4,24)*

Das ausschlaggebende Argument des Moderators für diese Prioritätensetzung ist die seelsorgliche Präsenz, das „Dasein" für die Menschen seiner Gemeinde. Das Dasein ist für den Pfarrer wird das wichtigste seelsorgliche Kriterium. Dieses Dasein sieht er durch den Kurator in Aufeld gegeben. Er hebt diese Haupt- und Nebenzuständigkeit an anderer Stelle nochmals hervor:

Aber weil ich ja da hauptzuständig bin und dort nebenzuständig - neben unter Anführungszeichen - oder mitzuständig bin. (AM1-5,12)

Neben dem funktionalen Aspekt der Zuständigkeit und dem seelsorglich-pastoralen Aspekt des Daseins für die Gemeinde gibt es für den Moderator noch einen sehr persönlichen Aspekt für die Prioritätensetzung, nämlich den der *persönlichen Beheimatung*. Die Frage des Moderators „Wo bin ich eigentlich zu Hause?" kehrt im Gespräch mehrmals wieder. Sie ist auch leicht nachvollziehbar, wenn man bedenkt, dass der Moderator für vier Dörfer (u.a. auch Autal) zuständig ist. In einem Fall wurde die Frage nach der persönlichen Beheimatung stark akzentuiert:

Mir war wichtig, als ich am Beginn also da gestartet habe, dass ich mir selbst die Frage beantworten kann, wo bin ich zuhause? Das war für mich eine der wichtigsten Fragen ganz am Beginn. Und die Frage habe - habe ich mir selbst beantwortet, ich bin in St. Markus in Gröben daheim. Also da ist das Pfarrhaus, da ist die Pfarrkirche. Und von dieser Haltung her kann ich ganz leicht nach Autal gehen, weil ich merke, das ist eine ein bisschen ausgelagerte Filialkirche. Es gibt Leute, die nur in Autal in die Kirche gehen. Wenn ich etwas mit Kindern mache, dann muß ich es immer in Gröben und in Autal machen, also das ist nicht - nicht so einfach, wie wenn ich nur eine Kirche habe. Aber ich spüre immer (...) Ich lade die Leute sehr gerne nach Gröben auch ein, die Autaler, und das geht auch ganz gut. Das ist immer so gewesen, dass diese zwei Dörfer beisammen waren. Und da bin ich zuhause, das spüre ich ganz klar. Aufeld (... ...) da bin ich eigentlich nicht so zuhause. Das ist so - wie ein wenig so - wie wenn ich meinen Arm ausstrecken würde und - und etwas mitnehme noch, gell. Was ja an sich von der Kraft her möglich ist, und auch von meinem Einsatzwillen her möglich ist, und ich bin gern auch dort, so. (AM1-3,24).

Die innere Entscheidung, die der Moderator zugunsten „seiner" Pfarre getroffen hat, entspannt das Verhältnis zwischen Moderator und Kurator und schützt alle Beteiligten vor unrealistischen Erwartungen. Der Kurator kann die Einstellung des Moderators verstehen, da das Beheimatetsein des Moderators in Aufeld bei gleichzeitiger prinzipieller Abwesenheit nicht möglich ist. Falls eine ausreichende seelsorgliche Anwesenheit des Moderators in der Pfarre möglich wäre, bräuchte es das K-M-Model nicht. Der Kurator bringt die Erfahrung mit dem ersten Moderator Hans ins Spiel, der oft zum Mitfeiern und Dabeisein eingeladen wurde, dem aus Zeitgründen aber nicht nachkommen konnte.

Aber dass er eine Heimat hat, das ist nur da droben - dort möglich, wo – Aber dann brauche ich ja keinen Kurator, wenn ich mitlebe in der Gemeinde und das mittrage. Dann brauche ich ja nicht – Dann wäre es ja schade darum, nicht. Wenn er das als Seelsorger voll tun kann, dann soll er das auch machen. [...] Entweder ich habe Zeit und kann mir Zeit nehmen und so (unverständlich) im Fernsehen, da war eben, da wo - Blaulichtseelsorger. Nein, der Hans wie oft haben wir ihn gebeten und so, bittschön, dann nimm eben teil, komm herunter, wenn wir ein Fest haben, nimm teil oder mach das oder geh Du hin zu den Kranken und mach Du das. Er hat keine Zeit gehabt. [...] Ich kann nicht erwarten als Moderator, das muss man vielleicht in der Ausbildung und diesen Leuten auch sagen, das ist – Das Selbstverständnis des Moderators ist sicherlich, eher eben seinen Dienst anbieten. Aber nicht in der Gemeinde mitleben. ***I:*** *Ja.* ***IP:*** *Das ist fast nicht möglich. Es sei denn, er tut es, aber dann brauche ich keinen Kurator. (AM2-26,1)*

Die Gemeindemitglieder sehen Funktion und Stellenwert des Moderators in Aufeld ähnlich wie dieser selbst. Während der Kurator zu vielen Gemeindemitgliedern eine persönliche Nähe hat (persönliche Anrede mit Vornamen), wird der Moderator v.a. in seiner Funktion als Pfarrer von Gröben wahrgenommen. Mit Familien- oder Vornamen ist er nicht allen bekannt, wie ein Pensionist bekennt:

Der Moderator in der Gemeinde spielt an und für sich eine sehr, sehr untergeordnete Rolle. Denn er hat ja Autal auch noch, nicht. Und was er (...) also wo er in Erscheinung tritt, das ist eben bei diesen - bei diesen zwei Gottesdiensten, die ja so in der Woche sind. Aber weiters (... ...) haben wir keine Beziehung zu ihm. Ja. (AM4-6,32)

Die Anwesenheit des Moderators in Aufeld hängt mit der Eucharistiefeier zusammen, wobei diese Notwendigkeit wiederum als fraglich erlebt wird.

Er tritt sehr wenig auf. Ich glaube, er - er hat nur einmal oder zweimal in der Woche hier einen Gottesdienst, wo er die Konsekration vornimmt, nicht, weil da ist ja der Diakon ausgeschlossen, was ich auch nicht verstehe. Aber gut. Das ist nun einmal so. Und – Er ist an und für sich – Ja - (...) Ich muss sagen, er tritt mehr oder weniger gar nicht so viel in Erscheinung. (AM4-3,19)

❖ Familie des Diakons – Hemmschuh oder Hilfe in der Seelsorge

Der Kurator ist verheiratet und hat zwei erwachsene Kinder, die schon außer Haus leben. Der jüngere Sohn, der zum Studium auswärts ist, wohnt gelegentlich noch im Widum. Dass der Kurator als Diakon verheiratet ist und Familie hat, wird entsprechend der Perspektive unterschiedlich gesehen. Für die *Gemeindemitglieder* ist der Kurator dadurch „einer von ihnen". Die Menschen haben den Eindruck, dass er durch seinen Lebensstand ihre alltäglichen Sorgen und Probleme besser versteht. Dies spüren die Menschen in der Art seiner Verkündigung, beispielsweise in der Predigt, wie ein Pensionist – selbst Familienvater – anmerkt:

Und (...) außerdem merkt man Folgendes, also ich (...) verfolge immer seine Predigten. Sehr *wirklichkeitsnah,* praktisch *(...) kein Schimpfen oder dergleichen, keine Zurechtweisungen. Und er versteht es, als Familienvater, eben - sagen wir - hier auch die Sorgen, was eben oftmals bei nicht Verheirateten einfach nicht geht. Aber er spricht davon und sagt, wir wollen* versuchen, *jetzt wieder zusammenzuhalten und so weiter. Aber er versteht auch die Sorgen. Er hat zwei Kinder. Und – Und wie gesagt, das hat sich sehr, sehr positiv ausgewirkt (AM4-1,34)*

Die Familienerfahrung verhilft dem Kurator in den Augen der Menschen zu Autorität in der Begleitung bei familiären Angelegenheiten:

Und bei dem ist es jetzt so, dass man wirklich merkt, der hat die Belastungen einer Familie. Der weiß, was los ist und was geht. Man kann dem anderen keinen Vorwurf machen, dass er das nicht weiß, aber er weiß es nicht. Das ist – Man muss das – Einer hat gesagt, ja ja, aus der Theorie heraus. Das ist ein Schmarrn, nicht. Das ist ein Schmarrn, nicht. Und - er weiß, was los ist und kann sich hineinfühlen und kann sich auch in andere hineinfühlen. Und das merkt man immer wieder, nicht. Wie er - sagen wir - mit den Eltern umgeht, und wie er da ihnen zuredet und - und sich aber selbst auch einbezieht. Er sagt, ja, ich muss ja auch mit dem fertig werden, nicht. So einfach ist das nicht. (AM4-7,1)

Auf der anderen Seite sehen IP sehr genau und realistisch die (möglichen) Schwierigkeiten für den Verheirateten. Vieles hängt daran, ob das Familienleben gelingt, betont ein Mann mittleren Alters, der selbst Familienvater ist:

Ja, das kommt natürlich immer darauf an, wie das Familienleben ausschaut. Weil natürlich da keiner von uns natürlich über ein Leben lang für alles die Hand ins Feuer legen kann, natürlich, kann das natürlich für einen Diakon sicherlich ein Problem werden. Im Gegensatz zu einem Pfarrer, oder. Weil natürlich - wenn es bei einem Diakon im Familienleben nicht passt - und auf der anderen Seite versucht er natürlich von der Kanzel über das zu predigen. Wenn man natürlich bei dem mit dem Finger drauf zeigt, das ist ein ganz ein klarer Fall, das kennen wir ja alle. Da sollte – Da spielt der Hintergrund und so weiter überhaupt keine Rolle. Da werden dann die Vorwürfe dann sicher lauter, als wie wenn jetzt das Familienleben passt, und beim Georg passt es einmal momentan. Und ich hoffe auch - für ihn, dass es so bleibt, oder. Ich sehe auch kein Problem (...) der hat sogar seine Frau momentan gut eingebunden. Sie macht den Mesnerdienst mit und so weiter, sie macht teilweise auch eine Lesung oder Fürbitten oder irgend was. Also von dem her hat er sie sicherlich gut eingebaut in das Ganze. Aber eben - wenn bei einem Diakon natürlich - da braucht nur (...) ***I:*** *Der Haussegen schief hängen (...)* ***IP:*** *Richtig. Oder wenn ein Kind aus der Reihe fällt, oder. Dann ist das natürlich sicherlich für ihn belastender oder belastend, weil der andere muss ja das nicht durchmachen, oder. Sicherlich, da gibt es dann immer wieder ein Für und Wider, da heißt es immer, er kann mitreden, der andere kann nicht mitreden, oder. (AM6-12,35)*

Hier wird eine sehr realistische Beurteilung, keine „Schwarz-Weiß-Zeichnung“ sichtbar. Der eben zitierte Familienvater kennt die Probleme von „innen“ her. Dem möglichen Gewinn des Familienlebens können große Schwierigkeiten gegenüberstehen. Eine andere IP fasst die Nachteile beinahe systematisch zusammen:

> *Aber - aber es ist effektiv so, erstens - ist – Wenn man einen Ledigen hat, der ist viel beweglicher, mit Versetzen, zweitens ist es so, daß eine Familie mehr kostet, und drittens ist es so, wenn der Pfarrer sich einmal scheiden lässt oder so weiter, das schlechte Licht, und viertens, wenn die Kinder nicht gerade gut tun - dann ist das auch ein schlechtes Licht. Das sind Feinde - nicht die hauptsächlichen* - aber mit begleitende. *(AM4-7,50)*

Dieser Analyse kann man eigentlich nichts mehr hinzufügen. Trotz der Schwierigkeiten, die sich mit der Familie in der Leitungsposition einstellen können, überwiegt jedoch die positive Beurteilung. Der „verheiratete Pfarrer" (!) sei ist kein Problem:

> *Ja, aber sonst ist es sicherlich – Wird es sehr, sehr positiv (...) auch angenommen, nicht, dass der Pfarrer verheiratet ist. Oder der Diakon. (AM4-8,10)*

Einige kritische Stimmen gab im Zusammenhang mit der Renovierung des Widums. Einige haben sich daran gestoßen, dass man für den Kurator und seiner Familie ein Haus renoviert! Die kritischen Stimmen werden jedoch von aktiven Mitgliedern der Gemeinde relativiert. Denn die Kritik kommt – so die Einschätzung eines engagierten Gemeindemitgliedes –

> *meistens von solchen Personen, die mit der Kirche und mit dem Glauben relativ wenig am Hut haben. Und die eigentlich schon bewusst dann solche Sachen suchen und in den Vordergrund stellen, um eben - dass sie etwas aufzeigen können, dass es eben auch da in der Hinsicht nicht immer passt. Oder laut ihrer Meinung nicht immer passt oder so. (AM6-13,36)*

❖ Die Ehefrau als zweite Seelsorgerin und verlängerter Arm zur Gemeinde

Für den Kurator selbst stellt das Verheiratetsein kein Belastung dar, sondern – da die Kinder im Grunde aus dem Haus sind – eine Bereicherung für die Leitung der Gemeinde. Die Ehefrau ist eine zweite Seelsorgerin und der verlängerte Arm zur Gemeinde. Sie trägt die Seelsorge mit:

> *Sie ist eigentlich - freiwillig, muss ich dazusagen - fast überall dabei. Also sie trägt fast mehr oft als ich - indem sie sagt, komm, hast du den schon gefragt, hast du die schon eingeladen, hast du schon – Sie mesnert, sie schaut auch drüben in der Kirche, eigentlich das alles. Sie ist auch bei den Taufen dabei, bereitet das Ganze vor und macht mit auch. (AM2-11,7)*

Der Kurator zählt, angesichts der Gattin, die ihn umfassend bei der Seelsorge unterstützt, die Vorteile der Partnerschaft auf. Das immer wieder angeführte praktische Argument für den Zölibat, nämlich die Verfügbarkeit, ist – bezogen auf die Gemeinde – offensichtlich ein Mythos. Dies scheint auf jeden Fall für Familien zu gelten, in denen die Kinder „aus dem Gröbsten heraus" oder schon aus dem Haus sind. Die Verfügbarkeit des Kurators in Aufeld ist gegenüber der Gemeinde ebenso groß wie bei einem Pfarrer, zusätzlich mit dem Vorteil gepaart, dass er eine zweite weibliche

Seelsorgerin hat, die andere Seiten der Menschen anspricht und die obendrein *Feedback* aus der Gemeinde bekommt, das ein Pfarrer – v.a. wenn er keine Haushälterin hat – schwerer erhält.

> *Aber die Frau [...] geht weiter, sie muss ich direkt oft fast bremsen. Nein, das ist schon fein, das muss ich wirklich sagen, also – Das fängt damit an, dass ich heimkomme, und wenn wir etwas machen in der Kirche, dass sie durch ihre Kontakte mit den anderen Frauen, mit - mit - Leuten, die in der Pfarre da sind, die sich auch etwas zu sagen getrauen, dass sie - dass ich sozusagen immer ein Feedback habe. Worum der Josef [=Moderator] uns beneidet. Er hat das weniger oder - mindestens jetzt hat er eine Haushälterin, vielleicht klappt das besser. Einfach - jede Predigt, einfach zu hören, passt das, hat es gepasst oder nicht gepasst oder hat - war der Gottesdienst über - was, überladen einfach mit - mit zu vielen Elementen oder – So, einfach, dass man immer sagen kann, was geht so in der Bevölkerung um, und da ist sie ziemlich - sehr offen. Das hilft auch schon. Also, das ist sehr gut, also da muss ich sagen, das würde ich fast jedem Pfarrer verpflichtend aufbürden, wenn er schon keine Frau hat, wenigstens eine Haushälterin, die immer wieder – Wo man auch reden kann, nicht, wo ich auch sagen kann – Wo ich auch schimpfen kann, nicht, und sagen, das hat mir nicht gepasst, und wo sie sagt, nein, so ist das nicht. Also das erlebe ich schon (... ...) Das ist fast einer der wichtigsten – Weil ich muss sagen, von der Zeit her bin ich mindestens so viel wie der Josef und - unterwegs und vom Einsatz. (AM2-11,17)*

Natürlich ist diese Verfügbarkeit gegenüber der Gemeinde im höchsten Masse durch die Haltung des Gemeindeleiters bestimmt. Sie kommt beim Kurator zum Ausdruck in dem Bemühen, wirklich da zu sein, wenn er gebraucht wird:

> *Also ich muss ganz ehrlich sagen, ich persönlich kann mir das nicht vorstellen, dass ich sage, ich habe jeden Montag frei oder einmal in der Woche nehme ich mir einfach frei. Das kann ich mir nicht vorstellen, weil ich erlebe das dort, wo das ist, wo es konsequent durchgelebt wird, ist das eine Katastrophe. Wenn ich als Seelsorger, wenn einer stirbt, nicht da bin und sage, du, heute nicht, ich komme morgen. Also ich erlebe das als Katastrophe. Es ist ja – Ich höre es ja, wo das geschieht, wo das einer sagt, ich bin – Montag könnt Ihr mit mir überhaupt nicht rechnen. Meistens ist es der Montag, dass einer frei haben will, dann muss er eben dieses Mal am Dienstag frei machen oder so. Also - nicht jetzt, dass ich gegen freie Tage bin, aber - auch dass man die Seelsorge so nimmt, wie sie eben ist. (AM2-23,1)*

Die größere Nähe zwischen Kurator und Volk erleichtert die Bereinigung auftretender Konflikte. Gibt es von Seiten der Gemeinde mit dem Moderator oder dem Kurator einen Konflikt, so wird das Austragen mit dem Moderator als schwieriger angesehen, nicht aus persönlichen Gründen, sondern aus der gegebenen Distanz zum Moderator, der die Gemeinde weniger gut kennt. Dagegen erlaubt eine gewachsene Verbindung und die Präsenz des Kurators, dass anschwellende Konflikte früher angesprochen und Meinungsverschiedenheiten schneller ausgetragen werden können. Präsenz und Nähe bringen mehr gegenseitiges Verständnis mit sich, wie ein Mann aus eigener Erfahrung berichtet:

Ich glaube, das muss einfach eine gewachsene Verbindung sein. Und dann kenne ich diesen Menschen. Und das ist eben hier mit dem Diakon wesentlich besser als mit dem Pfarrer. Der Diakon bringt - zum Großteil natürlich, muss ich sagen - mehr Verständnis auf eben für viele Anliegen von uns, oder.(AM6-6,44) ***IP:*** *Manchmal gibt es auch so kleine Sachen. Aber es ist so, mit ihm kann man es wenigstens ausreden. Mit ihm kann man leichter darüber diskutieren.* ***I:*** *Also, er steht den Leuten - ich meine, verständlicherweise - näher, weil er einfach da lebt und wohnt und ansprechbar ist und halt da ist.* ***IP:*** *Näher, richtig, richtig. (AM6-7,3)*

5.1.3 Veränderungen im Leben der Pfarrgemeinde

Das neue Gemeindeleitungsmodell bringt für die Pfarre Aufeld ganz konkrete Änderungen mit sich. Die Veränderung sind einerseits sichtbar und zählbar (z.B. weniger Eucharistiefeiern, mehr aktive Gruppen). Andererseits beziehen sich die Veränderungen auf ein verändertes Gemeindebewußtsein, das nicht direkt „messbar", aber von den Gemeindemitgliedern deutlich erfahren und artikuliert wird. Im Folgenden werden die Veränderungen des Gemeindelebens – wie sie von den Gemeindemitgliedern erlebt und bewertet werden – zusammengefasst.

❖ Mit dem Kurator kam der Aufbruch und die Mitarbeit der Laien

Die Installation des K-M-Modells wird von Seiten der Bevölkerung in großer Übereinstimmung als markanter Aufbruch erlebt. Das allgemeine Aufbruchserleben schlägt sich in vielen Initiativen nieder und kann konkret benannt werden: Es gibt jetzt viele Frauen, die sich engagieren und Basare machen (vgl. AM4-4,5), der Kurator hat sehr um Ministranten und Ministrantinnen geworben – es gibt jetzt dreißig oder vierzig, er hat „einen netten Arbeitsstab" (vgl. AM4-4,8) und eine Liturgierunde. Der Kurator lädt Frauen- oder Männerchöre aus benachbarten Gemeinden ein (vgl. AM4-4,27) und es gibt nun zwei Orgelspieler. Er hat die Erntedankprozession wieder eingeführt. Er gestaltet die Gottesdienste und begleitet viele Gruppen. Die unterschiedlichsten Vereine treffen sich in den Räumen des Pfarrhofs. Immer wieder wird betont, dass mehr Laien aktiv in die Seelsorge eingebunden sind.

Es sind viel mehr Aufgaben eigentlich an Laien vergeben worden. Das hat angefangen dort mit den Lektoren und das geht hinauf bis in alle Fachgruppen, die es innerhalb einer Gemeinde gibt, bis zur Kommunion halt da hinauf, oder. Es gibt ja heute schon bei den Ministranten Mädchen und so weiter. Das war ja früher auch noch undenkbar. [...] Wer die anderen Aufgaben eigentlich wahrnimmt, ist - unter Anführungszeichen - sicherlich zweitrangig. Es ist nur wichtig, dass sie wahrgenommen werden. Weil wenn ich heute einen Krankenbesuch mache, oder, und der Mensch ist mir sympathisch und der Mensch spendet mir die heilige Kommunion zum Beispiel, weil ich nicht mehr in die Kirche kommen kann, oder auch die Vorbereitung eben auf die Erstkommunion, auf die Firmung und so weiter, die sind ja auch schon vielfach durch Tischväter, Tischmütter und dergleichen - da gibt es weniger Reibungspunkte eigentlich als früher, weil das eben schon wieder gewachsen ist, kommt mir vor, die letzten Jahre. Und - und da die Problematik eigentlich nicht mehr so groß ist. (AM6-10,7)

Eine Stimmungsänderung ist für die Aufelder deutlich spürbar. Eine Aufbruchstimmung hat sich breitgemacht:

Es ist ein Aufbruch (bestimmt). Bruch, würde ich so sagen – dass er von alten Traditionen und so weiter vollkommen abgekommen ist – nicht. Nein, das kann man – Ich möchte sagen, es ist ein Aufbruch. (AM4-4,39)

Die Menschen bringen das Eintreten der Veränderungen zunächst nicht mit dem Modell in Beziehung, sondern ausschließlich mit der Person des Kurators, der einen Generationswechsel markiert. Der alte Pfarrer hatte für manche Aufgaben verständlicherweise nicht mehr die notwendigen Energien. Der Kurator musste nach seinem Antritt in vielen Bereichen der Gemeinde einen Neuanfang setzen. Diesen Übergang und Aufbruch beschreibt ein Pensionist so:

Und - jetzt stand er da, musste natürlich (...) mehr oder weniger neu anfangen. Und er hat - muss ich sagen - hier bis jetzt Gewaltiges geleistet. Er hat die Ministranten, auch die Mädchen einbezogen ... Und hat (...) Gesangsgruppen aufgebaut, er hat jetzt zwei Organisten sozusagen, einen sehr berühmten, das ist der Doktor - der Doktor - (Einwurf Gattin) Pichler, jawohl, das ist ein Rechtsanwalt da in Ettach. Also jemand, der wirklich etwas drauf hat. Und hat auch über die Jugend - hat er versucht, auch wiederum die Älteren zu motivieren, weil da ist ein Stillstand gewesen - Stillstand gewesen. (AM4-1,27)

Als wohltuend wird das Bemühen des Kurators empfunden, mitten *im* Volk zu stehen, mit den Menschen in Verbindung zu sein und nicht „über" ihnen zu stehen.

Die stärksten Änderungen sind die, dass er sich ***sehr****, sehr bemüht hat, mit dem Volk in Berührung zu kommen. Also dass er hier eine Brücke baut. (AM4-3,42)*

Er hat das Zeug, um - sagen wir - in der Gemeinde und im Volk sich zu - nicht darüberstehen, sondern drin sein. – Den Eindruck hat man schon. Also er möchte drin sein, er geht auch einmal zum Stammtisch und so weiter, nicht. (AM4-4,2)

Auch der Kurator spricht von einer explosionsartigen Mitarbeit. Da der Kurator die Pfarre durch seine Tätigkeit als Religionslehrer kennt, kann er die frühere Situation mit der heutigen vergleichen: Die Menschen wollten mitgestalten und als der Kurator die Möglichkeit dazu gab, „explodierte" das Engagement. Der Kurator erlebte das so:

Und der Druck war ungeheuer da. Weil durch die zugezogenen Familien – Die sind von – Zum Teil von engagierten Pfarrern her gekommen – Die sind da her gekommen und wollten einfach sich einbringen. Dort in den Bibelrunden und dort etwas tun und mit der Jungschar und mit den Kindern und mit der Jugendarbeit. Sie wollten das tun. Und das ist natürlich – Dieser Druck ist durch das Kuratoren – Das ist, wie wenn man einen Deckel aufgemacht hat. Und das ist fast - würde ich sagen - wirklich fast explosionsartig, weil innerhalb von einem halben Jahr sind da jetzt von

– Von Null sind plötzlich zehn Jungschargruppen dagewesen, also funktionierende, muss ich dazu sagen, sind also viele Gremien gegründet worden, angefangen von kircheninternen, wie Kirche aufräumen, dann die Liturgiegruppen, die Vorbereitungsgruppen, Kommunionhelfer, dann Lektoren hat er vorher drei gehabt, die sind plötzlich sprunghaft angestiegen, jetzt haben wir über 30. Das ist wie – Die haben alle gewartet darauf, wahrscheinlich auch die große Zustimmung deswegen, dass sie gesagt haben (...) durch – Vielleicht durch den Müllner ist am ehesten garantiert, dass wir in der Pfarre leben können. Also die, die etwas tun wollten, haben sich tatsächlich dann voll eingebracht. (AM2-6,38)

❖ Kein Ersatzpfarrer und eine Gemeinde mit neuem Gesicht!

Das Leitungsverständnis des Kurators, das bereits oben sichtbar geworden ist, wird von ihm nochmals ausdrücklich artikuliert. Es geht für ihn um ein neues Bild von Gemeinde und um ein neues Bewusstsein der Gemeindemitglieder:

Es sollte ein neues Bewusstsein in der Gemeinde wachsen: wir sind alle mitverantwortlich für das was passiert bzw. nicht passiert: man kann nicht alles vom Pfarrer erwarten und ihm alle Schuld zuschieben. In diesem sollte der Kurator nicht einfach ein Ersatzpfarrer sein. Die Umstellung sollte eine Chance sein, die Gemeinde qualitativ anders zu führen! Ja, dass sich die - das Bewusstsein einer Gemeinde einfach neu definiert. Und zwar wirklich so definiert, dass sie sagen, das, was in unserer Pfarre geschieht, das tragen wir zum Teil mit und wenn eben nichts geschieht, dann tragen wir eben das nicht mit. Das heißt, dass man nicht alle Schuld geben kann - wie es früher war - dem Pfarrer. Dem Pfarrer - ja, wie es eben ist, das die Sache des Pfarrers, sondern dass die große Chance – Weil kein Kurator, denke ich mir einmal – Gerade weil diese neue Chance da ist, kein Kurator lässt sich in diese absolute Sache hineindrängen, dass er sagt, ich bin für alles verantwortlich und alles geht nur über mich. Das wäre auch der falsche Weg. Also das muss ich auch dazusagen, wenn ein Kurator oder eine Kuratorin oder Kurator das so sieht, dann ist er nichts anderes als Pfarrerersatz. Und wenn man etwas Neues ausbaut, das haben wir ja, da müssen wir keinen Ersatz suchen, das ist ja schon da, das System, das Modell. Wenn etwas Neues sein soll, dann muss das auch eine neue Farbe, ein neues Gesicht bekommen. (AM2-21,19)

Der Kurator wehrt sich ausdrücklich dagegen, dass er einfach als Ersatz für einen Pfarrer gesehen wird. Die Gemeinde darf – so der Kurator – nicht erwarten, weiterhin vom Gemeindeleiter versorgt zu werden und ihm alle Verantwortung für ein lebendiges Gemeindeleben zuschieben. Mit dem K-M-Modell bricht für den Kurator etwas qualitativ Neues an, bekommt die Gemeinde ein „neues Gesicht".

❖ Der sonntägliche Wortgottesdienst als Mitte der Gemeindefeier – die Eucharistiefeier am „Rande"

Der Entfall der Eucharistiefeier am Sonntag Vormittag wird von allen Gemeindemitgliedern als sichtbarste und starke Veränderung im Leben der Gemeinde erlebt. Der Hauptgottesdienst der Gemeinde am Sonntag ist in der Regel ein Wortgottesdienst mit

Kommunionausteilung. Die Eucharistiefeier, die die Mitte der Gemeinde sein sollte, ist an den „Rand" der Gemeinde – an den Sonntag Abend – abgedrängt worden, sie wird zum Nebengottesdienst. Die zweite Eucharistiefeier findet am Dienstag, der zweite Wortgottesdienst am Freitag statt.
Der Vorgänger des Moderators hatte in seiner eigenen Pfarre den Sonntagsgottesdienst vorverlegt, damit er anschließend auch noch in Aufeld Eucharistie feiern kann. Die Folge davon war, dass in seiner Stammpfarre die Kinder und die jungen Familien ausgeblieben sind (vgl. AM1-4,21). Der Moderator legte daraufhin in „seiner" Pfarre die Eucharistiefeier wieder an die ursprüngliche Zeit zurück. Dadurch war es ihm aber nicht mehr möglich auch mit der Aufelder Gemeinde Eucharistie zu feiern. Die Eucharistiefeier wurde auf den Abend verlegt und dadurch in ihrer Bedeutung für die Gemeinde zu einem „Nebengottesdienst". Der Hauptgottesdienst am Sonntag Vormittag ist ein Wortgottesdienst. Dies ist für den Moderator eine der größten Schwierigkeiten bei diesem Modell:

> *Und das kommt mir vor, das fehlt noch in dieser Situation jetzt, dass wir uns da eine gute Lösung finden. Der Georg Müllner und ich, wir wären bereit für - für neue Überlegungen, aber da gibt es einfach viel Widerstand. Wir können uns zum Beispiel ein Modell vorstellen, dass um viertel nach neun, in Gröben jetzt, also dass wir eine Viertelstunde zurückgehen, und um halb elf in Aufeld der Gottesdienst ist. Das gibt mir Zeit genug, um aus- - um zu atmen, nach dem Gottesdienst wieder einmal hinunterzufahren, ein bißchen bei meinen Leuten zu bleiben. Und das würde beides am Vormittag sein. Das wäre* mein *Ideal eigentlich, muß ich sagen. Weil ich dann sage, dann bin ich wirklich beim Hauptgottesdienst drunten. So (...) bringt es das - die - die Form praktisch mit sich, dass ich irgendwie im Nebengottesdienst bin. Die Eucharistie am Sonntag im Nebengottesdienst ist. Und ich muß sagen, das - (...) das verlangt mir viele Gedanken ab, diese Frage. (AM1-4,39)*

Verschiedene Alternativen wurden überlegt, aber eine Lösung scheint schwierig zu sein. Die Eucharistiefeier in Gröben kann nicht früher, die in Aufeld nicht später stattfinden. Entsprechende Vorschläge – etwa den Hauptgottesdienst um 10.30 Uhr als Heilige Messe zu feiern – werden von der Bevölkerung abgelehnt (vgl. AM1-5,5) – wie der Kurator berichtet.

> *Das hat die Pfarrgemeinderäte und auch die Leute, eigentlich die Gottesdienstbesucher, die wir befragt haben, ich würde sagen, nicht nur überwiegend, sondern da waren vielleicht zwei, drei, die gesagt haben, ja, mir ist das egal, aber alle anderen haben gesagt, nein, also das ist uns zu spät. Die Frauen, die können ja kaum kochen, die Männer kommen nicht zum Frühschoppen (lachend) (AM2-7,43).*

Am Sonntag Abend gibt es die Möglichkeit, mit dem Moderator eine Heilige Messe zu feiern. Am Sonntag in beiden Gemeinden abwechselnd Eucharistie zu feiern, kommt für den Moderator selbst nicht in Frage. Er fühlt sich als Pfarrer für Gröben hauptzuständig.:

Und dann sage ich mir aber (...) Das entspricht meines - meines Erachtens nicht dem Moderatoren-Modell. Also wenn ich jetzt Pfarrer wäre in beiden Gemeinden, dann muß ich dieses Modell anwenden. Aber weil ich ja da hauptzuständig bin und dort nebenzuständig - neben unter Anführungszeichen - oder mitzuständig bin, kann ich jetzt nicht einfach so hin- und herwechseln. Weil da eben niemand mehr ist. (AM1-5,8).

Der Moderator sieht in dieser Situation ein echtes Dilemma, das kaum zur Zufriedenheit aller lösbar scheint. Die aktuelle Variante bringt für den Moderator mit sich, dass er nur zu jenem Teil der Gemeinde, der abends die Heilige Messe besucht, Kontakt hat. Einen Großteil der Pfarrgemeinde – die Familien und Kinder – lernt er dadurch nicht kennen.

Und da hoffe ich eben, dass wir bald einmal zu einer Lösung kommen ... Weil - glücklich bin ich darüber nicht. (...) Weil ich so das Gefühl habe, das stellt mir ein Stück weit auch ein Bein, diese Frage. Die Leute, die am Abend kommen, die kenne ich inzwischen gut. Und das sind Leute, die ganz bewußt zur Messe gehen auch. Aber die Leute vom Vormittag, die jungen Familien, habe ich keinen Kontakt. Das - da bin ich einfach zu wenig drunten. Und das wäre mein Wunsch, dass ich einfach beim Hauptgottesdienst drunten sein kann. Aber - da ist noch alles offen ein bisschen. (AM1-5,15).

Der Entfall der Eucharistiefeier am Sonntag Vormittag und die Einführung des Wortgottesdienstes ließ in der ersten Zeit manche Gemeindemitglieder in die nahegelegen Nachbargemeinden „auswandern", um eine Heilige Messe mitfeiern zu können. Diese „zentrifugalen" Kräfte wurden durch ein schwach ausgebildetes Zugehörigkeitsgefühl zur noch jungen Pfarre verstärkt. Mittlerweile hat sich aber ein Gemeindebewußtsein eingestellt und die Besucherzahlen des sonntäglichen Wortgottesdienstes sind wieder gestiegen – wie der Kurator betont:

Also es sind schon wesentlich mehr Gottesdienstbesucher gekommen, also die früher regelmäßig in die Weite gegangen sind, sind eher herüber gekommen. Und mittlerweile hat sich das so eingependelt, dass wir vormittags eine relativ stark – Das ist eigentlich der Hauptgottesdienst und wird fast immer als Wortgottesdienst mit Kommunionfeier mit Liturgie gefeiert - und das ist eher der Gottesdienst, der Hauptgottesdienst, würde ich sagen. Und am Abend haben wir also immer auch eine Eucharistiefeier, damit die Leute auswechs... - also, sagen können, wir möchten – Und da hat sich auch so ein Stammpublikum einge... - also eingependelt hat sich das. Das heißt also, da gehen fast immer die gleichen wie dann abends. (AM2-7,24).

Man kann hier eine Teilungsdynamik in der Gemeinde erkennen: Für die einen steht am Sonntag das Mitfeiern einer Eucharistie an höchster Stelle – auf Kosten der Gemeinschaft der Gemeinde, für andere das gemeinsame Feiern in der Gemeinde – auf Kosten der Teilnahme an der Eucharistie. Es läßt aufhorchen, dass die Gemeindemitglieder den Wegfall der sonntäglichen Eucharistie als größte Umstellung erleben. Ein Bauer mittleren Alters drückt dies stellvertretend für andere aus:

Und wie gesagt, die Umstellung ist sicherlich bei der Messgestaltung, das ist sicherlich die größte Umstellung. Also meines Erachtens nach. ***I:*** *[...] Beim Gottesdienst ist es am sichtbarsten, dass da jetzt der eigene Pfarrer fehlt.* ***IP:*** *Da ist es am sichtbarsten, ja, da ist es am sichtbarsten, ja. (AM6-10,13)*

❖ „Die Sonntagsmesse besorgt der Diakon!“

Gleichzeitig scheint nach einer gewissen Zeit ein Gewöhnungseffekt eingetreten zu sein, man nimmt den Verlust der Eucharistiefeier in Kauf. Im Bewußtsein der Menschen wird der sonntägliche Hauptgottesdienst – der ein Wortgottesdienst mit Kommunionspendung ist – zur Messe! Selbst ältere Menschen, die in der Regel stärker an vertrauten Traditionen hängen, nehmen keinen Anstoß mehr:

> *Die Sonntagsmesse, wie ich bereits erwähnt habe, die besorgt der Diakon. Am Anfang war es für manche Leute - für* manche *Leute, muss ich sagen - etwas ungebräuchlich oder etwas – Vielleicht sogar manchmal, dass sie gesagt haben, nein, das ist ja keine ganz - keine ganze Messe, nicht, weil eben die Wandlung fehlt, nicht. Und der Müllner Georg hat dann gesagt, nein nein, das ist eine Weiterleitung. Es ist ja die Sekret... - die Konsekration da, und das ist ja – In der Mette ist ja alles gleich, nicht, mehr oder weniger, mehr oder weniger muss ich sagen, weil ja an und für sich der Kelch fehlt. Aber sonst ist mehr oder weniger alles gleich. Und heute stößt sich (...) ein Großteil hat sich überhaupt nicht gestoßen. Und heute stößt sich an und für sich niemand mehr, gar niemand. (AM4,5,27)*

Einerseits nehmen die Menschen deutlich wahr, dass beim Wortgottesdienst mit Kommunionfeier „etwas“ fehlt. Die anfänglichen Umstellungsprobleme haben sich mittlerweile aber dahingehend gelegt, dass man sich an die neue Form gewöhnt hat, der Wortgottesdienst als sonntäglicher Gemeindegottesdienst akzeptiert worden ist. D.h. es stößt sich fast niemand mehr daran, dass es beim Hauptgottesdienst am Sonntag keine Heilige Messe mehr gibt. Für die Menschen ist der Sonntagsgottesdienst *die Messe* – egal ob Eucharistie oder Wortgottesdienst! Wegen dem Fehlen der Eucharistiefeier – so ein durchaus traditionsbewusster Vereinsobmann – sollte man das Modell nicht aufgeben.

> ***I:*** *Sie gehen zum Wortgottesdienst am Sonntag zum Beispiel?* ***IP:*** *Ja, ganz genau. Ganz genau so wie zu Messen. Das ist für mich kein Unterschied in dem Sinn, oder. Sicherlich, im Ablauf fehlt da irgendwas am Anfang. Nicht nur am Anfang, ist heute noch manchmal, oder. Weil man das einfach gewöhnt ist, wenn man (...) sagen wir, wenn man von einer bestimmten Zeit, jetzt vom Volksschulalter bis jetzt zu dem hin, wo - wo der Diakon die Gemeinde übernommen hat, kann man rechnen, sind es doch - ja, fast fünfzehn Jahre, also wo man immer einen bestimmten Ablauf gewöhnt war. Und ich bin jetzt ein relativ junger Mensch noch. Die älteren Menschen, die haben das ein Leben lang so gekannt, oder. Und jetzt erst die letzten Jahre. Wie es dem Einzelnen fehlt, das vermag ich nicht zu beurteilen. Und das ist sicherlich eine persönliche Meinung von mir. Aber ich kann mit dem leben. Also es ist für mich kein Problem, und ich würde wegen dem auch innerhalb unserer Pfarrgemeinde nichts in Frage stellen. Also auf keinen Fall. (AM6-11,30)*

Als jahrelanges Mitglied des PGR – dem der Unterschied zwischen Wortgottesdienst und Eucharistiefeier bekannt ist –, spricht er trotzdem von der „Messe“ am Sonntag:

Es hat sich eigentlich von dem her nichts geändert. Wir haben am Sonntag Vormittag eine Messe, wir haben am Sonntag Abend eine Messe, oder. Wir haben auf die Woche aufgeteilt - da ist es natürlich ein bisschen unterschiedlich, aber es ist im Prinzip eigentlich gleich wie vorher. (AM6-10,36)

❖ Große Teile der Pfarrgemeinde werden von der Eucharistiefeier ausgeschlossen:

Die Eucharistiefeier gerät durch die faktische Konstellation in Aufeld an den „Rand“ des Gemeindelebens. Der Kurator sieht darin eine Dichotomie: Einerseits betont die Kirche immer wieder die Eucharistie als Mitte der christlichen Gemeinde. Andererseits erschwert die Situation in Aufeld die Teilnahme der Menschen (v. a. der Familien) an der Eucharistie.

Ich meine, die Kirche sagt das und wir alle, das ist ja die Theologie, die wir haben, oder? Dass wir aus der Eucharistiefeier leben. Sie betont das ja heute noch, deswegen ist es ja ganz wichtig, dass wir in der Pfarre wenigstens jeden Sonntag anbieten kann so ein – Dass man sagt, okay, ihr könnt ja zur Eucharistiefeier gehen. Und das ist die Schwierigkeit, und dass sie das immer erlebt haben, und plötzlich - plötzlich sagt – Plötzlich können sie zum Teil nicht mehr teilnehmen. (AM2-10,7)

Selbst Mütter kleiner Kinder, die die Eucharistiefeier vorziehen würden, *können* an der Heiligen Messe nicht teilnehmen. Ein großer Teil – die jungen Familien, für die der Abendgottesdienst zu spät ist – wird faktisch vom Mitfeiern der Eucharistie ausgeschlossen.

Das ist ja dieser Zwiespalt in dem – Dass auf der anderen Seite soll ich ja auch - gerade die Eucharistie im Mittelpunkt, und auf der anderen Seite wieder kann aber der Josef sagen, ich kann Euch das nicht halten. Und ein Familiengottesdienst am Abend geht einfach nicht. Ich kann nicht die Kinder beim Abendgottesdienst – Das klappt einfach nicht. Da kommen sie dann nicht. Und wenn sie am Vormittag sind - eher wenn wir etwas feiern von der Gemeinde, ist fast alles am Vormittag. Und das ist fast immer, bis auf sechs-, siebenmal im Jahr, wo hohe Feiertage sind, Pfingsten haben wir Patrozinium (...) sonst eigentlich nicht. Weil selbst Weihnachten feiert er droben natürlich. (AM2-10,18)

Mit „droben“ meint der Kurator die Pfarre des Moderators. Da der Pfarrer zuerst für seine Pfarre da ist, muss die zweite Gemeinde selbst sehen, wie sie zurecht kommt.

❖ Die Liturgie fließt aus dem Leben der Gemeinde

Der Kurator ist davon überzeugt, dass das Leben der Gemeinde in das liturgische Feiern einfließen muss. Deshalb ist es ausgeschlossen, dass der Moderator zur Eucharistiefeier mit einem fertigen Konzept „von außen“ kommt. Damit die Themen der Gemeinde und ihrer Mitglieder in der Liturgie Platz finden, werden die Gottesdienste auch von Gläubigen vorbereitet. Der moderierende Priester übernimmt das aus der Gemeinde Vorbereitete. Damit wird das Eigenleben der Gemeinde respektiert, die

Liturgie kommt aus dem Volk. Auf dieses gemeindetheologische Prinzip legt der Kurator besonderen Wert:

> *Wir haben es sogar so abgesprochen, dass die Eucharistiefeiern, die **er** [gemeint ist der Moderator] feiert – Nicht herkommt mit einem Programm, sondern dass wir gesagt haben, wenn wir da vernünftig feiern wollen, dann müssen wir das, was in unserer Pfarre vorfällt, hineintragen in die Kirche, so dass auch die Vorbereitung der Eucharistiefeiern eigentlich – Wer, wo, ob er jetzt predigt oder nicht predigt, ob er jetzt die Texte hat oder nicht oder was man vorgegeben hat oder nicht – Wobei er immer eingeladen wäre, da mitzutun, das muss ich schon dazusagen. Nur [...] zeitlich könnte er auch gar nicht mehr. Er hat einfach mit seinen – Er ist ja da in zwei Gemeinden, und insofern wäre er fast nicht in der Lage, nicht, ich kann nicht da zugleich da - Wenn ich jetzt der Pfarrer von Aufeld wäre, dann müsste ich ja das alles leben, müsste ich ja sämtliche – Müsste ich ja das ganze Gemeindeleben mitvollziehen, um mich beheimatet zu fühlen. Und wenn ich das nicht kann oder nur einen geringen Teil, dann denke ich mir (... ...) ist es vielleicht gar nicht ungeschickt, dass die Pfarrgemeinde dann selbst ihre Kompetenzen sagt - Okay, nein, dann machen wir das selbst. (AM2-5,43)*

Die Betonung des Eigenlebens der Gemeinde verhindert einmal mehr, dass sie sich ausschließlich nach den zeitlichen Möglichkeiten des Moderators richtet.

❖ Weitere liturgische Feiern

Der Kurator leitet als Diakon Taufen und Hochzeiten selbst. Er versucht für die Beerdigungen immer einen Priester zu erreichen – auch wenn das von den Menschen nicht immer ausdrücklich gewünscht ist. Der Moderator oder einen Pater aus dem nahegelegenen Kloster feiert die Eucharistiefeier in der Kirche; den Gang zum Friedhof und die Einsegnung nimmt der Kurator selbst vor. Die Begleitung Sterbender und Trauernder macht der Kurator bewusst selbst. Für die Taufgespräche steht ein Team zur Verfügung:

> *Und auch die Vorarbeit, die - die Trauerarbeit davor und danach, so gut es mir eben gelingt, das mache ich dann eher allein. Das ist auch so, da kann man auch nicht mit einem Team arbeiten, das geht nicht, weil – Sagen wir, in so einem Todesfall, da bricht so viel auf, da wollen sie auch nicht, dass da zwei oder drei oder ein Team kommt. Also, das habe ich eher immer – Das sind Illusionen, das - das funktioniert nicht. Das kann man bei Taufgesprächen am ehesten machen, dass man mit einem Team arbeitet, aber nicht bei solchen Sachen. (AM2-8,33)*

❖ Der größte Veränderung: Das Fehlen des Zölibats und der „Wandlung"

Die Menschen in Aufeld erleben die Veränderungen, die durch das Modell ausgelöst wurden, zwar als gewöhnungsbedürftig, aber nicht als Verlust. Der schon erwähnte Bauer mittleren Alters fasst – stellvertretend für viele andere aus der Gemeinde– die beiden Hauptveränderungen in der folgenden Gesprächssequenz nochmals zusammen:

> ***I:** Also man könnte eigentlich sagen, dass die - die ganzen Aufgaben, die früher der Pfarrer gehabt hat, sind eigentlich jetzt mehr verteilt. Und der Pfarrer geht jetzt nicht*

so - geht jetzt nicht ab, ich meine jetzt, als Pfarrer? ***IP:*** *Nein, sicher nicht.* ***I:*** *Der geht jetzt - wenn man einen eigenen hätte, ginge es auch nicht besser? Also das ist eigentlich - es fehlt nichts?* ***IP:*** *Es fehlt nichts. Es ist - es ist gewöhnungsbedürftig gewesen eben, dass eben nicht mehr der Pfarrer ist, sondern dass der Diakon ist. Dass der verheiratet ist und eben (...) nicht mehr - wie man so ausdrückt - am Zölibat. (AM6-10,44)*

Die größten Unterschiede zum Pfarrmodell ist in den Augen der Bevölkerung das Fehlen des Zölibats beim Diakon – worin man keine negativen Folgen erkennen kann – und das Fehlen der Wandlung in der „Messe".

Zölibat, jawohl, [...]. Das ist eigentlich das - der markanteste Unterschied von der Person. Und dann natürlich gibt es ja noch den Unterschied bei der Messfeier eben, dass die Wandlung eben nicht mehr durchgeführt wird, praktisch. Aber ansonsten (...) ***I:*** *Fehlt das den Leuten? Dass da die Wandlung fehlt?* ***IP:*** *Ja, fehlen, sicherlich. Mir persönlich schon. Ich war - ich war ja über zehn Jahre lang Ministrant. (AM6-11,10)*

❖ Zusammenhänge zwischen der kirchlichen „Verortung" der befragten Personen und der Beurteilung des K-M-Modells

Die Akzeptanz des Modells ist in Aufeld unabhängig von Alter, Beruf, Geschlecht und kirchlicher Einstellung sehr hoch. Bei keiner der befragten Personen war eine Ablehnung spürbar. Bei Menschen, die an der Kirche wenig Interesse zeigen, wird die Einstellung deutlich: „Das ist mir eigentlich egal". Dies hat aber mit dem Modell als solchem nichts zu tun, sondern liegt an einer gleichgültigen Grundhaltung gegenüber kirchlichen Ereignissen Überhaupt. Je näher eine Person dem „Kern" der Gemeinde steht, desto genauer nimmt sie die durch das Modell verursachten Veränderungen wahr und desto differenzierter fällt ihre Beurteilung der Gemeindesituation aus. Je stärker jemand am „Rande" der Gemeinde steht, desto allgemeiner sind jedoch die Aussagen bezüglich Veränderungen. Diese letztere Gruppe macht die Veränderungen vorwiegend an den Änderungen traditioneller gemeindlicher Formen (Eucharistiefeier, Beerdigungen ...) fest, mit denen sie gelegentlich in „Berührung" kommen.

5.1.4 Das Zusammenspiel von Moderator und Kurator: „zueinander denken – miteinander schauen

Der Aspekt der guten Zusammenarbeit zwischen Moderator und Kurator kann für das Gelingen des Modells nicht hoch genug eingeschätzt werden. Moderator und Kurator betonen in gleicher Weise entschieden, das damit das Modell gleichsam steht und fällt.

Ich muss - Gott sei Dank geht das gut - mit dem Kurator auf - auf Wehe und Wohl einfach - das muss gehen, gell. Wenn es zwischen uns nicht geht, das würde der Krieg - also, das ist - das ist auch eine Erfahrung, die ich vielleicht ganz wichtig erlebe. Wenn es zwischen Kurator und Moderator nicht funktioniert, dann ist das Modell zum Scheitern verurteilt. Das müssen zwei Leute sein, die sich - die zueinander denken, die miteinander schauen können, die auch akzeptieren können, dass der andere manches vielleicht ein bisschen anders sieht. (AM1-10,13)

Das Akzeptieren der Andersheit des anderen und das gegenseitige Sich-Vertrauen ist eine unabdingbare Voraussetzung zum Gelingen dieses Leitungsmodells. Der Moderator artikuliert dies am Beispiel unterschiedlicher Arbeitsstile. Der Moderator wollte in einem Fall regelmäßig Besprechungstreffen mit dem Kurator ausmachen. Dies gelang nicht, da der Kurator – nach Meinung des Moderators –ein wenig strukturierter, sondern ein mehr charismatischer Typ sei:

> *Ich habe - ganz am Beginn, als ich gekommen bin, wollte ich eigentlich das institutionalisieren, aber da ist mir der Georg jetzt nicht eingestiegen. Das liegt – inzwischen weiß ich, woran das liegt. Das liegt am - am ganz verschiedenen Ansatz, den wir beide haben. Der Georg ist jemand, der sehr charismatisch, ein wenig chaotisch darangeht und - und einfach schaut, dass vieles aufblüht und aufwächst. Und er hat einen sehr großen Erfolg damit, er hat sehr gute Kontakte zu den Leuten, er ist gut bekannt. Ich habe eher die Methode, dass ich mir durchdenke die ganze Frage, ein Ziel setze und dann die kleinen Schritte formuliere, wie ich das Ziel erreichen will. Und das wäre zum Beispiel sagen wir meine Idee gewesen. (AM1-2,24)*

Wie der Moderator auf die Unterschiedlichkeit reagiert ist vorbildlich. Auf Seiten des Moderators spürt man zwar ein Bedauern heraus, aber er akzeptiert die Situation, ja er sieht sogar die positiven Seiten des gegensätzlichen Charakters des Kurators. Der Moderator hat erkannt, dass er in der Moderatorenpfarre nicht für alles Verantwortung übernehmen muss, sondern sie an den Kurator abgeben kann. Das bedeutet auch eine Entlastung für ihn. Mit einem Schmunzeln bekennt der Moderator, dass er das Loslassen und Laufenlassen lernen musste:

> *Und was ich noch gelernt habe, ist einfach, Manches ein wenig zu übersehen. Nicht - ich kann mich nicht um jede Kleinigkeit so kümmern wie in meiner eigenen Pfarre. Wenn ich - wenn ich jetzt von mir aus die Ministranten hernehme - ich möchte einfach, dass die Ministranten gut ausgebildet sind, dass sie Bescheid wissen, dass halbwegs eine Ruhe drin ist, ein System drin ist, dass - gut. In Aufeld zum Beispiel, da ist das System der Ministranten ganz anders. Da läuft vieles unkomplizierter. Es ist einfach auch die Art des Kurators. Und da denke ich mir manchmal, ja, das ist jetzt nicht meine Hauptverantwortung (lachend). Ich kann es auch laufen lassen. Und das musste ich ein wenig lernen. (AM1-10,31)*

5.1.5 Gesamtbeurteilung des K-M-Modells durch die Gemeinde

Die Gemeindemitglieder beurteilen das K-M-Modell übereinstimmend als positiv und gewinnbringend. Einziger Wermutstropfen ist das Fehlen der Eucharistie beim Hauptgottesdienst am Sonntag Vormittag. Die Gesamtbeurteilung der Gemeindemitglieder und ihr Blick in die Zukunft lässt sich folgendermaßen zusammenfassen:

- Alter, Person und seelsorglicher Stil des Kurators sind entscheidend!

Von den Aufeldern wird der Kurator als naher und menschlicher Seelsorger beschrieben, der um einen engen Kontakt mit den Menschen bemüht ist. Oftmals werden seine Offenheit, sein Engagement, sein „Draht“ zu jüngeren und älteren Leuten und sein Verständnis für sie betont.

Und es ist ja ein junger, aktiver Mensch, er versteht sich sehr gut vor allem mit den jungen Leuten. Er hat auch bei den älteren eigentlich keine Probleme. (AM6-2,16)

Dass mehr Leute in der Gemeinde engagiert mitarbeiten hängt eher am Alter und dem Engagement des Moderators als am K-M-Modell, wie ein Landwirt meint.

> ***I:*** *Ja. Also das hängt jetzt nicht am Leitungsmodell, sondern hängt einfach am Alter.* ***IP:*** *Ja, ganz genau.* ***IP:*** *... Und natürlich schon an der Ausstrahlung der Person. Weil wenn heute ein Pfarrer eine positive Ausstrahlung hat und - dann wird er sicherlich gleich akzeptiert, oder der Diakon gleich wie der Pfarrer oder umgekehrt. (AM6-18,40) Natürlich ein jüngerer Mensch eben, der hat schon einen ganz anderen Elan und bringt einen ganz anderen Schwung hinein, wie wenn ich heute zwischen 70 und 80 Jahre alt bin, oder, das ist vollkommen klar. (AM6-19,12)*

Kirchenrechtliche Vorgaben spielen für die Menschen bei der Beurteilung der K-M-Modells keine Rolle. Für sie ist der Seelsorger – genauer: der Mensch im Seelsorger – das entscheidende, wie ein Pensionist betont:

> *Sie denken auch nicht nach, was ist Kirchenrecht und so. Sondern in erster Linie, wie begegnen wir diesem Menschen. Das ist das Um und Auf. Aber nicht, ja, mein Gott, da könnte - ja, das dürfte nicht sein und so. Da denken sie wenig nach. Sondern wenn dieser Mann, der da vorsteht, wenn der es fertigbringt, mit den - mit den Menschen zu gehen und die menschlichen Beziehungen auch und so weiter zu verstehen, dann hat er gewonnen. Und das hat - meines Erachtens hat der Müllner Georg hier das richtig verstanden [...]Es liegt* ***sehr*** *- sehr, sehr an der Person, ja. (AM4-11,1,).*

❖ Das Hauptkriterium: Präsenz des Seelsorgers

Auf die Frage, ob dieses Modell in einer Gemeinde eingeführt werden oder die Gemeinde durch einen (auswärtigen) Priester mitbetreut werden soll, nennt die Bevölkerung ein sehr klares Entscheidungskriterium: Kann ein Priester ausreichend vor Ort für die Menschen da sein? Ist eine seelsorgliche Präsenz – nicht nur eine sakramentale – für den Priester vor Ort möglich?

> *Ist es so, dass zum Beispiel ein Pfarrer schon länger krank ist und schon länger durch einen anderen vertreten wird, oder, und der das dann praktisch automatisch übernimmt, und sie sind mit dieser seelsorgerischen Versorgung, wie man so schön sagt, zufrieden, dann ist es sicherlich die Entscheidung von jeder Gemeinde. Aber - wie schon gesagt - es kann sich ja natürlich auch keiner von uns - es kann sich keiner vierteln oder verteilen. Sondern wenn er natürlich die Aufgabe innerhalb der Gemeinde ernst nimmt, und dann muss er diverse Zeit aufwenden. Und das kommt dann natürlich auf die Größe der Gemeinde darauf an. (AM6-16,31)*

Entscheidend ist auch die Art und Weise des Umgangs mit den gewachsenen Strukturen und Personen:

> *Ja, das kommt aber wieder auf die Person von dem Pfarrer drauf an. Weil wenn er dann in der eigenen - in der selbständigen oder ehemals selbständigen Gemeinde - natürlich dort den Pfarrgemeinderat oder diverse Einrichtungen akzeptiert und die Vorgangsweisen akzeptiert, oder, wie es der Vorgänger gemacht hat zum Beispiel,*

dann sehe ich sicherlich kein Problem darin. Aber wenn natürlich jemand kommt und alles in Frage stellt und alles über den Haufen wirft, da ist es sicherlich dann ein - ein größeres Problem. Oder es wird dann zum Problem, weil anders ist es sicherlich kein Problem, weil wenn er die Strukturen dabei belässt. Aber es gibt sicherlich Einschnitte, weil die Messfeiern müssen aufeinander abstimmt werden. Es kann nicht mehr so regelmäßig alles stattfinden wie vorher. Da gibt es sicherlich dann große Einschnitte. Und wie sie das bewältigen, das liegt dann immer an die - den Personen, die dafür verantwortlich sind. Und an der Akzeptanz dann innerhalb der Gemeinde. Wird das von den Bürgern akzeptiert, oder fängt es dann eben an, dass er sagt, okay, das passt mir nicht mehr, dann gehe ich dahin zur Kirche, oder ich gehe gar nicht mehr -- und und und. Das kann natürlich unter Umständen sicherlich zu großen Reibereien auch führen. (AM6-17,14)

❖ Es gibt keine Alternative zum Modell, sonst massive Einbrüche im Glaubenssektor!

Angesichts des Priestermangels sehen die Menschen keine Alternative zu diesem Modell. In ihren Augen braucht es jemanden, der zu den Menschen „hinausgeht“ und ihre Probleme kennt. Ein Ansprechpartner allein genügt nicht, meint ein Vereinsobmann auf die Frage, ob diese Leitungsform ein Zukunftsmodell für die Kirche sein könnte.

Das sicher. Das ist hundertprozentig, ja. Ohne dass ich da - das ist eine aufrichtige Meinung von mir. Und zwar aus dem ganz einfachen Grund, weil ich natürlich sonst wirklich die Gefahr sehe, dass eben - auf dem Glaubenssektor eben - massive Einbrüche bestehen. Und wenn die - die Betreuung der Gemeinden ist schon äußerst wichtig. Es weiß jeder, was für schwierige Zeiten wir durchmachen, in jeder Hinsicht. Und es wird auch in dieser Ding nicht besser. Ich glaube eher, dass die Aufgaben immer wichtiger werden. Dass eben ein Ansprechpartner in der Gemeinde da ist, und nicht nur als Ansprechpartner, sondern dass der eben aktiv ist und der zu den Leuten hinausgeht, die Probleme auch kennt. Und das geht sicherlich auch wiederum nur in Zusammenarbeit mit anderen Laien - oder mit Laien, weil er ist ja kein Laie, mit Laien. Weil er kann ja natürlich auch in einer Gemeinde nicht alles wissen und - und er ist ja kein Hellseher, oder. Aber es ist sicherlich äußerst wichtig, dass da die Versorgung aufrecht bleibt. (AM6-15,26)

Auf die Frage, ob er sich auch eine Frau vorstellen könne, spricht sich der Landwirt im mittleren Alter nicht prinzipiell dagegen aus. Frauen hätten sogar in manchem eine bessere Qualifikation – etwa im Sich-Einfühlen. Trotzdem wäre es für ihn im Augenblick noch gewöhnungsbedürftig (vgl. AM6-15,48). Als aktuelle Lösung wäre ihm ein Mann lieber (vgl. AM6-16,6). Es ginge letztlich darum – so der Landwirt –, dass sich jemand findet, der diese Aufgabe mit ganzer Kraft erfüllt. Das allein sei entscheidend.

Mir wäre es sicherlich persönlich momentan lieber, wenn es Männer machen würden. Wenn wir in die Situation kommen, dass es Frauen machen, wenn sie die Aufgaben wiederum ernst nehmen und nicht eben ihren eigenen Kopf durchsetzen wollen, sondern wirklich für die Allgemeinheit da sind, sicherlich im gegebenen Rahmen natürlich, das ist auch wieder vollkommen klar. Weil wir sind nun einmal in der Gemeinschaft nach bestimmten Grundsätzen und Vorschriften gebunden, und das soll auch so bleiben, weil wir können nicht den Glauben in Frage stellen. Aber wir können die Ausübung natürlich in Frage stellen. Das heißt, wenn wir einfach keine Priester mehr haben, dann muss die Aufgabe einfach ein anderer übernehmen, weil es eine äußerst wichtige Aufgabe ist. Und wenn er diese Aufgabe ernst nimmt und sicherlich aus vollster Kraft, wie man so schön sagt, und gewissenhaft erfüllt, dann sehe ich kein Problem. (AM6-16,6)

❖ Das Modell dem Bischof als zukunftsweisend empfehlen

Für die Menschen liegt in diesem Modell kein Fehlschritt, der schnellstens rückgängig gemacht werden sollte, sondern ein Stück Zukunft der Kirche, das es auszubauen gilt.

Und das Modell wird sicherlich für manche zukunftsweisend sein. [...]. Und wenn wir als Kirche - also wir bezeichnen uns alle als Kirche, als Gemeinschaft - das Problem in den Griff kriegen wollen, dann bleibt uns nichts anderes übrig, als an solche Modelle anzuschließen. ***I:*** *Wenn Sie jetzt ... so eine Botschaft an die Diözesanleitung hätten, sage ich jetzt einmal, dann ginge es auch in diese Richtung, sich da einfach das mehr zu getrauen, oder durchaus dieses Modell - also oft heranzuziehen?* ***IP:*** *Genau. Ja. Das würde ich auch unserem Bischof empfehlen. (AM6-17,41)*

Ein Pensionist bestärkt diese Aussage und besticht mit seiner Kenntnis über die Situation in anderen christlichen Kirchen. Für ihn stellt das Modell eindeutig eine gelungene Alternative zum Priestermangel dar:

I: *Aus Ihrer Erfahrung, die Sie da gemacht haben in Aufeld – Glauben Sie, dass dieses Modell eine Alternative ist zum Priestermangel?* ***IP:*** *Absolut. Absolut. Warum soll es keine Alternative sein, frage ich mich? Es – Ein - Verheirateter (...) jetzt Diakone oder - auch vielleicht einmal Priester, nicht – Wir haben es in der (unverständlich) Griechischen (...) dings, mit Rom und die (unverständlich) – Da haben wir die Verheirateten drin. Wir haben in der Ostkirche - zumindest der gewöhnliche Klerus ist verheiratet. Und wir haben sie in - in – Man kann heute sagen, schon in der Evangelischen Kirche, nicht - das ist ja an und für sich auch, nicht. Die Anglikaner, glaube ich auch?* ***I:*** *Haben es auch, ja.* ***IP:*** *Auch. Warum soll es das ausdrücklich in der* katholischen *Kirche* nicht *geben? Das frage ich mich. Und - wie gesagt, die - die – Da ärgere ich mich manchmal ein bisschen, jetzt auch wieder.* ***I:*** *Nein, sagen Sie das nicht!* ***IP:*** *Aber, ja - jetzt – Das war von jeher so, Jesus hat nur Männer berufen, und daher kann man das nicht ändern. Das ist ein Schmarrn. (...) Warum ist das so? Ich weiß es nicht. (AM4-8,17)*

❖ Ausländische Priester sind keine Alternative

Die Menschen ziehen aufgrund ihrer positiven Erfahrungen dieses Modell mit aller Entschiedenheit jener Alternative vor, die „priesterliche Leerstellen" durch ausländische Priester schließen will. Die unterschiedliche Mentalität erschwere das gegenseitige Verständnis und die Verwurzelung bei der einheimischen Bevölkerung. Ein Pensionist gibt die Erfahrungen wieder, die seine Bekannten aus einem benachbarten Dorf gemacht haben:

Der ist nicht von hier und der versteht an und für sich das Kirchenvolk nicht und so weiter. Gut, das mag jetzt vielleicht nicht stimmen, aber er - sie haben mir gesagt, so - so etwas hört man, nicht. Und da würde ich sagen, da wäre es besser, einen guten Mann aus dem Bereich der - der Diakone hier einzusetzen als einen, der sagen wir hier wirklich die Mentalität und die Leute nicht kennt. Das wäre meine Meinung. (AM4-12,18).

❖ Zukunftsperspektive Weihe

Einige IP sprechen von sich aus die Weihe verheirateter Männer als weiteren Schritt an. Der schon erwähnte Pensionist schließt sich dem Vorschlag von Altbischof Stecher an: Viri probati sollten geweiht werden.

Was der Bischof auch gesagt hat, ja, man müsste eben einmal daran denken, auch bewährte Männer als Verheiratete in den Priesterstand zu nehmen. (AM4-9,19)

Er spricht sich weiters dafür aus, dass im konkreten Fall von Aufeld der Diakon zu einem „Vollpriester" geweiht werden sollte und begründet dies mit seinem Gottesbild. Gott würde sein Heilshandeln nicht durch kirchenrechtliche Normen einschränken lassen. Die derzeitigen Begründungen sind für den Pensionisten nicht nachvollziehbar:

Dass er ein Vollpriester wird? Würde ich sehr empfehlen. *Die Gemeinde würde hier also (lachend) da wäre überhaupt kein dings nicht. Wenn er – Ich verstehe es auch nicht. Der Herrgott schaut nicht, ob jetzt der zum Pfarrer geweiht ist oder ob er die - die untere Weihe eines Diakons hat, sondern wenn der seine dings - seine Gnade eben herunter - dings, dann - dann wird er - dann wird er das auch annehmen. Meines Erachtens, nicht? Denn das - (lachend) das ist nicht – Der Herrgott droben, der schaut nicht drauf, oje, das ist ein Diakon, nein, da mache jetzt ich nicht mit. Und bei dem da mache ich mit. Für mich unverständlich. (AM4-9,44)*

❖ Zu Auswahl und Profil des Kurators

In seinem Resumee benennt der Kurator nochmals das wichtigste Kriterium, das – aus seiner Sicht – erfüllt sein muss, um eine solche Aufgabe übernehmen zu können: die Akzeptanz durch die Gläubigen. Zwar ist eine theologische Fortbildung wichtig, aber Hauptkriterium ist für den Kurator das Angenommensein durch die Gemeinde:

Also da durch – Dort, wo der - die Kuratorin und der Kurator (...) miteinander mit der Gemeinde wirklich umgehen können und alle miteinander, halbwegs muss ich dazu sagen – Wenn alle hurra schreien, na, dann ist auch etwas faul, denke ich mir. Aber dass das Dorf sagt, jawohl, wir leben, das ist unsere Gemeinde. Und das Bewusstsein ist ja dort. Da gibt es ja keinen besseren. Nicht, wie soll es denn dort sonst einen besseren geben, nicht, als derjeniger, der sagt, jawohl, das gefällt uns, das ist etwas, wo wir leben - wo wir miteinander sind. Ich würde auch sicherlich dazu sagen, das Kriterium theologische Ausbildung gehört ja unbedingt dazu, nicht.

Weil man ja die Fragen bekommt, man hat ja Antwort zu geben. Man muss ja mit den Leuten miteinander gehen, und das kann ich nur, wenn ich theologisch so viel ausgebildet bin, dass ich das kann. Aber es soll nicht ein Hinderungsgrund sein, dass jemand, als Laie von mir aus, Kurator wird oder dann vielleicht später die Priesterweihe bekommt. (...) Das kann begleiten, nicht, die Diözese kann ja das anbieten und sagen, wenn Du jetzt das übernimmst, dann bitte, schau da und da und da und nimm teil, mache das, bilde Dich da weiter, ja, inskribiere vielleicht noch einmal (lachend), wenn es sein soll, oder. Wir begleiten Dich da, oder - oder fangen Dich - da so ab, dass das in der Richtung geschieht. Aber Hauptkriterium ist sicherlich das Angenommensein und Nichtangenommensein. Das ist also das Um und Auf. Wirklich wahr. Also ohne das könnte ich mir nicht vorstellen, dass man Leiter sein kann in der - in der - so einem Prozess, wie es die Kirche hat. (AM2-20,45)

5.1.6 Gesamtauswertung Aufeld

In der textimmanenten Zusammenfassung möchte ich nochmals jene Aussagen hervorheben, die den Ausgangspunkt für die spätere pastoraltheologische Reflexion bieten.

❖ Eine gelungener Umstellungsprozess

Das K-M-Modell und der Kurator wird in der Pfarre Aufeld sehr gut – manchmal hört man Begeisterung heraus – angenommen. Dabei werden die positiven Effekte dem Kurator als Person und seiner volksnahen Seelsorge gutgeschrieben. Die Umstellung galt als gewöhnungsbedürftig, aber im Großen und Ganzen gut akzeptiert. Die Einbindung der Pfarrbevölkerung in die selbständige Entscheidung über das zukünftige Seelsorge- und Leitungsmodell (Die Eigenständigkeit war ein großer Entscheidungsfaktor *für* das K-M-Modell), die Bekanntheit der Person des Kurators und die Einarbeitungszeit (zeitliche „Überlappung“) gegen Ende der Ära des alten Pfarrers werden ausdrücklich als akzeptanzfördernd beschrieben. In diesem Zusammenhang wird auch der Vorschlag für künftige Installationsvorgänge unterbreitet, dass Gemeinde, Kurator und Moderator die Möglichkeit haben soll, sich ein Jahr (auf Probe) kennen zulernen. Erst nach dieser Erfahrung sollte eine Entscheidung gefällt werden. Die Wertschätzung und das Vertrauen, das zwischen Moderator und Kurator herrschend, wird als Angelpunkt für das Gelingen des Modells gesehen.

❖ Aufbruchsstimmung und die Eucharistiefeier am „Rande“ der Gemeinde

Die Veränderungen im Leben der Pfarre sind augenscheinlich und werden dementsprechend positiv von den Gemeindemitgliedern beurteilt. Das Fehlen der „Wandlung“ wird bedauert. Der Verlust wird aber zugunsten eines sonntäglichen Wortgottesdienstes für den Großteil der Gemeindemitglieder zu günstiger Zeit in Kauf genommen. Ein Teil der Gemeinde – dem dies möglich ist – weicht auf die abendliche Eucharistiefeier aus. Sie wird aber damit zur „Nebenfeier“. Dass der Kurator verheiratet ist, scheint kein Problem zu sein, sondern wird im Gegenteil in verschiedener Hinsicht als hilfreich gesehen.

Die Gemeinde wird de facto eindeutig vom Kurator geleitet, der Moderator agiert unterstützend im Hintergrund als Impulsgeber. Der Kurator ist Gemeindeleiter und

Seelsorger. Da er als Diakon auch dem sonntäglichen Hauptgottesdienst vorsteht, liegt in der Gemeinde Aufeld Vorsitz des Gemeindegottesdienstes und Gemeindeleitung in einer Hand. Man könnte zugespitzt sagen: Der Kurator ist im Grunde ein Pfarrer im Gewand eines Diakons. Die sonst bei diesem Modell beklagt Kluft zwischen Sakramentenspendung und Vorbereitung bzw. zwischen Gemeindeleitung und Vorsitz des sonntäglichen Hauptgottesdienstes – der aber keine Eucharistiefeier ist – wird nicht sichtbar. Die Trennung zwischen Sakramentenspendung und Vorbereitung auf die Sakramente bzw. die Liturgie ist in Aufeld kein Thema. Taufe und Hochzeit hält der Kurator selbst. Wortgottesdienste und auch die Eucharistiefeier wird von Mitgliedern der Gemeinde oder dem Kurator vorbereitet. Dadurch ergibt sich ein Bild der Gemeinde, indem die vier Grundvollzüge der Gemeinde eine größtmögliche Einheit bilden – ausgenommen die Eucharistiefeier, die am Rande des Pfarrlebens angesiedelt ist. Die Eucharistie verliert dadurch in der Gemeinde zunehmend an Bedeutung – sie geht nicht mehr ab!

❖ Ein gemeindebildender Leitungsstil und die seelsorglichen Präsenz vor Ort

Der Leitungsstil des Kurators scheint für die Verlebendigung des Gemeindelebens verantwortlich zu sein und nicht das Modell als solches. Der Kurator sieht das K-M-Modell als Impuls für eine Gemeindeentwicklung, er will die Mitverantwortung aller Christen bewusst machen und ihre Charismen fördern. Der Kurator will kein „Ersatzpfarrer" sein, etwas qualitativ Neues soll entstehen, die Gemeinde ein neues Gesicht bekommen. Die beteiligten Personen sollen – seiner Meinung nach – die Umstellung als eine Möglichkeit ergreifen, die Gemeinde ein Stück näher an eine „sich selbsttragende Gemeinde" heranzuführen.

Festzuhalten ist, dass die seelsorgliche Präsenz vor Ort – gerade angesichts der Fluktuation und Mobilität im Dorf – von entscheidender Bedeutung ist. Der Aufbau einer Gemeinde, die aus vielen Gruppen besteht, die zu koordinieren sind, scheint ohne eine hauptamtliche Leitungsperson unvorstellbar. Alle Alternativen zum K-M-Modell werden von der Bevölkerung als schlechter eingestuft. Die Weihe des Diakons zum „Vollpriester" wird befürwortet.

5.2 Gesamtauswertung Ehrendorf

❖ Die Pfarrgemeinde Ehrendorf

Die Pfarre Ehrendorf umfasst zwei politische Gemeinden, nämlich Ehrendorf mit 2500 Einwohner und Perntal mit 220 Einwohner. Waren beide früher ländlich geprägt, so sind aufgrund der Nähe zu einer großen Stadt heute nur noch Reste des bäuerlichen Charakters erhalten.[5] Es gibt viele Zugereiste und viele Pendler, darunter viele Arbeiter und Angestellte.

Das K-M-Modell nach c. 517 § 2 gibt es in der Pfarre Ehrendorf seit Oktober 1996. Bis November 1998 hat es bereits drei Moderatoren gegeben und einen ehrenamt-

---

[5] Nach Meinung eines ortsansässigen Politikers hat die Gemeinde in den letzten zwanzig Jahren einen „Mordswandel" durchgemacht (vgl. EM6-1,7).

lichen Kurator. In der Pfarrgemeinde lassen sich drei Gruppen unterscheiden: eine kleine Zahl besonders Engagierter mit Offenheit für neue Entwicklungen, eine größere Zahl praktizierender KatholikInnen ohne besondere Eigeninitiativen und eine großen Zahl von Gemeindemitgliedern, die die pfarrlichen Angebote eher punktuell „konsumieren“ (Taufen, Hochzeiten ...). Laien setzen sich v.a. im liturgischen Bereich, in der Sakramentenvorbereitung, im sozialen Bereich und im gemeinschaftsbildenden Bereich ein. Einige Personen haben sich – wie auch der gegenwärtige Kurator – stark im Kirchenvolksbegehren engagiert.
Die Befragung dieser vorliegenden Arbeit fand in Ehrendorf zu einem Zeitpunkt statt, als ein schon länger schwelender Konflikt zum Ausbruch kam. Während die ersten beiden Jahre des K-M-Modells mit den ersten zwei Moderatoren vergleichsweise zufriedenstellend verliefen, kam es im dritten Jahr zwischen Kurator (Gärnter Wolfgang) und Moderator sowie zwischen Gemeinde und Diözese zu heftigen Konflikten.[6] Die Aussagen, die sich auf diesen Konflikt beziehen, sind also auf dem Hintergrund dieser „heißen Phase“ in der Gemeinde zu verstehen und gelten so nicht für alle drei Jahre des K-M-Modells! Zur Zeit der Befragung wurde der dritte Moderator zur Entschärfung des Konflikts von der Diözese eben abberufen und der Moderator des ersten Jahres provisorisch wieder eingesetzt.

5.2.1 Ein schwieriger Umstellungsvorgang

Bis 1996 hatte Ehrendorf einen eigenen Pfarrer. Als der letzte Pfarrer 1993 nach Ehrendorf kam, war es bereits sicher, dass er der letzte sein werden würde. Deshalb hat er versucht, die Pfarrgemeinde auf die pfarrerlose Zeit vorzubereiten.

> *Ja, also, erst der letzte Pfarrer, der hat eigentlich mehr oder weniger vom ersten Tag an, und zwar war er seit 1993, darauf hingewiesen, dass wir auf die Zeit hinarbeiten müssen, die vielleicht kommen kann. Dass das so schnell geht hat wahrscheinlich er sich nicht gedacht und wir erst recht nicht. Aber, dann war es halt so, und insofern waren wir nicht ganz unvorbereitet. Und von dem Moment, wo wir es erfahren haben, das dürft im Juni so ungefähr gewesen sein, bis zu dem Zeitpunkt, wo es dann festgestanden ist, dass es so gemacht wird und wer, das war ein ziemliches Hin und Her und es hat große Unsicherheiten gegeben in der Pfarre, weil an sich natürlich gut gewesen wäre, wenn man gleichzeitig mit der Mitteilung, der Pfarrer geht weg, dass man da schon hätte sagen können, wie es weiter geht. Das war für drei Monate etwa unklar und insofern war das eine unruhige und spannende Zeit. (EM2-3,27)*

❖ Ein Schock – eine Pfarrgemeinde ohne Pfarrer?

Der Abschied des letzten eigenen Pfarrers kam 1996 für die Gemeinde plötzlich und überraschend. Wie es weitergehen sollte, war offen. PGR und Pfarre wurden vom „letzten“ Pfarrer informiert. Es gab die Befürchtung, dass ohne Pfarrer „alles zusammenbricht“ (vgl. EM2-3,23). Da mit einem eigenen Priester nicht zu rechnen

[6] Dies war auch der Grund warum der derzeitige, dritte Moderator von Ehrenfeld zu keinem Interview bereit war.

war, hat man sich langsam mit dem Gedanken anfreunden müssen, dass jemand aus den eigenen Reihen die Leitungsaufgabe übernehmen müsse.

Der Pfarrer hat den Pfarrgemeinderat informiert. Wir haben dann die ganze Pfarre informiert, über den Pfarrbrief und natürlich der Pfarrer bei den Gottesdiensten, aber in das Mitwirken bei der Umstellung war der Pfarrgemeinderat direkt einbezogen. Also dort haben wir das besprochen; dass wir auf die Suche gehen, haben wir dort ausgemacht, wer diese Suche machen soll usw. Und wenn da der Pfarrgemeinderat am Ende womöglich gesagt hätte, das wollen wir nicht, dann hätte ich mir zum Beispiel das sowieso nie vorstellen können, das zu tun. Es war natürlich (...) zuerst war es ein Schockerlebnis für alle und je länger man sich damit beschäftigt hat und den Leuten auch klar geworden ist, es bleibt eigentlich mehr oder weniger nichts anderes übrig, weil man keine Priester aus dem Ärmel zu schütteln hat, ist dann das Verständnis dafür gewachsen, dass es vielleicht so auch gehen könnte. Aber natürlich mit Bauchweh von allen Seiten (lächelnd). (EM2-2,42)

Für die meisten Menschen in Ehrendorf war ein Dorf ohne Pfarrer nicht vorstellbar. Der Pfarrer repräsentierte die Kirche im Dorf. Auf diesem Hintergrund ist es zu erklären, dass die Abschiedsankündigung des letzten Pfarrers für die Gemeinde nicht nur ein (verständlicher) Schock war, sondern durch den Weggang eine totale Leere entstand. Die Betroffenheit der Gemeinde und die Ansicht eines führenden kommunalen Politikers kommen in den folgenden Worten zum Ausdruck. Mit dem Pfarrer geht ein großes Stück eines gewachsenen Gemeinde- und Dorfbildes:

Ja, da war also sicherlich eine gewisse Betroffenheit da, und es ist auch im Rahmen einer Pfarrversammlung, waren doch - ich meine - so 100, 120 Leute, ist das da mitgeteilt worden. Man hat am Anfang noch nicht so viel anfangen können mit diesem Begriff Moderator. Und - und also persönlich war ich immer der Meinung, wenn kein Pfarrer mehr in einem Dorf ist, dann stirbt etwas. Dann fehlt einfach etwas (betont). Und - und auch in unserer heutigen Zeit ist es so, dass ein Pfarrer eben immer noch eine Respektperson ist, zu der man sich also - und zu der man einen - Respekt- und Vertrauensperson in etwa, nicht. Zu der sich eben die Gläubigen, wenn sie irgend etwas auf dem Herzen haben, dann wenden können. Und man war natürlich auch einfach gewohnt, dass eben ein Pfarrer sozusagen auch rund um die Uhr da ist und rund um die Uhr Zeit hat. Es hat sich doch von früher her im Grunde genommen nicht viel geändert. Man erwartet sich eben – Früher hat man halt geheißen: der Pfarrer, der Bürgermeister und der Doktor. (EM6-2,16)

Dieses traditionelle Dorfbild war im „Sterben" begriffen. Man wusste: „Ja, man war schon in gewisser Weise - nein, man war - man war doch betroffen, sagen wir so. Und hat gewusst, hollawind, jetzt - jetzt geht ein Stück von Ehrendorf, nicht." (EM6-3,10). Der Politiker drückt mit diesen Worten das Empfinden vieler Menschen von Ehrendorf aus (vgl. EM6-3,16). Eine PGR-Frau mittleren Alters berichtet von den Ängsten v.a. bei den älteren Leuten:

Speziell die alten Leute wieder. Die haben ja auch schon ein bisschen einen Jammer gehabt. Aber es war kein Widerstand. Also sie waren schon ein bisschen traurig und

- und - muss ich sagen, bin ich auch gewesen, jetzt haben wir keinen Pfarrer. Aber man hat sich mit dem abgefunden, und es war kein Widerstand gegen dieses Modell. (EW7-8,40)

Den Ängsten der Bevölkerung standen kaum Hoffnungen gegenüber. Der Kurator berichtet, dass für viele eine Gemeinde ohne Pfarrer praktisch nicht vorstellbar war:

Also Hoffnungen, wenn es Hoffnungen gegeben haben sollte, dann habe ich sie nicht mitgekriegt (lächelnd). Ängste hat es sicher gegeben, weil zu mir hat einmal einer direkt gesagt: jetzt stehen wir vor der absoluten Leere. Und er wird sicher nicht der einzige gewesen sein, der so gedacht hat. Ich habe dem damals gesagt, also ich glaube nicht, dass wir vor der absoluten Leere stehen, weil es gibt bei uns die und die Gruppen und die und die Personen, die in der Pfarre sowieso schon aktiv sind und die werden ja wohl auch weiterhin aktiv sein und das glaube ich längst schon, dass es nicht auf eine einzige Person ankommen kann. Und der Pfarrer hat sich auch so verabschiedet bei seinem letzten Gottesdienst: der Pfarrer ist nicht die Pfarre. (EM2-4,17)

Die Menschen haben im Grunde nicht gewusst, was sie erwartet. Die Bevölkerung wurde nach Meinung des Politikers nicht gefragt (vgl. EM6-3,20). Die Reaktionen auf das K-M-Modell fielen unterschiedlich aus. Bezüglich der Annahme des Modells erkennt der Kurator drei verschiedene Gruppen: Eine Gruppe, die aktiv wurde nach dem Motto „Jetzt müssen wir halt zusammenhalten", eine zweite Gruppe, die sich das ohne Priester überhaupt nicht vorstellen konnte und eine dritte Gruppe, der eigentlich egal war, was in der Gemeinde passiert. Bemerkenswert ist, dass der Abschied des Pfarrers auch einen Aktivitäts- und Verantwortungsimpuls ausgelöst hat (s.u.).

Da hat es drei Parteien gegeben: diejenigen, die es verstanden haben und die sich bewusst waren, jetzt müssen wir halt „zsammenheben", damit nichts zusammenbricht, und das ist dann auch - das hat sehr gut funktioniert. [...] Und auf der anderen Seite hat es natürlich die Leute gegeben, die sich das einfach nicht vorstellen haben können, und solche Leute gibt es heute noch natürlich. Es ist zwar sicher die Pfarre nicht zusammengebrochen, aber manche Leute denken so Priesterzentriert, dass sie trotzdem das Gefühl haben, das kann nicht sein und das spürt man schon immer wieder. Und die dritte Partei, das waren diejenigen, die wir sowieso immer haben, denen alles egal ist, die zwar irgendwie dazugehören, aber sich nicht viel darum kümmern. (EM2-4,30)

Auch wenn ein Teil der Gemeinde das K-M-Modell akzeptiert und die Chancen nützt, so ist der Kurator überzeugt, dass sich alle Gläubige nach wie vor einen eigenen Pfarrer wünschen (vgl. EM2-9,3).

❖ Kein Kurator in Sicht!

Die Suche nach einem Gemeindeleiter gestaltete sich äußerst schwierig. Der Kurator, der schon seit 1970 im PGR ist, erzählt, dass sich niemand für einen Kurator gefunden hätte. Schlussendlich hatte er sich „breit schlagen" lassen:

Na ja, man hat eben von der Diözesanleitung her das überlegt, diese Lösung für Ehrendorf zu wählen, und da war natürlich die Frage, wer, wer soll das machen. Und ganz am Anfang, also wie ich gefragt worden bin, da war einmal zuerst (...) natürlich war ich sehr überrascht (...) dann habe ich mir das überlegt und bin zu dem Entschluss gekommen, nein, das will ich eigentlich nicht machen. Vor allem aus zwei Gründen habe ich da Bedenken gehabt, nämlich weil ich die zeitliche Belastung befürchtet habe, die mich dann ja tatsächlich auch getroffen hat und zweitens, weil ich mir gedacht habe, wenn man so eine Umstellung macht, dann wäre es ganz gut, wenn der Pfarrkurator oder die Pfarrkuratorin einen Pfarrgemeinderatsobmann neben sich hätte, der da entsprechend mittut. Ich hätte mir eher diese Rolle vorstellen können. Im Übrigen hätte ich es gut gefunden, wenn das eine Frau gemacht hätte. Und das habe ich dann auch deponiert und ich hätte gerne, dass man da auf die Suche geht. Das haben wir dann gemacht, wir sind am Ende auf insgesamt acht Leute gekommen, fünf Frauen, drei Männer, wo wir uns das vorstellen haben können, dass die das machen könnten und die haben halt alle, aus verschiedenen Gründen, die man dann hat respektieren müssen, die haben alle abgelehnt. Dann habe ich gesagt, ja bevor wir überhaupt niemand haben, mache ich es halt doch. So ist es entstanden. (EM2-2,7)

Eine in der Gemeinde sehr engagierte Frau mittleren Alters bestätigt dies. Sie spricht davon, dass „man den Posten hat müssen verbetteln. Der Wolfgang [der Kurator; Anm. v. J.P.] wollte nie Pfarrkurator werden." (vgl. EW7-19,7). Der Kurator selbst wollte zunächst die Aufgabe nicht übernehmen. Sein Ideal war es gewesen, als Obmann des PGR, der er damals war, den neuen Kurator tatkräftig zu unterstützen.

Und wie gesagt, ich hätte an sich gerne als Pfarrgemeinderatsobmann diese Person dann unterstützt, weil ich mir gedacht habe, das wird eine schwierige Aufgabe und da ist es gut, wenn es eine kräftige Mithilfe gibt. Und außerdem habe ich mir gedacht, da wird es auch Widerstände geben und da braucht es vielleicht jemand, der hie und da den Kopf hinhaltet und es ist ganz gut, wenn es jemand ist, den das nicht direkt persönlich betrifft. Das ist dann halt nicht anders gegangen und ich habe dann ab dem Moment, wo ich dann zugesagt habe und wo klar war, dass der Bischof mich dazu bestellen wird, da habe ich alle Bedenken über Bord geworfen und mich hinein gestürzt, weil ich mir gedacht habe, wenn ich da zitternd anfange, dann helfe ich mir nicht, der Pfarre nicht und niemand. So ist es mir dabei gegangen. (EM2-3,23)

Der Kurator hat bereits im Vorfeld gespürt, dass Widerstände auftauchen werden und der Umstellungsprozess nicht reibungslos verlaufen wird. Es hat den Anschein, als spürte der Kurator sehr genau, dass die Situation in der Pfarre zur Installation des Modells noch nicht reif, mögliche Rollen noch zu wenige geklärt und v.a. der Such- und Auswahlprozess eines Kurators nicht zufriedenstellend gelaufen ist. Dennoch: Der Kurator wirft alle Bedenken über Bord und „springt ins kalte Wasser".

5.2.2 Die Schwierigkeiten in Ehrendorf: Eine Kumulation ungünstiger Faktoren

Es geht im Folgenden nicht um eine Konfliktanalyse im Detail. Der häufig von den Gemeindemitgliedern angesprochene Konflikt interessiert in unserer Arbeit nur, insofern sich ein Zusammenhang mit dem K-M-Modell herstellen lässt. Es geht um strukturdynamische und nicht um persönliche Faktoren, die zur Annahme oder Ablehnung des Modells führen. Die Schwierigkeiten und Konflikte entpuppen sich als eine Anhäufung ungünstiger Faktoren:

❖ Desintegrierte Gemeinde

Konflikte zwischen Alteingesessenen und Zugereiste hat es auch schon zu jener Zeit gegeben, in der noch ein Pfarrer da war. Er ist nur nicht ausgebrochen, weil der Pfarrer offensichtlich eine von allen anerkannte Person war und dadurch auf die unterschiedlichen Gruppen integrierend wirkte. Eine mitten im Gemeindeleben stehende Frau benennt im Blick auf die Pfarre den Konflikt.

> *Ja, was typisch ist. Ich glaube, dass bei uns immer noch ein ziemlicher Konflikt ist zwischen den alteingesessenen Ehrendorfern und zwischen Zugereisten und jungen Leuten. Also, dass da schon - das hat man auch jetzt bei dem Konflikt wieder ganz gut gemerkt. Die einen gehen halt ein bisschen sensibler damit und - und die anderen gehen halt mit der Brechstange damit um. Und - und der Konflikt glaube ich ist jetzt immer größer worden, seit wir keinen eigenen Pfarrer mehr haben. (EM7-1,9)*

Die Autorität des Pfarrers hat nach Meinung dieser Frau die vorhandenen Spannungen in der Gemeinde verdeckt. Obendrein war die Pfarre in den letzten Jahrzehnten mit guten Priestern „verwöhnt".

> *Es war - aber als ein eigener Pfarrer da war, da hat man das als gegeben angenommen, und was der gesagt hat, das hat so gepasst. Und jetzt, seit wir das Modell haben - die jungen Leute und die Zugereisten, die sehen das eher ein, und die Alten, die wollen halt eher das haben, so wie es war. Und sehen eben das nicht ein. Und wie gesagt - ich glaube, die - die - die Haltung, miteinander umzugehen, die hat sich ein bisschen gewandelt, kommt mir vor. Also ich zähle mich noch zu den Mitteljungen, wir gehen ganz anders um mit - mit Sachen, als die Alten [...]als der Drechsler [letzter Pfarrer, Anm.v. J.P.] noch war, der hat ja auch ziemlich viele Neuerungen eingeführt, die sehr auf Widerstand gestoßen sind, gerade mit den Taufen und alles. Aber da hat man schon geredet darüber und - und hat sich ein bisschen zur Wehr gesetzt. Aber man hat nicht so wie jetzt richtig gekämpft, weil man - weil man hat sich nicht getraut, das war einfach der Pfarrer. Und jetzt, wenn halt nur der Moderator und der Kurator sind, speziell beim Kurator traut man sich halt - halt glaube ich viel, viel mehr. Ich glaube, die Leute waren ein bisschen verwöhnt gewesen. Der Pfarrer Angler war Jahrzehnte da und - und war ein guter Pfarrer und feiner Mensch und auch für Neuerungen offen, trotz seines Alters. Aber jetzt ist es schon - sonst glaube ich gibt es eigentlich - es arbeiten sehr viele mit. Es ist da eine gute Handvoll, wo man sagen kann, auf die kann die Gemeinde fast nicht mehr - die*

Pfarrgemeinde fast nicht mehr verzichten. Wenn die nicht mehr mitarbeiten, dann weiß ich nicht, was ist. Aber das war auch schon beim Pfarrer Angler so, also die haben immer schon geholfen. Speziell die Frauen auch. (EM7-1,18)

Der „Verwöhnungseffekt“ wird auch von anderen Gemeindemitglieder erwähnt (vgl. (EM8-9,14).

❖ Häufige Wechsel der Priester führt zu „Orientierungslosigkeit“ und Verlust des persönlichen Bezugs

Zum an sich schon schwierigen Übergang zum K-M-Modell kommt nun dazu, dass es im dritten Jahr des Modells nun den dritten Moderator gibt. Die entsprechenden Priester hatten jeweils eine sehr unterschiedliche Art, auf die sich die Gemeinde und der Kurator einstellen mußten. Der häufige Wechsel löste bei der Gemeinde Unmut aus, wie der Kurator bemerkt:

Und gerade diese drei sind alle sehr unterschiedlich. Es war eben ein Pech, dass es diesen ständigen Wechsel gegeben hat. Der Achenrainer [zweiter Moderator in Ehrendorf; Anm.v.J.P.] hätte für seine Person vorgehabt, nicht nach einem Jahr wieder weg zusein. Aber das war sozusagen höhere Gewalt, weil ja der Pfarrer von Völl eine andere Funktion in der Diözese angenommen hat und es da auch jemanden gebraucht hat. Das hat bei den Leuten auch teilweise einen ziemlichen Unmut gegeben. Das kann sich niemand wünschen, dass es da jedes Jahr so einen Wechsel gibt. (EM2-6,5)

Nach einer stabilen, jahrzehntelangen Phase mit Pfarrer Angler gab es rasch aufeinander folgende Wechsel mit Priestern. Das wird mit als Ursache für die Schwierigkeiten und den Unmut gesehen.

Ich würde sagen, das größte Problem bei uns mit dem Kurator- und Moderator-Modell ist, dass wir jedes Jahr einen neuen Moderator bekommen haben. (EW7-1,47; vgl. auch EW7-3,4)

Eine Frau mittleren Alters beschreibt den häufigen Wechsel der Priester, die der Gemeinde ein wenig die „Orientierung“ nahm, als „Durcheinander“:

Ja, und dann kommt ein Dekan als - als Moderator, der keine Zeit hat, was für ihn kein Vorwurf ist. Ich - ich mag ihn sehr gern, den Dekan, und ich bin jetzt froh, dass wir ihn wieder haben. Dann kommt einer, den sie uns nur ein Jahr lassen, weil er eine bessere Pfarre sozusagen übernehmen kann als Pfarrer, nicht nur als Moderator. Ja, und dann kommt einer, den nehmen sie uns nach vier Monaten, weil er mit dem Kurator nicht auskommt. Und das ist einfach - ich glaube, dass in keiner Pfarre in den letzten vier Jahren so ein Durcheinander und ein Wechsel gewesen ist wie in Ehrendorf. (EW7-17,11)

Der Wechsel an Priestern war aber nicht nur im Sinne einer raschen chronologischen Abfolge von Moderatoren zu verstehen. Besonders im Jahr des ersten Moderators, der aufgrund eigener umfangreicher Tätigkeiten keine Zeit für die Ehrendorfer hatte, kamen viele verschiedene Priester als „Aushilfen“. Das hinterließ bei der Frau mittleren Alters folgenden Eindruck:

Die sind immer - da war immer ein Wechsel. Bei der Beerdigung hat man den angerufen, und bei der Osternacht den, und - und zu Weihnachten den und - und eben der Pater - nein, ich werde sicher einmal die Alzheimer bekommen - der war relativ viel Sonntag vormittags da. Aber auch nie in der Gemeinde so integriert. Der ist gekommen, ausgestiegen, hat seine Messe gehalten, eingestiegen und weg war er. (EW7-2,27)

Die Folge des ständigen Priesterwechsels auf verschiedenen „Ebenen" war, dass Menschen, die mit der Pfarrgemeinde nicht in sehr engem Kontakt stehen, gar nicht mehr wußten, wer jetzt eigentlich als Priester für die Pfarre zuständig war.

Weil - weil viele wissen gar nicht, ich meine gerade meine Kinder, die großen, das wissen Sie eh selber, die gehen ja dann auch nicht mehr so oft in die Kirche. Die haben die halbe Zeit die Moderatoren gar nicht mehr kennen gelernt. Wenn da einmal bei irgend einem Fest ein anderer war: Ist das jetzt der neue Pfarrer? Es war überhaupt kein Bezug. (EW7-3,10)

❖ Der Konflikt und seine Folgen

Nach diesen instabilen Verhältnissen und flüchtigen Kontakten der Menschen mit verschiedensten Priestern, erhofften sich viele vom dritten Moderator, der offenbar auch tatsächlich mehr Zeit hatte als seine unmittelbaren Vorgänger, intensivere beständigere seelsorgliche Begegnung. Er war deshalb, v.a. bei den älteren Menschen, sehr geschätzt. Unglücklicherweise erwies sich die Zusammenarbeit zwischen Kurator und dem dritten Moderator als sehr schwierig. Die Vorstellungen über die Zusammenarbeit und die Kirchenbilder der beiden Leitungspersonen waren schwer vereinbar.[7] Die Zusammenarbeit zwischen Kurator und den beiden ersten Moderatoren war aus Sicht des Kurators spannungsfrei, man verstand sich gut. Mit dem gegenwärtigen Moderator gibt es ein spannungsvolles Verhältnis, das der Kurator so beschreibt:

Momentan ist das mühsamer. Natürlich kann es da zu Spannungen kommen, das ist ganz klar. Wenn zwei Leute gemeinsam hauptverantwortlich für etwas sind, und sie haben in gewissen Punkten verschiedene Vorstellungen, dann ist dabei zäher damit umzugehen, als wenn das nicht so ist. ***I:*** *Die Gemeindeleitung liegt ja bei Ihnen, kann man das so sagen?* ***IP:*** *Ja, de facto täte ich schon sagen, am Papier schaut das schon ein wenig anders aus. Den berühmten Kanon 517, da steht ja drinnen, dass der Moderator alle Befugnisse eines Pfarrers hat, aber es gibt eine klare Aufgabenverteilung. Ich täte mir sicher nicht in meine Kompetenzen dreinreden lassen, das kann dann nicht funktionieren. Es muss klar sein, wer für was zuständig ist und ich bin dafür, dass man trotzdem auch das, was in den eigen Zuständigkeitsbereich fällt bespricht, weil ich es für wichtig halte, dass man gegenseitig informiert ist über die Vorhaben und die Ausführungsschritte usw. Es wäre gut, wenn man ein Gespann wäre. (EM2-7,38)*

Dass die Zusammenarbeit zwischen Kurator und Moderator als zentraler Punkt gesehen wird, macht auch die PG-Rätin klar, die darauf im Zusammenhang mit der Aus-

[7] Diese kurzen Bemerkungen mögen hier genügen, da das Kommunikationsverhalten der Leitungspersonen nicht Thema dieser Arbeit ist.

wahl der Leitungspersonen hinweist. Während der Kurator mit den ersten beiden Moderatoren gut zusammenarbeiten konnte, gestaltete sich dies mit dem dritten Moderator schwierig (vgl. EW7-21,25).
Der Teil der Menschen, die das K-M-Modell als Chance erleben, nimmt den Kurator und das Modell an. Es gibt aber auch einen anderen Teil in der Bevölkerung, der einem Pfarrer besonders nachtrauert und das K-M-Modell und auch den Kurator ablehnt. Für diese Gruppe scheint der Kurator das „personifizierte Übel" – das abgelehnte K-M-Modell – darzustellen. Aus der Sicht des Kurators stellt sich die Akzeptanz bzw. Ablehnung so dar:

> *Das hängt auch von den Parteien ab oder Gruppierungen, das ist besser. Da gibt es Leute, die ganz eng mit mir zusammenarbeiten, dann gibt es Leute, die auch eine Aufgabe in der Pfarre haben, aber die sich aus irgendwelchen Gründen mit mir persönlich hart tun, da merke ich, dass die sich fern halten. Dann gibt es Leute die mit mir überhaupt nicht reden. Das sind diejenigen, von denen ich alles über drei, vier Ecken erfahre. Das ist das, was mich am meisten stört, dass es in einer christlichen Gemeinde nicht möglich ist, dass man nicht miteinander redet, wenn es Probleme gibt. Und mir ist schon klar, dass man, wenn man eine solche Aufgabe übernimmt nicht immer allen alles recht machen kann und dann höre ich manchmal Kritik, aber ich höre sie für meinen Geschmack viel zu selten direkt. Ich kann dann auch nicht direkt darauf reagieren. Das mag ich nicht, weil sich in einem persönlichen Gespräch oft vieles aufklären lassen könnte, wenn jemand fragen würde: wieso machst du das so oder so, dann könnte ich dem das erklären. Aber wenn ich höre, dass im Gasthaus irgendwer geschimpft hat, dann kann ich nicht zu dem hingehen und sagen: mir hat der X erzählt, dass du zum Y gesagt hast und so. Das ist nicht besonders angenehm natürlich, diese (...) weil das auch ein Spannungsverhältnis ist, von einem Teil sehr wohl gut angenommen zu sein und von einem anderen Teil mehr oder weniger komplett abgelehnt zu sein. (EM2-8,31)*

Für den Kurator ist es besonders schwierig, wenn über dritte Kritik an ihn herangetragen wird, da er dann nicht direkt darauf reagieren kann. Das erschwert die Kommunikation und vergiftet das Klima in der Gemeinde.
Diese Wahrnehmung des Kurators entspricht in diesem Punkt jener der Bevölkerung. Da die Gefahr bestand, dass dieser Moderator, der für die Menschen mehr Zeit zur Verfügung hatte, aus Gründen der schwierigen Zusammenarbeit ebenfalls versetzt werden würde, war bei einem Teil der Bevölkerung „das Maß voll". Diese Gruppe aus der Gemeinde wollte den neuen Moderator mit aller Gewalt „festhalten":

> *Die alt - die - die jungen von diesen Alteingesessenen sind auch noch eher so erzkonservativ und - und eben - wenn das nicht geht, dann werden wir uns schon wehren, und jetzt haben wir diese Kirche so schön hergerichtet, das wäre ja allerhand, wenn jetzt das und das nicht geht. (EW7-3,23)*

Diese Parteinahme führte jedoch in der Gemeinde zu einem Konflikt, ja beinah zu einer Spaltung. Selbst eine Frau, die PGR-Mitglied, mit der Schwester des Kurators befreundet und mit dem Kurator bekannt ist, kann zu den eigentlichen Hintergründen des Konflikts keine genaue Auskunft geben. Nach einigen Schlichtungsversuchen zwischen dem Kurator und dem Moderator hat sich die Diözesanleitung dafür entschieden, den Moderator von der Pfarre abzuziehen. In diese Entscheidungsvorgänge war die Bevölkerung nach Meinung der PGR-Frau nicht eingebunden, was weiteren Unmut auslöste:

> *Wenn die zuerst mit uns geredet hätten, nicht dass wir gescheiter wären oder dass wir eine bessere Lösung gehabt hätten - aber sie hätten den Tenor aus der Bevölkerung gehört. Und da hätten sie gehört, dass 95 Prozent, die da drüben gesessen sind, mit der Lösung total unzufrieden sind. (EW7-5,2) Alle haben nichts gewußt. (EW7-6,10)*

Die Folge der Abberufung des Moderators war, dass jene Gruppe, die den Moderator behalten wollte, nun dem Kurator dafür die Schuld zuschiebt (Vgl. EW7-5,20). Nach Meinung der hier sprechenden PGR-Frau sind haben jene Menschen, die nur wahrnehmen, dass man ihnen den „Pfarrer" genommen hat, wenig oder keinen Einblick in das, was und wieviel der Kurator alles hinter „verschlossenen Türen" leistet.
Bei allen personellen Entscheidungen war die Gemeinde in der Statistenrolle, sie wurde nicht eingebunden, sondern meist nur darüber in Kenntnis gesetzt (vgl. EM6-9,11). Durch diese Art der Entscheidungsfindung ohne Beteiligung der Bevölkerung hat die Diözesanleitung viel an Glaubwürdigkeit eingebüßt (vgl. EM6-10,5). Deshalb rät der Kommunalpolitiker dazu, dass vor folgenschweren Entscheidungen die Meinung der Bevölkerung einzuholen sei:

> *Die - die - die Herren, die entscheiden, die sollten sich vorher erkundigen in einem größeren Rahmen und - und schauen, dass sie so viel wie (möglich) Meinungen einholen - dass sie so viel wie Meinungen einholen und nicht, dass sie eigentlich (...) wahrscheinlich (...) eher nur einseitig informiert werden. (EM6-10,15)*

- Unglückliche Leitungsstruktur: Der Gesell kann nicht über dem Meister stehen!

Immer wieder wird darauf hingewiesen, dass der Kurator ein Laie ist und keine entsprechende Ausbildung habe. Deshalb ist es für viele unverständlich wie eine Kurator dem Moderator, der ein gebildeter Ordensmann ist, vorgesetzt sein könne. Der Politiker gibt die Meinung vieler Menschen wieder:

> *Und die Kapuziner werden ja bekanntlich - glaube ich - zur Selbständigkeit erzogen. Und jetzt ist es also da schwierig. Und da war ja er jetzt da dann, glaube ich, im - im Seminar da eine Art Spiritualer. Ja, also so ein Mensch, so ein Mensch dürfte ja theologisch, oder ist sicher theologisch einem Laien, einem Kurator, überlegen. Und natürlich, ein Kapuziner als selbständiger Theologe lässt sich jetzt nur schwer dann unterordnen. (EM6-7,31)*

Für einen großen Teil der Bevölkerung ist der Kurator fachlich weniger kompetent als der Moderator. Ein pensionierte Handwerkermeister ist davon überzeugt, dass alle Ehrendorfer deshalb über das K-M-Modell schimpfen (vgl. EM8-7,3). Der Grund liegt seiner Meinung nach darin, dass der Kurator sich anmaßt, über dem Priester zu stehen. Dies wiederum lastet er nicht der Leitungsstruktur, sondern auch dem Kurator an, der

> *dem Pfarrer sagt, was der Pfarrer zu tun hat, also - also so viel Rechte wie ein Pfarrer hat er wohl nicht, oder? (EM8-7,30)*

Ein Laie kann unmöglich über dem Priester stehen, diese Tatsache ist für den Interviewten klar. Der Kurator sei eine Geselle, der sich als Meister ausgibt:

> *Er steht über dem Priester, ja. Und dabei ist er – Genau so ist das, ja. Wenn einer nur einen Gesellenbrief hat, keinen Meisterbrief, und sich als Meister ausgibt. (Lachen) Ganz einfach. (EM8-8,1)*

Für den Handwerksmeister und ehemaligen Leiter eines kleinen Unternehmens funktioniert die Kirche wie ein Betrieb. Dem Kurator fehle – da er nicht studiert hat – die Kompetenz zur Ausübung seiner Funktion. Zugleich bedeutet die Tatsache, dass der Gemeinde nur ein „Geselle" geschickt wird, eine Zurücksetzung der Gemeinde, mit der ein Großteil der Bevölkerung nicht einverstanden sei.

> *Nein, ich kann mir nicht vorstellen, dass ein Betrieb so funktioniert. Es wird - auch - also es ist ja auch irgendwo ein Betrieb ... Ich weiß nicht einmal, ob er die ganzen rechtlichen Sachen alle kennt, das glaube ich - bezweifle ich auch, oder. Weil der eine doch studiert hat dafür, oder? Und er sicher nicht. Also ob er das Ganze weiß auch. Dann fühle ich mich auch da nicht wohl. [...]* ***I:*** *Ja, ja. Also das ist auch ein Stück Herabsetzung dann der Gemeinde, dass ihnen nicht der Meister geschickt wird, sondern der Geselle?* ***IP:*** *Ja, ja - ja. Genau, ja, ja, genau so ist das. Genau so. Und wenn - und diese - und diese Einstellung hat die ganze Gemeinde. Also das also - glaube ich halt, also - überwiegende (...). (EM8-8,22)*

Nach der Meinung des Pensionisten sollte der Kurator dem „Pfarrer" Aufgaben abnehmen, die dieser nicht unbedingt selbst machen muss, also ihn entlasten und nicht ihm sagen, was er zu tun habe (vgl. EM8-9,44). Hier knüpft sich die Frage an, wie das Leitungsmodell in Ehrendorf eigentlich gedacht war.[8]

5.2.3 Die Leitungsstruktur und die Rollen der Leitungspersonen

❖ Die spezifische Leitungsstruktur: Ein Kernteam aus drei Personen

Die Diözese hatte für Ehrendorf nicht eine Doppelleitung, sondern eine Leitung im Kernteam vorgeschlagen. Das Kernteam sollte aus dem Kurator, dem Moderator und der Pfarrsekretärin bestehen. Die Aufgabenverteilung war folgendermaßen gedacht und wurde auch so umgesetzt: Die hauptamtliche Sekretärin mit einer 40 Stunden-Anstellung ist Ansprechperson für die Gemeinde und ist für die gesamte Verwaltung zuständig. Der Kurator ist koordinierender Leiter, der Moderator ist sakramentaler Seelsorger. Weitere Seelsorgsbereiche sollten auf verschiedene Gruppen und einzelne Per-

---

[8] Ich habe mich hier auf die Konfliktzonen beschränkt, die mit der Leitungsstruktur, den Leitungspersonen und deren häufigem Wechsel zu tun hatten. Weitere Konfliktzonen wie sie z.B. die einschneidenden Veränderungen im Gemeindeleben, v.a. im liturgischen Bereich, kommen im Themenkreis „Veränderungen" zur Sprache (vgl. 5.2.4).

sonen aufgeteilt werden. Über die Leitungsform im Kernteam wurde die Gemeinde informiert.

Das haben wir für wichtig gehalten, dass die Leute, wenn sie es wissen wollen, es wissen können. Wenn es nur ganz intern geregelt wäre, dann wüsste ja nie jemand zu wem er jetzt gehen soll. Wobei die Hauptansprechperson ist eigentlich die Sekretärin. Sie ist den ganzen Tag im Pfarramt. Wenn die Leute ein Anliegen an die Pfarre haben, und sich den Moderator am Sonntag nicht nach der Messe schnappen oder sich bei mir direkt melden, dann geht es ins Pfarramt, sie deponieren es bei der Sekretärin und sie redet mit dem Moderator oder mit mir und so geht die Sache weiter. Und insofern spielt sie auch eine große und wichtige Rolle, sie gehört zum (...) ***I:*** *Kernteam?* ***IP:*** *Ja, zum Kernteam dazu. Es ist in unserem Fall nicht eine Lösung Moderator/Kurator, sondern es ist eine Lösung Moderator/Kurator-/Sekretärin.* ***I:*** *Diese Lösung, dass Sie ehrenamtlich draußen sind, ist sie von Ihnen oder hat sie sich einfach so ergeben?* ***IP:*** *Das ist von der Diözese her so vorgeschlagen worden. (EM2-9,28)*

Im Folgenden wird deutlich, dass diese ungewohnte und komplizierte Struktur für die Bevölkerung zu Schwierigkeiten im Hinblick auf die Zuständigkeitsklarheit und der seelsorglichen Betreuung führte.

❖ Zuständigkeiten von außen für manche schwer erkennbar

Wird die Koordinierung im Kernteam schon nicht ganz einfach sein, so kann die differenzierte Funktionsaufteilung für Außenstehende zur Verwirrung, Unklarheit und Missverständnissen führen. Die Zuständigkeiten und Rollen sind für Außenstehende in der Gemeinde offensichtlich schwer durchschaubar. Das K-M-Modell, seine Rollen und Aufgabenverteilung wurden zwar im Pfarrbrief mehrmals erklärt (vgl. EM8-6,45), aber die theoretische Beschreibung prägte sich ins Bewußtsein der Bevölkerung nicht nachhaltig ein. Dazu kommt die Tatsache, dass ein bestimmter Teil der Bevölkerung die Zuständigkeiten (z.B. die Leitung des Kurators) nicht akzeptieren will. Eine in der Gemeinde engagierte Frau führt die geringe Wirkung darauf zurück, dass die Mitteilungen ja von einem Laien und nicht von einem Pfarrer stammen:

Der Wolfgang macht ja immer den Pfarrbrief, und der kommt relativ oft. Und in dem Pfarrbrief erklärt er Sachen, wirklich mit dieser Taufe hundertmal, und auch das Modell hat man erklärt und alles. Der kann das hundertmal da drinnen schreiben. Das wird nie so viel Wirkung haben, als wie wenn einmal der Pfarrer etwas sagt. Und das ist einfach - ja vielleicht ist das, wenn unsere Generation kommt und unsere Kinder - obwohl ich ja nicht weiß, ob unsere Kinder noch jemals da - das kann man alles nicht wissen. (EW7-23,11)

Für den Kurator ist dieser Umstand, die Leitungsstruktur zu „verweigern“ mühsam und ärgerlich:

Also das glaube – Es hängt mir bald schon beim Hals heraus (gereizt), da muss ich auch sagen, das ist unterschiedlich. Es gibt Leute, die können das ziemlich klar unterscheiden. Dann gibt es welche, denen ist das so halb klar, und dann gibt es diejenigen, die meinen, ich bin der zweite Pfarrsekretär, und der Moderator ist in Wirklichkeit der Pfarrer. Und gerade solchen ist dann natürlich unter Umständen schwer klar zu machen, warum jetzt ein Laie bestimmte Entscheidungen trifft und nicht der Geweihte. Weil natürlich die Leute unsere Aufgabenverteilung auch nicht auswendig kennen, das ist klar. Wir haben es zweimal im Pfarrbrief veröffentlicht, aber man kann nicht verlangen, dass sie das so genau studieren, dass sie im Einzelfall wissen können, wer ist für was zuständig. (EM2-9,16)

Wie werden nun die einzelnen Leitungsrollen von der Bevölkerung tatsächlich wahrgenommen?

❖ Der Moderator als „Pfarrer"

Während die beiden ersten Moderatoren sehr viel in ihrem „Erstberuf" zu tun hatten, ist dies beim gegenwärtigen Moderator anders. Der Kurator nimmt eine viel stärkere Präsenz des dritten Moderators wahr:

Das war beim Dekan und beim Amtsleiter einfach auch nicht möglich aus Zeitgründen, weil da die Amtsleitung zu führen ist ein Fulltime-Job. Jetzt ist es insofern anders, als der Moderator seinen Doktor macht, er hat sonst keine Aufgabe mehr. [...] Der hat natürlich jetzt mehr Zeit. Er ist zum Beispiel regelmäßig in einem Wohnheim für ältere Leute und Pflegefälle, da ist er einmal in der Woche. Das hat der Achenrainer [2. Moderator; Anm.v. J.P.] nicht machen können. Die Frage, ob der das vielleicht möchte, hat sich für den gar nicht gestellt. (EM2-6,16)

Der Moderator tritt – im Vergleich zu seinen Vorgängern – stärker als Priester und Seelsorger in Erscheinung. Der Kurator beschreibt die unterschiedliche Präsenz des gegenwärtigen Moderators:

Der Dekan Norz war der Moderator, aber ziemlich am Papier. Der hat damals selber drei Pfarren gehabt, jetzt hat er zwei, für den wäre es unmöglich gewesen jetzt noch in Ehrendorf auch noch Gottesdienste zu übernehmen, deswegen haben wir im ersten Jahr zwei ständige Aushilfen gehabt, ein Karmelitenpater und unser vorletzter Pfarrer, der auch jetzt noch am Sonntag immer einen Gottesdienst hat .... Wie der Achenrainer als Moderator gekommen ist, der ist dann regelmäßig gekommen, da hat es am Sonntag zwei Gottesdienste gegeben einen hat der Achenrainer gehabt, einen der Angler. So ist es jetzt auch. Wobei der jetzige Moderator mehr Zeit hat, deswegen ist er auch unter der Woche manches mal im Einsatz. Es gibt in Perntal einmal im Monat eine Messe und einmal in Ufling, das gehört zu Ehrendorf dazu, das ist ein kleiner Weiler, hat eine kleine Kirche, und wöchentlich einmal ist er in diesem Wohnheim. Er ist jetzt mehr im Einsatz als seine Vorgänger. (EM2-6,30)

Von Seiten der Bevölkerung wird der Moderator als Pfarrer angeredet, was der Kurator dahingehend interpretiert, dass viele Menschen die Situation nicht richtig erkennen:

Der Moderator wird von sehr vielen auch mit Pfarrer angeredet, was wiederum der ganzen Situation nicht sehr förderlich ist, weil es nämlich zeigt, das sie sich nicht ganz klar darüber sind, was es heißt Pfarrer zu sein. (EM2-9,3)

Gerade für die älteren Leute ist der Priester eben ein Pfarrer. Wenn aber der Priester in den Augen vieler Menschen der Pfarrer ist, dann kann der ehrenamtliche Koordinator, der auch nicht als Seelsorger in Erscheinung tritt, nur so etwas wie der Sekretär sein – so nimmt es die PGR-Frau wahr:

> *Die alten Leute, die haben da nicht unterschieden, da ist es - das ist es nur der Pfarrmoderator. Das ist einfach - der Markus war der Pfarrer, und der Alois war der Pfarrer - und der Wolfgang war halt - so ähnlich - glaube ich - wie der Sekretär - so für die Leute. (EW7-9,16)*

Wie die PGR-Frau betont, sind für die meisten Menschen die Begriffe nicht wichtig. Wichtig ist, dass jemand die Messe hält und für die Menschen Zeit hat, kurz: dass jemand seelsorglich präsent ist.

> *Und ich glaube, dass das viele, speziell von den älteren Leuten, auch gar nicht wissen. Diese Namen, die können sich das auch nicht merken. Und die - ist für sie auch nicht wichtig. Wichtig ist, dass der Pfarrer da ist, der die Messe hält und der Alois war halt ein feiner Mensch. Den hat man auch sehr gern - speziell die alten Leute haben ihn ganz, ganz gern gehabt, weil er sich eben viel Zeit genommen hat. (EW7-9,34)*

Der Pensionist erwartet vom Moderator, dass er die Sakramente feiert und für die Menschen da ist, die in Not sind:

> *Ja, die Messe lesen. Und wenn die Leute da - und für die Leute dazusein. Hat er ja Arbeit genug, oder. Es kommen ja nicht dauernd Hochzeiten, Taufen und - und so - und Begräbnisse und alles mögliche, oder? Oder auch seelische Probleme, nicht, dass er da dann einspringt und das (...). (EM8-10,4)*

Den moderierenden Priester sehen die Menschen als Pfarrer, egal wie seine Funktion heißen mag. Deswegen – so der Politiker – wird er auch mit „Pfarrer" angesprochen.

> *In einem Moderator sehen die anderen eben immer noch einen Pfarrer, wenn einer eine Kutte trägt, auf deutsch gesagt, oder (...) Oder im Ornato auftaucht, dann - so sagt man, Ornat, nicht, im Volk, oder. Dann ist er der Pfarrer.* ***I:*** *Wird er auch so angesprochen, der Moderator?* ***IP:*** *Ja, doch, sagen die meisten Herr Pfarrer, ja. (EM6-6,33)*

Da der Moderator für die Menschen vor und nach den liturgischen Feiern Zeit für seelsorgliche Gespräche fand, wurde er von der Bevölkerung gebeten, ob er nicht als Pfarrer nach Ehrendorf kommen würde (vgl. EM6-8,36). Dies verschärfte die Spannungen. Beim örtlichen Politiker entstand der Eindruck, dass die Diözese eine stärkere seelsorgliche Betätigung nicht wünsche.

> *Der hat also versucht, mehr zu machen. Vielleicht auch daraus, dass er mehr Zeit gehabt hätte. Aber er wollte eigentlich in gewissen Bereichen eher seelsorgerisch auch tätig werden. Und das ist anscheinend nicht gewünscht. (EM6-4,34)*

❖ Der Kurator leitet koordinierend und organisatorisch

Aus der Sicht der PGR-Frau ist der Kurator gemeinsam mit der Sekretärin für das Organisatorischen zuständig. Der Kurator wird – je nach persönlicher Beziehung – mit Vor- oder Familiennamen angeredet.

> *Ja, ja, mit der Ines im - im - macht er das ganze Organisatorische. Aber Pfarrer ist - ist der (...) Und die Leute haben den ja auch immer mit „Herr Pfarrer“ angeredet und (...)* ***I:*** *Wie redet man denn den Herrn Gärtner an, da in (...)?* ***IP:*** *Ja, die reden ihn mit Vornamen an und die anderen sagen „Herr Gärtner“, die, die per Sie sind. Und ich sage Wolfgang. Also Pfarrkurator sagt da kein Mensch. (EW7-9,24)*

Die PG-Rätin spricht die organisatorische Gemeindeleitung dem Kurator zu:

> ***I:*** *Wer würden Sie sagen, leitet jetzt die Gemeinde, die Pfarre?* ***IP:*** *Hm. Organisatorisch (...) die Pfarre leitet der Wolfgang. Das muss man so sagen. (EW7-14,15)*

Als der Pensionist, der dem Kurator kritisch gegenüber steht, im Gespräch erfährt, dass dieser sein Amt ehrenamtlich ausübt, verändert sich seine Haltung spürbar zum positiven. Er bringt plötzlich Verständnis für die schwierige Situation des Kurators auf:

> *Wenn er das nur so als - als Freizeitgestaltung macht, dann geht das - dann geht das sowieso nicht. Das kann nicht funktionieren. Also da müsste er - müsste er schon auch angestellt sein, dann, dass er das macht. Das müsste er schon sein. (EM8-10,27) Aber wenn der nichts bezahlt bekommt und der das nur ehrenamtlich macht, dann hat er natürlich - das kann ich mir ruhig vorstellen, dass er dann einfach sagt, dass er einen gewissen - einen gewissen Einfluss hat und sagt, ja, wenn ich das ehrenamtlich mache, dann möchte ich auch meine Rechte irgendwo haben, die mir zustehen. (EM8-12,17)*

Der Pensionist war offensichtlich über die ehrenamtliche Beauftragung nicht informiert und scheint angesichts dieser Information überrascht zu sein. Er sieht plötzlich auch die Schwierigkeiten auf der strukturellen Ebene. Soll der Kurator seine helfende Leitungsfunktion ausüben können, muss er dies zeitlich und von seiner Ausbildung her vermögen: „Ja, wenn er schon die Position hat, dass er einem Pfarrer irgendwo helfen soll, dann muss er das schon auch können. Und das kann er nicht.“ (EM8-13,43). Der Kurator ist aufgrund seiner Berufstätigkeit den ganzen Tag nicht in Ehrendorf (vgl. EM8-13,11).

> *Es ist ja für einen Menschen furchtbar schwierig, so eine Position zu übernehmen, die er nicht gelernt und nicht studiert hat und die er jetzt auf einmal hat, mit der er vielleicht auch gar nicht leicht selber fertig wird. Weil, ich kann mir das vorstellen, dass das, sagen wir, für ihn zuviel ist. Diese Verantwortung hat er der Diözese gegenüber ja genauso, als wenn er schon Priester wäre, oder. Weil er ja zu tun hat. Und dann, wie soll er das - wie soll er das jetzt machen. Er möchte ja keine Fehler machen, dann möchte er das nach seinem besten Gewissen machen. (EM8-14,17)*

In den Augen des Politikers hat nur der Kurator etwas zu bestimmen, der Moderator darf „nur“ sakramental tätig sein:

Ja, das ist klar, nach diesem System, und da ist man jetzt auch draufgekommen, hat im Grunde genommen das Sagen nur der Kurator. (... ...) Der Pfarrmoderator ist sozusagen nur zuständig, zumindest bei unserem Modell, und das wird wahrscheinlich sonst nicht anders sein, für all diejenigen Bereiche, wozu es eines - einer Weihe bedarf. Das heißt also, die Messen halten, Taufen, Eheschließungen, Begräbnisse. (EM6-4,18)

Der Politiker hat die Rolle des Kurator als die eines Verwalters verstanden und zollt ihm Respekt, dass er diese Aufgabe freiwillig und ehrenamtlich übernommen hat. Die Bevölkerung hat aber nie daran gedacht, dass der Kurator auch seelsorgliche Aufgaben zu übernehmen hätte:

I: *Würden Sie sagen, dass der jetzige Kurator nicht so etwas wie Seelsorge auch betreibt? Oder verwaltet er hauptsächlich?* ***IP:*** *Nein. Ja, ich glaube, das ist auch seine Aufgabe. So haben wir das verstanden. Ich möchte also gegen den jetzigen Kurator überhaupt nichts sagen, ich möchte da eher den Hut abnehmen. Und wir müssen froh sein, dass wir jemanden haben, der das macht. Und das, was er da gemacht hat, das hat er auch gut gemacht. Das muss man also - das muss man also schon dazusagen. [...] Oder wir sind auch nie der Meinung gewesen, dass ein Kurator auch seelsorgliche Aufgaben zu erfüllen hat. Das - das ist eigentlich nicht (...). (EM6-5,13)*

❖ Pfarrsekretärin als Ansprechperson mit Seelsorgsqualitäten

Erste Ansprechperson für die Menschen im Ort ist die Pfarrsekretärin, die in der liebevollen Art, wie sie das macht, auch seelsorgliche Qualitäten mitbringt.

Sie ist die erste Ansprechperson, richtig, sie ist auch jeden Tag drüben, außer sie hat Urlaub. Und sie macht das auch ganz gut und liebevoll und - und ich glaube auch nicht, dass man - dass man ihr jetzt irgend einen – Sie kann ganz gut mit dem Wolfgang zusammenarbeiten. (EW7-13,44)

❖ Leitung im Team

Geleitet wird im Team – wie der Kurator betont – wobei die hauptamtlich angestellte Pfarrsekretärin die komplette Verwaltung (Matriken führen, Buchhaltung usw.) erledigt. Alle Aktivitäten werden im Pfarramt koordiniert.

Ja, es gibt viel Teamwork, würde ich sagen. Also die, wie man so schön sagt, die Fäden laufen natürlich im Pfarramt zusammen, wobei es bei uns so ist, dass wir seither eine ganztägig angestellte Pfarrsekretärin haben, sonst hätte ich mir nämlich auch nicht vorstellen können, das zu tun. Das heißt, der tägliche Kleinkram, den muss ich nicht erledigen. Insofern geht es wieder einem hauptamtlichen Pfarrkurator, der keine Sekretärin hat oder einen Sekretär, schlechter, weil der muss selber die Matriken führen, die Buchhaltungen und das ganze Zeug, das muss alles ich wieder nicht tun. Ich kann mich um das kümmern, wo ich glaube, das muss jetzt wirklich ich tun. Aber nicht so, dass ich derjenige bin der sagt das und das tun wir, sondern ich bin derjenige, der die Leute zusammenholt und mit denen versucht zu regeln, was wir tun. Ich kann mir das auch nur so vorstellen, so von oben herab, das wäre nicht meine (...). (EM2-5,9)

Der Kurator selbst spricht einen Faktor in der Leitungskonstruktion an, der für das Gelingen des K-M-Modells eine wichtige Rolle spielt: den Präsenzfaktor. Der ehrenamtliche Kurator mit geringem Zeitbudget kann sich in seiner Freizeit nur um die wichtigsten koordinierenden Tätigkeiten kümmern. Die vielen seelsorglichen Aufgaben müssen auf viele Schultern verteilt werden.

> *Weil ich mache es ja ehrenamtlich, ich kann nicht für die ganze Koordination verantwortlich sein, mich um jedes Detail kümmern und außerdem dann noch selber Krankenbesuche machen oder so etwas. Insofern tue ich mir da ja viel härter, als ein, zum Beispiel ein, hauptamtlicher Pfarrkurator, der also den ganzen Tag in der Pfarre ist und einfach ein anderes Zeitbudget hat wie ich. (EM2-4,40)*

Die PG-Rätin als Insiderin vermag die Zuständigkeiten und Aufgabenreiche relativ genau zu benennen. Der Moderator ist prinzipiell für die Seelsorge da, wobei auch die Sekretärin als jene die vor Ort erreichbar ist, einen Teil übernimmt. Der Kurator ist für das Organisatorische zuständig:

> *Ja. Für das Seelsorgliche ist halt der Moderator, obwohl auch im Widum Seelsorge sicher betrieben wird bei uns. Die Ines ist ganz eine nette Person, drüben, ich weiß nicht, ob Sie sie kennen, das ist die Pfarrsekretärin. Die sich auch wirklich Zeit für die Leute nimmt und die bei ihr auch etwas abladen können, was sie wollen, auch wenn der Pfarrer nicht da ist. [...] (Der Wolfgang) macht halt das Organisatorische wirklich sehr gut. (EW7-12,33)*

❖ Aufteilung der seelsorglichen Begleitung

Die Zuordnung der Aufgaben auf die Personen im Leitungsteam läßt die Frage offen, wer für die seelsorgliche Betreuung der Menschen in Ehrendorf zuständig ist. Ein Großteil seelsorglich-diakonischer Tätigkeiten ist in den Händen der Vinzenzgemeinschaft, wobei diese schon vor Einführung des K-M-Modells bestand. Der Kurator betont, wie selbständig diese Gemeinschaft arbeitet.

> *Da gibt es die Vinzenzgemeinschaft, die hat ihre Aufgaben, da brauche ich mich nicht lange darum zu kümmern. Das funktioniert einfach, das hat ja auch vorher schon funktioniert, Betreuung von älteren Leuten, Krankenbetreuung.* ***I:*** *Es gibt so Gruppen, die einzelne Dinge übernehmen?* ***IP:*** *Ja, man schaut, das alles in Bewegung bleibt, aber man muss sich nicht selber um jede Kleinigkeit kümmern. (EM2-5,21)*

Zum Selbstverständnis des Kurators gehört es, die Dinge in Bewegung zu halten, aber sich nicht selbst um alles kümmern zu müssen. Das wäre auch zeitlich nicht möglich.[9] Zweimal wöchentlich hält der Kurator Sprechstunden, damit er auch untertags für die Bevölkerung erreichbar ist (vgl. EM2-7,26). Erstkommunion und Firmung werden mit

[9] Hier stellt sich die Frage, ob nicht gerade eine so disperate Pfarre wie Ehrendorf in schwieriger Situation nicht eine Integrationsfigur bräuchte, die natürlich auch mit entsprechender (zeitlicher) Präsenz ausgestattet sein müßte.

Hilfe von Tischmüttern vorbereitet. Der Moderator ist eingebunden. Die Krankensalbung kommt – wie der Kurator erörtert – kaum mehr vor.

Also Krankensalbung, das wird praktisch nie gewünscht. Auch zu Zeiten, als wir noch einen Pfarrer hatten, ist das eigentlich schon abgekommen ... Erstkommunionvorbereitung, das machen wir mit Tischmütter, hat es aber auch vorher schon gegeben, also lange schon. Das gleiche bei der Firmvorbereitung. Also das – Wobei der Moderator miteinbezogen ist, der kommt natürlich zu den Elternabenden, aber im wesentlichen machen es die Tischmütter. Wie gesagt, das war auch schon zu Zeiten, als wir den Pfarrer hier hatten so. (EM2-7,1)

❖ Verwaltung vor Seelsorge?

Wie oben schon angedeutet, gibt die Kirche – so scheint es dem Politiker – der Verwaltung den Vorzug gegenüber der Seelsorge. Er vermutet, dass die Kirchenleitung nicht wollte, dass der Moderator zu beliebt werden konnte, weil er sich für die Menschen Zeit nahm, was gut ankam:

Und er ist eben nach der Kirche einmal herausgegangen auch zu die - hat mit den Leuten gesprochen. Er ist zu Versammlungen hingegangen, hat sich angeboten, wollte mit der Jugend etwas tun. Der Hauptschuldirektor hat gesagt, er hat also in diesem Bereich mit ihm schon bereits gut zusammengearbeitet. Und man hat jetzt eigentlich ... - weil man das Gefühl hat, jetzt ist wieder jemand da, der sich kümmert. Oder zum Beispiel, was weiß ich, bei Begräbnissen hat er sich sehr viel angetan, insofern, obwohl er die Leute nicht gekannt hat, er ist hingegangen, hat die Toten gar nicht gekannt, hat dort eine Predigt abgehalten, wo er also direkt auf das Leben und das alles eingegangen ist, hat sich da sehr viel also angetan. Das war ein bisschen neu, dass jemand sich so viel da antut. Und man hat letztlich jetzt das Gefühl gehabt, wobei man natürlich die zwei - der eine sagt so, der andere sagt so - ich weiß auch nicht, was wahr ist, nicht. Aber ... die Kirche jetzt, oder die Diözese oder - eher also dem Verwaltungsmäßigen eher den Vorzug vor der seelsorglichen Betreuung gibt. (EM-5,43)

❖ Hoffnung auf Seelsorger

Der Politiker ist der Meinung, dass man den Menschen nicht die Hoffnung auf einen Seelsorger rauben dürfe. Es genügt nicht, einen Priester zum Lesen der Heiligen Messen zu haben. Die Menschen – so der Politiker – brauchen jemanden, zu dem sie mit ihren Anliegen gehen können. Weder ein Kurator ohne seelsorgliche Beauftragung, noch ein Priester, der nur für die Spendung der Sakramente, aber keine Zeit für die Menschen hat wird gewünscht.

Das ist fast das Schlechteste dabei, dass man den Gläubigen die Hoffnung nimmt, speziell auf Ehrendorf bezogen, dass wir sowieso nie mehr einen Pfarrer bekommen werden. [...] Das sollte man nicht, ja. Gell, das ist also schlecht. Und - und es ist ja so. Die Leute, die wissen ja nicht mehr, wohin. Was - wo soll - zum Kurator geht keiner, beichten kann er nicht gehen, wenn er heute ein Problem hat? Ein - ein - ein -ein - ein seelisches, ein - ein - ein kirchliches Problem hat, mit dem - dazu ist ja der

Kurator meines Wissens ja gar nicht zuständig. Hat er auch die Ding - und - und da sollte er halt sein, und da nützt es nichts, wenn ein Moderator nur schnell die Messe hält, da sollte er einmal daher, dass man sagt, jawohl, der - der hat Sprechstunden oder - wenn man irgendein Anliegen hat, kann man sich an ihn wenden und (...). (EM6-11,21)

Im Grunde widerlegen die Erfahrungen in Ehrendorf die manchmal geäußerte Ansicht, dass auch eine Ansprechperson, die keinen Auftrag zur Wahrnehmung seelsorglicher Aufgaben hat, genügen würde. Während der Woche ist niemand – und hier ist wohl ein(e) SeelsorgerIn gemeint – erreichbar, so der Eindruck der Bevölkerung (vgl. EM6-12,11).

5.2.4 Veränderungen im Leben der Pfarrgemeinde

❖ Aufbruchsstimmung und großherziges Engagement bei einem Teil der Gläubigen

Die PG-Rätin nimmt wahr, dass ein innerer Kreis, der schon immer aktiv war, sich mit dem K-M-Modell noch mehr engagiert. Die ferner Stehenden registrieren kaum Veränderungen, da das pfarrliche „Angebot" aufgrund des größeren Engagements des inneren Kreises fast unverändert aufrecht erhalten werden konnte.

Ich glaube, dass die Mitarbeit noch intensiver geworden ist. Wir sind eigentlich immer schon ein bisschen ein rühriger Pfarrgemeinderat gewesen. Aber jetzt muss ich sagen, wie das halt war nach dem Drechsler [letzter Pfarrer, der nur kurze Zeit in Ehrendorf war; Anm. v. J.P.], hat man halt gesagt, jetzt müssen wir uns halt erst recht auf die Hinterfüße stellen, weil - dass das nicht alles den Bach hinuntergeht und dass wir das alles halten können, so wie es ist. Und die Leute glaube ich, haben von außen nicht viel gemerkt, dass sich da etwas geändert hat. Wenn nicht der Priesterwechsel während der Messen - also nicht während - dass halt vereinzelt bei den Messen gewesen wäre, ist alles gleich weiter gelaufen. Die Leute haben eigentlich – Das einzige, was man hergeben musste, ist die Samstagabendmesse, und da machen wir aber alle 14 Tage einen Wortgottesdienst. Das ist auch ziemlich forciert worden, die Wortgottesdienste. Kommt natürlich auch nicht überall an, ist ja klar. (EW7-9,46)

Engagierte Laien – meist aus dem PGR – haben Kurse besucht, um sich für Taufgespräche vorzubereiten, ebenso für die Krankenkommunion (vgl. EW7-10,49).

Wir haben alles, also wirklich, vom - Krankenkommunion, dann Kommunionhelfer sowieso, Lektoren. Also bei uns gibt es, glaube ich, außer einem Kantor alles, was man haben kann. Den sucht man auch noch (Lachen). (EW7-11,3)

Erstkommunion- und Firmvorbereitung, die nun verstärkt in den Händen der Laien liegen, sind nach Einschätzung der Pfarrgemeinderätin nicht schlechter geworden:

Es ist zum Beispiel auch so mit den - mit der Erstkommunionvorbereitung, Firmvorbereitung - da hat - früher war da immer der - der Pfarrer auch dabei. Und jetzt hat man da jemanden ausgesucht, die auch für die nächsten Jahre die immer

wieder berät und mit denen mitgeht und - also – Ich würde sagen, es haben viele Leute diese Sachen übernommen, die sie davor nicht gehabt haben, die jetzt sicher nicht schlechter laufen, als sie davor waren. Und - und die Leute auch nicht stört. Das glaube ich nicht, dass sie das stört. (EW7-18,20)

Der Kurator vermag bei jener Gruppe, die sich entschieden hat, das Gemeindeleben selbst in die Hand zu nehmen, einen Motivationsschub zu erkennen.

Da war in Teilen so etwas wie eine Aufbruchsstimmung auch; nicht jetzt: hurra, wir haben keinen Pfarrer mehr, sondern es ist einfach das Bewusstsein gewachsen, dass wir alle miteinander verantwortlich sind für das, was es in der Pfarre gibt oder nicht gibt, und da haben viele dann mehr mitgetan als vorher. Und ein Beweis dafür war für mich zum Beispiel, dass ich mehr so nebenbei gesagt habe, jetzt müssen wir auf die Suche gehen nach Leuten, die Krankenkommunionhelfer sein können ... Da habe ich über Nacht neun Krankenkommunionhelferinnen und -helfer gehabt. Wenn der Pfarrer das ein halbes Jahr früher probiert hätte, dann hätte das sicher nicht funktioniert, hätten alle nur gesagt: na, na da gehst nur du hin, wofür haben wir denn dich. Das ist einer der Beweise gewesen, dass also die Bereitschaft, Verantwortung zu übernehmen und Zeit zu investieren und alles was dazugehört, dass das also doch bei vielen gewachsen ist, dieses Bewusstsein. (EM2-4,32)

Der Kurator spricht hier eine Dynamik an, die sich zwischen Gläubigen und Pfarrer ergeben kann, nämlich den Vorgang der inneren Delegierung. Offensichtlich trägt das Vorhandensein eines Pfarrers dazu bei, dass die Leute ihm Verantwortung und Aufgaben für das Leben der Pfarrgemeinde (innerlich) übertragen und sich selbst der Verantwortung entziehen. Die Mitarbeit der Laien hat sich seit der Einführung des K-M-Modells erhöht. In den Augen des Kurators hat das Bewusstsein gemeinsamer Verantwortung zugenommen, der Kreis aktiver Laien ist angewachsen.

Die Mitarbeit der eigenen Leute, die ist sicher besser geworden, alles in allem. Es gibt sicher mehr Leute die mittun, aktiv, und unter denen die aktiv mittun, die tun aktiver mit als vorher, zum großen Teil. Ich glaube das Bewusstsein der eigenen Verantwortung ist einfach gewachsen. Außerdem haben halt die Leute kennen gelernt, dass es auch Dinge gibt, die man auch ohne dass man eine Priesterweihe hat, tun kann und soll. (EM2-7,17)

❖ Wortgottesdienstleiterinnen und die Skepsis gegenüber Laien in gemeindlichen Leitungsdiensten

Die deutlich spürbare verstärkte Mitarbeit bleibt jedoch auf eine kleinen Kreis beschränkt. Ein eher äußerer Kreis „konsumiert“ hingegen weiter – so die PG-Rätin (vgl. EW7-11,16). Die Wortgottesdienste am Samstag Abend werden von Gläubigen der Gemeinde vorbereitet, während die Priester „ihre Messen“ mitbringen:

Also die Wortgottesdienst-Vorbereitungen, da sind wir zu viert, da bin ich dabei auch. Das machen wir vier. Die Gottesdienste, die muss jeder Pfarrer, der kommt, sich selber vorbereiten. (EW7-14,24)

Es gibt jedoch auch zwei monatliche Eucharistiefeiern, die von Personen aus der Gemeinde vorbereitet werden. Dies ist zum einen der Familiengottesdienst, der von ein paar Müttern vorbereitet wird und zum anderen eine weitere sonntägliche Heilige Messe, die von einem liturgischen Arbeitskreis gestaltet wird. In beiden Fällen übernimmt der Priester das aus der Gemeinde Vorbereitete (vgl. EW7-14,31). Die gründliche Vorbereitung der zweiwöchentlichen Wortgottesdienste durch eine kleine Gruppe, hat dazu geführt, dass ein Teil der Gemeinde diese liturgische Form sehr zu schätzen gelernt hat – auch wenn manche lieber einen Priester als Gottesdienstleiter sehen würden. So berichtet eine Frau, die zum Vorbereitungsteam gehört:

> *Ich glaube auch, dass die Leute nicht unbedingt eine Freude haben alle mit mir da vorne droben. Aber es ist so eine Gruppe, die gehen immer, jetzt Wortgottesdienste, und die sagen, also von den Inhalten her, teilweise gibt es ihnen mehr als eine Messe, weil wir bereiten uns wirklich so gut wie halt möglich vor. Und es ist immer eine angenehme Stimmung, kommt mir vor. (EW7-15,6)*

Gerade im liturgischen Bereich hat es nach jahrzehntelanger Kontinuität innerhalb kurzer Zeit sehr viele Veränderungen gegeben. Viele liturgische Handlungen und Dienste, die bisher der Priester wahrgenommen hat, wurden plötzlich von Laien, v. a. auch von Frauen übernommen: Lektorendienst, Kommunionausteilung/-spendung, Leitung von Wortgottesdiensten und das Austragen der Krankenkommunion. Viele, gerade ältere Leute, taten sich mit den Veränderungen aber schwer. Manche sahen darin ein „Sich Produzieren" einiger Leute aus der Gemeinde, der Wortgottesdienst wurde sogar einmal als „Theater" abgestempelt (vgl. EW7-15,12). Aber selbst eine engagierte Frau aus dem Team der Wortgottesdienstleiterinnen ist der Meinung, dass der Großteil der Menschen mit den Veränderungen tatsächlich überfordert war und zeigt für solche Reaktionen Verständnis. Die Änderungen kamen zu rasch und unvorbereitet.

> *Ja, obwohl ich sagen muss, das braucht einfach seine Zeit. Weil man hat die Leute schon überfordert. Also (...) jetzt stellen Sie sich einmal vor, was das für alte Leute - oder für ältere Leute und am Anfang sogar auch für mich - diese Kommunionhelfer. Da steht die jetzt draußen, die du sonst immer im Geschäft triffst und so weiter oder mit der du weiß Gott was, Schi fahren gehst oder sonst etwas. Und gibt dir die Kommunion. Also das ist schon für viele Leute ein Mordsding gewesen. Zuerst schon - ich meine, mit den Lektoren hat man sich ja schon abgefunden, obwohl ganz am Anfang hat man auch gesagt, was „gschafteln" denn die jetzt drein. Aber dann hat man halt gemerkt, der Pfarrer Angler war sehr alt und - und Gott sei Dank kann man ihm das abnehmen. Dann hat man das auch wieder eingesehen. Dann was - was ist jetzt noch - ja, Mensch, jetzt machen sie den Gottesdienst auch noch selber, den Wortgottesdienst, nicht. Und - und dann kann man eben - tragen sie die Krankenkommunion - auch jetzt Leute aus. Also es ist für die - man muss schon viel annehmen jetzt als Christ, viele andere Sachen annehmen, die man einfach nicht gewöhnt ist und die einfach die Zeit brauchen. Und ich meine jetzt, gerade beim Wortgottesdienst, wenn einer das Empfinden hat, dass das ein Theater ist, dann soll er*

draußen bleiben, weil er hat ja am Sonntag auch noch zwei Möglichkeiten. (EW7-15,29)

Die Frau aus dem Vorbereitungsteam für die Wortgottesdienste führt die spürbare, mangelnde Akzeptanz der Laien in liturgischen Diensten auf zwei Gründe zurück: Zum einen ist der Pfarrer für viele Kirchgänger nach wie vor „etwas Besonderes":

> *Ja, das ist eben - weil wir sind welche von ihnen. Einfach eine da aus dem Volk, eine ganz biedere Frau, die - die sonst alles auch tut wie ich, und die macht jetzt das auf einmal da droben - warum? Die hat keine Weihe, die hat sicher ihre Sünden und Vergehen und weiß Gott, was alles - und - und weiß vielleicht auch jemand. Sicher sind es Leute, die - die in der Familie stehen und - und ihr Bestes geben und - aber es ist halt einfach nicht der Pfarrer, und da kann man halt nicht dran - dran rütteln.* ***I:*** *Also da hat der Pfarrer auch irgendwie noch ein - ein - ein - wie soll man denn das bezeichnen? Er hat etwas Besonderes gegenüber einem Nichtgeweihten?* ***IP:*** *Ja, das ist - ja, auf jeden Fall! Auf jeden Fall. (EW7-16,8)*

Der zweite Grund für die Ablehnung liegt darin, dass den Laien eine entsprechende Ausbildung fehlt (vgl. EW7-16,23). Genau dies würde auch dem Kurator Wolfgang vorgehalten werden.

> *Und - du hast nicht die Ausbildung. Das ist ja beim Wolfgang das gleiche.* ***I:*** *Keine Ausbildung und stehst da vorne und erzählst uns etwas.* ***IP:*** *Ja, genau. (...) Und - sicher wird man ein bisschen ausgebildet, aber - erstens wissen das die einen Leute gar nicht und (...)* ***I:*** *Also da geht es ganz stark um die Legitimierung von den Leuten, die vorne etwas tun. (EW7-16,40)*

Ein Pastoralassistent, der vor einigen Jahren in Ehrendorf angestellt war, wurde problemlos akzeptiert (vgl. EW7-17,3). Das wird auf seine theologische Ausbildung zurückgeführt. Auch der Politiker gibt zu Vorbehalte gegenüber einem Wortgottesdienst gehabt zu haben. Er hat seine Meinung aber nach einer konkreten Erfahrung gründlich geändert.

> *Wobei ich sagen muss, ich habe gesagt, ich gehe nie einen Wortgottesdienst, bin einmal gegangen. Und muss sagen, habe ich meine Meinung revidiert. Die haben das sehr gut gemacht, die Frauen. (EM6-12,28)*

Der Politiker bestätigt, dass nun mehr Laien im Pfarrleben engagiert sind, wobei dies schon unter Pfarrer Drechsler eingeleitet wurde (vgl. EM6-12,48). Gleichzeitig ist aber ein Bruch eingetreten, bei dem der konservative Teil abgesprungen sind (vgl. EM6-14,36).

❖ Für die Jugend ist niemand mehr da

Das größte Manko der neuen Situation sieht der Politiker darin, dass für die Jugend niemand mehr da ist. Während bei älteren Menschen die kirchliche Sozialisation nachwirkt – auch angesichts kirchlicher bzw. gemeindlicher Krisen – kommt die Jugend überhaupt nicht mehr in Kontakt zur Pfarrgemeinde. Wird sie nicht mehr von einer repräsentativen Amtsperson der Pfarre angesprochen, so verliert diese Altersgruppe jede Bindung zur Gemeinde – befürchtet der Politiker:

Das größte Manko bei dem Ganzen ist, wenn kein Pfarrer mehr ist, ist also für mich die Betreuung der Jugend. Die geht komplett verloren. (EM6-13,8)

Früher hatte der Pfarrer oder der Religionslehrer die Jugendlichen direkt angesprochen und sie zur Mitarbeit eingeladen. Heute macht das niemand mehr (vgl. EM6-13, 27).

❖ Das ist doch keine Taufe mehr!

Obwoh die neue Taufordnung schon unter dem letzten Pfarrer eingeführt worden war, hat sie erst mit dem neuen Leitungsmodell Staub aufgewirbelt (vgl. EW7-10). Es gibt nur mehr einen Tauftermin im Monat, wodurch es zur Zusammenlegung mehrerer Täuflinge und Feiern kommt. Die Privatfeier ist zur Gemeindefeier geworden. Die Vorbereitungen sind auch unter Mithilfe der Laien professionell organisiert. Die Umstellung wurde von den Fernstehenden" erst bemerkt, als sie zu bestimmten Anlässen selbst betroffen waren. Diese Menschen, für die die Kirche punktuell zu bestimmten Anlässen eine ganz wichtige Funktion in ihrem Leben einnimmt, können solche Veränderungen aus ihrem traditionellen Kirchenbild heraus nicht nachvollziehen. Für ein Ehepaar im Pensionsalter ist die Taufe eine Familienfeier, die durch das Zusammenlegen mehrerer Tauffeiern zerstört wird. Entrüstet erzählen sie:

Die Pfarrgemeinde war so, dass wir das alte Theater gehabt haben mit der Taufe von meinem Enkelkind da, nicht. Das hat schon angefangen, dass das – Weil wir keinen Pfarrer mehr – Die Aussage war so, weil wir keinen Pfarrer mehr haben, ist das auch nicht mehr möglich, dass man solche Einzeltaufen durchführt. Sondern er hat gewartet, bis zwei, drei Kinder zugleich da sind, und dann werden die alle auf einmal getauft. Dann habe ich gesagt, dann könnt ihr mich aber schon schön gern haben, weil das will ich nicht (betont). (EM8-3,31)

Da diese Familie einen bekannten Priester außerhalb der Gemeinde hatte, wurde dieser für die Taufe im privaten Familienkreis gewonnen.

Dann habe ich den gefragt, der hat gesagt, ja, sowieso macht man das. Dann sind wir da mit der Taufe von Ehrendorf ausgewandert. Obwohl ich das einsehe, dass man - einen Ehrendorfer Neubürger schon in der Gemeinde taufen sollte. (EM8-3,47)

Für den Pensionist ist die kirchliche Tauffeier mit zwei oder drei Familien zusammen gar keine „richtige" Taufe (vgl. EM8-4,6). In seinem Bewusstsein ist Taufe eine schöne – kirchlich eingebettete – Familienfeier. Dies betont er abschließend nochmals:

Ja, ich habe - ich habe das nicht verstanden. Wenn es andere Pfarreien gibt, oder, die das machen. Nebenher war die Taufe dann wunderschön drunten, weil die haben einen eigenen Taufkessel, und das hat der Pfarrer optimal gemacht. Wir haben da eine Musik mitgehabt, also, von ihren Bekannten, die musiziert haben. Das war eine sehr musikalische Umrahmung bei der ganzen Taufe, also. Der Pfarrer - Sie können ihn fragen - der hat gesagt, also so eine schöne Taufe hat er schon lange nicht mehr gehabt. So schön war das, nicht? Und das ist - wäre ein wichtiger Bestandteil, glaube ich - im Leben, oder? (EM8-4,37)

Dass seiner Familie, die private Tauffeier verweigert worden ist – der Kurator wollte keine Ausnahme zulassen (vgl. EM8-4,15) – macht den Pensionisten tief betroffen. Als Handwerkermeister, der selber eine Betrieb geführt hatte, zieht er diesen Vergleich: Man könne immer nur eine Kundschaft bedienen. „Ich kann auch nicht sagen, ich kann dich machen und die andere auch zugleich. Ich kann nur die Kundschaft machen und eben dann die nächste auch, oder?" (EM8-4,48)
Abschließend wird nochmals betont, wie wichtig kirchliche Feste für sie sind. Die schönen Feste ohne die Kirche zu feiern wäre für das pensionierte Ehepaar eine Katastrophe:

> *Man kann sich doch nicht vorstellen, ein Dorf, so eine Gemeinschaft, wie Ehrendorf ist, ohne Kirche, das wäre eine Katastrophe. Ich meine, es gibt nichts Schöneres als wie gerade mit der Familie - ich habe das jetzt - es muss ja nicht gerade die Silberhochzeit sein, oder die Hochzeitsfeierlichkeit, die Taufe und alles zusammen, oder auch das Begräbnis, sind alles so schöne Sachen, die irgendwo sehr viel Wert im Leben sind. Und das ohne Kirche. Nein das ist eine Katastrophe. Da muss man schon dann ein bisschen bei den Priestern halt auch Abstriche machen, aber wenn sie alle einverstanden sind, dann kann das ruhig eine Frau oder ein Mann sein, was auch verheiratet ist (...). (EM8-22,11)*

❖ Der Verlust seelsorglicher Präsenz – „Gebt uns einen, der Zeit hat für uns!":

Selbst von Menschen, die von sich behaupten, dass sie keinen besonderen Bezug zur Pfarrgemeinde haben (vgl. EM8-2,1), wird bedauert, dass im Gegensatz zu früher kein Pfarrer mehr vor Ort ist.

> *Ja. Vielleicht haben wir auch durch den Angler einen superguten Pfarrer gehabt, dass wir da ein bisschen verwöhnt waren, das möchte ich - das ist leicht möglich. Weil der war wirklich, also (...) Der war so beliebt durch seine Krankenbesuche, die er gemacht hat, oder wenn er gewusst hat, dass irgend etwas da nicht - hat ihn jeder (...) Auch bei Eheschwierigkeiten war er da, mit dem hat man reden können, oder die Leute haben den holen können. (unverständlich) der Vater Angler, mit dem war so fein reden. Und das ist auch das Wichtigste. [...] Das ist ja auch eine Aufgabe des Pfarrers, oder? (EM8-9,14)*

Diese selbstverständliche Präsenz des priesterlichen Seelsorgers ist mit dem K-M-Modell verloren gegangen. Dies wird vom Pensionisten besonders hervorgehoben:

> ***I:** Also wenn ich das versuche irgendwie zusammenzufassen, dann hat die - sagt die Gemeinde, gebt uns doch einen oder lasst uns einen, der für uns Zeit hat auch. **IP:** Ja, ja - ja. **I:** Ob er jetzt geweiht ist oder nicht geweiht ist (...) **IP:** Das ist nicht so wichtig. **I:** Das ist nicht so wichtig? Sondern gebt uns einen, der wirklich Zeit hat, mit uns - der sich Zeit nimmt, mit dem man reden kann. **IP:** Genau so ist das. Auf den Punkt genau gebracht ist das, was der eine gemacht hat noch, was der Pfarrer macht. (EM8-17,33)*

Die Priorität des menschlichen Daseins vor Ort wird – gegenüber Ausbildung und Weihe – wenig später im Gespräch von der Frau des Kleinunternehmers nochmals hervorgehoben:[10]

> ***I:*** *Also - so jemand müsste die Qualitäten haben, dass er zuhören kann, dass er mit Menschen umgehen kann (...)* ***IP2:*** *Richtig, richtig.* ***I:*** *Dass er zugehen kann, dass er einen Ratschlag geben kann und zureden kann.* ***IP2:*** *Menschlich ist, da braucht er nicht - braucht er nicht geweiht zu sein, da braucht er kein Priester zu sein, da braucht er gar nichts sein. (...) Ich glaube, es gibt Priester genug, ich kenne nicht viele, aber es gibt bestimmt Priester genug, die was - was - die es auch nicht bringen. Was ein anderer viel mehr bringt, als wie wenn er heute studiert hat und wenn er heute was Gott was hat. (EM8-19,10)*

Der Pensionist ist davon überzeugt, dass sich in Ehrendorf Menschen mit seelsorglichen Qualitäten finden lassen. Denn das schrecklichste – so betont seine Frau – ist, wenn man im Sterben liegt und keiner ist da:

> *Das ist der Hauptgrund, dass das [...] Wenn heute in Ehrendorf - wenn wir jetzt die zwei, drei nicht hätten von der - von der Sterbehilfe, wäre nicht einmal ein Pfarrer da, der da wäre, wenn einer stirbt. Und* ***das darf doch nicht sein!*** *Dass nicht einmal ein Priester da ist, wenn jemand stirbt. (EM8-18,14)*

Für die Frau des Kleinunternehmers ist dies ein Skandal, dass kein Priester da ist. Dieser Teil der seelsorglich-diakonischen Aufgabe ist an den Sozialsprengel „abgewandert", der mit der Pfarre überhaupt nichts zu tun hat (vgl. EM8-18,35). Das Pensionistenehepaar sieht die Kirche und ihre personelle Präsenz vor Ort als wichtiger an als ein Dorfgasthaus. In der Begründung kommt zum Ausdruck, dass der Mensch einen „Ort" braucht, wo er seinen Kummer abladen kann. Die Kirche ist für sie ein Symbol der „Zuwendung zum Menschen", das in der Person des Seelsorgers bzw. der Seelsorgerin nochmals konkrete Gestalt annimmt:

> *Nein, wir brauchen - wir brauchen im Dorf auch ein Gasthaus, aber wichtiger ist die Kirche! (Lachen) Dass wir sie haben, keine Frage.* ***IP2:*** *Das Traurige ist nur, dass man da nur hineingeht, wenn man einen Kummer hat, wenn man Sorgen hat, dann weiß man, wo man hingehen muss. Aber man hat wirklich (...) (Lachen) Ich finde das so oft irgendwo als Erpressung, wenn heute irgendetwas in der Familie ist oder irgendetwas, dann geht man hinein, tagsüber, und betet. Und dann denke ich mir immer, siehst du, jetzt bin ich wieder da, gell, weil ich dich brauche. (Lachen) Ja, das ist so. (Durcheinander)* ***IP:*** *Und jeder Mensch braucht sie, der eine öfter, der andere weniger. Das ist schon von der Sensibilität her gegeben. Aber da bräuchte man eben auch einen Seelsorger, das muss kein Priester sein unbedingt, der das bringt. Und da fehlt es in Ehrendorf momentan. (EM8-23,34)*

---

[10] IP2 ist die Frau des pensionierten Kleinunternehmers, die beim Interview dabei ist und an einigen Stellen – wie am Beginn des Interviews vereinbart – für sie ganz wichtige Punkte einbringt.

❖ Zusammenhänge zwischen der Beurteilung des K-M-Modells und der kirchlichen „Verortung" der befragten Personen

Für die Beurteilung des K-M-Modells ist mitentscheidend, welches Kirchenbild die Menschen haben und ob sie in der Mitte oder am Rande der Gemeinde stehen. Ein Zusammenhang wird schon in den ausgewählten Textabschnitten sichtbar. Menschen, die eher dem traditionellen Bild von Pfarre und Kirche anhängen, haben weniger persönlichen Kontakt zum sozialen Kern der Gemeinde. Ihre Bezugspunkte sind die liturgischen Feiern im Kirchenjahr (Weihnachten, Ostern, ...) oder familiäre Knotenpunkte (Taufen, Hochzeiten), die kirchlich-sakramental gefeiert werden. So erzählt das Ehepaar im Pensionsalter, dass sie zwar kaum Kontakt zur Pfarre, aber schöne Erinnerungen an kirchliche Feiern mit dem alten Pfarrer haben:

> *Also wir haben da geheiratet und wir haben da nachher die - die Silberhochzeit gehabt. Und da haben wir mit dem Angler die größte Freude gehabt, weil für ihn das größte Erlebnis war, eine Silberhochzeit zu machen - war, nicht, also, für die Pfarre und für die Kirche, auch für den Pfarrer selber. Das Schönste, was er sich (...). (EW8-2,1)*

Es kommt fast Nostalgie – und Bewunderung für den alten Pfarrer – auf, wenn das Ehepaar davon erzählt, wie schön die Erstkommunion ihrer Kinder war und wie sehr sich der Pfarrer mitgefreut hat.

> *Da habe ich noch eine Videokassette da, die haben wir ihm gezeigt. Da hat er fast geweint, gell, vor lauter schön. Er hat es auch wunderschön gemacht, da gibt es auch nichts zu sagen. Man sieht ja, wenn einer mit Freude arbeitet, dass dann auch etwas - für alle passt. (EW8-2,35)*

Ansonsten stellt das dem Gemeindeleben eher fernstehende Ehepaar kaum Veränderungen fest. Auch die Begräbnisse werden immer noch schön gefeiert, was für sie das wichtigste Kriterium zu sein scheint:

> *Ja, bei uns - bei uns bei den Begräbnissen - sind ja bei uns eigentlich, obwohl sie von Grund auf traurig sind, sind sie aber sehr schön. Weil bei uns bei jedem Bürger geht von der Gendarmerie und vom Postenkommandanten und von der Gemeinde der Bürgermeister, geht jeder zum Begräbnis hin. Egal, ob das jetzt ein guter Bürger ist oder so ein reicher Bürger ist oder einer vom Altersheim droben stirbt. Das ist eigentlich egal. Bei uns werden die Begräbnisse in Ehrendorf - glaube ich - immer noch sehr schön (...) Nein, da habe ich eigentlich nichts auszusetzen. (EM8-6,14)*

Menschen, die zum engeren Kern der Gemeinde gehören, fällt aufgrund ihres unmittelbaren Kontakts mit bedeutsamen Rollenträgern (Leitungspersonen, WortgottesdienstleiterInnen, ...) die (innere) Umstellung auf die neue Leitungsstruktur leichter. Die Akzeptanz des K-M-Modells ist bei den jüngeren Menschen höher als bei älteren. Es wurde schon darauf hingewiesen, dass sich Menschen, für die der Pfarrer die Kirche repräsentiert, mit diesem Modell schwerer tun.

5.2.5 Die Gesamtbeurteilung des K-M-Modells durch die Gemeinde

❖ Stärkere Mitverantwortung eines Teils der Gläubigen und Veränderung der Rollen

In der Gesamtbeurteilung des K-M-Modells merkt man beim Kurator eine gewisse Verhaltenheit. Für ihn ist es ein „Experiment" und „nicht der Weisheit letzter Schluss". Dennoch ist es für ihn angesichts der Alternativen – ein Pfarrer, der noch drei andere Pfarren mitprovidieren muss – zur Zeit die beste Lösung. Das K-M-Modell enthält auch die Chancen für eigenverantwortliches Handeln der Gläubigen.

> *Na ja, das ist ein Experiment, die Suche nach einem gangbaren Weg, und momentan fällt mir dazu auch nichts Besseres ein. Was ich gar nicht gut finde, ist, wenn ein Priester in einer Pfarre Pfarrer ist und in drei Pfarren Provisor und da überall herum muss, das heißt dann vier Pfarrgemeinderäte, vier Pfarrkirchenräte, viermal Adventsingen, halt alles, was es in einer Pfarre zum Glück geben sollte, muss der viermal über sich ergehen lassen. Das stelle ich mir ganz hart vor, nämlich für ihn selber, auch für seine Tätigkeit, weil der kann nicht zu vier Pfarrgemeinden die gleiche Beziehung haben. Das halte ich für die schlechteste Alternative. Also dass man hergeht und sagt: jetzt soll er in Gottes Namen noch eine Pfarre dazu nehmen. Ich glaube schon, dass dieses Modell die Chance bietet, dass sich die Pfarrgemeinde auf die eigenen Füße stellt. Aber ob das der Weisheit letzter Schluss ist, das weiß ich natürlich auch nicht. Vor allem was momentan schwer abzuschätzen ist, wie wird sich das entwickeln, wenn wir das etwa zehn Jahre erleben werden. Die Zeit, über die ich reden kann, die ist relativ kurz. (EM2-11,44)*

Der Kurator ist davon überzeugt, dass es – mit oder ohne dem K-M-Modell – zu einer Veränderung der Rollen von Laien und Priester kommen muss.

> *Ich glaube, dass es sich verändert und dass es sich verändern muss, weil ich nicht glaube, dass man sich dreißig Jahre zurücksehnen sollte unbedingt. In meiner Jugend war es so: wir hatten zwei Priester am Ort, was die gemacht haben ist passiert und was sie nicht gemacht haben, ist nicht passiert. Das kann es meiner Meinung nach nicht sein, dass einer oder zwei absolut für alles verantwortlich sind und alle anderen nur konsumieren. Das ist in meinen Augen nicht der Idealzustand einer christlichen Gemeinschaft. Also ich glaube, das muss sich auch in Pfarren verändern, das Rollenverständnis. Auch in Pfarren, die einen eigenen Pfarrer haben. Da muss es auch zu Teamwork kommen, und er darf nicht drüber schweben über allen anderen, sondern der muss einer von ihnen sein und ich glaube schon, dass sich in Pfarren wie in unserer, dass sich da am Rollenverständnis schneller etwas verändert, als dort wo man noch einen Pfarrherrn (lächelnd) hat. Außerdem glaube ich, dass es ganz gut ist, wenn die Lasten verteilt sind. Ich glaube, wenn eine Person allein für alles verantwortlich ist, d.h. am Ende auch für das Geld und all die banalen Ding, weil so ist es ja bei einem Pfarrer eigentlich, das ist eigentlich zuviel verlangt von einer Person. Und es sollte nicht nur ein Zufall sein, ob er geschickt oder weniger geschickt ist in der Auswahl seiner Leute, die er sich holt und die ihm*

helfen. Wenn diese Lastenverteilung ein wenig mehr institutionalisiert wäre, das täte ich nicht für schlecht finden. Wobei ich nicht die Pfarrer abschaffen will, ganz im Gegenteil, aber in der Zeit in der wir leben, könnten wir manche Erkenntnisse, die wir in anderen Bereichen des Lebens, was so Führungsrollen anbelangt, Teamwork, das könnten wir schon aufgreifen, glaube ich, und nicht so tun, als ob es so sein müsste wie vor dreihundert Jahren (lächelnd). (EM2-11,5)

Der Kurator sieht Gewinne und Verluste des K-M-Modells in Ehrendorf. Dass das Bewusstsein gemeinsamer Verantwortung in der Gemeinde zugenommen hat, sieht er als Gewinn– wobei dies auf einen bestimmten Kreis beschränkt geblieben ist. Negativ bewertet der Kurator hingegen die Verunsicherung, die durch das plötzliche Vorhandensein mehrerer Bezugspersonen entstanden ist und die die damit verknüpfte Gruppenbildung. Der Zusammenhalt der Gemeinde erschien in Ehrendorf gefährdet.

Gewonnen hat sie - glaube ich – dort, wo es um das Bewusstsein der gemeinsamen Verantwortung geht. Wobei das also nicht flächendeckend ist, aber es ist ja auch schon was, wenn sich das bei zehn bis fünfzehn Prozent durchsetzt und das vielleicht noch ausbaufähig ist. Da sehe ich als Gewinn an. Verloren in dem Sinn, dass es Dinge nimmer gibt, die es vorher gegeben hätte, da sehe ich eigentlich nichts. Es ist kein pfarrlicher Dienst, den es vorher gegeben hat, gestorben in der Zeit. Da konnten wir alles aufrecht erhalten, manches, wie gesagt, wurde sogar ausgebaut. Was man als Verlust ansehen kann, das ist diese Unsicherheit, die also nach wie vor bei allen da ist, dass man nicht mehr nur eine Bezugsperson hat. Also insofern sind diese Gruppen vielleicht ein wenig auseinander gedriftet, wobei sich die nicht bekriegen, sondern es ist einfach der Unterschied zwischen denjenigen, die konsumieren und denen, die aktiv sind, der ist sicherlich gewachsen, und die meisten Leute leiden sicherlich auch darunter, dass es so ist. (EM2-12,44)

Der Kurator begrüßt die jeweils auf ein Jahr befristete Beauftragung. Das hat Vorteile für die Diözese, die Gemeinde und den Kurator. Der Kurator spürt – da er ehrenamtlich eingesetzt ist – die große Belastung, sodass er sich diese Funktion nur zeitlich begrenzt und nicht „bis zum Lebensende“ vorstellen kann.

Ich kann mir nicht vorstellen, das bis an mein Lebensende zu machen, weil das schlaucht auch ganz schön. Vom Zeitaufwand her und auch vom Ärger, den man erlebt. Manches mal täte man nach Büroschluss lieber heimgehen und etwas anderes tun, als in die nächste Sitzung, oder sich wieder über etwas anderes zu ärgern. Ich kann mir nicht vorstellen, dass das ad infinitum sein soll. Ich habe aber im Moment keine Vorstellung, erstens ob ich das bis Oktober 2000 mache, weil es kann theoretisch auch sein, dass der Punkt kommt, wo ich sage, es ist zwar diese Zeit noch nicht abgelaufen, aber jetzt kann ich einfach nicht mehr. (EM2-12,16)

Die engagierte Pfarrgemeinderätin sieht aufgrund des K-M-Modells einerseits mehr Engagement und Zusammenhalt in einem gewissen Kreis, sowie eine Bereicherung für sich selbst:

Auf jeden Fall. Für uns war das - für viele sicher ein großer Vorteil. Für einen selber, dass man musste durch das mehr leisten, wo man eigentlich auch ein bisschen gezwungen worden ist. Das bringt einem ja selber auch viel. Uns hat es sicher viel gebracht, und - Zusammenhalt hat es auch gebracht und - und weil man gesagt hat, wir müssen schauen, dass wir das - das Schiff da weiterbringen und nicht untergehen lassen. (EW7-18)

Vieles, was jetzt Laien übernommen haben, läuft so gut wie vorher, beispielsweise die Erstkommunion- und Firmvorbereitung (vgl. EW7-18,20). Andererseits sieht sie eine Grenze für das K-M-Modell dort, wo der moderierende Priester nur mehr zur Spendung der Sakramente kommt ohne einen persönlichen Bezug zu den Menschen.

Es ist nur - ohne Pfarrer also oder - ohne Pfarrmoderator, der eine gewisse Zeit doch da verbringen kann, wird dieses Modell nicht - nicht ewig sein können. Weil dass der Priester nur so kommt und die Messe herunterliest - jetzt nur so gesagt, das heißt nicht, dass er es tut, aber Sie wissen, wie ich meine - und dann wieder weg ist. Das glaube ich nicht, dass das weitergeht. Es gehört ein bisschen das Persönliche einfach hinein, das man halt einfach immer noch von einem Pfarrer im Hinterkopf hat. (EW7-18,25)

Für die Pensionisten ist es von zentraler Bedeutung, dass der von der Diözese eingesetzte Kurator von der Bevölkerung akzeptiert worden ist (vgl. EM8-16,26).
Ganz entscheidend ist die Aussage der PG-Rätin, dass das K-M-Modell *als solches* gut angenommen worden sei. Dies zeige der Blick auf die ersten beiden Moderatoren, wo es besser funktionierte. Die Gegnerschaft richtet sich nicht gegen das K-M-Modell als solches, sondern gegen ungünstige personelle Zusammenstellungen und gegen eine verwirrende und Seelsorge verunmöglichende Leitungskonstellation.

Schade ist es - schade ist es einfach für das K-M-Modell, weil das K-M-Modell an sich hätte gut geklappt. (EW7-7,1)

❖ Empfehlungen und Vorschläge für die Zukunft

Die Ehrendorfer geben aufgrund ihrer – z.T. leidvollen – Erfahrungen Vorschläge für zukünftige Installationsvorgänge des Modells (oft an die Diözese formuliert) und Empfehlungen an die Kirche bezüglich der Gestalt der Gemeindeleitung ab. In Bezug auf die Bestellung der Leitungspersonen schlägt die PG-Rätin vor, dass man die Kompetenzaufteilung den Leitungspersonen besser vorbesprechen müsste, damit es nicht zu eigenmächtigen Veränderungen kommt, über die die zweite Leitungsperson nicht informiert wurde.

Vielleicht könnte man das wirklich ändern bei diesem Modell. Dass man von vornherein schriftlich die Kompetenzen austeilt. Man hat das anscheinend in Ehrendorf getan, und das hat jeder Moderator dann einfach so übernommen. Und das hat man anscheinend dem Alois nicht noch gesondert mitgeteilt, du darfst das und das und das nicht, weil das macht der und der. (EW7-11)

Nach dem Rat des Pensionisten soll die Diözese darauf achten, mehr Priester zu bekommen, und deshalb auch verheiratete Personen heranzuziehen.

Also da muss ich schon wieder sagen, warum tun sie nicht welche her, die verheiratet sind? Dann hätten sie Priester genug. Das traue ich mich zu schwören. (EM8-21,36)

Der Kurator hält es für das Gelingen des K-M-Modells für wesentlich, die Leute über das Modell und die Leitungsrollen zu informieren. So könne man Verwirrungen oder Enttäuschungen vorbeugen. Darüber hinaus sollte man den Menschen stärker bewusst machen, dass sie in Zukunft auch einen Beitrag einbringen müssen, um die Pfarre lebendig zu erhalten.

Ja, ich glaube, dass es ganz wichtig ist, dass man die Leute ganz gut informiert, was es bedeutet. Nämlich, dass es klar ist, welche Rolle spielen die handelnden Personen, welche Folgen hat das, was kann das für Auswirkungen haben, im negativen wie im positiven Sinn und ich würde den Verantwortlichen raten, dass sie stark darauf hinweisen sollen, dass wir alle miteinander verantwortlich sind dafür, was passiert. Und nicht einer oder zwei oder siebzehn. Pfarre sind wir alle miteinander, eigentlich. (EM2-13,12)

Aber nicht nur die Gemeinde, sondern auch die beiden Leitungspersonen gehören nach Meinung des Kurators noch besser in ihre Aufgaben eingeführt und für die Besonderheiten einer gemeinsamen Gemeindeleitung sensibilisiert. Deshalb wünscht sich der Kurator von der Diözesanleitung, dass die Leitungspersonen mit Gespür für die Gemeindesituation und für die je spezifische Leitungsfunktion vorbereitet werden, damit „sie die Rolle spielen, die ihnen zukommt und nicht die, die sie gerne spielen möchten". Der Unterschied zwischen dem Profil eines Pfarrers und eines Moderators soll seiner Meinung deutlich gemacht werden. Die Rollenklarheit für alle Beteiligten verhilft dazu, Missverständnisse und Enttäuschungen größtmöglich zu vermeiden.

Und wenn ich auf Diözesanebene auch noch gehen darf, dann täte ich ihnen raten, in manchen Dingen vielleicht sensibler zu sein. Hauptsächlich gegenüber den handelnden Personen. Es ist teilweise ein Gerangel um die Rollen, die der Moderator und der Kurator hat. Und wenn das klarer wäre, dann könnte man sich manche Schwierigkeiten ersparen. Ich kann es nicht mit Gewissheit behaupten, dass es so läuft, weil ich nie bei diesen Gesprächen dabei war, aber ich habe ein wenig den Eindruck, dass man einen Priester gefragt hat: kannst du dir das vorstellen? Und der hat dann ja gesagt und es darf aber nicht so sein, dass er tut, was er will, wenn er als Moderator irgendwo hinkommt, sondern es müsste also (...) Wir machen regelmäßig eine Schulung für die Kuratoren. Meiner Meinung nach müsste es auch eine Schulung für die Moderatoren geben. Weil es kann nicht so sein, dass man sich das immer ausstreiten muss: was darfst du, was darf ich. Sondern es müssen möglichst klare Verhältnisse her. Bei der Auswahl der Moderatoren müsste man darauf achten, dass die das auch können, die Rolle, die ihnen zukommt, zu spielen und nicht diejenige, die sie gerne spielen ... Wenn man da unsensibel ist, dann kann es vielleicht scheitern, obwohl es nicht scheitern müsste. (EM2-13,17)

Nach Meinung des Kurators spielen Haltung und Selbstverständnis, mit denen ein Priester seine Aufgabe ausübt, eine große Rolle. Auch er muss fähig sein, sich in ein

Team im Sinne gedeihlicher Zusammenarbeit einzuordnen. Der Kurator stellt darin den letzten Pfarrer von Ehrendorf als Vorbild hin:

Weil, wenn wir alle miteinander das pilgernde Volk Gottes sind, dann darf es nicht solche geben, die am Podest stehen. Das sehe ich aber, dass das teilweise noch stark der Fall ist und das ist der Gemeinsamkeit meiner Meinung nach hinderlich. Beim letzten Pfarrer habe ich das sehr wohltuend empfunden, dass der kein Pfarrherr war, er war einer von uns. Trotzdem war klar, er ist der Pfarrer.(EM2-13,41)

Der größte Wunsch der engagierten Frau aus dem Wortgottesdienst-Team ist auf dem Hintergrund des häufigen Moderatoren-Wechsels verständlich. Es ist der Wunsch nach Beständigkeit, näherhin nach einer von allen akzeptierten Person – am besten eines Pfarrers –, mit dem man sich wieder auf Gemeindeebene identifizieren kann:

Als ... als Tipp würde ich sagen, es muss mehr Beständigkeit her. Es ist wirklich wahr, es ist ein Ping-Pong-Spiel. Und wenn man mit dieser Sache nicht ein bisschen zu tun hat, dann fällt sie weg, die fällt mit der Zeit weg. Es ist niemand da, der dich - du – Du identifizierst dich ja mit keinem mehr! Weil mit dem Wolfgang als Leiter der Pfarre - ich meine jetzt als - identifiziert sich keiner da drüben ... er macht seine Arbeit gut. Und ich werde auch immer hinter ihm stehen. Aber er kann - kann wirklich den Pfarrer nicht ersetzen. (EW7-17,30)

Der Kurator ist der Meinung, dass ein Gemeindeleiter geweiht werden sollte, damit Eucharistievorsitz und Gemeindeleitung in einer Hand liegen. Eine Ehe oder Familie sollte dafür kein Hinderungsgrund sein:

Ja. Ich persönlich strebe das nicht an. Wie gesagt - ich hätte sogar – Wenn ich mich jetzt anmelden würde im Priesterseminar, dann täten sie mich vielleicht schneller nehmen, wie jemanden anderen. Aber das ist nicht mein Plan. Eigentlich ist das meiner Meinung nach für jemanden, der eine solche Aufgabe übernimmt und der sich das für sich auch vorstellen kann, müsste es die logische Folge sein. Weil theologisch gesehen ist das eine reine Notlösung, wenn man sagt Gemeindeleitung und Leitung der Eucharistie, die sollen in einer Hand sein, dann wird man sich für die Zukunft auch wirklich Wege überlegen müssen, wie kann man das in eine Hand bringen. Da bleibt bei der derzeit herrschenden Leere nichts anderes übrig als zu sagen: dann weihen wir denjenigen, der leitet. Und ob der dann verheiratet ist oder nicht, das spielt meiner Ansicht nach überhaupt keine Rolle, also das halte ich für abstrus, im Gegenteil. (EM2-10,26)

❖ Theologische Ausbildung gefordert

Wenn jemand als Kurator eine leitende Funktion in der Gemeinde hat, so sollte er in den Augen der Menschen auch die entsprechende Ausbildung besitzen. Darauf wird in Ehrendorf sehr oft hingewiesen.

„Vielleicht ist das wirklich das Um und Auf. Dass wenn wir einem Pfarrkurator mit – mit theologischer Ausbildung hätten, dass die Leute da anders reagieren würden. Der ist halt jetzt einfach ein Laie." (EW7,23.24).

Zwar wissen die Menschen aus dem engeren Kreis, dass sich der Kurator immer schon mit theologisch-kirchlichen Dingen beschäftigt hat und Fortbildungen gemacht hat. Trotzdem führen sie einen großen Teil der mangelnden Akzeptanz auf den Umstand einer fehlenden Ausbildung zurück. Denn – wie die Frau aus dem PGR meint – „für die Leute – ist er halt einfach Laie“ (EW7-19,48):

Wenn der jetzt die theologische Ausbildung hätte, wäre das alles ganz anders. Dann hätte er wahrscheinlich nicht so viele Schwierigkeiten. Ich meine, so viele Schwierigkeiten waren es nicht. Das hat sich jetzt einfach irgendwie - weil es ist bei den anderen ja auch gut gegangen. Ich meine, keiner kann es allen recht machen, oder, das kann ein Pfarrer nicht und das kann der Kurator nicht und keiner. Aber (...) ich weiß es nicht. Aber so ein Pastoralassistent oder einfach so irgend jemand, der Theologie gemacht hat, der ist sicher - tut sich halt auch leichter wahrscheinlich. (EW7-20,28)

Der Politiker meint, dass ein Pastoralassistent als Kurator besser wäre, da der seelsorgliche Aufgaben erfüllen könnte. Damit spielt er zum einen auf die theologische Ausbildung sowie auf eine hauptamtliche Anstellung an.

Wenn man heute da einen so genannten Pastoralassistenten, wie Sie da meinen, das wird vielleicht eher (...) eine - ein - eine Verbesserung, wenn der zugleich Kurator wäre, weil er halt auch - der teilweise seelsorgt. Der diese Aufgaben erfüllen könnte. Das ist also rein jetzt meine - meine persönliche Meinung. Ich persönlich - ich - mir ist schon bewusst, wenn keine Priester da sind, dann - dann müssen andere Formen - andere Formen Platz greifen. (EM6-16,4)

Die PG-Rätin rät einer Pfarre, die das K-M-Modell einführt, dringend, beide Leitungspersonen sorgsam auszuwählen. Der Kurator soll eine theologische Ausbildung mitbringen und der Moderator neben seinen sakramentalen Diensten auch Zeit für die Menschen haben. Die Leitungspersonen sollten nicht zu konträre und starre Vorstellungen hinsichtlich der Pastoral haben.

Ich würde nicht so - wie es auch bei uns war, dass man muss so mit Gewalt diesen Posten - gerade nicht verbetteln, aber - aber halt, dass es halt einer tut. Dazu ist dieser Posten einfach zu wichtig, und ich würde sagen, dass es vielleicht eher einer sein soll, der - der wirklich eine theologische Ausbildung hat. Weil (... ...) und - und vom Pfarrmoderator her würde ich empfehlen, dass - dass halt wirklich nicht nur so ein schnelles Herspringen ist zu den Messen und wieder Wegspringen. Also ein bisschen – Und das hat eben den Leuten wahnsinnig gut gefallen beim Alois. Er hat sich einmal auch irgendwo hineingesetzt und - und war recht leutselig und (...) [...] Ja, und ob die zwei miteinander können, das glaube ich, kann man davor nicht testen. [...] Aber - dass man da ein bisschen schon davor schaut, ob die zwei Leute nicht wirklich konträre Ansichten haben. Weil wenn sie wirklich sollen auf solchen Gebieten gemeinsam arbeiten, dann soll die - die Richtung wenigstens stimmen. (EW7-20,46)

Die Pfarrgemeinderätin ist der Meinung, dass es durch die Aufteilung der Leitung im K-M-Modell immer Reibungspunkte geben wird. Deshalb sei eine grundsätzliche Lösung besser, die darin bestünde, dass Priester heiraten können.

> *Für mich wäre - wäre gescheiter, sie würden die Priester heiraten lassen. Und dass das Modell nicht sehr - weil es ist halt immer, wo zwei zusammenarbeiten müssen, wie man es jetzt sieht, wird es immer Reibereien geben. Und - und der Kurator wird halt immer unter Anführungszeichen den - den Beamtenorganisationstitel haben und wird halt seelsorglich, wenn er nicht geschult ist, nie - nie den Status haben, den - den man eigentlich will von dem Modell aus. Also (... ...) wenn - wenn die Priester heiraten dürften, dann - dann wäre ja das Problem wahrscheinlich gelöst, oder. (EW7-21,43)*

Für den traditionell denkenden Pensionisten ist das K-M-Modell nicht zukunftswiesend (vgl. EM8-14,331). Er kann es sich nur dann vorstellen, wenn der Kurator von der Bevölkerung und nicht von der Diözese gewählt wird. Auch eine Frau wäre für ihn vorstellbar:

> *Als Alternative kann ich mir schon vorstellen, dass man als Modell irgendwie schon zur Entlastung des Priesters jemanden herholt. Aber da halt dann einen Mann aussucht, wo gleich die Gemeinde entscheidet, wer das ist und nicht die Diözese, weil die ja nicht da ist ... Wenn der dann gewählt ist jetzt von den Bürgern, dann muss er auch akzeptiert werden ... **I:** Wäre für Sie, auch da für diese Position, eine Frau auch vorstellbar? **IP:** Warum nicht? In der heutigen Zeit, kein Problem, oder? Es gibt ja MinistrantInnen auch, oder? (EM8-14,43)*

Grundsätzlich müsste im vorhinein geprüft werden, ob sich Moderator und Kurator vertragen und ob einer von beiden Zeit hat, auch seelsorglich zu wirken.

> *Man müsste also abchecken, wie gut verstehen sich die oder die zwei also, und es wäre also gewünscht, glaube ich, oder auch auf Grund dieses Anlassfalles wäre überlegenswert, wenn einer Zeit hat und auch seelsorgerisch wirken möchte, dann sollte also der auch die Gelegenheit bekommen. (EM6-16,43)*

Auch der Politiker gibt für zukünftige Entscheidung zu bedenken, dass der Kurator in der Bevölkerung verankert sein muss und dass der Moderator eine gewisse seelsorgliche Betreuung leisten kann.

> *Auf Grund der Erfahrung in Ehrendorf wäre es sicherlich wünschenswert oder vielleicht auch gut, wenn der Kurator doch auch ziemlich in der Bevölkerung verankert wäre und anerkannt wäre ... Da wäre schon viel viel geholfen. Und - und dass man dann bei der Einführung natürlich auch die Grenzen in etwa abcheckt, der Bevölkerung da mitteilt und dass, wenn ein Moderator da dann installiert wird, dass man also doch schaut, dass der eine gewisse Zeit für die seelsorgliche Betreuung wie immer zur Verfügung hat. Einmal sei es Jugendbetreuung, sei es die einen oder anderen Krankenbesuche, sei es auch, dass er sagt, einmal die Woche ein oder zwei Stunden stehe ich zur Verfügung für - für seelische Notfälle. So dass man weiß, aha, nicht nur jetzt schnell als - als - als „Handy-Pfarrer", der schnell vorbeikommt und -*

und - und dann schon draußen ist. Sondern was weiß ich auch, dass man vielleicht sagt, ja, er macht den Gottesdienst, er nimmt sich eine halbe Stunde Zeit. Oder wenn etwas ist, kommt er heraus oder man kann zu ihm hinkommen oder - ja? Nicht, dass der auch ein bisschen hineinhört, was sind die Bedürfnisse der Gläubigen. (EM6-17,9)

Ob der Kurator verheiratet oder ledig ist, bedeutet für den Politiker kein Auswahlkriterium:

„Ich glaube, man kann ledig gut und schlecht sein, man kann verheiratet gut und schlecht sein (lachend). Das sagt nicht alles, nicht. Es ist oft - wie einer ankommt, wie einer verankert ist, nicht, und - und - und das ist einer der schwierigsten Jobs, er muss auch eine gewisse Beweglichkeit aufzeigen dann." (EM6-17,44)

5.2.6 Gesamtauswertung Ehrendorf

Für die interpretative Gesamtauswertung von Ehrendorf ist zu bedenken, dass die Befragung in einer „heißen Phase" des gemeindlichen Konflikts stattfand. Der dritte Moderator wurde eben abberufen. Eine negative Sichtweise des K-M-Modells und manche Schuldzuweisung (Stichwort: Sündenbock) an den Kurator lässt sich damit erklären. Zugleich verdeckt die aktuelle schlechte Stimmung in der Gemeinde, dass das K-M-Modell über zwei Jahre – wenn auch nicht mit Begeisterung – so doch zufriedenstellend aufgenommen worden war.(Natürlich stand ein eigener Pfarrer – wie in allen Gemeinden auf der „Wunschliste" weiter oben.) Für die Beurteilung der Situation in Ehrendorf ist es daher wichtig, die Akzeptanz des K-M-Modells als solches von der Akzeptanz der Konstellation mit dem dritten Moderator zu unterscheiden. Selbst in der gespannten Situation wird von Gemeindemitgliedern und dem Kurator mehrmals darauf hingewiesen, dass das K-M-Modell selbst (zuvor) geklappt hätte (vgl. EW7-7,1). Gerade die Konstellation in Ehrendorf macht viele Aspekte deutlich, die bei der Einführung des K-M-Modells beachtet werden wollen – wie die zentrale Bedeutung der Beziehung von Kurator und Moderator bzw. den Wunsch nach einem präsenten Seelsorger.

❖ Die Situation der Gemeinde

Die konfliktiven Vorgänge in Ehrendorf und die Stellungnahmen der Gemeindemitglieder müssen vor dem Hintergrund der spezifischen Situation und den Entwicklungen der letzten zwei Jahrzehnte der Gemeinde gesehen werden. Das Dorf ist durch starke Fluktuation und mangelnde Integration von Alteingesessenen und Zugereisten geprägt. Dem raschen Wandel in der Struktur des Dorfes stand in der Pfarrgemeinde eine recht stabile – über Jahrzehnte andauernde – Phase mit dem sehr beliebten Pfarrer Angler gegenüber. Bevor die „priesterlichen Wechseljahre" in Ehrendorf begannen, kam noch einmal ein junger Pfarrer, der verschiedene Neuerungen einführte. Die lange stabile Pfarrer-Phase ist vermutlich mit ein Grund, dass sich bei einem nicht unerheblichen Teil der Ehrendorfer Bevölkerung ein traditionelles Kirchenbild – zum Dorf gehört ein Pfarrer genauso wie ein Bürgermeister, ein Lehrer oder Arzt – verfestigte. Dieses verinnerlichte Selbstbild des Dorfes wurde durch die Einführung des K-M-

Modells empfindlich gestört. Nach dem Weggang des letzten Pfarrers sprechen manche Gemeindemitglieder von einer „Leere“ und einer völligen Unsicherheit darüber, wie die Pfarre weiter leben könne. Ohne Mitsprachemöglichkeit wurde die Pfarre überraschend davon in Kenntnis gesetzt, dass in Ehrendorf das K-M-Modell zur Anwendung kommen wird. Die Menschen hatten dazu keine Vorstellungen.[11] Die Kuratorensuche stellte sich als überaus schwierig heraus. Niemand aus der Pfarre war bereit, dieses Amt zu übernehmen, sodass der damalige PGR-Obmann notgedrungen die Funktion des Kurators übernahm. Innerhalb der ersten drei Jahre standen dem ehrenamtlichen Kurator nacheinander drei Moderatoren gegenüber. Ein rascher Wechsel, der die Gemeinde und ihre Mitglieder überforderte. Einige Gemeindemitglieder sprechen davon, dass der Hang zu Polarisierungen in der Gemeinde bereits zur Zeit des alten Pfarrers latent vorhanden war. Der Pfarrer war aber eine von allen Ehrendorfern akzeptierte Respektsperson und hatte damit integrierende Funktion für alle Gruppen. Als nun in der aktuellen Situation der dritte Moderator signalisierte, er stünde durch seine zeitlich größere Präsenz als „Quasi-Pfarrer“ für die Gemeinde zur Verfügung, so traf er damit genau die „Wunde“ vieler enttäuschter Ehrendorfer, die sich sehnlichst einen Pfarrer wünschten. Dieser Moderator konnte – in den Augen vieler Gemeindemitglieder – die schmerzlich entstandene „Lücke“ im traditionellen Bild der Pfarrgemeinde wieder schließen. Als diese Hoffnung enttäuscht wurde brachen die vorhandenen Spannungen in einen offenen Konflikt aus. Vor diesem emotionalen Hintergrund ist es zu erklären, wieso unbedeutende Dinge Auslöser für heftige Auseinandersetzungen in der Gemeinde wurden.

- Die unglückliche Leitungsstruktur – das Fehlen einer pfarrlichen Integrationsfigur

Vor dem Hintergrund einer desintegrierten und zur Polarisierung neigenden Gemeinde mit starker Fluktuation und Mobilität war ein starker Leitungsbedarf gegeben, der durch die vielen Wechsel der moderierenden Priester und die jeweils recht plötzliche Situationsänderung zusätzlich nötig gewesen wäre. Einzig ein zeitlich auch präsenter (d.h. faktisch hauptamtlicher) und von allen akzeptierter Kurator hätte in dieser labilen Situation ein „Element“ der Stabilität und Kontinuität sein können. Es wurde aber eine eher labile Leitungsstruktur eingeführt, die nach innen im Dreier-Team zwar mit den ersten beiden Moderatoren noch koordinierbar war, aber nach außen hin für Verwirrung bezüglich der Zuständigkeit sorgte. Für die Menschen ist die Zuständigkeit der einzelnen Personen des Dreier-Teams trotz mehrmaliger Informationen über das Pfarrblatt nicht deutlich geworden. Es herrscht Unklarheit darüber, zu wem sie in welcher Angelegenheit gehen müssen. Diese Verwirrung führt wiederum zu Unmut. Nach der Vereinbarung war der ehrenamtliche Kurator für die Leitung der Gemeinde zuständig, die er koordinierend und organisatorisch ausübte. Der Moderator war für die sakramentale Seelsorge zuständig. Die *hauptamtliche Pfarrsekretärin* war als An-

[11] In diesem Punkt zeigt sich ein großer Unterschied zur Umstellungsphase in Aufeld, die „überlappend“ und mit viel Transparenz, Information und Diskussionsmöglichkeit bis hin zur Mitbestimmung der Bevölkerung (schriftliche Befragung) gestaltet wurde.

sprechperson gedacht. Inmitten der Veränderungen war die Pfarrsekretärin im Grunde die einzig greifbare, d.h. präsente und von allen anerkannte Person, die zum Leitungsteam gehörte. Sie garantierte Kontinuität im Wandel, Anwesenheit und Präsenz verknüpft mit seelsorglichen Qualitäten. Die Pfarrsekretärin als Kommunikationsstelle trug sicher zur Vermittlung zwischen den Positionen bei. Ihre stabilisierenden Qualitäten kamen aber aufgrund ihrer schwächeren sozialen Position in der Gemeinde nicht ausreichend zum Tragen, sie konnte keine Integrationsfigur darstellen. Der *ehrenamtliche Kurator*, der für die Integration und Leitung der Gesamtgemeinde zuständig wäre, musste sich aufgrund seiner zeitlichen Begrenztheit, auf die zentralen koordinierenden organisatorischen Leitungsaufgaben beschränken. Sein Dienst – meist innerhalb der Mauern des Pfarrbüros – war für einen Großteil der Ehrendorfer nicht sicht- und greifbar. Seine „Leistungen" für die Gemeinde waren gerade für den fern stehenden (kritischen) Teil der Bevölkerung schwer zu erkennen. Seelsorgliche Aufgaben waren in der ehrenamtlichen Beauftragung nicht vereinbart, wodurch sein persönlicher Kontakt mit der Bevölkerung kaum gegeben war und er für die Menschen als Seelsorger nicht erfahrbar wurde. Seine Leitung – in Koordination mit dem Dreierteam – beschränkte sich auf einen kleinen Kreis engagierter MitarbeiterInnen. Neben seiner begrenzten zeitlichen und leiblich-greifbaren Präsenz wird das Fehlen der für seine Aufgaben als Gemeindeleiter nötigen theologischen Kompetenz kritisiert. Oft wird betont, dass ein Laie ohne ausreichende Ausbildung ein solches Amt nicht übernehmen und schon gar nicht „über" dem moderierenden Priester stehen könne. Oft wird betont, dass der Kurator mit entsprechender Ausbildung eine höhere Akzeptanz genießen würde. Dem Kurator fehlen zu seiner allgemeinen Akzeptanz alle „Zeichen der Professionalität" wie eine hauptamtliche Anstellung, die zeitliche Verfügbarkeit und damit leiblich-seelsorgliche Präsenz gewährleiten würde, sowie eine anerkannte theologische Ausbildung. Ein zusätzliches Erschwernis für die Akzeptanz des Kurators ist der Umstand, dass er von der Gemeinde keine Legitimation, kein Mandat für seine Aufgabe übertragen bekam. Er wurde – so das Empfinden der Bevölkerung – im „Alleingang" von der Diözesanleitung eingesetzt ist. All diese Umstände machen es dem Kurator schwer, in einem größeren Teil der Bevölkerung Rückhalt zu finden.

Der erste *Moderator* hatte selbst kaum Zeit, in die Gemeinde zu kommen, deshalb war die Gemeinde im ersten Jahr des K-M-Modells mit verschiedenen Priester konfrontiert. Der zweite Moderator konnte eine ausreichende Präsenz zumindest bei den liturgischen Feiern gewährleisten. Er war sakramentaler Seelsorger (Seelsorge, die rund um die Spendung der Sakramente angesiedelt ist). Für darüber hinausgehende seelsorgliche Betreuung hatte aber auch er keine Zeit. Dies war beim dritten Moderator im dritten Jahr anders. Er hatte vor und nach den Gottesdiensten Zeit und besuchte ältere Leute und Kranke und versuchte mit der Jugend etwas aufzubauen, kurz: Er hatte auch Zeit für die seelsorgliche Betreuung.

❖ Der Mangel an Seelsorge und das Bedürfnis nach einem menschlichen Seelsorger

Für das „Misslingen" des K-M-Modell im dritten Jahres sind sicher die unterschiedlichen Charaktere von Kurator und Moderator erstverantwortlich. Die entstandene

„Kluft" zwischen den Leitungspersonen wurde von einem gewissen Teil der Bevölkerung verstärkt, indem sie ihren starken Wunsch nach einem eigenen Pfarrer ihm gegenüber zum Ausdruck brachten. In den nun folgenden Anmerkungen geht es nicht um diese sich unglücklich entwickelnde Beziehungsdynamik zwischen Kurator, Moderator und dieser Gruppe, sondern um das Bedürfnis nach einem präsenten Seelsorger, das sich dahinter verbirgt.
Mit dem Fehlen einer seelsorglichen Betreuung ist ein Punkt angesprochen, der mir zentral zu sein scheint und der es wert ist, hervorgehoben zu werden. Die Leitungsstruktur in Ehrendorf bringt es mit sich, dass sowohl das Organisatorische und die Verwaltung durch Kurator und Pfarrsekretärin als auch die Spendung der Sakramente durch den Moderator „abgedeckt" ist. Wer aber ist für den weiten Bereich der seelsorglichen Betreuung zuständig? Zwar gibt es einzelne Personen und v.a. den Vinzenzverein, die seelsorgliche Betreuung in begrenztem Rahmen ausüben. Es fehlt aber – im Gegensatz etwa zu Aufeld – eine Person, an der man die Seelsorge festmachen kann. Die Menschen wissen nicht, wohin sie mit ihren *seelischen* – nicht den verwaltungsmäßigen – Anliegen gehen sollen. Die Menschen von Ehrendorf fühlen sich in diesem menschlichen Bereich „verlassen": Weder der Kurator noch der Moderator ist als Seelsorger da! Diese Verlassenheit wird am stärksten spürbar angesichts des bevorstehenden Todes eines Menschen – wie eine ältere Frau dies ausdrückt: *„Wenn heute in Ehrendorf - wenn wir jetzt die zwei, drei nicht hätten von der - von der Sterbehilfe, wäre nicht einmal ein Pfarrer da, der da wäre, wenn einer stirbt.* Und das darf doch nicht sein! *Dass nicht einmal ein Priester da ist, wenn jemand stirbt"* (EM8-18,14). Indem die Gemeinde diese zutiefst kirchliche, diakonische Funktion nicht erfüllt, geht eine „Kernkompetenz" der Kirche verloren. Die Menschen reagieren darauf mit Unverständnis: Während für Verwaltung, Organisation und Sakramentenspendung gesorgt ist, wird – in den Augen der Menschen – ihnen ein kirchlicher Seelsorger verweigert. Vor diesem Hintergrund ist die Auseinandersetzung um den dritten Moderator zu sehen, den ein Teil der Bevölkerung als Pfarrer anwerben wollte. Er hatte die Hoffung geweckt, das in der Gemeinde entstandene seelsorgliche „Defizit" ausgleichen zu wollen.

❖ Ein aktiver, mündiger Kreis inmitten einer traditionellen Pfarre

Die verstärkte Aktivität der Laien ist in Ehrendorf tatsächlich zu einem Großteil auf das K-M-Modell zurückzuführen. Die Ehrendorfer sind aufgrund des über weite Strecken fehlenden Seelsorgers darauf angewiesen, vieles selbst zu machen. So wird darauf verwiesen, dass es LektorInnen, KommunionhelferInnen und WortgottesdienstleiterInnen gibt. Auch die Erstkommunion- und Firmvorbereitung liegt in den Händen der Laien. Dieses verstärkte Engagement ist jedoch auf einen vergleichsweise kleinen Kreis beschränkt. Diese wenigen Menschen haben erkannt, dass es nun an ihnen ist, das Gemeindeleben mitzutragen und zu gestalten. Zu dieser Gruppe gehören Menschen, die bereits vorher interessiert, aktiv und Neuerungen gegenüber offen waren. Diesem kleineren, mit dem Kurator in engerem Kontakt stehenden Kreis steht ein größerer Teil der Bevölkerung gegenüber, der einem eher traditionellen Gemeinde- und Kirchenbild anhängt. Sie stehen der verstärkten Mitarbeit der Laien z.T. skeptisch gegenüber. Sie drücken ihre Einstellung beispielsweise in den Vorbehalten gegenüber den von Frauen geleiteten Wortgottesdiensten aus – und trauern einem Pfarrer nach, weil er zum vollständigen Bild einer Pfarre gehört.

In Ehrendorf ist – typologisch zugespitzt – festzustellen, dass sich die schon vorhandene Kluft zwischen den „Engagierten-Progressiven" und den „Traditionellen", zwischen Anhänger eines nachkonziliaren (gemeinsame Verantwortung) und eines vorkonziliaren Kirchenbildes (vom Priester versorgt werden) verstärkt auftut. Diese Gruppen haben auch ihren jeweiligen Exponenten (in Kurator oder im dritten Moderator) gefunden, der Grundkonflikt ist also personalisiert.[12]

Im Bereich der *Liturgie* gibt es neben der von früher her „üblichen" Eucharistiefeier den Wortgottesdienst. Dieser wird von vielen mehr und mehr geschätzt, nicht zuletzt deswegen, weil er von einem engagierten Frauenteam sorgfältig vorbereitet wird. Die Wortgottesdienste sowie ein Teil der Heiligen Messen werden von Gläubigen aus der Pfarre vorbereitet, sie wachsen aus dem Leben der Gemeinde heraus. Dem gegenüber stehen Eucharistiefeiern, die von einem auswärtigen Priester schon vorbereitet, quasi „mitgebracht" werden. Insgesamt scheint aber das Leben der Gemeinde in die liturgischen Feiern stärker als früher einzufließen. Im *diakonischen* Bereich bleiben die Aktivitäten auf Einzelpersonen und die Vinzenzgemeinschaft beschränkt. Wie schon angesprochen, wirkt sich die konkrete Variante des K-M-Modells für den diakonisch-seelsorgliche Bereich sehr negativ aus. Es fehlt eine verantwortliche Person, die die Jugend anspricht, Partnerschaften begleiten kann oder alte und kranke Menschen besucht. Damit verknüpft ist der Mangel an Zusammenhalt, der durch eine schon angesprochene, von allen akzeptierte Integrationsfigur gefördert werden könnte.

Ich fasse zusammen: In Ehrendorf kam es mit der Einführung des K-M-Modells zu einer Kumulation von ungünstigen Faktoren. Ein ehrenamtlicher, nicht von allen akzeptierter Kurator und der häufige Wechsel der Moderatoren vor dem Hintergrund einer desintegrierten Gemeinde führen zu sichtbaren Spannungen. Es fehlt eine von allen anerkannte Integrationsfigur, die die Menschen mit ihren unterschiedlichen Kirchenbildern in Einheit zusammenführt. Es fehlt – und das schient in den Augen der Bevölkerung das wichtigste zu sein – ein Seelsorger, an den man sich in seelischer Not wenden kann. Man kann daher dahingehend verallgemeinern und schlussfolgern, dass die Leitung einer Gemeinde – auch wenn mehrere Personen daran beteiligt sind – so gestaltet sein muss, dass eine der Leitungspersonen (Kurator oder Moderator) Seelsorge für die Menschen erkenn- und erlebbar ausübt. Damit fordern die Menschen etwas ein, was im Grunde ein zutiefst biblisches und kirchliches Anliegen ist. Sie weisen darauf hin, dass nämlich Leitung in der Kirche niemals ohne die menschlich-seelsorgliche Dimension geschehen darf (zur Qualität des Hirten vgl. 6.2). Mit anderen Worten: Die Menschen wollen nicht nur einen organisierenden und verwaltenden

---

[12] Wird in einer bereits (latent) polarisierten Gemeinde dieses Modell installiert, so ist umso mehr darauf zu achten, dass zwei Leitungspersonen gewählt werden, die nicht polarisieren, sondern kommunikativ und durch einen integrativen Leitungsstil auf die Einheit – nicht ideologischer Gleichheit der Gruppen – der Gemeinde bedacht sind.

Gemeindeleiter oder „nur" einen Sakramentenspender, sondern auch einen seelsorgenden Hirten, der sie als Menschen mit ihren Freuden und Nöten wahrnimmt und begleitet.
Für die Umstellungsprozesse zu diesem Modell erhebt sich aus diesem Beispiel die Forderung nach einer Wahrnehmung der Gemeindesituation und das Gespräch mit den betroffenen Gemeindemitgliedern über die konkrete Gestaltung des K-M-Modells, bevor man es installiert. Es ist deutlich geworden, wie wichtig die Akzeptanz – sowohl des K-M-Modells als auch des Kurators – für das Gelingen ist. Zudem wäre eine Begleitung der Anfangsphase durch eine außenstehende kompetente Person durchaus wünschenswert.

5.3 Gesamtauswertung Franzenberg

❖ Die Pfarrgemeinde Franzenberg

Franzenberg ist eine Stadtrandgemeinde mit ca. 3500 Einwohner. Davon sind 2.300 Katholiken. Die Stadtrandgemeinde ist ein Zuzugsgebiet für Menschen v.a. aus dem ländlichen Bereich. Es werden laufend neue Wohnanlagen errichtet. Während in den älteren Wohnanlagen ältere Menschen und Alleinstehende wohnen, ziehen in die neuen Anlagen durchwegs junge Familien ein. Die Pfarre wurde Anfang der 70er Jahre zunächst als Seelsorgestelle errichtet und nach 10 Jahren zur selbständigen Pfarre erhoben. Die Kirche wurde 1985 eingeweiht. Kinder und v.a. Jugendliche besuchen Schulen in der angrenzenden Stadtgemeinde, sodass sie leicht den Kontakt zur eigenen Pfarre verlieren.
Das K-M-Modell ist 1995 eingeführt worden. Moderator ist Pater Severin aus dem örtlichen Kloster, als Kuratorin ist die Ordensschwester Bernadette eingesetzt. Die Installation wurde mit einem Pfarrfest gefeiert, an dem auch das Dekret vom Dekan überreicht wurde. Bereits vor Einführung des K-M-Modells wurde die Pfarre vom Kloster aus seelsorglich betreut. Für die Jugendarbeit steht eine Pfarrhelferin im Ausmaß von 10 Wochenstunden zur Verfügung. Die Matriken führt eine Pensionistin. Es gibt zwei Eucharistiefeiern an Wochentagen, eine Vorabendmesse am Samstag und den eigentlichen Sonntagsgottesdienst. Kann der Moderator eine Heilige Messe nicht selbst halten, vertritt ihn ein Mitbruder aus dem Orden. Es gibt deshalb keine Wortgottesdienste als „Ersatz". Da die Pfarre sehr jung ist, gibt es keine Traditionen oder Vereine. Das ermöglicht Flexibilität und Kreativität in der Gestaltung des Gemeindelebens.

5.3.1 Eine schrittweise Umstellung

❖ Schockerlebnis

Bevor das K-M-Modell in Franzenberg eingeführt wurde, war die Gemeinde ein Jahr vakant. Die Vakanz trat 1994 durch den Tod von Pater Neumann ein, der die Pfarre vom nahegelegenen Kloster aus zuvor betreut hatte. Der Tod des Paters löste in der Gemeinde einen Schock aus. Dies führte dazu, dass sich einige Personen – v.a. aus dem PGR – selber verstärkt um die Angelegenheiten der Pfarre kümmerten. Nach dem

Jahr der Vakanz fand die Diözese für die Gemeinde Franzenberg eine Ordensschwester als Kuratorin. Die Gemeinde wurde offensichtlich spät in die Zukunftsvorstellungen der Diözese eingebunden.
Eine pensionierte leitende Beamtin mit viel Einblick ins Pfarrleben gibt die allgemeine Stimmung wider: Natürlich hätte man sich einen Pfarrer gewünscht, aber eine Ordensschwester, die jetzt als Kuratorin wirkt, bringt Qualitäten mit, die sehr nahe am Profil eines Pfarrers liegen: Spiritualität, soziales Verhalten spezifische Ausbildung und zölibatäre Lebensweise. Darin sieht die Dame im hohen Alter auch einen Grund für die gute Aufnahme:

> *Man hat das als, ich würde sagen, als (...) beste Lösung angesehen. Also, einen Pfarrer hätten wir schon - hätte die Allgemeinheit, sagen wir einmal so, vom Einzelnen kann ich es ja nicht sagen, aber die Allgemeinheit hätte natürlich einen Pfarrer nach wie vor lieber gehabt. Aber die Realität ist eben so, und dann hat man gefunden eine geistliche Schwester, die diese Leitung macht. Die hat man also – Das ist nicht (...) echt zur Diskussion gestanden, nehmen wir – Schauen wir uns um einen Herrn, um einen Pastoralassistenten oder (...) um eine Frau. Also, da würde ich sagen, wenn es nicht die Klosterfrau ist, da wäre dann - das wäre dann der nächste Schritt erst gewesen, nicht. Aber da hat man ... gefunden, so eine geistliche Schwester, die bringt eigentlich doch gewisse Dinge mit, die man ja beim Pfarrer voraussetzt, einerseits die Spiritualität, nicht, anderseits traut man ihr auch ein gewisses (...) soziales Verhalten zu. (...) Sie sucht sicherlich nicht einen Job, weil sie jetzt vielleicht da eine Ausbildung gemacht hat und jetzt auch eine Arbeit braucht als Laie, also auch nicht, na ja, und sie ist auch zölibatär. Vielleicht hat das auch noch ein bisschen hineingespielt. Die wird also Zeit haben für die Pfarre, und da wird es leicht am Samstag, Sonntag eben auch gehen, weiter, nicht. Man hat also (...) dass – Man hat nicht in Frage gestellt einen Kurator, sondern es war da schon, also eine (...) eine Schwester vom Kloster. (FW4-2,42)*

Nach dem Schock über den Tod Pater Neumanns und der Zeit der Vakanz wurde die Schwester Bernadette als Kuratorin sofort freundlich aufgenommen, wie eine Frau erzählt.

> *Der Pater Neumann hat ja durch seinen Tod schon einen Schock ausgelöst. Und da sind wir dann draufgekommen, es hat sich eigentlich - haben sich alle ein wenig mehr gekümmert auch um die - um die Anliegen der Pfarre und - und so haben wir eben ein wenig selbständig einfach weitergemacht. Und (...) auf die Schwester Bernadette sind wir da eigentlich nicht vorbereitet worden, wir haben sie als - wir haben sie sofort angenommen. (FW3-1,28)*

❖ Anfängliche Unsicherheit

Die Kuratorin vermeint, anfangs zwar keine direkten Befürchtungen, aber eine Ungewissheit über die kommende Situation bei der Bevölkerung wahrgenommen zu haben. Die gute Aufnahme durch den PGR hat sich bei ihr eingeprägt.

Ja, Befürchtungen (...) Befürchtungen kann ich nicht sagen, aber es ist einfach was (...) was total Neues. Sie haben im Grunde überhaupt nicht gewusst, was da auf sie zukommt. Weil die Jesuiten haben gesagt nach dem Tod vom Pater Neumann, sie können die Pfarre nicht mehr übernehmen. Also für sie ist es unmöglich. Und (...) ja, und dann hat es eben geheißen, dass eine Pfarrkuratorin, eine Schwester da her kommt, und das ist für die Leute natürlich (...) ja, etwas total Neues, oder? Mich hat es sehr gewundert oder ich war sehr überrascht, wie positiv ich eigentlich aufgenommen worden bin, schon beim ersten Gespräch da beim – Mit dem PGR, da war es sehr – Ja, der Pater Severin hat mich dann einmal besucht oben (...) und ja, es war eigentlich so von Anfang an ganz positiv. (FW2-1,47)

Letzteres bestätigt der Moderator. Ein Amtsleiter der Diözesanleitung stellte bei einer PGR-Sitzung das K-M-Modell vor. Es wurde positiv aufgenommen.

Und dann ist der Amtsleiter gekommen zu einer Pfarrgemeinderatssitzung – und dann ist dieses Modell so ein wenig vorgestellt worden, was so quasi als Zukunftsmöglichkeit im Raum steht – und das ist im Pfarrgemeinderat durchaus, glaube ich, ganz positiv angenommen worden, schon in/ab der ersten Diskussion weg, aber dann - so gut angenommen worden. (FM1-1,12)

Nicht nur die Gemeinde, auch die Schwester als Kuratorin konnte nicht genau einschätzen, was auf sie zukam. Sie fasste jedoch einen Grundsatz:

Ich habe sicher am Anfang nicht ganz genau gewusst, was alles auf mich zukommt. Ich habe wohl – 21 Jahre lang habe ich in einer Pfarre mitgearbeitet und in den verschiedensten (...) Gremien und Sparten und (...) ja, habe mich immer in der Pfarrarbeit wohl gefühlt, aber was Leitung bedeutet, das war für mich natürlich schon noch ein (...) ein Schritt weiter, und ich habe mir gedacht, für mich war der Grundsatz irgendwie, einfach einmal da sein, einfach einmal mitgehen, wo Freude und Leid und (...) und Kummer und Sorgen (...) und einfach einmal da sein und einfach einmal mitgehen. Und ich habe mir gedacht, das versuche ich. (FW2-2,10)

Die Kuratorin erinnert sich an die anfängliche Orientierungslosigkeit. Sie kam in der Gemeinde an und niemand wusste recht – auch nicht der als Moderator bestellte Pater Severin –, was jetzt zu tun ist:

Also, ich habe am 1. September angefangen, das war noch ein bisschen chaotisch. Ich bin hergekommen, und die da haben nicht gewusst, was sie mit mir anfangen sollen. Und ich selber habe nicht gewusst, was jetzt tun (beide lachen). Der Pater Severin hat nicht gewusst, was jetzt tun, der PGR, sagte er, wäre im Urlaub. (FW2-4,41)

Verstärkt wurde die Ungewissheit über ihre Aufnahme in der Bevölkerung durch ihr Frausein. Sie war die erste Frau in dieser Funktion in Tirol. Wie würden die Menschen das annehmen? Die Kuratorin sagt dazu:

Am Anfang habe ich mir gedacht, das ist eigentlich schon eine Zumutung, weil es einfach – Erstens war ich die erste Frau, das hat man bis jetzt in Tirol einfach noch nicht gehabt, dass da eine Frau kommt, ein bisschen (...) etwas hat vielleicht ausgemacht, weil ich Ordensfrau bin, oder (...) was in meinen Augen jetzt überhaupt nicht wichtig ist, aber von der Bevölkerung her vielleicht, und jetzt (...) sagen halt viele, sie könnten es sich überhaupt nicht mehr anders vorstellen, oder. (FW2-2,28)

Die Schwester erlebt ihr „Ankommen" in der Gemeinde als schrittweise, ihre Einarbeitung geschieht fließend:

Ja, das war so ein fließender Übergang eigentlich. Sie war zuerst nur so stundenweise da, und - weil ich glaube, die Wohnung war auch noch gar nicht fertig. Und bis sie dann da gewohnt hat. (FW2-1)

❖ Positive Aufnahme

Nach dem ersten Abwarten, wie sich das neue Modell entwickeln wird, ist die Bevölkerung sehr zufrieden. Eine Frau betont beinahe entrüstet, dass sie von niemand gehört habe, dass es vorher besser war.

***Nein**, also das habe ich noch **nie** gehört, dass man - dass jemand gesagt hat, dass es davor besser war. Das war einfach (...) sie ist (...) Man hat schon zuerst ein wenig abwartend reagiert, aber ich habe noch nie eine negative Meldung gehört. (FW3-2,13)*

Besondere Freude hat ausgelöst, dass man eine Frau als Kuratorin bekommen hat.

So hat man sich gefreut, dass wir eine der wenigen sind, die da eine Frau dahaben. (FW3-2,21)

Der selben Meinung ist der Moderator: Das Modell „ist also sehr positiv aufgenommen worden" (FM1-1,30). Dies liegt seiner Meinung nach auch darin begründet, dass die konkrete Pfarre keine Einbussen an sakramentale Dienste erleiden musste. Die Akzeptanz bezieht sich aber auch auf die Schwester.

Die Schwester ist absolut akzeptiert, sie ist tüchtig, sie kann sehr gut mit Kindern und mit jungen Familien umgehen, also das sieht man, und - und damit hat sie auch kein Problem. (FM1-1,39)

Ein weiterer Grund für die leichte Annahme des Modells sieht der Moderator darin, dass es in der jungen Gemeinde noch keine eingefahrenen Traditionen gibt.

Wir haben eher in diesem Sinne also nicht alteingesessene Vereine, es wäre - ich bin mir völlig sicher in der Stadt herinnen - in der Stadtgemeinde wahrscheinlich wesentlich schwieriger, da sind so die alten Jungfernbünde die so - die letzten Jungfrauen, die so - die doch da sehr hineinreden in das Pfarrleben. In diesem Sinn sind wir also viel freier, in dem Sinn - glaube ich - auch offener für solche neue Modalitäten. (FM1-3,15)

❖ Der bewohnte Pfarrhof – Symbol seelsorglicher Präsenz

Es fiel der Gemeinde offensichtlich leicht, die Schwester als Person anzunehmen, da sie eine umgängliche Art hat. Darüber hinaus wird ausdrücklich betont, dass das offene Ohr der Schwester, also ihre seelsorgliche Präsenz symbolisch auch im bewohnten Pfarrhof ausdrückt.

Ja, die Schwester Bernadette hat so eine umgängliche Art, und sie hat eigentlich von Anfang an - hat sie uns das Gefühl gegeben, dass wir mit allem zu ihr kommen können. Sie hat immer ein offenes Ohr gehabt, das war also überhaupt kein Problem. (...) Das war - irgendwie war es schön, dass endlich jemand droben war im Pfarrzentrum, und (...) also, da hat es überhaupt keine Probleme gegeben. Also - das gleich... (...) ***I:*** *War - war - war einmal eine Zeitlang, wo niemand da war, weil Sie haben gesagt, es war schön, als jemand (...)* ***IP:*** *Ja, weil der Pater Neumann war ja nicht droben im - hat nicht droben geschlafen, sondern er war ja drin im Kloster. Und da war es dann - also das war sehr positiv, dass da droben jemand jetzt wohnt. [...] Und wo man auch außerhalb der Zeit einmal einfach läutet und - und - und - wenn man irgendetwas braucht oder - oder fragen will. Also, das war sehr angenehm. (FW3-1,5)*

5.3.2 Die Leitungsstruktur und die Rollen der Leitungspersonen

❖ Kuratorin als erste Ansprechperson, Leiterin und Seelsorgerin

Auffällig ist, dass die Kuratorin nie als Kuratorin, sondern immer als Schwester angeredet wird. Die Menschen nehmen in der Begegnung mit der Kuratorin zunächst die seelsorgende Ordensfrau und dann erst die Gemeindeleiterin wahr. Sie ist für die Menschen zudem die erste Ansprechperson für Anliegen wie Taufe, Eheschließung etc. (vgl. FW3-4). Eine ältere Lehrerin beschreibt ihre Erfahrung:

Ja, also, was ich so (...) zu tun habe mit - oder zu tun gehabt habe mit der Pfarre, bin ich nur zur Schwester Bernadette gegangen ... Also wir haben zum Beispiel so einen Gebetskreis gehabt, und das hat sie - hat sie uns jederzeit ermöglicht, dass wir da einen Raum gehabt haben, weil wir einen neutralen Raum haben wollten, wo wir uns treffen, nicht irgendwo zuhause, sondern in der Pfarre selbst. (FW3-3,20)

Die Aufgaben der Kuratorin liegen sodann auf Verwaltungstätigkeiten. Sie ist Mittlerin gegenüber dem Moderator: Die Schwester macht Hausbesuche zu alten und kranken Leuten. Wünscht jemand einen Priester, dann schickt sie den Moderator oder einen Pater aus dem nahen Kloster (vgl. FW4-6,51). Darüber hinaus ist sie erste Ansprechperson (vgl. FW3-5,442). Auf die Frage, was ihrer Meinung nach die Kuratorin für Aufgaben habe, antwortet eine Krankenpflegerin mittleren Alters:

Ja, ich glaube, wir haben (...) gerade so um das Bemühen der Mitmenschen, das ja in einer Pfarre, glaube ich, auch sehr wichtig ist, da bemüht sie sich sehr, dass sie (...) dass sie – Dass der Kontakt (...) zueinander und auch untereinander recht gepflegt wird. Es sind relativ viele Veranstaltungen, wo auch jeder, der jetzt in die Kirche nicht so wahnsinnig involviert ist, in dem er jetzt alle Sonntag z.B. Kirchen geht, und nicht von vorneherein weiß, das und das und das und das spielt sich ab, sondern es ist durch die Bekanntgabe vom Pfarrblatt oder (...) im täglichen oder im wöchentlichen Lokalanzeiger immer alles genau aufgeschrieben, wann Bürostunden sind, wann dieses oder jenes Fest ist, wann ein Liturgiekreis ist oder was weiß ich, was noch alles angeboten wird. Also, es ist wirklich für – Es wäre eigentlich für jeder-

mann etwas dabei. Und ich habe so das Gefühl, sie machen das (...) ja, sie machen das wirklich gut, und sie bemühen sich vor allem auch sehr darum .(FW6-2,30)

Die Kuratorin selbst ist der Meinung, dass auch die Letztverantwortung und die Gemeindeleitung bei ihr liegen.

Ja, im Grunde liegt sie auf mir, (... ...) weil es ist meine – Die Letztverantwortung, die (...) liegt eigentlich auf mir. ***I:*** *Und (...) leiten Sie die Gemeinde? Wo liegt die Gemeindeleitung?* ***IP:*** *Ja, habe ich schon das Gefühl. (FW2-10,44)*

Dies sehen auch die Gemeindemitglieder so – mit leichtem Zögern.

I: *Und wer hat Ihrer Meinung nach so die Letztverantwortung in der Gemeinde?* ***IP:*** *(... ... ...) Ja, schon auch die - die Schwester Bernadette. (FW3-6,10)*

Der Moderator weist in lockerer Sprache der Schwester zunächst die Verwaltungstätigkeiten zu, um sodann zu zeigen, dass er ihrer Leitungstätigkeit gegenüber der Pfarrgemeinde „nicht im Wege stehen“ will.

Sie macht den ganzen Verwaltungskram, ganz bewusst - ich gehe auch ganz bewusst hin und wieder auch nicht zur Pfarrgemeinderatssitzung, das lasse ich sie machen. (FM1-1,47)

Selbst die kritische Pensionistin, die den Pater gerne als Leiter hätte (vgl. FW4-9,47), akzeptiert die Schwester als Leiterin der Gemeinde – nachdem dies offensichtlich auch der Moderator tut.

Ich habe den Eindruck, dass der Pater Severin der Schwester (...), er nennt sie auch immer wieder Schwester Chef (lachen), also ich würde sagen, dass der das voll akzeptiert, dass sie also die Leiterin ist der Pfarre und dass er ihr also da sozusagen nicht weiß Gott was hinein "gschaftelt", sondern dass er sie voll akzeptiert. (FW4-9,34)

Im Rahmen von Gottesdiensten übernimmt Schwester Bernadette – mit ihrer Mitschwester – die Kommunionausteilung und die Verlautbarungen. In letzterem kommt ihre Leitungsfunktion abgeschwächt – nämlich auf das organisatorische bezogen – vor der Gesamtgemeinde zum Ausdruck.

Ja, also am Sonntag ist schon immer die Schwester Bernadette - ist auch dabei natürlich. Und dann gibt es noch (...) meistens ist noch die zweite Schwester - ist auch noch dabei. Und das teilen sich die beiden auf, also sagen wir, Kommunion austeilen oder so. Die Schwester Bernadette macht dann immer die Verlautbarungen für die ganze Woche, das macht ***immer*** *sie. Und (...) das ist einfach so ein wenig aufgeteilt. (FW3-4,17)*

Auf die Frage, ob sie die Kuratorin als Seelsorgerin sieht, antwort die Pensionistin:

Würde ich schon sagen, und zwar nicht Seelsorge im großen, aber Seelsorge im kleinen. (FW4-19,8)

Seelsorge im großen ist jene mit Sakramentenspendung, die dem Priester vorbehalten ist. Das Rolle der Kuratorin als Seelsorgerin kommt zur Sprache, als eine Jugendliche das K-M-Modells als Alternative angesichts des Priestermangels anführt:

Ja. Denke ich mir schon, weil die Pfarrkuratorin, die ist ja eigentlich so irgendwie der Priester für die Gemeinde da und für die Probleme und so - so (...). (FW5-7,12)

Die Kuratorin sieht sich selbst als jemand, der mit den Menschen leben will. Sie sieht sich nicht als „Leithammel“ dem alle folgen müssen, sondern als jemand, der Lebenswege mitgeht und dazu animiert, gemeinsam Aufgaben wahrzunehmen und hilft, Talente zu entdecken. Die folgende Textpassage bringt ihr *Selbstverständnis* als Kuratorin zum Ausdruck.

Ich möchte (...) also nicht die sein, die voran geht und (...) und sagt, wo es lang geht, sondern ich möchte mitgehen und vor allem (...) – Das heißt für mich, dass ich einfach Talente entdecke und (...) und Fähigkeiten entdecke und die Leute einbinde, oder? Einfach dass – Teamarbeit, also mitgehen, also nicht nur, ich gehe voraus und (...) und die anderen tun dann schon, sondern (...) einfach als (...) als eine wie alle andren zu sein und gemeinsam (...) die Aufgaben wahrnehmen. Das wäre so mein Bild oder mein (...) – Also, nicht so als Leithammel, aber ich glaube, das braucht – Ich bin noch nicht so weit, das ist (...) das ist auch ein Weg, der (...) – Aber das wäre so mein Ziel. (FW2-8,50)

Teamarbeit, gemeinsam Aufgaben wahrnehmen, Talente entdecken, die Leute einbinden: In diesen Worten der Kuratorin kommt ein Gemeindebild zum Ausdruck, in dem die gemeinsame Verantwortung aller Gläubigen und das Einbringen ihrer Talente im Vordergrund steht. Der Moderator hat aus der Sicht der Kuratorin eine weniger tragende, eher beratende Funktion (vgl. FW2-9,12*)*.

Eine Krankenpflegerin schreibt der Kuratorin die Seelsorge, Koordination und Organisation der Pfarre zu. Sie hat den Eindruck, dass die Pfarre durch ein Team geleitet wird. Dieses besteht aus dem Moderator, der Kuratorin, der zweiten im Pfarrhof wohnenden Schwester Jutta, der Jugendreferentin Frau Hauser, dem PGR und einem Kreis engagierter Gemeindemitglieder. Die Kuratorin hat aber die Hauptleitung.

Ja, dass das gar nicht eine Person ist, sondern schon, dass es (...) einmal die Schwestern sind, oder (...) ich meine die Jutta, die tut sicher auch mindestens so viel, und die Schwester Bernadette, und dann der PGR gehört sicher auch dazu (...) Ich habe immer das Gefühl, dass der PGR recht aktiv ist, dass das ganz gut harmoniert und dass ganz gut – Ja, dass sie ganz gut auskommen (...) und der Pater Severin gehört auch dazu. Ich meine, das ist halt so, wie man sich das in einem Bild vorstellt, da die Schwester, da der PGR und der Pater Severin hat auch – Wie so ein Kreis, in dem Kreis arbeiten die einen ein bisschen mehr, die einen ein bisschen weniger, einfach zusammen. Ich denke mir das halt so, wie es vielleicht in einer Familie vielleicht oder sonst irgendwo auch ist, dass jeder einfach irgend einen Posten übernimmt, und der eine ist halt vielleicht weniger verantwortungsvoll oder mehr, ich will das jetzt gar nicht qualifizieren. Ich glaube, dass das ein Team ist, wo Leitende so – An oberster Stelle ist sicher die (...) Schwester Bernadette, in der Jugend – Jugendarbeit macht die Frau Hauser, die ist da recht aktiv ... Ich glaube halt so, dass die Schwester eher das Seelsorgliche macht und vielleicht noch die älteren Menschen, die Jugendarbeit macht die Frau Hauser, Eucharistie macht der

Pater Severin, der Kirchenrat ist sowieso – Der muss sowieso immer hinten drin stehen, ja, ein so ein Haufen halt, täte ich sagen. ***I:*** *Also recht gut aufgeteilt (...)* ***IP:*** *Gut aufgeteilt, wohl. (FW6-3,27)*

Die Kuratorin selbst fühlt sich v.a. für die Liturgie zuständig. Sie will der eher nüchternen Gottesdienstgestaltung von Pater Severin bewusst eine „Alternativgestaltung" gegenübersetzen, speziell für die Kinder und Familien. Darüber hinaus fällt in ihren Bereich die Vorbereitung auf die Sakramente und die Verwaltung der Matriken.

Ja, meine Aufgaben sind halt hauptsächlich (...) - Ich denke mir, für mich ist sehr wichtig auch die Liturgie. Und dann, damit da ein bisschen etwas (...) ja, etwas Heimeliges oder etwas auch für das Gemüt etwas bekommt, weil ich einfach spüre, dass das die Leute brauchen. Und es ist vielleicht auch zum Gegensatz vom Pater Severin, der ist eher - Was Liturgie anbelangt, eher (...) ja, trocken oder (...) oder schnell und (...) ich glaube, ich schaffe da einen (...) einen Ausgleich. Ja, dann ist halt die Vorbereitung der Sakramente, Erstkommunion, Tischmütter und (...) die Firmlinge, dann ist natürlich auch wichtig die Zusammenarbeit mit der Religionslehrerin, überhaupt mit der Schule, mit den Lehrpersonen, und das ist sehr positiv da. Und dann (...) Krankenbesuche (...) das ist allerdings – Ist das ein Punkt, den ich nicht (...) nicht ganz schaffe oder halt (...) ja, Hausbesuche wären sehr wichtig, aber (...) das schaffe ich – Da weiß ich einfach, dass ich sehr hinten hänge. Und dann sind halt die Verantwortung für die Matriken, das macht mir eine Frau, die hilft da. Dann ist das ganze Administrative in der (...) im Büro. (FW2-5,18)

❖ Unter den Menschen sein

Ihrem Selbstverständnis gemäß will die Kuratorin konkret in der Gemeinde leben, den Kontakt mit den Menschen suchen und mit ihnen sein.

Ich versuche z.B., wenn (...) wenn Feste gefeiert werden oder so (...) versuche ich immer, auf solche Leute zuzugehen, die sonst nicht da sind. Und auch auf der Straße, ich versuche immer – Ich gehe gern zu Fuß, und Franzenberg ist auch nicht so groß, da kann ich zu Fuß gehen, und versuche – Ob es im Geschäft ist oder auf der Bank oder so, dass ich (...) einfach mit Leuten ins Gespräch komme. Auch solche, die ich überhaupt nie gekannt habe und (...) und das tue ich eigentlich sehr bewusst. Und da muss ich sagen, da habe ich schon so oft (...) – Dass ich dann gesagt habe: Kommen Sie doch einmal vorbei, können wir einmal reden, dass dann Leute her kommen und sagen: Jetzt komme ich wirklich einmal – Dass ich dann so schaue, dass ich auch mit denen (...) in Kontakt komme. Aber da wäre schon natürlich noch sehr Vieles zu (...) zu leisten. (FW2-12,8)

Dieses Präsentsein mitten unter den Menschen gehört für die Kuratorin zum Grundverständnis von Seelsorge.

❖ Der Moderator – als Gottesdienstpriester erlebbar

Mit dem Moderator Pater Severin ergeben sich aus Sicht der Gemeindemitglieder eher kurze und sporadische Kontakte. Er wird vorrangig in der Liturgie, also als Gottesdienstpriester erlebt.

Der Pater Severin - Wenn man ihn so trifft, redet er auch immer etwas und (...) Dadurch, dass meine jüngere Tochter eben drin in die Schule geht, ist natürlich da schon irgendwo ein wenig – Aber in erster Linie erlebe ich ihn eben auch nur durch die Messen, durch die Gottesdienste. (FW3-48)

Man trifft den Moderator am ehesten vor oder nach der Messe. (Weil das manchmal schwierig ist, wird einmal eine Sprechstunde des Moderators vorgeschlagen.)

Und den Pater Severin sieht man halt bei der Messe, und wenn danach vielleicht noch eine Agape ist oder was, dass man sich „dazuschmeißt" auf einen Haufen ..., aber sonst sehe ich den Pater Severin nicht so oft während der Woche. Da sehe ich die Schwester Bernadette viel öfter. (FW6-4,41)

Die Gemeindemitglieder schätzen es, neben der Schwester auch einen Priester in erreichbarer Nähe zu haben. Manche Gläubige gehen lieber zu einem Priester – wie die ältere Dame meint. Die „Auswahl" ist also größer.

Ja, ich glaube, dass - dass in der Gemeinde alle froh sind, dass wir eben noch einen Priester haben, der, wenn er auch nur fakultativ kommt - aber immerhin, dass man jemanden da hat, und man kann ihn auch im - im Kloster drin anrufen, also, das ist eigentlich – Da fühlt man sich nicht irgendwie allein gelassen oder so, wenn jemand – Es wird sicher Leute geben, die lieber zu ihm gehen, und das ist auch kein Problem, weil er ist erreichbar. (FW3-5,25)

❖ Die Sakramentenpastoral

Für die Sakramentenpastoral bedeutet das K-M-Modell offensichtlich immer eine Spannung, selbst wenn ausreichend Priester vorhanden sind. In den Augen des Moderators ist Franzenberg eine „atypische priesterlose Gemeinde". Bis auf eine Heilige Messe, die gestrichen worden ist (vgl. FM1-2,40), werden alle liturgischen und sakramentalen Dienste vom Moderator oder von seinen Mitbrüdern aus dem Kloster übernommen.

Dazu kommt, dass, also natürlich, dass das keine ganz typische priesterlose Gemeinde ist, weil alle klerikalen Teile wie Sakramentenspendung und Beerdigungen - alles von uns gemacht wird, eben von mir, oder wenn ich nicht Zeit habe, muss ein anderer von uns hinaus. Das Problem, das eine Beerdigung etwa von einer Schwester gehalten würde, hat sich bis dato überhaupt nicht gestellt, und so gesehen ist sie also sehr akzeptiert. Das hängt also auch davon ab, wie zwei zusammen arbeiten können, das ist nicht anders, als wenn der Pfarrer und der Kaplan zusammenarbeiten, also wie gesagt – Ich wollte gerade sagen, typisch sind wir an sich für diesen Problembereich - ähm - pfarrerlose Gemeinde eigentlich nicht; es war also noch nie an einem Sonntag kein Gottesdienst, also keine Messe - also Kindermetten oder Schulgottesdienst, was sie gemacht hat aber sonst. (FM1-1,16)

Diese Einschätzung wird von den Gemeindemitgliedern geteilt. Heilige Messen, Beerdigungen, Taufen und Hochzeiten sind Sache des Moderators. Man fühlt sich sakramental versorgt und wenn andere Paters kommen, so wird auch das positiv gesehen. „Es hat eigentlich jeder dann ein wenig wieder - spricht wieder andere Leute an. Und das ist ganz gut aufgeteilt, so.“ (FW3-5,34)

Für Taufen und Hochzeiten macht der Moderator auch die vorbereitenden Gespräche, sodass er die betreffenden Menschen persönlich kennt. Längere Prozesse begleitet die Schwester. Sie sagt dazu:

> *Ein Pfarrmoderator, der kommt normalerweise in die Pfarren, die Sakramente spenden, aber lebt sehr am Rand. Ist für einen Pfarrmoderator sicher nicht sehr angenehm oder positiv. Und wir haben ausgemacht, dass er (...) solange es ihm zeitlich ausgeht, dass er die Taufgespräche hält, damit er auch die Leute kennen lernt. Sonst steht er vor einem fremden Elternpaar mit Kind, und das finde ich auch nicht günstig. Allerdings jetzt steht eine Erwachsenentaufe an, da beginnen wir jetzt übermorgen mit der Vorbereitung, und die übernehme ich mit einer Gruppe von Frauen, damit die (...) die – Das ist eine junge Frau, damit sie gleich (...) hineinwachsen kann in die Gemeinschaft, das machen wir jetzt in einer kleinen Gruppe, und das möchte (...) möchte ich begleiten. Weil damit das Katechumenat – Das muss ja ein halbes Jahr mindestens dauern, damit sie da langsam hineinwachsen können. Ja, und die (...) Trauungsprotokolle, die macht auch der Pater Severin, den Predigtdienst habe ich nicht übernommen, den wollte (...) wollte ich nicht – Also, das ist so bei den Schülergottesdiensten, dort haben wir Wortgottesdienste und die Kindermette, die übernehme ich. Und dort halte ich so (...) die Einleitungen und (...) und auch kurz predigen, das übernehme ich dann, und die Bußfeiern übernehme ich, Aschermittwoch und (...) ja. (FW2-5,50)*

Der Moderator bemüht sich so oft wie möglich bei der Sakramentenvorbereitungen dabei zusein. Er ist in das Vorbereitungsteam eingebunden:

> *Das war (...) Erstkommunion, das ist jetzt überall, dass Erstkommunion-Mütter involviert sind in das Ganze, (...) da muss ich eigentlich sagen, war schon die Frau Hauser und die Schwester Bernadette die Drahtzieher (lacht) im positiven Sinn, der Pater Severin war auch, aber unser Religionslehrer war auch dabei, muss ich sagen, gerade bei der Erstkommunion, der war auch mit dabei. Also, die drei (...) waren eigentlich die Maßgebenden, und der Pater Severin war auch da und hat uns gefragt, wie es uns geht und so, also am (...) am Elternabend, den wir da noch gehabt haben. (FW6-5,40)*

Die Vorbereitung geschieht in enger Kooperation zwischen Liturgiekreis und Pater Severin. So kann für die Gemeindemitglieder nicht der Eindruck entstehen, dass der Moderator eine „gemeindefremde“ Liturgie feiert.

> *Ja. Also ich habe schon das Gefühl, dass der Pater Severin das selber vorbereitet, dass ihm da schon auch etwas dran liegt und dass er da – Wenn jetzt z.B. eine Familienmesse ist, schon weiß – Er weiß sehr wohl, dass da eine Familienmesse ist und dass er z.B. die Predigt anders vorbereitet als eine (...) normale Messe mitten im Jahreskreis. Also, das macht er schon selber, wohl ...[einen Liturgiekreis] den gibt es natürlich auch, aber so – Da ist er sicher mit dabei, der Pater Severin, bei dem Liturgiekreis. Dass er weiß, aha, das macht man und das macht man. (FW6-10,17)*

Die Aufgabenteilung enthält – aus der Sicht der Kuratorin – auch problematische Seiten. Brautleute und Taufeltern haben stärkeren Kontakt zum Moderator. Deshalb bemüht sich die Kuratorin um eine Begegnung mit diesen Gemeindemitgliedern. Andererseits spürt sie schmerzhaft, wie ihr Mitleben mit den Gläubigen und das Leiten der Gemeinde in der Feier der Eucharistie symbolisch nicht zum Ausdruck kommt, da der Priester den Vorsitz führt. Die Kuratorin erzählt, wie sie mit beiden Aspekten umgeht:

> *Ich dränge halt darauf, dass wenigstens die Leute vorher herkommen und (...) und die Taufe anmelden. Dass ich wenigstens mit den Leuten ins Gespräch komme. Weil ich tu mir dann einfach leichter, wenn ich denen einmal begegne auf der Straße oder irgendwann, (...) dass ich sie wieder (...) darauf ansprechen kann, oder dass man gleich einmal (...) ein Gespräch führen kann miteinander. [...] Ja, und die Brautpaare, die kommen dann meistens schon her, also ich habe schon Kontakt mit ihnen, weil es geht dann auch um den Kirchenschmuck und um (...) halt eher um das, was rundum ist oder (...) oder ich gebe ihnen die Unterlagen und (...) und (...) ja, über die Brautleutetage sprechen wir oder so. Es (...) – Ich komme schon ins Gespräch mit ihnen, aber (...) ja, manchmal habe ich den Eindruck oder das Gefühl, (...) dass ich im Hintergrund (...) schon sehr viel Mühe habe zum Dinge vorbereiten, damit (...) damit – Ich tue das auch gern, und es ist mir auch viel wert, aber wenn dann (...) Der Gottesdienst läuft oder wenn dann die Feier da ist, dann steht der Moderator vorn. Das ist klar! Oder dann (...) dann läuft die Feier ab, aber (...) dann hat man das Gefühl, ich habe im Hintergrund – So die bessere Sekretärin, habe im Hintergrund alles gemacht und gerichtet und (...) und wenn dann die Feier läuft, ja, ist klar, dann (...) dann (... ...) ja, ist der Moderator im Bild (...) in Amt und Würde (lacht). (FW2-6,22)*

Bei den letzten Worten wird deutlich, welche Spannung eine solche Aufgabenteilung mit sich bringen kann, wie „ungerecht" und nicht „stimmig" die Kuratorin die ungleiche Zusammenarbeit erlebt – etwa nach dem Motto: „Ich habe die Arbeit und er hat die Ehre!" Der Moderator nimmt selbstverständlich die sakramentalen und liturgischen Vollzüge wahr. Die Kuratorin bereitet mit Gemeindemitgliedern liturgische Feiern vor, sitzt aber dann im Vollzug „daneben". Besonders spürt dies die Kuratorin beim Hauptgottesdienst, der sonntäglichen Eucharistiefeier. Während sie sich im Alltagsgeschäft um die Gemeinde kümmert, den Menschen begegnet, steht bei der gemeinsamen Feier dann der Priester vor den Menschen. Sie selbst strebt jedoch nicht das Priesteramt an, sie ist mit der Seelsorge zufrieden und ausgelastet. Für andere Frauen kann sie sich das durchaus vorstellen.

> *Ich selber würde z.B. nie (...) das Priestertum an (...) anpeilen, nie. Also, ich möchte das selber nicht. Weil ich denke mehr an Seelsorge, was ich jetzt tun kann. Wenn ich jetzt das mache, was ich kann, dann reicht das vollauf. Und (...) und – Aber ich kann mir vorstellen, dass auch von Frauen – das Priestertum übernehmen kann, das kann ich mir gut vorstellen. Nur ich persönlich (...) ich würde es nicht anstreben. (FW2-6,50)*

Schmerzlich erlebt die Kuratorin das Auseinanderfallen von seelsorglicher Begleitung und Sakramentenspendung in der Begleitung Sterbender. Diesen Bereich sieht die Kuratorin als problematisch an.

Anders ist es natürlich bei (...) bei (...) Krankensalbung. Wenn man einen Kranken begleitet, (...) das ist schon (...) – Wenn man Monate lang immer wieder einen Kranken besucht und ihn begleitet und (...) und dann kann man zum Schluss (...) – Ja, das ist (...) das ist – Das belastet mich manchmal. (FW2-7,14)

Auch der Moderator sieht die Praxis der Sakramentenpastoral, die sich durch die Doppelzuständigkeit ergibt:

Man wird den Pfarrkuratoren andere Kompetenzen zuschreiben müssen. Und die Frage der Sakramentenspendung wird sich – wird sich auch noch stellen, Beicht-/Bußsakrament, wie soll das gehen? Aber ich denke mir manchmal - das ist wahrscheinlich ein Segen - die Not, weil vielleicht verabschieden wir uns von einer Praxis, die wahrscheinlich eh im höchsten Grad unvernünftig ist, denn dass man den Leuten ein Sündenbewusstsein aufoktroyiert hat, dass du alle vierzehn Tage Beichten hast rennen müssen, das ist ja gar nicht mehr aufrecht erhaltbar, also da fehlen sicher Änderungsprozesse – Oder andere Bereiche natürlich eben, nehme ich einmal an, die von Nachteil sind (...) wenn's keinen Geistlichen gibt, oder keinen Priester – Es ist sicher kein Nachteil, in der Pfarrei Kommunion bringen, das kann ein Laie; aber Krankensalbung oder solche Sachen da steht sie (Kuratorin) schon an oder Sterbebegleitung, da musst du dann jemanden anderen holen. (FM1-3,43)

Die Kuratorin nimmt sehr wohl wahr, wie sich der Moderator bemüht, nicht nur bei den liturgischen Handlungen präsent zu sein, sondern mit der Bevölkerung möglichst oft direkt in Kontakt zu kommen. Seinem Bemühen sind aber Grenzen gesetzt.

Er bemüht sich schon, (...) wo er kann, da zu sein. Weil das spüre ich – Und ich finde das auch sehr gut – Weil ich spüre wirklich, dass ein Moderator, wenn er nur kommt, Messe lesen, dann (...) dann (...) dann ist – Das könnte ich mir für einen Moderator auch nicht vorstellen. Z.B. wenn da (...) bei den Elternabenden z.B. bei der Erstkommunion, da kommt er wenigstens, und wenn es nur zehn Minuten sind. Da kommt er wenigstens her und (...) er sagt dann ein paar Worte, wenn er Zeit hat, und dann geht er wieder. Aber dass er da war – Er bemüht sich auch, wenn ein Fest gefeiert wird oder wenn irgend eine Veranstaltung ist, dann schaut er, dass er da ist, dass er wenigstens Kontakt zu den Leuten hat. Und (...) ja, also er bemüht sich schon, (...) ein bisschen (...) Kontakt zu pflegen oder heimisch zu sein. (FW2-7,33)

❖ Zusammenarbeit: Raum geben und sich schätzen

Von entscheidender Bedeutung für das Gelingen dieses Modells ist aus der Sicht des Moderators, ob zwei miteinander arbeiten können. Dies ist zwischen Pfarrer und Kaplan nicht anders. Ob die Kuratorin verheiratet ist oder nicht, spielt in den Augen des Moderators keine Rolle. Entscheidend ist eine funktionierende Beziehung.

I: *Wie würdest Du es sehen, wenn die Schwester verheiratet wäre? Gäbe das Probleme? Würde alles gleich gut funktionieren?* ***IP:*** *Das würde sicher genauso gut* *funktionieren. Das funktioniert, wenn zwei Menschen auf einer Schiene sind – Es funktioniert meines Erachtens so, wie es früher funktioniert hat mit Pfarrer und Kaplan, es funktioniert oder es funktioniert eben nicht (...) Die zwei müssen zusammenarbeiten können, dann geht es, wenn sie sich verstehen. Ob sie jetzt verheiratet sind, ist völlig "powidl", ob die verheiratet sind oder nicht, oder wer das ist, wenn das funktioniert, dann funktioniert's und sonst funktioniert es nicht. Wenn du sozusagen von deinem Vetorecht quasi Gebrauch machen musst, in dem Augenblick wäre es eh vorbei - wahrscheinlich, wenn man sich irgendwo nicht mehr einigen kann, und wenn der eine den anderen sozusagen blockiert mit der kirchenrechtlichen Machtfülle, die der Moderator im Prinzip besitzt, dann - dann glaube ich, ist es gescheit - man muss eine andere Lösung suchen. (FM1-2,15)*

In diesem Zusammenhang betont der Moderator nochmals, dass Seelsorge nicht modell-, sondern personenabhängig ist (vgl. FM1-2,32). Aus der Sicht der Kuratorin klappt die Zusammenarbeit mit dem Moderator gut. Sie spürt, dass er ihre Arbeit schätzt und ihr Freiheiten lässt. Einzig die unterschiedlichen Vorstellungen über Liturgie führen manchmal zu Spannungen. Auch die Zeit manches abzureden ist zu kurz. Die Kuratorin sagt:

Also so (...) die Zusammenarbeit mit ihm, die ist gut und fein. Und zwar vielleicht deshalb, er lässt mir volle Freiheit, also ich (...) ich kann meine Arbeit machen. Er (...) ja, er schätzt meine Arbeit (... ...) Ein Krisenpunkt ist bei uns (...) ein bisschen die Liturgie, weil wir einfach total andere Vorstellungen haben von Liturgie. Und – Aber – Ja, da muss ich langsam, langsam, also alles in kleinen Schritten – Und natürlich (...) eine Schwierigkeit ist natürlich die Zeit für Gespräche. Wir haben es – Wir schaffen es z.B. nicht, dass wir jetzt z.B. jede Woche oder alle 14 Tage einmal eine Stunde in Ruhe die Dinge durchbesprechen können und vorbereiten und das – Also, da habe ich das Gefühl, da bin ich eher (...) allein auf weiter Flur, und nur ganz knapp, bevor die Dinge dann (...) anstehen, dann redet er noch schnell darüber. Weil das ist – Ja da ist er sicher auch viel unter Druck und (...) und das (...) wären auch Punkte, wo man es angehen müsste. (FW2-9,22)

Der Pater übergibt bzw. überlässt der Kuratorin viele Entscheidungen, er hat ihr gegenüber volles Vertrauen. Das sehen auch die Gemeindemitglieder.

Die beiden haben in meinen Augen ein gutes Arbeitsverhältnis, er vertraut ihr voll und (...) ja, sie (...) sie hat die Verantwortung. (FW4-11,8)

5.3.3 Die „Weiblichkeit“ der Kuratorin und das sakramentale Mehr des Priesters

Das Thema „Frau in der Gemeindeleitung“ hat bei den Interviews eine besondere Aufmerksamkeit erfahren. Auch die schwer zu beschreibende Dimension des Priestersein, die auch in den beiden anderen Pfarren angedeutet wurde, kam in Franzenberg ausführlicher zur Sprache. Daher ist diesen beiden Themen ein eigener Abschnitt gewidmet.

❖ Eine Frau als Kuratorin

Die Franzenberger und v.a. Franzenbergerinnen sind sich bewusst, dass es etwas Besonderes ist, dass sie eine weibliche Gemeindeleiterin haben. Die Frauen in Franzenberg sind darauf stolz. Beim Thema „Frau" werden von den Gemeindemitgliedern zwei Aspekte hervorgehoben: die Frage der Akzeptanz einer weiblichen Leitungsperson und die Frage, ob und was eine Frau an „besonderer Qualität" in der Funktion als Gemeindeleiterin in die Pfarre einbringt.

Eine Lehrerin begrüßt es, dass nun endlich die Frauen in der Kirche eine Chance haben, ihre Charismen auch in die Leitungsverantwortung einzubringen:

> *Nein, einfach - ich glaube einfach, dass man nur einmal dieser Frau eine Chance geben soll. Weil Frauen in - in den Frauen steckt weitaus (lachend) mehr drin, als man ihnen zutraut. Und ich finde einfach, das Wichtigste ist nur, dass man sie einmal* ***arbeiten*** *lässt. (FW3-8,9)*

Die Lehrerin ist sich bewusst, dass Frauen es schwerer haben in einer Leitungsaufgabe angenommen zu werden. Sie vermutet, dass es gerade auf dem Land von Seiten der Bevölkerung mehr Vorurteile geben würde. In Franzenberg sieht sie das aber nicht.

> *Das Problem ist einfach, dass Frauen es da wirklich schwer haben irgendwie. Ich meine, das ist vielleicht in Franzenberg weniger, weil da relativ viel Wechsel ist von den - von den Leuten - da ziehen - da wird oft umgezogen und so. Also, die Leute sind teilweise nicht sehr lang da. Nur, wenn ich mir jetzt vorstelle auf dem - so richtig auf dem Land (...) gibt es schon sehr viele Vorurteile den Frauen gegenüber in solchen Positionen. (FW3-8,15)*

Die erfahrene Pädagogin plädiert daher für eine langsame, sukzessive Einführung von Frauen in leitende Ämter, denn mit Widerständen – vor allem bei den Älteren und auch den Frauen selbst – ist immer zu rechnen:

> *Ganz starke Widerstände. (...) also sicher einmal – Die Männer sind (lachend) - sind teilweise auch da, aber ich glaube auch, dass der - der Widerstand bei den Frauen auch groß ist. (...)* ***I:*** *Und - und auch unterschiedlich so vom Alter her, würden Sie sagen, dass der Widerstand ist, oder - dass das für einen Jungen auch oft (...)* ***IP: Nein,*** *nein, ich glaube, dass die Jungen da schon sehr wohl da zugänglicher sind, während also ältere - also mit dem Alter steigend der Widerstand. (FW3-8,46)*

Die Lehrerin betont, dass auch die Art und Weise, wie sich eine Frau einführt, ihre Annahme durch die Gemeinde hindern oder fördern kann:

> *Es wäre sicher schwieriger, wenn die Frau jetzt sofort anfangen würde, sich da alles mögliche an sich zu reißen. Also das glaube ich, das muss mit sehr viel Vorsicht gemacht werden. (FW3-8,25)*

Eine Ordensfrau wird – v.a. von der älteren Generation – leichter angenommen. Eine verheiratete Frau hätte es schwieriger gehabt:

> *Viel schwieriger, viel schwieriger. Das, glaube ich, wäre viel schwieriger gewesen. Also, wobei ich natürlich vielleicht für die Altersgruppe der Älteren rede, aber ich glaube, dass die Jungen, soweit sie überhaupt an Kirche und kirchlichem Geschehen*

interessiert sind – Nein, ich sehe es bei den jungen Familien, na ja, die Schwester, das ist – Es ist einfach ein bisschen etwas anderes. (FW4-4,13)

Gerade die ältere Dame ist überzeugt, dass eine Frau nochmals eigene Qualitäten in die Gemeinde einbringt: Mütterlichkeit und Wärme.

Also, ich glaube, ich glaube – Ich will jetzt den (...) den Männern nicht weh tun, aber (...) aber vielleicht (...) ein bisschen mehr menschliche Wärme bringt vielleicht schon eine Frau herein. Nicht, es gibt ja auch (...) sehr kalte, und es gibt (...) es gibt bei beiden (...) – Aber so von vornherein vielleicht, so ein bisschen eine Mütterlichkeit und ein bisschen menschliche Wärme oder (...) - natürlich mit der Gefahr auch, dass man sich in Gesprächen so lange mit der einen befasst, dass dann die fünf anderen, die eigentlich auch etwas haben wollten, nicht dazu kommen. [...] aber, sagen wir, das spürt man schon. Wenn ich gerade denke, (...) ja, bei den Herren, wer immer das ist, ist man einmal schnell (...) nicht abgefertigt, aber (...) aber ist man schneller wieder weg, das ist ja beim Arzt nicht viel anders. (FW4-13,22)

Eine Krankenpflegerin mittleren Alters ist ganz begeistert ob der Tatsache, dass eine Frau die Rolle als Kuratorin übernommen hat. In ihren Augen haben Frauen oft mehr Gefühl und Herzenswärme bei ihrer Arbeit. Darüber hinaus ist es einfach ideal, dass in der Leitung ein Mann und eine Frau vertreten sind. Für sie ist es geradezu ein Glück, dass es zu wenige Priester gibt, denn so kommen endlich die Frauen „zum Zug".

Na ja, wohl, ich finde es schön (lacht), dass eine Frau auch – Ja, ich finde es einfach schön, dass eine Frau (...) das ein bisschen in die Hand nehmen kann, (...) weil ich einfach das Gefühl habe - ich möchte das jetzt nicht ganz verallgemeinern, aber mir kommt einfach vor, eine Frau hat einfach ein bisschen mehr Gefühl für manche Dinge. Ich weiß auch nicht, das ist - Vielleicht ist das auch von Natur aus oder das (...) das sieht man ja im täglichen Leben auch oft. Das ist einfach das kleine (schnalzt mit der Zunge) bisschen, so (...) wo es halt noch ein bisschen – Wo man das Gefühl hat, ach da kommt so viel Herzenswärme daher. Das ist einfach so (...) ein so warmes Gefühl, ich möchte jetzt den (...) den Priestern oder so nicht absprechen, aber es ist – Und es ist auch nicht jedermanns oder jeder Frau Sache, das zu machen. Aber (...) was für mich schön ist, dass es einfach - dass es ein Mann und eine Frau sind, dass es eigentlich" wurscht" ist, welchen Geschlechts man eigentlich ist. Das kann jeder machen, ganz „wurscht", ob das ein Mann oder eine Frau ist. Es spielt eigentlich keine Rolle, nicht. Von daher – Und vor allem, dass (...) dass die Kirche das auch akzeptiert, also das Verhalten der Kirche, dass die das auch akzeptiert, dass das auch Frauen machen können. Auf Grund des Priestermangels natürlich auch wahrscheinlich, weil zu wenig Priester sind, die das machen können, aber ich will jetzt da gar nicht darüber nachdenken. Ich sage nur, Gott sei Dank sind zu wenig Priester, dass die Frauen vielleicht auch etwas machen können. Ich meine, da könnte man ganz sarkastisch werden (lacht). ***I:*** *Ja, ja. Auf jeden Fall erleben Sie das positiv, dass wie Sie sagen, etwas da noch dazu kommt oder da ist so an (...) an Wärme, die jetzt speziell mit ihr zu tun hat.* ***IP:*** *Umsichtigkeit und – Ich weiß auch nicht, man hat einfach so ein gutes Gefühl. Es ist einfach warm, so ein Wohlbehagen. (FW6-6,11)*

Ähnlich wie andere Frauen spürt die Krankenpflegerin die behagliche, mütterliche Qualität, die durch die Kuratorin in die Gemeinde einzieht. Sie macht diese Qualitäten nicht an der Frau als Ordensschwester fest, sondern daran, ob jemand diese Aufgabe gerne übernimmt und sich selbst darin wohlfühlt: „Ich glaube, dass das bei jeder Frau geht, die sich in dem Bereich wohlfühlt natürlich, das ist ohnehin klar" (FW6-6,39).
Die Krankenpflegerin kann sich auch gut vorstellen, dass eine verheiratete Frau diese Aufgabe übernimmt. Sie sieht aber auch die Schwierigkeiten, Gemeinde und eigene Familie „unter einen Hut zubringen".

> *Auf ihre Familie hat es sicher Auswirkungen, weil (...) weil ich glaube, dass das ein Job ist, der relativ viel (...) Substanz kostet. Er wird wahrscheinlich auch sehr viele positive Auswirkungen haben, weil (...) weil er Dinge (... ...) - Ich sage das jetzt einfach so, weil man Dinge als Kind vielleicht miterlebt, die man sonst in einer Familie (...) vielleicht mühsamer erleben kann, weil (...) weil (...) gerade wenn Kinder dann zu erwachsen sind, dann wird das Kirchengehen oder (...) Advent (...), das wird alles ein bisschen schwieriger. Weil ich sage oft: Sie hinterfragen viel mehr oder so, vielleicht – Kinder sind ein bisschen mehr involviert in das ganze, wachsen ein bisschen tiefer hinein. Es kann aber auch sein, dass es einfach - Eben dadurch, dass es recht eine Zeit oder (...) Substanz kostet natürlich auch – Es ist klar, wenn ich mich mit sehr vielen anderen Menschen beschäftige, dann muss ich aufpassen, dass mir nicht meine eigenen Leute (...) "flöten" gehen dabei. Also, es ist sicher – Verlangt sicher sehr viel Feingefühl, damit ich da auch abwägen kann. (... ...) Kann man es überhaupt abwägen, das ist wieder die zweite Frage. (...) Was ist mir wichtig? Wichtig ist mir wahrscheinlich dann beides, weil wenn ich es nicht (...) – Wenn ich jetzt z.B. als (...) als (...) als Kuratorin arbeiten möchte, dann täte ich es nicht, wenn – Weil da werde ich ja sicher gefragt und überlege mir das ja sicher gut. Und auf der anderen Seite habe ich aber Familie, das möchte ich aber auch tun, und das unter einen Hut zu bringen, (...) ist sicher eine große Aufgabe. So hat es – So ist es vielleicht für die Schwester Bernadette wieder fein, weil sie (...) jetzt nicht ganz eine persönliche Familie daheim hat, wo ich hingehen muss und so, wie jetzt in der Schule oder so. Das kann sie so auch sagen, aber es (...) betrifft sie jetzt nicht ganz (...) persönlich. Da – Sie hat eine große Familie. (FW6-7,13)*

Ist man verheiratet, so muss man das Einverständnis des Partners und seinen Rückhalt haben – will man eine solche Aufgabe als Kuratorin übernehmen. Das kann nicht im Alleingang entschieden werden. (Hier klingen die gleichen Überlegungen an, die schon in Aufeld bezüglich des verheirateten Gemeindeleiters artikuliert wurden.)

> *Vor allem musst du als verheiratete Frau ja einmal einen Partner finden, der das tut, mitmacht, mitträgt. Ich meine, das kann ja nicht nur ich - nur die Frau allein entscheiden, sondern auch – Das ist ein ganz langer (...) – So einen Partner musst du auch erst finden, der das mitträgt, nicht. Der muss auch irgendwo da ganz involviert sein in das ganze, weil sonst tut er dir dagegen. Weil wenn er (zwei Wörter unverständlich), bist du sicher aufgeschmissen. Ich weiß es nicht, ob sich die Schwester Bernadette leichter tut, wenn sie keine Familie hat. Ja, leichter tut sie sich sicher,*

weil (...) weil einfach die häuslichen Probleme dann (...) ja" die belasten dich dann halt am Abend nicht mehr. (FW6-7,49)

Die positiven Erfahrungen der Menschen mit einer Frau in der Funktion der Gemeindeleitung bekommt die Kuratorin als Feedback mitgeteilt. Sie bringe als Frau etwas qualitativ anderes ein, das die Gemeinde nicht mehr missen möchte. Kirche und Seelsorge bekommen plötzlich ein neues Gesicht. Die Kuratorin berichtet darüber:

Ja, also, was ich höre, sagen die Leute: Wir möchten es nicht mehr anders, und das ist für mich ein Zeichen, dass es gewonnen hat. Weil sie einfach sagen, wenn eine Frau – Bringt wieder eine total andere – ein anderes Gesicht in die Pfarre. Manche sagen: Jetzt kann ich einmal herkommen, jetzt kann ich einmal reden, jetzt (...) oder das würde ich mich sonst nicht getrauen und (...) und sie sagen überhaupt, das Zusammenspiel zwischen Pfarrmoderator und mir, (...) das ist bei den Leuten sehr positiv. Oder weil (...) ja, sie empfinden es positiv. (FW2-11,16)

❖ Zum „sakramentalen Mehr" des Priesters

Im Vergleich zwischen Kuratorin (Laie) und Priester kommt das Spezifische des Priesters andeutungsweise zur Sprache. An die Ordensschwester trägt man ähnliche Erwartungen heran wie an einen Pfarrer (vgl. FW4-3,43). Man erwartet jemand mit einer Berufung, nicht nur mit einem Beruf (vgl. FW4-4,2). Die Pensionistin artikuliert, dass die älteren Menschen einen Pfarrer mehr vermissen als die jungen, da er für sie noch eine größere Bedeutung hat. Die ältere Generation – die Pensionistin redet von „uns" – bringt dem Priester mehr Vorschussvertrauen entgegen. Er hat für sie mehr Autorität.

Vielleicht, (...) dass die Älteren da eventuell (...) – Die Akzeptanz ist auch da, aber, wie soll ich sagen, die vermissen den Pfarrer mehr, den Priester. Ich täte sagen, den Priester vermissen die mehr, nicht. Das ist der, der halt dann doch einmal auf Besuch kommt und (...) und (...) und – Ich meine, die Schwester kommt auch, wenn jemand echt krank ist, aber da vermengt sich halt dann doch ein bisschen - zuerst das Gespräch und dann vielleicht die Möglichkeit des Sakramentalen und so weiter. Also, die vermissen ihn etwas mehr. (FW4-4,33)

Für die alte Dame ist der Priester darüber hinaus ein Repräsentant der Amtskirche, das sichtbare Zeichen ihrer Anwesenheit. Diesem vertrauten Zeichen, das aus den Straßen verschwunden ist, trauert die Pensionistin nach.

Und was man schon vermisst, ist einfach, dass halt von der - vom Stadtteil die Geistlichkeit optisch verschwunden ist, nicht. Man (...) man hat früher den Pfarrer – Also, diese Patres - die sind halt gegangen und haben einmal die Leute besucht, und der ist, was weiß ich, auf die Bank und hat sich im Brotladen auch einen Kaffee gekauft und (...) und irgendwie – Obwohl ja er auch im Kloster drinnen gewohnt hat, er hat ja auch nicht heraußen gewohnt, weil das Pfarrhaus war ja nicht fertig, und es wäre ja nie vorgesehen gewesen, aber irgendwo – Der war natürlich schon mehr oder weniger den ganzen Tag da, und (...) und er war sichtbar. Da war irgendwo ein sichtbares Zeichen also (...) der Kirche, na ja gut, ich meine, Kirche sind wir ja alle, aber sagen wir jetzt einmal, der Amtskirche war präsent. Und das - und das irgendwie vermisst man. Oder man ist einmal hingegangen, und es gibt halt Dinge, die man halt mit dem Priester einfach lieber redet trotz geistlicher Schwester. Man vertraut vielleicht sogar auch ein bisschen mehr auf die Verschwiegenheit bei. (FW4-439)

In der Art und Weise, wie die ältere gebildete Dame über den Priester redet, wird deutlich, dass der Priester für sie etwas Besonders ist. Er steht „höher", hat amtlichen Charakter und ist ein „Vertreter Gottes". Dieses „Mehr des Priesters" lässt sich jedoch schwer beschreiben.

Ja, einfach - na ja, ich meine, in unseren Augen ist der Priester halt doch noch vielleicht ein bisschen höher - na ja, ich meine, es ist jetzt – Es klingt blöd, ich meine, ich kann nicht sagen, der Vertreter Gottes ist nicht da, das klingt jetzt blasiert, aber irgendwo - er (...) er ist halt der, an den man sich schnell wenden könnte, wenn einen der (...) der Schuh drückt, und wenn man irgendwo bei einem Gartenzaun ein paar Worte redet und - wie gesagt, also man – Er ist natürlich, sagen wir, vielleicht – Er ist einfach mehr die pastorale (...) Autorität. Ich würde das also auf das Pastorale (...) beziehen, da ist er mehr die Autorität. (FW4-5,10)

Die höhere Autorität des Priesters kommt für viele der älteren Generation dadurch zum Ausdruck, dass man seine Rat gewichtiger nimmt, dass er die gläubigen Menschen leichter zu etwas animieren kann.

Man nimmt halt doch an, dass er also, ich sage jetzt einmal, man idealisiert sicher der Priester auch, aber dass er halt dann - seinen Rat nimmt man dann noch etwas gewichtiger, wenn ich das vielleicht so sagen kann ... es ist halt der Pater Burkhard gekommen und hat gesagt: Mein Gott, wir haben einen Basar, nein, könnten Sie uns nicht ein paar Kekse backen? Es war (...) ist nicht immer gegangen um eine geistliche Sache, nicht, oder so. Oder auch: Ich bräuchte jemanden. Ich weiß noch, wie er zu mir gekommen ist, mein Gott, nein, Caritas sammeln, nicht. Na ja (...)., habe ich gesagt, (...) Caritas sammeln, ja. Also, jedenfalls habe ich mich dann geeinigt mit unseren Haus, wir haben 42 Wohnungen, also da Caritas sammeln, nicht. Wie gesagt, da ist er halt gekommen einmal fragen und (...) und so überall. Und das - und die Leute, vielleicht sind das die Frauen (...) noch etwas mehr – Wenn er halt da gekommen ist und jemanden gebraucht hat für die Altenstube und für den Basar und zum Kekse backen und das tun, da haben sie schon schneller dann ja gesagt. Auch die Zeit hat sich geändert, und bei der Schwester höre ich - erzählt sie mir, ja die sagen: Ja, alles können Sie haben von mir, aber gerade das nicht. Und das ist dann genau das, was sie bräuchte. Nein, ich tue Ihnen alles, aber Caritas sammeln gehe ich nicht. Nun, fein ist es nicht, ich würde hier und da auch lieber 2.000.- [Österr. Schillinge] von der eigenen Tasche zahlen, statt alle abklappern und sagen: Entschuldigen Sie (...) und so und (...). (FW4-5,22)

Von daher liegt für die Pensionistin auf der Hand: Die Kuratorin hat es viel schwerer, die Menschen zu animieren und zur Mitarbeit zu gewinnen. Das Fazit ist aus der Sicht dieser alten Dame nur logisch: „Der beste Kurator oder Kuratorin kann den Priester nicht ersetzen“ (FW4-6,27).

5.3.4 Veränderungen im Leben der Pfarrgemeinde

Auf die Frage, was sich in Franzenberg durch das K-M-Modell geändert hat, geht die Wahrnehmung des Moderators zunächst ganz auf die Gottesdienste. Hier hat sich aus seiner Sicht nichts geändert, außer dass die Sonntagabendmesse, die gerade von Jugendlichen besucht worden war, gestrichen werden mußte. Er lobt das Charisma der Kuratorin für die Kinder, was vermutlich verstärkt Familien anzieht. Der Moderator überlegt:

> *Ja, was hat sich geändert?... Jetzt haben wir Vorabendmesse, und am Sonntag um 9.30 Uhr, dafür keine Sonntagabendmesse, was also einen gravierenden Nachtteil meines Erachtens hat, dass wir damit also sehr viele Jugendliche in dem Sinn verloren haben, weil die natürlich Samstagabend nicht gehen. Um 9.30 Uhr ist eine Frühmesse an einem Sonntag, die gehen also lieber in die Stadt hinein, aber ich glaube, man muss heute über den eigenen Kirchturm hinaus schauen können, - aber sonst weiß ich nicht - was hat sich verändert? Sie ist eine Kinderschwester und kann sehr gut mit Kindern umgehen, also die Familienmesse am Abend - ich glaube, die zieht, aber ich tue mich schwer zu sagen, hat es sich jetzt zum Positiven verändert oder – Ich glaube, wir haben relativ viel junge Leute, junge Familien - ich glaube, es funktioniert ganz gut mit diesem. (FM1-2,40)*

Der Moderator sieht Veränderungsprozesse vor allem im Zusammenhang der liturgischen und sakramentalen Vollzüge. Das ist sein bevorzugter „Wahrnehmungshorizont“. Da sich in diesem Bereich kaum etwas geändert hat, nimmt er an, dass sich auch für die Menschen nicht wirklich etwas geändert hat:

> *Also, dass das da jetzt was ganz anders ist, das haben die Leute noch gar nicht entdeckt, außer das sie [die Kuratorin] jetzt quasi den Bürokram macht. Aber nicht, wenn heute jemand zum Taufen kommt, dann nimmt sie das auf und schreibt mir einen Zettel um ein Taufgespräch und so weiter, das mache dann ich. (FM1-4,12)*

❖ Belebung traditioneller Gottesdienstformen und Aufleben junger Familien

Für die Krankenpflegerin sind die Veränderungen im Zusammenhang mit den Familiengottesdiensten ebenfalls am augenscheinlichsten. In die Vorbereitung sind mehr Freiwillige eingebunden und die Gottesdienste sind lebendiger – vielleicht zum Leidwesen mancher älterer Leute.

> *Wir haben z.B. einmal im ... einen fixen Familien-Gottesdienst, wo jetzt nicht (...) Mitglieder von irgend einem PGR oder sonst irgend einer Vereinigung, sondern einfach Freiwillige mithelfen, den Gottesdienst zu gestalten mit den Kindern. Aktivitäten in dem Sinn sind eigentlich schon mehr, ja. Dass die Kinder ein bisschen mehr involviert sind in das ganze, vielleicht ist das einfach das Frauliche, ich weiß es nicht, aber vielleicht ist es wirklich das Frauliche, das Mütterliche vielleicht. Die Kinder sind sehr schön involviert in die (...) in die Messen, also gerade in die Familienmessen, oder – vielleicht manch ältere Damen hinten den Kopf schütteln: In*

Gottes Namen, was tun die denn heute gerade da. Und ich finde es einfach schön, dass die etwas tun können. (FW6-9,12)

Diese Veränderung im Gemeindeleben – dass Kinder und Familien mehr Aufmerksamkeit erfahren – wird übereinstimmend von allen interviewten Personen beschrieben. Die Kuratorin hat eine besondere Hand dafür.

Ja, doch - man hat schon das Gefühl, dass sie sich besonders um die Kinder kümmert. (...) Die sind ihr schon ein großes Anliegen, und da versucht sie auch immer, die Kinder extra mit einzubeziehen. Und das ist auch - es ist auch jetzt ein wenig lockerer, was also jetzt Sonntagsgottesdienste – Wenn da einmal ein Kind einen Lärm macht oder so, das ist egal, das ist - wird toleriert einfach. Es sind jetzt auch mehr - mehr Eltern mit kleinen Kindern, die hingehen zum Gottesdienst. (FW3-5,49)

Diese Aussagen bestätigt eine ältere Frau:

Also, wenn ich an Kinder denke, also im kleineren Alter [...]– das ist der Bereich, wofür sie eine Super-Ausbildung hat, was sie super gern tut und wo sie sich voll einsetzt. Und da hat sie Ideen ... Natürlich, davon sind die Leute auch sehr angesprochen. (FW4-19,21)

Selbst eine Jugendliche, die mit der Kirche kaum in Kontakt steht, nimmt das besondere Charisma der Kuratorin für Familien und Kinder wahr:

Mir gefällt, dass jetzt mehr Familien mit Kindern, mit Kleinkindern halt, dabei sind, und ich finde es eigentlich auch gut, wie es sie auch macht, die Schwester Bernadette - die Organisation und so, was ich halt mitbekomme, aber (...) aber das interessiert mich eigentlich (lachen) (...) die Kirche selber halt so mit ihren Vorstellungen und so - das interessiert mich halt nicht. (FW5-5,30)

❖ „da brennt Licht im Pfarrhof, da kann ich hingehen"

Für die Menschen ist eine Veränderung besonders symbolträchtig: der bewohnte Pfarrhof. Er stand früher leer, da der Pater, der Franzenberg betreut hat, im Kloster gewohnt und geschlafen hat:

Es waren (...) Kanzleistunden, und sonst war (...) war dunkel. Es hat niemand da gewohnt.(FW2-3,18)

Das jetzt ständig jemand im Pfarrhof wohnt und präsent ist – die Kuratorin wohnt mit einer Mitschwester darin –, gehört zu den einrucksvollsten Erlebnissen der Pfarrbevölkerung. So erzählt z.B. eine Frau der Kuratorin immer wieder Folgendes:

Sie hat das Gefühl, dass sich irrsinnig viel geändert hat in der Pfarre. Also, dass einfach (...) ja, dass es lebendig ist und dass Leben da ist, und es ist auch wirklich im Pfarrgottesdienst dauernd etwas los, also es ist immer (... ...) – Und (...) und was mich auch – Was mir eigentlich einen sehr großen Auftrieb ganz am Anfang gegeben hat, dass (...) jemand gesagt hat: Seit Ihr da seid - weil wir sind zu zweit - da brennt Licht (...) im Pfarrhof. Weil der war ja immer dunkel 15 Jahre, und der hat gesagt jetzt: Wir schauen am Abend oft (...) oft hinüber, und jetzt denke ich mir, jetzt ist jemand da. Und das hat mich im übertragenen Sinn – War das für mich (...) dann sehr wichtig, dass einfach Licht brennt, dass einfach jemand da ist, dass die Leute wissen, jetzt ist jemand da, da kann ich hingehen, wenn (...) wenn (...) ja, wenn der Hut brennt. (FW2-3,1)

❖ Mitarbeit ja, Eigenverantwortung nein

Die verstärkte Mitarbeit der Gemeindemitglieder beschränkt sich nach Aussagen der interviewten Personen vorwiegend auf den Bereich „Kinder und Familie". Darüber hinaus gibt es wenig neue ehrenamtliche Mitarbeiter, wie eine 50jährige Frau betont: „Nein, es sind eigentlich immer die gleichen." (FW3-6,14)

Die Kuratorin erlebt, dass es schwer ist, neue MitarbeiterInnen zu gewinnen, die selbst Verantwortung tragen wollen. Viele Menschen bieten ihr zwar eine Mitarbeit an oder melden Interesse an verschiedenen Aktivitäten an. Wenn die Kuratorin eine Initiative ins Leben ruft, sind die Menschen da, sobald diese aber ihr Anliegen selbst in die Hand nehmen sollen, zerfällt die Initiative.

Z.B. so Gruppen, wenn ich (...) überall den Anfang setze, dann weiß ich genau, dann (...) dann wird vieles entstehen, aber das wird mir dann einfach zu viel. Z.B. eine Frauengruppe, die (...) die finden niemanden, der das in die Hand nimmt, oder. Wenn (...) wenn ich sage: So, jetzt treffen wir uns morgen, dann sind morgen die Frauen alle da. Aber dann (...) dann bin wieder ich diejenige, die – Und ich sage, das kann ich nicht. Ihr müsst jetzt schauen, dass Ihr selber (...) dass eine von Euch das einfach übernimmt. Und die erwarten sich einfach, dass ich das mache, und ich sage das (...) – Wenn sie das wollen, wenn - Die Räumlichkeiten sind da, aber das ist noch ein langer Weg. Und es wären viele, viele bereit zu helfen, aber niemand will (...) selbständig Verantwortung übernehmen. (FW2-4,3)

Die Kuratorin sieht als wichtige Aufgabe, die Gemeinde in Richtung größerer Selbständigkeit zu begleiten. Darin kommt ihr pastorales Leitbild zum Ausdruck.

Für die Kuratorin hat der Umstand, dass viele Menschen so wenig Eigeninitiative in der Kirche zeigen, mehrere Gründe. Zum einen hat das Jahr der Vakanz in Franzenberg manche engagierte Menschen „ausgebrannt". Die Franzenberger führten für diese Zeit selbst die „Pfarrgeschäfte". Einige Gemeindemitglieder hatten sich sehr angestrengt, um die Pfarre am Leben zu erhalten. Am Ende des Vakanzjahres war dann bei vielen Engagierten die „Luft" heraus, sodass sich viele verabschiedet haben. Mit dem Kommen der Kuratorin stellte sich das bekannte „pastorale Versorgungsmuster" in der Gemeinde wieder ein. Das machte es der Kuratorin anfangs schwer, die Menschen zur Mitarbeit zu motivieren und neue MitarbeiterInnen zu gewinnen:

Und ich finde es natürlich auch positiv - oder ich habe es positiv empfunden, dass (...) die Pfarre ein Jahr (...) vakant war. Und die haben mit unheimlichem Einsatz - haben die geschaut, dass sie das Jahr gut drüber bringen. Der PGR-Obmann, der (...) der, glaube ich, war mehr da als an seinem Arbeitsplatz, er ist Geschäftsführer, und der hat mit einem unheimlichen Einsatz das gemacht. Aber man hat dann gemerkt, das sind dann einfach Ermüdungserscheinungen - waren da und sie könnten es nicht mehr länger machen. Oder jetzt, die waren an der Grenze. Und ich habe natürlich auch gespürt, dass einige, die ehrenamtlich dort gearbeitet haben, mein Gott, für zehn Jahre oder vierzehn Jahre, dass die auch die Situation als Absprung gelöst haben. Dass sie gesagt haben, so jetzt (...) - Ich habe jetzt vierzehn Jahre meinetwegen Kirche geputzt, oder ich habe jetzt vierzehn Jahre den Dienst gemacht, und (...) und jetzt (...) jetzt reicht es mir. Das habe ich auch gespürt, dass ich dann doch für viele Dinge mir wieder Leute suchen habe müssen und (...) und wieder auf den Weg gehen. Und viele natürlich, oder - Das ist halt auch noch ganz tief (...) im Volk drinnen, die Versorgungskirche. Jetzt ist jemand da, der wieder alles macht. Oder es ist auch am Anfang, weil z.B. ich habe auch gehört, dass man sagt, so jetzt ist eine Schwester da, jetzt ist dann die Kirche wieder sauber. Und (...) die Erwartungen sind für die Erwartungen da schon sehr hoch. Und es ist sicher auch, dass ich vieles noch mache, das eigentlich nicht meine Aufgabe wäre. Aber da, glaube ich, kommt auf eine Frau viel mehr zu als auf einen Mann. (FW2-3,21)

Die Kuratorin spürt deutlich, wie ihr rollen- und geschlechtsspezifischen Erwartungen, die an sie als Frau – im Unterschied zu einem Mann – herangetragen werden.

Die Kuratorin hat klare Perspektiven für die pastorale Arbeit in Franzenberg. Im besonderen beschäftigt sie der diakonische Bereich, für den sie MitarbeiterInnen sucht. Zwar begleitet sie selbst einzelne Personen, aber die Einrichtung einer organisierten Form, an der sich mehrere beteiligen – etwa ein Sozialkreis – gestaltet sich als schwierig.

Ja, es wird z.B. (...) wir gründen jetzt einen Vinzenz-Verein, weil wir haben noch keinen Sozialkreis ... Ich habe niemanden gefunden, der das (...) – Das geht mir sehr ab. Es sind natürlich sehr viele Leute von Franzenberg, die arbeiten am Sozialsprengen in Völl, der ist ja – Also, ich glaube, was ich gehört habe, von Tirol der beste, der ... da arbeiten sehr viele junge Frauen auch von Franzenberg, und in dieser Hinsicht sind wir sehr gut betreut. Und da können sie sich auch einbinden, dann eben in den (...) Vinzenz-Verein, da geht es eigentlich um Hausbesuche und (...) und dann gäbe es noch Jugendarbeit, dann (...) ja (...) – Das andere sind jetzt eher so am Rand, aber es bräuchte auch Leute – Man sollte das Pfarrblatt verteilen, da hätte ich einmal sehr gerne, dass das von Erwachsenen persönlich hingebracht wird. Eine Möglichkeit wäre natürlich auch (...) wie heißt das schnell? (...) Nicht Nachbarschaftshilfe (...) so Wohnviertel-Helfer oder, das wären Dinge. Es wäre natürlich auch – Was Kinderbetreuung anbelangt, könnte man sich einbinden. Oder (...) ja, wenn jemand gerne eine Bürostunde übernehmen will, wäre ich auch nicht böse (beide lachen). Ja, solche Dinge – Oder auch Liturgie vor allem, was auch sehr schwierig ist, einen Liturgiekreis (...) ja, einen Liturgiekreis zusammen zu bringen, das ist – Und dann haben wir Kantoren und Lektoren und Kommunionhelfer oder, das sind auch – Kirchenchor, dann haben wir einen Jugendchor und einen Kinderchor. Oder auch, wenn jemand musikalisch (...) begabt ist, dass er (...) Gottesdienstgestaltungen macht. Es gäbe viele Möglichkeiten. (FW2-8,21)

Die Menschen spüren, dass die Kuratorin für jede Mitarbeit und Initiative offen ist und sie mit allen Anliegen und Wünschen zu ihr kommen können.

Ich habe so den Eindruck, wenn man sich engagieren möchte, dann gibt es also - es gibt eine Bibelrunde, es gibt - es gibt einen Chor, es gibt die Leute, die lesen und – Also es - es gibt eigentlich relativ viele Möglichkeiten, und die Schwester – Ich habe den Eindruck, die Schwester Bernadette wäre jederzeit offen, wenn jemand herkommt und sagt, Sie, ich möchte da mitmachen. (FW2-4,34)

❖ Der Zusammenhang zwischen der kirchlichen „Verortung" der Befragten und der Beurteilung des K-M-Modells

Menschen, die eher am Rande der Gemeinde stehen oder weniger Interesse am Leben der Gemeinde bekunden, können naturgemäß wenig über Veränderungen aussagen. Sie haben keine Unterschiede bemerkt. Eine Jugendliche, deren Familie durchaus am Leben der Gemeinde beteiligt ist, sagt:

Ja (...) ich - man - ich kann eigentlich nicht so viel darüber sagen eigentlich - (kurzes Lachen) - ich müsste mehr in die Kirche gehen - ah, ich hab eigentlich nichts bemerkt, halt dass ein besonderer Wechsel wäre - es ist halt - mh - jetzt mehr auf so Familien mit Kinder so eingestellt, so - ich meine, zum Beispiel jetzt - meine Eltern gehen jetzt eigentlich, sind im Pfarrgemeinderat und so sind jetzt mehr mit der Kirche beschäftigt und so halt – Mein kleiner Bruder, der ist halt auch - liebt halt die Schwester Bernadette heiß (lautes, gelöstes Lachen) - das war halt davor nicht so, aber (...) ich selber habe das eigentlich nicht so. (FW5-1,5)

Die Jugendliche hat selbst keinen Kontakt, sie nimmt die Gemeinde als „eingeschworene Gemeinschaft" wahr, sich selbst dagegen als Außenstehende – „ich bin nicht dabei".

Mir kommt halt vor so, das ist irgendwie so eine so eingeschworene Gemeinschaft - und die halt irgendwie Kirchen gehen und - halt so Pfarrcafè gibt es jetzt auch, seit sie da ist - mit Kuchen und so - ähm - die kennen sich halt, und es ist eben, mir kommt halt vor, dass jetzt – der Pater Severin oder die Schwester Bernadette so bemühen, dass da möglichst viel von außen noch Leute dazukommen oder auch von den Jugendlichen - halt die, was schon dabei sind, mit denen haben sie Kontakt, aber die, was nicht dabei sind (lachen) - ich bin nicht dabei. (FW5-2,20)

Obwohl sich die Jugendliche in der Gemeinde nicht beheimatet, ja eher „draußen" fühlt, hat sie ein ansprechendes Bild von ihr, das mit der Art von Schwester Bernadette zusammenhängt.

Ja, lebendig und freundlich eigentlich und - ja ich glaube, dass sich die Leute untereinander gern mögen und gut verstehen halt – (...) Ja, es ist eigentlich im Prinzip nicht so eine altmodische Kirche, und das ist halt auch wegen der Schwester Bernadette, dass es nicht mehr so konservativ wirkt und so. (FW5-6,21)

Auch Menschen, die nur einen schwachen Einblick in das Gemeindeleben haben, gehen mit ihren Anliegen zu Schwester Bernadette (vgl. FW5-3,45).

5.3.5 Die Gesamtbeurteilung des K-M-Modells durch die Gemeinde

Die gebildete ältere Dame sieht die Beurteilung das K-M-Modells im größeren soziokulturellen Zusammenhang, nämlich in seiner Funktion für den sozialen Zusammenhalt einer Gemeinde, eines Dorfes. Die Kirche als religiöses Zentrum lässt um sich herum soziale und kulturelle Fäden entstehen, die abreißen würden, müssten die Gemeindemitglieder zum Gottesdienst in einen anderen Ort fahren.

> *Weil dann ist die Kirche im Dorf total entwurzelt. Also, die (...) die Leute weg (...) kaum, Also, das würde ich am (...) am übelsten finden. Ich meine, man geht ganz gern einmal woanders hin, aber dass das das Normale wird, dass man also draußen in Gemeinden oder von mir aus auch bei uns in Franzenberg die Kirche wieder zusperrt und sagt: Ja Leute, ihr seid ja so nahe der Pfarre St. Columban und den Patres und dem Provinzhaus und (...) und Fils, also das – Weil mir vorkommt, die Kirche ist heute doch auch so (...) natürlich das religiöse Zentrum, aber doch auch – Die hat doch auch kulturelle Auf (...) und (...) und so in allem und auch Soziales, da (...) da - hängt ja zusammen, im Dorf tut man ja auch - die Männer zuerst in die Messe gehen, und dann gehen sie an den Stammtisch, und dann – Da werden dann die Geschäfte abgeschlossen mitunter und (...) und auch die politischen. So, das ist zwar nicht die Aufgabe der Kirche, aber das geht nicht – Aber das wäre in meinen Augen die schlechteste Lösung und darum dankbar allen Pfarrern, die das auf sich nehmen, von einem Ort in den anderen zu gehen. (FW4-15,7)*

Die Menschen erleben das K-M-Modell nicht als Verlust, sondern als Gewinn (vgl. FW3-9,40). V.a. die Kombination von Priester und Laie in der kooperativen Leitung wird positiv gesehen.

> *Ich finde, das ist bereichernd. Gut, es ist sicher noch einmal etwas anderes, wenn da kein Priester - kein Priester da ist. (...) Dann fehlt sicher etwas. Aber* ***so,*** *die* ***Kombination****, finde ich - finde ich sehr gut. (FW3-9,9)*

Die Krankenpflegerin hält das K-M-Modell nicht für eine Notmaßnahme, die möglichst schnell überbrückt werden müsste. Die Erfahrungen sind so gut, dass diese kooperative Leitungsform ein Zukunftsmodell für sie darstellt (vgl. FW6-8,7). Durch die Aufteilung der Arbeiten wird pastoral alles abgedeckt, es muss nicht wieder – etwa durch die Weihe eines Kurators bzw. einer Kuratorin – wieder alles in einer Hand liegen.

> *Nein, ich habe das eigentlich auch nie so empfunden als (...) als Notmaßnahme, weil wir halt einfach keinen Priester haben, sondern (...) – Nein, es ist schön so, wie wir es haben. Mir passt das ganz gut. Und es passt vielen so, also bei uns in der Anlage ... Ich glaube, dass das bei allen – Ich habe das Gefühl, dass bei allen (...) – Dass das gut ankommt und dass es auch gut angenommen wird, so wie es ist.* ***I:*** *Also es braucht nicht unbedingt (...) – Also, bei den Frauen steht ja das noch in weiter Ferne, aber wenn jetzt da z.B. ein Kurator wäre (...) – Dass jetzt ein verheirateter Mann jetzt geweiht werden könnte, das bräuchte es nicht unbedingt. Also nicht, dass sie sagen, irgendwo ist es doch besser, wenn alles in einer Hand ist? [...]* ***IP:*** *[...] Nein, nein.*

Nein, also dass es unbedingt notwendig ist, das glaube ich nicht. Man kann sich (...) man kann sich sehr wohl in der Pfarre Aufgaben gut teilen. Und man sieht bei uns, es funktioniert recht gut, funktioniert wirklich gut. Habe halt ich so das Gefühl, und das ist ganz wichtig. (FW6-8,22)

In der Gesamtbeurteilung empfindet die Krankenpflegerin mittleren Alters das K-M-Modell als nachahmenswert, es ist bereichernd. Für sie ist kein „Loch" entstanden, im Gegenteil: Sie hat rundum ein gutes Gefühl (vgl. FW6-10,39). Sie will unbedingt andere Pfarren und auch die Diözese ermutigen, solche Modelle zu installieren und als Chance zu sehen:

Und die Chance für die Zukunft ist vielleicht, dass andere Gemeinden (...) sehen, dass das gut funktionieren kann, so ohne (...) dass ich mich da auf einen Priester konzentrieren muss und schauen, wo ich den vielleicht her bringe. Und ich bringe ihn aber nicht her, weil einfach – Ja, weil eben jedem die Hände gebunden sind. Und ich müsste sagen Mut, Mut für jeden, dass er – Oder für viele Pfarrgemeinden, dass sie das Modell einfach aufgreifen und selber (...) ausprobieren, wobei Ausprobieren immer die Möglichkeit offen lässt, dass ich sage: Nein danke, das brauche ich doch nicht, weil es natürlich schon ein bisschen Initiative erfordert natürlich. Das ist ohnehin klar, das ich sage, ich muss da schon ein bisschen dazu beitragen. Ich meine, von nichts kommt nichts, das ist ohnehin klar. Aber sein – Eine Chance für die Zukunft ist einfach – Ja, es sollte sich jede Gemeinde einfach (...) – Die sollte das machen und probieren, da braucht man keine Priester zu haben. (FW6-12,23)

Aufgrund der guten Erfahrungen will die Krankenpflegerin betroffene Gemeinden und die Diözese dazu motivieren, das K-M-Moell zu „probieren". Dies würde auch dem „Schutz der Priester" dienen, die in Gefahr stünden, nur mehr wie Maschinen zu „funktionieren".

Wenn man vor einer Alternative steht, entweder ich habe gar nichts mehr oder ich habe einen Priester, der sich noch mit zwei anderen oder mit dem - noch zwei Gemeinden teilen muss, ich meine, das ist auch nur ein Mensch. Man soll auch den Priester Mensch sein lassen, er ist auch keine Maschine. (... ...) Sie sollten mutiger sein. Es funktioniert viel besser, als man sich das im Vorhinein oft – Also, wie man sich das oft ausmalt. Ja sagen können einfach, nicht. Einfach sagen: Ja, und jetzt probieren wir es. Natürlich schon mit dem Willen: Wir probieren es, und wir ziehen es auch durch. Aber einfach Ja sagen können und nicht immer gleich immer alles abwürgen, das ist (...) – Was sollst du jemandem sagen: Sie sollen es probieren. Wenn sie vielleicht von vorneherein so negativ eingestellt sind, sollen sie zuerst einmal die eigenen Schranken abbauen und dann Brücken bauen. Das ist – Es funktioniert tadellos. Und sonst sollten sie wirklich einmal sich die Mühe machen und in die Pfarre kommen und schauen, wie das funktioniert. Da ist nichts Bitteres, nichts Hantiges, im Gegenteil: Da ist sehr viel Wärme und sehr viel gutes Gefühl. (FW6-13,22)

Selbst die kritische ältere Dame ist vom K-M-Modell überzeugt: „Ich sage ja, unser Modell ist schön" (FW4-14,24). In den Augen der Menschen gehört viel Mut dazu, als Frau die Funktion als Kuratorin zu übernehmen. Die Schwierigkeiten werden gesehen.

Ich finde einfach (... ...) dass (unverständlich) dass die Frauen jetzt einfach da so den Mut aufbringen, weil es - es gehört viel Mut dazu, dass man den - den steinigen Weg gehen will. Es ist sicher ein schwieriger Weg, aber es ist gut. Dass man den - dass - dass es einfach Frauen gibt, die sich das - die sagen, es steht dafür. Dass sie sich das - das - das auf sich nimmt, weil es ist - es ist schwierig. (FW3-9,46)

Die Schwierigkeiten scheinen aber eher von der Amtskirche als von der Gemeinde zu kommen (vgl. FW3-10,4). Mit Blick auf die Zukunft hat die Lehrerin sehr genaue Vorstellungen darüber wie die Schritte in die Zukunft aussehen müssen. Nicht die Priesterweihe der Frauen ist als nächstes angesagt, sondern die Freistellung des Zölibats. Dies deshalb, weil der Mensch auf Zweisamkeit ausgelegt ist.

Nein, also, ich finde, dass der Weg anders gehen ***müsste****. Und zwar finde ich nicht unbedingt wichtig, dass man jetzt Frauen da so unbedingt an Stelle der Männer hinsetzt, sondern dass man da eher (... ... ...) zuerst zum Beispiel das Zölibat fallenlassen sollte. Dass es verheiratete Priester gibt. Und weil - man hätte dann mehr Priester, weil wenn man jetzt Frauen zu Priestern macht oder zu Priesterinnen macht, dann hat man eigentlich wieder genau das, eben nur mit - mit weiblichen Vorzeichen. Weil irgendwo ist das - das fehlt einfach. Der Teil des Lebens, der ja auf Zweisamkeit aus ist, ich meine der - der - der bleibt ungelebt oder der muss (...) der* ***muss*** *ungelebt bleiben. Und das finde ich nicht gut. Und erst, wenn man da mit - mit den Priestern selbst besser umgeht, indem man eben sagt, ich stelle das - wir stellen das frei. Wer es fassen kann, kann es fassen, aber wer das nicht schafft, ist immer noch besser - ein engagierter Priester, der eben auch seine Beziehung hat, als wenn das mit - mit so viel Kraft unterdrückt werden muss. Und das wäre dann auch - und dann finde ich erst kann man den nächsten Schritt machen, nämlich auch Frauen die Priesterweihe (...) geben. (FW3-9,18)*

- Es gibt keine Alternativen!

Für die Pensionistin ist die Entschärfung der Situation des Priestermangels nur durch Viri probati vorstellbar:

Genau so, wie ich ja glaube, die Frage spielt zwar jetzt nicht hinein, aber sagen wir, die Frage der (...) Viri probatii, die meiner Meinung nach von den Leuten viel schneller angenommen würde als die Frauen als Priesterinnen. (FW4-12,22)

Mit Blick auf die Alternativen angesichts des Priestermangels ermutigt der Moderator, sich auf das K-M-Modell einzulassen. Er betont dabei aber auch, wie wichtig das Verstehen zwischen Moderator und Kurator ist.

Ich glaube, das kann eine ganz positive Erfahrung sein, das kann auch eine negative sein. Das ist auch wieder individuell, das ist genauso, wie wenn du einen Pfarrer bekommst - mit dem kannst du - dann kannst du oder du kannst nicht. Das kann eine viel größere Chance sein, wenn das zwei vernünftige Leute sind, die das machen, wenn das ein vernünftiger Laie ist, der mit Menschen umgehen kann und der einen halbwegs passenden Pfarrmoderator dazu hat, der sie oder ihn auch arbeiten lässt, und sie zwei "g'schaffen", dann ist das eine gute Sache. Wenn du einen "Spinner" hast, geht das nicht. Man kann es nur, wie gesagt, auf diesen Einstellungsprozess drauf ankommen lassen, man muss sich darauf einstellen und probieren. Du musst einen Pfarrer auch probieren - wenn du einen neuen Pfarrer bekommst, weißt du auch nicht von vornherein - im Normalfall -, das ist aber ein schöner Spinner, der sich mit der ganzen Pfarrgemeinde aneckt, solche haben wir ja - es gibt ja genügend, im Grenzbereich von Völl auch. Also wie gesagt – Eigenheiten hat jeder. (FM1-3,29)

Der Moderator ist der Meinung, dass die Lösung des Problems letztlich nicht auf lokalkirchlicher Ebene, sondern nur in Rom geschehen kann. Dort liegt der „Knoten" und dort gehört dieser gelöst. Dort muss man den Mut haben, sich von einem jahrhundertealten Seelsorgemodell zu lösen.

Ich glaube nicht, dass das ein diözesanes Problem ist, ich glaube auch nicht, dass das ein österreichisches Problem ist, auch wenn die Diskussion so abläuft. Das ist einzig und allein ein römisches Problem, wo alles blockiert wird von Rom. Die einfach nicht zur Kenntnis nehmen wollen, das wir uns von dem üblichen, gängigen, jetzt 200 Jahre dauernden Seelsorgemodell verabschiedet haben. Dass wir einen Klerus haben, einen jungen Dekan in Völl bekommen haben, mit 60 Jahren in einem Alter, wo einer in Pension geht, und - ah - als Otto Normalverbraucher ist jemand heute schon zwei, drei Jahre in Pension im Schnitt - übernimmt jemand also eine, eine der größten Pfarren von - von der Diözese, die Stadt Völl, als Dekan und Stadtpfarrer. Das ist an sich alarmierend. Lass noch fünf Jahre ins Land ziehen, dann ist das Problem allgemein, dass jede zweite Pfarrei, wo einer wegstirbt, keinen mehr bekommt (...) und - und - und der Sakramentenempfang muss ja trotzdem irgendwo laufen. Irgendwann einmal wird dann doch irgend ein ein Geistlicher irgendwo aus dem Hut zum Zaubern sein, der vielleicht dann doch einmal im Monat dorthin kommt. Ob ***das*** *sozusagen wirklich der Weisheit letzter Schluss ist, der Hl. Geist von Rom, ich weiß es nicht. (FM1-4,27)*

Viri Probati sind für den Moderator vorstellbar, wobei er Schwierigkeiten – nicht bei den Leuten, aber beim Klerus – aufgrund der Zweiteilung der Priesterschaft sieht.

Mein Gott, der Viri Probatus ist gewiss ein Lösungsansatz. Ich könnte mir überhaupt nicht vorstellen, dass die Leute dagegen etwas einzuwenden haben (...) also von den Leuten her, sehe ich das Problem nicht (...) Das kann möglicherweise noch innerhalb des Klerus noch zu einem Problem führen, dass Geweihte - äh - Verheiratete und Unverheiratete sind, wieso der darf und ich darf nicht, also diese Fragestellung wird wahrscheinlich - könnte ich mir vorstellen - noch auftauchen. (FM1-4,45)

❖ „Nur noch seelsorglicher Manager"

Der Moderator holt zu einer kritischen Gesamtbeurteilung der Situation aus. Während das K-M-Modell für die Laien Chancen der Mitarbeit bietet, bedeutet die Entwicklung im Zuge des Priestermangels für den klerikalen Beruf den Tod. Der Priester droht zum „klerikalen Großmanager" zu werden, womit jedem jungen Interessenten die Freude an einem sonst erstrebenswerten Beruf genommen wird.

(...) Nein - äh - so wie das bei uns praktiziert wird, halte ich das überhaupt an sich für eine Superlösung, also dass Laien etwas tun in der Kirche und tun dürfen, und

dass man da auch andere Laien beschäftigt und sie sich hier wohl fühlen können, das wäre der Idealfall, nicht das gegenseitige Ausspielen - also das läuft hier ganz passabel, aber es kann nicht der Sinn der Übung sein - äh - dass sich also der klerikale Teil dann sozusagen zum klerikalen Großmanager entwickelt, der dann den Sonntag mit fünf Messen - hat und von einer Pfarre in die andere „hupft", und dann ward er nicht gesehen mehr, Und das ist auch schlecht. Weil dann hast du überhaupt keine Beziehung mehr - ist nebenbei der Tod, glaube ich, der absolute Tod für den klerikalen Beruf, weil - wie soll ich einem jungen Menschen dann sagen, das ist ein schöner, erstrebenswerter Beruf, das glaubt er dir ja nicht. Bis zum Umfallen ist er Pfarrer, und dann ist er zack - dann ist er weg, ist er umgefallen, bis – So lange er noch halbwegs auf den Füßen stehen kann, ist er noch - kriegt er noch mit achtzig womöglich noch eine Pfarrei dazu, das haben wir ja teilweise. Oder wenn ich denke, in meiner Heimat, also in Linz / Auwald, war eine Pfarrei zu meiner Kindheit mit immer drei Geistlichen, hat über 7000 Katholiken damals gehabt, ist jetzt vielleicht kleiner geworden; Maiwald das gleiche, eine der größten Pfarren von Linz, jetzt sind zwei Pfarren, Pfarrverband Auwald / Maien, ein Geistlicher mit an die 20000 Katholiken, ja Entschuldigung, sollte das jetzt ein erstrebenswerter Job sein (...) Seelsorger nennt sich dann so was, wo sollte der noch irgendwo eine Zeit für Seelsorge haben, also das glaube ich - halte ich für ganz alarmierend, einem jungen Menschen zu sagen, das ist jetzt - das wäre was erstrebenswert - das ist ein schöner Beruf (...) und dann halt Deckel zu (...) Was ja an sich etwas Schönes ist, als alter Mensch, ich sehe das ja bei uns im Kloster ... also dass ich auch im Alter noch durchaus das Gefühl habe, ich werde auch immer noch gebraucht und noch gerne gesehen. (FM1-5,8)

Aus der Sicht des Moderators stellt sich die Frage, wie lange ein Priester den pastoralen Stress aushalten kann, den die priesterliche Betreuung mehrerer Gemeinden mit sich bringt.

Das ist auch so, dass das problematisch ist, der Tag hat nur 24 Stunden, und wenn du nur noch seelsorglicher Manager bist, der von einer Pfarrmoderation zur anderen „hupft", dann ist das schlecht. Weil meistens hat er ja schon eine Pfarrei, dann kriegt er noch eine dazu und dann womöglich noch eine zweite dazu, und das kann auf Dauer keine gute Lösung sein. (FM1-4,5)

❖ Chancen und Grenzen

Die Kuratorin sieht im K-M-Modell die große Chance, ein neues Bewusstsein dafür zuwecken, was Gemeinde ist. Es kann dazu beitragen, von einem Bild, dass den Priester mit Kirche gleichsetzt, wegzukommen und ein Gemeinde, die von vielen mit Freude mitgetragen wird, aufzubauen.

Also Chancen sehe ich auf jeden Fall dass (...) die Last auf tausend Schultern muss ruhen, dass die wirklich - Dass die Leute spüren, wenn Kirche leben soll, dann sind wir dran, oder. Von selber geht es einfach nicht mehr. Wir müssen mittragen oder – Weil ich allein kann (...) kann die Pfarrgemeinde nicht halten, oder. Und dass sie einfach spüren, jetzt liegt es auch an uns, wir müssen uns engagieren, oder. Und (...)

und ich spüre immer wieder, dass die Leute auch eine sehr große Freude haben, und die, die einmal gespürt haben, da kann ich mitarbeiten, da kann ich das einbringen, was ich kann, dass das die Leute sehr aufwertet. (FW2-10,20)

Die im Zusammenhang mit der Sakramentenpastoral angesprochenen Probleme sieht die Kuratorin als Grenze des K-M-Modells. Gerade das Auseinanderfallen von seelsorglicher Begleitung und Sakramentenspendung lässt sie die Grenzen deutlich spüren. Sie thematisiert dies am Beispiel von Aussprache und Lossprechung im Sakrament der Versöhnung. Um dieser organischen Verbindung willen plädiert sie dafür, dass alle Gemeinden einen Priester haben sollten.

Und Grenzen (...) ja - ich – Vielleicht denke ich da (...) auch noch ein bisschen konservativ, aber so, wenn ich es mir wünschen könnte, würde ich schon jeder Gemeinde einen Priester wünschen. Weil das wirklich allumfassender ist, oder. Ja, wo ich einfach spüre, dass ich manches nicht kann, nicht darf, weil ich die Weihe nicht habe und dadurch einfach (...) ja, so begrenzt bin in vielen Dingen. Und da hat er schon viele - viel mehr Möglichkeiten, wenn es um die – Auch in den Intimsphären, wo (...) wo wirklich auch – Weil ich kann (...) kann nicht Sünden vergeben, oder. Wenn Leute kommen und sich aussprechen und (...) und das ist oft schwierig. (FW2-10,27)

Die Kuratorin macht abschließend sowohl Vorschläge für die Vorbereitung einer Gemeinde, die vor der Installation des K-M-Modells steht als auch für eine „Evaluierung" der Gemeinde – ohne Moderator und Kuratorin – mit der Diözesanleitung. Die möglichen Leitungspersonen sollten vor der Entscheidung für das K-M-Modell mit dem PGR ein offenes Gespräch führen, um Erwartungen und Wünsche abzuklären.

Ja also, was ich mir wünschen würde, und das haben wir auch auf der Diözese vorgebracht schon, dass (...) wenn ein Kurator oder eine Kuratorin irgendwo (...) hinkommt, dass einmal von allem Anfang an ein Dreiergespräch geführt wird mit Seelsorgeamtsleiter, mit Pfarrmoderator und Pfarrkurator. Dass einmal die drei miteinander ein Gespräch führen, dass Pfarrmoderator und Pfarrkuratorin sich einmal kennen lernen. Und dann, dass auch – Bevor die Dinge schon feststehen oder festliegen, dass man mit dem PGR einmal ein Gespräch führt, dass der sich auch wehren kann, dass er sagen kann: Nein, das wollen wir nicht, oder das (...) – Und (...) was ich z.B. möchte, das wäre – Und vielleicht wird das so sein – Also, ich habe (...) für fünf Jahre habe ich (...) aber eigentlich für drei Jahre, eines ist ja schon vorbei, dass da wieder ein Gespräch geführt wird, und zwar von der Diözese aus oder, der Dekan mit dem PGR, mit dem Pfarrkirchenrat oder mit (...) mit Leuten aus der Pfarre, ohne mich und ohne Pfarrmoderator. Dass man wirklich auch dort (...) ein Bild bekommt, wie geht es ihnen damit. Oder wie (...) ja, wie sehen sie es, oder – Dass das also ohne mich ein Gespräch wäre, dass einfach dann ganz offen einmal darüber reden kann, was geht euch ab und was (...) – Das würde ich mir wünschen. (FW2-12,23)

❖ Aufwertung der Laien und Priesterbild neu überdenken

Die Kuratorin sieht mit dem K-M-Modell eine Aufwertung der Laien gegeben. Gleichzeitig wird es unumgänglich sein, das Priesterbild neu zu definieren – gerade auch angesichts junger Menschen, die sich auf diesen Beruf vorbereiten.

> *Ja, es ist sicher eine Aufwertung von Laien (... ... ...) Wie es mit dem Priesterbild in Zukunft wird, das ist mir noch nicht ganz klar, oder. Wie (...) ja, wie das jemand empfindet, der im Priesterseminar ist, (... ...) das ist mehr eine andere Frage. Ich glaube, dass man da das Priestertum überhaupt total neu überdenken muss, weil wenn sich jeder junge Bursche denkt, dann kann ich alles machen, da brauche ich eigentlich nicht (...) Priester werden, wenn (...) wenn die Aufgabe so auch zu machen ist. Obwohl, es ist wieder die – Ja, es liegt dann wieder an der Weihe, das ist klar, oder, das – Aber ich glaube, dass man das Priesterbild schon ganz neu wieder definieren muss und (... ... ...) Und es wird in Zukunft kommen, wenn man die (...) wenn man den Klerus anschaut, wird das in den nächsten zwanzig Jahren – Also, ich glaube schon, dass das Modell die Zukunft ist. Also, ich – Es ist sicher nicht mein Wunsch, also mein Wunsch wäre sicher, dass (...) dass es Priester genug gibt, aber so, wie es ausschaut, wird das die Zukunft sein. (FW2-12,42)*

Schließlich ermutigt die Kuratorin, das Amt des Kurators zu übernehmen – weil es „einfach schön ist“, wenn – wie in ihrem Fall – die Zusammenarbeit mit dem Moderator klappt.

> *Ich würde nur vielen anraten, dass sie das Amt übernehmen, weil es einfach schön ist. Also mir – Also, ich finde es unheimlich (...) schön und (...) ja, ich freue mich. Ich freue mich eigentlich jeden Tag. Es ist so (...) so abwechslungsreich, es ist (...) Freude und Leid und (...) und Sorge und (...) und Glück, es ist alles (...) – Ja, ich finde es unheimlich spannend. Wichtig ist die gute Zusammenarbeit mit dem Pfarrmoderator, weil sonst könnte ich es mir nicht vorstellen. Also, ich hätte keine Chance, glaube ich, wenn ich mit dem Pfarrmoderator nicht arbeiten könnte. Also das, glaube ich, ist ganz wichtig, dass man da schaut, wer (...). (FW2-13,11)*

Für die Vorbereitung und Installation des K-M-Modells gibt auch die ältere Dame noch Hinweise: Die Gemeinde gehört ebenso vorbereitet wie der Kurator bzw. die Kuratorin selbst.

> *Wie gesagt, man hätte eben daran denken müssen, eben die Leute ein bisschen im vorhinein schon dings, unsere Kuratorin ist ja letztlich auch hineingeworfen gewesen in das Ganze, nicht. Und das wird auch da entsprechend die Ausbildung sein, nur haben die Leute wieder wenig Verständnis, wenn es dann ständig heißt: Jetzt ist wieder ein Seminar, und jetzt ist wieder etwas, und jetzt ist wieder etwas, und da bin ich nicht da, und da bin ich auch nicht da. Sondern einfach, dass (...) dass man da – Dass da irgendwie ein Vorbereitungskurs sozusagen – Irgend etwas so. (FW4-19,43)*

Die Vorstellung, aufgrund des Priestermangels am Sonntag in die Nachbarpfarre zum Gottesdienst fahren zu müssen, empfindet die Krankenpflegerin als schrecklich. Sie braucht eine kirchliche Heimat und keinen „Eucharistietourismus“.

Da ist mir lieber das Modell wie wir es haben. Mehr Heimat habe ich da, gell. Heimat verbindet man auch immer da, wo die - wo man halt daheim ist, und auch kirchlich daheim ist. Wenn ich jetzt da – Ich meine, das hat – Wenn ich jetzt da immer irgendwo hin fahren muss, damit ich einen Gottesdienst miterleben darf. So, dann gehe ich wieder heim, habe aber nicht einmal einen Kirchgang, einen gescheiten miteinander oder so, alles das, was halt einfach zum (...) zum Kirchen gehen dazu gehört. Nachher noch ein bisschen plaudern und "hoagaschtn" und auf dem Heimweg (...) – Nein, das möchte ich, glaube ich, nicht, dass man das – Also, da wäre mir - ist mir das Modell ja viel lieber, weil (...) weil man da einfach ein bisschen mitten drinnen ist auch und auch (...) und auch der (...) – Auch die Pfarrkuratorin ist mitten drinnen, die weiß auch (...) das und das ist passiert, oder da und da bräuchten wir jemanden, und dieses und jenes – Ich glaube, dass das – Wenn heute – Ich weiß es nicht, aber ich denke mir halt, wenn ich heute da in einen Bus einsteige mit noch 50 anderen, dann ist wohl die Busfahrt recht lustig vielleicht (beide lachen), ja, aber (...) der Priester da (...) in der nächsten Gemeinde weiß wahrscheinlich nicht wahnsinnig viel von der Gemeinde, wo jetzt gerade die (...) die Gläubigen zur Messe kommen. Könnte ich mir halt vorstellen, ich weiß es nicht. Weil er ist ja wirklich – Er kann sich auch nicht teilen. Er kann nicht auf drei Hochzeiten tanzen, das geht halt einmal nicht. Man sollte ihnen das Recht zusprechen, dass ihnen irgendwann einmal der Saft ausgeht. Ja, es ist so. Ja, man muss ihm das Recht auch zusprechen so wie einem Menschen. (FW6-14,45)

5.3.6 Gesamtauswertung Franzenberg

❖ K-M-Modell als Entlastung und Bereicherung erlebt

In Franzenberg ist der Umstellungsvorgang auf das K-M-Modell vor dem Hintergrund einer einjährigen Vakanz der Pfarre zu sehen. In dieser Zeit wurde die Gemeinde vom naheliegenden Kloster aus mitbetreut. Die Gemeindeleitung lag in dieser Zeit bei sehr engagierten Einzelpersonen und dem PGR. Der Impuls für die Gemeinde, nun auf eigenen Füßen zu stehen, war also schon vor der Installierung des K-M-Modells vorhanden. Die Gemeinde baute in diesem Jahr bereits ein gewisses Maß an Selbständigkeit auf. Von daher ist es zu verstehen, dass nach der einjährigen großen Belastung des PGRs und einiger Personen, die schrittweise Einführung des Modells und das Kommen der Kuratorin als Entlastung empfunden wurde. Die ehrenamtliche Gemeindeleitung war nur vorübergehend möglich und konnte kein „Dauerzustand" werden. Die engagierten Personen waren „ausgebrannt".

❖ Akzeptierte Leitungsstruktur und Personen

Die Bevölkerung sieht die *Kuratorin* als Ansprechperson, Gemeindeleiterin und Seelsorgerin. Ihr Bemühen ist es, mitten unter den Menschen präsent zu sein. Die Franzenberger – unter ihnen besonders die Frauen – erfüllt es mit Stolz, dass sie als eine der ersten Gemeinden eine Frau als Gemeindeleiterin haben. Als besondere Qualität ihres weiblichen Leitungsstils wird ihre freundliche und mütterliche Art hervorgehoben, die „Wärme ausstrahlt". Selbst für die sogenannten Fernstehenden hat die Gemeinde das

freundliche Gesicht der Schwester Bernadette. Widersprüchlich sind die Meinungen darüber, ob eine verheiratete Frau genauso angenommen werden würde! Während Frauen jüngeren und mittleren Alters dies bejahen – mögliche familiäre Schwierigkeiten durchaus sehend –, stehen ältere Menschen einer verheirateten Frau skeptischer gegenüber, weil sie ihre Mutterrolle in der Familie als Erschwernis sehen. Bei den Älteren spielt der Ordensbonus (zölibatäre Lebensweise eingeschlossen) eine bestimmte Rolle für die positive Akzeptanz der Kuratorin. Bei den jüngeren Frauen fällt dieser Aspekt weg.
Der *Moderator*, der gleichzeitig in einer Schule Religion unterrichtet, ist in Franzenberg viel stärker präsent als vergleichsweise in Aufeld. Er leitet die Gemeinde mit, d.h. man könnte die dortige Leitungsstruktur auch als Doppelleitung bezeichnen. Der Priestermangel ist durch diese Konstruktion für die Menschen in Franzenberg nicht spürbar, da das „priesterliche Reservoire" des Klosters für die Aufgaben der Pfarre ausreicht. Der Moderator selbst versucht, nicht nur für die Feier der Sakramente anwesend zu sein, sondern auch an möglichst vielen Sitzungen, Pfarrfesten, Feiern, Erstkommnionvorbereitung etc. teilzunehmen. Dadurch kennt er den aktiven Kreis aus der Pfarrgemeinde persönlich, während der größere Teil der Bevölkerung in als Gottesdienstleiter erlebt. Tauf- und Hochzeitsgespräche führt der Moderator selbst.

❖ Der beleuchtete Pfarrhof als Symbol für die Zuwendung Gottes zum Menschen

Für die Bevölkerung in Franzenberg sind folgende Veränderungen im Gemeindeleben sichtbar: Während früher die Patres des Klosters in ihren „Kutten" ein sichtbares Zeichen für die religiöse Wirklichkeit darstellten – das nun aus der Straße verschwunden ist –, nimmt nun der bewohnte Pfarrhof, „in dem wieder ein Licht brennt" diese Stelle ein. Nun ist es der belebte, beleuchtete Pfarrhof – gleichzeitig Pfarrzentrum mit Gruppenräumen –, der auf eine religiöse Wirklichkeit verweist, die Zuwendung Gottes zu den Menschen symbolisiert. Aufgrund der guten priesterlichen Versorgung durch das nahe Kloster gibt es kaum Veränderungen im sakramentalen Bereich. Einzig die Eucharistiefeier am Sonntag Abend entfällt. Damit zusammenhängend wird bedauert, dass diesen Gottesdienst bevorzugt die Jugendlichen besucht haben. Familien- und Kindergottesdienste erfreuen sich – aufgrund des Talentes der Kuratorin im Umgang mit Kindern – großen Zuspruchs. Dass Familien vermehrt „Raum" in der Pfarre gewinnen, wird allgemein als markanteste (liturgische) Veränderung beschrieben. Durch die Installation des K-M-Modells sind in Franzenberg keine neuen liturgischen Formen entstanden – wie etwa in Ehrendorf. Die traditionellen Gestalten wurden jedoch neu belebt.

❖ Spannungsreiche Sakramentenpastoral

Spannungsbereiche ergeben sich in der Sakramentenpastoral, d.h. dort, wo – die Kuratorin drückt ihr subjektives Empfinden aus – eine Unstimmigkeit zwischen alltäglicher Seelsorge der Kuratorin und dem sakramentalen Feiern bzw. Ausdruck erlebt wird. Dies ist zum einen bei der sonntäglichen Eucharistiefeier der Fall, bei der der Moderator – oder ein anderer Priester – vorsteht, obwohl die Kuratorin das Leben mit den Menschen teilt. Im Gegensatz zu Aufeld, wo Leitung der Gemeinde und Leitung des Hauptgottesdienstes „in einer Hand“ liegen, trägt die Kuratorin in Franzenberg nur die Wochenordnung am Ende der Heiligen Messe vor. Dies bedeutet eine Spannung zwischen der faktischen Gemeindeleitung der Kuratorin und der symbolischen Abbildung in der Liturgie. Am stärksten tritt die Trennung von Seelsorge und Sakramentenspendung – dem Empfinden der Kuratorin nach – bei der Krankensalbung hervor. Nachdem sie einen Sterbenden monatelang begleitet hat, kommt zum Sakrament ein (fremder) Priester. Es geht hier nicht um persönliche Animositäten, sondern um den Zerfall der Einheit von alltäglichem seelsorglichem Erleben und der sakramentalen Feier des Glaubens. Diese Aufteilung ist insofern problematisch, weil sie allem religionspädagogischen Bemühen, die Sakramente in die Alltagswirklichkeit einzubetten, entgegengesetzt ist.

❖ Unterschiedliche Perspektiven von Kuratorin und Moderator

Auffällig ist – und das war schon in Aufeld sichtbar –, dass die Kuratorin stärker die gemeinschaftsfördernden Aspekte, den Zusammenhalt der Gemeinde und die mitmenschliche Seelsorge im Auge hat, während sich der Moderator mehr um die sakramentalen Vollzügen sorgt. Der wohl rollenbedingte Blick des Moderators, der sich auf die sakramentale Versorgung konzentriert, muss immer wieder auf das Leben der konkreten Menschen hin geweitet werden.

Wieweit das konkrete K-M-Modell in Franzenberg – mit männlicher und weiblicher Leitungsperson – als Projektionsfläche für familiäre Harmonien dient, muss hier offenbleiben. Sicher ist, dass besonders für ältere Menschen den Priester gegenüber einem Laien ein schwer zu benennendes (sakramental-magisches?) „Mehr“ auszeichnet und ihm eine größere Autorität verleiht. Der Priester besitzt – v.a. für ältere Menschen – die „Aura“ eines Gottesmannes. Im Zusammenhang mit der Akzeptanz der Schwester als Kuratorin werden die klassischen Merkmale eines Pfarrerprofils genannt: Spiritualität und Berufung, ein gewisses soziales Verhalten, einschlägige Ausbildung und zölibatäre Lebensweise.

Die Bevölkerung in Franzenberg begrüßt das K-M-Modell ausdrücklich und ist mit der Konstellation sehr zufrieden. Sie sieht es als begrüßenswerte Alternative angesichts des Priestermangels. Für den Moderator bedeutet das Modell im Hinblick auf die Mitarbeit der Laien eine “Superlösung“. Für den klerikalen Beruf bedeutete es den Tod, da der Priester nur mehr – strukturell bedingt – Sakramente spenden wird.

5.4 Gemeindeübergreifende Gesamtauswertung

Im letzten Abschnitt dieses Kapitels sollen gemeindeübergreifende, d.h. verallgemeinerbare Aussagen zum K-M-Modell erarbeitet werden. Dies geschieht durch die vergleichende Interpretation der befragten Gemeinden (vierter und fünfter Schritt der Auswertung).

5.4.1 Der Umstellungs- und Installationsvorgang

Die Umstellung auf das K-M-Modell ist in den einzelnen Gemeinden sehr unterschiedlich gelaufen. Bemerkenswert ist die überaus starke Einbeziehung der Bevölkerung in Aufeld bei der Mitentscheidung über das zukünftige Leitungsmodell. Sowohl das Ernstnehmen der Bevölkerung als auch die ausführliche Beschäftigung mit den Alternativen – und deren jeweilige Konsequenzen für das Pfarrleben – wirkten sich äußerst positiv auf die Akzeptanz des Modells aus. Dass der zukünftige Kurator in der Pfarre bekannt und beliebt war, bedeutete – besonders angesichts der Unsicherheiten – einen weiteren Vorteil. Für den Kurator in Aufeld war die deutliche Option der Bevölkerung für das K-M-Modell mit ihm als Kurator die Voraussetzung, um dieses schwierige Amt anzutreten. Neben der Mitbestimmung der Bevölkerung war das schrittweise Bekanntwerden des Kurators und das sukzessive Übernehmen von pfarrlichen und liturgischen Aufgaben (Unterstützung des Altpfarrers) sehr wichtig. Somit gab es keinen Bruch, sondern einen gleitenden Übergang, eine Art „Eingewöhnungsphase". Der Umstellungsprozess ist – den Umständen entsprechend – beinahe ideal verlaufen.

Fast konträr dazu verlief der Umstellungsprozess in Ehrendorf. Nach einer langen Phase mit einem beliebten Pfarrer kamen die nachfolgenden Umstellungen (auf das K-M-Modell, sowie auf die verschiedenen Moderatoren) unerwartet und in rascher Folge. Die Bevölkerung wurde immer sehr spät – vor dem nächsten Schritt bzw. dem Moderatorenwechsel – informiert. Es gab Situationsveränderungen, denen die Bevölkerung – ihrem Erleben nach – ohne Einflußmöglichkeit ausgeliefert war. Die Kuratorensuche war schwierig und nur „notgedrungen" ließ sich für diese ehrenamtliche Aufgabe jemand motivieren. Aus der Sicht der Bevölkerung ist der Umstellungsprozess aus verschiedenen Gründen nicht zufriedenstellend verlaufen. Dies dürfte mit eine Ursache für die mangelnde Akzeptanz des Modells in Ehrendorf sein.

Franzenberg war das Jahr vor der Installation des Modells vakant und wurde vom naheliegenden Ordenshaus mitbetreut. Durch die vorübergehende Leitung durch den PGR in Franzenberg entwickelte sich eine gewisse Selbständigkeit der Pfarre. Vor diesem Hintergrund erlebte man das K-M-Modell mit der Schwester als Kuratorin nicht als Verlust, sondern als Zugewinn für die Pfarre. Die Einarbeitung ging hier – wie in Aufeld – schrittweise vor sich. So konnten sich alle Betroffenen an das neue „Gesicht" und die neue Rolle gewöhnen.

Die jeweiligen Situationen in den Gemeinden vor der Installation waren höchst unterschiedlich (von der jungen Gemeinde ohne Traditionen und Vereine bis zur stark traditionell geprägten Pfarre). Die individuellen Gemeindesituationen sind beim Umstellungsvorgang zu bedenken. Generell lässt sich herauslesen, dass der Umstellungsprozess für alle Beteiligten dort besser verläuft, je besser vorbereitet, und d.h. besser informiert und in Überlegungen eingebunden, die Gemeinde ist und je schrittweiser das neue Modell eingeführt wird.

5.4.2 Die Leitungsstruktur und die Rollen der Leitungspersonen

❖ **Starke Mobilität und zunehmende Pluralität in den Gemeinden bedürfen einer klaren und präsenten Leitung**

Alle drei Gemeinden sind von Fluktuierung und Mobilität, von starkem Zuzug und Abwanderung geprägt. In Ehrendorf lässt sich zudem in der Gemeinde eine Pluralität, ja eine starke Polarität von Kirchen- und Gemeindebildern erkennen. Vor diesem Hintergrund ist ein hoher Leitungsbedarf und eine allgemein anerkannte Repräsentations- und Integrationsfigur gefragt. Will man in solchen Pfarren Gemeinde bilden, so bedarf es einer starken (d.h. nicht autoritären) Leitung, die zu integrieren vermag.

❖ **Die Leitungsstruktur im K-M-Modell kann flexibel gestaltet sein, muss aber bestimmte Dimensionen umfassen**

Die konkrete Leitungsgestalt – d.h. die Zuständigkeit und der jeweilige Aufgabenumfang von KuratorIn und Moderator – in den drei Gemeinden ist höchst unterschiedlich. Während sie in Aufeld und Franzenberg gut funktionierte, war die Leitungsstruktur in Ehrendorf problematisch. In Aufeld lag die Leitung praktisch „in einer Hand“, nämlich beim Diakon. Der Moderator unterstützte ihn. In Franzenberg können wir von einer „Doppelleitung“ – durch Moderator und Kuratorin – sprechen, wobei die Kuratorin faktisch den größeren Leitungsanteil hat. In Ehrendorf sind die Leitungsaufgaben auf drei Personen verteilt; es gibt ein Leitungsteam. Während aber in den ersten beiden Gemeinden alle Aufgaben der Gemeindeleitung (die Verwaltung und Koordinierung, Spendung der Sakramente, Verkündigung und Seelsorge) abgedeckt und auf zwei Leitungspersonen – durchaus sehr unterschiedlich – verteilt sind, gibt es in Ehrendorf keine Leitungsperson die für die Seelsorge explizit verantwortlich ist und ausreichend Zeit hat. Das Fehlen des seelsorglichen Teils der Gemeindeleitung wird dort am stärksten beklagt. Man kann daraus den Schluss ziehen, dass die Leitung einer Gemeinde im K-M-Modell – aus struktureller Sicht – dann funktioniert, wenn *alle* Dimensionen bzw. Funktionen der Gemeindeleitung personell an die Leitungspersonen zugewiesen sind und keine verloren geht (vgl. 6.2). *Wie* die Verteilung zwischen Kurator und Moderator – oder sonstigen Beteiligten – ist, scheint zweitrangig zu sein. Die Struktur sollte primär so konzipiert sein, dass entweder der Kurator oder der Moderator ausreichend seelsorglich in der Gemeinde präsent ist.

❖ **Die seelsorgliche Präsenz als Herz der Gemeindeleitung**

Die seelsorgliche Anwesenheit des Gemeindeleiters bzw. der Gemeindeleiterin scheint – aus Sicht der Bevölkerung – *der* entscheidende Faktor zu sein. Die Aufelder betonen immer wieder, wie wohltuend sie es erleben, dass der Kurator die Begegnung sucht und mitten unter den Leuten lebt. Er ist ein Hirte, der „seine Schafe“ und die Freuden und Nöte der Menschen kennt. Ähnlich ist es in Franzenberg. Dort betreuen die Schwester als Kuratorin und der Moderator in unterschiedlicher Weise – aber in guter Abstimmung miteinander – die Menschen. In Ehrendorf dagegen klafft eine von den Menschen als schmerzlich empfundene seelsorgliche Lücke, die durch Einzelpersonen und die Vinzenzgemeinschaft nicht ausreichend geschlossen werden kann. Sie wissen dort nicht, wohin sie in seelischer Not gehen sollen. Der Seelsorger geht vor allem ab, wenn ein Mensch im Sterben liegt. Die diakonische Lücke markiert ein Kriterium, das angibt, ob die Gemeindeleitung dem evangeliumsgemäßen Hirten entspricht (vgl. 6.2.) oder sich auf Organisation, Verwaltung und die Spendung der Sakramente beschränkt. Die Dimension der menschlichen Seelsorge, der ansprechbaren Präsenz und des durchgehend Ansprechbar-Seins eines Seelsorgers wird in vielen Interviews in allen Gemeinden – im erfüllten wie im defizitären Sinn – so oft und stark betont, dass ich diese Dimension als das *Herzstück für die Gemeindeleitung* bezeichnen möchte.[13] Zugespitzt würde die Bevölkerung gegenüber einem reinen „Gemeindeorganisator" formulieren: Wir brauchen nicht nur einen Gemeindeleiter, sondern einen Seelsorger! Und gegenüber einem Priester, der nur Zeit findet, die Sakramente zu spenden: Ob geweiht oder nicht – wir brauchen jemanden, der für uns da ist!

❖ Der bewohnte Pfarrhof als Symbol der Zusage: „Ich bin bei euch alle Tage" (Mt 28,20)

Die seelsorgliche Präsenz hat in allen drei Gemeinden ein Symbol: den bewohnten Pfarrhof. Die Aufelder haben sich von Anfang an darum bemüht, dass der Kurator im Ort wohnt, und renovierten dafür das Widum. In Franzenberg betonen die Menschen, wie schön es ist, dass im Pfarrhof wieder das Licht brennt. Bezeichnender Weise ist der Pfarrhof in Ehrendorf, wo es deutliche Schwierigkeiten mit dem K-M-Modell gibt, nicht besetzt. Für die Menschen in der Gemeinde ist der bewohnte Pfarrhof – neben der leichteren Erreichbarkeit des Kurators bzw. der Kuratorin – ein zutiefst sinnenhaftes Zeichen der kirchlichen Präsenz in Form eines amtlichen Vertreters bzw. einer Vertreterin. In diesem Zeichen scheint für die Menschen der Verweis auf eine andere Dimension verhanden zu sein. Ohne dass die Menschen dies in klare Worten fassen können, scheint hier etwas von der menschlichen Sehnsucht nach dem gutmeinenden Gott zum Ausdruck kommt zu kommen, der sich als selbst den Namen „Ich bin da" (Ex 3,14) gibt. Der (wieder-)belebte Pfarrhof wird damit für viele Menschen zu einem Zeichen dafür, dass Gott – und die Kirche – die Gemeinde und ihre Menschen noch nicht vergessen und nicht verlassen hat: „Ich bin bei euch alle Tage" (Mt 28,20).

❖ Das Profil des Kurator bzw. der Kuratorin

Aus den Erfahrungen der Gemeinde mit den Kuratoren bzw. der Kuratorin lässt sich ein relativ klares Profil für dieses Amt bzw. seinen Inhaber zeichnen. Der Kurator muss bestimmte Zeichen der „Professionalität" aufweisen, damit er seine Aufgaben qualifiziert erfüllen kann und von der Bevölkerung akzeptiert wird. Der Kurator bzw. die Kuratorin als Person muss eine theologische Kompetenz sowie menschlich-seelsorgliche Qualitäten mitbringen. Damit diese auch zum Tragen kommen und die Menschen den Kurator bzw. die Kuratorin als tatsächliche Leitungsperson und als menschliche(n) SeelsorgerIn erleben können, bedarf es einer ausreichend „leiblich-greifbaren" Präsenz unter den Menschen. Es bleibt zweifelhaft, ob diese Voraussetzung mit einer

[13] Das Empfinden und der Sinn der Menschen zielt damit überraschend direkt auf das Bild des guten Hirten, wie es in der Bibel gezeichnet wird und als Vorbild für jeden Seelsorger dient.

ehrenamtlichen Beauftragung erfüllt werden kann, besonders dann, wenn ein Großteil der ehrenamtlichen Zeit mit Verwaltungs- und Organisationsaufgaben ausgefüllt ist.

❖ Stärkerer Persönlichkeitsfaktor bei/m KuratorIn

Der Kurator in Aufeld betont besonders die Wichtigkeit der Akzeptanz seiner Person und Rolle durch die Bevölkerung. Er artikuliert ausdrücklich, wie abhängig man – gerade in der neuen Rolle – vom Wohlwollen und Mittragen der Bevölkerung ist.
Da die Rolle des Kurators neu ist, spielt der Persönlichkeitsfaktor – die Akzeptanz der Person – beim Kurator eine wesentlich größere Rolle als bei einem Priester. Die Priesterrolle ist in einer Pfarrgemeinde eine selbstverständliche, unhinterfragte, von allen akzeptierte Rolle. Kommt ein Priester neu in eine Gemeinde, so muss er nicht die Rolle des Priesters einführen, erklären oder – durch persönliche Anstrengung – um Akzeptanz beim Volk werben. Das ist beim Kurator anders. Dieser übernimmt eine „traditionslose" Rolle, die zudem nicht so einheitlich konturiert ist wie die des Priesters, sondern von Fall zu Fall sehr verschieden sein kann. Das erschwert die Herausbildung eines Rollenprofils des Kurators. Die Ausgestaltung hat erst in den letzten Jahren begonnen, eine breitere soziale Annerkennung in der Kirche kann daher noch nicht vorliegen. Der Kurator bzw. die Kuratorin muss die Akzeptanz seiner Funktion und Rolle durch den *persönlichen* Einsatz „erarbeiten". Die Beweislast, dass das Modell funktionieren kann, lastet hauptsächlich auf ihm, was wiederum als Druck erlebt werden kann. Er muss mit seiner Person die Rolle tragen, muss „beweisen", dass das Modell mit ihm als wichtiger Schlüsselperson funktioniert und die Gemeinde davon profitiert. Da die Rollen- und damit auch die Modellakzeptanz beim Kurator aufgrund des fehlenden „Amtsbonus", den etwa ein Priester hat, stärker mit seiner Person zu tun haben, ist der Auswahl des Kurators eine besondere Bedeutung beizumessen. Der Kurator ist also nicht nur rechtlich (vgl. Kapitel 2), sondern auch sozial in der Gemeinde und gegenüber dem moderierenden Priester schwächer abgesichert.[14]

❖ Kuratorin – Eine Frau leitet

Die Bevölkerung, besonders die Frauen von Franzenberg sind stolz darauf, dass sie eine der ersten Gemeinden sind, der eine Frau vorsteht. Sie bringt in wohltuender Weise – so die Bevölkerung – weibliche Qualitäten ins Pfarrleben ein. Hervorgehoben werden ihre Freundlichkeit, Mütterlichkeit und Wärme. Selbst für Fernstehende hat die Gemeinde durch die Kuratorin ein „freundliches Gesicht" bekommen. Die Ordensschwester ist als Leiterin selbstverständlich akzeptiert, wobei bei eher älteren Menschen auch die Zeichen der „Professionalität" (zölibatäre Ordensfrau, Spiritualität, Kontaktfreudigkeit, entsprechende Ausbildung) eine wichtige Rolle spielen. Für Frauen mittleren und jüngeren Alters ist auch eine verheiratete Frau als Kuratorin vor-

---

[14] Vor diesem Hintergrund lässt sich gut verstehen, wenn Kuratoren – so geschehen beim gesamtösterreichischen Treffen der Kuratoren und Moderatoren Österreichs – immer wieder betonen, wie wichtig und persönlich wohltuend es für sie ist, zu spüren, dass der Moderator ganz hinter ihnen steht. Der Priester hat unter denGläubigen eine höhere Autorität. Wenn der Moderator dem Kurator die Unterstützung entzieht, sind Probleme vorprogrammiert. Dieser Verantwortung muss sich jeder Moderator bewusst sein.

stellbar – wobei sie die Schwierigkeiten, die sich familiär einstellen können, durchaus sehen. Entscheidend sei jedenfalls die Begeisterung für die Aufgabe als Gemeindeleiterin und Seelsorgerin. Die Kuratorin als Frau ergänzt auf der Ebene der Gemeindeleitung die männliche Art des Moderators durch die weibliche Seite. Wie sehr dieses „Elternpaar" auch eine Projektionsfläche für familiäre Harmonien bietet, kann vermutet, aber hier nicht erwiesen werden.

❖ Der Angelpunkt: Die Zusammenarbeit zwischen KuratorIn und Moderator

Die gute Zusammenarbeit zwischen Kurator und Moderator wird den Leitungspersonen in allen Pfarren, aber auch von Seiten der Gemeinden als Angelpunkt des Funktionierens bewertet. Mit der guten Zusammenarbeit der beiden steht und fällt das Gelingen des K-M-Modells. Bei genauerem Hinsehen merkt man, dass es sich dabei nicht nur um die viel zitierte „stimmende Chemie", die gleiche „Wellenlänge" handelt. Man kann und muss das gute Gelingen der Zusammenarbeit präziser beschreiben. Entscheidend ist offensichtlich – dies wird in den Interviews deutlich –, wie gut sich die beiden Leitungspersonen in ihrer Andersheit als Person, mit ihrem pastoralen Stil und besonderen Anliegen, in ihrer je eigenen Spiritualität und mit einem anders akzentuierten Kirchen- und Gemeindebild akzeptieren können. Es geht um das Zulassen, ja mehr noch um eine aufrichtige Befürwortung eines im katholischen Raum legitimen Pluralismus hinsichtlich persönlicher Einstellungen und pastoraler Stile. Es geht also nicht nur um eine sehr allgemein beschriebene Kommunikations- und Konfliktfähigkeit – wie sie in der Rahmenordnung der Diözese Innsbruck (vgl. 2.5.1) vorausgesetzt wird –, sondern um eine innere Weite für die legitime Vielfalt an Frömmigkeitsformen und Gemeindebildern. Dies sind „Tugenden", die im Grunde von jeder Person, die eine Gemeinde leitet, zu erwarten sind.

❖ Chemie muss stimmen – die Pluralitätstoleranz auch

Hermann Stenger hat das psychische Vermögen, die Andersartigkeit von Personen annehmen und akzeptieren zu können, als „Pluralitätstoleranz" bezeichnet.[15] Er meint damit die Fähigkeit, eine „Vielfalt in der Kirche nicht nur relative angstfrei ertragen, sondern in ihr auch das Wirken des Geistes sehen zu können"[16]. Die Pluralitätstoleranz scheint in besonderem Ausmaß vom Moderator gefragt zu sein. Der moderierende Priester ist rechtlich gesehen der Letztverantwortliche für die Pastoral in der Gemeinde. Er sieht auch mit einem „kontrollierenden" Blick in den Arbeits- und Wirkungsbereich des Kurators, ist mit dessen Stil und *anderem* Handeln permanent konfrontiert. Umgekehrt gilt das nicht. Das Hauptbetätigungsfeld des Moderators – sei es, dass er eine eigene Pfarre betreut, in Schule, Orden oder in der Diözese tätig ist – liegt außerhalb der Moderatorengemeinde und ist somit dem Blick des Kurators entzogen. Er ist dafür auch nicht zuständig. Um den Schwierigkeiten ihrer Leitungskonstruktion zu entgehen, sprechen die Moderatoren in Aufeld und Franzenberg davon, dass sie sich bewusst in der ständigen Bewertung v.a. praktischer Dinge (vgl. Mini-

[15] Vgl. Stenger, Kompetenz, 57–58.
[16] Stenger, Kompetenz, 57.

stranteneinteilung in Aufeld) zurücknehmen, und nicht in eine Vervormundung-, Besserwisser- oder Nörglerrolle geraten wollen. Dies erfordert vom Moderator die Haltung eines grundsätzlichen Vertrauens zum Kurator. Man wird diese Abstinenz (ein Sich-Zurücknehmen) des Moderators nur in der Haltung einer grundsätzlichen Partnerschaft mit dem Kurator für die Gemeinde entwickeln können. In dieser Haltung des Moderators liegt ein klarer Unterschied zur Rolle eines Pfarres, der „voll da" sein muss.

Bei der Auswahl der Leitungspersonen wäre also darauf zu achten, dass die beiden Leitungspersonen nicht sehr starre Vorstellungen über Glaubensformen und Gemeinde haben, sondern vielmehr eine legitime Vielfalt – auch für den Leitungsstil – gutheißen und mit ihr in dieser konkreten Form leben können.

❖ Moderator: Gemeindeleben aus „zweiter Hand"

Das Verhältnis zwischen Gemeinde und Kurator sowie zwischen Gemeinde und Moderator ist aufgrund der unterschiedlichen Präsenz beider Leitungspersonen auch von unterschiedlicher Intensität. Während in Aufeld und Franzenberg Kurator bzw. Kuratorin nah bei den Menschen stehen, werden die Moderatoren in größerer Distanz gesehen. Als Gemeindemitglied kommt man meist nur vor oder nach einem Gottesdienst oder bei Festen in Kontakt mit dem Moderator. In Aufeld kennt ihn ein Teil der Menschen nicht, da er in der Regel nur die Abendgottesdienste hält, aber beim sonntäglichen Hauptgottesdienst nicht anwesend sein kann. Er nimmt die Gemeinde daher vorwiegend als „Gottesdienstgemeinde" wahr. Der Moderator kennt meist einen bestimmten (Gottesdienst-)Kreis aus der Gemeinde etwas näher. Es entsteht der Eindruck, als stehe der Moderator mehr dem Kurator – und einem kleinen Kreis von MitarbeiterInnen oder dem PGR – gegenüber als der Gemeinde. Vieles von dem, was sich in der Gemeinde ereignet und was zu tun ist, erfährt er über den Kurator bzw. die Kuratorin, quasi aus zweiter Hand.

❖ Der Moderator ist auf die Sakramente, der Kurator auf die Seelsorge und den Gemeindeaufbau ausgerichtet

Mit dem eben Gesagten hängen auch die spezifischen Perspektiven und Wertigkeiten, die KuratorIn und Moderator im Blick haben, zusammen: Dort, wo sich Kurator und Kuratorin um die Gemeinde kümmern können – von der Situation in Ehrendorf kann hier keine signifikante Aussage erwartet werden –, haben sie besonders die Begleitung einzelner Personen und Gruppen (Seelsorge) und die gemeinschaftsfördernden Aspekte im Auge. Der Kurator hat täglich mit den unterschiedlichen Menschen aus der Pfarrgemeinde zu tun und begleitet sie in ihren Anliegen und Sorgen. Er hat die Gruppen und Initiativen im Blick und versucht, sie zu einer Gemeinde in Gemeinschaft zusammenzuführen. Der Blick des Kurators ist auf den Gemeindeaufbau gerichtet. Der Moderator ist hingegen stärker mit den liturgischen und sakramentalen Vollzügen beschäftigt – die freilich ebenso gemeinschaftsbildend wirken. Trotzdem werden die Schwerpunkte in den Perspektiven beider Leitungsrollen deutlich. Man könnte sagen, dass die Moderatoren stärker die Sakramente – das ist ja laut Rahmenordnung auch ihre Aufgabe – im Blick haben, die Kuratoren die Communio und die diakonische Seelsorge.

❖ Der Kurator, die Kuratorin leitet

In den allen drei Gemeinden wird der Kurator bzw. die Kuratorin als LeiterIn der Gemeinde bezeichnet – mit deutlich unterschiedlichen Nuancierungen in ihren Kompetenzen. In Aufeld liegt die gesamte Leitung eindeutig beim Kurator, der Moderator hat eine gewisse „Hintergrundpräsenz". In Ehrendorf wird Gemeindeleitung ebenfalls dem Kurator zugewiesen, wobei sie auf das Koordinierende und Organisatorische beschränkt ist. Genau diese Reduktion ist aber auch der Kritikpunkt. In Franzenberg wird die Kuratorin als Gemeindeleiterin gesehen, der Moderator ist aber – im Gegensatz zu Aufeld – wesentlich stärker einbezogen, er leitet mit.

❖ Gemeindeleitung – Vorsteher der Eucharistie – Seelsorge

So unterschiedlich die Leitungsstrukturen in den drei Gemeinden sind, so unterschiedlich bilden sich die Leitungsgestalten auf der symbolisch-liturgischen Ebene, wie etwa der sonntäglichen Gemeindefeier ab. Hier ist die Gemeindeleitung in Aufeld eindeutig, denn dort steht der Kurator als Diakon dem sonntäglichen Hauptgottesdienst, der ein Wortgottesdienst ist, vor. Gemeindeleitung und Vorsitz beim Hauptgottesdienst liegen „in einer Hand". Diese Eindeutigkeit wird jedoch „teuer erkauft". Der Moderator feiert abends die Eucharistie mit einem kleineren Kreis aus der Gemeinde, auf den sich „seine Seelsorge" beschränkt. Die Eucharistie ist an den „Rand der Gemeinde" gerückt. Eine – gemeindetheologisch – absurde Situation.

In Ehrendorf feiert der Moderator die Eucharistie am Sonntag. Die Tatsache, dass er Leitung praktisch nicht ausübt, löst aber im Bewusstsein der Gemeinde keine Spannung aus. Dies vermutlich auch deswegen, weil der Kurator dort nicht stärker „im Volk steht" als der Moderator. Bei den ersten beiden Moderatoren in Ehrendorf bzw. auswärtigen Priestern ist die Trennung von Eucharistiefeier und Seelsorge bzw. Eucharistiefeier und Leitung beinahe vollständig vollzogen.

In Franzenberg ergibt sich eine sichtbare Spannung zwischen der faktischen Gemeindeleitung der Kuratorin und der symbolischen Abbildung in der Liturgie, v.a. wenn ein auswärtiger Priester kommt. Die Tatsache, dass die leitende Kuratorin mit den Menschen ihre Leben teilt und die Gottesdienste mitvorbereitet, bei der sonntäglichen Eucharistie aber dem Priester den Vorsitz überlassen muss, löst bei ihr selbst ein Gefühl der Unstimmigkeit und der Unzufriedenheit aus. Im symbolischen Leitungshandeln der sonntäglichen Eucharistie spielt die Kuratorin eine Nebenrolle. Am stärksten erlebt die Kuratorin diese „Unstimmigkeit" bei der Begleitung Sterbender, wenn sie einen Menschen persönlich monatelang begleitet und dann ein für den Betroffenen unbekannter Priester zur Krankensalbung kommt. Diese Aufteilung wird auch vom Moderator als unsinnig erlebt. Es geht hier nicht um persönliche Animositäten der Kuratorin. Darin wird vielmehr der Zerfall der Einheit von konkretem Leben und liturgisch-sakramentalem Feiern des Glaubens sichtbar. Es besteht die Gefahr, dass sich die sakramentale von der alltäglichen Dimension der Wirklichkeit abspaltet und verselbständigt. Diese unbefriedigende Praxis erfordert ein verstärktes Nachdenken über eine Gemeindestruktur, die die Einheit von Leben und Glauben, von Seelsorge und liturgisch-sakramentalem Feiern wieder ermöglicht.

5.4.3 Die Veränderungen im Leben der Gemeinden

- „Jetzt müssen wir auf eigenen Füssen stehen"

Mit aller Vorsicht lässt sich durch die Installierung des K-M-Modells – als *modellspezifischer* Effekt – bei den betroffenen Gemeindemitgliedern ein Impuls feststellen, der ein größeres eigenes Engagement auslöst. Das führt einerseits zu einer intensiveren Mitarbeit eines bestimmten – meist auch schon vorher interessierten oder engagierten – Kreises in der Gemeinde. Andererseits ist kein Abschreckungsimpuls in dem Sinn erkennbar, dass die Menschen aufgrund des Modells „abwandern" (außer vorübergehend zur Eucharistiefeier in die Nachbarpfarre wie in Aufeld). Das Modell provoziert also zumindest bei einem bestimmten Kreis in der Gemeinde das Bewusstsein gemeinsamer Verantwortung, stärkerer Identifizierung mit der „Sache" der Gemeinde und motiviert zu einem verstärkten Engagement.

- Unterschiedliche Leitungsstile? Ein Pfarrer versorgt – ein Kurator braucht Mitarbeiter

Der bemerkenswerten Aufbruchsdynamik, die mit dem K-M-Modell in Gang kommt, soll genauer nachgegangenwerden. Mit der Installation des Modells setzt in allen Gemeinden – mehr oder weniger deutlich – eine verstärkte Mitarbeit von Laien ein. Die entscheidende Frage ist, ob der „Bewusstseins- und Aktivierungsschub" der in der Gemeinde feststellbar ist, auf die Einführung des Modells (*modellspezifische* Effekte). oder auf andere Faktoren zurückzuführen ist. Im Vergleich mit dem traditionellen „Vorgängermodell" (eigener Pfarrer) fällt zunächst der veränderte Leitungs*stil* des Kurators auf. Liegt der „Bewusstseins- und Aktivitätsschub" der Gemeindemitglieder in einem anderen, nämlich partizipativen Leitungsstil der Leitungsperson begründet?[17]
Beim früheren Pfarrer in Aufeld gab es kaum Möglichkeiten der Mitarbeit. Wenn die Menschen praktisch schon darauf gewartet haben, sich mit ihren Kompetenzen und Ideen einbringen zu können und der Kurator dies nicht nur zulässt, sondern offenbar auch fördert, so hat das zunächst nicht mit einem bestimmten Leitungs*modell* zu tun, sondern mit dem Leitungs*stil*, der mit seinem Selbstverständnis, seinem Alter, dem „Zugang zur Jugend" und dem kommunikativen Kirchen- und Gemeindebild zusammenhängt. Man darf deshalb annehmen, dass der Aktivierungsimpuls großteils, aber nicht restlos von der Leitungsperson – mit ihrem spezifischen Stil – abhängt. Was ist damit genauer gemeint?
Mit dem traditionellen Gemeindemodell – mit eigenem Pfarrer – waren mehr oder weniger fest umschriebene Rollen verbunden, die bestimmte Aufgabenzuordnungen mindestens nahelegten. Diese Rollen implizieren auch Aspekte eines bestimmten Leitungsstils. So verband man – und tut es mancherorts auch heute noch – mit einem guten Pfarrer einen seel-sorgenden Gemeinde-Vater, der sich um die Menschen und

[17] Vgl. zu den unterschiedlichen Leitungsstilen: Hilberath/Scharer/Haslinger, Leitung, 500. Pressler, Mitleben, 52f.

das Gemeindeleben selbst kümmert und dafür auch allein verantwortlich ist. Damit war den Laien im Gegenzug viel an seelsorglicher Arbeit, Verantwortung und Mitbestimmung abgenommen. Der Leitungsstil eines Pfarrers war früher von einem „leiten für" die Gemeinde oder „leiten vor" geprägt.[18]

Zwischen den Rollen der Gemeindemitglieder und der Rolle des Gemeindeleiters besteht eine Wechselwirkung im Sinne einer gegenseitigen (meist vorbewussten) Steuerung. Diese Wechselwirkung hat tatsächlich auch mit der Gemeindestruktur und ihren dazugehörenden Rollen zu tun. Die Rollen üben sowohl auf den Rollenträger z.B. den Pfarrer) als auch auf die Komplementärrollen (die Gemeindemitglieder) einen Einfluß hinsichtlich bestimmter Erwartungen aus. Zur Veränderung der Rollen bedarf es der Erwartungsänderung von „beiden" Seiten. Die Anwesenheit eines eigenen Pfarrers fördert offensichtlich bei den Gemeindemitgliedern eine Haltung, die sich mit dem Motto ausdrücken lässt: Wir haben ja einen Pfarrer, der dafür zuständig ist und das besser als wir machen kann! Allein die Anwesenheit eines Pfarrers am Ort verleitet Gemeindemitglieder dazu, Verantwortung eher abzugeben. Es ist nachgewiesen, dass Mitglieder von Pfarren mit einem eigenen Pfarrer stärker dazu neigen, eine versorgende Selsorge zu erwarten.[19] In einer von einem Kurator geleiteten Pfarre fällt dieses Bild eines versorgenden Pfarrers weg. Damit entsteht zunächst auf der Seite der Gläubigen eine (heilsame) Irritation, die eine Offenheit für neue Rollenerwartungen provoziert. Die Offenheit gegenüber einer Neuordnung der Rollen und sowie das Selbstverständnis und der andere Leitungsstil des Kurators führen in der Folge zu einer verstärkten Partizipation der Bevölkerung. Dass diese Neuordnung der Rollen auch verweigert werden kann, sieht man am Beispiel Ehrendorf.

Struktur- und rollenbedingt ist der Moderator in Gefahr, zum Versorger in „Sachen" Sakramente zu werden bzw. als solcher gesehen zu werden. Der Moderator von Franzenberg bestätigt dies ausdrücklich. Wenn also die sakramentale Versorgung zu den Aufgaben des Moderators zählt – laut Rahmenordnung sind das jene Aufgaben, die ihm „aufgrund seiner Priesterweihe vorbehalten sind" –, so ist darauf zu achten, dass der Priester das partizipative Miteinander – etwa bei der Vorbereitung liturgisch-sakramentaler Feiern – sucht.

❖ Familien und Kinder gewinnen an Raum

Übereinstimmend registriert die Bevölkerung sowohl in Aufeld als auch in Franzenberg, dass seit der Installation des K-M-Modells mehr Familien mit Kindern bei den Gottesdiensten anwesend sind. Sie führen dies darauf zurück, dass Familien und

---

[18] Vgl. Hilberath/Scharer/Haslinger, Leitung, 499.

[19] Bischof Fritz Lobinger berichtet aus dem afrikanischen Kontext, dass Gemeinden lebendiger werden, wenn die Versorgung von außen wegfällt. Die Versorger-Figur des traditionellen Pfarrers sei zum gewohnten Bild geworden. Sichtlich betroffen schildert Bischof Lobinger folgende Erfahrung: „Dutzende Male habe ich Missionspfarrer gefragt, welche der vielen weit verstreuten Gemeinden, die sie betreuen, die lebendigste sei und welche die am wenigsten lebendige. Immer habe ich die gleiche Antwort bekommen. Die lebendigste, das könnten mehrere sein von den zehn oder zwanzig Gemeinde. Die am wenigsten lebendige aber, das sei klar. Das sie die, wo sie selbst, von allen ‚Father' genannt, wohnen" (Lobinger, Vater-Figur, 44).

Kinder besser angesprochen werden. In Ehrendorf wird dieser Bereich nicht angesprochen. Während in Aufeld und Franzenberg die Jugend „gesucht“ wird, befürchten einige Ehrendorfer, dass die Jugend den Kontakt mit der Kirche zur Gänze verliert. Daraus lässt sich schließen, dass – ist der Kurator bzw. die Kuratorin seelsorglich aktiv – gerade der zeitintensive Kinder und Jugendbereich in der Pastoral in dem K-M-Modell eine besondere Aufmerksamkeit erfährt. Dass die Kuratorin als Frau und der verheirate Diakon einen besonderen Zugang zu Kinder bzw. Jugendlichen haben kommt als persönliches „Plus“ hinzu.

❖ Liturgie aus dem Leben der Gemeinde

Die geringere Präsenz der Priester in den Gemeinden wirkt sich auf die Liturgie und ihre Formen aus. In allen drei Gemeinden beteiligen sich Gemeindemitglieder verstärkt an der Vorbereitung und Mitgestaltung der Gottesdienste. Die Menschen lernen nun neben der vertrauten Eucharistiefeier auch andere Formen der Liturgie kennen, v.a. den Wortgottesdienst. Nach anfänglicher Skepsis einzelner Gläubige finden diese Gottesdienstformen – meist sorgfältig vorbereitet – sowohl in Aufeld als auch in Ehrendorf „Anhänger“. In Franzenberg fällt die verstärkte Beteiligung der Laien am schwächsten aus, da die priesterliche Versorgung durch das nahe Kloster nach wie vor gegeben ist.
In den Gemeinden erleben die Gläubigen, dass bei einer liturgischen Feier auch Laien, zumeist sind es Frauen, leitend auftreten. Das ruft zwar bei einigen, v.a. älteren Menschen Verwunderung, bisweilen Unmut hervor, wird aber großteils begrüßt. Gleichzeitig ist feststellbar, dass die Liturgie stärker aus dem Leben der Gemeinde heraus „fließt“ und eine ansprechende Gestaltung aufweist.

❖ Eucharistie am „Rande“ der Gemeinde

Ehrendorf und Franzenberg sind soweit mit Priestern versorgt, dass der sonntägliche Hauptgottesdienst als Eucharistiefeier stattfindet. Die Eucharistie ist die Mitte der Gemeinde. In Aufeld ist die Eucharistiefeier am Sonntag Abend, da der Moderator vormittags in „seiner“ Pfarre dem Gottesdienst vorsteht. Somit wird in Aufeld der sonntägliche Wortgottesdienst zum Hauptgottesdienst der Gemeinde. Die an den „Rand“ gedrängte Eucharistie macht die Aporie der gegenwärtigen Amtsgestalt deutlich. Das Amt, das in seiner Intention *für* die Gemeinde gedacht ist, kann diese Aufgabe nicht wahrnehmen, da der de facto Gemeindeleiter nicht zum Priester geweiht werden kann. Will die Gemeinde das „eucharistische“ Prinzip nicht aufgeben, wäre sie gezwungen, ihren eigenen Lebensrhythmus aufzugeben (am Sonntag Vormittag den traditionellen Hauptgottesdienst zu feiern) und entweder die Eucharistie im Nachbardorf besuchen („Eucharistietourismus“) – was „quer“ zur selbständigen Gemeindebildung steht – oder auf den Abend auszuweichen, was einen großen Teil der Bevölkerung (Familien mit Kindern) von vornherein aussschließen würde. Die gemeinschaftstiftende Kraft der Eucharistie würde in beiden Fällen ins Gegenteil verkehrt. Die Gestalt des Priesteramtes und damit die Möglichkeit, Eucharistie zu feiern, muß sich dem Lebensrhythmus der Gemeinde anpassen, nicht die Gemeinde dem Amt. Das Amt ist für den Aufbau der christlichen Gemeinschaft da und nicht die

Gemeinde, um eine – im wahrsten Sinne des Wortes – nicht mehr „passende" Gestalt des Amtes weiter zustützen. In Aufeld richtet man sich darauf ein, ohne Eucharistiefeier zu (über-)leben.

5.4.4 Der Zusammenhang zwischen der Beurteilung des K-M-Modells der befragten Personen und ihrer kirchlichen „Verortung"

In Aufeld und Franzenberg findet das K-M-Modell große Zustimmung, die bis zur Begeisterung reicht – wobei die Geschlossenheit der Zustimmung am größten in Aufeld ist. In Franzenberg zeigen sich in der Bewertung des K-M-Modells kleinere Unterschiede: Ältere Menschen tun sich schwerer, während gerade Frauen begeistert sind, dass endlich eine Frau an der Spitze der Gemeinde steht! Die Frauen, die dies äußern, sind durchaus repräsentativ und nicht einer exklusiven feministischen Gruppe zuzurechnen. In Ehrendorf ist die Meinung bezüglich des K-M-Modells gespalten. Eine kleine zustimmende Gruppe steht einem großen indifferenten oder ablehnenden Bevölkerungsteil gegenüber. Dabei tritt eine relativ klare Trennlinie zwischen den Befürwortern und den Gegnern des Modells hervor. Während Gemeindemitglieder, die zum inneren Kreis der Gemeinde gehören und ein aufgeschlossenes Kirchenbild besitzen, das Modell begrüßen und die Chancen der Mitarbeit wahrnehmen, tun sich v.a. Anhänger eines traditionellen Kirchenbildes und jene, die an der Peripherie der Gemeinde stehen, mit der Veränderung schwer. Für Fernstehende ist die Konstanz bekannter Rollen in der Pfarre wichtiger, da ihnen der direkte Kontakt zum Kern fehlt und nur so die Orientierung behalten. Sie reagieren auf Veränderungen der tragenden Rollen oft überraschend empfindlicher als die zum Kern der Pfarre gehörenden Mitglieder, die aufgrund des persönlichen Kontaktes eine Neuorientierung schneller vornehmen können. Außerdem scheinen feststehende traditionell überlieferte Dorfbilder (eine Gemeinde „braucht" einen Pfarrer, einen Bürgermeister und einen Arzt) die Skepsis gegenüber dem K-M-Modell zu verstärken. Die Jugend – soweit sie am kirchlichen Leben interessiert ist – nimmt das Modell problemlos auf.

5.4.5 Die Gesamtbeurteilung des K-M-Modells durch die Gemeindemitglieder

❖ Nach anfänglichem Zögern große Akzeptanz

Die Gesamtbeurteilung des K-M-Modells durch die Bevölkerung fällt – sieht man von der Extremsituation im dritten Jahr in Ehrendorf ab – überwiegend positiv aus. Nach einer ersten Phase des skeptischen Abwartens in allen Gemeinden stellt sich eine überraschend deutliche Akzeptanz des Modells ein. Die Akzeptanz geht bei manchen so weit, dass sie beteuern, mit der Situation vorher nicht tauschen zu wollen. Im selben Atemzug betonen sie jedoch – und das scheint im Widerspruch dazu zu stehen –, dass sie lieber einen eigenen Pfarrer hätten, wenn diese Möglichkeit bestünde. Einerseits erleben die Menschen, dass das K-M-Modell jüngeres Leitungspersonal ermöglicht, das die Menschen animiert und größere Vielfalt im Gemeindeleben zulässt. Dies möchten die Menschen nicht mehr missen. Andererseits erleben sie auch die Unstimmigkeiten des Modells – Aufspaltung und Inkongruenz von Leitungsfunktionen, oder einen nicht in der Gemeinde lebenden Priester, mit dem man aber Eucharistie feiert

usw. Sie wünschen sich die verschiedenen Dimensionen der Leitung (Verwaltung, Organisation, Seelsorge, Weihe) in Personalunion wie bei einem Pfarrer. In diesem Sinn empfinden die Gläubigen „gut katholisch".
Die Menschen sprechen eine klare Empfehlung für das K-M-Modell aus. Sie ziehen es anderen Alternativen wie Priester aus dem Ausland oder Mitprovision durch einen auswärtigen Priester ohne Seelsorger am Ort eindeutig vor. Es ist äußerst fraglich, ob eine so markante Verlebendigung der verschiedenen Gruppen und Einzelpersonen eintreten würde, wenn kein(e) KuratorIn als Gemeindeleiter präsent wäre, der sich mit allem Elan für die Menschen engagiert, die Menschen ermutigt sowie die aufbrechenden Aktivitäten koordiniert, begleitet und in das Gesamtleben der Gemeinde integriert. Mit der seelsorglichen Präsenz des Kurators scheint ein zentraler Punkt des Leitungsmodells nach c. 517 § 2 markiert. Die Bevorzugung des Modells beruht auf einer Prioritätensetzung, die man in den Aussagen der betroffenen Gemeindemitglieder erkennen kann und die bereits bei der Thematisierung der seelsorglichen Präsenz angesprochen wurde: An erster Stelle steht eine ausreichende seelsorgliche Präsenz (von Kurator und/oder Moderator). An zweiter Stelle steht die sakramentale „Versorgung", erst an dritter Stelle die Verwaltung der Gemeindeangelegenheiten!

❖ Plädoyer für die Einheit von Seelsorge und sakramentalen Feiern und damit für eine(n) geweihte(n) GemeindeleiterIn

Die Befragung gibt Aufschluss darüber, wie die Menschen die Vereinbarkeit von Pfarramt und Ehe bzw. Familie erleben. Die immer wieder angeführte mangelnde Verfügbarkeit eines verheirateten Kurators muss differenzierter gesehen werden. Am Beispiel Aufeld wird deutlich, dass der verheiratete Diakon für „seine" Gemeinde ebenso verfügbar ist wie ein eigener Pfarrer. Im Sinne der Versetzung an einen anderen Ort ist die Verfügbarkeit bei verheirateten Gemeindeleitern sicher geringer vorhanden. Deshalb muss bei der Rede über die Verfügbarkeit (des zölibatären Priesters) zwischen der Verfügbarkeit für die Gemeinde und der auf diözesaner oder weltkirchlicher Ebene unterschieden werden.
Die Menschen erleben, dass auch ein verheirateter Mann ein guter Seelsorger sein kann. Überraschend ist, dass sich keine (!) der befragten Personen angesichts der aktuellen Knappheit an Priestern für die Beibehaltung des Pflichtzölibats ausgesprochen hat, sondern für die Freistellung optieren. Die mögliche Vereinbarkeit von Ehe bzw. Familie und seelsorglichem Amt wurde mit großem Realismus und aller Nüchternheit mit Pro und Kontra diskutiert. Trotz möglicher Schwierigkeiten akzeptieren die Menschen eher die Priesterweihe für verheiratete Männer als die durch den Priestermangel – auch ohne diesem Modell – hervorgerufene Trennung von Seelsorge und Sakramentenspendung bzw. Eucharistiefeier. (Beim geweihten Diakon ist die Vereinbarkeit von „Pfarramt" und Ehe am meisten fortgeschritten.) Für viele der Befragten ist auch eine Weihe der Frau denkbar, aber erst als zweiter Schritt.
Was bedeuten die Erfahrungen der betroffenen Gläubigen mit dem Leitungsmodell c. 517 § 2 für die Gemeindepastoral der Zukunft? Was kann für das Gelingen eines solchen Modells praktisch gelernt werden und welche Hinweise ergeben sich für die notwendige (amts-)theologische Reflexion der Leitungsstruktur?

6 Pastoraltheologischer Ertrag: Das Modell als Quellort einer neuen Gestalt des Amtes und als Chance zur Gemeindeentwicklung

Bevor ich daran gehe, den empirischen Befund in diesem Kapitel pastoraltheologisch auszuwerten, möchte ich den Gesamtduktus der Arbeit nochmals in Erinnerung rufen. Zunächst wurde die Situation im Hinblick auf den Priestermangel nüchtern analysiert. Trotz lokaler Zuwächse bei Priester verschlechtert sich weltweit das zahlenmäßige Verhältnis Priester-Katholiken. In Europa ist die Situation aufgrund der vergleichsweise kleinen Pfarrstrukturen besonders dramatisch. Das Kirchenrecht gibt dem Bischof ein Gemeindeleitungsmodell „in die Hand“ mit dem er auf den Priestermangel reagieren kann. Eine oder mehrere nichtpriesterliche Personen können an der „Wahrnehmung der Hirtensorge“ beteiligt werden. Ein Priester moderiert die Hirtensorge in dieser Gemeinde. Die Einsetzung solcher Modelle findet in einer Phase großer kirchlicher Umbrüche und – zum Teil heftiger – theologischer Auseinandersetzungen statt. Bewahrende und fortschreitende Kräfte ringen in der Kirche miteinander. In der polarisierten Diskussion zwischen den theologischen Experten kommen die vom Priestermangel konkret Betroffenen in den Gemeinden mit ihren Erfahrungen kaum zu Wort. Von Anfang an war die Kirche aber der Überzeugung, dass sich die Offenbarung Gottes an das gesamte Volk Gottes richtet und diese sich im existentiellen Vollzug des täglich gelebten Glaubens je neu ereignet. In diesem Glaubenssinn der Gläubigen – so bekennt die Kirche – erfasst die Gemeinschaft der Gläubigen immer wieder neu, wie sich die Gestalt der Kirche gemäß der Offenbarung in der Zeit „ausfaltet“, konkretisiert und reformiert. Der Beitrag der „einfachen Gläubigen“ ist deshalb für die Suche nach einer neuen Gestalt von Kirche – und der Beurteilung des Gemeindeleitungsmodells nach c. 517 § 2 – unverzichtbar. Die Aufgabe der Praktischen Theologie besteht darin, die Erfahrungen gläubiger Menschen mit diesem Modell und seiner spezifischen Leitungsstruktur zu erfassen und theologisch zu reflektieren. Es soll deutlich werden, ob dieses Model in die Sackgasse führt oder einen neuen Weg vorbereitet.

In diesem abschließenden Kapitel reflektiere ich die Befragungsergebnisse in zweierlei Hinsicht: Die Ergebnisse geben zunächst darüber Aufschluss, welche Faktoren berücksichtigt werden müssen, damit dieses Leitungsmodells in einem *pastoral-praktischen* Sinn (6.1) gelingen kann. In einem weiteren Schritt möchte ich Schlussfolgerungen im *praktisch-theologischen* Sinn (5.2) ziehen und die Aussagen der Befragten im Hinblick auf die Gestaltung des Leitungsamtes und in ihrer Relevanz für eine Entwicklung der Gemeinde reflektieren. Schließlich soll der sich abzeichnende Veränderungsprozess in den Kontext einer umfassenden Ekklesiogenese gestellt werden (6.3). In einem abschließenden Plädoyer fasse ich jene nötigen und zugleich möglichen Schritte zusammen, die aus meiner Sicht für Theologie und (Orts-)Kirche unmittelbar anstehen.

6.1 Pastoral-praktische Impulse zu einem guten „Gelingen“ des Modells:

Unter pastoral-praktische Impulse bzw. Hinweise verstehe ich jene Aspekte und Faktoren, die für ein Gelingen des Modells im Sinne eines konstruktiven Aufbaus der Gemeinde und eines guten Zusammenspiels aller Beteiligten relevant sind. Sie ergeben sich als direkte oder abgeleitete Konsequenzen aus den Erfahrungen der Betroffenen selbst Ich fasse jene Aspekte zusammen, die *in den Augen der Gemeindemitglieder*, des Kurators/der Kuratorin und des Moderators ein fruchtbares pastorales Wirken im Rahmen dieses Leitungsmodells ermöglichen. (Weitere gemeindetheologische Aspekte werden unter 6.2.2 diskutiert.) Die Hinweise können deshalb als Empfehlungen für die Zuständigen auf Gemeinde-, Dekanats- und Diözesanebene gelesen werden, die bei der Installation dieses Modells eine Hilfe sein können. Im Folgenden ziehe ich zunächst die unmittelbaren Schlussfolgerungen aus den Aussagen der Gemeindemitglieder (6.1.1), leite davon die Wichtigkeit für eine Gemeindebegleitung ab (6.1.2), um schließlich auf die längerfristige Perspektive einer charismenorientierten Gemeindeleitung hinzuweisen (6.1.3).

6.1.1 Unmittelbare Schlussfolgerungen für ein Gelingen des Modells

Die folgenden Hinweise kommen gleichsam direkt aus dem Munde der Befragten, sollten also für jeden Installationsprozess berücksichtigt werden.

❖ Einbeziehung der betroffenen Gemeinde in den Umstellungsprozess.

Der Vergleich der drei Gemeinden macht deutlich, wie wichtig sowohl die Berücksichtigung der Gemeindesituation als auch das Einbeziehen der Menschen in den Entscheidungsprozess ist. Die Gemeinde Aufeld steht dafür beispielhaft. In Ehrendorf haben die häufigen Umstellungen ohne vorherige Information und Einflussmöglichkeit zu großem Unmut in der Gemeinde und damit zu einer erschwerten Aufnahme des Modells geführt. Beteiligt man die Menschen rechtzeitig, so fühlen sie sich ernst genommen und können die Folgen verschiedener zur Verfügung stehender Varianten abwägen. Damit können Meinungsunterschiede schon im Vorfeld angesprochen und zumindest teilweise ausgetragen werden. Die überwiegende Zahl der Gläubigen hat keinerlei Vorstellung davon, wie das Modell mit Moderator und Kurator funktionieren wird. Die Aufklärung über die Folgen, die das Modell für die Gemeinde mit sich bringt, verringert die vorhandene Unsicherheit und schafft ein Stück Klarheit. Obendrein können entstandene Enttäuschungen und Befürchtungen, aber auch Aggressionen artikuliert und somit kultivierbar werden. Wo dies nicht vor der Installation des Modells geschieht, werden diese unbewältigten Gefühle in der Folge den Installationsprozess stören und bei den Leitungspersonen abgeladen, wobei natürlich jene Person, die am Ort ist, – in der Regel der Kurator – den Löwenanteil davon abbekommt. Der Kurator wird in diesem Fall zum personifizierten Übel. Eine transparente Diskussion im Vorfeld ist zwar keine Gewähr dafür, dass die Umstellung automatisch besser gelingt. Die Einbeziehung der Menschen wirkt sich jedoch in vielfacher Weise günstig auf die Annahme des Modells aus. Es bedeutet eine Wertschätzung der Gemeinde,

wird dieses Modell – selbst wenn sich keine andere Lösung anbietet – ihr nicht einfach vorgesetzt oder „übergestülpt“. Für manche Gläubige interpretieren das Faktum, dass sie keinen eigenen Pfarrer mehr bekommen, so, als sei ihre Gemeinde in den Augen der Diözese weniger wert. Vor diesem Hintergrund ist das Einbeziehen der Menschen ein klares Signal der Wertschätzung. Die meisten Menschen bringen – dies geht aus der Befragung deutlich hervor – ein hohes Maß an Verständnis für die Situation der Kirche und die Folgen des Priestermangels mit.
Werden mögliche zukünftige Varianten eines Leitungsmodells zwischen Dekanats- bzw. Diözesanleitung und der Gemeinde besprochen, so liegt darin – nach dem ersten Schock – auch die Chance, dass die Gemeinde die Umstellung nicht nur als Verlust empfindet, sondern darin auch das Samenkorn für ein neues Gesicht der Gemeinde entdecken kann. Mit der Einbeziehung der betroffenen Gläubigen entspräche die Diözesanleitung nicht nur dem vielfach geäußerten Wunsch. Sie plädieren damit auch für eine konkrete Umsetzung jener Kommunikationsvorgänge, die in der Rahmenordnung der Diözese Innsbruck vorbildlich geschrieben stehen.

- Behutsame und sorgfältige Auswahl der beiden Leitungspersonen und eine mögliche „Probezeit“

Jede/r KuratorIn und jeder Moderator bezeichnet die gute Zusammenarbeit als Angelpunkt für das Gelingen dieses Modells. Eine allgemeine Bereitschaft, eine der beiden Funktionen zu übernehmen, genügt nicht. Bei der Auswahl der Leitungspersonen ist darauf zu achten, dass sie die in der Rahmenordnung der Diözese geforderte Kommunikations- und Konfliktfähigkeit mitbringen. Diese erwünschten Fähigkeiten der Leitungspersonen können genauer als tolerante, gewährende, ja fördernden Haltung gegenüber einer anderen Frömmigkeit und eines alternativen pastoralen Stils beschrieben werden. Dies ist v.a. vom Moderator gefordert, dem nach dem Gesetz eine kontrollierende Funktion zukommt. Der Moderator muss diese Kontrollfunktion konstruktiv und sensibel ausüben und bereit sein, unter Umständen seinen eigenen Stil zurückzustellen. Um abzuklären, ob Kurator und Moderator gut „zusammenspielen“ können, müssen das jeweilige Selbstverständnis – der Moderator z.B. in Abhebung zur Pfarrerrolle, der Kurator in seinem kooperativen Leitungsverständnis – ausgetauscht und möglichst konkret besprochen werden. Jede Leitungsperson muss ihr Rolle finden und dies geht nur *mit* und nicht ohne oder gegen die komplementäre Rolle (des Gegenübers). Die Rolle des Moderators ist nicht einfach die Rolle eines „Mini-Pfarrers“, die des Kurators nicht die eines Pastoralassistenten mit erweiterten Handlungsbefugnissen.
Manche Gemeindemitglieder schlagen zum gegenseitigen Kennenlernen eine Probezeit vor. Die schrittweise Gewöhnung ist sowohl von den Leitungspersonen als auch von der Gemeinde in zweifacher Hinsicht zu leisten. Zum einen geht es um die Gewöhnung an ein neues Leitungs*modell* und seine neuen *Rollen* und zum anderen um das Kennenlernen neuer Leitungs*personen.* Aus diesen Erfahrungen mit dem Umstellungsprozess plädieren die Befragten für eine Zeit des gegenseitigen Kennenlernens und der Gewöhnung. Nach einigen Monaten sollte zwischen den Leitungspersonen,

aber auch mit der Gemeinde (PGR) bzw. der Diözese ein erster Erfahrungsaustausch stattfinden, um gegebenenfalls Änderungen rechtzeitig vornehmen zu können.

❖ Die Menschen wünschen eine(n) Seelsorger(in), keinen Verwalter!

Das am stärksten artikulierte Anliegen der befragten Gläubigen ist die Präsenz eines Seelsorgers bzw. Seelsorgerin am Ort. Die konkrete Leitungsstruktur muss es ermöglichen, dass zumindest eine Leitungsperson – ob Moderator oder KuratorIn ist für die Menschen eher zweitrangig – ausreichend Zeit für seelsorgliche Aufgaben findet und eine ansprechbare Präsenz am Ort ermöglicht. Darauf legen die Gläubigen größten Wert. Wird dieser Wunsch erfüllt, so wird Gemeindeleitung weder ausschließlich als Verwaltung bzw. Organisation noch allein als Spendung der Sakramente erlebt. Erst im Erleben einer menschlichen Seelsorge wachsen für die Gläubigen das konkrete Leben, das menschliche Miteinander und das liturgische Feiern des Glaubens zu einer Einheit zusammen.

6.1.2 Plädoyer für eine Gemeindebegleitung

❖ Sehen, was diese Gemeinde braucht!

Der empirische Befund zeigt, wie höchst unterschiedlich die (Ausgangs-)Situationen der drei Gemeinden sind. Während in Ehrendorf bei einem großen Teil der Bevölkerung ein sehr traditionelles Kirchenbild vorhanden ist, ein beliebter Pfarrer über Jahrzehnte hinweg die Gemeinde „verwöhnt“ hat und die plötzlichen, rasch aufeinander folgenden Wechsel der Priester zu einer Verstörung in der Pfarre führen, trifft man in Franzenberg zur Zeit der Einführung des K-M-Modells eine relativ selbständige Gemeinde an, die sich durch die eigenständige Organisation zur Zeit der Vakanz weiterentwickelt hat (die freilich nach der anstrengenden Zeit der Vakanz wieder etwas „regredierte“). In Aufeld warteten die Menschen geradezu darauf, endlich in der Gemeinde mitgestalten zu können. Damit sind nur einige der schon oben dargestellten unterschiedlichen Ausgangsbedingungen genannt.

Steht kein eigener Pfarrer zur Verfügung, so wird in Zukunft bei der Neubesetzung einer Gemeindeleitung sehr gründlich darauf zu achten sein, welche Ausgangslage – besondere Schwierigkeiten und Charismen – in der betreffenden Gemeinde vorliegen. Erst dann kann man eine genau auf die spezifische Gemeindesituation abgestimmte Leitungsstruktur – mit entsprechenden Personen – auswählen. Dieser Vorgang sollte – darauf wurde schon hingewiesen – unter Einbeziehung der betroffenen Gläubigen erfolgen. Diese Art der Neubestellung ist in vielfacher Weise komplexer und ist – in dieser Qualität – kirchenhistorisch neu. Sie lässt sich – vereinfacht – so darstellen: Als es noch genug Priester gab, war der Bestellungsvorgang relativ einfach. Eine vakant gewordene Pfarre wurde ausgeschrieben und mit einem der Bewerber neu besetzt. Dieser Bestellungsvorgang war relativ unabhängig von der Selbständigkeit und vom „Reifegrad“ einer Pfarrgemeinde. Man brauchte die Gemeindesituation nicht näher beachten. Freilich spielte die Größe und Bedeutung einer Gemeinde dahingehend eine Rolle, ob noch ein Kaplan oder – seit es dieses Berufsbild gibt – ein Pastoralassistent hinzukam. Die entsprechenden diözesanen Stellen sind sicher bemüht, die Pfarrer abgestimmt auf die örtlichen Erfordernisse zu bestellen. Trotzdem war der Bestellungsvorgang eines neuen Hirten in erster Linie ein Verwaltungsakt, der – austauschbar – für jede Gemeinde galt. Ein solcher Vorgang, der – in vorwiegend formaler, kirchenrechtlicher Weise – die Amtsbesetzung ohne genaueren Blick auf die konkreten Gegebenheiten und Mündigkeit der Gemeinde vornimmt, ist beim K-M-Modell nicht mehr möglich.

❖ Ein Charismen- und Kompetenzprofil der konkreten Gemeinde erstellen

Bei den Überlegungen, wie die Aufgabenverteilung zwischen Kurator und Moderator, das zeitliche Ausmaß einer hauptamtlichen Anstellung des Kurators und damit seiner Präsenz aussehen soll, muss zunächst wahrgenommen werden, welches „Potential" an MitarbeiterInnen in der Gemeinde bereits vorhanden ist bzw. welche brachliegende und noch zu fördernde Charismen vorliegen. Die Erstellung eines Profils der Gemeindeleitung im Rahmen der Rechtsfigur nach c. 517 § 2 erfordert zunächst ein – faktisches bzw. und potentiell vorhandenes – Charismen- und Kompetenzprofil der Gemeinde selbst. Dabei ist beispielsweise zu fragen: Welche Engagements von Gruppen oder Einzelpersonen sind in der Gemeinde gewachsen und tragen die Gemeinde – in Liturgie, Diakonie, Aufbau der Gemeinde? Gibt es beispielsweise WortgottesdienstleiterInnen oder Personen, die für eine Fortbildung (zum Lektor, Kantor, Kommunionhelfer, Jungschar- oder JugendleiterInnen, diakonische Dienste wie Haus- und Krankenbesuche, bestimmte Leitungsaufgaben, ...) in Frage kommen? Usw. Es gilt, die bereits vorhandene und entwicklungsfähige pastorale Kompetenz der Gemeinde wahrzunehmen und aufzugreifen. Ein Ansatz, der die Entwicklung der Gemeinde und die Entfaltung der in ihr schlummernden Charismen im Auge hat, kann nicht auf eine einzige, von der konkreten Gemeinde unabhängigen Leitungsform setzen, die überall gleich einsetzbar wäre. Die konkrete Figur der Gemeindeleitung sollte sich also an den Ressourcen und am „Entwicklungsstand" der Gemeinde orientieren und sich von der Frage leiten lassen: Was und welche Leitungsgestalt braucht *diese* Gemeinde?[1] Dazu sind von Kurator und Moderator auszuüben, welche kann die Geminde übernehmenSo kann sich beispielsweise herausstellen, dass eine traditionell geprägte Landpfarre, bei der mit dem Weggang des letzten Pfarrers vieles zusammenbrechen würde, eine stärkere pastorale Leitung in der Umbruchssituation braucht als eine viel größere, aber „sich selbst tragende" Stadtgemeinde. Es braucht aber nicht nur erweiterte Kriterien zur Neubesetzung pfarrerloser Gemeinden, sondern auch eine Begleitung dieser Übergangsgangsphasen.

❖ Plädoyer für eine Gemeindebegleitung

Der Übergang auf eine neues Leitungsmodell bedeutet für die Gemeinde – in unterschiedlicher Intensität – eine deutliche Zäsur, ja eine Krise. In den befragten Gemeinden – besonders in Ehrendorf – spricht man von einem „Schock". Es finden sich alle Anzeichen einer Krise: eine massive Erschütterung des Selbstverständnisses (hier des Gemeindebildes), Hilf- und Orientierungslosigkeit, Leere und ein „Nicht-Wissen, wie

[1] Vgl. dazu ergänzend die vier Dimensionen des gemeindlichen Leitungsamtes unter 6.2.1.2.

es weitergehen soll". Bei individuellen Krisen rät man zu einer Begleitung. In einer Krise der Gemeinde, die sehr komplexe Formen aufweist, kann eine behutsam-kompetente Begleitung von außen hilfreich sein. Begleitung beinhaltet mehr als eine punktuelle Kontaktaufnahme. Sie ist über den gesamten Zeitraum des Übergangs wichtig – in unterschiedlicher Intensität. Die Begleitung der Leitungspersonen, des PGRs oder der Gemeinde (Pfarrversammlung) soll in Absprache mit den Betroffenen in einer vereinbarten, sinnvollen Weise geschehen.
Durch eine Begleitung der kritischen Situation können – selbst wenn ein großer Teil der Gemeinde die Krise positiv meistert – „mögliche Opfer" der Umstellung wie beispielsweise ältere Leute, die sich nicht mehr zurecht finden, Jugendliche, deren letzter Kontakt zur Gemeinde abbricht etc. ein wenig aufgefangen werden. Man darf nicht davon ausgehen, dass die durch den Priestermangel entstandene Situation *automatisch* den gewünschten „pädagogischen Effekt" erzielt, dass nämlich die Laien stärker zu Trägerinnen und zu Träger der Pastoral werden. Wie man – v.a. in Ehrendorf sieht – steht ein großer Teil der Gläubigen den unerwartet raschen Veränderungen in der Gemeinde hilflos und unverständlich gegenüber. Die historische Chance für die konkrete Gemeinde will genützt und der Übergang begleitet und gestaltet – nicht nur verwaltet – werden. Bruno Ernsberger, der reiche Erfahrung in der Begleitung von Gemeinden in Umbruchphasen hat, bringt es auf den Punkt:

> *„Notwendig sind begleitete Vakanzzeiten. Das Gleichgewicht von Versorgungshaltung und Versorgung in der Gemeinde wird durch die Vakanz gestört. Dies bewirkt in der Regel einen starken Entwicklungsschub unter der Voraussetzung, dass die Gemeinden in der Vakanzzeit begleitet und unterstützt werden."*[2]

Begleitung und Unterstützung sind die beiden Grundworte, die dafür verantwortlich sind, dass die Umstellung auf das neue Leitungsmodell zu einer echten Chance für die Gemeinde wird. Wer soll diese Begleitung leisten?

❖ Begleitung eines gemeindeorientierten Übergangs

Die nähere Begleitung des krisengefährdeten Übergangs in der Gemeinde sollte nicht isoliert von den sonstigen kommunikativen Prozessen mit den diözesanen Stellen vor sich gehen, sondern soll in diese eingebettet sein. Solche Gemeindewahrnehmungs- und Kommunikationsprozesse wird eine Diözesanleitung, aber auch eine Dekanatsleitung vermutlich nicht selbst leisten können. Die Verantwortlichen müssen aber einbezogen werden. Die Aufgabe könnte beispielsweise an einen Gemeindebegleiter[3] auf Dekantatsebene delegiert werden, der die Lage vor Ort kennt (eventuell auch das Gemeindereferat des Seelsorgeamtes). So wie der Generalvikar seine Priester und der Leiter einer Personalabteilung seine pastoralen MitarbeiterInnen kennt, so müsste eine solche für die Gemeindebegleitung verantwortliche Person „ihre" Gemeinden kennen.

---

[2] Ernsberger, Aufbruch, 35.

[3] Ich ziehe diesen Begriff dem gebräuchlicheren Begriff „Gemeindebrater" vor, da der Begriff „Gemeindebegleiter" die Gemeinde stärker als Subjekt in ihrem eigenverantwortlichen Handeln und Entscheiden respektiert.

Eine solche in jedem Dekanat für solche Begleitprozesse eingesetzte Person würde so gut also möglich die Gemeindesituation auch von „innen“ her kennenlernen und ein oben vorgeschlagenes Charismen- und Kompetenzprofil der Gemeinde erstellen. Angesichts eines sich abzeichnenden Abschieds des Pfarrers kann die Gemeinde sich rechtzeitig darauf vorbereiten, d.h. mit dem aktuellen Pfarrer die Umgestaltung der Gemeinde im Hinblick auf eine „sich selbst tragende“ Gemeinde durch die Entfaltung der Charismen anstoßen und begleiten. Natürlich könnte und müsste dies der Pfarrer selbst tun – und dies passiert auch (vgl. Pfarre Ehrendorf). Der Vorteil einer Begleitung von außen besteht darin, dass diese den Abschied, die Umstellung und den Neuanfang mit einer anderen Form der Gemeindeleitung durchgehend begleiten kann, in der krisenanfälligen Phase für die Gemeinde ein Stück Kontinuität darstellt. Der Pfarrer ist selbst ein betroffener „Teil“ des Abschiedsprozesses.

6.1.3 Charismenorientierte Gemeindeleitung – Vobereitung der Gemeinden auf eine kooperative Pastoral

Die Erfahrungen der vom Umstellungsprozess betroffenen Gläubigen fordernd jedoch dazu heraus, längerfristige Überlegungen anzustellen. Sie betreffen eine grundsätzliche Neuakzentuierung priesterlicher Pastoral und eines gemeindefördernden Leitungsstils. Der Altersdurchschnitt der Priester lässt erwarten, dass in den nächsten Jahren verschiedene Modelle kooperativer Seelsorge zur Anwendung kommen werden. Viele Gemeinden trifft der Abschied des letzten Pfarrers unvorbereitet. Dabei wäre die dann eintretende Gemeindesituation ohne eigenen Pfarrer in der Regel voraussehbar und gestaltbar. Freilich wird diese Möglichkeit in der Praxis so lange wie möglich aus dem Bewusstsein der Gemeinde verdrängt. Wer sollte also die oben vorgeschlagene Wahrnehmung und Förderung der Gemeinden angesichts einer zu erwartenden pfarrerlosen Gemeindeleitung leisten?

Hier muss man zumindest zwei Phasen im Umstellungsvorgang der Gemeinde unterscheiden: Die Phase der *Vorbereitung* auf eine Zeit ohne eigenen Pfarrer und den *Übergangsprozess* selbst. Von unvorhergesehenen Ereignissen abgesehen, ist – wenn ein Pfarrer ins pensionsverdiente Alter kommt – die Umstellung auf ein kooperatives Leitungsmodell absehbar. Es wäre meiner Ansicht nach sowohl von der Gemeinde als auch den zuständigen dekanatlichen bzw. diözesanen Stellen unverantwortlich, die Gemeinde nicht auf diesen Moment vorzubereiten. Die Vorbereitung müsste zum Ziel haben, stärker als bisher eine sich selbst tragende Gemeinde heranzubilden, in der die Gläubigen sich ihrer Mitverantwortung und sich ihres hirtlichen Auftrags bewußt werden. Dieser Ansatz geht entschieden über eine Haltung hinaus, die sich etwa mit einer kirchenrechtlichen Zuständigkeit oder „sakramentalen Versorgung“ begnügen würde. In der Aufgabenbeschreibung von Kurator bzw. Kuratorin und Moderator im K-M- Modell ist deutlich geworden, dass – partikularrechtlich festgelegt – der Priester für die sakramentale Versorgung verantwortlich ist. Würde sich ein – letzter – Pfarrer einer Gemeinde in seinem Selbstverständnis auf diese sakramentalen Aufgaben beschränken, so wäre damit der Gemeinde im Blick auf eine pfarrerlose Zeit kein guter Dienst erwiesen. Der Pfarrer muss – mit anderen Worten – den „Gemeindeentwickler

in sich" ausbilden, das Selbstverständnis eines Pfarrers als Seelsorger und Sakramentenspender muss stärker durch das eines Charismen- und Gemeindeförderers ergänzt werden.
Dies hat Konsequenzen für den Leitungsstil eines Pfarrers: Mit dem traditionellen Pfarrerbild war vornehmlich ein Leitungsstil im Sinne von „leiten vor" der Gemeinde bzw. „leiten für" die Gemeinde verknüpft. Die Gemeinde zu stärkerer Selbständigkeit „erziehen" hieße, einen kooperativen, partizipativen Leitungsstil im Sinne von „leiten mit" der Gemeinde bzw. ihrer Gremien und Vertretern einzuüben.[4] Damit verbunden ist die Wahrnehmung der Vielfalt der Charismen, die Aufgabe sie zu fördern, die Gläubigen zur eigenständigen Ausübung von Diensten zu ermutigen und ihnen Verantwortung zu übertragen. Der Dogmatiker Wiedenhofer weist darauf hin, dass das Amt viel stärker im Lichte dieses Selbstverständnisses gesehen werde muss:

> *„Auch hier käme der spezifische Dienst des Amtsträgers, seine spezifische Christusrepräsentation und sein Hirtendienst, dann an sein Ziel, wenn dieser sich (in Entsprechung zur ohnmächtig-allmächtigen Leib Gottes im Gekreuzigten) so zurückzunehmen weiß, dass den charismatischen Gaben Raum für ihr eigenständiges Wirken einräumt."*[5]

6.2 Im Dienste der „Lebendigkeit christlicher Gemeinden" – eine praktisch-theologische Reflexion

Wenn es im Folgenden darum geht, den empirischen Befund praktisch-theologisch zu reflektieren bzw. „im Licht des Evangeliums zu deuten" (GS 4), so erinnere ich an dieser Stelle nochmals an die Worte Papst Paul VI., der zur Suche nach einer neuen Gestalt des Amtes ermutigt (vgl. 1.2.2) und vier Kriterien als Orientierung dazu nennt. Eine neue Gestalt des Amtes hat sich zu allererst am *Ursprung der Kirche* auszurichten.[6] Das uns in den biblischen Schriften begegnende Wort Gottes ist die Quelle jeglicher Weiterentwicklung von Kirche, die „norma normans non normata". Als weiteren Orientierungspunkt bei der Neugestaltung nennt Paul VI. *„die heutigen Nöte der Menschheit und der Kirche"*[7] und erinnert damit an eine Orientierungsmarke, die das Evangelium selbst für unser Handeln und Gestalten vorgibt: Die Nöte, die Bedürftigkeit des Menschen, der Bedarf – sei dieser geistlich oder materiell – schlechthin. Als drittes Kriterium beschreibt Paul VI. den für die Kirche fundamentalen Vorgang der *Rezeption* (vgl. 3.2.7): Es geht um Grundentscheidungen und „Grundgestalten" der Kirche, die *„von zahlreichen ihrer Mitglieder gern aufgenommen* werden"[8]. Wenn das Volk Gottes, begabt mit dem Glaubenssinn, eine neue Sozialform „gerne

---

[4] Vgl. dazu Haslinger/Hilberath/Scharer, Leitung, 499f. Man wird gerade ältere Priester in dieser Hinsicht Unterstützung und Hilfe „von außen" anbieten müssen.

[5] Wiedenhofer, Amt, 48.

[6] Vgl. EN 73.

[7] EN 73; Hervorhebung von J.P.

[8] EN 73; Hervorhebung von J.P.

aufnimmt", so lässt sich darin der Wille Gottes erkennen, eine geschichtliche Entfaltung der Offenbarung, ein Voranschreiten der Kirche der Wahrheit entgegen (vgl. DV 8). Schließlich fasst Paul VI. das pastorale Ziel ins Auge, nämlich, dass *„die kirchliche Gemeinschaft möglichst große Lebendigkeit gewinnt"*[9].

Legt man diese Kriterien des Papstes an die Erfahrungen und Aussagen der interviewten Gläubigen der drei Gemeinden an, so ist man bereits auf den erster Blick davon überrascht, wie sehr die von Paul VI. vorgegebenen Kriterien durch den empirischen Befund erfüllt sind. Das Modell fördert die „Lebendigkeit der Gemeinde", es wird von „zahlreichen ihrer Mitglieder gerne aufgenommen" und antwortet auf eine Not der Gläubigen – den Priestermangel und Mangel an Seelsorgern. Insofern es in der Ursprungszeit der christlichen Gemeinden unterschiedliche Formen der Gemeindeleitung gab, widerspricht das Modell nicht den Ursprüngen der Kirche, sondern weist gerade auf eine christlich legitime Vielfalt an Leitungsformen hin.[10]

Es wäre lohnend, die vielfältigen Aussagen und Erfahrungen der interviewten Gemeindemitglieder unter den genannten Kriterien im einzelnen näher zu bedenken. Ich werde mich im Folgenden auf zwei Aspekte beschränken, die das vorrangige erkenntnisleitende Interesse dieser Arbeit bilden: Dies ist zum einen die Frage, ob sich aus der Untersuchung *Hinweise für eine neue Gestalt des Amtes* ergeben (6.2.1) und zum anderen, ob durch die Installation des Leitungsmodells nach c. 517 § 2 ein *Impuls zur Verlebendigung bzw. in der Entwicklung der Gemeinde im Sinne größerer Selbständigkeit* erfolgt (6.2.2). Die Thematisierung der beiden Hauptfoki – Gestalt des Amtes und Entwicklung der Gemeinde – geschieht immer in Bezugnahme zum empirischen Befund. Die theologische Reflexion der ausgewerteten Interviews wirft Fragen auf, die am Beginn der Untersuchung nicht als Fragehorizont formuliert waren – beispielsweise das Thema „Sakramentalität der Kirche". Diese Fragen sollen benannt und ansatzhaft thematisiert werden, ohne dass sie in dieser Arbeit (dogmatisch) erschöpfend behandelt werden können.

6.2.1 Das „geteilte Hirtenamt" – praktisch-theologische Reflexion der Gemeindeleitung nach c. 517 § 2

Der empirische Befund weist Seelsorge in der Gemeindeleitung als zentrale Dimension aus. Wo sie vorhanden ist – wie in Aufeld –, wird sie von der Bevölkerung wohltuend wahrgenommen, wo sie fehlt – wie in Ehrendorf –, als Defizit schmerzvoll beklagt. Der Wunsch – ich möchte fast sagen die Sehnsucht – der Menschen nach einer Form der Gemeindeleitung, in der ein präsenter Seelsorger, eine präsente Seelsorgerin erfahren werden kann, ist eine der eindruckvollsten Erkenntnisse der empirischen Untersuchung. Was bedeutet dieser unübersehbare Hinweis für die Gestalt des Amtes?

[9] EN 73; Hervorhebung von J.P. Diese Kriterien entsprechen den Regeln zum Erkennen des Glaubenssinns der Gläubigen, die Beinert nennt. Vgl. 3.2.6.

[10] Man denke beispielsweise an die presbyterale Gemeindeleitung in den judenchristlichen Gemeinden. Vgl. Frankenmölle, Gemeindeleitung.

Um darauf eine theologisch vertretbare Antwort geben zu können, gilt es „Maß zu nehmen" an der biblischen Schrift, der „norma normans non normata". Bei der Suche nach einem biblischen Urbild für den Seelsorger und Gemeindeleiter begegnet man dem Bild des guten Hirten, das in der Kirche immer schon das Vorbild für den Seelsorger, im besonderen für den Pfarrer war. Deswegen wird in einem ersten Schritt dem Bild des guten Hirten nachgegangen und eine „biblische Interpretationsfolie" für die weitere Reflexion gelegt. Anschließend werden einige Teilaspekte des Hirtenamtes – ausgehend vom empirischen Befund – näher thematisiert.

6.2.1.1 Der gute Hirte – Das Urbild des Gemeindeleiters

❖ Der gute Hirte: Sehnsucht der Menschen – Gabe Gottes

Das biblische Bild vom guten Hirten darf wohl als *das* Profil eines kirchlichen Amtes, das im Dienst der Seelsorge steht, gesehen werden. Das Bild des guten Hirten ist ein durchgängiges Grundmotiv in der Bibel.[11] So wie sich der Hirte um seine Schafe kümmert, erwartet Gott, dass die von ihm eingesetzten Hirten sein Volk „weiden" und für es sorgen. An diesem Urbild wird jeder Gesandte Gottes „gemessen". Im Ersten Testament ist Gott erzürnt über die Nachlässigkeit mancher Hirten, die nur ihr eigenes Wohl im Auge haben:

> *„Weh den Hirten Israels, die nur sich selbst weiden. Müssen die Hirten nicht die Herde weiden? Ihr trinkt die Milch, nehmt die Wolle für eure Kleidung und schlachtet die fetten Tiere; aber die Herde führt ihr nicht auf die Weide. Die schwachen Tiere stärkt ihr nicht, die kranken heilt ihr nicht, die verletzten verbindet ihr nicht, die verscheuchten holt ihr nicht zurück, die verirrten sucht ihr nicht, und die starken misshandelt ihr" (Ez 34,2–4).*

Nach diesem harten Urteil über die unfähigen Hirten beschließt Gott, die Hirtensorge selbst zu übernehmen und einen Knecht nach seinem Gefallen für sein Volk einzusetzen:

> *„Die Hirten sollen nicht länger nur sich selbst weiden: Ich reiße meine Schafe aus ihrem Rachen, sie sollen nicht länger ihr Fraß sein. Denn so spricht Gott der Herr: Jetzt will ich meine Schafe selber suchen und mich selber um sie kümmern ... Ich setze für sie einen einzigen Hirten ein, der sie auf die Weide führt, meinen Knecht David. Er wird sie weiden, und er wird ihr Hirte sein. Ich selbst, der Herr, werde ihr Gott sein" (Ez 34,10–12.23f.).*[12]

Die (Hirten-)Sorge Gottes um den Menschen wird im Sprechen und Handeln Jesus Christi sichtbar und greifbar. An ihm wird erkennbar, was den wahrhaft guten Hirten charakterisiert. Jesus beschreibt den guten Hirten – im Gegenüber zum Dieb und zum Taglöhner –, um dieses Gleichnis dann auf sich zu beziehen.

---

[11] Vgl. Kehl, Kirche, 318. Eine umfassende Darstellung und Auseinandersetzung mit dem Motiv des Hirten findet sich bei: Stenger, Zeichen.

[12] Weitere Texte zum Motiv des Hirten: Vgl. Jes 49,9–11.

„Die Schafe hören auf seine Stimme; er ruft die Schafe, die ihm gehören, einzeln beim Namen und führt sie hinaus. Wenn er alle seine Schafe hinausgetrieben hat, geht er ihnen voraus, und die Schafe folgen ihm; denn sie kennen seine Stimme. Einem Fremden aber werden sie nicht folgen, sondern sie werden vor ihm fliehen. [...] Ich bin der gute Hirt; ich kenne die Meinen, und die Meinen kennen mich, wie mich der Vater kennt und ich den Vater kenne; und ich gebe mein Leben hin für meine Schafe" (Joh 10,2–5.14f.).

Das „Profil" des biblischen Hirten lässt sich folgendermaßen beschreiben: Im Ersten Testament steht im Vordergrund, dass die Hirten im Sinne Gottes – des „Eigentümers" der Herde – sein Volk führen sollen und nicht den eigenen Vorteil im Auge haben dürfen. Die Hirten sollen sich um die Schwachen, Verirrten, Verletzten sorgen. Ein durchgehender Tenor ist das „Sich-Kümmern-um", das „Dasein-Für". Im Neuen Testament ist das Verhältnis zwischen Hirten und Schafen durch eine große – beinahe intime – gegenseitige Vertrautheit gekennzeichnet. Die innige Verbundenheit zwischen Hirten und Schafe wird analog zur tiefen Beziehung zwischen Jesus und seinem Vater gesehen.[13] Der Hirte *kennt* die Schafe einzeln mit *Namen*! Sie *folgen* ihm und *hören* auf seine Stimme. Auch wenn beim heutigen Hörer beim Begriff „folgen", vielleicht Assoziationen zu Befehl, Gehorsam und Autorität anklingen, so ist dies im biblischen Gleichnis nicht intendiert. Das Folgen der Schafe resultiert aus einem vertrauensvollen Verhältnis zum Hirten, das wiederum aus der Erfahrung der Schafe resultiert, beim guten Hirten Schutz, Führung auf frische, nahrhafte Weiden und ein Nachgehen bei Verirrungen zu finden.[14] Findet der Hirte sein verlorenes Schaf wieder, so herrscht Jubel und Freude darüber: „Freut euch mit mir, ich habe mein Schaf wiedergefunden, das verloren war" (Lk 15,6). Der Hirte kämpft mit vollem persönlichen Einsatz bis zur Hingabe des eigenen Lebens für seine Schafe. Er hat sowohl das einzelne Schaf als auch die gesamte Herde im Blick. Hirte-Sein läßt sich zusammenfassen als *„Für-die-Herde-Dasein!"*[15]. Dieses Dasein Jesu in Sorge um die Menschen endet nicht mit seinem irdischen Tod. Jesus verheißt seine bleibende Gegenwart, die in der Folge seine Jünger und die Kirche repräsentieren sollen: „Seid gewiß: Ich bin bei euch alle Tage bis zur Vollendung der Welt" (Mt 28,20).

❖ Herde als Symbol für das Angewiesensein und die Sehnsucht nach Erfüllung in Gott

Dem Hirten, der sich mit vollem Einsatz um das Wohl der Herde sorgt, steht das Angewiesensein der Herde gegenüber. Die Perspektive und die Rolle des Hirten korrelieren mit der Perspektive und der Rolle der Schafe. Der biblische Mensch begreift sein Dasein und Leben als gefährdet, verletzbar und daher schutzbedürftig. Er ist angewiesen auf Orientierung und Halt und auf Zuwendung anderer. Die Erfüllung

[13] Vgl. Joh 1,18: „Der Einzige, der Gott ist und *am Herzen des Vaters ruht*, er hat Kunde gebracht." (Hervorhebung von J.P.)

[14] Vgl. auch Mk 6,34: „Als er ausstieg und die vielen Menschen sah, hatte er Mitleid mit ihnen; denn sie waren wie Schafe, die keinen Hirten haben. Und er lehrte sie lange."

[15] Stenger, Zeichen, 73. (Hervorhebung im Original)

seiner Bedürfnisse und Sehnsüchte ereignet sich zu einem wesentlichen Teil geschenkhaft. Dort, wo der Halt und Richtung gebende Hirte fehlt, wird die Herde auseinandergetrieben und geht verloren (vgl. Ez 34,2–4). Dort, wo die Bedürfnisse der Schafe erfüllt sind, breitet sich ein Grundgefühl der Geborgenheit aus, das der erste Satz des Psalm 23 zusammenfasst: „Der Herr ist mein Hirte, nichts wird mir fehlen." Hinter diesen Erfahrungen steht ein Grundgefühl des Menschen, das sich nach Erfüllung und auf Gott hin ausstreckt, wie es der Psalmist im Bild des dürstenden Hirschen ausdrückt:

„Wie der Hirsch lechzt nach frischem Wasser, so lechzt meine Seele, Gott, nach dir. Meine Seele dürstet nach Gott, nach dem lebendigen Gott" (42,2f.).

❖ Der gute Hirte – das Urbild des Leiters einer christlichen Gemeinde

Im Bild des guten Hirten war Person und Auftrag Jesu für die ersten Christen auf das Dichteste zusammengefasst. Dies findet seinen Niederschlag u.a. in den zahlreichen Darstellungen von Jesus als den guten Hirten, wie sie uns in den Katakomben der ersten Christen erhalten sind. Es ist daher nur folgerichtig, dass jene, die die Herde der christlichen Gemeinschaft weiterhin weiden, in Ahnlehnung an das Vorbild Jesu als Hirten der Gemeinde Gottes gelten. Dies sind zuallererst die *Bischöfe*, die allein die „Fülle des Weihesakramentes übertragen" (LG 21) bekommen. Sie sind „aufgrund göttlicher Einsetzung an die Stelle der Apostel als Hirten der Kirche getreten" (LG 20). „Ihnen ist das Hirtenamt, das heißt die beständige tägliche Sorge für ihre Schafe, im vollen Umfang anvertraut." (LG 27). Der Hirtenstab der Bischöfe bezeugt diese Dimension. Da aber der Bischof nicht in jeder Gemeinde vor Ort selbst dem Hirtendienst nachkommen kann, üben die *Priester* „entsprechend ihrem Anteil an der Vollmacht das Amt Christi, des Hauptes und Hirten, aus. Sie versammeln im Namen des Bischofs die Familie Gottes" (PO 6). Das priesterliche Wirken geschieht in Einheit mit dem Bischof: „In den einzelnen örtlichen Gemeinden der Gläubigen machen sie den Bischof ... gewissermaßen gegenwärtig; sie übernehmen zu ihrem Teil seines Amtsaufgaben und seine Sorge und stellen sich täglich in ihren Dienst. Unter der Autorität des Bischofs heiligen und leiten sie den ihnen zugewiesenen Anteil der Herde des Herrn" (LG 28). Betreffend der Hirtensorge des Priesters hält das „Dekret über Dienst und Leben der Priester" des II. Vatikanums Folgendes fest:

„Sie können nicht Christi Diener sein, wenn sie nicht Zeugen und Ausspender eines anderen als des irdischen Lebens wären; sie vermöchten aber auch nicht den Menschen zu dienen wenn diese und ihre Lebensverhältnisse ihnen fremd blieben. Ihr Dienst verlangt in ganz besonderer Weise, dass sie sich dieser Welt nicht gleichförmig machen; er erfordert aber zugleich, dass sie in dieser Welt mitten unter den Menschen leben, dass sie wie gute Hirten ihre Herde kennen und auch die heimzuholen suchen, die außerhalb stehen, damit sie Christi Stimme hören und eine Herde und ein Hirt sei" (PO 3).

Das Konzils ruft den Priestern die Kriterien für einen guten Hirtendienst in Erinnerung: Vertrautheit mit den Lebensverhältnissen der ihnen anvertrauten Menschen und ihrer Sorgen. Es stellt sich die Frage, ob ein Moderator, der außerhalb der Gemeinde wohnt und tätig ist, dies erfüllen kann?

Der grundlegende Hirtenauftrag eines Pfarrers für eine Gemeinde fließt in die „Aufgabenbeschreibung" eines Pfarrers ein, wie sie sich im Kirchenrecht im c. 529 § 1 niederschlägt. Diese „Magna Charta des Pfarrerseins" habe ich im kirchenrechtlichen Teil (2.2.3.1) zitiert. Zu diesen menschlichen und seelsorglichen Qualitäten der Hirtensorge um einzelne Menschen oder Gruppen in der Gemeinde soll sich der Pfarrer den Blick für die ganze Gemeinde bewahren: „Die Hirtenaufgabe beschränkt sich aber nicht auf die Sorge für die einzelnen Gläubigen, sondern umfasst auch wesentlich die Bildung einer echten christlichen Gemeinschaft" (PO 6). Leitung, Auferbauuung, Förderung eines Gemeindebewusstseins usw. gehören wesentlich zum Hirtendienst dazu. Dieser erschöpft sich nicht in organisatorisch-praktischen Dingen, auch nicht in menschlicher Zuwendung oder im Beachten einer besonderen Großgruppendynamik. Zur innersten Identität und als Lebensquelle der Gemeinde gehört die Eucharistiefeier.

> *„Die christliche Gemeinde wird aber nur auferbaut, wenn sie Wurzel und Angelpunkt in der Feier der Eucharistie hat; von ihr muss darum alle Erziehung zum Geist der Gemeinschaft ihren Anfang nehmen" (PO 6).*

Wir können zusammenfassend sagen, dass das Profil des Pfarrers am Bild des guten Hirten und insofern an Christus ausgerichtet ist. Medard Kehl sieht das Bild des Hirten als *das* Profil des Priesteramtes:

> *„Was das konkrete Profil des Priesteramtes (und weithin auch des Bischofsamtes) in der Kirche angeht, dürfte in der deutschsprachigen nachkonziliaren Theologie am ehesten das Motiv des ‚Hirten' prägend geworden sein. Schließlich hat es nicht nur eine klare biblische und altkirchliche Begründung für sich, sondern wohl auch die stärkste Motivation heute, das Amt des Priesters zu übernehmen. [...]Das Bild des Hirten [veranschaulicht] sehr gut die sich von Anfang an bis heute durchhaltende und spezifizierende Aufgabe des kirchlichen Amtes, nämlich der Einheit des Volkes Gottes zu dienen; und zwar sowohl in diachroner (= Einheit mit dem apostolischen Ursprung der Kirche) wie auch in synchroner Hinsicht (= Einheit der Glaubenden untereinander)."*[16]

In einer Kurzformel, die sowohl die pneumtaologische wie auch die christologische und ekklesiologische Dimension des Amtes enthält, kann man den Dienst des Priesters so umschreiben: „*In der Kraft des Geistes hält er die Gemeinde beisammen, indem er sie bei Christus hält.* Dies tut er vor allem durch die verläßliche Verkündigung des Evangeliums, durch die ins Mysterium des dreifaltigen Gottes hineinführende Feier der Liturgie, besonders der Eucharistie, und durch die persönliche Sorge um die Menschen, vor allem die Notleidenden."[17]

---

[16] Kehl, Kirche, 437f.

[17] Kehl, Kirche, 438. (Hervorhebung im Original)

❖ Sakramentalität oder die Kirche als erlebbares Heilszeichen

Bisher wurde vorwiegend die inhaltliche Füllung des Hirtenbegriffs beschrieben. Nun kommt in der kirchlichen Gemeinschaft und im Amt des Pfarrers ein wesentliches, konstituierendes Moment dazu. Bei allem Bemühen des Seelsorgers und Gemeindeleiters dem Bild des guten Hirten nachzueifern und zu entsprechen, erschöpft sich Kirche nicht im menschlichen Bemühen füreinander. Sie würde dadurch zu einem humanistischen Verein oder zu einer Moralanstalt. Stattdessen verweist die Kirche durch ihre Existenz und ihr vielfältiges Tun auf ihren Ursprung und ihr Ziel: auf den Gott Jesu Christi. Jene Dimension, die dieses „extra nos" des Heils bezeichnet, und die darauf hinweist, dass die Kirche ihren Quellgrund nicht in sich selbst trägt, wird als Sakramentalität bezeichnet. Diese „Grundkonstitution" liegt allen einzelnen sakramentalen Akten „voraus" bzw. zugrunde. Die Kirche als ganze und in ihren Gemeinden ist (Grund-)Sakrament, also Zeichen und Werkzeug der Vereinigung mit Gott und der Menschen untereinander (vgl. LG 1).

Die Kirche definiert sich selbst als Grundsakrament, das das Heilshandeln Jesu in der Geschichte der Menschheit gegenwärtig hält. Die Kirche tut dies nicht in magischer Weise, sondern im Sinne eines *wirksamen* Zeichens – wie Karl Rahner feststellt: Die Heils- und Offenbarungsgeschichte ereignet sich überall dort, wo ein Mensch sein Leben annimmt, sich der Unbegreiflichkeit Gottes öffnet, sich für eine bessere Zukunft für seine Mitmenschen einsetzt und in Verantwortung gegenüber seinem Gewissen und dem Nächsten seine alltäglichen Aufgaben erfüllt.

> *„Das, was wir Kirche nennen, was wir amtliche, ausdrückliche Heilsgeschichte nennen und deswegen auch das, was wir Sakramente nennen, sind nur besonders markierte, geschichtlich in deutlicher Greifbarkeit hervortretende Ereignisse der Heilsgeschichte, die identisch ist mit dem Leben des Menschen im ganzen ... Die Kirche ist als die bleibende Präsenz Jesu Christi im Raum und in der Zeit als Heilsfrucht, die nicht mehr zerstört werden kann, und als Heilsmittel, durch das Gott auch in der Dimension des Gesellschaftlichen und Geschichtlichen greifbar sein Heil den einzelnen anbietet, das Grundsakrament."*[18]

Die Kirche ist *verweisendes* Zeichen, indem sie auf die unumkehrbare Heilszusage Gottes an die Welt und an jeden Menschen verweist. Für eine Symbolwirklichkeit, die das Sakrament ausmacht, gilt, dass „die Wirklichkeit, auf die sie ‚hinweist', in ihr selbst gegenwärtig ist, und zwar so gegenwärtig ist, dass sie sich im Symbol selbst mitteilt"[19]. So ist beispielsweise bei der Eucharistie das Sich-Verschenken Jesu Christi im Brot, das die Menschen verzehren und als Nahrung aufnehmen, real symbolisiert. Sie enthält das, was sie bezeichnet. Sakramente sind also *wirksame* Zeichen und die Kirche verwirklicht diese Zeichen – in aller Bruchstückhaftigkeit – indem sie selbst von dieser befreienden Wirklichkeit her lebt und das Heilshandeln Gottes annimmt. Die einzelnen Sakramente sind nur auf diesem Hintergrund zu verstehen und versinn-

---

[18] Rahner, Grundkurs, 397.
[19] Werbick, Kirche, 413.

bildlichen jeweils einen wichtigen Aspekt des zugesagten Heilshandeln Gottes an den Menschen.

❖ Priesterweihe oder „Durchsicht" auf den wahren Hirten

Im Sakrament der Priesterweihe kommt einerseits zum Ausdruck, dass sich der betreffende Mensch ganz in den Dienst Gottes und der Menschen stellen lässt. Andererseits repräsentiert der geweihte Priester in der Gemeinde, dass Jesus Christus der „eigentliche" Hirte der Gemeinde ist. Mit dem Bild des sorgenden Hirten ist in jeder sakramentalen Weihe eine „ekklesiologische Zielrichtung"[20], nämlich ein „Für" mitgegeben. Nun muss – wie oben ausgeführt – das durch das Sakrament Bezeichnete auch erkennbar vergegenwärtigt sein. Die hirtliche Ausrichtung dieses Sakraments verbietet es, dass man zum Priester „an und für sich" geweiht werden kann, sondern man wird für die christliche Gemeinschaft,[21] näherhin für eine konkrete Orts- oder Personalgemeinde (vgl. LG 23) geweiht: „Konsequenterweise müsste darum in jeder Diakonats-, Priester- und Bischofsweihe auch die – wenigstens virtuelle – Ausrichtung auf einen Hirtendienst in einer konkreten christlichen Gemeinde sichtbar werden (was zweifellos über das Zelebrieren der Hl. Messe, das gelegentliche Predigen und Beichthören o.ä. hinausgeht)."[22]

Das Sakrament der Priesterweihe ist somit das „Sakrament des ‚Instrumentseins' für Gottes Hirtensorge"[23] an der Gemeinde. Die sakramentale Dimension des Priesters weist immer darauf hin, dass der eigentliche Leiter und Hirte der Gemeinde sowie der eigentliche Vorsitzende und Einladende der Eucharistiefeier Jesus Christus selbst ist. Diese sakramentale Verfassung des Hirtenamtes unterscheidet die kirchliche Leitungsfunktion von jeder anderen Leitungsfunktion im profanen Bereich. Die „repäsentatio Christi" macht den „Kern" der Weihe des Priesters aus, bildet die „strukturelle Kontinuität" in allen Veränderungen, denen auch das Priesterbild unterworfen war und ist. Damit diese Zeichenfunktion auf Christus als dem einzig „guten Hirten" hin gelingt, ist die Verweiskraft oder „Durchlässigkeit" auf Christus hin am konkreten Hirtenamt immer wieder (amts-)kritisch zu überprüfen. So schreibt Medard Kehl:

---

[20] Vgl. Kehl, Kirche, 534.

[21] Gisbert Greshake stellt diese Fragen in aller Schärfe: „Was ist mit einem Theologieprofessor, der keiner Gemeinde mehr vorsteht bzw. als Priester zugeordnet ist? Was mit einem römischen Kurialen, der ab einer bestimmten Dienststufe notwendig zum Bischof geweiht wird, auch wenn er nur Administrationsaufgaben erfüllt? Was mit einem Ökonomen kirchlichen Vermögens, dessen Tätigkeit sich in reiner Verwaltung erschöpft? So wichtig auch die Wahrnehmung kirchlicher Leitungs- und Spezialaufgaben sein mag: Der damit beauftragte Priester (oder Bischof) ist und bleibt der ganzen amtlichen Sendung verpflichtet. Denn das priesterliche Amt ist und bleibt ein gestalthaft Ganzes, das als solches auf die Gestalt Jesu Christi zu verweisen hat. Wie kann darum eine Weihe dort sinnvoll sein, wo jemand weder Willens noch Fähigkeit noch Gelegenheit besitzt, die ‚Gestalthaftigkeit' des Amtes zu verwirklichen und womöglich nur eine institutionell abgesicherte und hervorgehobene Stellung in der Kirche sucht? Die Feier der (Privat-)Messe allein garantiert noch nicht die Sinnhaftigkeit von Priesterweihe und -amt" (Greshake, Priestersein, 79f).

[22] Kehl, Kirche, 435.

[23] Werbick, Kirche, 421.

„Je mehr in der Struktur und in der Praxis des Leitungsamtes Christus selbst in seiner Suche nach den Verlorenen, in seinem Dienst an den Kranken, den Kleinen und den Sündern zur Geltung kommt; je transparenter das Amt auf in hin ist und dabei (gerade in seinem formalen Charakter) hinter ihm zurücktritt, umso eher leuchtet den Menschen sein Zusammenhang mit dem Wirken des irdischen Jesus und des auferstandenen Herrn ein.“[24]

Dasselbe gilt natürlich umgekehrt. Wo diese Hirtengestalt nur mehr rudimentär und stark verkürzt sichtbar wird oder auf verschiedene Menschen aufgeteilt wird, hat dies Konsequenzen für die sakramentale Zeichenhaftigkeit auf den wahren Hirten hin. Diesen Wirkungen gehe ich nun im vorliegenden Gemeindeleitungsmodell nach.

6.2.1.2 Die empirisch-theologische Reflexion des geteilten Hirtenamtes im Leitungsmodell nach c. 517 § 2

Will die Kirche ihrem Ursprung treu bleiben, so muss sie immer wieder überprüfen, inwieweit die Intention des biblischen Hirten durch die aktuelle Ausgestaltung des Hirtenamtes und unter den gegenwärtigen Umständen (Priestermangel) noch enthalten ist oder ob es im sakramentalen Verweischarakter zu Verzerrungen kommt.

Das Pfarramt ist die konkrete, über Jahrhunderte hin bewährte historisch-soziale Ausprägung des biblisch-jesuanischen Hirtendienstes. Im K-M-Modell sind die traditionell an Person und Amt des Pfarrers gebundenen Aufgaben der Hirtensorge von Rechts wegen auf zwei oder mehrere Leitungspersonen aufgeteilt. Laut c. 517 § 2 nimmt der Kurator als nichtpriesterliche Person an der „Ausübung der Hirtensorge teil“. Auch der faktische Befund in den drei Gemeinden ergibt, dass der Kurator Aufgaben und hirtliche Funktionen wahrnimmt, die über Jahrhunderte hinweg in der Person und im Amt des Pfarrers vereint gewesen waren. Ich will in diesem Abschnitt – vor dem Hintergrund des Bildes des Hirten und der empirischen Ergebnisse – nachprüfen, in welcher Weise der hirtliche Dienst der Gemeindeleitung im K-M-Modell aufgeteilt ist und welche Schlussfolgerungen sich daraus für die Gestalt der Gemeindeleitung ziehen lassen.

❖ Operationalisierung des Pfarrerseins mit vier Dimensionen

Zur empirischen Überprüfung ist es sinnvoll und nötig, im vielschichtigen Amt des Pfarrers die verschiedenen Funktionen bzw. Dimensionen zu unterscheiden. Das Gesamtprofil des Hirten bzw. die Gesamtgestalt des Pfarreramtes wird deshalb zum Zwecke der Operationalisierung in seine Grunddimensionen „zerlegt“ und einzeln definiert. Der Pfarrer vereinigt vier Dimensionen in seinem Hirtendienst: Er ist Seelsorger, Gemeindeleiter, kirchlicher Amtsträger und geweihter Priester. Diese Unterscheidungen sind wichtig, da in der Diskussion manchmal eine einzelne Funktion

[24] Kehl, Kirche, 318f. Kehl weist darauf hin, dass ein Kriterium vorliegender Christusrepräsentanz in der praktisch gelebten Solidarität mit den Kleinen und Bedrängten liegt und dadurch eine klerikale Christusmystik, in der der Amtsträger fälschlicherweise über oder jenseits der Gemeinde zu Stehen kommt, unterbunden werden würde.

durch einen anderen Begriff bezeichnet wird und das in der Folge zu Verwirrungen führen kann.
Beispielsweise wird in der Kirche gerne vom „Priesteramt" oder allgemeiner vom „Weiheamt" oder vom „sakramentalen Amt" oder der Sakramentalität des Amtes" gesprochen. Diese Sprechweise suggeriert fälschlicherweise, dass mit der Weihe schon gleichzeitig ein kirchliches Amt übertragen wird. Wenn dies auch in der Regel *im Anschluss* an die Weihe der Fall ist, so ist dies doch ein von der Weihe zu unterscheidender Akt. Nicht jeder der zum Bischof ordiniert wird, ist Diözesanbischof. Wer zum Priester geweiht wird, erhält im Laufe seines Lebens unterschiedliche kirchliche Ämter: Zuerst Kaplan, dann Pfarrer, später Krankenhausseelsorger oder Pfarrmoderator. Die Ordination ist demnach von der Amtsübertragung zu unterscheiden.[25] Ebenso muss nicht jeder, der ein kirchliches Amt inne hat (wie ein Kurator oder ein Laienrichter) oder seelsorglich tätig ist (wie eine Krankenhauseelsorgerin oder eine Pfarrhelferin), die Priesterweihe empfangen haben. Die empirische Überprüfbarkeit setzt diese Unterscheidung und die Verwendung präziser Begriffe voraus.
Ich spreche im Folgenden von *Dimensionen* des Pfarrerseins, da dieser Begriff verschiedene Ebenen beschreibt, die im konkreten Sprechen und Handeln einer Person bzw. eines Pfarrers gleichzeitig vorhanden sein können. So „leuchten" beispielsweise in dem einen Akt der Homilie des Priesters alle vier Dimensionen gleichzeitig auf: Indem der Pfarrer den Menschen Mut zuspricht, sie tröstet und das Evangelium auslegt (=Seelsorge) baut er auch gleichzeitig die Gemeinde auf (Gemeindeleitung durch Verkündigung im paulinischen Sinn). Er spricht als vom Bischof Beauftragter im Namen der Kirche (kirchlicher Amtsträger) und weist darauf hin, dass die Gemeinde sich Gott verdankt und letztlich Christus in der Feier der Gemeinde und im biblischen Wort spricht (=Sakramentalität). Die Dimensionen sind also zu unterschieden, denn jemand der Leitungsfunktionen ausübt, muss nicht geweiht sein, jemand der seelsorglich tätig ist, muss nicht unbedingt leiten usw. Zur folgenden empirisch-theologischen Reflexion ist diese Operationalisierung des kirchlichen Leitungsamtes nötig.

[25] Vgl. Kaiser, Ordo, 125. Diese unpräzise, vermischende Sprechweise lässt vermuten, dass die Bestimmung des Codex von 1917, wonach jedes kirchliche Amt die Priesterweihe voraussetzt, in vielen Köpfen noch vorherrscht.

Die folgende Grafik symbolisiert die vier Dimensionen hirtlicher Leitung durch Kreise, die sich auf verschiedene Personen – je nach Leitungsfigur – aufteilen können:

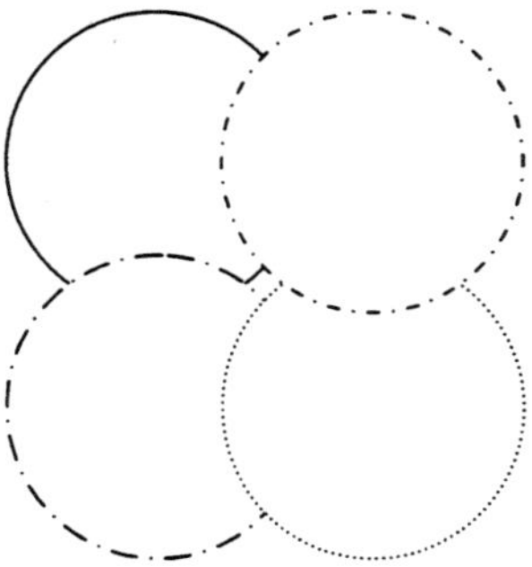

Die erste (kirchenhierarchisch gesehen die niedrigste) Dimension ist die der *Seelsorge.* Damit bezeichne ich die Dimension der menschlichen Zuwendung und Begegnung, der Gemeinschaft, des solidarischen Handelns, des sozialen Engagements für Benachteiligte. Der Begriff zielt nicht nur auf das Seelische oder Geistige im Menschen, sondern meint den Menschen als Ganzen und kann sich sowohl auf einzelne Menschen als auch auf Gruppen beziehen.[26] Der Begriff Seelsorge bezeichnet vorwiegend, die menschliche, auch soziale Seite des Pfarrerseins, wie sie im schon öfter erwähnten Kanon 529 § 1 beispielhaft beschrieben ist. Dabei darf im Kontext kirchlicher Seelsorge nicht aus den Augen verloren werden, dass es sich bei allem seelsorglichen Bemühen nicht um ein rein zwischenmenschliches Geschehen handelt. Die menschliche Seelsorge wird den Blick immer wieder auf Gott hin frei geben, der „Seelsorge an uns Menschen" betreibt.[27] (Das wäre die durch das Sakrament bezeichnete Dimension, die aber hier noch nicht durch einen eigenen sakramentalen, rituelle Akt ausgedrückt ist). Alle menschliche Not und Hoffnung wird durch die „Nachahmung" des göttlichen Heilshandelns in der Seelsorge in einen „geistlichen Raum hineingestellt". So wird das menschliche Sich-Kümmern zu einer mystagogischen Seelsorge: „Mystagogische Seelsorge versteht sich als Beziehungsprozess, in dem Menschen dieses Geheimnis ihrer ursprünglichen Gottesbeziehung erschlossen bekommen und zu einem Lebenskonzept entsprechend ihrer Würde vor Gott ermächtigt werden."[28]
In unterschiedlicher Weise verwirklichen alle Christen diese seelsorgliche Dimension. Sie ist „Ausfluss" des allgemeinen Priestertums jedes und jeder Getauften (Vgl. AA 9). Die Christen leisten Seelsorge, indem sie Dienste im Verkündigungs-, im liturgischen und im sozialkaritativen Bereich übernehmen. In diesem Sinne ist jeder Ge-

[26] Zur umfassenden Diskussion des Begriffs „Seelsorge" vgl.: Knobloch, Seelsorge, 36–38.
[27] Jesus verdeutlicht dies in der Fußwaschung: „Wenn nun ich, der Herr und Meister, euch die Füße gewaschen habe, dann müsst auch ihr einander die Füße waschen. Ich habe euch ein Beispiel gegeben, damit auch ihr so handelt, wie ich an euch gehandelt habe" (Joh 13,14f.).
[28] Knobloch, Seelsorge, 44.

taufte ein Seelsorger.[29] Ich spreche von Seelsorge dort, wo es von der Sache her geschieht und binde den Begriff nicht an die Ausübung eines bestimmten Amtsträgers.[30] In diesem Sinne spricht man zu Recht von Krankenhausseelsorgern und Krankenhausseelsorgerinnen – auch ohne Weihe. Mit dem Begriff der Seelsorge ist das weite Feld der mitmenschlichen, sozialen „Zuwendung".

Der Begriff der *Leitung* stammt aus dem semantischen Umfeld der Organisationssoziologie und bezeichnet alle steuernden, koordinierenden, konzeptionierenden, kontrollierenden Tätigkeiten gegenüber einem sozialen Systeme (einer Gemeinde, eines Verbandes, eines Teams, einer Organisation) im Hinblick auf die Erreichung eines bestimmten Zieles.[31] Im Gegensatz zur Führung wird Leitung legitimiert, offiziell und deklariert ausgeübt und übernimmt daher für ihr Handeln auch öffentlich Verantwortung. Hat Leitung das Gesamte eines sozialen Systems, einer Gemeinde im Blick, so sprechen wir von Leitung *der* Gemeinde, im Gegensatz zur Leitung von Subgruppe, wo wir von Leitung *in* der Gemeinde. Dabei muss eine Leitungsperson nicht alle Aufgaben selbst ausführen, sie kann Verwaltungsaufgaben, etc. auch delegieren. „Die Leitung einer Gemeinde ist ein differenziertes Phänomen, an dem einzelne und Gremien in jeweils spezifischer Weise Anteil haben."[32] Leitung kann in feudalem Stil (kommandieren, kontrollieren, korrigieren) oder kooperativ (fordern, fördern, „Feedbacken") ausgeübt werden.[33]

In der christlichen Gemeinde darf das kirchliche Leitungsamt nicht auf die funktionale Sichtweise von Leitung reduziert werden. Gemeindeleitung versteht sich wesentlich als *Auferbauung* des Leibes Christi *durch die Verkündigung des Evangeliums*. Der Leitungsdienst des Hirten ist in seinem Kern „durch Verkündigen in Wort, Sakrament und geschwisterlicher Solidarität"[34] charakterisiert. Der Leiter einer Gemeinde trägt dafür Verantwortung, dass die Gemeinde sich als Volk Gottes versteht, in der jeder einzelne als „Mitarbeiter Gottes" seine Charismen und seine persönliche Berufung in Kirche und Welt entdecken kann. Die zentrale Aufgabe des Gemeindeleiters besteht darin, mit sensibler Wachsamkeit die der Gemeinde geschenkten Charismen und Berufungen wahrzunehmen, deren Entfaltung zu begleiten und zu fördern und sie zum Aufbau der Gemeinde zusammenzuführen (vgl. 1 Kor 14,12).

Wenn also im Folgenden von Leitung die Rede ist, so gilt es zu beachten, ob es sich um den rein funktionalen Leitungsbegriff oder um eine (geistlich) Leitung im Sinn des Evangeliums handelt. Im Blick auf unser Thema wird zu fragen sein, ob eine solche Leitung im Sinne des Evangeliums nicht ein Mindestmaß an realer leiblicher Präsenz

---

[29] Vgl. Rahner, Theologie III, 323.

[30] So besteht das römische „Direktorium für Dienst und Leben der Priester" von 1994 darauf, dass allein dem Priester „aufgrund der vom Bischof empfangenen Priesterweihe im eigentlichen und eindeutigen Sinn der Begriff ‚Pastor' (Hirte, Seelsorger) zukommen kann" (Schmid, Pastoral, 102).

[31] Vgl. Schmidt/Berg, Beraten, 436–452.

[32] Hilberath/Scharer/Haslinger, Leitung, 502.

[33] Vgl. Schmidt/Berg, Beraten, 438–441. Hilberath/Scharer/Haslinger, Leitung, 495–504. Berkel, Leitung.

[34] Hilberath, Visionen, 125.

(Stichwort: Hauptamtlichkeit) in der Gemeinde und eine theologisch-kerygmatisch-pastorale Kompetenz voraussetzt.

Verknüpft, aber nicht identisch mit Leitung, ist das (kirchliche) *Amt.* Das Amt bezeichnet die Dimension des verbindlichen Sprechens und Handelns im Namen einer Körperschaft. Eine „Amtshandlung" ist ein öffentliche, rechtlich gültige Handlung – im Gegensatz zu einer privaten. Amtliches als repräsentatives und verbindliches Handeln im Namen der Kirche kann – kirchenrechtlich gestützt – auch Laien übertragen werden. „Die neuerdings zuweilen herangezogene begriffliche Unterscheidung zwischen (sakramentalen) *Ämtern* und (nicht-sakramentalen) *Diensten* hilft überhaupt nicht, da ja einerseits in LG 18ff., ständig und bewußt der Begriff ‚Dienst' (ministerium) für das geweihte Amt und andererseits an verschiedenen Stellen der Begriff ‚Amt' (munus: LG 33; sacra officia: LG 35; 37) für die Beauftragung von ‚Laien' benutzt wird."[35] Der Kurator als vom Bischof öffentlich Beauftragter und an der Ausübung *bischöflicher* Hirtensorge Teilhabender (vgl. c.517 § 2) hat demnach ein kirchliches, öffentliches Amt inne. Er ist – wie im Partikularrecht definiert – ein Amtsträger der Kirche. Der Kurator nimmt nicht nur Leitungsaufgaben – nach innen hin – wahr, sondern kann im Namen der Kirche rechtsverbindliche Geschäfte – nach außen hin – abschließen.[36] Rechte und Pflichten, die mit der Amtsübertragung verbunden sind, stehen im Beauftragungsdekret.

Durch die *Weihe* wird die oben beschriebene sakramentale Dimension sichtbar, ohne die sich Kirche von keinem anderen Verein unterscheiden würde. Die Sakramentalität macht das endgültige Heilshandeln Gottes in Jesus Christus. Die Geweihten tragen „dafür Sorge, dass die Gemeinde in Diakonie, Leiturgia und Martyria zeugnishaft zu erkennen gibt, dass sie nicht aus sich selbst, sondern vom heilenden-heiligenden Handeln des dreieinigen Gottes her lebt und dass sie nicht für sich selbst, sondern für die Menschen da ist"[37]. Die Funktion des ordinierten Dienstes entspricht jener des Johannes des Täufers der – von sich weg – auf Christus hinweist und spricht: „Ich bin es nicht".[38] Die „repräsentatio christi" muss im Sinn dieses Verweischarakters verstanden werden. Damit ist ebenfalls klar: „Die Aufgabe der Christusrepräsentation umfasst also mehr als die Leitungsfunktion."[39]

Die genannte Ausdiffferenzierung des kirchlichen Leitungsamtes war unerheblich, solange Seelsorge, Gemeindeleitung, Amt und Weihe in Personalunion beim Pfarrer selbstverständlich vereint waren: „Solange es einigermaßen überschaubare, durch persönlichen Kontakt integrierbare Gemeinden und zugleich genügend Priester für ihre Leitung gibt, hat die Gleichsetzung von Priester und Gemeindeleiter wenig Problematisches an sich."[40] In der gegenwärtigen „kirchlichen Leitungslandschaft" darf

[35] Kehl, Kirche, 439.

[36] Diese Ausführungen sind als prinzipielle Aussagen über die amtliche Dimensionen gedacht. Im konkreten Fall legt das Beauftragungsdekret den Umfang der Rechten und Pflichten fest.

[37] Hilberath/Scharer/Haslinger, Leitung, 502.

[38] Vgl. Hilberath, Vision, 121.

[39] Hilberath/Scharer/Haslinger, Leitung, 502.

[40] Kehl, Kirche, 443.

weder die Ordination mit Leitung noch die Ausübung eines kirchlichen Amtes mit Seelsorge gleichgesetzt werden. Um das im K-M-Modell geteilte Profil der Gemeindeleitung empirisch nachprüfen zu können, verwende ich im Folgenden die genannten phänomenologisch-praktisch erlebbaren (Seelsorge und Leitung) und kirchenrechtlich (Amt) sowie amtstheologisch (Weihe) definierten Begriffe.[41]

❖ Die Verteilung der Hirtensorge in den drei Gemeinden

Im Modell nach c. 517 § 2 sind die vier angesprochenen Dimensionen auf zwei oder mehr Personen verteilt, wobei die konkrete Aufteilung von Fall zu Fall sehr verschieden aussehen kann.

In der Gemeinde *Aufeld* ist die Leitung der Gemeinde und die Seelsorge in Händen des Kurators. Im Bewusstsein der Menschen ist er als Leiter und Seelsorger präsent. Auf den Schultern des Kurators liegt die Hirtensorge, der Moderator unterstützt ihn dabei und steht der Eucharistiefeier vor. Der moderierende Priester tritt sonst kaum in Erscheinung. Die Seelsorge liegt – blickt man auf die zwei Leitungspersonen – fast ausschließlich beim Kurator, er hält den menschlichen Kontakt mit den Gläubigen. Obwohl es verschiedene Gruppen in der Gemeinde gibt, die seelsorgliche Aufgaben erfüllen, existiert im Kurator eine benennbare Hauptperson, bei der die einzelnen Tätigkeiten zusammenlaufen. Bei amtlichen öffentlichen Handlungen außerhalb der Pfarre werden Moderator *und* Kurator eingeladen. Die sakramentale Dimension kann der zum Diakon geweihte Kurator bei der Taufe und der Eheassistenz bezeugen, jedoch nicht in seiner Funktion als Gemeindeleiter bzw. Vorsteher der Eucharistie. Die faktische Konstellation stellt somit ein amts- und sakramententheologisches Kuriosum dar: Ein Teil der hirtlichen Amtsausübung des geweihten Diakons ist sakramental bestätigt (wie Rahner sagen würde) – nämlich die diakonischen Tätigkeiten (biblisch: das Verbinden, das Stärken, das Heilen ...), die leitungsbezogenen (biblisch: führen, sammeln, leiten ...) jedoch nicht. Da der geweihte Diakon aber auch dem sonntäglichen Wortgottesdienst mit Kommunionfeier vorsteht, ist es hier nur mehr ein kleiner Schritt zu einem vollwertigen Pfarrer, der die Eucharistie feiern darf. Glaubensästhetisch (Hermann Stenger) ist es daher verständlich, wenn die Gläubigen ihn als Pfarrer sehen und der Moderator ihn als „geweihten Gemeindeleiter“ bezeichnet. Es wäre in diesem Fall zu fragen, ob der Kurator nicht sinnvoller Weise zu dem gemacht (geweiht) werden kann, was er faktisch schon längst ist: zum Pfarrer!

In *Ehrendorf* sind die hirtlichen Dimensionen auf mehrere Menschen aufgeteilt. Der moderierende Priester repräsentiert die sakramentale Dimension und erfüllt die ihm vorbehaltenen sakramentalen Aufgaben. Der dritte Moderator wäre motiviert, mehr seelsorgliche (offensichtlich nicht leitende) Aufgaben zu übernehmen, was ihm verwehrt wird. Der Kurator übt seine Leitungsfunktion vorwiegend in einem koordinierenden Sinn aus und setzt Entscheidungen durch (z.B. die Zusammenlegung von Taufen). Er wird unterstützt von der hauptamtlichen Sekretärin, die die Verwaltungs-

[41] Die vorgenommene Differenzierung widerspricht keineswegs der ekklesiologisch sinnvollen Norm, wonach zur umfassenden Seelsorge, zur Gemeindeleitung und zu einem kirchlichen Amt, das der Seelsorge dient, die sakramentale Weihe gehört (vgl. c. 150).

arbeiten übernommen hat. Der seelsorgliche Bereich scheint – soweit er vorkommt – auf verschiedene Personen und Gruppen verteilt. Eine Gruppe nimmt sich der Liturgie an und bereitet (bei Erstkommunion und Firmung) auf die Sakramente vor, die der Moderator spendet. Seelsorglich soziales Engagement wird durch einzelne Gruppen z. B. die Vinzenzgemeinschaft abgedeckt. Ein Stück Seelsorge leistet auch die für Kontinuität stehende und tagsüber erreichbare Pfarrsekretärin, die auch offiziell – dank ihrer Präsenz – als Ansprechperson fungiert.

Die Verteilung der verschiedenen Funktionen auf so viele Menschen wirkt sich offenbar dann ungünstig aus, wenn die ehrenamtliche Leitungsperson nicht ausreichend präsent ist. Eine Leitung, die über eine koordinierende, verwaltende Ebene nicht hinausgeht und nicht mit der Zuwendung an Menschen verknüpft ist, ist nicht im Sinne des biblischen Hirten und im daher gemeindlichen Kontext ungeeignet. Aus den Interviews in Ehrendorf geht eindeutig hervor, dass die (ehrenamtliche) Leitungskonstruktion das kirchenrechtlich Notwendige abdeckt, der „Seelsorger im Hirten" fehlt.

In *Franzenberg* scheinen die verschiedenen Dimension sinnvoll „abgedeckt" und gut verteilt. Die gute Absprache zwischen Moderator und Kuratorin und die durch eine hauptamtliche Anstellung der Kuratorin mögliche Präsenz in der Gemeinde lassen kein „Hirten-Vakuum" entstehen. Die Kuratorin ist durch ihr seelsorgliche Präsenz und Unmittelbarkeit zu den Menschen als Seelsorgerin und Leiterin ausgewiesen. Der Moderator spendet die Sakramente, unterstützt die Kuratorin in Leitungsaufgaben und übernimmt in begrenzten Rahmen auch seelsorgliche Aufgaben (z. B. Taufgespräche, Gespräche zur Hochzeitsvorbereitung). Kuratorin und Moderator ergeben gemeinsam im Großen und Ganzen einen „runden Hirten" ab, in diesem Fall sogar ein „Hirtenpaar" mit weiblichen und männlichen Qualitäten.

Da die konkrete Leitungskonstellation nach c. 517 § 2 von Fall zu Fall sehr verschieden sein kann, lässt sich als Schlussfolgerung der Untersuchung keine Einzelnorm, sondern „nur" ein Prinzip ableiten: Bei der jeweiligen Leitungskonstruktion ist darauf zu achten, dass das Profil des Hirten (bzw. des früheren Pfarrers) mit all seinen Dimensionen gut „abgedeckt" bzw. ausgefüllt wird.[42] Neben der guten Zusammenarbeit zwischen Moderator und Kurator (zwischenmenschliche Ebene) ist es die konkrete Leitungsstruktur, die die Erfüllung der erforderlichen Hirtenaufgaben ermöglicht oder erschwert (strukturelle Ebene). Die Frage, *wie* die konkrete Aufgabenverteilung zwischen Kurator und Moderator aussieht und *wer* welche und wie viele Aufgaben übernimmt, erscheint dem gegenüber zweitrangig zu. Diese Tatsche sagt noch nichts darüber aus, in welchem Stil (versorgend oder partizipierend) die Hirtensorge ausgeübt wird.

[42] Bei diesen Überlegungen ist das oben vorgeschlagene Charismen- und Kompetenzprofil der Gemeinde (vgl. 6.1.2) zu berücksichtigen.

6.2.1.3 Die „sakramentale Bekleidung" des de-facto Hirten – Amtstheologische Anfragen an das Modell des c. 517 § 2

6.2.1.3.1 Die nichtpriesterliche Person als erfahrbarer Hirte bzw. Hirtin

Die durch den Priestermangel ausgelöste Entwicklung, dass immer mehr Laien Aufgaben übernehmen, für die bisher ein Priester zuständig war, erfährt mit dem Leitungsmodell nach c. 517 § 2 ein amtliche Bestätigung. Sowohl seelsorgliche als auch leitende und amtliche Funktionen „wandern" zum Kurator bzw. zur Kuratorin. Die für die Menschen erfahrbare Hirtensorge geht vom Priester auf den Kurator (und seine MitarbeiterInnen) über.

❖ Mitten unter den Menschen – die seelsorgliche Präsenz als Hauptindikator für das Hirtesein

Die Ausübung der Seelsorge ist keine beliebige Dimension an der Hirtenrolle. Wie in der Darstellung des biblischen Hirtenbildes deutlich wurde, macht gerade das Sichkümmern, das Nachgehen, das Orientierung geben, das „Dasein für" die Kernidentität des Hirten aus. Der oft und deutlich angesprochene Wunsch nach einem „daseienden Seelsorger" trifft genau die Intention des biblischen Hirten. Insofern drücken die befragten Gläubigen der drei Gemeinden heute exakt jene Grunderfahrung aus, die die Menschen vor Tausenden von Jahren gemacht haben und die sich in der Bibel in der Sehnsucht und der Verheißung nach einem wirklich guten Hirten niedergeschlagen hat. In allen drei Gemeinden geht unübersehbar deutlich die mitlebende und sorgende Präsenz (des Kurators bzw. der Kuratorin) als entscheidender Indikator für einen guten Gemeindeleiter bzw. Seelsorger hervor. Ist der Kurator – wie in Aufeld betont wird – mitten im Volk in seelsorgender und leitender Weise präsent, realisiert er den Kern des biblischen Hirten. An diesem Vergleichspunkt treffen sich biblische Vorgabe und menschliche Erfahrung: Man kann nur wirklich Seelsorger sein und als Hirte angesehen werden, wenn man mitten unter den Menschen lebt und für sie Sorge trägt. Kardinal Karl Lehmann hat dieses „pastorale Grunddatum" bereits 1977 prägnant zum Ausdruck gebracht hat:

> *„Alle pastoralen Planungen dürfen nicht vergessen lassen, dass eine wirkliche Gemeindebildung ohne stabile Präsenz eines Pfarrers als konkreter Bezugsperson faktisch auf Dauer problematisch wird .... Nur wer dasselbe Leben teilt und am selben Ort wohnt, kann so ein wirklich von dem Menschen akzeptierter Seelsorger werden."*[43]

Aus der Befragung sollte deutlich geworden sein, dass eine formale und kirchenrechtlich korrekte Besetzung einer Pfarre *allein* in den Augen der Menschen (und auch im biblischen Sinn: „Weh den Hirten Israels, die nur sich selbst weiden" (Ez 34,2)) nicht ausreicht. Ein Hirte am Ort, der die Schafe kennt, entspricht sowohl dem biblischen Hirtenbild als auch dem Auftag der Kirche.

[43] Lehmann, Gemeindetheologie, 125.

❖ Dürfen KuratorInnen als SeelsorgerInnen und HirtInnen bezeichnet werden?

Die einfachen Gemeindemitglieder erleben den/die KuratorIn als SeelsorgerIn und haben offenbar bei der Verwendung der Begriffe „Pfarrer“, „Seelsorger“, „Gemeindeleiter“ (in Aufeld und Franzenberg) keine Scheu. Wenn auch der Bischof einen Kurator im Grunde zur Mitarbeit in das Amt des Seelsorgers, eine Kuratorin in das Amt der Seelsorgerin bestellt, so ist die Verwendung der Begriffe Seelsorger bzw. Hirte für Laien durchaus umstritten. Der Kodex selbst spricht in c. 517 § 2 von der „Teilhabe an der Ausübung der Hirtensorge“. Dürfen die Kuratoren, die in so großem Umfang Seelsorge in der Gemeinde ausüben, als Seelsorger bezeichnet werden?

Manche kirchliche Verlautbarungen verbieten die Verwendung für Laien mit dem Hinweis darauf, dass der Titel „Seelsorger“ „dem kirchlichen Amt“ bzw. den Priestern vorbehalten sei, da sie die heilige Weihe empfangen haben.[44] Mit solchen Verboten geht der Kirchenrechtler Matthäus Kaiser hart ins Gericht, wenn er mit Bezug auf das Amtsverständnis des Kodex von 1983 das Amt des Seelsorgers auch Laien zuspricht: „Wenn Autoren solcher Äußerungen noch nicht zur Kenntnis genommen haben, dass durch das Zweite Vatikanische Konzil der Begriff des kirchlichen Amtes in der Weise erweitert wurde, dass kirchliche Ämter auch Laien übertragen werden können (vgl. cc.145 u. 228 CIC), dürfte ihnen doch nicht entgangen sein, dass es seit Jahrhunderten in der Kirche nicht ‚*das* kirchliche Amt‘, sondern viele verschiedenartige kirchliche Ämter gibt.“[45] Kaiser folgert daraus: Da die Aufgaben der Gemeinde- und der Pastoralreferenten – und umso mehr trifft dies für Kuratoren zu – „gemäß den Rahmenstatuten ausschließlich Seelsorgaufgaben sind, sind die Inhaber dieser Ämter auch Seelsorger“[46]. Es ist also sowohl kirchenrechtlich als auch von der Sache her legitim, diesen Begriff für die Kuratoren zu verwenden. Trotzdem bleibt die Frage, ob es klug ist, diesen Begriff zu benützen, da viele Menschen mit dem Begriff Seelsorger sofort den Priester verbinden. Mir scheint der unbelastete und neu eingeführte Begriff „Kurator“ für das neue partikularrechtliche Amt durchaus angemessen.

---

[44] So z. B. im Amtsblatt für die Diözese Regensburg 1984, 73f. Neuerdings wird dies in der römischen Instruktion „Der Priester, Hirte und Leiter der Pfarrgemeinde“ vom 4. August 2002 nochmals zementiert: „Christi Gegenwart, die sich im allgemeinen und täglich auf diese Weise verwirklicht, macht die Pfarrei zu einer wahren Gemeinschaft von Gläubigen. Es ist deshalb für die Pfarrei von grundlegender Bedeutung, einen Priester als eigenen Hirten zu haben. Und die Bezeichnung Hirte ist dem Priester vorbehalten“ (Klerus, Der Priester, 3).

[45] Kaiser, Ordo, 135.

[46] Kaiser, Ordo, 136. Kaiser weist darauf hin, dass die Ablehnung der Laien als Amtsträger mit der Entstehungsgeschichte zusammenhängt. So ist zur Zeit der Einführung des Dienstes der Pastoralreferenten und ähnlicher Aufgaben in den 70er Jahren noch der Codex von 1917 in Kraft, nach dem Laien nicht Inhaber eines kirchlichen Amtes sein konnten, da damit die potestas ordinis oder potestas iurisdictionis verbunden war (vgl. c. 145 CIC/1917). Die „Rahmenstatuten und –ordnungen für Gemeinde- und Pastoralreferenten/referentinnen vom 10. März 1987“ übernehmen die entsprechenden Bestimmungen von der Erstfassung aus dem Jahr 1975 im wesentlichen unverändert ohne Berücksichtigung der veränderten rechtlichen Ausgangslage. (Vgl. Kaiser, Ordo, 137.)

Die Verwendung des Begriffs „Hirte“ ist für Gemeindemitglieder kein Thema, da er im pastoralen Alltag der katholischen Kirche keine Rolle spielt.[47] Anders ist dies bei theologischen, v.a. lehramtlichen Dokumenten. In jüngster Zeit hat die Kleruskongregation darauf hingewiesen, dass die Bezeichnung Hirte allein dem Priester vorbehalten ist:

> *„Die Bezeichnung Hirte ist dem Priester vorbehalten ... Gewiss können ihm andere Gläubige als Mitarbeiter auch ganztägig zur Seite stehen, aber sie können ihn als Hirten nicht ersetzen, weil sie das Weiheamt nicht empfangen haben.“*[48]

Das Hirte-sein wird argumentativ nicht biblisch oder inhaltlich gefüllt bzw. begründet, sondern durch den formalen Weiheakt gesetzt, wird also vom faktischen Tun und Erleben der Menschen losgelöst. Die Argumentation war solange nicht problematisch als der geweihte Priester tatsächlich als Pfarrer und Hirte erlebbar war. Mit Blick auf diese vorbildlichen Priester stellt die Kongregation fest: „Diese Hirten, verzehrt von der Liebe zu Christus und der daraus folgenden Hirtenliebe, stellen ein gelebtes Evangelium dar.“[49] An dieser Stelle wird der Begriff des Hirten vom Evangelium her inhaltlich gefüllt. Für den Moderator, der in seiner Haupttätigkeit außerhalb der Moderatorenpfarre beschäftigt ist, wird das zutreffen. Bezogen auf die Moderatorengemeinde wird diese Aussage aber wohl eher auf das Engagement des Kurators, der Kuratorin zutreffen, wenn sie mit dem Einsatz all ihrer Kraft das Evangelium in der Gemeinde in Wort und Tat verkünden. Warum sollten sie daher nicht als Hirten – im guten biblischen Sinn – bezeichnet werden dürfen?

6.2.1.3.2 Hirtenzeichen ohne Hirtensorge und die „sakramentale Bekleidung“ des Kurators

- Der Moderator – Träger des sakramentalen Hirtenzeichens ohne erfahrbaren Hirten- und Seelsorgedienst

Während der Kurator in Aufeld und die Kuratorin in Franzenberg als Seelsorger erlebt werden, sieht man die Moderatoren in größerer Distanz zum Volk. In Aufeld kennen manche Gemeindemitglieder seinen Namen nicht und begegnen ihm kaum, da er vorwiegend zu den Abendgottesdiensten kommt. Aus der Sicht des Moderators ist es ähnlich: Er kennt wiederum nur den vergleichsweise kleinen Teil der Gemeinde, der zur abendlichen Eucharistiefeier kommt. Den größeren Teil, v.a. die Familien kennt er nicht – wie er selbst eingesteht. Man fühlt sich an das „Kennen der Schafe“ (vgl. Joh 10,14) erinnert, das in diesem Fall nur wenig gegeben ist. Da ist auch für den Moderator keine befriedigende Situation. In Franzenberg ist er stärker präsent, aber auch

[47] In den protestantischen Kirchen wird der Gemeindeleiter sehr wohl als Pastor bezeichnet.

[48] Kleruskongregation, Priester, Nr. 2, in: http://www.vatican.va/roman_curia/congregations/cclergy/documents/rc_con_cclergy_doc_20020804_istruzione-presbitero_ge.html (25.10.02)

[49] Kleruskongregation, Priester, Nr. 11, in: http://www.vatican.va/roman_curia/congregations/cclergy/documents/rc_con_cclergy_doc_20020804_istruzione-presbitero_ge.html (25.10.02)

dort haben die Menschen nur vor oder nach der Eucharistiefeier Gelegenheit zur Begegnung. In Ehrendorf hat man das Gefühl, dass der Moderator zwar zu einem Teil der Bevölkerung den Kontakt sucht, aber nicht der Gesamtgemeinde vorsteht. Die Beziehung zwischen Gemeinde und Kurator bzw. Kuratorin ist in Aufeld und Franzenberg ungleich näher als die zwischen Gemeinde und Moderator. Damit geht aber ein wichtiges Moment des Hirteseins verloren – wie Medard Kehl betont:

> *„Was dabei aber vor allem auf der Strecke bleibt, scheint mir gerade das wichtigste Moment des Hirtendienstes zu sein: nämlich in der Lebenswelt der ‚normalen' Gemeindemitglieder (wenigstens partiell) zu Hause zu sein, sie in ihren alltäglichen Lebenssituationen zu begleiten, sie in ihren Häusern aufzusuchen, Zeit für sie zu haben und ihnen zuzuhören, ihnen nachzugehen, wo sie sich zu ‚zerstreuen' drohen, ihnen in den vielen großen und kleinen Nöten aus dem Glauben heraus beizustehen, die Gaben des Hl. Geistes unter ihnen zu entdecken und sie für den Dienst in der Gemeinde aus ihrer Reserve herauszulocken usw.; also das, was die Menschen mit Recht von einem ‚Seelsorger' erwarten .... Gerade heute, wo der Zusammenhalt einer Gemeinde immer mehr über persönliche Kontakte und immer weniger über institutionell selbstverständliche Vorgaben gelingt, bedarf es dieser menschlich-geistlichen Verwurzelung des Priesters unter den Menschen. So kann er am ehesten noch unter ihnen Christus als den ‚guten Hirten' leibhaftig und glaubwürdig ‚repräsentieren' ... so werden die von ihm gespendeten sakramentalen Heilszeichen von den Menschen viel leichter als heilend und befreiend erfahren (und nicht nur als routiniertes oder auch ästhetisch gepflegtes Kultritual).“*[50]

Angesicht dieser Situation wird man grundsätzlich überlegen müssen, ob man die Richtung, in die sich das Priesterbild entwickelt, haben will. Dem Versuch, den seelsorglich-hirtlichen Charakter des Priesters festzuhalten, indem man möglichst viele organisatorische Leitungsaufgaben an Laien abgibt, sind Grenzen gesetzt.

Aus der Befragung geht klar hervor, dass die Priester – gerade bei älteren Menschen – eine hohe Autorität genießen und an sie nach wie vor seelsorgliche Erwartungen herangetragenwerden. Einzelne Personen deuten an, dass sie lieber zu einem Priester zur Aussprache gehen würden. Die Rolle des Priesters in der Liturgie ist eine sehr vertraute – viele Menschen lernen den Priester nur in dieser Rolle kennen. Die Anfragen an das Priesterbild kommen daher nicht aus einer Frontstellung gegenüber dem (moderierenden) Priester – alle Gemeindemitglieder wünschen sich einen eigenen Pfarrer –, sondern resultieren aus dem Unverständnis darüber, dass der als Seelsorger erfahrene Kurator nicht als Gemeindeleiter sakramental bestätigt werden kann und der Eucharistiefeier nicht vorstehen darf.

❖ Hirtensorge ohne sakramentales Zeichen – Zeichen ohne Hirtensorge

Es gibt auch geweihte Priester, die keinen unmittelbaren, d.h. gemeindlichen Hirtendienst ausüben, wie Kardinäle mit administrativen Tätigkeiten oder Priester, die z.B. ein (kirchliches) Finanzamt verwalten oder kirchliche Richter. Hier ist zu fragen, ob

---

[50] Kehl, Kirche, 444f.

das sakramentale Zeichen in solchen Fällen – im wahrsten Sinn des Wortes – nicht „gegenstandslos“ geworden ist. Der Dogmatiker Gisbert Greshake stellt mit Blick auf geweihte Priester ohne Gemeinde die Frage:

> *„Wie kann ... eine Weihe dort sinnvoll sein, wo jemand weder Willens ist noch Fähigkeit noch Gelegenheit besitzt, die ‚Gestalthaftigkeit‘ des Amtes zu verwirklichen?“*[51]

Denkt man diese Logik weiter, so muss diese Frage auch umgekehrt gestellt werden: Wie kann eine Weihe dort verweigert werden, wo jemand willens und fähig ist und bereits faktisch das Hirtenamt – wie in Aufeld – ausübt? Die gegenwärtige Situation – der Moderator als „nichthirtlicher“ Priester und der Kurator als nicht geweihter Seelsorger – enthält so viele praktische und amtstheologische Aporien, dass eine dogmatische Klärung und in der Folge kirchenrechtliche und kirchenstrukturelle Konsequenzen überfällig sind. Die Zunahme eucharistieloser Gemeinden erinnert die Kirchenleitung an ihre Verantwortung.
Will man die Fragen nach einer tatsächlichen Übereinstimmung von Zeichen und Tun auf die drei Gemeinden übertragen, so würde dies keineswegs die Weihe aller drei Kuratoren bzw. der Kuratorin bedeuten. Im Falle von Aufeld schiene eine Weihe des Kurators zum Priester tatsächlich sinnvoll, da Gemeindeleitung und Seelsorge und der sonntägliche Hauptgottesdienst in „seiner Hand liegen“. Die Eucharistie am Rande der Gemeinde ist ein völlig unhaltbarer Zustand. Anders verhält es sich Ehrendorf. Da der Kurator dort von der Bevölkerung nicht als Seelsorger identifizierbar ist, würde eine Weihe zum Priester – obwohl gerade er aufgrund seines Ledigseins als einziger in den drei Gemeinden die Zulassungsbedingungen zur Priesterweihe erfüllen würde – nicht sinnvoll sein. In Franzenberg gibt es Anteile gemeinsamer Leitung. Da aber die Kuratorin den überwiegenden Teil der Seelsorge ausübt, würde sich eine Weihe nahe legen – wenngleich die Kuratorin dies für sich selbst ablehnt.

❖ „Repraesentatio“ nicht als „an Christi Statt“, sondern als Christus-Verweis

An dieser Stelle soll nochmals auf das Proprium des Priesters hingewisen werden, um die Differenz zum Kurator bzw. Kuratorin benennen zu können. Der Priester repräsentiert in der Gemeinde Christus aks den eigentlichen Hirten. Er verweist damit auf ihn, ohne dass er selbst dieser ist. Er repräsentiert den personalen Grund allen christlichen „Einsseins“ und erwirkt so die Gemeinschaft der Gemeindemitglieder über alle Unterschiede hinweg. Der Dogmatiker Jochen Hilberath hebt den priesterlichen Verweischarakter hervor:

> *„Theologischer Ansatzpunkt ist ... die Verweisfunktion ... Genau dadurch dient der ordinierte Dienst der Einheit in der Vielfalt der Charismen. Angesichts der Geschichte des Amtes und der Amtstheologie in der römisch-katholischen Kirche kann die Bedeutung der Verweisfunktion nicht eindringlich genug betont werden. Insofern gehört in das Selbstverständnis, in die Spiritualität des Presbyters etwas von der Haltung Johannes des Täufers hinein: ‚Ich bin es nicht.‘ Repräsentation Christi*

---

[51] Vgl. Greshake, Priestersein, 80.

ist also zuerst und fundamental Weg-Verweisen auf ihn! Nur in diesem ‚von mir weg' kann der Presbyter das ‚Christus für euch' repräsentieren."[52]

Nach Hilberath führt der Ansatz, das Proprium des Priesterseins von der Gemeindeleitung her zu denken, in eine Sackgasse. Dieser Weg führt notwendig dazu – nachdem immer mehr Leitungsfunktionen scheibchenweise den Laien übertragen werden –, dass für den Priester immer weniger übrigbleibt. Leitung ist delegier- und aufteilbar auf verschiedene Personen. Hilberath setzt stattdessen bei den Aufgaben der Gemeinde und des ordinierten Dienstes an. Dazu gehört zentral die Verweisfunktion auf Christus. Dazu passende Begriffe sind „Prophet", „Bote", zur Sendungsfunktion „Apostel" oder „Missionar" und zur Funktion der Zusage Christus als „Heiland" und „Hirte".[53] Die Begriffe „Haupt" oder „Herr", die in aktuellen Papieren bevorzugt Verwendung finden, sind stattdessen missverständlich, da sie einer Tendenz zu einer *falsch verstandenen Identifizierung mit Christus* Vorschub leisten.[54] „Der Presbyter ist jedoch nicht Herr und Haupt ‚an Christi Statt'!"[55] Damit knüpft Hilberath an jene neutestamentliche und im II. Vatikanum (vgl. LG 25) wiederentdeckte Tradition an, die Leitung als Verkündigung des Evangeliums sieht. Leitung durch Lehre bedeutet: Leiten durch Verkündigen in Wort, Sakrament und geschwisterlicher Solidarität.[56]

Ähnlich argumentiert H. J. Pottmeyer, wenn er die Repräsentations- und Stellvertretungsfunktion des Priesters beschreibt:

> *„Die Sinnspitze allen amtlichen Tuns zielt deshalb darauf ab, die Gemeinde auf Christus, als ihren Ursprung und ihr Haupt, auf ihr bleibendes Gegenüber und in ihr handelndes Subjekt, hin offenzuhalten. Die Amtsträger dürfen sich deshalb eben nicht an die Stelle Christi setzen, sondern sind durch Verkündigung, die Feier der Sakramente und Diakonie und durch ihre Existenz zeichenhafter Verweis auf ihn.*"[57]

Diese Verweisfunktion ist der entscheidende und am wenigsten missverständliche Aspekt des sakramentalen Repräsentationsgedankens. Der geweihte Priester verweist

---

[52] Hilberath, Vision, 121.

[53] Vgl. Hilberath, Vision, 124.

[54] Die neue Instruktion der Kleruskongregation über die Priester als Hirten formuliert zumindest missverständlich: „Das Leben der Kirche ... erfordert Priester, die Christus vollständig gleichgestaltet und Verwahrer einer ursprünglichen Berufung zur vollen Identifizierung mit Christus sind und ‚in' und ‚mit' ihm die Gesamtheit der Tugenden leben, die in Christus, dem Hirten, in Erscheinung treten" (Priester, Nr. 9). Die Rede der Identifizierung mit Christus kann missverständlich als Verschmelzungsvorgang mit einem Ideal-Ich interpretiert werden. Es kann auch nicht darum gehen Christus (äußerlich) gleich zu werden, sondern darum, mit Vertrauen aus dem selben Lebensquell wie Christus zu leben, ohne die eigene Identität verleugnen oder uniformieren zu müssen.

[55] Hilberath, Vision, 124.

[56] Vgl. Hilberath, Vision, 125.

[57] Pottmeyer, Amt, 157. Wenn Pottmeyer hier von Amt spricht, so im Sinne des damaligen, nach dem Kodex 1917 gültigen Sprachgebrauchs, wonach kirchliche Ämter nur mit einem Geweihten besetzt werden können.

mit seinem Amt und seinem Tun auf Christus, der seine Kirche schafft, erhält und erneuert. Das Spezifische am ordinierten Amt ist demnach Folgendes:

> *„Es gehört zum Selbstverständnis einer christlichen Gemeinde, dass sie in ihrer Mitte jemanden hat, der eine für die Gemeinde konstitutive Funktion qua Amt und nicht nur kraft persönlicher Heiligkeit oder allein aufgrund charismatischer Begabung wahrnimmt, die auch im Gegenüber zur Gemeinde realisiert wird und also nicht nur auf einem Auftrag durch die Gemeinde, sondern wesentlich auf einer spezifischen Berufung und Sendung beruht."*[58]

Aus der Befragung geht hervor, dass die Menschen diesen transzendentalen Bezug, die „numinose" Qualität des Priesters spüren, ohne sie genau in Worte fassen zu können. Manche sprechen von einem nicht näher bestimmbaren „Mehr" des Priesters. Eine ältere Frau nimmt auf diese Verweisfunktion Bezug, wenn sie beklagt, dass heute keine Ordensleute „mit Kutten" mehr durch die Gassen von Franzenberg gehen. Sie waren für sie – unausgesprochen – sprechende, lebende Zeichen auf etwas Höheres, auf Gott hin. „Etwas" von diesem zeichenhaften Charakter scheint aber auf den wiederbelebten Pfarrhof übergegangen zu sein.

❖ Die spezifische Verweisfunktion des Kurators auf Christus

Sowohl die Kirche als ganze als auch jeder Getaufte weisen durch ihre Existenz und ihr christliches Leben auf Gott hin, der allen Menschen Befreiung und Heil zugesagt hat. Sakramentalität und damit Verweischarakter wird zunächst der Kirche als ganzer zugesprochen. Damit haben jeder Christ und jede Christin an der Verweisfunktion teil.

> *„Diese Verweisfunktion und die Tatsache, dass alle zu Werkzeugen des Reiches Gottes berufen und gesendet sind, machen deutlich, dass die Rede von der sakramentalen Repräsentation nicht auf den ordinierten Dienst beschränkt werden kann."*[59]

Auch das Wort Jesus: „Ihr seid das Licht der Welt!" (Mt 5,14) meint ja nicht nur die Amtsträger, sondern die Jünger, die Getauften insgesamt. Deshalb – so Hilberath – kann die konkrete Frage nicht lauten: Wer repräsentiert Jesus Christus? sondern:

> *„Wer repräsentiert auf welche Weise Jesus Christus als den einzigen Mittler zwischen Gott und den Menschen?"*[60]

---

[58] Hilberath, Vision, 119.

[59] Hilberath, Vision, 50.

[60] Hilberath, Vision, 50 (Hervorhebung durch J. P.). Hilberath will nicht eine bestimmte Amtstheologie untergraben, sondern sie vor problematischen Überfrachtungen bewahren. Deswegen rückt er gegen das häufig geäußerte Argument zu Felde, das besagt, dass nur die geweihten Priester die Sakramentalität der Kirche garantieren würden. „Wenn wir also überhaupt in diesem Zusammenhang von ‚Garantie' reden wollen, so müssen wir sagen: Der Heilige Geist, der Geist des Vaters und des Sohnes, garantiert, dass die Kirche ihren Zeichencharakter nicht völlig verdunkelt und in ihrem werkzeuglichen Charakter nicht so untauglich wird, dass das Evangelium vom universalen Heilswillen Gottes in der Menschheit verstummt."(Hilberath, Vision, 51.) Es ist der Geist, der sowohl die Sakramentalität garantiert als auch die Einheit in der Gemeinde und der Kirche schafft, nicht das Amt. Das Amt ist dafür nur Werkzeug und Zeichen für den Beistand des lebenspendenden Geistes. Dies ist ein tröstlicher und entlastender Gedanke, wie Kardinal Lehmann

Jeder Getaufte ist zunächst dazu aufgerufen, in seinem Wirkbereich durch sein christliches Leben Zeugnis zu geben. Im Modell ist die Repräsentations- und Verweisfunktion auf zwei Leitungspersonen aufgeteilt. Beim Kurator (Diakon) in Aufeld ist der Verweis auf Christus hin durch seine Verkündigung (auch beim sonntäglichen Hauptgottesdienst) und durch sein seelsorgliches Tun vorhanden und von der Kirche amtlich, aber nicht sakramental bestätigt. Als Diakon ist sein Tun sakramental bestätigt! In Ehrendorf ist die Verweisfunktion auf verschiedene Personen und Gruppen aufgeteilt. In Franzenberg leistet zweifellos die Kuratorin durch ihr seelsorgliches und liturgisches Wirken einen starken Verweis auf Christus im Sinne des Johannes des Täufers (s.o.).

Ein Kurator hat Teil an der Ausübung der Hirtensorge des Bischofs und symbolisiert durch sein seelsorgliches Tun und im liturgischen Feiern diesen Hinweis auf Christus als den Leiter der Gemeinde und Gott als Quelle aller Gnaden. Es stellt sich die Frage, ob bei einer kirchlichen Beauftragung zum seelsorglichen und hirtlichen Wirken, nicht eine sakramentale Dimension implizit gegeben ist. Warum sollte die Kirche, die bereits vorhandene Verweisfunktion, nicht nur amtlich machen – das ist sie schon –, sondern sie – im Sinne von Karl Rahner – auch sakramental bestätigen?[61]

❖ „Sakramentales" Symbol: der bewohnte Pfarrhof

Die leibhaftige Präsenz des Seelsorgers vor Ort versinnbildlicht sich in einem (wieder) bewohnten Pfarrhof. Eines der überraschendsten Ergebnisse der Befragung war, dass der wieder belebte und bewohnte Pfarrhof eine starke Symbolwirkung für viele Menschen hat. Im Fall von Aufeld hat man das alte Pfarrhaus renoviert, um dem neuen Seelsorger das Kommen schmackhaft zu machen. In Ehrendorf steht der Pfarrhof bezeichnender Weise leer. In Franzenberg begrüßen es die Menschen, dass im Pfarrhof endlich wieder „ein Licht brennt". Der belebte Pfarrhof ist ein Zeichen dafür, dass das kirchliche Leben der Gemeinde noch nicht „gestorben" ist. Es drückt sich darin der Wunsch nach einer sichtbaren Präsenz des Seelsorgers und des Hirten aus. Gleichzeitig scheint dieses Symbol auch eine „quasi-sakramentale" Dimension zu beinhalten: Die Menschen spüren, dass es nicht nur darum geht, dass ein kirchlicher Posten neu besetzt werden soll – aus Traditions- und anderen sozio-kulturellen Gründen. Für die Menschen enthält das Symbol des belebten Pfarrhofs nicht nur eine „horizontale", sondern wesentlich eine „vertikale" Dimension. Er vermittelt das Gefühl, dass die Gemeinde weder vom Bischof vergessen, noch von Gott „verlassen" ist. Natürlich *glauben* wir, dass Gott die Menschen nicht verlässt. Der Mensch als sinnenfälliges Wesen – was im Zusammenhang mit der Sakramentenpastoral immer betont wird –, braucht diese leibhaftigen Zeichen, dass Gott anwesend ist. Der bewohnte Pfarrhof drückt sinnbildlich etwas von der Gegenwart Gottes unter den Menschen aus: „Er wird in ihrer Mitte wohnen, und sie werden sein Volk sein" (Offb 21,3). Insofern die Kirche

---

meint: „Man braucht dann nicht bei jedem Windhauch um die kirchliche Einheit oder um die Vollmachten der Ämtern zu zittern"(Lehmann, Einheit, 51).

[61] Die Frage in welcher Form – Entfaltung des Ordo? – dies geschehen sollte, bedürfte einer eigenen amtstheologischen Diskussion.

genau dies realisiert – nämlich zu bekunden, das „Gott sein Zelt unter den Menschen aufgeschlagen hat“ – kommt ihr sakramentaler Charakter zur Geltung. Dies ist freilich nicht im Sinne eines „achten“ Sakramentes gemeint, sondern insofern das Grundsakrament Kirche – Symbol für die Gegenwart Gottes in der Welt – im belebten Pfarrhof eine Konkrektion erfährt.

6.2.1.3.3 Der Wunsch nach Einheit von Leben und Feier des Glaubens

In vielen Aussagen kommt – direkt oder indirekt – der Wunsch nach einer Einheit von Leben und Glauben zum Ausdruck. Die oft beklagte Kluft zwischen der Sprache und den Symbolen der Welt und der Sprache und den Symbolen der Kirche tritt im K-M-Modell personalisiert bzw. über die Rollenzuteilung nochmals hervor: Der Priester ist für die Sakramente, der Laie für alles Organisatorische, Praktische, Seelsorgliche zuständig. Wenn die Gläubigen sich für die Priesterweihe des Kurators (in Aufeld) aussprechen, für die Priesterweihe jener Person, die mit ihnen das Leben teilt, zu der sie mit ihren Anliegen gehen und mit der sie am Sonntag den Hauptgottesdienst feiern, so kommt darin die Sehnsucht nach der Einheit von Leben und Glauben zum Ausdruck.

❖ Die Einheit von Leitung und Eucharistievorsitz bewahren

Die Bevölkerung bringt zum Ausdruck, dass der de facto Gemeindeleiter und Seelsorger auch der Eucharistie vorstehen sollte. Die sowohl praktisch-symbolische als auch theologisch sinnvolle Einheit von Gemeindeleitung und Eucharistievorsitz ist bewährte katholische und allgemein christliche Tradition, an der festzuhalten ist.[62] Will man der Logik eines Hirten, der mit dem Leben der Gemeinde vertraut ist und die Gemeindemitglieder nicht nur „aus zweiter Hand“ kennt, folgen, ergibt sich nur *eine* Lösung. Der brasilianische Priester Antonio José de Almeida optiert mit Blick auf die Situation seiner Heimat:

> *„Nach der ältesten Tradition der Kirche hat der, der der Gemeinde vorsteht, auch ihrem Gottesdienst, vor allem der Eucharistiefeier vorzustehen und nicht umgekehrt. Da die nicht geweihten Gemeindeleiter jedoch der Eucharistiefeier nicht vorstehen können, müssen sich die Gemeinde in diesem an einen geweihten Amtsträger wenden, dem ... das tägliche Leben der Versammlung fremd bleibt.“*[63]

Was die Kirchenleitung schützen will, nämlich die Zuordnung von Gemeindeleitung und Eucharistiefeier ist – mit und ohne diesem Modell – faktisch oft nicht mehr gegeben. Die Zuordnung wird quasi pro forma auf dem Papier „gerettet“. Wie die Befragung deutlich macht, ist der sporadisch anwesende Priester (in Aufeld und Ehrendorf) kein Gemeindeleiter mehr.[64]

Der Priestermangel führt in seiner konkreten Auswirkung dazu, dass Gemeinden die Mitte ihres christlichen Lebens, die Feier der Eucharistie vorenthalten wird – wie dies

[62] Vgl. Walter, Vorsteher.

[63] Zitiert bei Weber, Modelle, 88. Der Lösungsansatz Karl Rahners liegt also durchaus auf einer historischen, urkirchlich verbürgten Tradition.

[64] Vgl. Weber, Modelle, 90.

in Aufeld der Fall ist. Vergegenwärtigt man sich die Entwicklung der Priesterzahlen in Europa so werden eucharistielose Gemeinden keine Ausnahmen mehr sein. Weltkirchlich gesehen ist diese Situation – Gemeinden ohne regelmäßige Eucharistiefeier und ohne sakramentales Leitungsamt – in manchen Ländern schon zum Normalfall geworden. Franz Weber schreibt mit Blick auf die brasilianischen – präeucharistischen und an ihrer Reifung gehinderten – Basisgemeinden: „Von dieser Seite wäre die Frage ... vor allem als Anfrage an die Weltkirche, die einen solchen theologischen Un-sinn und ein derartiges pastorales Unrecht auf lange Sicht nicht bestehen lassen kann. Denn wenn, wie die gesamtbrasilianische Koordinierungskommission der Basisgemeinden in ihrem Brief an die Amerikasynode zu bedenken gab, 80% der sonntäglichen Gottesdienste in Brasilien notgedrungen nur Wortgottesdienste sein können, obwohl eine wachsende Vielfalt von neuen Dienstämtern zu Verfügung steht, wenn also das sakramentale Proprium einer katholischen Gemeinde in einem Großteil der Gemeinden nicht zur Geltung und Verwirklichung kommen darf und gerade den Armen an der Peripherie der urbanen Zentren und im Landesinneren die Eucharistie und die übrigen Sakramente oft wochen-, monate- oder jahrelang verweigert werden, während in den Pfarreien der Mittel- und Oberschicht an den Sonntagen und oft auch werktags mehrere Messen gefeiert werden, dann ist eine solche Situation schlechthin als weltkirchliches Ärgernis zu."[65]
In der Beschreibung dieser unhaltbaren Zustände wird deutlich, in welche Richtung sich die pastorale Situation auch in Europa bewegen wird. Es wäre unverantwortlich davor die Augen zu verschließen. Solche Situationen wie in der Gemeinde Aufeld werden in den kommenden Jahren rassant ansteigen. Dort, wo Gemeindeleitung faktisch umfassend von einem Nichtpriester ausgeübt wird – und in Lateinamerika ist das bereits der Normalfall –, steht er „im Grunde genommen außerhalb der katholischen Ekklesiologie, Sakramenten- und Ämtertheologie"[66]. Darf man zusehen, wie die pastorale, amtstheologische und sakramentale „Schieflage" noch weiter zunimmt? Die Warnungen pastoral sensibler und theologisch wacher Geister in der Kirche sind bisher ungehört verklungen und manche Theologen fragen sich, ob man angesichts der Gesprächsverweigerung zu diesen Fragen von einem schuldhaften Versagen gegenüber den Gemeinden sprechen muss: „Wir haben bereits viel Zeit verloren und sind, soweit man das jetzt schon beurteilen kann, wahrscheinlich schon schwer an unseren Gemeinden schuldig geworden."[67]

❖ Plädoyer der Gläubigen für die Freistellung des Zölibats zugunsten der Einheit von Seelsorge, Gemeindeleitung und sakramentalem Feiern

Zur Diskussion über die Freistellung des Zölibats wurde in der Bevölkerung eine überraschende Übereinstimmung sichtbar: Es war nicht *eine* Person unter den Befragten, die angesichts des Priestermangels und des Zerfalls der Einheit von Leitung und sakramentalem Amt am Pflichtzölibat festhielt. Die positiven Erfahrungen mit einem

[65] Weber, Senfkörner, 76f.
[66] Weber, Modelle, 92.
[67] Weber, Modelle, 93.

verheirateten Gemeindeleiter oder einer Frau als Gemeindeleiterin machen Mut neue Wege zu beschreiten. Das oft angeführte Argument der größeren „Verfügbarkeit" durch den Pflichtzölibat bedarf eines genaueren Hinsehens: Beim Kurator in Aufeld sind die Kinder bereits aus dem Haus. Der Kurator kann die Hirtenaufgaben – unter Mithilfe seiner Frau – erfüllen. Die Ehe ist kein Hindernis – im Gegenteil: Die Frau ergänzt den männlichen Leitungsstil und „zieht" Frauen an, die durch ihr Frausein angesprochen werden. Der ehelos lebende Kurator in Ehrendorf ist für die Seelsorge keineswegs freier, da er beruflich sehr beansprucht ist. Für die Verfügbarkeit ist hier nicht die Lebensform, sondern die mögliche Präsenz – beispielsweise durch Hauptamtlichkeit – entscheidend. Beim verheirateten Kurator wird nie eine geringere Verfügbarkeit bemängelt, obwohl die Gemeindemitglieder einen eigenen, voll verfügbaren Pfarrer gewöhnt waren. Es ist also sehr genau hinzusehen, damit das Argument der größeren Verfügbarkeit nicht zu einem unabänderlichen *Mythos* wird, der letztendlich jedem Veränderungswunsch vorgeschoben wird.

Angesichts dessen, dass „die Eucharistiefeier als Mitte der Gemeinde immer seltener möglich wird, wenn der Priester als ‚Hirte' immer weniger von den Menschen erlebt wird"[68] und ständig neue Notlösungen zur Überbrückung der entstehenden Lücken gezimmert werden müssen, darf die Frage nach veränderten Zugangsbedingungen für die Priesterweihe nicht länger ausgespart bleiben. Deshalb plädiert Kehl dafür, „das Institut des Zölibats (vergleichbar der Regelung beim ständigen Diakon) insofern flexibel zu gestalten, dass verheiratete Christen, die sich über mehrere Jahre in der Familie, in der Gemeinde und im Dienst an den Armen bewährt haben, zu Priestern geweiht werden können"[69]. Diese Option für eine flexible Gestaltung des Zölibats von Kehl wird durch die Befragung voll gestützt. Man darf sich freilich nicht der Illusion hingeben, dass mit einer Modifizierung der Zulassungbedingungen zum Priesteramt sofort alle Probleme der Kirche schlagartig gelöst wären. Die Veränderung der Sozialform unserer Gemeinden und Kirche wird in der Moderne und angesichts der dabei neu aufbrechenden Fragen auf jeden Fall schmerzvoll sein. Aber es wäre ein „ deutliches Zeichen dafür, dass die Leitung der Kirche die Not sehr vieler Ortskirchen und ihrer Verantwortlichen realistisch wahrnimmt."[70]

6.2.2 Das Modell als Quellort einer neuen Gestalt von Gemeinde – Hinweise auf modellspezifische Impulse zur Gemeindeentwicklung

So berechtigt das angesprochene Anliegen ist: Die ständige Thematisierung der Zulassungsbedingungen zur Priesterweihe wird kurzfristig nicht zu ihren Änderungen führen und verhindert obendrein den Blick auf die möglichen Chancen, die durch diese Situation auch gegeben sind. Die starke Konzentration auf den Gemeindeleiter und die Herausarbeitung des Profils des Hirten wären völlig missverstanden, würde die Beschäftigung mit der Leitungsrolle dazu führen, die Aufmerksamkeit von der Gemeinde

[68] Kehl, Kirche, 449.
[69] Kehl, Kirche, 449.
[70] Kehl, Kirche, 450.

abzuziehen[71] oder die Unmündigkeit und Abhängigkeit der „Schafe“ zu zementieren oder gar zu verstärken. Der Pastoralanthropologen Hermann Stenger erinnert uns daran:

> *„Vom allgemeinen Priestertum ist seit dem II. Vatikanischen Konzil viel die Rede, vom allgemeinen Hirtentum so gut wie nie. Aber es gibt diese gemeinsame hirtliche Kompetenz, die allen Ämtern vorausliegt. Ohne Bild gesprochen heißt das: Alle, die ein Glaubensbewußtsein haben, tragen Verantwortung in der Kirche und für die Kirche. Sie sind alle Hirtinnen und Hirten zu generativer Fürsorge ermächtigt und verpflichtet. Alle ... haben eine Hirtenauftrag, den es mit der Gnade Gottes und entsprechend dem Maß der eigenen Kräfte zugunsten der Gemeinde und der Kirche und zugunsten des Reiches Gottes zu aktualisieren gilt.“*[72]

Wie steht es mit dieser hirtlichen Fürsorge und für den Gemeindeaufbau in den drei Pfarren? Ist dieses Bewusstsein durch den Umstieg auf das Leitungsmodell angestoßen und gewachsen? Weckt dieses Modell eine stärkere gemeinsame Verantwortung der Gläubigen und eine größere Identitfikation mit der Gemeinde? Läßt sich ein Schub in Richtung Gemeindeentwicklung bemerken?

6.2.2.1 Verlebendigung der Gemeinden und verstärkte Mitarbeit

Wir haben in der empirischen Untersuchung gesehen, dass zeitgleich mit der Installation des Leitungsmodells ein „Aktivierungsschub“ in der Gemeinde festzustellen ist. Freilich gibt es Aktivierungsimpulse, die durch persönliche Qualitäten der Leitungspersonen (menschliche Begegnungs- und Motivierungsfähigkeiten usw.) zu erkären sind. Als *modellspezifische Faktoren* sind zu sehen: eine besondere Aktivierung und Motivierung eines auch schon vorher aktiven „Kerns“ der Gemeinde nach dem Motto: „Jetzt müssen wir das Gemeindeleben selbst in die Hand nehmen“, ein Impuls für das Bewusstsein der Mitverantwortung der Christen.
Die Aktivierung der Mitarbeit von Laien ist in Aufeld und Ehrendorf auf ganz verschiedene Ursachen zurückzuführen. In Ehrendorf sind die Gläubigen eher „gezwungen“ die Liturgie, die Vorbereitung auf Erstkommunion und Firmung, Kommunionhelferdienste, diakonale Seelsorge (Vinenzverein) selbst zu übernehmen, da kein Seelsorger am Ort ist. Der ehrenamtliche Kurator organisiert die Fortbildungen für interessierte Laien. In Aufeld haben die Menschen schon darauf gewartet, in der Pfarre mitmachen zu dürfen. Von Aufbruch und einer explosionsartigen Mitarbeit ist die Rede.

---

[71] In der Auseinandersetzung mit dem vorliegenden Thema ist mir in den verschiedenen Phasen ein gewisser „Sog“ im Hinblick mit die Leitungsthematik aufgefallen. Dies mag unterschiedliche Gründe haben. So sieht der Dogmatiker beispielsweise das Thema im Horizont der Amts- oder Sakramententheologie – die jeweils an die Person des Gemeindeleiters bzw. des Priesters gebunden ist – oder der Ekklesiologie, in der die konkrete Gemeinde mit ihrer individuellen Situation „verloren“ geht. Auch in der *praktischen* Beschäftigung – zum Beispiel einer empirischen Untersuchung oder einer Gemeindeberatung – scheint die Auseinandersetzung mit einer Leitungsperson wesentlich einfacher als mit der schwer „fassbaren“ Gemeinde insgesamt. Diesen Sog gilt es – aus pastoralen und theologischen Gründen – wahrzunehmen und gegenzusteuern.

[72] Stenger, Hirtinnen, 116.

In Franzenberg wird das verstärkte Mitfeiern von Kindern und Familien hervorgehoben. Man kann also in allen drei Gemeinden eine *Verlebendigung des Gemeindelebens* (vgl. das Kriterium von Paul VI.) und eine aktivere Mitarbeit – zumindest eines Teils der Gemeinde – diagnostizieren. Die Identifikation der Gemeindemitglieder mit der Pfarre wird gefördert, die Mitverantwortung und aktive Beteiligung sowie das Bewusstsein des Christseins gestärkt.
Als modellspezifische Faktoren müssen aber auch negative gesehen werden – was die Auswirkungen auf das Gemeindeleben betrifft. Sie treten vor allem dort auf, wo sich die beiden Leitungspersonen mit ihren unterschiedlichen Gemeinde- und Kirchenbilder bzw. über die Vorstellung einer gedeihlichen Zusammenarbeit nicht einigen können. Die Spaltung auf der Ebene der Leitung spiegelt sich in der Spaltung der Gemeinde wieder (wie in Ehrendorf).

❖ Verstärktes Auftreten engagierter Laien, vor allem von Frauen

Die stärkere Beteiligung der Laien kommt sowohl im seelsorglich-diakonalen Bereich als auch im liturgischen Bereich zur Auswirkung. Wenn Laien in der Liturgie plötzlich „vorne stehen" so kommt gerade darin symbolisch eine Rollenveränderung zum Ausdruck. Laien sind nicht mehr nur (passive) Empfänger der Verkündigung, sondern werden Träger und Trägerinnen des hirtlichen Anliegens für die Gemeinde. Bemerkenswert ist, dass das Modell offensichtlich gerade für Frauen Chancen der Mitarbeit eröffnet. In Franzenberg ist eine Frau als Kuratorin an der „Spitze" der Gemeinde und leitet die Seelsorge. Darauf sind vor allem die Frauen stolz. In der Kuratorin haben sie eine Identifikationsfigur an leitender Position, die bisher auf Gemeindeebene den Männern vorbehalten war. In Ehrendorf und Aufeld sind es v.a. die Frauen, die in der Liturgievorbereitung und bei Erstkommunion- und Firmvorbereitung tätig sind. In dem Frauen öffentlich in der Gemeinde Aufgaben übernehmen verändert sich das Gesicht der Kirche. Dieses Modell eröffnet somit für wache Christen und Christinnen eine verstärkte Möglichkeit, ihre Charismen und Berufungen in den Dienst der Gemeinde zu stellen, sodass ihre Teilhabe am „priesterlichen, prophetischen und königlichen Amt Christi" (vgl. LG 31) sichtbar wird.

6.2.2.2 „Wiederentdeckung" des sakramentalen Charakters der Gemeinde

❖ Die eigentliche Dramatik: Verlust des sakramentalen Verständnisses von Kirche

Wenn ich die Ergebnisse der Befragung richtig interpretiere, so wird im Hinblick auf das Thema Sakramentalität auf Gemeindeebene eine besondere Dramatik sichtbar: Nicht der Priestermangel als solcher führt zu einem Verlust an Sakramentalität – diese ist mit der Kirche als Grundsakrament unverlierbar verbunden –, sondern die Reaktion auf den Rückgang sakramentalen Tuns macht in erschreckender Weise offenbar, wie mangelhaft das Verständnis der Kirche als Sakrament ausgebildet ist. Wenn die Menschen zwar den Wegfall der Eucharistiefeier beklagen, sich dann aber mittelfristig an den „liturgischen Ersatz" gewöhnen und mit dem schön gestalteten Wortgottesdienst

„zufrieden" sind, so ist das zumindest alamierend.[73] Nach einer gewissen Zeit der Gewöhnung – so viele Menschen in Aufeld – geht die „Wandlung" nicht mehr ab! Denkt man die Logik weiter, so ergibt sich folgendes Zukunftsszenario: Werden der Gemeinde aufgrund fehlender Spender die Sakramente verweigert, so wird sie sich darauf einrichten (müssen!), ihr christliches Gemeindeleben ohne sie zu gestalten. Den Gemeinden selbst ist darin kein Vorwurf zu machen – was bleibt ihnen anderes übrig? Dramatischer ist, dass offensichtlich das Bewusstsein dessen, was Sakramentalität meint, sehr schwach ausgebildet ist. Dieses mangelhafte Verständnis wird jedoch weder durch den Priestermangel noch durch das Modell c. 517 § 2 hervorgerufen, sondern vielmehr erst jetzt sichtbar. Zu diesem mangelhaften Verständnis gehören auch Positionen, die meinen, die sakramentale Verfasstheit der Kirche würde durch den Priestermangel oder durch das Modell bedroht, so als würde die Sakramentalität der Kirche von der Anzahl der Priester abhängen. Bedrohlich ist vielmehr dieses z.T. magische Grundverständnis von Kirche, das aus der Sakramentenspendung einen Heiligen-Geist-Automaten oder aus der Kirche einen Verein macht! Man muss sich ernsthaft fragen, was da in der Verkündigung falsch gelaufen ist.[74]
Damit steht und fällt jedoch das, was Kirche im letzten ausmacht. Die Kirche ist kein Verein oder eine Moralanstalt zur Verbesserung der Welt. Auch keine Caritas, in der nur Helfer arbeiten. Wenn der Dogmatiker Josef Niewiadomski vor der Sinnentleerung der sakramentalen Dimension warnt, so ist zu fragen, ob die nicht zu einem großen Teil schon längst eingetreten ist:

> *„Die (noch) normative Vorentscheidung für eine bestimmte, kulturell geprägte und jahrhundertelang bewährte Form des hierarchischen Amtes (männlich, zölibatärer, hauptamtlich angestellter und besoldeter Amtsträger) bringt oft pastorale Strategien hervor, die kontraproduktive Folgen nach sich ziehen können. Auf längere Sicht führen sie zu einer Sinnentleerung dessen, was sie eigentlich retten wollen: der sakramentalen Dimension des kirchlichen Handelns und des dogmatischen Kerns des hierarchischen Amtes selbst."*[75]

❖ Sakramentalität der Gemeinde: leibhaftige Präsenz Christi in der Welt

Wird der Ausfall der Priester mit dem Niedergang der Gemeinde oder gar des christlichen Lebens am Ort gleichgesetzt, so spiegelt sich darin eine sehr klerikale Sichtweise von Kirche und die Bedeutungslosigkeit der Gemeinde wieder. Im Bewußtsein mancher Gläubiger „haftet" die sakramentale Dimension allein am Priester. Hier gilt es, Maßstäbe zu verschieben und die sakramentale Kraft der Gemeinde wieder zu entdecken. Die Verweisfunktion auf Christus gilt aber nicht nur für den Ordinierten alleine, sondern grundsätzlich für alle Getaufte.

---

[73] Natürlich ist diese Einstellung auch als Reaktion auf etwas Nichtveränderbares zu sehen – im Sinne der Reduzierung kognitiver Dissonanz.

[74] Von daher wird auch verständlich, wieso die Sakramentenpastoral in der Krise ist und all die intensive Vorbereitung auf einzelne Sakramente oft fruchtlos erscheint: Der Sakramentenpastoral fehlt der ekklesiologische Boden (Humus), das Verständnis, was Kirche im tiefsten ausmacht.

[75] Niewiadomksi, Priester, 164.

„Jede und jeder in der Gemeinde lebt in dieser Dimension; anders ist weder Christsein zu realisieren noch ein Dienst zur Auferbauung der Gemeinde und des Reiches Gottes auszuüben.“[76]

Damit kommt der Gemeinde als solcher, indem sie Zeugnis gibt (martyria), das Geheimnis der Zuwendung Gottes zu den Menschen feiert (liturgia) und sich um die Armen und Notleidenden kümmert (diakonia) und in all dem Gemeinschaft (koinonia) lebt, eine sakramentale Kraft und Dimension zu. Kirche ist Communio, „indem sie als Volk Gottes, Leib Christi und Sakrament des Geistes existiert“[77]. Die Rede von der „Repräsentation Jesu Christi“ muss deshalb von ihrem Grund her gesehen werden:

„Gegenüber der Tendenz einer exklusiven Verwendung für das kirchliche Amt ist festzuhalten, dass es zuerst einmal die ganze geisterfüllte Gemeinde ist, die als ‚Leib Christi‘ die leibhafte und zeichenhafte Gegenwartsgestalt des Auferstandenen ist, ihn also in der Welt ‚repräsentiert‘. Erst innerhalb dieser Christus-Repräsentation der Gemeinde gibt es das besondere Zeichen des sakramentalen kirchlichen Amtes als eigenständiges Zeichen der Rückbindung dieser Glaubensgemeinschaft an ihren historischen und sachlichen Ursprung in der Geschichte Jesu Christi und seinen apostolischen Erstbezeugung.“[78]

Wenn das Konzil von der Kirche als Sakrament spricht (vgl. LG 1), so meint es zuallererst diese als ganze bzw. die Kirche, die in ihren Ortskirchen und Gemeinden verwirklicht ist. Dieses Selbstbewusstsein der Gemeinden, das in biblischer und patristischer Zeit noch wach war, gilt es neu zu beleben, die sakramentale Dimension der Gemeinde neu in Erinnerung zu rufen.

❖ Sakramentalität der Kirche: Ekklesiogenese als strukturelle *und* geistliche Erneuerung

Walter Kasper ist zuzustimmen, wenn er davor warnt, die Veränderung auf eine rein pragmatische Ebene zu reduzieren. Die Communio-Struktur der Kirche ist kein Selbstzweck, sondern sie ist „gleichsam das Sakrament, d.h. Zeichen und Werkzeug der durch Jesus Christus begründeten Communio mit Gott“[79]. Daraus ergibt sich,

„dass alle noch so gute und notwendige strukturelle, administrative und organisatorische Maßnahmen nur dann Erfolg haben können, wenn es dabei um mehr als Umverteilung und Umstrukturierung geht, wenn es vielmehr um Umkehr und Erneuerung aus der Mitte und Tiefe des Christseins geht ... Die Realisierung der Communio-Ekklesiologie ist also zuerst und zuletzt die Aufgabe einer geistlichen Erneuerung unserer Gemeinden und der Kirche insgesamt. Erst sie schenkt wahre Leidenschaft, aber auch Gelassenheit, weil sie die Einsicht vermittelt, dass die

---

[76] Hilberath, Vision, 119.
[77] Hilberath, Vision, 53.
[78] Wiedenhofer, Amt, 41.
[79] Kasper, Leitungsdienst, 6.

künftige Gestalt der Kirche und der Gemeinden letztlich nicht unsere Sache, auch nicht Sache unserer Pastoralpläne ist."[80]

Bei allem menschlichen Bemühen um eine Erneuerung darf nicht vergessen werden, dass die Kirche nicht ein Produkt des Menschen ist. Die Neugeburt sowohl des einzelnen Christen als auch der christlichen Gemeinschaft der Kirche geschieht aus dem Geist – oder eben nicht: Kirche ist eine Frucht des Geistes, der sie permanent verjüngt und erneuert. (vgl. Joh 3,5). Die Hinweise darauf, dass die „eigentliche" Erneuerung der Kirche eine geistliche ist, wird leider oft – verdeckt oder direkt – als Ausrede dazu verwendet, von strukturelle Erneuerung überhaupt abzusehen. Dies wird plötzlich unwichtig. Dem muss entschieden widersprochen werden. Zum einen wird dadurch die Fleischwerdung des Evangeliums auf der geistig-geistliche Bereich verkürzt. Soziokulturelle und strukturelle Wirklichkeiten, ja der ganze – auch materielle – Kosmos ist Adressat der Selbstmitteilung Gottes (vgl. Joh 1,10; Eph 1,10). Zum anderen ist sonst nicht plausibel, wie die Kirche – auch wenn sie letztlich als ein Mysterium zu verstehen ist (vgl. CL 18f.) – Sakrament, also Zeichen und Werkzeug, sein kann, wenn sie nicht selbst versucht mit aller Kraft das zu verwirklichen, worauf sie hinweist – die Communio mit Gott und unter den Menschen (vgl. LG 1). Vernachlässigt sie dieses Bemühen würde die Kirche ihre Zeichen- und Zeugenfunktion auf das Größere hin verdunkeln.

6.3 Das Modell als Anstoß zur Ekklesiogenese

Durch die Einführung des K-M-Modells kommt es nicht nur zu einer besseren Aufgabenverteilung auf mehrere Personen im ökonomischen Sinn. Durch das K-M-Modell werden vielmehr die traditionellen Rollen von Priestern, Diakone und Laien kräftig durcheinander gewirbelt. Seit Jahrhunderten gibt es das katholische Gemeindeleitungsmodell „ein Pfarrer für eine Pfarre". Eine christliche Gemeinde ohne Pfarrer ist für uns kaum vorstellbar, er gehört zur Gemeinde wie für den Christen die Taufe, die Firmung und eine kirchliche Beerdigung. Dieses für uns selbst-verständliche Bild wird empfindlich „gestört", wenn plötzlich zwei „Gemeindeleiter" (ein Priester und ein nichtgeweihter Theologe) eingesetzt werden. Zwar sind uns (theologisch gebildete) Laien aus der pfarrlichen Arbeit (Pastoralassistenten) oder dem schulischen Bereich (Religionslehrer) vertraut. Die Leitung einer Gemeinde war aber bisher ausschließlich dem Pfarrer vorbehalten. Heute prägen, ja tragen Laien das Gemeindeleben zunehmend aktiv mit, übernehmen soziale und liturgische Dienste (als WortgottesdienstleiterInnen) und nehmen für alle sichtbar Leitungsaufgaben wahr. Die Aufgaben des Priesters beschränken sich immer mehr auf die Spendung der Sakramente, die Funktionen der Gemeindeleitung gehen mehr und mehr in die Hände der Laien über. Bischof Walter Kasper resümiert:

„Wir stehen ... am Ende einer bestimmten historisch gewordenen und über Jahrhunderte auch ‚erfolgreichen' Gestalt des priesterlichen Leitungsdienstes. Ein

[80] Kasper, Leitungsdienst, 6.

solcher Sterbeprozess ist etwas Schmerzliches. Der dadurch entstehende Leidensdruck bringt freilich auch die Chance, dass etwas Neues heranreifen kann. Doch auch Neugeburt geht nicht ohne Schmerzen vonstatten. "[81]

Mit diesen Worten bringt Kasper den ekklesiologischen Verwandlungs- und Erneuerungsprozess auf den Punkt. Er erschöpft sich nicht im äußeren Umgestalten von Strukturen, sondern betrifft viel grundlegender unser Selbstverständnis (und die Bilder als ausdruck dessen) von Kirche und Gemeinde, von Priester und von (Laien-) Christen. Der tiefgehende Verwandlungsprozess betrifft – egal welche Funktion oder Rolle man in der Kirche innehat – alle Menschen, die sich der Kirche zugehörig fühlen und mit ihr leben und fühlen. Mit anderen Worten: Wir stehen gegenwärtig mitten in einem tiefgreifenden Umgestaltungsprozess der Kirche, der Ekklesiogenese in der Erwartung einer neuen Gestalt von Kirche.

Die massiven Veränderungsprozesse, die sich gesamtkirchlich über Jahrzehnte hin erstrecken, müssen auf der Gemeindeebene – durch die Installation des Modells angestoßen – innerhalb weniger Monate (quasi „über Nacht") vollzogen werden. Dieser Wandlungsprozess spielt sich nicht über den Köpfen, nicht außerhalb der Herzen der Gläubigen ab, sondern schmerzlich konkret *in* den betroffenen Gemeinden. Der Verwandlungsprozess bekommt ein menschliches und gemeindliches Gesicht, einen Namen: Aufeld, Ehrendorf und Franzenberg und noch viele weitere Gemeinden. Während ein Teil das als Chance zu größerer Mitbeteilung sieht, stehen andere – oft sind es ältere Menschen – diesen Veränderungen hilflos oder mit Unverständnis gegenüber. Die ihnen so vertraute Kirche, in der sie aufgewachsen sind, ist nicht mehr. Es wurde schon darauf hingewiesen, dass deshalb solche Übergangsprozesse – die naturgemäß krisenanfällig sind – in Gemeinden begleitet werden sollen, damit nicht unnötige Verletzungen entstehen oder Menschen, die sich mit den neuen Formen in der Gemeinde nicht zurechtfinden, auf der Strecke bleiben.

Die Frage ist, wie die Kirche auf die Veränderungsprozesse reagiert. Zieht sie sich in den Innenhof ihrer vertrauten Gemäuer und Formen zurück – und widersetzt sich der Neugeburt – oder stellt sie sich im Geist des Evangeliums den Herausforderungen? Läßt sie die Veränderungsprozesse schicksalhaft über sich ergeben und verwaltet sie also den Niedergang kirchlicher Formen oder greift sie die darin enthaltenen Impulse für eine Erneuerung der Gemeinde und Kirche auf?

Die Leitungsfigur c. 517 § 2 ist – mit den von ihr ausgehenden Impulsen – in den skizzierten größeren kirchenhistorischen Zusammenhang zu stellen. Eines muss klar sein: Mit und ohne dem Leitungsmodell c. 517 § 2 sind die Gemeinden Veränderungsprozessen ausgeliefert, mit und ohne dem Modell sind sie aufgefordert, Gemeinden Jesu zu werden und d.h. die eigene Berufung neu zu entdecken und den Hirtendienst füreinander zu übernehmen. Die offizielle Kirche kann gegenüber diesem Verwandlungsprozess die Augen verschließen oder die darin enthaltenen Chancen entdecken und bewußt gestalten. Das Modell c. 517 § 2 bietet die Möglichkeit auf den Priester-

[81] Kasper, Leitungsdienst, 4.

mangel aktiv zu antworten. Es verhilft dazu die Gemeinden am Leben zu erhalten, ja sogar Anstöße zur Gemeindeentwicklung zu geben.

6.3.1 Das Modell c. 517 § 2 als „heilsamer Unsinn“: Not- und Übergangslösung zu einer neuen Gestalt von Gemeinde

In den Erfahrungen der drei Gemeinden Aufeld, Ehrendorf und Franzenberg werden die Chancen, aber auch die Grenzen, die in diesem Modell liegen deutlich. Das Modell nach c. 517 § 2 kann wohl am besten als „heilsamer Unsinn“[82] beschrieben werden. „Heilsam“ ist v.a. die Überlebensmöglichkeit der Pfarrgemeinde, ja der Impuls, der für eine Vertiefung der Berufung einzelner Christen und der christlichen Gemeinde ausgeht. Der heilsamen Seite stehen die amts- und sakramententheologischen „Unsinnigkeiten“ gegenüber. Das Modell kann daher nicht als Lösung, wohl aber als Notlösung für eine pastorale Situation und als ein Übergangsmodell zu einer neuen Form der Gemeinde und des kirchlichen Amtes bezeichnet werden. Es bietet einen Rahmen, auf die Not der Gemeinden, die durch den Priestermangel gegeben ist, zu reagieren. Aus *pastoraler Sicht* ist das Modell daher zu begrüßen: Es ermöglicht, dass die Gemeinden am Leben bleiben, ja dass es sogar zu einer Verlebendigung der Gemeinden kommt. Durch die Aktivierung der Gläubigen zur Mitarbeit, zur Übernahme von Verantwortung und durch die stärkere Identifizierung mit der Gemeinde ereignet sich eine Ekklesiogenese, eine Gemeindebildung in neuer selbstbewusster Gestalt. Die Gläubigen verwirklichen ihre Teilhabe an den drei Ämtern Christi (Prophet, Priester, König bzw. Hirt), sie werden zunehmend zu Hirtinnen und Hirten füreinander.
Während im Leben der Gemeinde vieles aufbricht, sind die amts- und sakramententheologischen Implikationen problematisch. Die Tendenzen, die sich im Zusammenhang mit dem traditionellen Priesterbild und der sakramentalen Dimension des Amtes abzeichnen, geben Anlass zur Sorge. Die zunehmende Beschränkung des Priesters auf einen Sakramentenspender ist weder für die Sakramentenpastoral noch für die Priester selbst gesund und förderlich. Gleichzeitig bedarf es bei den Gläubigen eines neuen Bewußtseins dafür, was die sakramentalen Dimension der Kirche und der Gemeinde insgesamt bedeutet. Für diese Entwicklungen – dass muss deutlich gesagt werden – ist nicht das K-M-Modell verantwortlich; sie treten jedoch auf dem Hintergrund dieser Leitungsstruktur nochmals stärker ins Bewußtsein. Parallel zu den *amtstheologischen Aporien* stellen sich Fragen nach dem kirchlichen Amt und dem Priester*bild.* Diese Entwicklung enthält auch die Chance zur „Reinigung“ des kirchlichen Leitungsdienstes und des Priesteramtes. Die Veränderungen im Rollen- und Selbstverständnis des Priesters sind nicht nur als bedauernswerte Verfallserscheinung zu begreifen, sondern enthalten auch positive Seiten. Walter Kasper erkennt darin Chancen für eine neue Gestalt des Priesteramtes. Der Veränderungsprozess schenkt nämlich auch

> *„die Hoffnung auf eine erneuerte Gestalt des priesterlichen Dienstes, die vielleicht authentischer dem Evangelium Jesu Christi verpflichtet ist, als es die uns aus der jüngeren Vergangenheit vertraute Gestalt sein konnte ... Es gilt also, die*

[82] Dieser Begriff findet sich bei: Zulehner, Gemeindepastoral, 199.

überkommenen Gestalten kirchlichen Leitungsdienstes zu reinigen und zu entflechten und sie ‚salva illorum substantia' (DS 1728) sowohl ursprünglicher als auch heutiger zu machen. Diese Aufgabe verlangt über rein pragmatische Überlegungen hinaus vor allem theologische Grundlagenarbeit und eine neue zukunftsträchtige Vision von Kirche und geistlichem Amt in der Kirche."[83]

Es geht bei einer zukünftigen Gestalt des kirchlich-sakramentalen Amtes um viel mehr als nur um die vieldiskutierte Freistellung des Pflichtzölibats, sondern um das Entdecken verschiedenster Formen von Ämtern, die in Zukunft möglich sein müssen. In den drei Gemeinden Aufeld, Ehrendorf und Franzenberg sind die Leitungsformen und die Lebensform (zölibatär, verheiratet) der Leitungspersonen sehr unterschiedlich. Die Menschen schätzen die Qualität einer Seelsorgerin bzw. eines Seelsorgers und der Gemeindeleitung – relativ unabhängig von einer bestimmten Lebensform. Geht man von den Erfahrungen und Bedürfnissen einer Gemeinde aus, so dürften die Amtsübernahmen nicht an bestimmte Lebensformen gebunden werden. Die Gläubigen appellieren damit an eine Pluralismusfähigkeit in Amt und Gemeinde.

Die von Kasper gehegte Hoffnung auf ein neues Priesterbild gilt freilich in selbem Maß für eine neue Gestalt von Gemeinde. Daran muss mit ebenso großer Aufmerksamkeit mitgearbeitet werden.

6.3.2 Ein partikularrechtlicher Rahmen, der den Übergang schützt

Übergänge brauchen geregelte Bahnen, damit eine gestaltbare Entwicklung möglich ist. Das Kirchenrecht hat einen Rahmen geschaffen, der in großer Offenheit unterschiedliche Varianten eines Leitungsmodells zulässt und in dem Laien und Priester auf neue Weise im Hirtendienst zusammenarbeiten. In den Dekreten für die Leitungspersonen wird dies für die jeweilige Situation konkretisiert. Das Partikularrecht ist notwendig, um Aufgaben- und Rollenklarheit zu gewährleisten und damit ein geregeltes und gedeihliches Miteinander zu unterstützen. Durch die flexible und gleichzeitig partikularrechtlich geordnete Anwendung des c. 517 § 2 wird eine Entwicklung hin zu einem neuen Gesicht der (Gemeinde-)Kirche möglich. Dem Kirchenrecht, das manchen als Hindernis für eine kirchliche Weiterentwicklung erscheint, kommt mit dem c. 517 § 2 die Rolle einer Geburtshelferin zu. Es ermöglicht, dass in einem geregelten Rahmen etwas Neues (also noch Ungeregeltes) entstehen kann. Welches „Neue" sich in diesem Rahmen entwickeln wird, ist tatsächlich offen. Wir dürfen aber darauf vertrauen, dass der Geist Gottes vielleicht gerade auch mit diesem Modell die Tür zu einer neuen Gestalt von Gemeinde und damit von Kirche insgesamt aufgestoßen hat. Diese Vision gilt es bei der Anwendung dieses Modells im Auge zu behalten. Das Modell würde seine Aufgabe verfehlen, wenn man es nur mit der Intention einsetzt, das alte Versorgungsmodell weiterzutradieren, den Mangel also nur zu verwalten. Für eine solche Aufgabe stehen die KuratorInnen – wie sie angedeutet haben – nicht zur Verfügung.

---

[83] Kasper, Leitungsdienst, 4f.

Das (partikular-)kirchliche Recht darf bei seiner Formulierung das höchste Ziel der Seelsorge nicht aus den Augen verlieren: das „salus animarum", das „Heil der Seelen".[84] „Das Kirchenrecht hat in seiner diakonischen pastoralen Funktion es dem Gläubigen zu ermöglichen und ihm zu helfen, in der Gemeinschaft des Volkes Gottes seinen Weg zum Heil in eigener Verantwortung und in freier Entscheidung zu gehen."[85] Im Gegensatz zum früheren Rechtsverständnis steht das Kirchenrecht „nicht mehr primär im Dienste der Lehre und das Amtes, es steht auch und gerade im Dienste der einzelnen Christgläubigen"[86]. Darauf muss die Gestaltung kirchlicher Gesetze ausgerichtet sein. Diesem Ziel entspricht bei Paulus der Auferbauung der christlichen Gemeinschaft. Für unser Thema bedeutet dies nun zu fragen, inwieweit die bestehenden kirchlichen Normen dem „salus animarum" dienen bzw. die Auferbauung der Gemeinde fördern oder auch behindern.[87]

Gesetze sind also umso hilfreicher, je genauer sie auf die zu regelnde Realität abgestimmt sind. Deshalb – so der Kirchenrechtler Ochmann – muss dafür gesorgt werden, dass sich möglichst viele am Prozess der gemeinsamen Konsensbildung beteiligen können. Der Gesetzgeber muss um die Situationen und die Anliegen der Gläubigen vor Ort wissen. Denn „je einsamer' eine Entscheidung getroffen wird, desto größer wird die Gefahr, dass sie tatsächlich isoliert und spaltet, nicht aber die Bindungen einer Gemeinschaft verstärkt"[88]. Das gegenseitige Hören ist durchaus wechselseitig. Der Gesetzgeber hat das Recht gehört zu werden und die Pflicht zu hören.[89]

[84] Vgl. c. 1752.

[85] Puza, Kirchenrecht, 63.

[86] Puza, Kirchenrecht, 63.

[87] Vgl. die Parallele zu den Kriterien von Beinert, die er zur Erkennung des Vorliegens eines „sensus fidelium" angibt (vgl. 3.2.6).

[88] Ochmann, Recht, 155.

[89] Vgl. Sobánski, Methoden, 3–24.

HINHÖREN UND DIE MÖGLICHEN SCHRITTE HEUTE TUN – EIN ABSCHLIEẞENDES PLÄDOYER

❖ Mut zum Hinschauen und Hinhören

Es gehört Mut dazu, dem Appell des Autors des lezten Buches des Neuen Testaments zu folgen: den Mut, genau hinzuschauen und wirklich darauf zu hören, was der Geist den Gemeinden heute sagt. Dies kann auch bedeuten, unsere individuellen Hoffnungen und Ängste und unsere ideologischen Voreingenommenheiten in Frage stellen zu lassen. Bringen wir eine wirkliche Bereitschaft für das „Hereinbrechen des Geistes Gottes" auf? Mit welcher – abwehrenden oder hoffnungsvollen – Haltung begegnen wir den Herausforderungen in der Kirche heute: Ersehnen wir – bei aller Notwendigkeit und Dringlichkeit pastoraler Planung – das Wirken des Geistes Gottes oder erschreckt uns der Gedanke an Veränderungen vertrauter Formen? Sind unsere Sinne, sind unsere Augen und Ohren für das Überraschende, Erfrischende in der Kirche geöffnet? Jenseits einer planbaren Kirche[90] werden diese Fragen zum Ernstfall des Glaubens. In diesem Sinne schreibt Ottmar Fuchs:

> *„Diese Unberechenbarkeit dessen, was als Gegenwart Gottes, als Präsenz Christi in den Christinnen und Christen sowie in den Armen und Bedrängten zum Vorschein kommt, muss etwas sein dürfen, was im Ernstfall auch strukturelle Verhältnisse durchbricht und neu die Frage aufwirft, wie denn dann die strukturelle Verleiblichung der Evangelisierung in einem bestimmten Kontext aussehen müsste."*[91]

Mit dieser Ernsthaftigkeit und Offenheit gilt es auf die Erfahrungen der Gläubigen zu hören. „Denn Gott hat uns nicht einen Geist der Verzagtheit gegeben, sondern einen Geist der Kraft"(2 Tim 1,7). Mit diesem Blick gilt es, sich der gegenwärtigen Situation zu stellen und sie im Licht des Evangeliums – nicht im Licht der Angst – zu sehen. Neu sich öffnende Wege, von denen wir alle noch nicht wissen, wohin sie letztendlich führen, sind möglicherweise geistgewirkte Aufbrüche.

❖ Sorge um die Sakramentalität und Gemeindeaufbrüche als Hoffnungszeichen

Mit diesem Blick dürfen wir uns mit großer Nüchternheit, aber auch im Vertrauen auf das Wirken des Geistes der Realität stellen. Da sind zum einen die bedrückenden Entwicklungen: Der steigende, in manchen Regionen schon schmerzlich spürbare Priestermangel und seine Folgen für die betroffenen Priester selbst (Stichwort: Sakramentenmangager) und die damit verbundene Leitungs- und Eucharistielosigkeit von Gemeinden. Man darf aber nicht bei den Negativtendenzen stehen bleiben und diese – wie so oft in der Kirche – bejammern. Dieser tatsächlich besorgniserregenden Entwicklung stehen auch erfreuliche gegenüber. Die Not des Priestermangels gebiert da und dort auch einen Neuanfang. Es geschieht eine Rückbesinnung darauf, was die christliche Gemeinde überhaupt ist; er weckt einen „Frühling in der Gemeinde" (so die

[90] Vgl. Hilberath/Nitsche, Kirche.
[91] Fuchs, Identität, 44f.

Aussage eines österreichischen Bischofs). Zwar ist eine Krise immer zwiespältig und enthält die Gefahr des Untergangs. Sie kann aber auch zu einem Neuanfang und zu einer Vertiefung des Gemeindelebens führen. Die Untersuchung hat nachgewiesen, dass das Modell c. 517 § 2 tatsächlich ein Anstoß für eine Gemeindeentwicklung gibt. Das Modell stößt einen kooperativen – sich gegenseitig befruchtenden – Leitungsstil an, ja dieser ist für das Gelingen des Modells unumgänglich. Damit ereignet sich ein Schritt in Richtung einer stärker kooperativen Kirche. Dieses Bild überträgt sich auf die Gemeinde insgesamt. Darüber hinaus fließen die Lebenserfahrungen verschiedener Lebensformen (Partnerschaft, Ehe, Familie, Ordensleben, andere berufliche Erfahrungen) und eine größere Buntheit des Lebens in das Leitungsverhalten und die vielfältige Seelsorge ein, im Besonderen die Erfahrungswelt und die besonderen Qualitäten der Frauen. Männer und Frauen stehen in diesem Modell auf gleicher Stufe (ständige Diakone ausgenommen!) Die Gemeinde kann durch dieses Modell ihre Selbständigkeit erhalten, ja es lässt die betroffenen Christen neu danach fragen, was christliche Gemeinde im tieferen Sinn ausmacht. Das führt sie unweigerlich vor Gott, der seinen Weg mit der konkreten Gemeinde geht. Darin birgt sich die Chance für einen mystagogischen Prozess der Gemeinde, der freilich aufgegriffen und begleitet werden will. Die Kirche ist eine Gemeinschaft von zuversichtlich Hoffenden, die ihre Augen zuallererst auf diese Hoffnungszeichen richten sollte.

❖ Die möglichen und nötigen Schritte tun

Das Leitungsmodell stößt aber nicht nur erfreuliche Entwicklungen in den Gemeinden an, sondern führt uns die oben mehrmals beschriebenen Aporien und Unsinnigkeiten im Zusammenhang mit dem sakramentalen Leitungsamt vor Augen (vgl. Hirtensorge ohne sakramentales Zeichen und umgekehrt). Die Lösung kann nicht darin liegen, das Modell zu verbieten oder zu ignorien, um die anstehenden Fragen dadurch zum Schweigen zu bringen. Es gilt vielmehr die Fragen und Aporien aufzugreifen, um – geführt durch sie – zu einem tieferen Verständnis dessen zu kommen, was christliche Gemeinde und kirchliches Amt ausmachen. Von dieser Situation ausgehend gilt es, nicht „im Fernen zu schweben“, sondern die hier und heute möglichen und nötigen Schritte zu setzen.

In diesem Sinn stößt das Modell auch zu einer *verstärkten theologischen Reflexion* des kirchlichen und sakramentalen Amtes an. Welche neue Formen des kirchlichen – Amtes sind – dogmatisch, kirchenrechtlich und biblisch begründet – möglich und sinnvoll? Die Suche darf sich freilich nicht auf den Raum der theologischen Wissenschaft beschränken. Die Amtsfrage muss auf lokaler und weltkichlicher Ebene von den Verantwortlichen ernsthaft diskutiert werden. Die Erfahrungen der Ortskirchen müssen aufgegriffen und mit Nachdruck in das *Gespräch mit der Kirchenleitung* eingebracht werden. Hier haben die Bischöfe, die sich an der Schnittstelle zwischen Orts- und Weltkirche befinden, ihre genuine Aufgabe, die von niemandem sonst zu bewerkstelligen ist. Und schließlich – für die Ortskirchen der nächstliegendste Schritt – gilt es, die Gemeinden auf eine größere Selbständigkeit vorzubereiten und Veränderungsprozesse informativ und transparent einzuleiten. Diese Prozesse dürfen nicht nur im Sinne einer äußeren Strukturveränderung gesehen werden (nach dem Motto: Wer übernimmt welche Aufgaben?), sondern im Sinne eines *mystagogischen Vorgangs für die Gemeinde.* Das Modell verhilft nicht nur dazu, dass Gemeinden am Leben bleiben können, sondern gibt darüber hinaus Anstöße, das Geheimnis der Kirche, ihre Sakramentalität und die Berufung der christlichen Gemeinde vor Ort neu und tiefer zu verstehen. Auf die Bedeutung einer – theologisch fundierten – Gemeindebegleitung wurde hingewiesen.

Blicke ich auf den zurückgelegten Weg zurück, so fällt mir auf, dass gerade die Auseinandersetzung mit den „harten", dogmatischen oder kirchenrechtlichen Vorgaben mich immer wieder zu den konkreten Gemeinden und ihren Menschen „zurück" geführt hat. Gilt doch ihnen die Aufmerksamkeit Gottes zuerst. Diesen Perspektivenwechsel verdanke ich besonders den Menschen aus den Gemeinden, die wir befragt haben und die in lebendiger Weise ihre Erfahrungen als Gläubige zu den anstehenden Fragen eingebracht haben. In ihren Aussagen habe ich Glaubens-Sinn und pastorales Gespür wahrgenommen. Hier sind praktischer „Hausverstand" und gläubiger Sinn eine gute „Paarung" eingegangen. Möge diese Arbeit dazu beitragen, dass die Erfahrungen der Gemeinden gehört werden und dem Glaubenssinn der Gläubigen mehr Aufmerksamkeit geschenkt wird.

ANHANG 1

Novellierung der Rahmenordnung für Pfarrmoderatoren und Pfarrkuratorinnen[92]

1. Grundsätzliche Bestimmungen

Eine wachsende Zahl von Pfarrgemeinden hat auf Grund des Priestermangels keinen Pfarrer (Pastor proprius) mehr, der in ihrer Mitte lebt und den Dienst der Gemeindeleitung und Seelsorge (cura pastoralis) wahrnehmen kann. Diese Pfarren sind kirchenrechtlich vakant. In dieser Situation beteiligt der Diözesanbischof, der zum Hirten (Pastor) der Diözese bestellt ist und dem die Sorge für die Diözese (cura dioecesis) anvertraut ist (c. 375 s CIC), gemäß c. 517 §2 CIC einen Pfarrkurator an der Hirtensorge für die vakante Pfarrei (cura pastoralis paroeciae). Daneben bestimmt er einen Priester (Pfarrmoderator), der, mit den Vollmachten und Befugnissen eines Pfarrers ausgestattet, die Seelsorge leitet (moderari).

Der Pfarrmoderator nimmt seinen Dienst vornehmlich durch die Ausübung der an die Weihevollmacht gebundenen Aufgaben, insbesondere durch den Vorsitz in der Eucharistiefeier und die Feier der Sakramente wahr.

Der Pfarrkurator kann mit allen übrigen Aufgaben der Pfarrseelsorge (cura pastoralis paroeciae) im Bereich der Liturgie, der Verkündigung, der Diakonie und der Koinonie beauftragt werden. Die genaue Auflistung dieser kirchenrechtlich möglichen Aufgaben geschieht in der jeweiligen Vereinbarung, welche zwischen Pfarrmoderator und Pfarrkurator gemeinsam mit der Diözesanleitung erstellt wird.

In diesem Modell der Pfarrseelsorge mit Pfarrmoderator und Pfarrkurator sollen beide besonders die Fähigkeit zur partnerschaftlichen Zusammenarbeit, zu einem kooperativen Führungsstil und zu einem konstruktiven Umgang mit Konflikten besitzen und entwickeln. Ebenso wird die Bereitschaft zur Fortbildung vorausgesetzt.

2. Der Pfarrmoderator

2.1 Rechtsstatus

Der Pfarrmoderator ist nach can. 517 §2 CIC nicht pastor proprius, jedoch kraft universalen Rechts mit den Vollmachten und Befugnissen eines Pfarrers ausgestattet.

Der Pfarrmoderator vertritt rechtlich die Pfarre nach innen und außen.

Er übt den Dienst des Pfarrmoderators nebenamtlich aus. Er ist nicht an die Residenz- und die Applikationspflicht gebunden

2.2. Aufgaben

Dem Pfarrmoderator kommt die Leitung der Pfarre zu. Er nimmt seinen Dienst vornehmlich durch die Ausübung der an die Weihevollmacht gebundenen Aufgaben, insbesondere durch den Vorsitz in der Eucharistiefeier und die Spendung der Sakramente wahr.

Laut allgemeinem Kirchenrecht hat der Pfarrmoderator den Vorsitz im Pfarrgemeinderat, kann sich jedoch in Absprache mit dem Pfarrkurator und dem/der Obmann/-frau des PGR bei den Sitzungen vertreten lassen. Er behält das Vetorecht für Beschlüsse des PGR. Die Leitung der

---

[92] Diakone, Laien oder die Personen einer Gruppe, die mit der Wahrnehmung von Seelsorgsaufgaben nach c. 517 §2 CIC betraut sind, werden im folgenden „**Pfarrkuratoren**" genannt. Im Interesse einer guten Lesbarkeit des Textes wird dieser Begriff auch verwendet, wenn es sich beim „Pfarrkurator" um eine Frau handelt.
Priester, die im Sinne von c. 517 §2 CIC die Seelsorge in einer Pfarrei leiten, werden im folgenden „**Pfarrmoderator**" genannt.

Sitzungen obliegt gemäß Statut des Pfarrgemeinderates der Obfrau/dem Obmann des Pfarrgemeinderates.

Der Pfarrmoderator ist auch Vorsitzender des Pfarrkirchenrates, kann sich aber auch hier in Absprache mit dem Pfarrkurator, der geschäftsführender Vorsitzender sein kann/soll, und in Absprache mit dem/der stellvertretenden Vorsitzenden des PKR bei den Sitzungen vertreten lassen. Die laufenden Geschäfte des Pfarrkirchenrates kann daher im Rahmen der diözesanen Pfarrkirchenratsordnung der stellvertretende Vorsitzende oder der Pfarrkurator führen. Der Pfarrmoderator muss aber Schriftstücke rechtsverbindlicher Art und die Kirchenrechnung mit dem/der stellvertretenden Vorsitzenden und dem Pfarrkurator, sofern er geschäftsführender Vorsitzender ist, als Erstzeichnungsberechtigter unterfertigen.

3. Der Pfarrkurator

3.1. Befähigung

3.1.1. Voraussetzungen

Für eine hauptamtliche Anstellung: mehrjährig bewährte Tätigkeit in Pfarre, Dekanat, Region oder Diözese z.B.: als PastoralassistentIn oder ReligionslehrerIn (abgeschlossenes Theologiestudium und Pastoraljahr oder Ausbildung am Seminar für kirchliche Berufe bzw. vergleichbare Ausbildung).

Verpflichtende Teilnahme an einem vom Diözesanverantwortlichen für Pfarrmoderatoren und Pfarrkuratoren am Beginn jedes Arbeitsjahres angebotenen Intensivseminar zur Einführung in das Kirchenrecht bezüglich pfarrlicher Organisation und Verwaltung.

Ablegung der von der Diözese organisierten Pfarrbefähigungsprüfung.

Für eine nebenamtliche Anstellung und ehrenamtliche Beauftragung als Pfarrkurator: pfarrlich anerkannte Bezugsperson; Teilnahme an den Weiterbildungsangeboten.

3.1.2. Berufsbegleitende Fortbildung

Das diözesane Fortbildungsregulativ wird für Pfarrkuratoren angewandt.

3.2. Aufgaben

Die folgende Auflistung bildet den Rahmen bezüglich der in der Zusatzvereinbarung zum Dekret festgehaltenen kirchenrechtlich möglichen Aufgaben des Pfarrkurators.

3.2.1. Aufgaben, die im Bereich der Liturgie übertragen werden können:

Die Sorge um die Gestaltung der Liturgie und die tätige Teilnahme der Gläubigen an den liturgischen Feiern

Leitung von Gemeinde-Wortgottesdiensten, im Bedarfsfall auch am Sonntag

Sorge um die Übernahme von liturgischer Mitverantwortung durch die Gemeindemitglieder

Predigtdienst

Leitung von Begräbnissen

Segnungshandlungen

Sofern es sich beim Pfarrkurator um einen Diakon handelt, auch die Spendung des Sakraments der Taufe und die Assistenz bei Trauungen, wenn die Trauungsvollmacht erteilt wurde.

3.2.2. Aufgaben, die im Bereich der Verkündigung übertragen werden können:

Hinführung zum Empfang der Sakramente

Zusammenarbeit mit den Religionslehrern und Religionslehrerinnen und Mitsorge um die Schulpastoral

Sorge für die Gemeindekatechese und Gemeindeentwicklung

Vorbereitung von Aufnahme und Wiederaufnahme in die Kirche

3.2.3. Aufgaben, die im Bereich der Diakonie übertragen werden können:

Sorge um Betreuung und Hilfestellungen für Notleidende aller Art

Sorge um die Förderung des Bewusstseins und des Handelns gegenüber der Not in der Gemeinde und in der Welt

3.2.4. Aufgaben, die im Bereich der Leitung übertragen werden können:

Im Pfarrgemeinderat kann der Pfarrkurator den Pfarrmoderator bei den Sitzungen vertreten und nimmt in diesem Fall dessen Aufgaben mit Ausnahme des Vetorechts wahr.

Der hauptamtliche Pfarrkurator soll zum geschäftsführenden Vorsitzenden des Pfarrkirchenrates ernannt werden, der ehrenamtliche und nebenamtliche Pfarrkurator kann dazu ernannt werden. Schriftstücke rechtsverbindlicher Art und die Kirchenrechnung fertigen der Pfarrmoderator, der stellvertretende Vorsitzende sowie der Pfarrkurator, sofern er geschäftsführender Vorsitzender ist. Als geschäftsführender Vorsitzender ist er im Rahmen der geltenden Pfarrkirchenratsordnung zuständig:

für die finanzielle Gebarung der Pfarre;

für sämtliche pfarrlichen Pfründen und bauliche Einrichtungen;

für die Verwaltung des kirchlichen Friedhofs.

Er ist auch zuständig für die Führung der Pfarrkanzlei, der Matriken und des Pfarrarchivs, eingeschlossen Zeichnungsberechtigung;

Erstellung des Trauungsprotokolls;

Verwaltung der Messstipendien;

Dienstaufsicht für alle pfarrlich Angestellten;

Sorge um die ehrenamtlichen MitarbeiterInnen;

Erteilung der Tauferlaubnis bei Taufen außerhalb der Pfarre, Entlassung zur Ehe.

Der Pfarrkurator ist grundsätzlich zuständig für Aufbau und Pflege der Kontakte der Pfarre nach innen und außen (z.B. Vereine, Feste, Feiern, ...). Gemäß der Dekanatsordnung der Diözese Innsbruck (vgl. Verordnungsblatt vom 15.12.1995, Nr. 10/Top 75) nimmt der Pfarrkurator an den Sitzungen der Dekanatskonferenz teil und hat das aktive Wahlrecht bei der Wahl des Dekans.

3.3. Modalitäten der Anstellung

3.3.1. Dauer

Die Dauer der Anstellung wird im Dekret festgehalten; im Sinne einer kontinuierlichen Arbeit ist eine längerfristige Anstellung anzustreben.

3.3.2. Besoldung

Die Besoldung erfolgt nach dem diözesanen Besoldungsschema und wird im Dienstzettel vermerkt.

3.3.3. Wohnort

Bei der Wahl des Wohnortes ist die persönliche Situation des Pfarrkurators zu berücksichtigen; nach Möglichkeit soll der Pfarrkurator in seiner Pfarre wohnen.

3.3.4. Appellationsmöglichkeit

In schwerwiegenden Konflikten ist für Pfarrmoderator, Pfarrkurator und Mitglieder der Pfarrgemeinde zunächst der zuständige Dekan, sodann der Diözesanverantwortliche für Pfarrmoderatoren und Pfarrkuratoren mit dem Generalvikar Ansprechperson.

3.3.5. Dienstgespräche

Der Pfarrmoderator und der Pfarrkurator halten zur Erfüllung ihrer Aufgabe Kontakt und führen regelmäßige Dienstgespräche.

4. Auswahl- und Bestellungsvorgang

4.1. Entscheidung durch die diözesane Personalkommission

Die Diözesane Personalkommission trifft auf der Basis der regionalen Pastoral- und Personalplanung bezüglich vakant werdender Pfarren die Entscheidung, ob für sie im Sinne von

c. 517 § 2 CIC ein Pfarrmoderator und ein Pfarrkurator bestellt werden soll. Dabei soll für den Pfarrkurator die Möglichkeiten einer haupt-, neben- oder ehrenamtlichen Bestellung bedacht werden.

4.2. Vorbereitung und Umsetzung in der Pfarre

Die Diözesane Personalkommission nimmt in Absprache mit dem zuständigen Dekan zum frühest möglichen Zeitpunkt mit dem PGR, anderen Verantwortlichen in der Pfarre und dem Pfarrmoderator bzw. dem Pfarrkurator, sofern einer bereits konkret ins Auge gefasst wurde, Kontakt auf.

Der Diözesanverantwortliche für Pfarrmoderatoren und Pfarrkuratoren klärt gemeinsam mit dem Pfarrmoderator und dem Pfarrkurator die Zuteilung der Aufgabenfelder in der jeweiligen Pfarrgemeinde und teilt dies nach der Bestätigung durch die Diözesanleitung der Pfarrgemeinde/dem Pfarrgemeinderat sobald als möglich mit.

Bezüglich der Aufgaben, die von Mitgliedern der Pfarre selbst wahrgenommen werden sollten, bietet die Diözese (Abteilung Gemeinde) bei Bedarf Hilfestellung und Förderung an.

Nach Bestellung von Pfarrmoderator und Pfarrkurator soll die Pfarrgemeinde externe Hilfe zur Gemeindeerneuerung in Anspruch nehmen (vgl. Beschluss 29, Diözesanforum), damit diese neue Form der Seelsorge von der Pfarrgemeinde aktiv angenommen und entfaltet wird.

4.3. Findung und Auswahl des Pfarrkurators

Nach Möglichkeit erfolgt die Bekanntgabe/Ausschreibung der mit dem Leitungsmodell gem. c. 517 § 2 CIC zu besetzenden Pfarren im Diözesanblatt. Die Entscheidung unter den BewerberInnen trifft die Diözesane Personalkommission in Absprache mit dem Dekan und dem Pfarrmoderator, sofern er bereits feststeht.

Sollte im gegenteiligen Falle der Pfarrkurator bereits feststehen, bevor der Pfarrmoderator benannt ist, erfolgt der Auswahlvorgang für den Pfarrmoderator in analoger Weise.

4.4. Bestellung des Pfarrmoderators und des Pfarrkurators

4.4.1. Bestellung per Dekret

Pfarrmoderator und Pfarrkurator werden per Dekret durch den Bischof bestellt. Gesondert wird als integrierender Bestandteil zum Dekret die vereinbarte Zuteilung der Aufgabenfelder schriftlich festgehalten (siehe 4.2 Abs. 2), soweit sie nicht bereits vom Kirchenrecht geregelt ist.

4.4.2. Amtseinführung durch den Dekan

Im Rahmen eines Gottesdienstes in der Pfarre werden der Pfarrmoderator und der Pfarrkurator vom zuständigen Dekan der Pfarrgemeinde vorgestellt und in ihr Amt eingeführt.

5. Evaluierung

Spätestens ein Jahr nach der Bestellung – auch in dem Fall, dass nur der Pfarrmoderator bzw. der Pfarrkurator neu bestellt wurde - nimmt der Diözesanverantwortliche für Pfarrmoderatoren und Pfarrkuratoren gemeinsam mit ihnen eine Evaluierung und - wenn nötig – eine Änderung der Aufgabenverteilung vor. Diese bedarf neuerlich der Bestätigung durch die Diözesanleitung.

6. Inkraftsetzung

Der Diözesanbischof hat die Rahmenordnung in dieser Fassung, nach Beratung im Bischofsrat vom 2. Juli 2002, mit Rechtswirksamkeit vom 1. September 2002 „bis auf weiteres" in Kraft gesetzt. Damit wird die Rahmenordnung für Pfarrmoderatoren, Pfarrkuratorinnen und Pfarrkuratoren, welche am 16. September 1996 in Kraft gesetzt worden war, mit Datum vom 31. August 2002 außer Kraft gesetzt (Vgl. Verordnungsblatt Jg. 71, Nr. 8. vom November 1996).

LITERATURVERZEICHNIS

Mit den fettgedruckten Begriffen, wird die jeweilige Literatur in laufenden Text in Kurzform zitiert.

Kirchliche Dokumente:

ASEc = Libreria Editrice Vaticana (Hg.), Annuarium statisticum eclesiae

CIC/1983

Deutsche Bischofskonferenz (Hg.), **Katholischer Erwachsenen-Katechismus**. Das Glaubensbekenntnis der Kirche, München 21985.

Deutsche Übersetzung: Sekretariat der Deutschen Bischofskonferenz (Hg.), Nachsynodales Apostolisches Schreiben Christifideles laici von Papst Johannes Paul II. über die Berufung der Laien in der Kirche und Welt. 30. Dezember 1988 (Verlautbarungen des Apostolischen Stuhls 87) [CL]

Instruktion „**De munere** et officio feminarum in gentibus hodie ab Ecclesia evangelizandis" vom 19. 11. 1976, in: **Nachkonziliare Dokumentation** I–LVIII, Trier 1967–1977.

Kirchenamt der **Evangelischen Kirche** in Deutschland/Sekretariat der Deutschen **Bischofskonferenz** (Hg.), Chancen und Risiken der **Mediengesellschaft**. Gemeinsame Erklärung der Deutschen Bischofskonferenz und des Rates der Evangelischen Kirche in Deutschland (= Gemeinsame Texte 10), Hannover/Bonn 1997.

Paul VI., Evangelii nuntiandi (hg. vom Sekretariat der Deutschen Bischofskonferenz), Bonn 1975.

Paul VI., **Motu proprio** „Sacrum diaconatus ordinem" vom 18. 6. 1967, in: AAS 59 (1967) 697–704; abgedruckt mit deutscher Übersetzung in: Nachkonziliare Dokumentation (NKD) 9, Trier 1968, 26–45..

Pius XII, Enzyklika „**Ad caeli Reginam**" vom 18. 11. 1954.

Sekretariat der Deutschen Bischofskonferenz (Hg.), Apostolisches Schreiben **Familiaris Consortio** von Papst Johannes Paul II. an die Bischöfe, die Priester und die Gläubigen der ganzen Kirche über die Aufgaben der christlichen Familie in der Welt von heute, vom 22. November 1981 (VApS 33) Bonn, 1981.

Sekretariat der Deutschen Bischofskonferenz (Hg.), Apostolisches Schreiben von Papst Johannes Paul II. über die nur Männern vorbehaltene **Priesterweihe**. Erklärung der Kongregation für die Glaubenslehre zur Frage der Zulassung der Frauen zum Priesteramt vom 15. Oktober 1976 (VApS 117), ^{2}1995.

Sekretariat der Deutschen Bischofskonferenz (Hg.), Instruktion über die kirchliche **Berufung des Theologen** vom 24. Mai 1990 (VApS 98) Bonn 1990.

Sekretariat der Österreichischen Bischofskonferenz (Hg.), Sozialhirtenbrief der katholischen Bischöfe Österreichs. 15. Mai 1990, Wien 1990.

Partikularrechtliche Quellen:

Rahmenordnung der Bistums Innsbruck vom 16. September 1996 für Pfarrkuratoren/-innen und Pfarrmoderatoren: AKathKR 165 (1996) 510–514.

„Diözesane Rahmenordnung für die Beteiligung an den pfarrlichen Seelsorgeaufgaben gemäß can. 517 § 2 CIC (Ordnung für Pfarrassistenten)“: Wiener Diözesanblatt 136 (1998) 69–72.

Diözesane Rahmenordnung Pfarrassistent/in : Linzer Diözesanblatt 140 (1994) 64–66.

Gemeindeleitung in Kooperation, in: Amtsblatt des Bistums Limburg, Nr. 8 vom 1. Oktober 1991, Nr. 228, 117–118.

Literatur:

Alberigo G., **Aggiornamento**, in: LThK[3] I, 231.

Amann T., **Laien** als Träger von Leitungsgewalt? Eine Untersuchung aufgrund des Codex Iuris Canonici (MThS.K50), St. Ottilien 1996.

Atteslander P., **Methoden** der empirischen Sozialforschung, Berlin 1975.

Aymans W., Kanonisches **Recht**. Lehrbuch aufgrund des Codex Iuris Canonici. Bd. 2. Paderborn u.a. 1997.

Baumgartner I., **Glaubenssinn** – Kirchensinn: Konkrete Annäherungen. Träger, Muster und Bedeutungen in kollektiven religiösen Äußerungen, in: D. Wiederkehr (Hg.), Der Glaubenssinn des Gottesvolkes – Konkurrent oder Partner des Lehramtes? (QD 151) Freiburg 1994, 21–65.

Beinert W., Amt – **Tradition** – Gehorsam: Spannungsfelder kirchlichen Lebens. Hören, was der Geist den Gemeinden sagt, Regensburg 1998.

Beinert W., **Art. Glaubenssinn** der Gläubigen, in: Ders. (Hg.) Lexikon der katholischen Dogmatik, Freiburg 1987, 200–201.

Beinert W., Der **Glaubenssinn** der Gläubigen in der systematischen Theologie, in: Koch G. (Hg.), Mitsprache im Glauben? Vom Glaubenssinn der Gläubigen, Würzburg 1993, 51–78.

Beinert W., Der Glaubenssinn der Gläubigen in Theologie– und Dogmengeschichte. Ein **Überblick**, in: Wiederkehr D. (Hg.), Der Glaubenssinn des Gottesvolkes – Konkurrent oder Partner des Lehramtes? (QD 151) Freiburg 1994, 66–131.

Beinert W., Die **Rezeption** und ihre Bedeutung für Leben und Lehre der Kirche, in: Ders. (Hg.), Glaube als Zustimmung. Zur Interpretation kirchlicher Rezeptionsvorgänge, (QD 131) Freiburg 1991, 15–49.

Beinert W., **Einführung** des Herausgebers, in: Ders. (Hg.), Glaube als Zustimmung. Zur Interpretation kirchlicher Rezeptionsvorgänge, (QD 131) Freiburg 1991, 7–14.

Beinert W., Einleitung in die **Dogmatik**, in: Ders. (Hg.), Glaubenszugänge. Lehrbuch der katholischen Dogmatik Bd 1, Paderborn 1995, 3–44.

Beinert W., Theologische **Erkenntnislehre**, in: Ders. (Hg.), Glaubenszugänge. Lehrbuch der katholischen Dogmatik Bd 1, Paderborn 1995, 47–197.

Belok M., Gemeindeleitung im Bistum **Limburg**, in: Diak 1/2001, 13–17.

Berkel K., **Leitung** – Führung – Management. Moderne Managementtheorien und Spiritualität, in: Garhammer E./Zelinka U. (Hg.), Gemeindeleitung heute – und morgen? Reflexionen, Erfahrungen und Modelle für die Zukunft, Paderborn 1998, 117–152.

Bewegung „Wir sind Kirche“ in: Die Tagespost, Harsche **Reaktionen**. Frauenweihe: Zentralkomitee mit „Wir sind Kirche“ einig, 8.8.2002.

Beyer J., Die **Vollmacht** in der Kirche, in: Recht im Dienste des Menschen. FS H. Schwendenwein. Hg. v. K. Lüdicke/ H. Paarhammer /D.A. Binder, Graz 1986, 287–298.

Blasberg–Kuhnke M., Art. **Glaubenssinn** (sensus fidelium), in: Mette N./Rickers F.(Hg.), Lexikon der Religionspädagogik Bd. 1, Neukirchen–Vluyn 2001, 720–724.

Blasberg–Kuhnke M., **Theologie**, in: HPTh I, 376–385.

Böckenförde W., Neuere **Tendenzen** im katholischen Kirchenrecht. Divergenz zwischen normativem Geltungsanspruch und faktischer Geltung, in: ThPr 27 (1992) 110–130.

Böckenförde W., **Statement** aus der Sicht eines Kirchenrechtlers, in: Wiederkehr D. (Hg.), Der Glaubenssinn des Gottesvolkes – Konkurrent oder Partner des Lehramtes? (QD 151) Freiburg 1994, 207–213.

Bogumil R./Immerfall St., **Wahrnehmungsweisen** empirischer Sozialforschung. Zum Selbstverständnis des sozialwissenschaftlichen Forschungsprozesses, Frankfurt, 1985.

Böhnke M., **Pastoral** in den Gemeinden ohne Pfarrer. Interpretation von c. 517 § 2 CIC/1983 (MKCIC Beihefte 12), Essen 1994.

Bucher R., **Kirchenbildung** in der Moderne. Eine Untersuchung der Konstitutionsprinzipien der deutschen Katholischen Kirche im 20. Jahrhundert, Stuttgart 1998.

Bucher R., Neue **Zeiten** und welche Kirche? Die Konstellationen des Religiösen und die Reaktion der Pastoral, in: Krieger W./Sieberer B. (Hg.), Wie religiös ist diese Welt? Limburg 2002, 25–51.

Bucher R., **Pluralität** als epochale Herausforderung, in: HPTh I, 91–101.

Congar Y., Die **Rezeption** als ekklesiologische Realität, in: Conc(D) 8 (1972) 500–512.

Demel S., „Priesterlose“ **Gemeindeleitung**. Zur Interpretation von c. 517 § 2 CIC/1983, in: MThZ 47 (1996) 65–76.

Dombois H., Das Recht der **Gnade**. Ökumenisches Kirchenrecht I (Witten 1961) 829.

Drehsen V. u.a. (Hg.), **Wörterbuch** des Christentums, Gütersloh – Zürich 1988

Eicher P. (Hg.), Neues **Handbuch** theologischer Grundbegriffe, 5 Bde, München ²1991.

Ernsberger B., **Aufbruch** braucht Gestaltung. Impulse für die Gemeindeentwicklung, Innsbruck 1999.

Faber E.- M., Zur Frage nach dem **Berufsprofil** der Pastoralassistent(inn)en, in: Pastoralblatt für die Diözese Aachen, Berlin, Essen, Hamburg, Hildesheim, Köln, Osnabrück 51 (1999) 110–119.

Flick, U., **Stationen** des qualitativen Forschungsprozesses, in: Ders. u.a. (Hg.), Handbuch Qualitative Sozialforschung, Weinheim ²1995, 148–173.

Frankenmölle H., **Gemeindeleitung** in Zeugnissen der neutestamentlichen Urgemeinde und der frühen Kirche, in: Garhammer E./Zelinka U. (Hg.), Gemeindeleitung heute – und morgen? Reflexionen, Erfahrungen und Modelle für die Zukunft, Paderborn 1998, 9–43.

Franzen A., Kleine **Kirchengeschichte**, Freiburg ⁴1973.

Fries H., Gibt es ein **Lehramt** der Gläubigen?, in: Conc(D) 21 (1985) 288–293.

Fuchs B./Haslinger H., Die **Perspektive** der Betroffenen, in: HPTh I, 220–230.

Fuchs O., **Identität** der Gemeinde. Praktisch–theologische Impulse zu ihren Grundvollzügen, in: Krieger W. / Sieberer B. (Hg.), Gemeinden der Zukunft – Zukunft der Gemeinden, Würzburg 2001, 43–85, 43.

Fuchs W., Biographische **Forschung**. Eine Einführung in Praxis und Methoden, Opladen 1984.

Fürst W., Die spezifische **Berufung** der Laien in der Kirche. Zur ekklesialen Dimension des „typologischen" Laienbegriffs in der Kirchenkonstitution des II. Vatikanums in: Weber F. u.a. (Hg.), Im Glauben Mensch werden. Impulse für eine Pastoral, die zur Welt kommt, Münster 2000, 150–163.

Füssel K., Die **Zeichen** der Zeit als locus theologicus, in: ZPhTh 30 (1983) 259–274.

Gabriel K., Christentum und zwischen Tradition und **Postmoderne**, Freiburg 1992.

Garhammer E., Die Frage nach den **Kriterien**, in: HPTh I, 304–317.

Gärtner Ch., Unter **Beibehaltung** ... zusätzlich beauftragt ..., in: Diak 1/2001, 51–52.

Girtler R., **Methoden** der qualitativen Sozialforschung. Anleitung zur Feldarbeit, Wien 1984.

Gmelch M., **Impulse** für eine zukünftige Gemeindespiritualität, in: Diak 20 (1989) 162–171.

Greshake G., **Epiphanie** in Geschichte, in: Oberhammer G. (Hg.), Epiphanie des Heils, Wien 1982, 161–177.

Greshake G., **Priestersein**, Freiburg ^{5}1991.

Greinacher N., Das Problem der nichtordinierten **Bezugspersonen** in katholischen Gemeinden, in: Greinacher N./Mette N./Möhler W., Gemeindepraxis. Analysen und Aufgaben, München 1979, 236–248.

Gruber–Aichberger B., Modelle der Gemeindeleitung in der Diözese **Linz**, in: Diak 1/2001, 18–22.

Haslinger H. (Hg.) Handbuch Praktische Theologie I. Grundlegungen, Mainz 2000.

Haslinger H. u.a., Ouvertüre: Zu **Selbstverständnis** und Konzept dieser Praktischen Theologie, in: HPTh I, 19–36.

Haslinger H., **Vorwort**, in: HPTh I, 15–17.

Heimerl H., Der neue **Codex** Iuris Canonici. Möglichkeiten und Probleme, in: ThPQ 132 (1984) 144–151.

Heinemann H., **Sonderformen** der Pfarrgemeindeorganisation gemäß can. 517, in: AkathKR 163 (1994) 337–351.

Hilberath B. J., Zwischen **Vision** und Wirklichkeit. Fragen nach dem Weg der Kirche, Würzburg 1999.

Hilberath B.J./Nitsche B.(Hg.), Ist Kirche planbar? **Organisationsentwicklung** und Theologie in Interaktion, Mainz 2002.

Hilberath B.J./Scharer M./Haslinger H., Konkretion: **Leitung**, in: HPTh 2, 494–510.

Hilberath, B.J., „**Ich bin es nicht**". Grundlegendes zur Aufgabe des priesterlichen Dienstes, in: Diak 3 (1998) 173–181.

Hiltner S., **Preface** to Pastoral Theology, New York/Nashville, 1958.

Hochstaffl J., Die **Konzeption** von Praxis, in: HPTh I, 318–332.

Hopf C., Die **Pseudo-Exploration**. Überlegungen zur Technik qualitativer Interviews in der Sozialforschung, in: Zeitschrift für Soziologie 7 (1978) 2, 97–115.

Hörmann K. (Hg.), **Verantwortung** und Gehorsam. Aspekte der heutigen Autoritäts– und Gehorsamsproblematik, Innsbruck 1978.

Horst U., **Tradition** – Lehramt – Dogma. Zum Ringen um ihr rechtes Verständnis in der Dogmengeschichte, in: Ders. (Hg.), Wahrheit und Geschichtlichkeit. Ringen um einen lebendigen Glauben (Schriften der Katholischen Akadamie in Bayern 131), Düsseldorf 1989.

Huber K., „Wer mich gesehen hat, hat den Vater gesehen" (Joh14,9). Jesus als Ort der **Gottes–Offenbarung** im Johannesevangelium, in: Kanzian C. / Siebenrock R. (Hg.), Gottesentdeckungen, Thaur 1999, 73–87.

Hübinger W., Stichwort „Pastoralkonzept". Wie kommen wir zu einem **Pastoralkonzept** im Pastoralen Raum? Eine Arbeitshilfe, Limburg 1999.

Hünermann P., **Ordo** in neuer Ordnung? Dogmatische Überlegungen zur Frage der Ämter und Dienste in der Kirche heute, in: Klostermann F. (Hg.), Der Priestermangel und seine Konsequenzen, Düsseldorf 1977, 58–94.

Kaiser M., Die Rolle des **Gesetzgeber**s in der Kirche, in: Ius populi dei (= FS R. Bidagor) Rom 1972, Bd. I, 467–484.

Kaiser M., Sakrament des **Ordo** und kirchliches Amt, in: Kessler M.(Hg.), Ordination – Sendung – Beauftragung. Anfragen und Beobachtungen zur rechtlichen, liturgischen und theologischen Struktur, Tübingen 1996, 113–139.

Karrer L., „Hört, was der Geist den Gemeinden sagt" (Offb 2 und 3). **Kirchenvolksbegehren** als kirchliche Zeitzeichen, in: Diak 6/1997, 375–384.

Karrer L., **Erfahrung** als Prinzip der Praktischen Theologie, in: HPTh I, 199–219.

Kasper W., **Art. Kirche**, in: LThK^3, Bd.5, 1473.

Kasper W., Der **Leitungsdienst** in der Gemeinde. Referat beim Studientag der Deutschen Bischofskonferenz in Reute (Arbeitshilfen 118) Bonn 1994.

Kasper W., Der priesterliche **Dienst**. Repräsentation Jesu Christi als Haupt der Kirche, in: Ders., Theologie und Kirche. Bd.2, Mainz 1999, 128–144.

Kasper W., Die **Wissenschaftspraxis** der Theologie, in: Kern W.u.a. (Hg.), Handbuch der Fundamentaltheologie 4, Freiburg 1988, 242–278.

Kasper W., Erste Stellungnahme: Zum Problem der **Rechtgläubigkeit** in der Kirche von morgen, in: Haarsma F. u.a. (Hg.), Kirchliche Lehre – Skepsis der Gläubigen, Freiburg 1970.

Kaufmann F.–X., Glaube und **Kommunikation**: eine soziologische Perspektive, in: Wiederkehr D. (Hg.), Der Glaubenssinn des Gottesvolkes – Konkurrent oder Partner des Lehramtes? (QD 151), Freiburg 1994, 132–160.

Kehl M., Die **Kirche**. Eine katholische Ekklesiologie, Würzburg ^{2}1993.

Kehl M., **Wohin** geht die Kirche? Eine Zeitdiagnose, Freiburg 1996.

Keller M., Elemente einer Theologie des **Laien**, in: MySal IV/2, Einsiedeln 1973, 405–421.

Kerkhofs J., Der **Priestermangel** in Europa, in: Ders./P. Zulehner, Europa ohne Priester, Düsseldorf 1995.

Kern W. u.a., **Vorwort**, in: HFTh 4, Traktat theologische Erkenntnislehre. Schlussteil: Reflexion auf Fundamentaltheologie, 17–24.

Kirchschläger W., Was das Neue Testament über den **Glaubenssinn** der Gläubigen sagt, in: Koch G. (Hg.), Mitsprache im Glauben? Vom Glaubenssinn der Gläubigen, Würzburg 1993, 7–24.

Klauck H. J., Der erste **Johannesbrief** (EKK XXIII/1), Zürich 1991, 58–72.

Klein S., Die **Zusammenarbeit** zwischen TheoretikerInnen und PraktikerInnen, in: HPTh I, 260–266.

Klein S., Methodische **Zugänge** zur Wirklichkeit, in: HPTh I, 248–259.

Klein, S. Der **Alltag** als theologiegenerativer Ort, in: HPTh I, 60–67.

Klostermann F. (Hg.), Der **Priestermangel** und seine Konsequenzen, 1977.

Klostermann F. / Zerfaß R. (Hg.) **Praktische Theologie** heute, München 1974;

Klostermann F., **Gemeinde** ohne Priester. Ist Zölibat eine Ursache? Mainz 1981.

Knobloch S., Was ist **Praktische Theologie**? Freiburg 1995.

Knobloch St., **Seelsorge** – Sorge um das Menschsein in seiner Ganzheit, in: HPTh 1, 35–46.

Koch G. (Hg.), **Mitsprache** im Glauben? Vom Glaubenssinn der Gläubigen, Würzburg 1993.

Koch K., In **Verantwortung** für unser Bistum, in: SKZ 166 (1997) 761–770.

Kothgasser A., Den **Weg** gemeinsam gehen. Kommentar zur Diskussion um die Gemeindeleitung, in: Diak 6/2001, 435–437.

Kudera W., Zum Problem der **Generalisierung** in der qualitativ orientierten Sozialforschung, in: Sonderforschungsbereich 333 der Universität München (Hg.), Probleme der Generalisierung in der qualitativen Sozialforschung, Arbeitspapier 12, München 1989, 9–16.

Küng H., **Mitentscheidung** der Laien in der Kirchenleitung und bei kirchlichen Wahlen, in: ThQ 149 (1969) 147.

Lamnek S., Qualitative Sozialforschung. Band **I**: Methodologie, Weinheim [3]1995.

Lamnek S., Qualitative Sozialforschung. Band **II**: Methoden und Techniken, Weinheim [3]1995.

Legewie H., Interpretation und **Validierung** biographischer Interviews, in: Jüttemann G./Thohme H. (Hg.), Biographie und Psychologie, Berlin 1987, 138–150.

Lehmann K., Chancen und Grenzen der neuen **Gemeindetheologie**, in: Internationale katholische Zeitschrift 6 (1977).

Lehmann K., Damit Gemeinde lebt. **Leitlinien** und Anfragen zur künftigen pastoralen Planung im Bistum Mainz, in: Ders., Die Zukunft der Seelsorge in den Gemeinden. Zur Planung einer kooperativen Pastoral im Bistum Mainz (Mainzer Perspektiven 1) Mainz 1995, 23–37.

Lehmann K., Das **Theorie–Praxis–Problem** und die Begründung der Praktischen Theologie, in: PTh, 81–102.

Lehmann K., Die **Sorge** der Kirche für die Pfarrgemeinde. Die Bedeutung von Can. 517 § 2 für die Planung der künftigen Seelsorge, in: Ders., Die Zukunft der Seelsorge in den Gemeinden. Zur Planung einer kooperativen Pastoral im Bistum Mainz (Mainzer Perspektiven 1) Mainz 1995, 121–129.

Lehmann K., **Einheit** und Vielfalt der Charismen, Dienste und Ämter in der Kirche, in: ders., Die Zukunft der Seelsorge in den Gemeinden. Zur Planung einer kooperativen Pastoral im Bistum Mainz, Mainz 1995, 41–64.

Lehmann K., **Gemeinde**, in: CGG 29 (1982), 5–65.

Lehmann K., Kooperative **Seelsorge** im Pfarrverband, in: Ders., Die Zukunft der Seelsorge in den Gemeinden. Zur Planung einer kooperativen Pastoral im Bistum Mainz (Mainzer Perspektiven 1) Mainz 1995, 87–99.

Lehmann K., **Pfarrverbände** auf dem Prüfstand, in: Ders., Die Zukunft der Seelsorge in den Gemeinden. Zur Planung einer kooperativen Pastoral im Bistum Mainz (Mainzer Perspektiven 1) Mainz 1995, 101–119.

Lehmann K., Priesterlicher Dienst und **Gemeindeleitung**, in: Ders., Die Zukunft der Seelsorge in den Gemeinden. Zur Planung einer kooperativen Pastoral im Bistum Mainz (Mainzer Perspektiven 1) Mainz 1995, 69–85.

Lehmann K., Verbindliche **Lehraussagen** und Geschichtlichkeit des Lebens der Kirche, in: US 31 (1976) 285–295.

Lenzenweger J., Vom **Erzbischof** zur Gemeindeassistentin. Merkwürdiges Schicksal der Pfarre Lassee während des Mittelalters, in: Loidl F. (Hg.), Apsekte und Kontakte eines Kirchenhistorikers. Kirche und Welt in ihrer Begegnung (WBTh 52), Wien 1976, 73–83.

Lobinger F., Gemeindeleitung ohne **Vater–Figur**, in: Diak 32 (2001) 44–50.

Lobinger F., Wie **Gemeinden** Priester finden, Wien 1998.

Loretan A., **Laien** im pastoralen Dienst. Ein Amt in der kirchlichen Gesetzgebung: Pastoralassistent/-assistentin. Pastoralreferent/-referentin, Freiburg 1994.

Lunglmayr B., Der Diakonat. Kirchliches Amt zweiter Klasse, Innsbruck 2002.

May H.-J., Kirchliche **Seelsorge** auf einer Südseeinsel: AnzSS 105 (1996) 74–76.

Mayring Ph., Die qualitative **Wende**. Grundlagen, Techniken und Integrationsmöglichkeiten qualitativer Forschung in der Psychologie, in: Schönpflug W. (Hg.), Bericht über den 36. Kongress der DGfPs in Berlin, Göttingen 1989, 306–313.

Mayring Ph., **Einführung** in die qualitative Sozialforschung, Eine Anleitung zu qualitativem Denken, Weinheim [3]1996.

Mette N., „Ihr habt es nicht nötig, dass irgend jemand euch belehrt“ (Joh 2,27). – Wider die **Entmündigung** des Gottesvolkes! in: Fuchs O. (Hg.), Das Neue wächst, München 1995, 44–54.

Mette N., **Theorie** der Praxis. Wissenschaftsgeschichtliche und methodologische Untersuchungen zur Theorie–Praxis–Problematik innerhalb der praktischen Theologie, Düsseldorf 1978.

Mette N./Steinkamp H., **Sozialwissenschaften** und Praktische Theologie, Düsseldorf 1983.

Meuser M./Nagel U., **ExpertInneninterviews** – vielfach erprobt, wenig bedacht. Ein Beitrag zur qualitativen Methodendiskussion, in: Garz D./Kraimer K. (Hg.), Qualitativ-empirische Sozialforschung, Opladen 1991, 441–471.

Missio (Hg.), Wir sind **Kirche**. Kleine Christliche Gemeinschaften in Ostafrika (Missio Reihe 8), Aachen o.J.

Mühlfeld C. u.a., **Auswertungsprobleme** offener Interviews, in: Soziale Welt 32 (1981) 325–352.

Müller G.L., Was ist kirchlicher **Gehorsam**? Zur Ausübung von Autorität in der Kirche, in: Cath 64 (1990) 26–48.

Müller H., Das **Gesetz der Kirchen** „zwischen“ amtlichem Anspruch und konkretem Vollzug – Annahme und Ablehnung universalkirchlicher Gesetze als Anfrage an die Kirchenrechtswissenschaft–, Eichstätter Hochschulreden 13, München 1978.

Newman J. H., Über das **Zeugnis der Laien** in Fragen der Glaubenslehre, in: Ders., Polemische Schriften. Abhandlungen zu Fragen der Zeit und der Glaubenslehre, Mainz 1959, 253–292.

Niewiadomski J., **Gemeindeleitung** und Ämterfrage. Überlegungen aus dogmatischer Sicht, in: E. Garhammer/U. Zelinka (Hg.), Gemeindeleitung heute – und morgen? Reflexionen, Erfahrungen und Modelle für die Zukunft, Paderborn 1998, 55–70.

Niewiadomski J., Mein **Zugang** zur Theologie, in: Tage kommen. Zukunft der Theologie (ULITHIANA III), Innsbruck 2000, 45-50.

Ochmann F., Kirchliches **Recht** in und aus dem Leben der Communio – Zur „Rezeption" aus kanonistischer Sicht, in: Beinert W. (Hg.), Glaube als Zustimmung. Zur Interpretation kirchlicher Rezeptionsvorgänge, (QD 131) Freiburg 1991, 123–163.

Ochoa X. (Ed.), Leges Ecclesiae post Codeicem Iuris Canonisi editae, Vatkikanstadt 1980, Bd. V, n. 4476.

Panhofer J., Hören, was der Geist den **Gemeinden** sagt. Die Rezeption des Leitungsmodells nach c. 517 § 2 durch das Volk Gottes am Beispiel von drei Pfarrgemeinden der Diözese Innsbruck – Eine empirisch-theologische Studie (unveröffentlichte Dissertation am Institut für Praktische Theologie), Innsbruck 2002, S. 535.

Panhofer J., Pastorale **Ausbildung** zwischen „Technik" und „Mystagogie". Zur „Grund-Legung" eines Pastoraljahres, in: Weber F. u.a. (Hg.), Im Glauben Mensch werden. Impulse für eine Pastoral, die zur Welt kommt, Münster 2000, 271–283.

Pasinya L. M., Die **Gemeindeleiter**: ein Experiment der Evangelisation in Zaire, in: Bertsch L./Schlösser F. (Hg.), Evangelisation in der Dritten Welt. Anstöße für Europa (TDW 2), Freiburg 1981, 30–43.

Pastoralamt des Bistums Basel (Hg.), „Sucht zuerst das Reich Gottes und seine Gerechtigkeit ..." Ein Arbeitsinstrument für pastorales Handeln im Bistum Basel, Solothurn 1993.

Pemsel–Maier S., Differenzierte **Subjektwerdung** im Volke Gottes, in: Wiederkehr D. (Hg.), Der Glaubenssinn des Gottesvolkes – Konkurrent oder Partner des Lehramtes? (QD 151) Freiburg 1994, 161–181.

Pottmeyer H. J., **Amt** als Dienst – Dienst als Amt, in: Lebendige Seelsorge 33 (1982) 153–158.

Pottmeyer H. J., **Normen**, Kriterien und Strukturen der Überlieferung, in: HFTh 4, 124–152.

Pottmeyer H.J., Die zwiespältige **Ekklesiologie** des Zweiten Vatikanums – Ursache nachkonziliarer Konflikte, in: TThZ 92 (1983) 272–283.

Pottmeyer H.J., **Rezeption** und Gehorsam – Aktuelle Aspekte der wiederentdeckten Realität „Rezeption", in: Beinert W. (Hg.), Glaube als Zustimmung. Zur Interpretation kirchlicher Rezeptionsvorgänge, (QD 131) Freiburg 1991, 51–91.

Puza R., Katholisches **Kirchenrecht**, Heidelberg 1986.

Rahmenstatuten und -ordnungen für Gemeinde- und Pastoralreferenten/referentinnen vom 10. März 1987, in: Die deutschen Bischöfe, Heft 41.

Rahner K. (Hg.), **Volksreligion** – Religion des Volkes, Stuttgart 1979.

Rahner K., Die **Praktische Theologie** im Ganzen der theologischen Disziplinen, in: Rahner K., Sämtliche Werke, Bd. 19, Selbstvollzug der Kirche. Ekklesiologische Grundlegung praktischer Theologie, Solothurn–Düsseldorf–Freiburg 1995, 503–515.

Rahner K., Die **Praktische Theologie** im Ganzen der theologischen Disziplinen, in: K.

Rahner K., Ekklesiologische **Grundlegung**, in: Arnold F.X. u.a., (Hg.), Handbuch der Pastoraltheologie I, Freiburg 1964, 117–148.

Rahner K., Pastorale **Dienste** und Gemeindeleitung, in: StZ 195 (1977) 733–743.

Rahner K., Pastorale Dienste zur **Seelsorge**, in: Schriften XIV, Einsiedeln 1977, 132–147.

Rahner K., **Schriften XIV** (1979).

Rahner K., Schriften zur **Theologie III**. Zur Theologie des geistlichen Lebens, Einsiedeln 1956.

Rahner K., **Strukturwandel** der Kirche als Aufgabe und Chance, Freiburg 1972.

Rahner K., Über das **Laienapostolat**, in: Schriften II, Einsiedeln 1955, 339–373.

Rahner K., **Vorwort**, in: Ders. (Hg.), Volksreligion – Religion des Volkes, Stuttgart 1979.

Rahner K., Weihe des **Laien** zur Seelsorge, in: Schriften III, Einsiedeln 1956, 313–328.

Rahner K./Vorgrimler H., Kleines **Konzilskompendium**. Sämtliche Texte des Zweiten Vatikanums, Freiburg [17]1984.

Ratzinger J., **Demokratisierung** der Kirche?, in: Ders./Maier H., Demokratie in der Kirche, Limburg 1970, 35–38.

Ratzinger J., **Freimut** und Gehorsam. Das Verhältnis des Christen zu seiner Kirche, in: Ders., Das neue Volk Gottes. Entwürfe zur Ekklesiologie, Düsseldorf [2]1970, 249–266.

Ratzinger J., **Kommentar** zu den „Bekanntmachungen, die der Generalsekretär des Konzils in der 123. Generalkongregation am 16. November 1964 mitgeteilt hat", in: LThK. Das Zweite Vatikanische Konzil I, 348–359.

Ratzinger J., **Kommentar** zum II. Kapitel von **Dei Verbum**, in: [2]LThK 2, 515–527.

Ratzinger J., Zur Theologie des **Konzils**, in: Ders., Das neue Volk Gottes. Entwürfe zur Ekklesiologie, Düsseldorf, [2]1970.

Rees W., Die **Pfarrei** als Ort der Seelsorge und die Möglichkeit der Teilhabe von Laien an der Gemeindeleitung. Rechtliche Grundlagen einer zukunftsorientierten Pastoral, in: Deus Caritas Jakob Mayer. Festgabe 25 Jahre Weihbischof von Salzburg. Thaur 1996, 393–406.

Riedel–Spangenberger I., **Grundbegriffe** des Kirchenrechts, Paderborn 1992.

Rzepkowski H., **Der Welt verpflichtet**. Text und Kommentar des Apostolischen Schreibens Evangelii nuntiandi, (Steyler Verlag) St. Augustin 1, 1976.

Scheeben M. J., **Handbuch** der katholischen Dogmatik. 1. Buch: Theologische Erkenntnislehre (Ges. Schriften III), Freiburg [2]1948.

Schmid P.F., Die Praxis als Ort der Theologie. Kairologische Aspekte zum Verständnis von **Pastoral** und Pastoraltheologie, in: Diak 29 (1998) 102–114.

Schmidt E. R./Berg H. G., **Beraten** mit Kontakt: Gemeinde- und Organisationsberatung in der Kirche. Ein Handbuch, Offenbach 1995.

Schmitz H., **„Gemeindeleitung"** durch „Nichtpfarrer-Priester" oder „Nichtpriester-Pfarrer". Kanonistische Skizze zu dem neuen Modell pfarrlicher Gemeindeleitung des c. 517 § 2 CIC, in: KathKR 161 (1992) 329–361.

Schmitz J., Das Christentum als **Offenbarungsreligion** im kirchlichen Bekenntnis, in: [2]HFTh 2, 1–12.

Schmucker R, Art. **Priestermangel**, [3]LThK, 576–577.

Scholl N., „Wenn der **Kinderglaube** nicht mehr trägt". Von der Sicherheit zum Vertrauen, Freiburg 2002 (Zitiert in: Publik–Forum 16/2002, 40).

Schönborn C., **Kathpress Nr. 142** vom 25.6. 1999, 5.

Schüller T., **Hirtensorge** in Pfarreien ohne Pfarrer. Der c. 517 § 2 CIC/1983 – eine kirchenrechtliche Norm für neue Formen der Gemeindeleitung, in: Kirchliches Recht als

Freiheitsordnung. Gedenkschrift für Hubert Müller (Forschungen zur Kirchenrechtswissenschaft 27). Würzburg 1997, 169–195.

Schuster N./Wittmann M (Hg.), Die **Platzhalter**. Erfahrungen von Gemeindeleiterinnen und Gemeindeleiter, Mainz 1997.

Schweizerisches Pastoralsoziologisches Institut (Hg.), **Gemeinden ohne Pfarrer** am Ort, Zürich 1987.

Seckler M., Art. **Glaubenssinn**, in: ^{2}LThK 4, 945–948.

Seckler M., **Art. Loci** theologici, in: ^{3}LThK 6, 1014–1016.

Seckler M., Der **Begriff** der Offenbarung, in: ^{2}HFTh 2, 41–61.

Seckler M., Die ekklesiologische Bedeutung des Systems der ‚**loci theologici**'. Erkenntnistheoretische Katholizität und strukturale Weisheit, in: Baier W. u.a. (Hg.), Weisheit Gottes – Weisheit der Welt (FS J. Ratzinger) St. Ottilien 1987, 37–65.

Seckler M., Theologie als **Glaubenswissenschaft**, in: HFTh 4, 179–241.

Seckler M./Kessler M., Die **Kritik** der Offenbarung, in: ^{2}HFTh 2, 13–39.

Sieben H. J., Traktate und Theorien zum **Konzil**. Vom Beginn des großen Schismas bis zum Vorabend der Reformation (1378–1521), Frankfurt 1983.

Siefer G., Sterben die **Priester** aus? 1973. Priesterstatistik – eine Lebensfrage der Gemeinde, in: Herder–Korrespondez 29 (1975) 227–234.

Sobánski R., Die **Methoden** des Rechts im Leben der Kirche, AfkKR 151 (1982) 3–24.

Söding T., Blick zurück nach vorn. Bilder lebendiger **Gemeinden** im Neuen Testament, Freiburg 1997.

Stenger H., Im **Zeichen** des Hirten und des Lammes. Mitgift und Gift biblischer Bilder, Innsbruck 2000.

Stenger H., **Kompetenz** und Identität. Ein pastoralanthropologischer Entwurf, in: Ders. (Hg.), Eignung für die Berufe der Kirche. Klärung – Beratung – Begleitung, Freiburg 1988, 31–133.

Stenger H., Sind wir nicht alle **Hirtinnen** und Hirten? Homilie der eucharistiefeier im Rahmen des Symposions „Gemeindeleitung heute – und morgen?" in: Garhammer E./Zelinka U. (Hg.), Gemeindeleitung heute – und morgen? Reflexionen, Erfahrungen und Modelle für die Zukunft, Paderborn 1998.

Stockmann P., Ausserordentliche **Gemeindeleitung.** Historischer Befund – Dogmatische Grundlegung – Kirchenrechtliche Analyse – Offene Positionen, Frankfurt 1999.

Strauss A./Corbin J., Grounded Theory: **Grundlagen** qualitativer Sozialforschung, Weinheim 1996.

Tiroler Tageszeitung, 13.Mai 2002 und 20./21. Juli 02.

Vorgrimler H., **Überlegungen** zum Glaubenssinn der Gläubigen, in: Diak 28 (1997) 366–375.

Vorgrimler H., Vom „sensus fidei" zum „**consensus** fidelium", in: Conc(D) 21 (1985) 237–242.

Walter P., **Vorsteher** der Eucharistie und Gemeindeleitung. Theologische und praktische Überlegungen, in: LS 4/5 (1995) 193–197.

Wanke J., Sagt uns derzeit der Heilige Geist etwas zum Stichwort **Gemeindeleitung**? Anmerkungen zu DIAKONIA 1/2001, in: Diak 6/2001, 429–434.

Weber F., Damit in der **Gemeinde** jede und jeder zur Sprache kommt. Eine Konkretisierung der Option für die Armen, in: Ders. u.a., Das Leben entfalten. Ein pastoraler Grundkurs in der Gemeinde, Innsbruck, 1999, 59–67.

Weber F., Das **Hirtenamt** aller Christinnen und Christen. Erfahrungen im Gemeindeaufbaubruch der Weltkirche, in: Weber F. u.a. (Hg.), Im Glauben Mensch werden. Impulse für eine Pastoral, die zur Welt kommt, Münster 2000, 137–149.

Weber F., Gewagte **Inkulturation**. Basisgemeinden in Brasilien: eine pastoralgeschichtliche Zwischenbilanz, Mainz 1995.

Weber F., Notwendige **Schritte** auf halbem Weg. Mitteleuropäische Pastoralpläne aus lateinamerikanischer Sicht, TPQ 143 (1995).

Weber F., Praktizierte **Modelle** – ihre Chancen, ihre Grenzen. Zum Beispiel: Lateinamerika, in: Garhammer E./Zelinka U. (Hg.), Gemeindeleitung heute – und morgen? Reflexionen, Erfahrungen und Modelle für die Zukunft, Paderborn 1998, 81–94.

Weber F., Spannungsgeladene **Vielfalt**. Gemeindeerfahrungen in der Weltkirche, in: Krieger W. / Sieberer B. (Hg.), Gemeinden der Zukunft – Zukunft der Gemeinden, Würzburg 2001, 86–105.

Weiß A., **Der Ständige Diakon.** Theologisch–kanonistische und soziologische Reflexionen anhand einer Umfrage, Würzburg 1991.

Wiedenhofer S., **Amt** und Gemeinde zwischen Hierarchie und Demokratie, in: Ziebertz H.-G. (Hg.), Christliche Gemeinde vor einem neuen Jahrtausend. Strukturen – Subjekte – Kontexte, Weinheim 1997, 35–48.

Wiederkehr D., **Sensus** vor Consensus: auf dem Weg zu einem partizipativen Glauben – Reflexion einer Wahrheitspolitik, in: Ders. (Hg.), Der Glaubenssinn des Gottesvolkes – Konkurrent oder Partner des Lehramtes? (QD 151) Freiburg 1994, 182–206.

Wiederkehr D., **Vorwort**: „Glaubenssinn des Gottesvolkes“: Aufarbeitung von Realitätsdefiziten, in: Ders. (Hg.), Der Glaubenssinn des Gottesvolkes – Konkurrent oder Partner des Lehramtes? (QD 151) Freiburg 1994, 9–19.

Witzel A., Das problemzentrierte **Interview**, in: Jüttemann G. (Hg.), Qualitative Forschung in der Psychologie. Grundfragen, Verfahrensweisen, Anwendungsfelder, Weinheim 1985, 227–255.

Wohlmuth J., **Sensus** fidei (fidelium), in: PThI 22 (2002) 17–35.

Zauner W., Kirche und **Priestermangel**, in: ThPQ 132 (1984) 364–371.

Zerfaß R., Praktische Theologie als **Handlungswissenschaft**, in: F. Klostermann/R. Zerfaß (Hg.), Praktische Theologie heute, München 1974, 164–177.

Zulehner P. M. / Denz H., Wie **Europa** lebt und glaubt. Europäische Wertestudie, Düsseldorf 1993.

Zulehner P. M., „Denn du kommst unserem Tun mit deiner **Gnade** zuvor ...“: Zur Theologie der Seelsorge heute. Paul M. Zulehner im Gespräch mit Karl Rahner, Düsseldorf 1984.

Zulehner P.M., Art. **Ekklesiogenese**, in: ^{3}LThK 3, 567–568.

Zulehner P.M., Pastoraltheologie Bd. 2. **Gemeindepastoral**: Orte christlicher Praxis, Düsseldorf 1989.